代表作

顾培东代表作

顾培东 著

我的法治观

法律出版社

顾培东 1956年11月生，江苏建湖县人。现为四川大学法学院二级教授、博士生导师，四川大学985平台首席科学家；兼任国家社科基金评审专家委员会委员，四川省委、省政府决策咨询委员会委员等职。1992年享受国务院特殊津贴，1995年入选首届“十大杰出青年法学家”，1995年入选国家百千万人材工程计划，2005年入选当代中国法学名家。1972年高中毕业后，当过农民，进过工厂，在过机关。1978年考入西南政法大学，1981年提前毕业并考入本校民事诉讼法专业研究生，1984年毕业留校任教。1987年初调入四川省经济体制改革委员会（四川省经济研究中心），先后任研究所副所长、所长，体改委秘书长、副研究员、研究员等职。1995年正式辞去公职成为职业律师。2000年任西南政法大学教授、博士生导师，2008年调入四川大学任现职。近三十年来，从事经济学和法学研究，并集中于对法治、司法以及经济改革中重要现实问题的研究。独立或合作出版书（译）著十余部，代表性作品有《社会冲突与诉讼机制》、《大陆法系》（合译）；先后在《中国社会科学》、《法学研究》、《中国法学》以及《人民日报》、《光明日报》等国内外学术刊物发表学术论文一百余篇，较有代表性的论文收入本文集之中。

能够与当代中国法治创立与发展相伴而行，是时代给予我这一代法学人的宠幸；能够以法治、法律、法学这些语汇作为自己生命中的关键词，是我这一生的幸福与骄傲。

谨以此书作为一个“非典型学者”穿行于这个世界所留下的主要印记；谨以此书作为我对那些爱过我以及我爱过的人们的一份微薄回报。

目录

自　序

(一)

近些年,随着年龄的增大以及对即将退出社会、失去公共表达欲望与能力的明确预知,心底间常常泛出一些不无凝重的问题:在法治、法律、法学这些语汇已确定地成为个人生命中的关键词的事实下,我对钟情于斯、与之相伴了几十年的这些语汇所承载的内容及其所对应的社会事实,究竟有多少真正属于自己的认知与理解?对其在当代中国社会中的应然状态,以及由之而对这个多舛的民族命运的改变又有什么样的期许和想象?与此相关的另一个问题是:忝列法学人队伍之中,孜孜矻矻于法学研究几十年,为之耗费了大量的热情与心力,并且常常为之憔悴消容,而在所形成的这些研究成果中,究竟包含有多少具有原创性的内容,又有多少大体上可以称之为"知识增量"或"知识贡献"的东西?对这些问题的思考,既是对自己法律观、法学观、司法观、法治观的一种集中审视,也是对个人学术研究乃至生存和生命价值的一种直接追问。也正是对这些问题的思考,一方面促使我在近几年中对中国法治现实以及法学研究本身的一些重大主题进行了较为集中的研究,通过一系列论文较为系统地阐释了我对相关主题的认识与见解,尤其是对过去片断化、个别性的理解与判断进行了梳理和串接,藉此勾画出我心目中的中国法治以及法学研究的理想图景,表达出一个法学人对中国法治及法学的祈求与愿望;另一方面,也萌生出将三十年来能够体现自己研究水准,代表自己学术能力,反映自己主要学术观点与主张的部分论文结集出版的想法,冀望在浩瀚的法学文献中使自己的作品能够留下些许印记,同时在有关当代中国法治与法学纷纭杂芜的见解与主张中使我的声音获得一定的辨识,自然,也是对我自己几十年在法学研究方面的付出与耗费作出一种交代。适逢法律出版社丁小宣先生筹划出版"法学人代表作丛书",丛书的编选意旨正契合与我的前述愿望,且蒙小宣先生不弃,于是便有了本书的付梓出版。

（二）

2003年，我在为上一本文集《从经济改革到司法改革》撰写序言时，正值“非典型肺炎”肆虐这片土地。基于“非典”一词在当时的极度流行，我略带戏谑地把自己定位为“非典型学者”，文集的序言也名之为“一个非典型学者的自述”。时间倏忽过了几近10年，今天，“非典”已渐渐成为人们逝去的记忆，而“非典型学者”这个表述于我来说倒是越发显得贴切，它既是对我学术身份及生存状态的恰当描述，同时也更能真实地体现我的学术心态以及学术功利取向。这也意味着“非典型学者”一词将成为我在这个世界上穿行而过所可能留下的主要标识，成为我对自己社会生涯的终极性概括与认肯。由于这一身份直接关乎到我的学术态度、研究偏好甚而学术观点与立场，因此，需要对其实际涵义作进一步解说。

作为“学者”，我与此道中人一样，不仅始终保持着浓厚的学术兴趣和不能割舍的学术情结，而且对学术问题的思虑从来都是我思维活动的主要内容，学术问题长期牵动着我的心绪，并且在很大程度上决定着我的喜怒哀乐，自然，我还有一定数量的学术产品的产出行为与实绩。然而，于我来说，更鲜明的个性仍然在于“非典型”性。这种“非典型”性体现于后述几个方面：首先，近几十年来，我的“学术生涯”一直不是在纯粹的学术环境中度过的。这不仅指很长时间中我的工作单位并不是学术研究机构，所从事的本职工作也不是学术研究活动，所接触的人和所经历的事，都与学术没有太大的关联，而且这些本职工作以及工作氛围往往还具有消解学术热情、损伤学术化表达能力的潜在影响。2008年，我重新回到体制内，成为四川大学一名正式教师，但即便如此，我主要工作和生活的空间仍然不在学校（当然，这必须感谢校方给了我宽松的条件和自由），我日常思维仍然在抽象的学术理论与具象的实务问题之间跳跃翻转；生活内容仍然在阅读写作与实务处理之间交错和连接。这也就是说，几十年来，我的社会身份从来就不是单一的学者，以至于在我生活周际，多数人对我都没有与“学者”这一身份相联系的识别，甚至与我过从甚密者亦是如此。（细想起来，这也是具有一定普遍性的现象：学者身份似乎不宜与其他职业身份重合，一旦重合，学者身份便自动退隐，或仅仅成为一种前缀型修饰，如“学者型官员”，或“学者型律师”等等。）其次，在学术领域中，我不太依循当下中国学者所普遍依循的学术生活轨迹，也不太认同法学界普遍认同的权威谱系，甚至也不太遵从圈子内或显或潜的某些规则。近二十多年来，我与法学界的同仁始终保持着一定的距离，许多相识者已多年失去联系，更多是从他们的研究成果以及相关传媒的报道中关注他们的存在，神交远敬，倒也并不显得十分生疏。我也极少参加学术活动，与学术界鲜有直接的对话与交流，更不愿四处传学演讲。与此相联系，我几乎没有参加任何学术组织，更谈不上在某一组织中谋得某个头衔或官职，至今仍然无缘成为中国法学会及其分会的会员。就此而言，在法学界，我活脱就是一“屌丝”。不仅如此，近二十多年中，我没有主动申请任何研究课题（偶有受邀搭载充数的情况），也极少申报学术奖项，不愿去经受可能公正亦可能不公正的外部评价。还有，我在法学界，既无门派血统的传承，亦不在意尊卑威权的影响，读自己喜欢的书籍文章，敬真才实学者的智慧，即便籍籍无名之晚生后辈的文字，也能让我血脉贲张，对作者举手加额，付以仰慕。总之，我依照我自己的学术功利观而存在于我自己所营造的独特的学术生态之中。再次，在法学研究领域日益细化，学者们均术有专攻、业有专属的背景下，我的研究兴趣飘忽不定，研究主题弥散杂乱。我对法理学、法哲学、法社会学以及法经济学抱有浓厚的兴趣，但也长期关注部门法的一些重要论题；我最初学习的专业属于程序法，但我历来主张应从实体法角度理解程序制度的机理与意义，因而对实体法问题也十分在意；我对民事法领域相对熟悉，但基于刑事法问题更直逼人性，因而偶尔也会思考和研究一些刑事方面的问题。事实上，我的一些研究主题及研究成果，在法学学科上很难准确归类。不仅如此，除了法学以外，我还曾经有过几年时间，致力于经济理论及经济体制改革理论的研究，发表过不少经济学方面的论文。客观地说，我的研究选题往往与阶段时期的兴趣偏好、阅读对象以及对社会生活中突出问题的感受直接相关。同时，由于没有工作职责所派生的限制与要求，并且我从不认为法学理论问题或法律现象能够从某个单一的学科维度得到全面论证或解说，因而研究主题散乱、研究成果学科归属不清的情况自然不可避免。这种状况的直接后果是：我多次在不同场合被人问及“你是搞哪个学科的？”对此，我实在无言以答，只能报以尴尬一笑。

毋庸讳言，我把自己明确定义为“非典型学者”，一定程度上包含着对自己作为法学界“另类”或“异数”的承认，但其意绝非是张扬这种“另类”

或"异数"以显卓尔不群。这些年，在回望自己的人生道路时，我也常常自问：为什么我的人生会在学者与官员、律师乃至商贾这几种职业或身份之间跨界混串？更有意义的是，我在其他各领域都还混得过去的情况下，为什么始终没有放弃对学术的追求，保持着对学者身份的不舍与不释？前一个问题比较容易解释：研究生毕业后被强制留校，因不愿留在重庆且不愿夫妻分居两地而找一个愿接收我的单位，于是进了机关，进而便成了官员；上世纪 90 年代初，受市场经济大潮的冲击（更直白地说，自知在机关"钱景"无望，官运莫测），因而思量"下海"，而法律人"下海"最便捷的路径便是当律师；当律师后有了一定的经济积累，转而参与一些实业投资，由此，又沾上了商贾的身份。其间的转捩与变化，一切都是那样的自然。这些转捩与变化，既可以说是对现实的不断抗争，也有理由说是顺势而为，甚至是随遇而安。记得萨特曾经说过，主动、不断地进行大幅度的选择，是创造人生精彩的重要手段与方式。我的人生虽有这些选择，但多少出于被动，为情势所推置，且频度不高，幅度也不大，因而人生算不上有多么精彩。至于后一个问题的答案则比较深沉。即使撇开诸如"社会责任感"、"知识分子人文关怀"这些利他性因素不论（我坚信，这些因素于我不仅有，而且还比较鲜明），仅就个人功利而言，也需要分层探究和叙说。

首先，学者身份更契合我的人生理想。当代美国社会学家罗伯特·诺齐克在《知识分子为什么反对资本主义》一文中，揭示了一个很有意义的现象：知识分子（仅限于人文哲社领域的知识分子，尤以人文学者为典型）由于受学校精英化教育的影响，因而总是把自己视为全社会中最值得尊敬和尊重、最应得到社会礼遇和丰厚报偿的群体；而对其他群体，特别是对贩夫走卒、引车卖浆者发财致富，堂皇风光于世，知识分子则往往抱以成见与不满（这与我国古人"万般皆下品，唯有读书高"的理念大体相同）。不仅如此，由于文本历史往往由这些知识分子书写，因而知识分子又把这种价值判断和理念写入正统历史，力图使之成为主流性社会见解，由此又影响着下一代知识分子以至社会大众。我非常认同诺齐克的这一洞见，同时又必须坦率地承认，我就是诺齐克所诟病的这类知识分子之中的一员（稍有不同的是，我对其他群体过上优渥生活并没有太强烈的"羡慕嫉妒恨"，认同"成功者皆有成功的道理"）。正因为如此，虽然我从事过、并且仍然从事着几种不同的职业，有过或有着多种职业身份，但学者身份仍然是我的最爱，仍然是我自傲或自慰的基础和依据，也是我最想为世人所识别的社会存在。所以，几十年间，纵然行走在学术边缘、生活在学术圈外，我始终不愿放弃对学者身份的保持，即便在领悟了诺齐克的理论见解后，仍然愿意把人生理想绑定在诺齐克所说的知识分子的这一偏见之上。

其次，学者的思维能力延伸了我生命的张力。在我看来，学者的思维能力最主要体现于能够在事实的表象后面看到问题的实质，在散乱的现象中找到它的规律或逻辑，在细屑的过程中明确它所要达致的目标，并能够理性地选择实现这一目标的方式与手段。事实上，这样的思维能力不仅对于做学问、写文章来说是必要的，而用之于其他工作，包括观察事物和现象或处理实际事务，同样十分有益。很多看似高深抽象的理论，其实很容易与日常生活中的鸡毛蒜皮、油盐酱醋相联系；同理，掌握了这样的理论思维，对社会生活中的各种问题，也比较容易形成有一定深度、更贴近事物本质、且相对独到的主张见解。因此，几十年来，我力图通过阅读和思考，不断培养和提升自己的理性思维能力，同时，又借助于这样的思维能力认知和处理学问及学问以外的其他事务，自感从中受益良多。较为明显的感受是，尽管我所从事的这些职业之间跨度较大，但每次在步入新的领域时，我并不感到十分窘迫；平素生活中，常常需要在瞬间完成不同角色的相互切换，对此，我也不感到生涩和局促；不仅如此，在多种事务汇集于一起时，亦无特别忙碌紧张、捉襟见肘、不堪其负的感觉。当然，不能否认的是，理性思维在遭遇某些现实的挑战乃至颠覆时，也会带给我更为深刻的痛苦。但无论怎样，这样的思维毕竟延伸了我生命的张力，使我有能力涉足多个领域，使我的生命过程覆盖了更大的范围，从而也丰富了我人生的内容和意义。

再次，学者职业为我独立生存提供了最后的可能。尽管在当下中国社会中，以学问谋生通常勉强能满足基本的温饱要求，在物质生活方面，很难达及风光体面的境地，但我同时也认为，学者或许是这个社会中唯一可以不依赖于外部条件，依凭自己主观能力而生存的一种职业。一支笔，一张纸，上不触及政治红线，下不损害他人名誉，即可纵情指点江山，挥洒抒发胸臆，至于文中的见识能否为社会所接纳，所言所论是否为世人所认同，在所不问。有意义的不是这种状态能够为学者提供自食其力并养家糊口的可能，更重要的是它给了学者一种心理上自傲、自得的理由。缘此，几十年来，我心中一直留存着一个信念：即便在我失去所拥有的一切时，即便在我完全孤立无助时，我仍然可以依凭自己的智识，独立而有尊严地存在于这个世界；学者无疑是我生活中最后可以退避的职业。当我在其他领域面临某些坎坷，萌生退意时，这个信念会越发显得强烈。也恰恰是这一信念，使我始终保有面对各种复杂境况而坦然生活于世的底气和自信。诚然，现实并没有逼迫我回到以学问为生的状态，相反给了我较为宽裕的生活条件，并且我也自知一般不会落入靠“爬格子”吃饭的境地，但我仍然不愿放弃对学问的坚持，尽力守住生命中这一最后的依托。

除了前面所说的这些因素外，我还必须坦言，“非典型学者”这一定位确实给我带来了很多实惠。首先，这一定位决定了我在学术界仅是一个“票友”或“客串者”，充其量也只是一个“想当个好厨师的裁缝”，因而，外部对我的学术要求（包括质和量）可能不会太严苛，我的自我期许也不是很高（尽管我从来不敢轻待自己的文字），也就是说，“非典型”性成为我自减学术压力、自我消解名利负担的最好理由。其次，由于其他职业给我带来较好的物质生活条件，加之没有具体的教学科研任务要求，因而我看什么书、写什么样的文章、研究什么的主题以及是否拿出发表，悉由自己根据兴趣和能力所定，并且基本做到不为课题经费而做命题文章，不为增加稿费而给文章注水，不因专业要求而限死在特定研究领域，也不会改变自己的学术主张而曲求他人的赏识与欢心。所以，较之体制内学者，我在学术上有较大的自由。再次，长期生活在学术圈外，多少可以摆脱学术圈内的名利之争。我一直认为，学术机构由于资源极度匮乏，加之学者的自恃及自我认知普遍性地高于其实际状况，因而任何人置身其内，都很难从容淡定地面对极度稀缺的名利资源，相互之间名争暗斗在所难免。近几年，我回归到学校，对此感触颇深。相当多的情况是，并非在意那些并无太大实际意义的名利资源，只是不愿接受在资源分配过程中必然形成的人际排位列序，以及由此对自我尊严感的挑战。但毕竟我生活的基点并不完全建立在学术机构资源的供给上，因而或多或少可以超脱一些。最后，也是更重要的是，学者以外的职业，为我提供了大量接触社会实践，了解社会实际状况，特别是了解司法运作状况的机会，这不仅决定了我“问题导向”的研究风格与思维习惯，而且也有利于较为务实地看待社会现象和社会问题。无论是否被阅读者所感知，我在文章中的理论表述，都是以相应的实践形态作为对象或依据的，至少在我的思维中保持着对实践形态的想象。同时，我还尽可能做到批判性与建设性的融合，告诫自己不卑贱现实，不简单地发些高雅牢骚，也不提一些不着边际、不负责任，八竿子打不着、八辈子做不到的主张与建议，力求对社会现实抱以基本的诚恳与诚实。正因为如此，我钟爱我自己根据对社会观察的感受而从心底流淌出来的那些文字，我珍重我自己运用学术思维对一些社会问题所作出的认知与分析，即便这种情感多少出于敝帚自珍，且不免有自怜自恋之嫌。至少可以肯定地说，如果不是在其他职业中对社会现实有较多接触与了解，我的“学问”或许是另一番景况。

总之，我的“非典型学者”的道路，有着深重的个人痕迹，与我个人成长过程中若干偶然性因素相关，也是我在这个复杂多变的社会中对自身命运把握与选择的结果，我享受、从而也承受着由此而带来的欢悦或痛苦，并且愿意将“非典型学者”这一名号镌刻在自己的墓碑之上。

（三）

收入于这本文集的论文，分别阐释和表达了我对当代中国法治、法学、司法、律师制度、政府行为等宏观问题的认识以及对法律领域某些具体问题的见解。这些论文既体现了我在不同时期对相关问题的社会主张和理论观点，以及我在不同时期的学术兴趣、思维重心及研究方法，也代表了我在不同时期的学术水准和研究能力。将这些论文的写作背景、写作过程以及主要观点串接起来，就构成了一个更趋真实的个人学术自传。为此，我将分别就每篇论文写作的相关情况以及论文的主要观点与缺失作一扼要叙述，既作为我对自己学术生涯的一次回眸，藉此重新领悟和感受由痛苦和欢悦所交织出的心迹，同时也算是对这本文集的一种导读。

《当代中国法治话语体系的构建》。介绍这篇论文不能不涉及一个背景性事实。2009 年，我受中央有关部门之邀，参与了《社会主义法治理念学习读本》的起草工作，实际上是我主要执笔。由我这个离体制最远的学者去做体制中心这项最具体制化特征的工作，多少有些幽默。

社会主义法治理念的提出，无疑是我国法治意识形态领域中的一项重大事件，但坦率地说，此前我对这一概念及其内涵并没有太多的关注，更谈不上有什么样的研究。接到任务后，我认真阅读了此前所形成的相关文献以及以此为主题的大量文章与资料，对其中所涉及的问题进行了较为深入的思考。令我始料不及的是，当我拂去这一概念及其内涵表述上的政治韵味，而把思维沉入到“当代中国应否有自己特定的法治理念、又应有什么样的理念”这一本原性问题时，我竟然在这种政治话语与我对中国法治应然图景的构想之间找到了某种对接。因此，我把《读本》的起草过程看成是表达我对中国法治的基本愿景与主张的过程。在《读本》中，我力求结合中国实际，用法治基本原理去诠释容量甚大的社会主义法治理念的五个方面内涵，特别是尽力寻求决策者的政治主张与法治基本原理之间最大程度的契合，把政治化术语还原到法治语境之中加以叙述。尽管最终面世的《读本》吸纳了多方面的意见，集中了众多参与者的智慧，并经历了多层次的严格审查，但我仍然认为，《读本》反映了我作为一个法学人或法律人对中国法治的主要期待，也反映了我在当代中国法治问题上的学术见解与社会主张。

《读本》的起草工作促使我对我国法治意识形态领域整体状况有了进一步的关注，并催生了“以社会主义法治理念为基础，构建当代中国法治话语体系”的理论构想，《话语》这篇论文便是相关思考的具体表达。我在论文中的主要观点是：近几十年来，我国法治意识形态受域外法治理论和思想的影响较大，特别是以自然法学派和实证主义法学派主张为基础的自由主义法治理论对我国的影响较为深刻；自由主义法治理论所刻画的法治模式及法治的主要特征在很大程度上成为当代中国人认知和评判中国法治的依据。然而，自由主义法治理论不仅在理论上难以实现自洽，同时从历史上看，也并不是西方法治实践所真实奉行的理论，并且这一理论在输入后起法治国家的过程中，还搭载着西方国家的某些政治企图。因此，必须在充分吸收人类既有理论成果，充分尊重中国实际条件的基础上，构建当代中国自己的法治话语体系。论文对当代中国法治话语体系的构建提出了几个原则性思路，同时又对法学理论界在此过程中的应有作为和贡献提出了自己的建议与主张。

在我的意象中，这篇论文虽然是在论述我国法治建设中的重大问题，但实质上是我与法学界的同仁们进行交流和对话，特别是挑明当下法学人对于中国法治现实的某种纠结。我希望以我自身的情感和领悟唤起多少有些消沉的法学人重新审视自己对法治的既有认识，同时直面中国法治现实，在人类法治发展史中为中国法治找到它的独特地位，在中国法治的创立和完善中展示当代中国法学人的作为。本文的缺失则在于，虽然提出了当代中国法治话语体系构建的一些原则，但并没有具体阐释这种话语体系的结构与内容，特别是对如何把传统法学理论融入到这种话语体之中，缺少充分的讨论。

《也论中国法学向何处》。形式上看，这篇论文是针对邓正来教授《中国法学向何处去》一文而写、并与邓文商榷的文章，但事实上并不尽然。实际情况是，在写这篇论文前约半年，《中国法学》前主编陈桂明教授在成都与我相聚，我们共同聊起法学研究的现状。作为"乡党"及学长，我坦直地向桂明表达了我对当下法学研究现状的一些认识，其中也涉及到对邓文的不同看法。桂明颇为认同，并希望我能就此写些东西，从而便有了这篇论文。因此，这篇论文选用"向何处去"的标题以及拿邓文开篇说事，纯属借题发挥。论文成稿后，我交投《法学研究》（因考虑到此前我在《中国法学》已连续发了几篇），《法学研究》决定刊用，但编辑谢海定老师建议我删去与邓文相关的引言部分。当时我认为，从编辑或杂志的角度看，海定老师的建议是对的，但问题是，如果隐去与邓文的联系，中国法学纵然有什么样的问题，也不适合我这个"圈外"学者专文公开化地高谈阔论，至少不适于运用这样恢弘的题目，故我婉谢了《法学研究》，改投《中国法学》。论文在《中国法学》2009 年第 1 期头条发表后，引起了不小的反响。我听到、看到的肯定性评价不少，甚至有颇具份量的学者专门给陈桂明发短信，"感谢桂明刊发此文，为中国法学做了一件好事"（桂明将短信转发给我，我颇为得意了一阵）。自然，批评或贬责的意见料想也不会少，只是我与法学界直接联系甚少，即便有不同声音，也难以亲闻其详。倒是邓正来教授淡定大度，指示其学生在编选相关文集时一并收录了这篇文章。

《也论》一文实实在在是我对中国法学研究中存在的问题以及应然状态的基本认识。如果说《话语》一文是我法治观的一种表达的话，那么，《也论》一文则是我的法学观的一种系统阐释。我认为，中国法学所存在的真正问题并不是邓正来所说的"现代化范式"的影响，而主要是，中国法学在超越了"法条注释"阶段后，正循着"知识一文化进路"发展，这一进路高扬"为学术而学术"的大旗，拒绝实践性功利动机，把法学当成自闭、自洽以及价值自证的文化活动。这样的进路使法学研究的主题缺少对中国现实问题的应有关注，研究的语境远离中国社会的实际场景，并且法学人也刻意保持着疏离实践的文化姿态。由此而形成的结果是，在法学不断“繁荣”的同时，法学对法治实践的贡献却相应退减。《也论》对中国法治为什么会偏离法治实践的原因作了较为客观、全面的分析，既正视法学界自身的原因，也涉及了其他社会、政治方面的原因。为了求得法学人更大的共识，《也论》还专门就法治的“中国因素”或“中国问题”进行了探讨，并以前面讨论为基础，提出了法学人对中国法治及法学所应有的几点共识；而对“向何处去”的问题，论文的结论则是：“与中国法治同行，并能引领中国法治实践”。虽然可能有人对这样的结论不以为然，但我认为，强化中国法学的实践理念，关注法学对法治实践的贡献度，在实践的引领或推动下开展法学研究，把法学研究的功利维系在中国法治的建设与创新之上，中国法学必定会开创出新的生面。这也是《也论》力图阐释的主旨所在。

《我国自主型法治进路》。这篇论文与我学术生涯中的一次“艳遇”相关。2009年4月的一天，我接到中央政法委的电话通知，让我参加由中政委召开的一次小型座谈会。由于此前十多年我未参加过任何官方会议，“组织”这一概念对我来说已十分陌生，故对于这样的通知我无法不感到诧异。后来得知，召开这次座谈会是为中央政法委集体学习会作准备。中央政法委确定了两位知名学者作为主讲人，召开座谈会的目的是汇集各方意见和观点，为这两位学者起草讲稿提供参考。座谈会主题是“中国特色社会主义司法制度的构建与完善”。在接到通知前，恰好我正在撰写《进路》一文，论文的主要内容与座谈会主题较为接近，故我在开会前匆匆完成了初稿的撰写，并按此稿的主要内容在会上作了发言。显然是我的发言得到了中政委相关领导的肯认，后来竟戏剧性地确定我作为主讲人之一。从确定我作为主讲人到正式讲解，其间过程的繁复不便细说，总之最后是在中央政法委主要领导主持、中央政法机关部级以上领导干部参加的学习会上讲了这篇论文的主要内容。上世纪90年代以来，法学界知名学者登堂入室为高层讲解法治的情况已不鲜见，但我这样的山野学者涉身其间，实属偶然之偶然，故我将之定性为学术生涯中的“艳遇”。一位身居高位的同学为此曾给我发一短信：“想不到四川逸仙也有此一出”。我当然更想不到会“有此一出”。学习会结束后，我对讲稿作了进一步修改，形成

《进路》一文,《法学研究》在 2010 年第 1 期刊发。

《进路》一文,所阐释的主要观点是:在过去较长时期中,我国法治建设基本依循着"追仿型"进路,亦即以仿效西方法治国家作为我国法治创立和建设的实际路径,当代中国人也往往把西方法治的今天视为中国法治的明天。而随着法治推进的深入,这种"追仿型"进路逐步显示出其内在局限,因而中国法治必须由"追仿型"进路转向"自主型"进路。为此,《进路》一文对"西方法治理论中哪些是真正值得我们重视和借鉴的资源"、"法条主义是不是法治的核心原则"、"司法独立的真正涵义是什么、西方社会真正存在的是什么样的司法独立"、"实行法治是否应奉行法律中心主义"等法治理论中的几个主要问题进行了分析和讨论,运用西方学者的一些研究成果对这些问题作了辨析性论证。《进路》继而提出了中国自主型法治进路中应当坚持的八个原则或方针。为防止在坚持自主型进路中可能出现的违反法治规律、损害法治权威、排斥域外思想资源等问题或现象的发生,《进路》还专节对"自主型法治进路中可能出现的偏失"作出提示。

《中国司法改革的宏观思考》。这篇论文写于 2000 年。上世纪末发生在中国的司法改革,虽然肇始于党的"十五大"报告的倡导,但实际上并没有源自高层的统一、具体的部署。不仅改革的内容、方式、路径不是十分清晰,就连改革的动因与目的也不很明确。现在看来,这场改革的发生,很大程度上是因为社会各方面希望通过司法改革为中国法治的快速推进寻求一种突破;法学理论界乃至相关实务机构,则把这场司法改革当成推进并实现中国法治现代化的重要路径。因此,其时的司法改革带有很强的"民间化"和"自发性"色彩。一方面是法学界围绕司法改革的方方面面问题持续热议讨论,各个层面、各种专题的研讨活动不断推出;另一方面是相关司法机构自发地围绕自身的职能、机制和制度,推出多种改革思路或方案。但无论是什么样的思路,抑或什么样的方案,都蕴含着两个明显的特征:一是以西方国家的理论或实践作为中国司法改革的潜在指向(如果说我在前面《进路》一文中所定义的"追仿型进路"成立的话,那么,可以说,这场改革则是"追仿型进路"中的典型事件);二是各实务机构力图通过改革直接或间接地扩张自身的权力,以提升自己在权力结构中的地位为重心而设计并提出各种改革思路或方案。

如前所述,我曾有过经济体制改革理论研究及实务参与的经历,后在从业律师的过程中又直接与司法机关交集,涉身于司法活动之中,因而对这场司法改革不可能无动于衷,甚至还焕发了当年参与经济体制改革方案设计的那种热情与心境。我不仅关注在各种讨论中所形成的不同主张、观点,同时还参加过几次在北京召开的专题研讨会。《宏观思考》一文是我对这场改革思考所形成的集中认识,也是为参加夏勇教授主持的社科院法学所召开的一次专题研讨会而准备的发言稿。所以名之为"宏观思考",主要是我认为,如果不弄清这场改革发生的现实原因、改革的主要内容以及主要路径及策略等宏观问题,对具体的改革措施很难从经验或感觉层面上作出判断。因此,我避开对具体改革措施或方案的讨论,而把视野投向更具本质性的基本问题,希望能从整体、全局上对这场改革建立并表达自己的认识。顺便说及,对社会生活中的各种问题,立足于从宏观层面上予以思考和分析,这已成为我的一种思维习惯。我始终认为,对任何问题,在宏观上、大局上把握好后,微观上的认识才会更为清晰。这也是我的研究主题往往偏向于"宏大叙事"的原因。

《宏观思考》一文从分析中国司法面临的现实矛盾入手,指出"我国传统社会治理方式和治理结构的深刻变化所形成对司法的仰重"、"社会资源配置和经济运行方式的重要改变及经济的快速发展而形成的司法相对滞后"、"社会变革中各种复杂冲突与矛盾加大司法工作的难度",以及"司法机构内生资源不足所导致的司法行为的偏差",所有这些构成了司法改革的现实原因,从而也是司法改革所应着力解决的问题;而要从根本上解决这些问题,必须重塑各种权力关系。因此,从宏观上看,司法改革的基本内容应集中于调整各种权力关系,包括司法与执政党的权力关系、司法与立法机构的权力关系、司法与政府的权力关系、司法机构之间的权力关系,以及各司法机构内部的权力关系。对各种权力关系调整的内容或方向,论文中也概略地表达了我的一些设想与建议。不仅如此,基于经济体制改革中所形成的经验与感受,《宏观思考》还对司法改革的约束性条件和主要策略分别进行了讨论,特别是提出了容易被忽略、但绝对具有影响的司法改革的几个约束性因素:现行法律的规制(改革受限于现行法律)、意识形态的影响(主流意识形态的刚性以及决策层对西方理论与实践的本能性排拒)、权力调整中的位势失衡(因各主体惜权、争权而阻碍改革的推进或使改革变形)以及改革的成本匮乏(司法改革一般无法通过改革而增加内生资源)。在改革策略的建议中,又对改革的路径或时序、对待西方制度和理论资源的态度,以及关于德化教育、加强管理、完善程序与制度创新的关系进行了讨论。这篇论文在《法学研究》2000 年第 3 期刊发,又蒙中国法学会研究部方向部长推荐,获评“司法改革论文评选一等奖”。

《宏观思考》一文发表距今已十年有余,中国司法改革如今已纳入到中央统一部署(也就是回到了我在论文中所主张的“由上而下”路径,现在的时髦说法叫“顶层设计”),并已完成了前一轮的改革规划。但客观地说,我在这篇论文中所分析的作为司法改革背景的诸种问题与矛盾依然存在,而各种权力关系的调整虽有一定进展,却无实质性变化,某些改革措施亦未能体现出“制度创新”的意义。因此,《宏观思考》中的主要观点,依然是我对当下乃至今后司法改革的主张与期望。

《中国法治进程中的法律资源分享问题》。这篇文章发表于 2008 年,但断断续续地写了近两年。在撰写这篇论文的前几年中,除了后面将提到的一篇论文外,我没有写过法学方面的论文。原因在于,那一时期我对中国法治现实中的许多问题感到迷惘,更直白地说,我对中国法治的前景多少有些失望。体现这种情绪的最直接方式便是学术表达的沉默。毫无疑问,在后来的几年中,这种情绪有了很大变化,其间贯穿了我对西方法治理论系统梳理和重视审视,以及对西方发达国家乃至拉美和东欧等发展中国家法治发展历程的深入了解,也包含了我以积极的心态正视和理解中国法治现实所关涉的各方面问题,调校我对法治的固有认识。这当然是后话。《分享》一文,可以说是我在长时期迷惘和纠结后所爆发出来的一声呐喊。因为在我看来,我国社会现实中法律资源分配或分享不公的问题,已经触及了社会公众所能容忍的底线。这种不公不仅固化或放大了社会其他资源分配的不公,而且更动摇人们对法治的信念,进而动摇着人们对这个社会的基本信心。作为一个法学人或法律人,我不仅是这种不公的受害者,同时还自觉或不自觉地成为这种不公的推助者。这种认识让我如鲠在喉,不吐不快,无法继续保持沉默,从而断续写出了《分享》一文。所以,《分享》与其说是一篇学术论文,不如说是一个法学人或法律人不满某些社会现实而作出的宣泄,是以学术语言及学术方式表达出来的一种社会诉求。

《分享》一文的切入点非常朴实:具体的法治体现于法治同每一个社

会成员的关系，亦即在推进法治的过程中，每一个社会成员得到了什么，又失去了什么。现实中，法治概念所蕴含的公平、正义等积极意义往往遮蔽了不同社会成员在法治实际受益方面的差异；在推行法治的积极动机下，可能存在着不同社会主体受益状态的严重失衡。《分享》揭示了我国现实中法律资源配置与分享机制的主要偏失：政治权力对法律资源的过度控制；物质财富对法律资源的配置与分享的趋导；其他各种社会势力对法律资源配置与分享的影响。继而，论文对法律资源分享不公或失衡的深层原因进行了分析，特别指出我国实行法治的功利目标偏向于“以法治民”，从而导致权力对法律资源的过度控制；同时，社会其他资源分布的失衡进一步导致了法律资源分布的失衡，最需要法律资源的群体往往最缺少法律资源的供给。《分享》还对我国法律资源分享机制的完善提出了一些建设性意见，强调把推进法治的重心从创造法律资源转向公平配置与分享法律资源，并适度调整法治的功能结构，强化“以法制权”的作用，同时，突出法律资源的“公共产品”属性，提升社会成员运用法律资源的能力。诚然，《分享》所揭示的并非是什么高深的问题，而是当代中国人都能实际感受到的事实，并且，这些问题也不可能通过学者们的几篇文章而得到解决，但我想，这些微弱声音的不断累积，仍然会对社会进步有所推动。

《效益：当代法律的基本价值目标》。这篇论文写于 1991 年，是我第一篇以法理学问题为主题的论文。写作这篇论文时，我仍然在体改部门工作，只是由于 1989 年那场政治风波的发生，当时的经济体制改革基本处于停滞状态，我在改革理论研究方面自然也无所作为。不甘于沉寂的我，不得不重拾旧艺，把思维的重心从经济理论转向法学领域（在写作此文前已实际转向。《社会冲突与诉讼机制》一书就是我在转向后收获的“第一桶金”）。带着经济理论研究的温度和余韵去思考法学问题，最容易想到的主题就是制度与效益的关系。早在研究生学习期间，我受种明钊老师的影响，对西方法律经济学即有所关注，并且还发表过介绍性文章。在从事经济理论研究的过程中，我较多地接触了西方制度经济学的著述，对当代西方制度经济学有较为系统的了解。既然在研究经济理论问题时，我偏重的视角是制度（法律）对经济过程的重要影响，那么，在重新开始思考法律问题时，我很自然地关注到法律（制度）的效益价值。

在《效益》一文发表前，国内尚没有人明确地提出把效益作为法律的基本价值。因此，作为一种具有倡导性的学术主张，我的论文也主要从西方理论资源中为这种倡导寻求证明或依据（事实上，我的思考也是受到了西方理论的启发）。但是，我在论文中并没有沿用“因为西方有，所以我们也得有”这种简单的逻辑或套路，而是力图从当代中国人可感知的经验性思维破题：现代社会中，法律对社会经济生活影响的日益深重，而法律的正义性并不能完全涵盖法律的效益问题；正义的实现也不是效益极大化的必然标示，因此，法律在维护社会公正的同时，应当同时保障效益的提升以至最大化，法律制度及其实施也应当受制于正义与效益的双重评价。基于这样的判断，《效益》回顾了从亚当・斯密对重商主义法律的抨击到法律经济学形成的历史过程，揭示了经济学向制度（法律）领域不断渗透的趋势，并对科斯、波斯纳、布坎南以及施蒂格勒等人有关将效益导入制度（法律）的主张进行了介绍和分析，勾勒出效益渐进性地融入法律的理论发展过程。在此基础上，《效益》通过对法律在现代社会的基本使命、法律在当代经济生活中的作用领域、正义（或公正）价值目标的局限性等因素的分析，从实证的角度论证了效益价值目标在法律中确立的实践根据。其中特别指出：在许多情况下，正义或公正的价值目标是需要通过效益的量化加以测定或证明的，亦即波斯纳所说“正义的第二种意义，简单说来，就是效益”。最后，《效益》还分别对我国财产法律制度的效益、犯罪预防与惩治的效益、诉讼程序的效益等问题进行了具体讨论。

客观地说，在写作《效益》一文时，我对法律的效益价值的理解仍然是不够充分的，所论及的“效益”更主要还是指经济意义上的效益。现在看来，法律的效益价值所反映的是法律与其一切社会后果之间的关系；效益价值的确立就是把“投入—产出”这种的经济活动中的因果逻辑引入到对法律及其实施行为的全面考量和评价，而考量和评价的维度不仅是经济性的，还包括政治、文化、社会等各个方面。现在所流行中的“三个效果”（法律效果、社会效果、政治效果）的统一，本质上也就是对效益价值目标的强调。

《能动司法若干问题研究》。对这篇论文的写作动机与背景，我在论文的引言中已有比较详细的叙述和交代。概括地说，这篇论文是我分析和理解近些年最高法院的司法取向或司法理念所形成的一些感受。但撰写这篇论文的目的既不是要为最高法院的这种取向或理念作出论证或辩护，亦不是对此提出批评，而更主要是表述我对中国司法应然状态（不只是某一时期）的思考与构想。当然，我也希望这篇文章能够促成各方面对最高法院这一司法取向或理念形成更为理性的认识与评价。

在《能动》一文最后成稿前（此稿断续写了一年多），法学界及实务界对能动司法或司法能动已有了大量的讨论。可以说，这一主题是那一阶段法学理论的热点或焦点。但在几乎所有的讨论中，都把中国的能动司法与以违宪审查为核心的美国司法能动主义联系在一起，有关能动司法的故事总是从“马伯里诉麦迪逊案”讲起，同时都是截取美国司法能动主义的某一或某些特征，比附中国的能动司法，并据此对能动司法表示赞同或反对。因此，《能动》一文首先对能动司法与美国司法能动主义进行了辨析，指出了“司法能动主义”一词的多义性，尤其是强调不能把中国的能动司法与美国违宪审查意义上的司法能动主义混为一谈。我认为，中国的能动司法更接近于美国实用主义学派所主张的那种司法能动主义。据此，我进一步认为，中国的能动司法所对应的不是“司法克制主义”，而是“法条主义”或“规则主义”。在界定能动司法的涵义后，《能动》对实用主义意义上的司法能动主义的主要蕴含进行了概括，从七个方面描述了司法能动的实践形态，藉此为中国能动司法提供一种具体的参照，以避免“能动司法是个筐，什么东西都可装”的偏向。为了说明能动司法是现代司法具有普遍性的发展趋势，《能动》对司法能动主义（当然是实用主义意义上的司法能动主义）在西方社会兴起与践行的原因进行了分析，分别从法律技术层面、社会层面以及法哲学层面揭示了司法能动主义形成的必然性和必要性。继而，《能动》对中国实行能动司法的现实理由及约束性因素进行了论述。一方面，从当代中国社会政治、社会意识形态背景以及司法自身的发展状态诸方面，说明确立能动司法取向或理念的理由，特别是把能动司法置放在中国社会现实矛盾与司法功能之间的紧张关系之中，论证其合理性；另一方面，对能动司法取向及理念在当下中国社会条件中的实践性约束也作了必要的分析，坦诚地指出：对传统法治理念的守持排拒着对能动司法的接受；规则意识的普遍淡漠可能会扭曲能动司法的应有轨迹；司法队伍素质在一定程度上制约着能动司法的效能；我国司法与政治的密切联系加大了能动司法过程中对社会目标识别的难度。所有这些，都可能会对能动司法形成限制性或负面性影响。《能动》一文最后提出了我国能动司法的主要内容及保障机制。我主张,中国能动司法主要体现在四个方面:一是把追求社会目标的实现作为司法的基本导向;二是以多元社会规则、多重社会价值作为司法综合考量的依据;三是把调解作为处理社会纠纷的常规性司法方式;四是把便民利民作为司法运行中应当考虑的重要因素。为了防止"能动"被衍化为"盲动"或"乱动",我主张,在践行能动司法取向或理念过程中,必须建立三个机制,亦即:宏观上,建立良性而有序的司法与政治互动机制;中观上,建立恰当而有效的最高司法机构的指导机制;微观上,建立科学和合理的法院内部审判运行机制。

迄至今天,对于我国应否奉行能动司法,法学界、实务界依然存在很大争议,能动主义与规则主义的紧张关系体现为法学界及实务界人士对我国司法功能及司法方式认识上的重要分歧。但我认为,作为人类一项复杂的实践活动,司法过程中没有"能动"是不可想象的,所以,能动司法可以说是司法的必然特征,问题只是,在"一切皆有可能"、规则意识普遍淡漠的中国社会,必须高度重视并防止能动司法所可能出现的偏失。这是《能动》一文所希望表达的主旨,同时也是我在能动司法问题上所持有的基本立场和态度。

《人民法院内部审判运行机制的构建——以成都市中级人民法院实践为样本》。2008 年后,我一直试图对司法运作作一些深度接触和了解,因为此前的一些经历使我清晰地认识到,把握中国法治的复杂性,必须弄清我国司法的实际运作状态。只有把自己置身于司法运作的具体过程中,切实地面对和感受一个司法机构或一个司法人员日常所面对和感受的一切,才可能对我国司法、进而对法治有真正的认知。当然,潜含于其后更深层的目的是,我希望通过对复杂的司法运作过程作出相对理性的解读,梳理出我国司法运作的某些独特逻辑,特别是藉此认知并揭示当代中国司法与政治及社会的互动关系以及司法机构内部运行的某些机理,进而能够对中国特色司法的基本问题形成一些较为靠谱的认识与判断。为此,我着意寻求做一个实证课题的机会。不久,即与成都中院的"审判权与审判管理权改革"(简称为"两权改革")实践不期而遇。此后的 3 年中,我与成都中院的这项改革实践一直保持着十分紧密的联系。从了解、认识并理解"两权改革"的内容及原理开始,到依据自己的认识,审视和评价"两权改革"的制度及理论基础,分析具体方案和措施的利弊,进而对这项改革的深化和完善提出一些建议和意见，乃至在不同场合、更广的范围中宣扬这一改革实践对于完善我国司法制度的意义。在此过程中，围绕这一改革主题，我与成都中院领导、相关工作人员以及国内很多专家、学者有过无数次的交流、讨论乃至争辩，其角色已不再是一个局外观察者，工作的内容也远远溢出了做一个实证课题的边界。令我欣慰的是，成都中院这项工作得到了最高法院的肯定，我的实证研究成果则体现于这篇论文。

《运行机制》秉持了我以问题为中心的研究风格，以质朴的问题开篇：司法裁判是如何在法院这个由多个主体组成、具有明确的层级化设制的拟制人格主体内部生成的？法院内各个主体、各个层级在审判活动过程中居于什么样的地位、处于什么样的关系，对司法产品的最终形成又能产生什么样的作用？更富有意义的是，法院内部各主体和各层级通过什么样的方式、以何种样态参与审判活动，才能有效地保证司法产品质量和产出能力的提升？这些都是人民法院日常面临并直接关系到司法功能和审判成效的问题，然而也恰恰是长期未能得到很好解决的问题。《运行机制》揭示了我国法院内部“多主体、多层级、复合性”定案机制以及与此相关的现实中审判运行失序的问题，并对解决这一问题的不同思路进行了分析。由于在“法院内部裁判权究竟应由谁来行使”或“谁对裁判有参与或决定权”这一根本问题上存在着不同认识，《运行机制》一文对审判运行构建的几个前提性问题进行了讨论，分别就“我国是否应当承认法官（合议庭）独享裁判权”、“法院审判为什么不适用行政化决策方式”，以及“如何看待院、庭长在审判活动中的作用”等问题表达了我的观点，其中，对一些学者以符号化的“法官”替代现实中法官，并据此主张“法官独立审判”的认识提出了商榷，并就为什么不适用行政化决策方式（院、庭长批案制）提出了一些独特的理由，此外，对院、庭长以及审委会的作用，我也主张理性、务实地去看待。在这些分析和讨论的基础上，论文以成都中院的改革实践为样本，对法院内部审判运行机制构建的主要内容进行了概括和描述，并从理论上对其原理和机理进行了分析和论证，由此勾勒出一个具有中国特色的人民法院内部审判运行机制的轮廓。这篇论文还对构建法院人民法院内部审判运行机制对于完善中国特色司法制度的积极意义作出展望。

在我的印象中，《运行机制》是我写得最苦、最累的一篇文章。写作过程中，常常呆坐半天写不出一个完整的段落，几度废了又重写。原因在于，首先我需要对成都中院的改革实践有透彻地理解，充分认知这一改革的动因、内容以及各种措施之间的内在逻辑机理；其次，我又必须超越这一具体实践而思考一些更具普遍性的问题。再次，我又必须在概括和描述成都中院实践内涵与一般性理论论证之间找到恰当的文本表述方式。当论文最终形成后，人们所看到的也许只是一个“直立的鸡蛋”，但在思考这种“直立”过程中所耗费的心智，实在难以与人言说。

《论对司法的传媒监督》。这篇论文写于 1999 年，其时正是“民间化”、“自发性”的司法改革的高潮期。作为司法改革所关涉的一个重要问题，传媒与司法的关系也受到了法学界和新闻界的高度关注。为此，京城几家单位组织法学界、新闻界人士举行了一次专题研讨会，《传媒》一文即是为这次研讨会而准备的论文。

在撰写这篇论文前，我对这一主题并没有专门的研究，甚至没有相关资料的积累，但我平素对社会生活中的很多现象、尤其是与法律或司法相关的现象始终保持着一种敏感和关注，对传媒与司法之间交集的一些典型事例有较为深刻的印象，并且对两者之间互动的形态与机理也本能地进行过一些零散的思考。不仅如此，在我从业律师的过程中，也经常会遇到媒体（主动或在当事人的作用下）介入于个案，通过传媒对个案裁判结果产生影响的情况。这些生活经验与经历的积累，加上理性思维分析和逻辑推导，成就了这篇论文。现在想来，我的很多论文所涉及的主题与我所学的专业并没有太大的关联，有些甚至是我写作前较为生疏的领域，而我所以能够在这些领域涉足置喙，并且还能铺陈出大体象样的文章，与我平时对社会现象的观察、捕捉与思考以及在阅读中所形成的理性分析和逻辑能力有极大的关系。客观上说，各种社会现象及其内在机理本身就有很大的相通性，把握这种相通的特点和规律，就有可能对不同的社会现象形成有一定深度的认识。《传媒》一文较为明显地体现了我的这种写作特点。在《传媒》一文写作时，网络传媒还没有出现，因此，《传媒》一文中所指的“传媒”，仍然是传统的传媒，更恰切地说，是在主导政治威权控制下的传统传媒。改革开放后，传媒的自主性得到了一定的释放，传媒对包括司法在内的政治社会生活参与及影响的欲望日益强烈；同时，传媒受市场的影响也渐趋明显，因而传媒与司法的关系从集权体制下的高度同一逐步转向彼此在一定程度上的独立，传媒与司法的关系也由此出现了一定程度的紧张。

在司法改革的语境下讨论传媒与司法的关系，是把强化传媒对司法的监督作为司法改革的一项措施来认识的，因此《传媒》一文把研究的视角锁定于传媒对司法监督这一特定内容，而撇开传媒与司法的其他联结。

《传媒》一文写作时，虽然传媒对司法的监督尚处于倡导阶段，但对这一社会实践各方面并没有太大的分歧，无需再从必要性层面进行论证，因此，我把《传媒》一文的中心任务定位于解析两者之间在实际互动中所关涉的主要问题。论文首先讨论了传媒监督的应有前提，亦即把传媒作为司法监督的一项常规方式所赖以存在的一般社会条件，主要有：传媒与司法合理张力的形成与保持；支撑传媒监督的相关制度保障的建立；传媒自我约束机制的有效形成等。进而，论文依据我对相关实践的了解，对传媒监督的立场、内在动因、实际范围以及传媒监督的效能进行了分析。以此为基础，论文着重就传媒监督的现实制约性因素以及进一步发挥传媒监督作用所应当解决一些问题，提出了我的主张与见解，分别讨论了传媒监督制度设计的基本取向、传媒监督的主导任务、传媒监督的主要方式以及传媒侵权救济制度的完善几个实践性问题。

时至今日，由于网络传媒的兴起，传媒与司法的互动已常为社会生活中的常态性实践。很多典型性司法案例都是在网络传媒的热议中落槌结案的，其结果或多或少受到了网络传媒的影响。网络传媒与传统传媒具有很多不同的特征，总体上说，由于网络传媒具有更强的开放性，传媒与司法两者关系的一些特征在网络传媒极度活跃的条件下被进一步放大，传媒与司法关系的紧张度也空前增强。但我认为，《传媒》一文所讨论的问题以及所阐释的传媒与司法之间合理张力的形成与保持、正视传媒对司法影响的双重属性以及建立传媒与司法的良性互动机制等观点，依然适用于当下对传媒（包括网络传媒）与司法关系的认识和分析。

《公众判意的法理解析——对许霆案的延伸思考》。《判意》一文与前面介绍的《传媒》一文的写作时间相差近十年，但主题都是解析司法与传媒互动的关系。不同的是，《传媒》是从一般意义上分析传媒对司法监督的相关问题，而《判意》则是以个案为样本展示传媒对于司法活动的具体影响；同时，《传媒》所指涉的是传统媒体，而作为《判意》背景的传媒主要是指网络传媒，并且进一步延伸至经由网络传媒所表达出的社会公众对于司法个案处理的主张与意见。

许霆案是近些年在我国出现的热点案件之一。许霆案发生后，法学界许多学者都参与了对许霆案的讨论，但讨论中所表达的意见主要集中于许霆的行为是否构成犯罪、构成什么样的罪以及相关司法机构对许霆的量刑偏重还是偏轻等刑法专业性问题。即便有些法理学学者的主张，也纠结在“许霆是否具有秘密窃取情节”这样的专业判断之上。然而，我在许霆案中所看到的不是许霆案的特殊情节以及该案近于戏剧化的处理结果，而是此案所显示出的社会公众与司法机关在个案处置中的互动格局，以及由此对我国司法理念、司法民主化实践以及司法行为的社会生态的深刻影响。我认为，如果不是把许霆案看成是一个偶然性、不可重复的事件的话，那么，对许霆案的思考就不应止于许霆案本身的审结，而必须对蕴含在个案中的社会公众对于司法行为的评价、社会公众对于个案处理的意见作出具体分析，从而对这类现象形成更具本质化的认识。因此，我确定从解析社会公众对司法个案的意见与主张这一特定角度切入，作为我对这一热点案件讨论的参与。

在确定论文题目时，用什么样的术语简洁地概括我所要研究的对象（即社会公众对于司法个案处置的主流性、主导性意见和意向），我颇为踌躇。最后使用“公众判意”一词，我自知不尽确切，但也找不到其他更合适的替代，料想读者能够从词意上认知我的实际指涉。论文发表后，受到了一定的关注，但“公众判意”这一词并未被学术界所普遍接受，当然也未见其他更好的表述出现，可见，学术上哪怕是些微创新，亦属不易。

《判意》一文的主旨在于对“公众判意”的若干因素进行解析，包括“公众判意”的特性、“公众判意”出现的社会原因和条件、“公众判意”的实际蕴含、“公众判意”的合理性与可能存在的偏失，以及公众判意的应有地位等诸方面。在特性方面，我概括了“公众判意”所涉案件的特异性、表达方式的多样性、与已间离的有限性、意向内容的简洁性、过程之中的变易性等几个方面；在原因与条件方面，论文揭示了公众判意与社会分化所形成的利益和观念冲突、政治关注点及政治参与方式的转变、司法公开化和透明化程度的提高、网络的普及与运用等几个方面的必然联系；在实际蕴含方面，我认为“公众判意”主要包括五个方面，即：以既往案例为参照的法律评价、以主观善恶为标准的是非判断、以生活经验为依据的事实认知、以自身境况为基点的情感偏向、以司法个案为藉托的案外诉求。对“公众判意”的合理性或可能的偏失,《判意》也分别作了分析,既肯定了其中合理、积极性因素,又对其所包含的偏误以及由此形成的消极影响进行了论证。《判意》最后还对“公众判意”在我国社会中的应有地位进行了阐述。

当今天再提《判意》一文时,我不禁想起这篇论文发表的过程。《判意》写成后,我曾投寄一家杂志,编辑认为此文以许霆案为主题,但内容却没有具体讨论许霆案本身,且写法上有些像教科书。我当然并不完全认同这样的评价。后我将文稿发给陈桂明,桂明很快给我回复了一短信,不仅对论文予以很高的评价(他赞同我以这样的视角看待许霆案,并且认为法理学、法社会学都应当以这样的方式关切社会现实),而且决定“破格”在《中国法学》2008 年第 4 期上刊发(该刊当年第 3 期上已刊发了我一篇。按《中国法学》的发稿制度,同一年度内不发同一作者一篇以上的稿件,两期连续刊发我的两篇论文,可谓“破格”,桂明的原话是“违规”)。现桂明英年早逝,已看不到我的这些文字,唯愿学弟在天之灵,能够感受我此时此刻的这份感激。

《试论我国社会中非常规性纠纷的解决机制》。这是一篇我没有想过发表的论文。2006 年,龙宗智教授从国务院法制局领受了“我国社会纠纷解决机制”的课题。大概是因为我此前曾涉猎过这一领域,故宗智找我参加课题的研究。那时,我大约已有四年左右没有写过任何论文,对自己还能否写些学术性文章已心中无底。宗智的邀约撩拨起我的“技痒”,遂应诺参加。我主笔完成了课题主报告的大部分,宗智教授因行政工作较多写了其中一小部分。报告完成后,我交给宗智后便不再思量我与这篇东西的联系。2007 年的一天,我突然接到《中国法学》副主编李仕春教授的电话,称他们决定刊发我的论文。我感到很意外,因为我并没有向该刊投过任何稿件。仕春细述后,我才知道是宗智教授把课题报告中的主要部分摘出作为论文,并交给了《中国法学》。《非常规》在《中国法学》2007 年第 3 期刊发后(此后又被一家英文杂志译成英文发表),对我触动很大。在辍笔几年后,我居然还能写出适于发表的论文,这是我此前所不曾想到的。所以,《非常规》的发表不能不说是对我的一种激励。我的学术生涯的“第二春”也由此焕发(当然,对现实问题的认识发生变化,也是一个重要因素)。为此,我记住了这篇论文以及与此相关的点点滴滴。

《非常规》建立在这样一个判断或立意之上:尽管社会纠纷和社会冲

突的大量发生已经成为当代中国社会生活中的突出问题,成为社会发展的重要阻滞性因素,但真正具有实质性影响、且难于解决的并不是常规性社会纠纷与矛盾,而是那些潜含着阶层间、群体间对抗,根源于社会发展失衡、社会分配不公、社会建设缺失、社会管理失误等因素,且冲突形式有一定特殊性的"非常规性"社会纠纷。因此,必须把握非常规性纠纷的特性,把握非常规性纠纷的成因,研究非常规性纠纷的规律,构建恰当、有效的非常规性纠纷的解决机制。《非常规》一文的内容也围绕这样的立意而展开。论文认为,非常规性纠纷有一定的特性,除了社会危害程度大、通常参与主体较多、在司法或仲裁等程序中往往难以解决外,更主要是这类纠纷体现着我国现实社会中阶层间、群体间一定程度的紧张关系。非常规性纠纷虽然类型多样,但通常都与政策或政府行为相关,并且与土地征用、企业改制、社会利益关系调整、环境污染、官员腐败、大规模移民、宗教或民族事务处理以及行政及司法人员不作为或乱作为等具体事实相关。非常规性纠纷的形成有着深刻的社会原因:经济转型中社会成员受益不均是基础性原因;社会政策调整中社会成员利益格局的变化加剧了这类矛盾;政府管理行为失当亦是形成这类纠纷的重要因素;此外,国家对社会成员控制能力的减弱也是不可忽略的原因。《非常规》一文对非常规性纠纷处置的现实机制进行了具体分析,对党委政府主导和各部门配合的动员机制、维护稳定的主要功利目标、恩威并济与利益平衡的主导方式、内扬外抑的传媒功能逐一作了概括和描述,并进一步分析了现实机制所存在的问题与偏失。在此基础上,论文对完善我国非常规性纠纷解决机制提出了建议和意见,强调转变处置方式,坚持依法治理,掌握处置策略,实行常规处置、主动处置、技术处置和分层处置,并充分运用各种社会力量,有针对地解决几类较为集中的群体性纠纷,同时强化信息收集及综合协调能力,全面形成非常规性纠纷的预防和化解机制。

在后来的研究中,我进一步认识到,非常规性纠纷与我国社会的"基础性社会矛盾"直接相关。我所说的"基础性社会矛盾"主要指我国社会中的贫富矛盾、城乡矛盾、干群矛盾、民族及宗教矛盾等,直接地说,就是"容易产生矛盾的矛盾"。我认为,当下以至今后相当长时期中,必须正视"基础性社会矛盾"的存在(包括明确认同"基础性社会矛盾"这一提法),并通过社会发展和社会政策的合理调整,逐步消除基础性社会矛盾。相对于其他手段和措施来说，消除或缓解基础性社会矛盾才是解决非常规性纠纷的根本之道。

《中国现实经济冲突及其诉讼机制的完善》。这篇论文是我在《中国社会科学》上发表的第一篇法学类论文（此前在该刊上发表过几篇论文都是经济学类的主题）。时光倒回二十多年前，写作这篇论文时，我国社会纠纷和社会矛盾远没有今天这样频繁、复杂和尖锐，但随着经济体制改革的推进以及市场化步伐开启（其时“市场经济”一词仍然是个忌语，“正确”的提法是“商品经济”），经济纠纷也日益增多，类型亦趋于多样化。而在另一方面，法学理论对于这一现象并没有太多的关注。这主要是因为，在学科视野中，这一现象既不属于法理学的研究范畴（法社会学在当时只是处于倡导阶段，还没有真正运用于对中国现实问题的研究），也很难成为传统民诉法理论的研究对象，民诉法理论似乎只对法庭以内的事务感兴趣。如前所述，虽然我当时仍然在体改部门工作，但学术兴趣已开始转向法学，并且在此前刚刚结束了《社会冲突与诉讼机制》一书的写作，因此，重燃的法学旧情以及对中国现实问题的关注，顺理成章地促成了《冲突》一文的写作。

《冲突》以对中国现实经济冲突的实证分析为起点，对现实经济冲突的主体、现实经济冲突的内容、现实经济的频度和烈度逐一进行了描述和分析，着重指出，社会经济（利益）主体的分化导致了经济冲突主体的多元化，不仅冲突主体的总量增加，而且类型也远异于先前；与此同时，经济冲突的内容也从过去邻里借贷背信、兄弟争财阋墙等民间纷争为主，转向以内涵丰富的市场交往为背景、在市场交往过程中所形成的各种争议。论文根据对 1993 年至 1998 年全国各级人民法院受理及审结经济案件、特别是经济合同纠纷案件的总量的分析，揭示了经济冲突逐年大幅度上升以及冲突排解难度逐步增大的趋势，《冲突》进一步对现实经济冲突的成因进行了讨论，从社会经济权益结构的变化、体制更替中社会约束手段乏力、社会主体的利益期望与现实条件之间的失衡、经济主体不适应新型经济生活等四个方面，说明引发经济冲突的社会原因。对于经济冲突诉讼机制的完善，论文有针对性地提出了几方面的措施，包括充分保障社会主体诉权的实际行使、降低诉讼成本并提高诉讼效益以及强化判决或调解的实施效力。现在看来，这些措施显然失之于一般，但在当时的背景下，仍然有很强的现实性和针对性。特别是《冲突》一文所列陈的经济冲突的社会原因，在二十多年后的今天，仍然适用于对当下经济冲突乃至其他社会纠纷的分析。《冲突》一文于我来说，更重要的意义是，在当时我国法学研究尚处于“注释法学”阶段，法学著述主要着力于部门法基本原理阐释的背景下，《冲突》能够体现出我对社会现实的某种程度的关注，而这又无疑为我此后贴近现实的研究取向创造了一个好的开端。

《我国民事经济审判制度的价值取向》。这篇论文是一次非学术活动的副产品。1998 年，也是西南政法大学七八级学生入校二十周年。为筹划入校二十周年纪念活动，京城校友张广兴、李庆（尚公）等邀集外地一些同学到京相聚，商讨筹备事宜。为了充实这次聚会的内容和意义，广兴教授“公权偏用”（谓其“私用”不恰当），以《法学研究》编辑部名义在香山召开一次学术研讨会，并且确定了一个颇为高雅的主题：我国民事经济审判（其时，民事、经济审判尚未合并）制度价值取向。我和时任四川省高级法院副院长的张建魁，都是这次纪念活动的主要筹备人，必须去京参会。同时，建魁长期主管民事经济审判，对研讨会的主题亦有很多自己的思考，故我们一起商讨，并由我执笔，写成了这篇论文。

今天重提这篇论文所涉及的往事，不能不触动我内心一个很深刻的感受。我常常觉得，西政七八级人骨子里有一种对中国法治命运的关切悲悯情怀。七八级同学每次相聚，除了笑谈往事，互道平安外，都会自觉不自觉地把话题移向国家法治大事。无数次只叙友情、无涉国是的饭局，最后也往往会成为一次次有关法治现实问题的争辩与交流；“香山会议”本是一个事务性的聚会，却衍生出一场严肃的学术研讨会，并且绝无假名敷衍成份。这样的现象以及充盈在西政七八级人身上的这种激情与责任，想是来者无多。我每每置身于这些聚会与交流之中，都能得到很多信息，受到很大的启发，并且也会感受到一种激励。这是题外话。

前面的叙述表明，《取向》一文对我来说，无疑是一篇即兴而成的命题之作。我在审题及写作中，没有把“价值”的内涵固化在诸如“公正”、“效率”等大词上，而是着力于在“公正”、“效率”等价值范畴与具体审判制度之间建立一种可以识别的过渡。为此，论文刻意阐明几点：一是民事经济审判必须以一定的价值取向作为指导，价值取向不是与具体实践无关的“奢侈品”，宏观上决定着审判制度的整体走向，昭示着司法审判所倡扬的社会秩序，尤其决定着审判保护倾向；在微观上，决定和影响着个案中司法审判行为的实际举措和个案裁判结果。特别在我国民事经济审判规则资源相对稀缺的情况下，审判价值取向显得尤为重要。二是民事经济审判价值取向与民事经济审判的时代使命直接相关，换句话说，民事经济审判所承载的社会使命决定着审判的价值取向；三是民事经济价值取向与民事经济审判的直接目标相关，既要尊重当事人处分权益的权利，平衡好各方的权益关系，又要追求个案审判结果的合理导向，塑造社会成员的合理预期；四是民事经济审判价值取向与审判实践中的制约因素相关，这些制约因素往往会影响或干扰着审判价值取向的实现；五是民事经济审判价值取向与审判程序技术设计相关，不同的程序技术，也体现或影响着审判价值取向的具体实践。

依我现在的水准来看，《取向》一文缺少应有的深度，论证也不是很充分。只是这一主题在当时尚没有更多、更深的研究，人们往往注重民事程序制度的表面涵义，而忽略了潜含于制度及其实践中的价值取向，遂使这篇论文获得了一点点意义。张志铭教授在这次研讨会上看到了这篇论文，主动推荐给了《中国社会科学》，后此文在《中国社会科学》中、英文版相继发表。借此，我也对志铭教授表示我的由衷谢意。

《论我国民事权利司法保护的疏失》。《疏失》是我根据自己在律师从业过程中的感受而写出的一篇论文。换句话说，这篇论文是我对自己律师执业感受的一种表达。我在论文的引言中说明了论文的写作动因和背景："在不长不短的律师生涯中，我与诸多当事人共同经受的为寻求司法救济、实现民事权利而困苦挣扎的艰辛，不断驱使我从制度以及制度实践中探寻一些带根本性的问题。不仅如此，我对中国经济现实问题的思考又促使我把司法保护的疏失延展到中国经济运行之中，认识其在更深层次上的社会后果，从而在经济学界所反复论及的经济结构失衡、有效需求不足、市场发育欠缺等病弊之外，揭示出中国经济运行与发展的另一制约因素"。近30年来，不断有学者对我国司法现状提出批评，但我认为，真正对司法病弊和偏失有切肤之痛的人莫过于律师。作为律师，我常常无奈于当事人的正当权益受到司法的漠视或司法无力给予应有的保护，我最不敢面对的是当事人在正当权益得不到司法保护后那失落无助甚而悲凄怨愤的眼光。《疏失》一文正是我不断受激于这种无奈后所发出的声音。

《疏失》中所指的司法保护的"疏失",并不完全是通常人们所说的司法偏袒或司法舞弊,而主要是指制度层面的疏失。同时,严格说,这种疏失也不完全产生于司法环节,还根源于立法环节,但由于立法中所有的缺陷往往都体现在司法过程之中,因此,实践中仍然表现为司法上的疏失。这些疏失主要是:部分民事纠纷缺少可诉性,相关民事权利不能获得司法救济;司法实践中偏重于对民事行为形式要素的关注,缺少对当事人意思自治的尊重,由民事行为瑕疵导致的失权现象过于突出;审判制度及审判程序的设计不利于民事主体实现权利,诉讼成本过高;残缺的公司有限责任制度导致民事责任约束松弛,债权人权利实现率较低;司法效率不高,司法腐败现象进一步削弱了民事权利司法保护功能,加大了民事权利保护的难度。对于这些"疏失"的后果,论文跳出"相关当事人受损"这一浅近层面,而是将其置放到中国经济运行之中考量相应的负面影响,并集中关注了三个方面:一是经济交往中违法成本过低,而守法成本过高;二是权利主导型交往结构衍变为义务主导型交往结构;三是经济领域的信用体系难以真正建立,增大了市场过程的交易成本。对于弥补或矫正这些疏失,论文提出了几条原则性思路,强调民事立法及司法应适应并从属于经济运行、特别是建立市场经济秩序的要求,同时,恰当配置法院与当事人之间的诉讼成本与责任,增加民事权利司法实现的便利,并应确立正确的民事审判价值取向。

《疏失》发表距今已经十年多,这十年多中,《疏失》中所列陈的"疏失"已受到包括司法机构在内的社会各方面的关注,能动司法理念及取向的确立,起诉难问题的逐步解决,裁判执行力度的不断加强,各项便民利民措施的相继推出,所有这些,都使民事权利的司法保护状况有了很大改善。但随着民事交往的日益频繁和复杂,司法过程中的疏失仍然是我国民事权利保护中的主要短板,在经济发展速度趋缓、经济运行容易出现断环而经济主体之间依存度很高的背景下,民事权利司法保护疏失所可能引致的经济后果势必会更为严重。在此意义上说,如何进一步完善民事权利的司法保护,仍然是当下以至今后长时期法学理论所应关注的重大现实问题。

《中国律师业发展报告》、《中国律师制度的理论检视与实证分析》。由于这两篇文章属于同一主题,共同表达了我对中国律师业的一些思考与认识,故一并作简要介绍。《发展报告》是我受全国律协委托,为 2000 年全国律师大会的召开而写，应该说是一个半官方性文献。在律师界中，我曾经是一个有一定美誉度的廉价写手。那几年，但凡全国律协及其主管机构涉及律师业的重要文件或文献的起草，多有我不同程度的参与。主要由我起草的，除了《发展报告》外，还有以全国律协中心学习组名义发表于《人民日报》理论版的《构建和谐社会与律师使命》，以及胎死腹中的《中国律师》大型专题电视片解说词等等。参与这些活动，一方面是因为我身在律师业，对律师业有较多的了解和较多的思考，对律师业发展问题有内在表达欲，能够参与一些行业宏观决策的研究，符合我的愿望；另一方面则是难以拒绝他人的盛情邀约，尤其架不住别人的抬举，几句好话，便应承下来，并且自备车马费，分毫不取于他人，至于写作过程的苦累，只有冷暖自知。不过，《发展报告》面世后，受到各个层面的好评，业内的各种赞誉，让我饱饮了一顿“心灵鸡汤”。《律师制度》一文则是我对中国律师制度理论研究的一个成果。这篇论文本无意在《中国律师》上刊发，文稿初成后，发给我在律师界的朋友、时任《中国律师》主编刘桂明先生，希望听取他的意见。阿桂为人古道热肠，对我这个朋友更是热情有加，收到我的初稿后，未征得我同意，便在《中国律师》上连载刊发。

无论是《发展报告》还是《律师制度》，我都希望表达一个基本认识：律师是当代中国社会发展和社会治理的一个重要力量，其地位和作用决不是“中介机构”、“社会自由职业者”、“新阶层的一个组成部分”等所能涵括。中国律师业发展的主要现实矛盾在于：律师的政治属性与商业属性的不相融，造成了律师职业人格的严重分裂。我坚持认为，律师的从业活动虽然有明确的商业性，但律师同时也是一个政治属性很强的职业。我认同法国思想家托克维尔以及另一些西方学者的结论，律师是意识形态的分销商，需要在具体执业过程中把国家的意志恰如其分地整合到当事人的各种利益之中，在主流政治力量与社会大众之间搭建起沟通的桥梁。然而，中国律师业在完成了从“国家化”到“社会化”（由“国家法律工作者”到“社会法律工作者”）的转型后，便如同打开的潘多拉魔盒，在市场舞台上尽情撒野，商业属性愈趋强烈，而政治功能逐步被丢弃。可悲的是，行政主管部门罔顾这种现实，仍然“拿律师当干部”，动辄对律师发号施令，从而使律师处于一边吮吸着“市场母亲”的奶头，一边忍受着“政府父亲”（行政主管部门）喋喋不休教训的窘境。问题自然不在于律师业该不该有商业属性，而在于如何使律师业的政治属性与市场属性在当代中国社会中很好地得到融合。我认为，解决中国律师业现实矛盾的真正出路在于，在承认律师市场化的前提下，给予律师应有的政治地位，拓展律师的政治活动空间，给予律师更多的政治激励，尤其是创造"律而优则仕"的渠道，让律师在追求自己政治上升空间的过程中强化职业自律，在参与政治活动的过程中更多地接受主流意识形态的熏陶。同时，主导政治力量应视律师为知己或本体（而不是"统战对象"），增强主导政治力量的向心力。通过这些方式和措施，激发律师的政治热情，强化律师的自我约束，从而使律师职业的政治功能与市场功能都能得到很好发挥。《发展报告》及《律师制度》（包括我其他有关律师制度和律师业发展的文章）都反复阐释论证了这样的观点与主张。所不同的是，《发展报告》作为半官方文件，表达得含蓄一些；而《律师制度》作为学术研究成果，表述更为明确、更为直接。

我认为，最近十余年来，我国律师业的前述矛盾总体上没有得到很好解决，对律师的定性与定位、律师的基本功能，对律师业的认识与评价，社会各方面仍然有很大的分歧，律师业的乱象亦无根本性改观。基于这样的认识，我计划在近年中对我国律师业发展及律师制度作进一步研究，系统地表达自己的一些见解与建议，既作为对自己从事律师二十年的一个交代，也算是对这个让我丰衣足食的职业的一份回馈。

《论诉权》。将《论诉权》收入我的"代表作"，不仅是因为这篇论文是我的硕士论文，代表着我三年硕士研究生学习的一个重要成果，更主要在于这篇论文对我国民诉理论中的诉权定义及分类产生了一定影响。

我的研究生专业是民事诉讼法学。选择报考这个专业时，我还不具备认知和理解法学各专业学术特征的能力，所以，基本上是为考而考。及至正式开始学习时，我深感失落。当时仅有的一些民诉专业著述和文献给我的印象是，这门学科仅有一看即知的知识，并无需要认真思考的理论；对于这门专业的学习来说，只有知晓不知晓的问题，没有理解不理解的问题。因此，在整个读研期间，我很少阅读民诉方面的书著或思考民诉方面的问题，主要精力都用于阅读那些与本专业无关、而我认为有理论深度的书著，其中包括马克思、恩格斯早期的大量文章，以及当时能看到的西方法理学、法哲学方面的一些书著，出版的书、译著及发表的论文也与民诉毫无关联。导师对我这种"不务专业"的态度甚为不满。在选择硕士论文题目时，我颇费心思。最后选择“诉权”作为论文主题，主要是考虑到“诉权”相对来说是民诉法学中较有理论、有一定研究余地的一个问题。

在《论诉权》写作时，我国民诉教科书有关诉权的内容，基本上是照搬前苏联的民诉理论。我相信这些教科书的著述者在写作时，并未对诉权这一概念作本原性思考，更无对诉权实践形态的具体想象（在当时条件下，要求著述者有这样的思考和想象，也不很客观）。因此，我在写作时为自己设定了两个基本要求：一是弄清诉权理论的既有学说及其发展脉络，弄清各种学说的合理性及缺陷；二是依据自己的思考和理解，重新描述诉权的涵义究竟是什么，诉权的权能究竟应当包含些什么。为此，《论诉权》首先分析了我国诉权理论与前苏联诉权理论的渊源关系，揭明前者传承于后者的基本事实。更为重要的是，我进一步分析了前苏联诉权理论与近代大陆法系三大诉权学说（即诉权私权说、抽象诉权说、具体诉权说）之间的联系，得出了前苏联的诉权理论实际上是德、意三大诉权学说之综合的结论。为了把握诉权的实质，论文对诉权的基本问题进行了考察和分析，从一般、本原意义上回答诉权究竟是什么或应当是什么。在此方面，我的认识是：国家对民事冲突的干预是产生诉权的历史原因；进行诉讼、实施诉讼行为是行使诉权的基本内容；与争议法律关系具有直接利害关系是享有诉权的根本依据。为进一步说明诉权的性质，论文专门对诉权与实体权利的关系进行了探讨，批判了“诉权是实体权利的组成部分”、“诉权是实体权利的属性”的理论主张，同时又批判了诉权与实体权毫无联系的认识以及诉权“兼容实体权利与程序权利”的观点。在此基础上，论文阐述了我对诉权性质的基本看法：诉权是与实体权利具有必然联系的独立的程序性权利。《论诉权》的一个核心观点是坚决否定当时在我国民诉理论中视为定论的“二元诉权说”。“二元诉权说”的倡立者、前苏联法学家顾尔维奇认为，诉权分为程序意义诉权，亦即起诉权，以及实体意义诉权，亦即胜诉权。我国民诉著作均袭用了顾尔维奇这一理论。而我认为，所谓程序意义诉权——起诉权，既不能涵括原告在诉讼中的全部权利，更不能体现被告的诉讼权利；所谓的实体意义诉权——胜诉权，则完全是虚构的一种权利。“胜诉”所体现的是当事人诉讼请求或主张与裁判结果之间的平衡，在某种意义上说，“胜诉”与否，只同当事人诉讼请求或主张相关，与实体权利的有无及内容没有必然联系，因此，提出“胜诉权”这一概念以及将“胜诉权”包含在诉权的权能之中,纯属扯淡。在完成前述分析和论证后,《论诉权》抹去了几代法学家对诉权所作的雕饰,使之回归应有的清新面目:诉权是当事人各方就其民事法律关系的争议而进行诉讼,实施诉讼行为,以维护其正当民事权益的权利。论文最后还对如何构建我国诉权理论体系提出了我的设想与建议。

《论诉权》初稿写出后,我带着初稿到北京征求专家的意见(这是当时硕士论文写作的必经程序。我感觉彼时获得硕士学位要比现在艰难得多)。我国民诉学界前辈柴发邦老师对《论诉权》给予了很高的评价,并主动表示愿意担任我论文的答辩委员会主席。研究生毕业后,柴老还邀我合作了两本民诉法学和一本破产法统编教材,并邀我共同完成了一项国家社科重点项目。在与柴老合作的民诉法学统编教材中,我把《论诉权》中的主要观点融入了进去,彻底抛弃了"二元诉权"之说。此后的民诉法学书著有些采纳了我的这一观点。近二十多年来,我再也没有看过任何版本的民诉法学教材,不知今天的教科书中是否还有"程序之诉与实体之诉"以及"程序意义诉权与实体意义诉权"之说,倘若这些理论仍然残存于民诉理论之中,那不啻是民诉法学的一种悲哀,并且,这个悲哀不仅仅属于我个人。

《论我国劳动改造的社会创造功能》。记不清是上世纪 80 年代末哪一年的春天,窗外不时呼啸着警笛凄厉的鸣叫,一排排押解着"人犯"游街示众的卡车穿行于城市的主要街道,"严打"所造就的高压态势使整个城市笼罩在一片肃杀的气氛之中。身居城市一隅的我,对眼前的一切,感到莫名的压抑和烦躁。我能够理解"严打"决策者改善社会治安状况的急切愿望,但对于经历过"文革"、且又经受过法律教育的我来说,这样的场景却是断然不愿意看到的。我当然无力去改变这种现实,甚至不具有对之公开质疑或批评的机会和勇气,复杂的心绪促使我把思考的重心移向另一个后续性问题:当这些"人犯"判罪入狱后,怎样让他(她)们(绝大多数是青少年)仍然在这个世界上有意义地存在下去,并且仍然得到最起码的社会承认和尊重?有感而发,便写出了《劳动改造》一文。我想通过对"劳改犯"们社会创造功能的倡扬,为这些获罪入狱的男女们(有些仅是因为跳过一次或几次"贴面舞",有些则因轻罪而被重判)寻求一点微薄的生存价值,同时也希望避免造成更大的社会损失,并且稀释一些可能形成的社会对抗情绪。

《劳动改造》一文的核心观点是:对罪犯的劳动改造,是将以人为对象的改造同以人为主体的劳动合而为一;罪犯既是被改造的对象,又是具有社会创造能力的主体,因此,在对罪犯实施改造的过程中,必须充分发挥其社会创造的功能。为此,论文分析了罪犯这个群体作为社会创造者的基本条件,撇开其“罪犯”身份不论,在监狱这一特定空间的条件下,这个群体并不是一种消极的社会存在,而是具有特定优势和长处的生产要素。论文进一步论证了在我国社会条件下,重视罪犯社会创造功能的必要性。我认为,如何处置并利用犯罪者的问题,不单单取决于统治者的主观偏好,也不仅仅是统治策略问题,它决定于特定社会政治、经济、文化等多方面条件,取决并标示着社会的文明程度。如果说历史上尚有秦始皇遣囚徒以筑长城,汉文帝废肉刑而劝农桑,那么,社会主义社会更应重视罪犯社会创造功能的发挥。针对劳改场所普遍存在的强重的体力劳动、原始的经营管理方式、落后的工具设备等情况,论文认为,劳动改造并不意味着必须强制罪犯进行强重体力劳动;简陋的生产工具和落后的管理以及洪荒巨野的环境难以培养罪犯的文明意识;恰当的劳动方式也不一定会降低刑罚的“一般预防”的效果。据此,论文主张,恰当调整劳改单位的地域和产业布局,根据罪犯自身的条件与情况,相应确定其劳动改造内容,进一步提升和完善劳改单位的生产设施和劳动工具,并把对罪犯的改造教育与劳改单位的经营管理恰当地整合起来,从根本上改变监狱的樊笼形象,使监狱的“灵魂改造”和“社会创造”两大功能共同得以发挥。有趣的是,数年后,我受有关方面委托,对四川省劳改经济进行了专题研究,进一步接触到了劳改劳教单位的生产经营情况,最终的研究报告,也贯彻了我在这篇论文中的基本观点。

这篇论文在《中国社会科学》编辑部主编的《未定稿》上刊发。然而,这篇论文留给我更深的记忆是,写作此文时,我正患肺结核,完稿后,鲜红的血渍浸染于稿纸。我自知,那是从心底滴出的血。

《政府经济行为的理论反思与模式构想》。这篇论文原本是我对经济理论研究的一项成果,但今天看来,论文所阐释的内容涉及到经济法学的一些原理,对思考今天经济法学基本理论问题,仍然有一定参考价值,故一并收入这本法学文集。

上世纪90年代末，我国经济体制改革面临着一种瓶颈制约，亦即在企业活力不断提升、市场化推进的需求日益强烈的同时，政府经济行为却仍然保持着旧有的模式，从而阻滞着改革与发展的整体进程。这种状况激发了我对现行体制下政府行为进行解析以及对新体制下政府经济行为模式构想的理论兴趣。在这篇论文写作时，政府经济行为已经引起了经济学界的关注，报刊上不时有一些相关主题的文章，但较为系统、全面的研究成果尚不多见，我写作时可参考的资料甚少。因此，对政府经济行为无论是“理论反思”还是“模式构想”，都主要依凭于我自己的分析和经验性想象。

论文对政府经济行为的理论反思是从马恩经典作家对社会主义条件下经济运行模式以及政府行为的描述和设想入手的。根据经典作家的理论而塑就的我国政府经济行为模式，建立于三个前提性预设：其一，政府经济行为是完全合乎理性的；其二，政府经济行为在一个国度内是完全统一的；其三，政府经济行为的效力是不容置疑的。毫无疑问，这三个方面都是不可靠的预设和假定，特别是在有计划商品经济（当时的提法）条件下，对政府经济行为的这些预设更加悖离政府行为的具体现实。因此，必须根据新体制的要求，重新界定政府在经济运行中的地位和作用。我设想，新体制下政府的经济功能主要有：设定利益格局，实现合力均衡（大致等同于现在所提出的合理调节利益分配关系），通过经济参与，控制价值总量（利用国有经济主体的投资以及财政性消费，调节经济结构）；实行政策倾斜，体现重点扶持（发挥价、税、财杠杆作用）；实施合法干预，矫正市场偏差；运用替代变量，实现社会目标。论文还进一步对体制转型时期政府的市场组织功能进行了讨论，提出强化对产品市场的管理（控制价格、调节供求）、创造资产存量市场化的条件、再造劳动力市场化的就业制度、维护公正的市场秩序等四个重点。鉴于政府经济行为较为集中地体现在政府与企业关系之中，论文还对重构政府与企业的关系阐明了我的一些设想，我把这种关系概括为四个联结，即：以股份制为形式的资产及其收益的联结；以宏观调控为目的的计划联结；以社会监督为内容的管理联结；以税负为主体的非资产收益联结。对前述每一方面的每一个问题，论文都作了较为具体、详细的讨论。

《政府行为》发表距今已二十多年。应该说，中国社会发展的现实已超越了我在这篇论文中对政府经济行为的想象，但我认为，二十多年来社会发展的现实与论文所构想的政府经济行为的发展和变化趋势则是完全一致的。因此，今天重读这篇论文，我仍然感到有一丝丝欣慰。

《法所有权理论批判与国有制的实现》。这是我从法学角度研究经济理论问题，同时从经济运行的实践逻辑反思法学理论问题的一篇有代表性的论文，也是我敝帚自珍、自我欣赏度较高的一篇论文。事实上，在从事经济（改革）理论研究的那些年，我"剑走偏锋"的法宝便是在法学与经济学之间寻求互证和支撑。发表的一些论文，主题是经济学问题，但论证理据或分析角度却往往是法学的，由此获得了"歪打正着"的效果。比如，对企业承包制的研究，我借用梅因在《古代法》中的那句名言，把企业承包制的功能和性质界定为"从身份到契约"，恰当地揭示了国有企业与政府在承包制前后相互关系的变化。相关论文在《光明日报》上发表后，获得了全国企业承包制优秀论文奖。又如，我运用公司法的基本原理研究国有企业股份制改革（其时，股份制还未进入法学界的视野，而经济学界也没有从公司制角度认识股份制改革），把公司制作为股份制改革的基本方向，相关论文在《中国社会科学》上头条刊发。《法所有权》一文以及另几篇研究产权制度改革的论文，则是从法所有权理论角度研究国有制的实现方式。所不同的是，《法所有权》一文的重点在于审视和批判传统的法所有权理论，并揭示其对国有制实现的影响。

《法所有权》一文的基本观点是，我国国有制的实现受制于法所有权理论的局限。传统的法所有权理论由于限制非所有人对物的处分权，从而使理论上不具备所有权的国有企业无法自主地利用国有资产进行运营，限制了国有制的很好实现。我认为，传统法所有权理论源自以农牧业为基础的古罗马。古罗马的社会物质财富主要为土地，以土地经营为基础和以土地为所有权为典型客体的所有权制度和理论表现出两个相互联系的基本特征：一是重在保护客体的占有状态；二是严格保护所有者的处分权。罗马所有权理论通过以农耕社会为背景的法、德民法典的传承，被进一步固化。而社会主义国有制对国家所有权的严格维护，则使这种法所有权制度和理论获得了新的政治和经济土壤。然而，传统法所有权制度和理论所面临的现实是：土地已不再是现代社会的最主要物质财富，一切社会产品几乎都具有可再生性和可替代性，物质资源在空前广阔的界域中游移。与此同时，人类思维的基点已不仅仅着眼于对所有人权利的简单保护，而更偏重于物质资源的充分利用和权利人利益的充分实现。总体上说,传统的法所有权理论已难以解释现代经济关系,同时也难以反映现代经济发展的要求。

《法所有权》一文对法所有权理论的批判性分析,一方面是基于我对这一理论自身的时代局限性的认知,但更主要是从法学角度为国有制改革提供必要的理论依据。依照传统法所有权理论,国有制必然面临两大基本矛盾:一是国有企业依照自我意识充分自由地支配企业内国有资产的要求与企业这种支配权有限性的矛盾;二是明确国有企业财产利益和财产责任的要求与企业财产主体(国家)单一性的矛盾。为此,我主张更新法所有权理论,抛弃占有、使用、处分、收益这样的权能划分,借用英美法系的财产权概念替代所有权概念,用不同内容的财产权体现财产对于主体的不同利益,进而为国有企业的"经营权"建立必要的法律根据。论文还对国有制实现的方式以及重构法所有权制度与重构法所有权理论体系进行了探讨。

毫无疑问,我国民法所有权理论并未接纳我在本文中的主要观点,罗马法有所权理论至今依然在我国民法教科书以及相关著述中显示着它的风骚,但我在此问题上的认识一如我在这篇论文中所述:"现代经济过程中的利益现实主义取向与现代科技的创造能量,越来越使民法理论中对财产权的诸种分类显得过于书卷气和陈旧。以财产权为统摄,以体现不同经济行为和经济关系的具体的财产支配权或利益享有权为内容,这应是我国财产法律制度和理论体系的基本结构。"

前面所列20篇论文,是从我三十多年来写作的百余篇论文中选出的有代表性的作品。这些论文主要刊发于《中国社会科学》(3篇)、《法学研究》(6篇)、《中国法学》(6篇)。我深知,这些刊物的版面资源极为稀缺,我这样的学术客串者能够得到如此厚待,全仰杂志编辑们的提携与支持。借此,我向编审过我论文的编辑们表示我深深的谢意。

其实,要论"代表作",我更愿意提到我的专著《社会冲突与诉讼机制》。这本书是我在1989年底蛰伏于某一宾馆三十多天,与外界毫无联系,一气呵成写就的。《冲突》一书运用法理学、法哲学基本原理揭示和解析诉讼制度的深层、内在机理,描述诉讼这一社会实践的应然状态,较为充分地表达了我对诉讼及诉讼制度的本质性理解。《冲突》一书1990

年由四川人民出版社出版后，前几年又由法律出版社再版，并且不时被一些著述引用或提及。时过二十多年，我自认这本书的内容仍然不显陈迂过时，仍然可以代表我当下的学术水准，并且，依我的状态，想今后也没有太大超越的可能。鉴于本套丛书的编选规则要求只收入论文，故只能舍弃。但我必须说，在我一生所播弄堆砌的几百万文字中，《冲突》一书依然是我的最爱。

（四）

编选这本文集，我的心绪有些复杂，既有满足和自慰，亦不免有些怅然与失落。我的所谓学问或成果，实际上只不过是用符合学术圈内所要求的方式表达了我的一些感想和见解而已；而我所以能挤进法学人队伍，发出自己的一些声音，也主要得缘于中国法治和法学尚处于初创时期，历史给了我这一代法学人特殊的机遇和宠幸，世无英雄，遂使我等竖子成名。更让我感到一丝悲凉的是，毕竟我已错过了人生中研究和写作的高峰期，这本“代表作”，无论是好是孬，大体上已终局性地代表了我的学术水准和能力。同时，经历过这些岁月，做学问和搞研究的意义也差不多被我享受或挥霍殆尽。未来的“非典型”生活会以什么样的“Style”延续？我有一种莫名的茫然。也许就此搁笔，术而不作；也许闲看风花雪月，写些杂感随笔；也许为了不在“教授、博导”名衔下尸位素餐，继续酬应些“科研成果”；也许受激于某种情境，回光返照，再发当年写作之狂。……也许还有更多“也许”。

写完这篇自序，恰好是2012年12月21日，玛雅人预言的世界末日并未如期而至，经受了“末日流言”恐吓的人们依然该干嘛干嘛，反倒是冬日的太阳逼退了连日的阴霾和寒雨，宽厚地赐给这个城市异常的温暖，也苏醒着人们对于生存与生活的遐想与希望。我迎着窗外的阳光，闭目祈祷，愿借取这缕缕阳光透出的吉祥寓意，把我余年中的“也许”引向更积极一些的选择。倘若天遂我愿，我最后的“代表作”或许会变得更厚重一些。

顾培东

“玛雅人新纪元”始日于成都寓所

壹

顾培东

代表作

当代中国法治话语体系的构建

一、引言

进入21世纪后，我国法治意识形态领域的局面变得日益复杂。上世纪80年代前后在中国社会所建立的"要法治不要人治"的朴素共识，已经不足以成为新的历史时期中统一或融通人们不同法治主张的理念基础。随着我国法治进程的不断推进，特别是随着我国法治建设中自主性意识的强化以及本土性特征的逐步明显，社会各方面对中国法治的应有形态以及中国法治的理想图景究竟是什么，认识上出现了一定的分歧。尽管这些分歧常常潜隐在对一些具体问题的讨论之中，但就实质而言，分歧的主线仍然在于：是趋从西方某些法治理论所倡导的法治模式，还是坚持走中国特色自创性、自主性法治道路。而在此问题上的不同主张，又进一步引发了对中国还是不是在（会）走法治道路的质疑。

社会主义法治理念的提出以及社会主义法治理念五个方面内涵[1]的确定，表明了决策层对中国法治建设的基本立场，表达了决策层对中国特色社会主义法治的认识与诠释，同时也是对中国是否坚持走法治道路以及走什么样的法治道路的明确回应。然而，我国法治意识形态建设的任务不应止限于社会主义法治理念的提出。这是因为，任何法治理念的提出，无论基于什么样的威权，都不可能像法律制度那样产生"令出即从"的效果。特别是在西方某些法治理论所建构的法治模式或对法治某些特性的描绘已经在一定程度上固化为人们对于法治社会的基本想象的背景下，社会主义法治理念要在全社会得以确立，不仅要进一步取得社会成员在理论和经

原文发表于《法学研究》2012年第3期。

验上的广泛理解与感知，在更大范围和更高程度上获得社会成员的普遍认同，而且全社会各方面对西方某些法治理论所推崇的法治观亦应有深刻的反思和充分的省察。

进一步看，在我国法治意识形态建设中，法治话语体系的构建显得十分重要。一方面，社会主义法治理念作为中国法治的“元理论”和“元知识”，只有转化为或体现于具体的法律思想、法学理论、法律原理、法律文化、法律知识以及法律思维，亦即形成具有中国特色的法治话语体系，才能够实际地成为指导法治实践的理念，否则，难免会变成一种飘悬的政治倡导；另一方面，社会主义法治理念只有被置放或还原到法治话语之中，与法学理论传统和知识谱系形成对接，才能够获得必要的理论和知识支援。不仅如此，只有通过法治话语体系的构建，也才可能为社会主义法治理念开放出必要的理论研究和学术讨论的空间，藉此与其他各种法治理念进行一场互不缺席的对话与交锋，并在这种对话和交锋中显示社会主义法治理念的理性力量。因此，以社会主义法治理念为基础，构建中国特色法治话语体系，应当成为当下我国法治意识形态建设的现实任务和重要主题。

本文试根据作者近些年的一些观察和思考，对我国法治意识形态建设的相关问题提出一些探讨性意见，以期引起更广泛的讨论。

二、域外法治意识形态在我国法治领域的深刻影响

置身于中国法治现实之中，我们能够明确地感受到域外法治意识形态在我国法治领域所具有的深刻影响。从上世纪 50 年代公开的“全面苏化”，到始于上世纪 80 年代并延续至今的对西方法治思想和法治理论的隐性趋从，域外法治意识形态事实上浸染于我国法治建设的整个过程之中，并不同程度地对我国法治建设的内容及进程产生实质性影响。

有关前苏联法治意识形态对我国法治的影响，近些年国内学者已有较多的分析和论证。[2] 同时，由于全面学习和继受前苏联法律思想和法学理论（包括国家与法的基础理论以及各部门法理论）是新中国法制创始的基本思路和重要决策，因而前苏联法治意识形态对我国法治的重要影响已经是不争的事实。概括地说，这种影响的具体方式和渠道主要有：（1）前苏联的各种法学著述在我国全面译介。上世纪 50 年代，我国翻译出版前苏联法学书著达 165 种，[3] 通过这些书著的翻译出版，前苏联的法律思想和

法学理论被广泛引入我国。(2)前苏联法学教材或前苏联专家的讲义成为我国法律教育的主要载体。1951 年教育部制定的《法学院法律系课程草案》明确规定"以苏联法学教材及著述为讲授的主要参考资料",[4] 为此,教育部专门制定了《关于翻译苏联高等学校教材的暂行规定》,对高校系统翻译前苏联各种法学材料作出要求和安排。[5]1953 年教育部推出的统一法学课程中,绝大多数科目为苏联法学及法律制度。[6](3)前苏联法学专家来华传授法学理论和法制经验。据不完全统计,从 1949 年到 1960 年,共有 35 位前苏联法学专家,先后受聘于全国人大常委会法案委员会、最高人民法院、前政法委员会、司法部、外交部以及中国人民大学等单位,分别充任法制工作顾问或讲授相关的法学课程。[7](4)我国派遣留学生到前苏联学习法律。上世纪 50 年代,我国先后派遣 86 名法学留学生,分别就读于莫斯科大学、列宁格勒大学等著名院校,[8] 这批留学生回国后把前苏联的法律思想和法学理论带回中国,并成为新中国第一代法制人才的中坚力量。(5)建立以传播前苏联法学为宗旨的教育基地。中央人民政府在《关于成立中国人民大学的决定》中明确提出:"人民大学的任务是接受苏联先进的建设经验,有计划、有步骤地培养新国家的各种建设干部。"据此,人民大学成为引进苏联模式和苏联学说思想的大本营。在法学方面,人民大学事实上成为我国法学教育的"工作母机":人民大学的教师和学生由苏联法学专家培训;人民大学的学生到各地高校任教;其他各院校的教师到人民大学进修;人民大学出版的各种教材和讲义广泛流传至其他各院校及法律实务部门。总体上看,前苏联法治意识形态的这种影响是全域性的,前述几个方面,清晰地表明了前苏联法治意识形态在我国曾经有过的作用和地位。

在本文主题和语境下述及前苏联法治意识形态对我国的影响,或许应当明确这样几点:第一,前苏联法治意识形态为我国在社会主义条件下选择法治道路,并为具体开展法制建设提供了初步的认识引导和直接示范,对新中国法制的创始产生了不容忽略的促进和推动作用。第二,前苏联法治意识形态事实上存在着严重缺陷,特别是国家与法权理论,产生于残酷的阶级斗争和党内政治斗争背景,因而相关的理论和知识体系中缺少对社会成员权利的基本尊重,更缺少对国家权力的应有限制和必要约束。前苏联法治意识形态的这些消极因素对我国法制乃至政治生态也产生了一定的负面影响。[9]第三,前苏联法治意识形态在我国至今仍然保持着重要的影响。尽管上世纪60年代出现了中苏交恶的事实,但前苏联法治理论的影响却并未因此而绝迹。及至“文革”后重启法制进程,前苏联法治意识形态在我国再度受到重视。深受前苏联法律思想和法学理论熏陶的我国老一辈法学家发挥着前所未有的作用,而新一代法学人才也在接受前苏联法学理论和法律知识教育的过程中完成了法治理论的启蒙。[10]以前苏联法学教材为蓝本的法学各学科的“统编教材”则不经意地使得前苏联法治意识形态在我国得到进一步广泛传播与扩散。今天,我国法学基础理论的结构与体例,法的定义,刑法中犯罪构成理论,司法制度、特别是检察制度理论等,依然明显地保留着前苏联法学理论的痕迹与烙印。

自上世纪80年代中期起,随着我国对外开放的加快,特别是随着西方文化大规模地传入,西方法治意识形态在我国法治领域的影响日渐形成,并不断强化。迄至今天,我们不难看到的现象或无法避讳的事实是:西方某些法治理论所描绘的法治状态已成为我们很多人对于法治社会的基本想象,从而也成为人们向往或追求的一种社会理想;对西方法治理论所推崇的某些原则的接受,很大程度上代替了人们对我国法治应有机理以及法治实际运作规律的自我思考与理解;西方各种法治理论或学说成为人们分析和论述理论问题以及考量与评价社会现象的重要理据与判准;西方各种法学著述和文献已成为当代中国法学的重要理论和知识资源;而接受西方法学理论的训练则成为当代中国法学人乃至法律人所必不可少的经历,对西方法治理论和知识的掌握与了解亦成为体现或衡量法学人学术功底和理论素养的重要标准与尺度。虽然,尚不能说西方法律思想和法学理论对我国法治意识形态具有潜在的主宰地位,但西方法治意识形态在我国法治领域中的影响无疑是较为深刻的。

毫无疑问,在西方国家法治实践先行、法治理论先存的格局下,在中西方文化交流和传播的壁垒与藩篱已经打破和拆除的条件下,在美国等西方国家作为人类历史上较为成熟的法治国家这一事实已得到普遍认同的背景下,同时,在我国法治仍处于创始阶段,法治理论、法律文化和法学知识资源相对匮乏的情况下,大量吸收和汲取西方法治理论、法律文化和法学知识以及这些理论、文化及知识在我国的广泛传播,不仅难以避免,而且有一定的必要性和积极意义。从当今世界文化交流与传播的趋势看,即便在将来，这种状态也不会有根本性改变。但本文着重指出和强调的是，在浩瀚的西方法治思想文化资源中，我们主要汲取了什么？或者说，西方法治思想文化对我国法治意识形态影响最大、最为深刻的因素是什么？

我认为，近几十年来，在我国法治意识形态领域中影响最大、亦最为深刻的西方法治思想文化是自由主义法治理论。“自由主义法治理论”虽然不是一个十分明确的约定俗成的学说概念，但在很多西方著述中，它以著述者和阅读者的共同会意而被识别和认知。[11]当然，更为重要的是，自由主义是以美国为典型的西方资本主义国家的主流意识形态，“自由主义与资本主义之间的联系直接而紧密”。[12]同时，资本主义法治的兴起，也是建立在自由主义传统之上的，“自由主义法律哲学一个至关重要的要素就是这样的原则：每一个社会都应该依据法治运作。它对法治的信奉起源于17世纪现代自由主义的诞生”。[13]不仅如此，自由主义法治还是美国等西方国家公开推崇、并向后起法治国家推行的法治形态，因而，自由主义法治理论大致可以概括或代表西方国家所倡导的主流法治意识形态（尽管后文表明，西方国家的实际践行并非如此）。从理论渊源及内涵看，自由主义法治理论主要是由西方自然法学派率先主张，并经分析实证主义法学派（以及形式主义法学）改造和发展而形成的一整套法治理论（20世纪以来，新自然法学派和新分析法学派又对这一理论作了进一步的修正与调适）。[14]

自由主义法治理论通过对法治的若干要素或特征的直接或间接的强调，刻画了一个极为理想化的法治模式，为人们描绘一个极度“完美”的法治图景：（1）法律在全社会具有至高无上的权威。所有社会活动、所有社会行为以及各种权力或利益关系都由明确的法律规范加以规制和调节，或都受制于法律的界定和约束，亦即“一切皆有法”、“一切皆依法”。（2）法律中蕴含着自由、民主、平等、公正、安全、秩序、效率、福利等人类社会所追求的各种价值或善品；只要法律得以施行，这些价值或善品就能够很好地得到实现。（3）法律是概念清晰、表意明确、逻辑一致、恒常稳定的一套普遍性规范，不存在认识或理解上的分歧与偏误，并且能够为全体社会成员所普遍遵循。（4）以国家立法、司法以及行政权力分立为基础而形成的独立的司法，能够有效地保证法律的施行；同时，独立于外部各种社会力量的法官具有优良的品质和高度的智慧，从而能够忠实地履行实施法律的神圣职责。（5）所有的社会争议和纠纷，包括各种政治权力或利益冲突，都应当、并且能够进入司法程序，通过司法手段得到解决。(6)法律实施过程，尤其是司法过程是一个自证、自洽的封闭过程，审判就如同“自动售货机”运作，一边输入法条和事实，另一边输出正确的裁决。自由主义法治理论还认为，由于这样一种法治图景代表了人类的共同社会理想，因而前述各要素或特征构成了普适于一切国度的法治标准，是任何实行法治的国家都必须依循的模式。

有关自由主义法治理论在逻辑和历史上的乖谬，本文后面将作出具体分析，在此需要揭明的是，正是自由主义法治理论所讲述的这一神圣而动人的法治故事，在感动过无数西方民众后，[15]又再度感染了当代中国人，使很多中国人对自由主义法治理论所描述的这种法治形成了强烈的向往。与之相联系，西方国家的法治常常被人们认知为自由主义法治理论的现实形态或实践样本，西方各种法治理论(即便是与自由主义法治理论有某些相左的理论)也由此获得了相应的话语权威。不仅如此，自由主义法治理论所描述的这种法治模式还往往成为人们构想中国法治图景和评判中国法治现实的基准和依据，而中国法治现实与这种“图景”以及“基准”和“依据”的差异与距离，则成为影响当代中国人对于中国走法治道路信心的重要因素。因此，现实地看，当下域外法治意识形态在我国法治领域的深刻影响，并不体现于域外法学理论、法律文化及法学知识在我国广泛传播和利用这样一种表象，更重要还在于西方自由主义法治理论所塑造的“标准法治模式”在我国的实际影响力以及依附其上的西方法治意识形态在我国潜在的话语权威。

三、自由主义法治理论为什么不足为信

尽管可能颠覆人们对法治的常识性认知，甚至有可能消解人们法治信仰的基础，但对自由主义法治理论的深入分析表明，无论从人类法治发展的历史事实，还是从中国法治建设的实际要求看，自由主义法治理论都是一种不足为信的意识形态。

1. 自由主义法治理论是对法治的虚幻化认识。

不可否认，自由主义法治理论体现了人类对法治理想的一种积极追求，并且这一理论的某些方面在对抗封建专制、启导人们对法治的向往以及型塑现代资产阶级法治的过程中发挥过积极作用。然而，就本质而言，

自由主义法治理论仍然是西方思想家和理论家们对于资本主义法治乃至政治秩序的一种浪漫化的想象和理想化的描述,相比于法治运行的实际要求和真实状态,自由主义法治理论事实上只是对法治这一社会现象或社会实践的虚幻化认识。即便从应然意义上看,自由主义法治理论对法治各要素或特征的描述以及刻画法治的各种命题都无法经受事实经验与实践逻辑的检验与挑战。

第一,虽然法治社会中法律应覆盖社会生活的主要过程,但社会生活中的很多活动与行为不可能用法律加以规制和调节,或者不需要用法律加以规制和调节。"法律的统治"的范围永远是有一定限度的,一方面,"并没有什么法律规范能够总揽无遗甚至能够包括各种各样的、只是有可能产生的情况。人类的预见力还没有完善到可以可靠地预告一切可能产生的事这种程度,况且,人类所使用的语言也还没有完善到可以绝对明确地表达一切立法意图的境界",[16]并且,"社会变化,从典型意义上讲,要比法律变化快"。[17]另一方面,任何社会都无法排斥、也不会放弃道德、宗教以及其他社会规范对人们社会行为的引导和规范作用,亦无法逾越由法律自身特性所决定的法律适用范围的局限。因此,即便在成熟的法治国家,"在众多用来塑造我们生活的道德的文化制度中,法律只是其中的一员"。[18]

第二,法律的明确性、普遍性、强制性、稳定性等属性都是在有限且相对意义上得到承认的。这不仅是因为法律的确定性(明确性、普遍性、强制性、稳定性等属性可共同概括为法律的确定性)问题从来都是法治实践所面临的难题,从而也是法理学中异见纷呈的论题(在法律的确定性问题上,各种理论能够达成的最大共识仅限于"可预测性"[19]),而且也因为这些属性同时也在一定程度上限制了法律积极功能的全面发挥:普遍性排斥了对个殊性的考虑;明确性限制了法律的容量和适用的边际;强制性消解了社会生活过程中必要妥协的意义;稳定性则凸显了法律与现实之间的距离。

第三,以"三权分立"为基础的司法独立事实上只是政治建构中的一种假想,一方面,从原理上看,司法独立的理论"有违国家主权原则",[20]因为司法是一种政治装置,是国家政权的附属物;[21]另一方面,从实践上看,西方国家的司法从来都没有摆脱过政治势力的实质性影响,很多西方学者都承认,司法过程中潜含着政治意识形态的作用,[22]法院的判决与政治意识形态具有不同程度的关联，司法人员的遴选以及司法组织的构建也在很大程度上决定于政治势力。[23]从最基本的逻辑看，当政治问题司法解决成为西方国家政治制度的一种设置时，司法独立于政治的基础就已经从根本上发生了动摇。[24]至于自由主义法治理论对法官独立且公正无私、富有睿智卓识这些角色特征的描述，更是一种理论上的虚构。自由主义法治理论中的法官，实际上是一种非人格化的抽象符号，[25]"否认身为法官的个人在场"，[26]以至于现实主义法学代表人物弗兰克不得不提出"法官是人吗"这一颠覆性的质疑。[27]

第四，任何社会中并不是所有的社会纠纷都通过司法手段解决，原因是：(1)很多社会纠纷并不适于司法手段解决，美国学者考默萨认为在"人数众多，问题复杂"的情况下，司法很难在多种具有不同合理性但又彼此冲突的复杂诉求中寻求恰当的处理方式，[28]庞德也很早注意到司法手段自身的局限。[29](2)大量的社会纠纷无需司法手段解决或运用其他手段更容易得到解决，即使在美国这样的国家中，在局部地方或某些领域，也存在远离司法的"无需法律的秩序"。[30](3)司法是成本昂贵的解决社会纠纷的手段，从社会资源合理利用的角度看，把解决社会纠纷的任务主要甚至完全委诸司法，并不是理性的选择，至少是不经济的选择。[31]

第五，自由主义法治理论对法律实施、特别是司法过程的描述与想象也完全悖离了客观真实。卡多佐对"司法过程的性质"的分析，[32]弗兰克对"初审法院"真实状态的揭示，[33]波斯纳对"法官如何思考"的论述，[34]以及克洛斯对"美国联邦上诉法院的裁判之道"的叙说，[35]所有这些都表明，司法过程决不像"自动售货"那样简单。最后，自由主义法治理论把人类追求的各种价值或善品充填在法治或法律之中，把法治或法律视同各种价值或善品的象征或替代的认识，同样是一种虚幻的构想。这是因为，这样的认识忽略了在不同社会条件下、甚至在不同主体的认知中，各种价值或善品的内涵和位序上的差异以及各种价值或善品之间的内在冲突。尽管法治体现着人类社会为追求各种价值或善品所付出的努力，但任何社会的法治都承载不了保证各种价值理想均能很好实现的期待，甚至无法排除"恶法"存在的可能。[36]

自由主义法治理论的虚幻性的根源产生于三个方面：其一，自由资本主义法治理论回避或忽略了法治的内在矛盾。事实上，法治是一个充满内在悖论和矛盾的统一体。[37]在法律思想史上，无数思想家和理论家都力图用某些要素和原则对法治应然或实然状态作出确定性的描述和勾画，从亚里士多德的两大特征[38]至戴雪的三项原则 39、富勒的八项原则[40]、菲尼斯的八项原则[41]、罗尔斯的三个准则[42]、拉兹的八项原则[43]、所罗姆的七项原则[44]以及纽曼的三项原则[45]，林林总总，不一而足，这些学说和理论虽然从特定的偏好和取向出发概括了法治的某些性状和特征，但都没有能够圆满地描绘出一个具有充分说服力和普适意义的法治形象。究其原因，主要是：在关于法治的要素、抑或原则的每一个正面判断或命题下，都真实地存在着与其相悖的另一个判断或命题。自由主义法治理论极为理想化地描述了法治的某些方面特征，而舍弃了现实中与这些特性相悖反的另一些性状的存在，忽略了实践对另一种性状的需求。其二，自由主义法治理论忽视了作为法治运作场域的社会特别是现代社会的高度复杂性。自由主义法治理论习惯于简单地运用中世纪宗教统治模式诠释或理解法治：[46]法律如同宗教义理，蕴含着一切正义或正当性；立法如同宣谕布告，能预见未来，并对未来作出最妥善的安排；法院如同教会，既把持着对教义的权威理解，而且有效地守护着法律运行，冷峻地裁断着人们行为与法律之间的悖合；法官则如同牧师，披着神圣的黑袍施行法律，审断人们行为的是非，布道般地反复向人们传达关于法律和正义的结论。然而，宗教统治是建立在社会（信众社会）同质性很高和社会关系极为单一的背景之下的，而现代法治所依存的社会、特别是当代社会，已不复具有中世纪万马齐喑、万籁俱寂的高度同质性，现代社会中社会关系的复杂性更是远异于宗教统治下神与信众以及恩典与救赎关系。因此，自由主义法治理论用宗教统治模式诠释和理解法治，势必会脱离现代法治社会的真实状态。其三，自由主义法治理论的真实意旨并不在于揭示法治客观规律或指引法治具体运作，而在于启导人们建立对法治的信仰。无论是作为资本主义法治创立和形成中的思想动员，还是作为资产阶级强化自身统治正当性的理论支持，自由主义法治理论都需要通过对法治的美化甚而神化，从而启导人们对法治的崇尚和信仰。自然，这种美化或神化，既不会是对法治应然机理的诚实揭示，更不可能是对法治实然状态的客观描述，尤其不可能正视法治的内在矛盾以及与此相关的法治的局限性。就实质而言，自由主义法治理论不过是思想家和理论家们向人们开出的永远无法兑现的理想承诺。

2. 自由主义法治理论是被现代社会所背弃的理论。

从历史上看,自由主义法治理论在19世纪中期最为兴盛,但迄至19世纪晚期,随着西方国家社会发展所面临的问题日益突出以及各种社会关系日益复杂,自由主义法治理论已难以为西方国家的法治实践提供有效的理论指引和解说,自由主义法治理论所编织的法治神话也随之逐步破灭。19世纪末至20世纪初发生在美国的"进步运动"以及在西方世界的"祛魅"思潮和运动,[47]引发了对自由主义法治颠覆性的反思与质疑。在此过程以及继之以后出现的各种法学流派都不同程度地包含着对自由主义法治思想的背弃和批判。今天已为我们所熟知的是:以霍姆斯、卡多佐等人为代表的实用主义法学否弃了自由主义法治理论把法律形式绝对化的偏向,强调用经验而不是逻辑或形式去理解和认识法律的本质,重视法律及其适用过程的实用意义,主张根据时代发展和社会变化以及具体情境理解和确定法律的实际涵义;[48]以庞德为代表的社会法学反对从抽象的价值或空泛的规则意义上去理解和认识法律,倡导从社会功效角度把握法律的功能和作用,庞德主张把法律及其施行过程视为一项"社会工程",把法治的意义认知为通过法律实现对社会的控制,庞德还具体揭示了法律或法治的内在缺失和局限,引导人们理性、真实地看待法治的作用;[49]以弗兰克为代表的现实主义法学,通过对法律实施过程、特别是对司法审判过程的具体解析,从经验层面上描述了司法审判过程的实际状况,分析了各主体在审判活动中的实际行为以及由此带来的规则的不确定性,揭穿了自由主义法治理论对司法过程的虚构;[50]批判法学派则侧重于对自由主义法治理论中法治的正当性基础进行深入分析和批判,从司法与政治的实际联系,从法治价值的虚空性和价值之间的冲突,以及法律规范的不确定性等多个方面,彻底颠覆自由主义法治理论所建构的法治大厦。[51]

正是由于前述这些理论流派的存在(当然也基于自由主义法治理论本身的虚幻性),自由主义法治理论未能持久地成为西方世界所实际奉行的理论。当代美国学者萨默斯认为,19世纪末以来,在美国本土上产生并发生实际影响的理论,既不是自然法学,也不是分析实证主义法学,更不是历史法学,而是汇聚了实用主义法学、社会法学以及现实主义法学等各派理念而形成的实用工具主义法学。实用工具主义法学"是20世纪中期,在法理学界、主要高校机构以及法官和律师等重要领域最具影响的法律理论。其中很多原则和理念的影响至今犹存”。“人们可以坚信实用工具主义在美国的影响超过其他任何一般法学思潮,它使得分析实证主义、自然法学相形见绌”。“即使今天,实用工具主义已然常伴我们生活左右。”[52]事实上,当19世纪末20世纪初自由主义法治理论所编织的法治神话渐渐破灭时,西方世界也曾经历过“礼崩乐坏”、“大厦将倾”般的社会阵痛,[53]甚至在知识阶层中萌生过一种殉道意识。迄至今天,西方社会仍然普遍把19世纪末以来自由主义法治理论的没落,以及法治现实对自由主义法治理论的背离认知表述为“法治的衰退”。在近几十年间,西方法学界出现了一些以自由主义法治理论为基础而形成的新的法学流派或学说,其中最重要的如以约翰·菲尼斯为代表的新自然法学,以约瑟夫·拉兹、布莱恩·比克斯为代表的新分析法学等等,以图重现自由主义法治理论传统的辉煌。此外,在部分西方人的观念中,自由主义法治理论仍被视为正统的法治理论,并希望以此与其他法治理论、特别是与实用工具主义法学保持一定的理论张力。然而,尽管有这些因素或情况的存在,仍然不能否认的是,19世纪末以来西方社会的主流法治思潮以及主导性法治实践已经在很大程度上背弃了自由主义法治理论。今天,对于日益复杂的西方社会来说,自由主义法治理论更多只能充作部分西方人抚慰或稀释现实中失落痛楚的“心灵鸡汤”。

3. 自由主义法治理论的传播中搭载着西方势力的政治企图。

从我国法治乃至政治现实出发看待自由主义法治理论,不仅要看到这种理论自身在逻辑和历史上的乖谬,还应看到这种理论所搭载的西方势力的政治企图。大量事实表明,自由主义法治理论在我国以及其他后起法治国家中的传播,其意义和后果并不如人们想象得那样简单,不容忽视的是,在近几十年中,自由主义法治理论已成为西方各种势力在包括中国在内的发展中国家推行其整体意识形态以及改变这些国家政治制度的思想工具。

如前所述,自由主义法治理论并不是西方世界所真实奉行的意识形态,甚至在19世纪末以来的法治理论领域也不具有实际上的主导地位,但以美国为代表的西方国家以及由其控制或操纵的各种国际组织,却借助于当今世界全球化和现代化的过程以及由此产生的各种机会,在全世界高扬自由主义法治理论的大旗,向发展中国家输出自由主义法治理论。[54]根据桑托斯的研究,西方霸权主义全球化的意识形态基础建立在四个方面的共识之上，即：新自由主义经济共识（亦即华盛顿共识）、弱国家共识、新自由主义共识以及法治和司法改革共识。[55]而法治与司法改革共识的思想基础又主要是自由主义法治理论所提供的一系列原则和主张。为了推行或争取“法治与司法改革共识”，西方势力一方面直接提供各种物力和人力等资源条件，在发展中国家设立推进司法改革和法治建设的具体项目，在这些项目中体现和具体实践“法治与司法改革共识”；另一方面，在向发展中国家提供经济援助或者利用发展中国家争取国际经济地位、谋求更大发展空间的机会，强制性地搭载政治以及法治与司法改革的要求，迫使发展中国家接受“法治与司法改革共识”。此外，西方势力还利用其操控国际法以及其他国际规则制定的条件，把“法治与司法改革共识”的要求体现在这些法律和规则之中，从而使自由主义法治意识形态成为对发展中国家的刚性制约。从目前所形成的一些国际组织或国际会议有关法治的基本定义中可以看出，这些定义基本上都是以西方自由主义法治观为基础而阐释的。[56]

自由主义法治理论之所以成为西方势力推行霸权全球化的思想武器和理论工具，基本原因集中于两个方面：其一，前已述及，自由主义法治理论编织了一个法治神话，描绘了一个法治乌托邦的幻景，对于很多摆脱封建专制或殖民统治，寻求走法治化道路的国家和人民来说，这一理论能够为人们带来对于西方发达社会的移情式想象，因而无疑具有很大的诱惑力。特别是在社会变化较快、社会变革较大的历史时期，具有一定普遍性的认识偏向是，人们往往宁愿相信虽不切实际但符合更大理想的承诺，而不太愿意接受虽具有实效但尚不够显著的社会进步，这就使自由主义法治理论有了更多的信众，为自由主义法治理论创造了很大的市场。因此，自由主义法治理论更容易为法治初创国家所接受。其二，也是最根本的原因，自由主义法治理论与市场资本主义、西方的民主政治制度是捆绑在一起的理论，自由主义法治原理中包含着对市场资本主义以及西方民主政治制度的必然承认，一方面，西方理论通常认为，“法治与资本主义共享着许多假定作为其基础”[57]，西方“理论家们往往将自由主义、自由放任资本主义以及法治捆绑在一起，一揽子地放进同一包裹之中，它们要么全有要么全无”。[58]另一方面，自由主义法治理论中的法治，必定是“三权分立”体制下的法治。因此，通过自由主义法治理论的推行，能够进一步改变或塑造法治初创国家的国家性质及政治制度。近几十年来西方势力在亚洲、非洲、美洲以及东欧进行法治输出的实践充分证实了这一点。美国国际开发署把在对东道国实施的法治及司法改革项目分为四个阶段:“第一阶段主要是法学教育和法律改革;第二阶段是基本的法律援助的需求;第三阶段是法院改革;而当前的第四阶段,用此类机构(Agency)的术语来说,怀有最远大的抱负,也最具政治性,它包含了前三阶段所有的关注点,将它们囊括在国家民主项目的设计与执行中,并且拓展了前三个阶段的关注范围”。[59]这也就是说,在推销自由主义法治理论这种表面中立甚而是友好、积极的文化传播活动中,隐含着西方势力改变东道国基本政治制度的明确目的与动机。这一点,自然也是站在当下中国立场上否弃自由主义法治理论的一个重要理由。

四、我国法治意识形态自主化建设的必要性

对自由主义法治理论的前述分析,一定程度上已经表明了另一个命题的意义,亦即必须加强我国法治意识形态的自主化建设。因为在自由主义法治理论对于当代中国人的法治观具有潜在影响的情况下,抽取了对自由主义法治理论的信赖,势必会回归到本土法治意识形态资源的替代问题。更为现实的是,如果没有恰当的本土法治意识形态的形成和存在,要从根本上消除自由主义法治理论的消极影响,事实上也是不可能的。当然,加强我国法治意识形态的自主化建设,还承载着其他一些不容忽略的意义。

首先,从法治意识形态内生和外引的关系看。论述我国法治意识形态自主化建设的必然性和必要性,不能不涉及法治意识形态的内生与外引的关系。在法理学或比较法学中,法治意识形态内生与外引的关系通常被置于法律移植的主题下加以讨论。近几十年来,随着前面提到的法律全球化或全球法律化的推进,法律(当然也包括法治意识形态)移植问题越来越突出地成为法治理论与实践的中心论题之一。在法律移植问题上,虽然国内外学者提出了很多主张与见解,并且存在着一些彼此分歧的学说,但主导性的观点甚而具有一定普遍性的共识是:(1)从主权角度看,一个国家法治的构建不可能通过法律移植来实现。荷兰学者扬·M.斯米茨基于荷兰既作为一个“法的出口国”也作为一个“法的进口国”、既运用过“武力强制”也运用过“法律规则自身说服力”[60]这样的经验,认为“法治的确立是一

个漫长的过程,而法治确立的成功与否取决于特定国家综合的政治文化环境,而非单纯地取决于法制的建构。法律出口国仅仅能够向进口国展示它是如何处理所面对的法律问题的。最终,仍是由进口国自己权衡具体的移植是否有益”。[61](2)法律紧密地关联着国家的政治、经济、文化和其他社会条件,因而也限制了大规模法律移植的可能。[62]美国学者弗雷德里克·绍尔认为:“法律只不过是特定政治环境和社会环境的表征”,[63]“法律之外的政治、文化和社会因素或者经济最优化在决定法律理念、法律制度和法律架构跨国移植模式中的作用,远远大于这些因素在决定科学、技术或者经济理念、经济制度和经济结构跨国移植模式中的作用”。[64](3)越是关联到国家根本政治制度和政治理念的法律制度或法律理念,如宪政制度或人权理念,越难以通过法律移植方式从其他国家引入。正如弗雷德里克·绍尔所说:“政治、社会和文化因素在决定与宪政和人权相关的法律、理念和制度的移植模式中的重要性,要远甚于它们在决定与商业、贸易和经济相关的法律、理念和制度移植模式中的重要性”。[65](4)对于法治理念这样重要的法治意识形态,一方面,基于“法律图景与主权、国家自我表现、民族自决、国家声誉以及民族自尊存在的特殊关系”,[66]其本土化建设的意义应当得到更多的重视;另一方面,法治意识形态体现着特定国家的文化价值体系以及社会成员的文化直觉,因而试图通过简单地从他国移植也是很难真正成功的。苏东国家在“后社会主义”时期大规模移植西方资本主义法律体系的过程中,尽管大量吸纳了西方各种法律制度,但西方法治意识形态并未在这些国家真正扎根,[67]有西方学者描述了这一状况:“法律改革行业致力于将后共产主义国家和发展中国家带入民主、市场化体制的世界,但至今仍没有一个坚实的、科学的根据用以支撑其使用的种种方法和意识形态”。[68]因此,无论是法律移植的一般规律或经验,还是前苏东社会主义阵营解体后相关国家大规模法律变革的实践,都充分表明,我国法治建设不可能寄望或依赖于从外部引入法治意识形态。

其次,从人类法治发展的趋势看。我认为,近代以来,人类法治发展主要经历了三个主要阶段:第一阶段大致是17、18世纪至19世纪上半叶,这一阶段的法治奠基于抽象的理性,追求道德正义,其重心及社会进步意义是促使法治成为一种具有充分正当性的社会治理方式,并使法治成为社会成员所追求和向往的社会理想,并逐步促成法治这一社会理想转入社会实践;第二阶段大致集中于19世纪中叶至19世纪末,这一阶段的法治重在探索法治的形式要素,致力于明确法治的规则载体与制度形态,其社会进步意义在于把人们对于法治的基本认识以及在法治实践中所形成的基本经验,固化为一系列形式要素,从而在一定程度上弥补抽象理性和道德正义不确定性的缺陷,为法治的建构及运作提供更为明确的指引;第三阶段大致始自19世纪末并延续至今,这一阶段法治发展的特征在于扎根现实土壤和实践场域,探寻法治与经济、政治、文化、社会等复杂而广泛的现实因素之间的互动与关联,立足于法治对于解决社会实际问题的作用,注重法治的社会功能,强调法治对社会需求的恰切而有效的回应,旨在通过法治追求更远大、更艰难的社会进步。毫无疑问,处于第三个阶段中的法治,必定是本土性、自主性很强的法治,因为只有这样的法治才能够切合本国发展的需要,才能够有效解决本国所实际面临的问题。[69]对法治发展趋势的分析,我们应当看到两点:其一,我国法治建设从起步到发展经历的时间虽不长,但历史却注定把我国法治建设置放在人类法治发展的总体进程中,与其他成熟法治国家处于相同的法治发展阶段,不尽恰切地说,我国在没有经历诺内特与塞尔兹尼克所描述的"自治型法"阶段的情况下,就直接进入到了"回应型法"[70]的发展阶段。其二,正是基于当代世界法治发展的阶段性特征,抑或基于"回应型法"的要求,我国法治建设不能不更多地从中国国情出发,审慎和理性地看待西方传统的法治思想资源,系统并创造性地形成自己对于中国法治的基本认识,以保持并不断提高法治实践对于我国社会发展需求的回应能力。所以,从顺应人类法治发展趋势的要求看,加强我国法治意识形态自主化建设亦属势所必然。

再次,从重振社会主义法系的历史责任看。上世纪80年代末以前,以前苏联为代表的社会主义国家法律被普遍认同为与英美法系、大陆法系并存的世界三大法律体系之一。[71]苏东社会主义阵营解体后,西方学者普遍认为,社会主义法律体系已随着苏东社会主义阵营的解体而不复存在,"在非常短的时间里,整个法律体系突然消失",[72]即便有西方学者承认世界上仍然有社会主义法存在,但同时也认为"社会主义法,不再具备足够的资格能与民法法系和普遍法系相提并论"。"苏联式法律体系的终结"以及"法律全球化"被视为上世纪末世界法治发展的两个重大事件。[73]在比较法理论中,以前苏联法为代表的社会主义法,之所以能够成为独立的法律体系,并不在于它与世界其他国家、特别是西方资本主义国家在具体法律制度上存在重大差异,而主要在于社会主义法具有特殊的意识形态,正如茨威格特和克茨所说:"构成社会主义法系的法律体系,基于它们共同拥有的马克思列宁主义的世界观,具有特殊的性质。这个事实明显地将社会主义法律体系与其他西方的法律体系区分开来并证明了社会主义法律体系作为一个独立法系存在的正当性"。[74]意大利学者简玛利亚·阿雅尼也认为:"苏联、中国、某些中东欧国家以及某些亚非地区实际运行的法律却共享着一个特征:马克思列宁主义意识形态。这种意识形态正是宪法与诸法典制定呈现多元化的原因所在;更确切地说,这也是一种不同的法律解释和法律适用方法得以形成的原因"。[75]因此,西方比较法学者所说的"社会主义法系消失"并不是指前苏东国家法律制度消亡或这些国家放弃走法治化道路,而是指这些国家的法律意识形态发生了根本性变化。因此,当重振社会主义法系的责任历史地落到中国身上时,运用马克思主义基本理论和原理,塑造社会主义法治意识形态就成为我国法治建设无法回避的重要内容和重大现实任务。换个角度看,在意识形态差异成为社会主义法与其他类型法之间根本界线的前提下,只有塑造出独特的社会主义法治意识形态,才有可能保持并彰显我国法治的社会主义性质。

最后,从我国法治建设的实际进程看。迄至20世纪末,我国法治建设主要集中在基本法律制度的制定、法律机构的建立以及法律人才的培养和配置等方面。概括地说,这一时期法治建设的主要任务在于建立现代法治国家所必备的基本架构,创设法治运行的基本条件。在这一时期中,虽然决策层也始终保持着对法治的"社会主义性质"和"中国特色"的强调,但客观上说,尚未能系统地形成并提出自己独特的法治理念,对什么是法治、特别是什么是中国特色社会主义法治以及怎样建设中国特色社会主义法治这样的基本问题尚不具有十分清晰的认识。进入21世纪后,随着我国法治进程的加快和法治推进的深入,一方面,法治实践对法治意识形态的需求日益明确,特别是在面临着如何更好地使法治楔入我国经济、政治、文化以及社会生活之中并与之适调,以及如何更好地运用法律手段解决社会转型和社会发展中的矛盾等问题时,亟需有明确且切合我国实际的法治理念和法治思维,为解决这些问题提供理论指引,并统一全社会的认识,消除各种歧见;另一方面,经过前一时期法治建设的具体实践,社会各个层面对我国法治道路的认识和感悟也有了不同程度的深化,在法治实践中所形成的经验教训也能够为我国法治意识形态的系统化建设提供一定的经验基础,使我们有可能基于一系列真实的感验去领悟和认知法治建设中的一些重大是非问题。这也就是说,我国法治建设的进程不仅对法治意识形态系统化建设提出了比以往任何时候都更为迫切的要求,同时也为系统化地塑造我国独特的法治意识形态提供了现实条件和基础。在一定意义上说,能否抓住这样的机遇,把握好法治意识建设这一时代主题,关系到中国特色社会主义法治能否最终形成。

五、中国特色法治话语体系的构建

当下我国法治意识形态自主性建设的主要任务在于以社会主义法治理念为基础,构建具有中国特色的法治话语体系。这一方面是因为社会主义法治理念不能仅仅作为一种政治倡导,而必须进一步进入到法治话语层面,转化为指导法治具体实践的理论与知识,另一方面也在于,长期运用域外的法治话语,持续地维持域外法治话语的权威,"由声音的缺席到权力的缺席",进而有可能使我们最终丧失在法治领域的话语权。

我理解,特定国家的法治话语体系应当是该国有关法治的思想、理论、知识、文化甚至语言及思维的总体概括,尤其集中体现为法治的理论与知识体系。因此,中国法治话语体系的构建无疑是一项复杂的系统工程,既牵涉到对域外既有的各种法治观念和法治思想的审慎思考与分析,对既有的法学理论和法律知识的改造与整合,更需要依照当代中国的实际情况与条件,从解决中国实际问题,满足中国社会发展的实际需要出发,实现法治理论的全面创新;既涉及法理学等法学基础理论学科的内容及体系的改造与更新,也涉及部门法学相关原理和知识的调整与变化,甚至还涉及对法学理论和知识体系的整体性重塑和再造;既需要对法治理论研究的基点与重心作进一步调校,也需要法学研究的功利观、学术立场与姿态以及学术风格相应有所改变。概括地说,中国特色法治话语体系的构建过程,也就是以社会主义法治理念为基础,全面塑造属于中国自己的法治理论和法治知识体系的过程。在此方面,我认为,应当把握以下几个原则:

1. 确立社会主义法治理念的话语权威。

从我国现实情况看,西方法治理论特别是自由主义法治理论在我国依然保持着一定程度的潜在话语权威。这除了因为前面所述及的自由主义法治理论所描述的法治样态已经或多或少成为人们的社会理想并由此而进入人们的信仰层面外，还在于西方法治理论来源于“法治的故乡”，出自“法治样板国”，被认为具有天然的正当性和正确性，而西方大国的强国位势似乎也能够为之提供实践佐证。更为重要的因素是，由于自由主义法治理论抹煞了法治的局限性，回避了法治的内在矛盾，忽略了法治实际运行所依附的条件以及所必然面临的约束和制约，因而站在自由主义法治理论的立场上，或者执持自由主义法治理论的某些命题或判断，很容易占据“法治的制高点”，从而可以毫不费力地运筹法治于帷幄，指点法治之江山，更可以俯视和鄙薄一切法治现实与实践。[76]因此，构建我国的法治话语体系，必须从根本上改变这样的话语位势，确立社会主义法治理念作为我国法治“元理论”、“元知识”的话语权威地位，以社会主义法治理念所内含的原则和要求作为思考问题的基点、判断问题的依据以及解决问题的思路和方法，把社会主义法治理念作为本民族的重要精神财富以及对人类法治文明发展的独特贡献，在社会主义法治理念的原创性上建立起中国人对于走自己法治道路的理论自信。

社会主义法治理念话语权威的确立，不能仅仅依托于决策层的倡导，而更主要仰赖于社会成员对社会主义法治理念及其基本内涵的普遍理解，其间也包含着对自由主义法治理论的深刻反思与认识，直白地说，就是在全社会完成基本法治观的一次校正和更新。在此过程中，理论建设的重要任务就在于通过对社会主义法治理念的阐释、论证以及深化研究，丰富社会主义法治理念的学理基础、文化基础和知识基础，为社会主义法治理念提供更多的理论和知识支持，进一步提升其科学性，展示其独特的理论魅力。为此，一方面，要把社会主义法治理念放置在人类法治思想演进史以及法治实践发展史的大背景和大格局下，认识不同时空下法治理念差异的必然性以及法治理念的多种样态，认识社会主义法治理念对人类法治文明既有成果的尊重和传承以及在当代中国这一特定时空中对人类法治文明的创新与发展，从而认识社会主义法治理念所应有的历史地位；另一方面，应当把社会主义法治理念放置于中国政治、经济、文化和社会现实以及当代中国社会发展的总体阶段与进程之中，认识社会主义法治理念对于当代中国国情的解释力和适应性，认识在社会主义法治理念指导下的法治实践对于中国社会发展、尤其是解决中国社会发展中各种矛盾的实际作用，藉此展示社会主义法治理念的现实贡献。通过这两个维度上的阐释、论证和研究，增加全社会对于社会主义法治理念的共识，使社会成员充分认知什么才是当代中国真正需要并且实际可行的法治，进而推进社会主义法治理念在理论和实践领域的话语权威的确立。

2. 坚持实践主义的话语立场。

以当代中国社会为背景以及以中国特色社会主义法治建设为使命，必然要求我国法治话语体系的构建奉行实践主义的哲学观，坚持实践主义的话语立场。[77]这种实践主义立场主要体现在四个方面：其一，坚持对既有法治思想和知识资源选择的自主性。当代中国法治建设所面临的客观情况是各种法治思想和知识资源充斥于法治意识形态领域，关于法治建设中的主要方面和主要问题，都有先在的各种见解、结论或答案。因此，我国法治话语中不可避免地需要吸纳既有的思想和知识资源，法治话语体系的构建也必然包含着对既有思想和知识资源的选择。基于实践主义的话语立场，要求在话语体系构建中，无论是对域外的法治思想和知识资源，抑或对我国历史上传承下来的法治思想和文化，都应当保持明确的自主意识，审慎地选择和利用，特别是不应囿于既有的某些结论，并警惕在所谓"普适性"、"普世性"冠盖下搭载的某些见解和主张。在看待和吸纳既有法治思想和知识资源过程中，一是要研究其在特定情境中具体涵义，弄清概念或命题的真实意蕴；二是要考量其所依附的社会条件；三是要分析其与相关思想或理论体系的联系，尤其应关注其学说取向和流派背景；四是要审视潜隐于这些思想或知识资源背后的政治、经济等制度设计；五是要注意西方国家所惯常使用的双重标准和双重要求；六是要考虑其与我国其他理论、制度及实践的相适性。其二，坚持法治话语语境的中国化、本土化。[78]尽管存在着法律全球化或全球法律化这样的时代背景，但我国法治话语仍然必须以当代中国社会为具体场景，以中国的实际国情为基本条件，以解决中国社会的实际问题为目标和使命。即便对全球化趋势或压力的回应或顾及，也必须以符合中国长远和大局利益、契合我国法治思想或制度体系，且不悖离我国社会主导性文化价值观念为前提。同时，还应明确，中国对人类法治文明的尊重以及对人类法治文明贡献的基本方式，决不在于以认同西方势力所推崇的法治模式为基础而参与对法治主题的泛化讨论，而在于创造出独特的法治样态并有效实现社会治理的实践所能够提供的启示。其三,注重法治话语内容的实在性和具体化。现实中,法学理论,尤其是有关法治基本问题的理论,常常是在超时空的抽象意义上阐述和叙说的,其间隐含着叙说者对法治一般性原理或普遍性规则或规律的探求,也蕴含着对"标准化"法治模式的期待或敬重。不可否认,作为一种社会现象和社会实践,法治的确有其一般性的机理和内在逻辑,由此也赋予法学理论某些抽象性特质,使某些概念或范畴的确能够超越时空而获得一定的共识。然而,这种状况在现实中被放大后却导致了另一种不恰当、不可欲的结果:一方面,法学人偏向于脱离具体情境而在一般意义上讨论"属于整个世界"的法治问题或法律原理,在国内相当一部分法学文论中,中国主体常常并不"在场";另一方面,人们往往把蕴含了理想化价值与期待的抽象概念认知为真实的存在,并进一步作为阐释理论主张以及判断问题的依据。[79]因此,要避免类似的偏执,就应当注重法治话语的实在性和具体化,在真实的环境中,以实际存在的社会现象和社会事实为对象,为具体的法治实践提供理论指引和依据。即便是对一般性原理或规则、规律的探求,也应当以中国社会作为实际场景,从而使相关的理论或知识成为"对中国有用"或"在中国有用"的智力成果。其四,坚持以问题为中心的话语取向。[80]实践主义话语立场还体现为以问题为中心的话语取向,亦即法治话语应始终围绕着具有实在性、当代性、重大性、根本性、普遍性的"中国问题"而展开,[81]以保证法治话语与中国社会现实的贴近。这一方面意味着我国法治话语中会产生许多与传统法治理论和知识所不同的内容,一些在传统法治理论和知识中不曾出现或存在的主题,却可能在我国法治话语中占有重要地位,或具有较重份量;另一方面又意味着我国法治话语体系也不受制于传统理论或知识体系的结构、形式以及风格等因素,而应着意于与其所关涉的问题相契合,理论或知识体系的结构、形式以及风格等因素,只有在有利于对"中国问题"的认识与阐释,有利于对"中国问题"的实际解决的前提下,才应当被接受和承认。

3. 倡导创新性话语思维。

中国特色法治话语体系的构建是一项全新的实践,毫无疑问,在此过程中,必须始终倡导和保持创新性话语思维。从历史视角看,尽管人类社会累积了大量的法治理论和知识资源,但真正有创造性、有影响的成果,仍然比较集中地出现在社会重大变革或转型的几个重要时期，这些成果也同时成为社会变革和转型的重要识别标志，以至于在社会和平发展时期，法律思想家和理论家不得不感叹生活在历史巨人的阴影之下而无所作为。[82]这也表明，中国社会正在经历的变革与转型，能够为法治思想与知识的创新提供极好的历史机遇。我认为，与其他国家法治环境相比，我国法治思想和知识的创新所藉以参照的社会现实，或者说我国法治思想和知识创新所应着眼、所应围绕的社会事实主要有这样几个方面：

第一，我国的政治制度和政治建构的特殊性。无论从理论还是从实践上看，特定国家的法治样态与该国的政治制度和政治建构都具有密切的联系。我国的政治制度和政治建构既与西方国家具有重要区别，也与前苏联以及东欧前社会主义国家有很大差异。人民代表大会制度、多党协商下的一党执政制度、"一府两院"的建制，这样一些制度和建构至少在两个方面决定了我国法治具有不同于其他国家的特征：一是我国法治实践必须致力于国家核心影响力、甚至控制力的形成和提升，有利于国家组织和动员各种社会力量，克服人口众多而资源相对匮乏的局限，体现国家集中力量办大事、办好事的优势。因此，西方法治理论中把法治的核心功能定位于权力制约的主张就难以为我国社会所认同。尽管权力制约同样是依法治国的必有涵义，并且如何保证执政党权力运行的规范化也是改善执政方式的重大主题，但就总体而言，"权利—权力"的抗衡与制约不应是我国法治的基本格局或主要机理。二是我国司法与主导政治力量具有更为密切的联系。在多党轮流执政的政治制度下，执政党频繁更替，执政理念与方针因执政党的变化而相应改变，因此，在多党轮流执政的制度下，保持司法与政治的距离，确实有其特殊的意义。但在我国实行一党执政的条件下，执政理念与方针具有明确的连续性，因此主导政治力量与司法之间这种技术性屏障的意义就显得不是十分突出。不仅如此，基于司法与外部社会的紧密联系，我国社会发展、特别是社会矛盾的解决，客观上形成了对主导政治力量与司法之间合力作用的需求，由此而使两者之间的交结点越来越多，两者的关系更为密切。即使就个案处理而言，司法意义上的案件同时也是党政组织所面临的社会矛盾；而很多社会矛盾的解决，需要运用多种社会手段，需要司法与党政组织的共同作用。这也要求从我国实际情况出发，正确地理解和诠释司法独立的特定意义及涵义。

第二,当代中国社会发展的重大主题。传统法治理论和知识依据其自身的体系和逻辑对理论或知识进行了学科或门类的界分。这种界分或许满足了理论和知识在文化意义上自洽性建设的要求,但却实实在在地限制了理论的视野和知识的解释力及广延度,形成了法治理论和知识视角与社会发展事实之间不同轨的现象。特别是在我国法学理论的发展尚不成熟,理论研究资源较为集中地投入到各学科自身建设的情况下,当代中国社会发展的一些重大主题,往往要么被忽略,法学理论缺席于对相关问题的研究和讨论,要么就是在理论或知识上被切割,被管中窥豹地解说。因此,法治话语体系创新的一个重要方向就是让理论和知识资源投向或回归到社会发展的重大主题之上,在诸如中国特色民主政治的发展与完善、新型社会管理体系的构建、基础性社会矛盾[83]的缓解与处理、中国特色司法体制及司法运行机制的构建与完善、贪渎惩防体系的构建、社会诚信体系的构建,基层政权建设与巩固、大规模经济风险(特别是金融风险)的防范、少数民族的法治地位以及民族问题的法治化处理与解决等方面,开放出相应的研究领域,形成相应的理论和知识体系,在保持"法理学—部门法学"这样的传统理论和知识建构与模式的基础上,进一步形成以中国社会发展重大主题为轴心的法治理论与知识谱系。

第三,中国社会同质化程度降低的现实。一般说来,法治最适于存在和运用于同质化程度很高的社会;法律的一般性、普遍性、规范性等属性最容易在同质化很高的社会中得到展现,或者换个角度说,法律的一般属性内在地要求同质化社会作为其施行的背景与基础。改革开放前的中国社会,可以说是同质化程度极高的社会,以至于直至现今一些西方学者仍然以此作为叙述中国问题的背景性因素。然而,事实上,当代中国社会的同质化程度已经大大降低,并且这种降低已成为一种难以改变的趋势。一方面,社会经济的发展伴生着社会成员之间生活境况的严重分化;另一方面,意识形态禁锢的打破以及文化的开放带来了社会成员观念的多元化和思想的空前活跃。特别是在社会变革和社会转型中所出现的社会成员利益关系调整和社会地位的变化,引发了各阶层间、各群体间以及阶层和群体内部各种复杂、且常常彼此冲突的社会主张与利益诉求。社会同质化程度降低的现实为在中国实行法治或中国的法治建设带来了很大的复杂性。可以说,法治所固有的各种内在矛盾与紧张,如一般性与特殊性、普遍性与局部性、稳定性与适应性以及强制性与妥协性等，在当代中国社会中都被一一放大了。在此背景下，传统的法治理论与知识既难以为当代中国法治现象提供恰当的解说，更难以为当代中国法治实践提供有效的导引，由此而产生了从中国现实出发，进一步审视法治的内在矛盾，探索当代中国法治建设的应有机理的现实要求。自然，这也凸显出中国特色法治话语创新的必要性和必然性。

第四，法治发展的历时性问题共时性解决的要求。保持法治话语的创新性思维还决定于这样一种现实：中国法治建设需要在不长的时期中完成法治长时期发展所要解决的问题，亦即历时性问题的共时性解决。人类法治的实践显示，特定国家法治建设的全面完成，不仅需要经历较长的历史时期，而且具有明显的阶段性特征，从法治理想的启蒙，到法治文化的培育，到法治自洽体系的构建再到法治对现代社会复杂性的适应。在此意义上说，中国法治建设具有明确的阶段超越性甚而穿越性，中国法治建设从起步开始就面临着与具有悠久法治传统的国家相同、甚而更为复杂的问题，而我们应对这些问题的各种基础性积累都不是很充分，特别是"回应型法"模式所要求的社会成员普遍的法治信仰和自觉的守法态度、全社会明确规则意识以及高素质的司法队伍等，在当下我国社会都是相当欠缺的。在此情况下，如何既认清并承认我国法治基础性积累不足的现实，又满足法治超越性发展的要求，这也是我国法治话语体系创新的着眼点所在。

4. 保持开放性的话语姿态。

中国特色法治话语应始终保持开放性的话语姿态。从开放的向度看，主要包括向域外开放、向实践开放以及向未来开放。

首先是向域外开放。在向域外开放问题上，应当注意当下我国法治话语体系构建对域外法治理论与知识的需求与我国法治建设初期的一些差异。[84]如果说我国法治建设初期对域外法治理论与知识的需求主要着意于法治意识的启蒙以及对法治基本原理和一般常识的吸收和了解的话，那么，当下这种需求则转变为对法治国家成熟的法治运作经验的借鉴。在我看来，当下对域外理论与知识资源的借鉴和吸收主要应侧重于这样几个方面：(1)实用工具主义法学的一些原理或思维方式。实用工具主义既是美国(事实上不限于美国)具有主导作用的法治意识形态，也是相对成熟的法治经验的理性表达。实用工具主义以社会经验作为法治实践的生命基础，把社会治理理解为综合性的系统工程，注重法治在社会中的实际运作状态，而不迷信或局限于法律概念的抽象意义以及把成本与收益原理、边际效用原理、外部性原理等经济学原理恰当地带入到法治领域等理论或主张，对于解决我国法治实践所面临的复杂问题，丰富和深化我国法治理论与知识都具有重要的启示意义。(2)应对全球化趋势或要求的相关法律理论与知识。无论是否有违我们的意愿，我国客观上已处于全球化潮流的裹挟之中，并且在其中扮演着越来越重要的角色。在全球化进程中，法律无疑是各国参与利益博弈所不可或缺的武器。在如何运用法律主导或影响全球化过程，维护本国利益方面，西方主要国家已经形成了一整套系统的经验，因此，吸收和借鉴西方国家的相关理论与知识，不仅是我国在全球化进程中把握主动的应有方式，也是我国参与全球化竞争，保持必要的"接轨"，并践行国际承诺的必要举措。(3)当代西方学者对法治现实问题研究的某些成果。西方法治理论由于有较为深厚的历史积淀，因而当代西方法治理论成果更为集中地体现在一些对法治现实问题的研究，包括从现实出发对传统的理论命题及知识经验深入反思。这些研究成果视野开阔，主题丰富，以问题为导向，不拘于学科的局限，理论的延展性比较充分，同时由于这些研究指向特定的法治现象，因而能够在一定程度上摆脱西方政治意识形态的影响，更接近于法治运作的真实状态，更具有经验积累的特质。借鉴和吸收这些研究成果，有助于拓展我国法治理论的视野，深化对法治运作规律的认识。(4)综合运用多种理论和知识的研究和思维方式。毋庸讳言，与西方国家法治理论文献相比，我国法学理论成果在知识蕴含方面还有十分明显的差距，不仅未能广泛借用其他学科的原理和知识，就连法学各门类的理论与知识也缺少必要的融汇，这在很大程度上限制了法治理论成果对于复杂社会现象的认识与解释能力。因此，中国特色法治话语体系的构建，还应注重吸收域外综合运用各种理论和知识的研究和思维方式，提升我国法治话语的理论深度和文化素养。

其次是向实践开放。中国特色法治话语向实践开放的涵义主要体现在：与实践主义的话语立场相适应，始终不渝地把实践作为法治理论与知识的渊源与对象，以认识、解释实践现象，并指导实践解决实际问题作为法治话语的评价依据以及法治话语建设的功利目标。为此，一是在理论与知识体系的建构方面要尊重实践逻辑的存在，避免过度强调理论与知识体系的自洽性而切割社会实践，并由此导致理论认识和知识见解的碎片化；二是要不断根据实践的变化而审视既有的理论和知识的合理性，从实践中寻求理论和知识创新的原动力；三是在理性守持与尊重现实之间保持合理的平衡和张力，注重对理论或知识的运用环境及条件的适度考量，既要坚定地倡扬法治的基本原则和原理，又不应简单地执持文化批判态度，冷漠地对现实予以全盘否定。[85]

再次是向未来开放。中国特色法治话语体系向未来开放具有两层意蕴：其一，法治理论与知识应当有更强的历史感，有更强的预见性和包容性，既能为当下现实提供解说或支撑，也应当对我国社会转型的实现，以及法治进一步走向成熟保持恰当的预期，强化法治理论与知识对社会行为的引导作用；其二，不僵化地看待自身的理论和知识成果，对于包括社会主义法治理念内涵的构成、表述以及各内涵的具体内容在内的各种理论主题，都应将其放在一个可发展、可讨论的状态中，[86]使其经受长期实践的检验，并在更长的历史界域中得到丰富和发展，以延续和保持其生命力。

六、结语：法学理论界的应有作为与贡献

毫无疑问，我国法治意识形态建设，特别是以社会主义法治理念为基础构建当代中国法治话语体系，离不开法学理论界的作为与贡献。更为重要的是，我国法学理论界对我国法治现实以及社会主义法治理念的某些分歧性认识本身就是构成当下我国法治意识形态复杂性的一个因素，因此，在法学理论界建立起对中国法治基本问题的广泛共识，或许是当下我国法治意识形态建设工作一个较为现实的着眼点与切入点。

近些年，我国法学人对于中国法治的现实与前景存在着具有一定普遍性的隐忧与焦虑。这种情绪一方面是当代中国人在社会转型期所存在的社会焦虑[87]在法治或法学领域的一种投射，另一方面，更是因为部分法学人对当下中国法治实践的走向以及社会主义法治理念某些内涵所体现的法治主张持有不同认识。而这些不同认识的形成，又有多种复杂的原因。

首先，对“什么是法治”这样一个基本问题的认知存在着分歧，直白地说，就是自由主义法治理论所描绘的法治模式或状态不同程度地植根在部分法学人的内心深处。相比之下，知识阶层较之社会大众更倾向于对理想

境界的追求和崇尚,因此,即便是对西方意识形态保持着一定的警惕,但法学人往往更容易趋向于认同自由主义法治理论所构画的法治图景。依照这样的法治图景评价和判断中国法治现实或比对社会主义法治理念中所倡导的法治主张,分歧势必难免。

其次,对规则意识的淡化,司法独立基础的瓦解,以至于对"人治"复萌的可能存在担忧。[88]如前所述,中国事实上并未经历过"自治型法"这样的法治发展阶段,全社会规则意识淡薄是不争的事实,同时,又基于我国政治结构的特殊性,司法独立的空间本身比较狭窄,在此情况下,强调法治与社会生活,特别是与政治生活的融合,倡导法治对社会各方面要求的回应,主张能动司法以及强化司法内部的层级式管理,突出调解等"软性纠纷解决方式",确实容易出现规则意识进一步弱化,司法必要的独立性不能保持,某些"人治"现象抬头或复萌的情况。并且,从实际情况看,地方党政领导随意干涉司法机关正常办案活动,各种社会势力争夺司法资源谋求不正当利益,执法活动中无视法律的基本规定,司法机关内部权力边界不清、运行紊乱,纠纷处理中过于迁就一些非理性要求以至于损害司法对规则的宣示功能等现象确实时有发生,有些现象甚至还有一定普遍性。所有这些,很难不引发法学人对我国法治前景的担忧。

再次,法学人对法治的认识常常与政治决策层具有不同的角度。法学人往往更容易把法治看成是一种独立的、技术性活动或现象,因而注重法治自身逻辑上的自洽,而政治决策层更偏向于从社会整体运行角度看待法治,从而关注法治的实际治理功能。不仅如此,法学人对专业智识的垄断具有天然的偏好(这种现象并非中国独有),[89]因而诸如"执法为民"、"服务大局"这类非专业化的大众语言,则很难激发法学人的理论兴趣,而政治决策层则希望运用社会所熟知的表述,使法治话语与大众思维以及政治倡导密切融合。还应提到的是,由于社会主义法治理念由决策层所提出,并被决策层确定为主流意识形态,因而基于对"政治正确性"等因素的考量,法学人并未深入地参与到相关问题的讨论和真实地表达自己的见解和主张,[90]也就是说,社会主义法治理念并未从政治倡导层面真正进入到法治理论和知识层面,有关社会主义法治理念的论述与法学理论的研究往往是在两种不同话语体系或两种不同思维层次、甚至在两个不同群体之中进行的,这就使在此问题上的官方倡导与学术守持之间所固有的紧张关系未能得到有效纾缓，本来可以在充分讨论中弄清问题或形成共识的机遇则相应有所延缓。

对法学人前述隐忧与焦虑，我更愿意将其理解为法学人对中国法治的强烈的责任感使然；无论怎样，法学人总是当代中国人中对中国法治命运付以更多的关切的那个群体。不仅如此，我们还应看到，中国法学界对法治的认识也正在逐步走向成熟。近10余年来，不少学者已经不再以崇尚的心态，概念化地接受和信服域外理论对法治的描述，而是在消化域外各种理论流派观点与主张的基础上，以中国学者的立场和理解，对“法治是什么”作出追问，并对法治作出自己的诠释。[91]尽管这种追问和诠释所依赖的理论资源仍然主要来自于西方知识体系，但毕竟显示出中国学者对法治的独立思考。夏勇教授率中国社科院法学所诸位学者撰写的《法理讲义：关于法律的道理与学问》[92]延续了对“法治是什么”的思考。这本书加设了“关于法律的道理与学问”这一质朴的标题，其意也在于显示当代中国学者不囿于既有百家理论而自主地探求法律原理与真谛的企望与努力。高鸿钧教授等著的《法治：理念与制度》[93]同样明确地体现出作者学术立场和学理思维的主体性。与既往某些同类法理学著述侧重于介绍域外理论并附以一些空泛评论的情况所不同，这本著作对西方各种法治理论有深入的分析，对法治内在矛盾有深刻的揭示，在法治的基本问题上有不失精辟的论说。虽然在我看来，高鸿钧教授对法治未来的构想多少有些虚空，[94]但相关论述仍然体现出中国学者在驾驭法治理论和知识资源方面所具有的那份成熟。苏力教授长期坚持不懈地对法治本土资源的强调，至少从一个特定的角度拓展了中国法学的理论视界。此外，邓正来教授在“中国法学向何处去”的设问下对“中国法律理想图景”的探求，[95]其学术出发点也在于唤醒人们警惕全球化背景与潮流下自主意识的丧失。[96]更有意义的是，建国六十周年之际由中国社会科学院法学研究所《当代中国法学研究》课题组对新中国法学六十年学术历程的梳理，[97]以及2011年《法学研究》等单位倡导进行的“法律体系建成后法学研究范式的转变”[98]的讨论，吸引了国内众多法学家的参与。从这些研究和讨论所形成的成果看，其内容及意义已远远溢出了“研究范式”转变的范畴，乃至于超出了法学研究本身，而更主要代表着中国法学理论界对自身法治观、法学观的反思与省察，体现着法学人正逐步从焦虑情绪中走出，以积极的姿态直面现实，认知并理解现实，也意味着在当下中国法治走向问题上，官方话语与学术主张之间正从某种程度的僵持与胶着走向融合和互应。

对于在中国特色法治话语体系构建中中国法学理论界应有怎样的作为与贡献这一问题，我认为，法学人似应从这样几个基点出发予以考量：第一，当代中国法学人能够亲历并参与一个世界大国法治的创立与形成，能够在此过程中展示自己的才华与智慧，这是历史给予当代中国法学人的宠幸，法学人不应错失这样的机遇或冷漠于这样的时代。第二，无论如何，“法治”、“司法”、“法学”这样一些语汇注定已成为当代中国法学人生命中的关键词，而当我们把自己的精力、热忱和才智投入于终此一生的法治事业时，我们是否应当运用自己的思维，审慎地思考前人所留给我们的那些有关法治的结论到底是否正确，用自己的感验去认知和理解法治到底是什么、司法应当是怎样的样态、法学究竟何为？这既是我们对法治这一现象的本质性追问，也是对自己生存乃至生命价值的追问。第三，在浩瀚博大的法律思想和文化积累与存在面前，当代中国法学人要想获得智识上的创新，要想作出理论贡献和提供知识增量，只能着眼于中国这个特定的场域，以自己对中国问题、中国现象的清晰认识和解读，以自己对中国法治的见解和主张，体现自己的文化存在和学术才能，而不应把学术目标设定于同西方学术大师们单向度、甚至是一厢情愿的文化交流。第四，对西方自由主义法治理论，尽管不应抱以“阴谋论”的前见，但也绝不应夸大其普适性意义，并且对西方势力强调普适性的动机，亦应有所警惕。如果说很多问题的本相在理论层面上尚可以讨论与争议的话，那么，回视西方势力对中国军事上的合围，经济上的挤压，外交上的威逼以及文化的贬损，环顾西方势力在世界各地所制造的不宁与动荡，则应当足以唤起我们基于起码的民族主义情愫而对普适性旗号下的真实欲求有所警惕。第五，基于本文前面所提到现实中“人治”因素复萌的可能，对规则意识的倡导，对法治现实中非理性现象的揭示与批评，保持理论与现实的合理张力，无疑仍然是中国法学人的职责与使命所在，舍此，中国法治的进程难免会出现偏失；[99]但在此过程中，应对现实付以更多的情感关切与理解，并且不应将这种批评功能视为法学人的唯一或全部使命与职责。在认知和处理法学理论界与实务界乃至决策层的关系上，有一句话尽管俗、但是真：由感情认同到理论认同进而到思想认同。法学理论界若能在前述五个基点上形成共识，则有理由相信:构建中国特色法治话语体系的使命能够在当代中国法学人的努力下得以完成。

注释

1 五个方面内涵包括:依法治国、执法为民、公平正义、服务大局、党的领导。

2 参见陈甦主编:《当代中国法学研究》,中国社会科学出版社2009年版,第13~19页;蔡定剑:“关于前苏联法对中国法制建设的影响——建国以来法学界重大事件研究(22)”,载《法学》1999年第3期;“苏联俄罗斯法学与中国法学学术研讨会纪要”,载《法学研究》2001年第5期;孙光妍、于逸生:“苏联法影响中国法制发展进程之回顾”,载《法学研究》2003年第1期。

3 参见张友渔主编:《中国法学四十年》,上海人民出版社1989年版,第5页。

4 参见《中国教育年鉴》编辑部编:《中国教育年鉴1949—1981》,中国大百科全书出版社1984年版,第266页。

5 参见顾明远:《中国教育的文化基础》,山西教育出版社2004年版,第249页。

6 参见王人博:“初创与奠基:张晋藩先生两部早期著作的价值”,载朱勇主编:《〈崇德会典〉〈户部则例〉及其他》,法律出版社2003年版,第174~186页。

7 参见唐仕春:“建国初期来华苏联法学专家的群体考察”,载《环球法律评论》2010年第5期。

8 参见於海梅:“新中国移植苏联法学教育之反思——论法学教育的移植与法制现代化”,载《伊犁教育学院学报》2004年第3期。

9 人们通常认为,我国的“文化大革命”以否定法治为前提,是对法治的“疯狂践踏”,但“文化大革命”的产生,实际上很难撇割其与前苏联国家与法权理论的某种联系,因为过度推崇权力的法治理论最终将会引致现实悖离法治的本质。“文化大革命”与上世纪30年代前苏联所发生的“大清洗”有一定的理论上的同源性;而前苏联的“电话法律”(Telephone Law)(指党政官员通过电话指令法官如何判案)与存在于我国的“领导批示办案”似乎也有某种相同的文化基因。

10 上世纪80年代,与我同辈的法律专业学生在校期间所接受的实际上仍然主要是前苏联的法学理论与法律知识的教育。

11 较为明确表达这种意象的著述,如:[美]安德鲁·奥尔特曼:《批判法学—— 一个自由主义的批评》,信春鹰、杨晓峰译,中国政法大学出版社2009年版;[美]布雷恩·Z.塔玛纳哈:《论法治——历史、政治和理论》,李桂林译,武汉大学出版社2010年版。

12 [美]安德鲁·奥尔特曼:《批判法学—— 一个自由主义的批评》,信春鹰、杨晓峰译,中国政法大学出版社 2009 年版,第 56 页。

13 [美]布雷恩·Z. 塔玛纳哈:《论法治——历史、政治和理论》,李桂林译,武汉大学出版社 2010 年版,第 5 页。

14 需要说明的是,我国法学理论通常把自然法学与分析实证主义法学看成是对立的理论流派,但事实上,分析实证主义法学是自然法学发展的逻辑结果,两者间具有内在的连续性与本质的相通性。当倡导自然法学的启蒙主义思想家把理性和科学运用于法治领域时,实际上就已经为分析实证主义法学把法治的各种元素显性化、确定化甚至极端性地固化埋下了伏笔。因为在启蒙运动以理性解放瓦解宗教禁锢之后,理性替代宗教承担起规定人类法律的意涵以及为人类法律提供正当化根基这一任务,而启蒙运动所高扬的理性,其核心是主导近代西方的科学和科学主义,这种理性体现在法律领域,则是对系统化的法律、条理化的文本、刚性稳定的规则以及严谨刻板的程序的偏重和追求,这就为分析实证主义有关"法的实证化"的努力造就了前提。分析实证主义法学同样秉承了启蒙以来的理性或者科学主义精神,但却以极端化的方式来推进"法的实证化"(典型例证是"恶法亦法"的命题),试图以此固化自然法学的精神。在分析实证主义法学所建构的理想王国中,自然法学所推崇的理性以及法治的其他各种价值通过法治的诸种形式要素而自然得到表达和生成,而对理性和法治价值的追求则转换为对法治形式要素的严格遵奉。有关自然法学与实证主义法学之间的联系及一致性,可参见刘扬:"道德、法律、守法义务之间的系统性理论——自然法学说与法律实证主义关系透视",载《法学研究》2010 年第 2 期。关于自启蒙以来而兴起的理性特别是科学或者科技理性在西方法律演进中意义的分析,伯科维茨评述道:"在与其传统和宗教基础分离后,法律依然依赖于科学作为其权威的理性基础,这是现代人唯一愿意认可的基础"。他认为,长远来看,权威性根基从传统或宗教转向理性与科学,以及由此而来的法的实证化,所开启的正是马克斯·韦伯所诊断的"合法律性统治"时代。参见[美]罗杰·伯科维茨:《科学的馈赠——现代法律是如何演变为实在法的?》,田夫、徐丽丽译,法律出版社 2011 年版,第 15 页、第 13 页以及第 20 ~ 21 页。关于理性或科技理性对西方法律影响的重大后果之一即法的实证化,卢曼(也译为鲁曼)认为以"法律系统运作上的封闭性"或者"(法律)系统循环性的关闭"来指称"法律实证化"更为恰切。参见[德]鲁曼:《社会中的法》,李君韬译,国立编译馆与五南图书合作翻译发行 2009 年 12 月初版,第 64 ~ 66 页。

15 奥尔特曼认为,在西方世界里,自由主义法治理论实际上是自由主义对社会作出的有关法治的承诺。参见[美]安德鲁·奥尔特曼:《批判法学—— 一个自由主义的批评》,信春鹰、杨晓峰译,中国政法大学出版社 2009 年版,"序言"。

16 参见[英]彼得·斯坦、[英]约翰·香德:《西方社会的法律价值》,王献平译,中国人民公安大学出版社 1990 年版,第 4 页。美国学者道森亦曾谈到:“人类的深谋远虑的程度和文字论理的能力还不足以替一个广大社会的错综复杂情形作详尽的规定。……只引述某些法典规定作判决之解释的那种纯粹演绎方法,看上去似乎简单,但骨子里却包含了无可避免的抉择在内。”参见[美]约翰・道森:“法官的任务”,载[美]哈罗德・伯尔曼编:《美国法律讲话》,陈若桓译,生活・读书・新知三联书店 1988 年版,第 20 ~ 21 页。

17 Harry W. Jones, “The Creative Power and Function of Law in Historical Perspective”, 17 Vanderbilt Law Review 135, at 139(1963),转引自:[美]E. 博登海默,《法理学:法律哲学与法律方法》,邓正来译,中国政法大学出版社 2004 年版,第 419 页。

18 参见[美]安德鲁・奥尔特曼:《批判法学—— 一个自由主义的批评》,信春鹰、杨晓峰译,中国政法大学出版社 2009 年版,“序言 VII”。

19 参见[美]布雷恩・Z. 塔玛纳哈:《论法治——历史、政治和理论》,李桂林译,武汉大学出版社 2010 年版,第 114 页。

20 参见[美]马丁・夏皮罗:《法院:比较法上和政治学上的分析》,张生、李彤译,中国政法大学出版社 2005 年版。

21 美国学者欧文・费斯指出:“法院不能被孤立地看待,而应被视为作为政府权力的来源之一的大规模政治体系的组成部分。”“……由于法院应被视为政府权力的组成部分,影响政府权力的力量可以对司法施加影响不足为奇。事实上,这已经成为既成事实。”参见[美]欧文・费斯:《如法所能》,师帅译,中国政法大学出版社 2008 年版,第 68 页、第 71 页。关于法治或司法与国家权力或政治之间的关系,达玛什卡亦曾对此有过精彩的分析。参见[美]米尔伊安・R. 达玛什卡:《司法和国家权力的多种面孔》,郑戈译,中国政法大学出版社 2004 年版。

22 美国学者克洛斯通过对法官政治倾向在巡回法院判决结果中所起作用的研究,得出的结论是:虽然意识形态不是左右判决结果的唯一因素,但是,“研究结果是相当一致的,那就是意识形态确实起到了作用,也具有统计学上的显著性。”“紧随法律之后,对巡回法院判决最具有影响力的因素是意识形态。”参见[美]弗兰克・克洛斯:《美国联邦上诉法院的裁判之道》,曹斐译,北京大学出版社 2011 年版,第 42、254 页。而西格尔等学者的研究同样证实了克洛斯的发现。西格尔等人的研究结论是,形成司法裁决的路径既有法律路径,又有法外或政策路径。详细讨论,参见[美]杰弗瑞・A. 西格尔、哈罗德・J. 斯皮斯、莎拉・C. 蓓娜莎:《美国司法体系中的最高法院》,刘哲伟译,北京大学出版社 2011 年版,第 17 ~ 40 页。

23 美国学者西格尔和斯皮斯通过研究美国“最高法院的组成”,得出的核心结论即是:“总统提名时需要考虑的意识形态,是总统自己的意识形态、参议院的总体意识形态和最高法院各位大法官意识形态的一个总括”。“总统根据意识形态提名人选,参议院根据意识形态评议人选,最后任命大法官的过程,确保了大法官是按照自己的个人偏好来裁决案件——他们也的确如此——他的偏好也是与促使其成为大法官的政治联盟的偏好基本一致”。参见[美]杰弗瑞·A. 西格尔、哈罗德·J. 斯皮斯:《正义背后的意识形态——最高法院与态度模型》,刘哲玮,北京大学出版社2012年版,第161~203页,特别是第203页。对意识形态因素对美国最高法院组成的影响,研究也得出了相同结论。参见[美]杰弗瑞·A. 西格尔、哈罗德·J. 斯皮斯、莎拉·C. 蓓娜莎:《美国司法体系中的最高法院》,刘哲伟译,北京大学出版社2011年版,第248~281页。费斯亦明确指出:“对联邦法院法官政治独立的重要限制之一是对法官的任命程序。……这种安排不可避免地导致政治因素对法院组成人员的控制。”参见[美]欧文·费斯:《如法所能》,师帅译,中国政法大学出版社2008年版,第77页。

24 美国学者波斯纳把“法律在政治上的中性”(他也称之为“法律自主性”或者“法律作为一个自主学科”),认为这是20世纪60年代前在美国的“新传统主义者”中流行的一个教条。形成对这种教条的确信的政治根源,“……主要原因或许是二战后美国社会中的政治共识,在经历了新政和战争的动荡之后,又重归于常。自1940年以来,主要的政治派别之间没有什么意识形态上的分歧。……在20世纪50年代和60年代早期,美国的智识图景是世俗的、人文的、爱国的和中性的,令人惊叹地没有意识形态争议。在这样一个时期,不是从政治上而是从技术上来思考法律,就很自然。……此外,尽管法律说到底(法律不同于土木工程学的运用)就是政治,但是,当整个法律职业领域的所有显要人物对与法律相关的基本政治问题都没有分歧时,人们也就不大可能注意到这一点(或许在这种情况下,法律也就不再是政治了)。由于法律分析未受到政治争执的感染,法律也就显得是(而在一定意义上,也确实是)一个技术性的和客观的学科。”但是20世纪60年代以来,“法律现在已变得太多地同政治问题相纠缠,可谓史无前例。”参见[美]理查德·A. 波斯纳:《法理学问题》,苏力译,中国政法大学出版社2002年版,第532~533页。

25 费斯指出,法官所“具有的文化情结”以及其“对某种意识形态的认同”是客观存在的,指望法官具有充分的自主性(即要求司法判决完全是法官个人良知和责任的体现——引者注)也是“不能完全实现的理想”。费斯认为:“法官是真实的个体。他们是法律工作者,但在个人特质方面他们和成功的商人或者政客别无两样。”参见[美]欧文·费斯:《如法所能》,师帅译,中国政法大学出版社2008年版,第75~76页、第15页。昂格尔认为,把法官神话,这是自由主义法治对“真正中立的司法方法”的假定,是自由主义法治理想对“权力的非人格化”假定的表现之一。他认为,无论是从法官个案裁判中不得不在“相互竞争的观念体系”中作选择,还是从法官对“公认的伦理观”的依赖的角度看,这些假定都是不成立的。参见[美]R. M. 昂格尔:《现代社会中的法律》,吴玉章、周汉华译,译林出版社2008年版,第152页。

26 参见[美]布雷恩·Z. 塔玛纳哈:《论法治——历史、政治和理论》,李桂林译,武汉大学出版社 2010 年版,第 157 页。

27 参见[美]杰罗姆·弗兰克:《初审法院:美国司法中的神话与现实》,赵承寿译,中国政法大学出版社 2007 年版,“第十章”。对此,弗兰克进一步说道:“法官是人,并有着凡人通常所具有的优点和不足之处,对于这一事实,你可能认为是如此明显以至于不值得加以讨论。”然而,“法律人在向圈外人讲话时,就好像法官的人类特征根本就不存在或了无痕迹似的。而且直到不久前,当我们中间的有些人胆敢冒犯这一禁忌时,法律职业界中的很大一部分人甚至认为我们这些人是颠覆分子、良好政府的敌人、‘法律与秩序’的骚扰者。”参见[美]杰罗姆·弗兰克:《初审法院:美国司法中的神话与现实》,赵承寿译,中国政法大学出版社 2007 年版,第 157 页。

28 参见[美]尼尔·K. 考默萨:《法律的限度:法治、权利的供给与需求》,申卫星、王琦译,商务印书馆 2007 年版,“人数、复杂性及法治”部分。

29 早在 20 世纪 40 年代写作《通过法律的社会控制》(1942 年)和《法律的任务》(1944 年)时,庞德就郑重提醒人们:“任何一种有意义的法律到底能实现这个目的(即排解和调和各种互相冲突和重叠的人类需求从而维护社会秩序以及维护与促进文明——引者注)到什么程度。我们必须问:通过政治组织社会的社会控制,利用一种权威性技术将一些带有权威性的根据或指示应用到决定上,使司法和行政程序能在一种有秩序和有系统的方式下进行运转,这种社会控制,其本身究竟在多大程度上能站得住脚,并能担当起维护和促进文明的任务。这就使我们考虑到有效法律行为的局限性,即那些阻止我们经由法律手段去从事伦理观点或社会理想推动我们去进行的一切事情的各种实际限制。”庞德认为,这些限制主要包括:确定事实苦难而且容易出现错误、有些义务在道德上重要但在法律上难以执行、对有些严重侵犯重大利益的微妙离奇行为法律无能为力、法律不久或救济手段的有限性以及法律实施必须依赖个人。“我们必须用新的方法来研究这个执行的问题。我们必须研究有效法律行为的限度。我们必须决定,通过法律我们预计做些什么以及必须把什么留给其他社会控制机关去办。我们必须检验我们所有的法律武器,估计一下每件武器对于我们今天的任务有多大的价值,还要问一问,可能设计一些什么新的东西,以及设计出来之后,我们能合理地期望它们完成什么任务。”参见[美]罗·庞德:《通过法律的社会控制·法律的任务》,沈宗灵、董世宗译,商务印书馆 1984 年版,第 29 ~ 33、112 ~ 131 页。

30 参见[美]罗伯特·C. 埃里克森:《无需法律的秩序:邻人如何解决纠纷》,苏力译,中国政法大学出版社 2003 年版。

31 关于法律与司法的限度问题,萨默斯也曾有过详细分析。参见[美]罗伯特·S. 萨默斯:《美国实用工具主义法学》,柯华庆译,中国法制出版社 2010 年版,第 268 ~ 282 页。

32 参见[美]本杰明·卡多佐:《司法过程的性质》,苏力译,商务印书馆 1998 年版。

33 参见[美]杰罗姆·弗兰克:《初审法院:美国司法中的神话与现实》,赵承寿译,中国政法大学出版社 2007 年版。

34 参见[美]理查德·波斯纳:《法官如何思考》,苏力译,北京大学出版社 2009 年版。

35 参见[美]弗兰克·克洛斯:《美国联邦上诉法院的裁判之道》,曹斐译,北京大学出版社 2011 年版。

36 新自然法学代表人物菲尼斯也不得不承认:“法治不能确保共同善的每一个方面,有时候它甚至还不能保障共同善的实质”。参见[美]约翰·菲尼斯《自然法与自然权利》,董娇娇、杨奕、梁晓晖译,中国政法大学出版社 2005 年版,第 218 - 220 页。

37 沃尔克曾说:“一方面,法治表示对法律的确定性和稳定性的需求,以便人们得以相应地规划和组织他们的安排;但是,另一方面,法治又强调需要法律保有某种灵活性并且能够让自身适应公共观念的变化。一方面,作为法律面前人人平等的推论结果,法治宣称对法律适用的一般性的要求,但是,另一方面,法治又小心翼翼地让平等原则不适用于那些可以或者应该作出合理区别的案件。不仅如此,司法独立被说成是法治的一个本质要素,但与此同时,我们又不想让法官过于独立,以免法治蜕化为司法的暴政。”参见 Geoffrey de. Q. Walker, The Rule of Law: Foundation of Constitutional Democracy ,p. 42. 转引自:夏勇:“法治是什么? ——渊源、规诫与价值”,载《中国社会科学》1999 年第 4 期。在国内理论界,夏勇也是较早揭示法治内在矛盾的学者,参见夏勇前文。

38 原文为:“法治应包含两层含义:已成立的法律获得普遍的服从,而大家所服从的法律又应该本身是制订得良好的法律。”参见[古希腊]亚里士多德:《政治学》,吴寿彭译,商务印书馆 1965 年版,第 199 页。

39 戴雪认为法治包含以下三个方面的内容,即:(1)凡一国人民不得无故受到处分。除非普通法院依普通之程序查明此人实已违法;(2)任何人不论贫富贵贱,不仅不得在法律之上,而且均须服从国内所有普通法律和普通法院的管辖权;(3)宪法的通常原理形成于普通法院的判决。参见[英]戴雪:《英宪精义》,雷宾南译,中国法制出版社 2001 年版,第 231 ~ 245 页。另外,对戴雪法治的三原则的表述,国内常见的还有一种表述,即“除非明确违反国家一般法院以惯常合法方式所确立的法律,任何人不受惩罚,其人身或财产不受侵害”;“任何人不得凌驾于法律之上,且所有人,不论地位条件如何,都要服从国家一般法律,服从一般法院的审判管辖权”;“个人的权利以一般法院中提起的特定案件决定之”。引自高鸿钧:“现代西方法治的冲突与整合”,载高鸿钧主编:《清华法治论衡》(第一辑),清华大学出版社 2000 年版。

40 即法律的一般性、公开性、可预期、清晰性、无内在矛盾性、可遵循性、稳定性、同一性。详细论述,参见[美]富勒:《法律的道德性》,郑戈译,商务印书馆 2005 年版,第 55 ~ 107 页。

41 即:规则具有可预见性且不可溯及既往;规则可遵循性;规则应公布;规则应清晰;规则应相互一致;规则须稳定,足以引导人们受其指引;因应于特定情况下的特殊规则的应该受已经公布的、清晰的、稳定的和相对一般化的规则的指导;有权制定、执行和适用法律规则的官方机构本身应遵守规则,符合法律要旨。详细论述,参见 Finnis J. Natural Law and Natural Rights, Oxford: Oxford University Press, 2nd Edition2011. pp. 270 - 273.

42 即"应当意味着能够的准则"、"类似情况类似处理的准则"和"法无明文不为罪的准则",以及"一些规定自然正义观的准则"。参见[美]罗尔斯:《正义论》,何怀宏等译,中国社会科学出版社 1988 年版,第 226 ~ 229 页。

43 拉兹认为,"来源于法治这一基本观点的许多原则取决于不同社会特定情况下它们的有效性和重要性。毫无保留地列述它们是没有意义的,但是应当提及一些重要原则"。这些重要原则包括:"第一,所有法律都应当可预期、公开且明确。第二,法律应当相对稳定。第三,特别法(尤其是法律指令)应受到公开、稳定、明确和一般规则的指导。第四,司法独立应予保证。第五,自然正义原则的必须遵守。第六,法院应对其他原则的实施有审查权。第七,法庭应当是易被人接近的。第八,不应容许预防犯罪的机构利用自由裁量权歪曲法律。"详细论述,参见[英]约瑟夫·拉兹:《法律的权威——法律与道德论文集》,朱峰译,法律出版社 2005 年版,第 187 ~ 189 页。

44 即"不得施加法外制裁;政府及其官吏的行为应服从一般且公开规则的规定;法应公开;法应具有一般性;法应正规,即类似案件应类似处理;法应有公正和正规的程序;法应体现应当意味能够的观念。"引自高鸿钧:"现代西方法治的冲突与整合",载高鸿钧主编:《清华法治论衡》(第一辑),清华大学出版社 2000 年版。

45 纽曼认为,自由资本主义时期法治有三项原则是:"规则的一般性"、"法不溯及既往"以及"司法独立"。引自高鸿钧:"现代西方法治的冲突与整合",载高鸿钧主编:《清华法治论衡》(第一辑),清华大学出版社 2000 年版。

46 伯尔曼认为,所有的法律与宗教都共享四种要素,即"仪式"、"传统"、"权威"以及"坚信它所包含的概念与洞见的普遍性"。详细论述,参见[美]伯尔曼:《法律与宗教》,梁治平译,生活·读书·新知三联书店 1991 年版,第 46 ~ 56 页。

47 关于 19 世纪末以来西方思想界对人类社会及其建制的"祛魅化"的深刻分析,参见[德]马克斯·韦伯:《世界宗教的经济伦理·儒教与道教》,王容芬译,广西师范大学出版社 2008 年版,尤其是"世界宗教的经济伦理——比较宗教社会学初探(导论)"部分。

48 参见[美]霍姆斯:《法律的生命在于经验——霍姆斯法学文集》,明辉译,清华大学出版社 2007 年版;[美]本杰明·卡多佐:《司法过程的性质》,苏力译,商务印书馆 1998 年版。

49 参见［美］罗·庞德：《通过法律的社会控制·法律的任务》，沈宗灵、董世宗译，商务印书馆1984年版；［美］罗斯科·庞德：《法理学》（五卷本），余履雪等译，法律出版社2007年版。

50 参见［美］杰罗姆·弗兰克：《初审法院：美国司法中的神话与现实》，赵承寿译，中国政法大学出版社2007年版。

51 参见［美］安德鲁·奥尔特曼：《批判法学——一个自由主义的批评》，信春鹰、杨晓峰译，中国政法大学出版社2009年版；［美］R. M. 昂格尔：《现代社会中的法律》，吴玉章、周汉华译，译林出版社2008年版。

52 参见［美］罗伯特·S. 萨默斯：《美国实用工具主义法学》，柯华庆译，中国法制出版社2010年版，第1、20、293页。

53 例如，英国学者戴雪在1915年就曾说："在过去的30年里，对法治自古有之的尊重明显下降"了。转引自：［英］弗雷德里希·奥古斯特·哈耶克：《自由宪章》，杨玉生等译，中国社会科学出版社1999年版，第377页。此外，西方自由主义的重要代表人物哈耶克更是以"法治的衰微"这一醒目的标题，专章论及自由主义法治在19世纪末期以来在西方社会的际遇。参见［英］奥·弗里德利希·冯·哈耶克：《自由秩序原理》，邓正来译，生活·读书·新知三联书店1997年版，"第十六章　法治的衰微"。

54 特别是在美国对拉美的第一轮法律输出过程中，这一点表现得极为明显。作为这次输出者骨干的美国学者杜鲁贝克和加兰特，在反思中就把这轮法律输出的理论预设统称为"自由主义的法条观"（liberal legalism）。参见高鸿钧："美国法全球化：典型例证与法理反思"，载《中国法学》2011年第1期。

55 参见［葡］博温托·迪·苏萨·桑托斯：《迈向新的法律常识——法律、全球化和解放》，刘坤轮、叶传星译，中国人民大学出版社2009年版，第387～391页。

56 如1959年在印度召开的"国际法学家会议"上通过的《德里宣言》。确认了法治为一个"能动的概念"，它"不仅被用来保障和促进公民个人的民事的和政治的权利，而且要创造社会的、经济的、教育的和文化的条件，使个人的合法愿望和尊严能够在这样条件下实现"。联合国对法治的定义则是："对联合国而言，法治概念指的是这样一个治理原则：所有人、机构和实体，无论属于公营部门还是私营部门，包括国家本身，都对公开发布、平等实施和独立裁断，并与国际人权规范和标准保持一致的法律负责。这个概念还要求采取措施来保证遵守以下原则：法律至高无上、法律面前人人平等、对法律负责、公正适用法律、三权分立、参与性决策、法律上的可靠性、避免任意性以及程序和法律透明。"参见 Report of the Secretary - General：The rule of law and transitional justice in conflict and post - conflict societies（2004）。对此，塔玛纳哈评论道："有一种实质性危险，国际法律制度被世界的其余部分看成是西方的创造物，是西方的工具，其目的主要是为了使西方享有的优势永久化"。参见[美]布雷恩·Z. 塔玛纳哈:《论法治——历史、政治和理论》,李桂林译,武汉大学出版社2010年版,第172页。

57 参见[美]图加·毛尔科维奇:“输出法律改革:它能成功吗?”,彭小龙译,载[意]简玛利亚·阿雅尼、魏磊杰编:《转型时期的法律变革与法律文化——后苏联国家法律移植的审视》,魏磊杰、彭小龙译,清华大学出版社2011年版,第32页。

58 参见[美]布雷恩·Z. 塔玛纳哈:《论法治——历史、政治和理论》,李桂林译,武汉大学出版社2010年版,第6页。

59 参见[葡]博温托·迪·苏萨·桑托斯:《迈向新的法律常识——法律、全球化和解放》,刘坤轮、叶传星译,中国人民大学出版社2009年版,第402页。

60 参见[荷]扬·M. 斯米茨:“法律模式的进口与出口:荷兰的经验”,魏磊杰译,载[意]简玛利亚·阿雅尼、魏磊杰编:《转型时期的法律变革与法律文化——后苏联国家法律移植的审视》,魏磊杰、彭小龙译,清华大学出版社2011年版,第55~56页。

61 参见[荷]扬·M. 斯米茨:“法律模式的进口与出口:荷兰的经验”,魏磊杰译,载[意]简玛利亚·阿雅尼、魏磊杰编:《转型时期的法律变革与法律文化——后苏联国家法律移植的审视》,魏磊杰、彭小龙译,清华大学出版社2011年版,第55~56页。此外,亚太地区司法改革的经验和教训,同样也证明了一点。因为,“五十多年司法改革方案的经验清楚的显示,司法机构——比其他种类的公共机构更甚——不能被‘设计’和‘制造’,也就是说,不能通过植入事先设计好的法律、机构和人员来‘生产’它们。”因此,“‘内发型’改革是最优选择。”参见罗东川、蒋惠岭主编:《探寻司法改革的成功之道——亚太经验》,中国政法大学出版社2010年版,第37、70页。

62 一方面,“法律是人们生活条件的产物”这一观念相当古老;另一方面,“20世纪的许多比较法学学说都解释法律是地方环境的产物这一传统概念,并且反对主要通过移植和借鉴来实现法律变革的观点”。参见[法]皮埃尔·勒格朗、[英]罗德里克·芒迪主编:《比较法研究:传统与转型》,李晓辉译,北京大学出版社2011年版,第106~107页。

63 参见[美]弗雷德里克·绍尔:“法律移植的政治学与动机”,彭小龙译,载[意]简玛利亚·阿雅尼、魏磊杰编:《转型时期的法律变革与法律文化——后苏联国家法律移植的审视》,魏磊杰、彭小龙译,清华大学出版社2011年版,第37页。

64 同上注。

65 同上注。

66 同上注。

67 比如,“一些国家同意世界贸易组织关于知识产权或反垄断的条款,却没有执行这些条款的具体方式或者没有执行的需要。”参见[法]皮埃尔·勒格朗、[英]罗德里克·芒迪主编:《比较法研究:传统与转型》,李晓辉译,北京大学出版社 2011 年版,第 416 页。

68 Thomas Carothers, Promoting the rule of law abroad: The Problem of Knowledge, Carnegie Working Paper no. 34 (Washionton. D. C.: Carnegie Endowment for International Peace, January 2003;转引自:[美]韦德·钱纳尔:"未吸取的教训:西方援助后共产主义国家法律改革存在的问题",载[意]简玛利亚·阿雅尼、魏磊杰编:《转型时期的法律变革与法律文化——后苏联国家法律移植的审视》,魏磊杰、彭小龙译,清华大学出版社 2011 年版,第 105 页。

69 也正因为如此,当代各国在法治内涵上的共识越来越少,有关法治共识的一些抽象性描述,越来越成为纸面上的追忆。西方学者甚至慨叹:"全世界依赖法治的各国公民,很少有人精确地阐释法治的涵义","有多少人在捍卫法治,几乎就有多少法治观"。参见[美]布雷恩·Z. 塔玛纳哈:《论法治——历史、政治和理论》,李桂林译,武汉大学出版社 2010 年版,第 45 页。

70 有关"压制型法"、"自治型法"与"回应型法"的论述,参见[美]诺内特、塞尔兹尼克:《转变中的法律与社会》,张志铭译,中国政法大学出版社 1994 年版。

71 如法国学者达维所著《当代主要法律体系》、美国学者格伦顿、戈登和奥萨魁所著《比较法律传统》以及德国学者茨威格特和克茨所著《比较法总论》等著名的比较法著作,都对"社会主义法系"(或者叫作"社会主义各国法",或者叫作"社会主义法律传统")作出集中讨论。参见[法]勒内·达维:《当代主要法律体系》,漆竹生译,上海译文出版社 1984 年版;[美]格伦顿、戈登、奥萨魁:《比较法律传统》,米健等译,中国政法大学出版社 1993 年版;[德]K. 茨威格特、H. 克茨:《比较法总论》,潘汉典等译,法律出版社 2003 年版。

72 参见[美]威廉·帕特利特:"重新定位俄罗斯法——一个被过度政治化的领域:机制、后果及因应之道",魏磊杰译,载[意]简玛利亚·阿雅尼、魏磊杰编:《转型时期的法律变革与法律文化——后苏联国家法律移植的审视》,魏磊杰、彭小龙译,清华大学出版社 2011 年版,第 199 页。

73 参见[意]简玛利亚·阿雅尼、魏磊杰编:《转型时期的法律变革与法律文化——后苏联国家法律移植的审视》,魏磊杰、彭小龙译,清华大学出版社 2011 年版,"序言",第 15 页。

74 转引自"重新定位俄罗斯法——一个被过度政治化的领域:机制、后果及因应之道",魏磊杰译,载[意]简玛利亚·阿雅尼、魏磊杰编:《转型时期的法律变革与法律文化——后苏联国家法律移植的审视》,魏磊杰、彭小龙译,清华大学出版社 2011 年版。另见[德]K. 茨威格特、H. 克茨:《比较法总论》,潘汉典等译,法律出版社 2003 年版,第 421 页。在《比较法总论》中译本中,对应译文为:"形成社会主义法系的各国法律制度由于拥有马克思列宁主义世界观作为共同基础而独具特色。这个事实使社会主义法律制度与西方的法律制度判然有别，也使得将它归入一个独立的法系顺理成章。”

75 参见［意］简玛利亚·阿雅尼、魏磊杰编：《转型时期的法律变革与法律文化——后苏联国家法律移植的审视》，魏磊杰、彭小龙译，清华大学出版社2011年版，“序言”，第15页。

76 当然，客观地说，西方法治理论经历了长期的历史传承，有着深厚的理论和知识积累。纯粹从文化形态角度看，无论是理论的广延度，还是思维的深刻性以及知识的综合化，乃至语言的感染力，西方法治理论都显有其长，这也是西方法治理论能够获得这种潜在权威的一个不容避讳的原因。

77 对相关问题的讨论，亦可参见郑永流：“实践法律观要义——以转型中的中国为出发点”，载《中国法学》2010年第3期。

78 国内学者中，对中国法治的中国化、本土化取向问题进行过深入研究的代表性作品，参见苏力：《法治及其本土资源》，中国政法大学出版社2004年版、《制度是如何形成的》，北京大学出版社2007年版、《送法下乡：中国基层司法制度研究》，北京大学出版社2011年版；邓正来对“中国法律理想图景”与“主体性中国”的讨论，参见邓正来：《中国法学向何处去——建构“中国法律理想图景”时代的论纲》，商务印书馆2006年版、《谁之全球化？何种法哲学？——开放性全球化观与中国法律哲学建构论纲》，商务印书馆2009年版。

79 后者典型的例证是对“法官”这一概念的认识和运用。近年来，很多人都愿意把我国司法中所存在的问题归结于“法官不独立”，相应把法官独立视为解决我国司法问题的根本性措施。其实这种认识或主张中所指的“法官”是被“公正、睿智”等标识符号化了的抽象法官，并不是活生生的个人。

80 陈甦教授也提出过相同主张，参见陈甦：“中国法学由体系前研究到体系后研究的范式转型”，载《法学研究》2011年第5期。

81 陈甦：“中国法学由体系前研究到体系后研究的范式转型”，载《法学研究》2011年第5期。

82 昂格尔就曾经有过这样的慨叹。参见［美］R. M. 昂格尔：《现代社会中的法律》，吴玉章、周汉华译，译林出版社2008年版，第1页。

83 如城乡矛盾、贫富矛盾、干群矛盾、民族矛盾等大规模阶层或群体之间的矛盾。

84 陈甦教授以“体系前”（法律体系形成前）与“体系后”作为不同阶段的划分，以此表达这种差异。参见陈甦：“中国法学由体系前研究到体系后研究的范式转型”，载《法学研究》2011年第5期。

85 冯象教授对人民法院“诉前服务”这一具有中国特色的司法实践举措的讨论，较好地反映了这一取向。参见冯象：“诉前服务好”，载《人民法院报》2011年6月16日。

86 对社会主义法治理念的内涵，张文显教授、童之伟教授都曾提出过独立的主张与见解。参见张文显："社会主义法治理念导言"，载《法学家》2006年第5期；童之伟："关于社会主义法治理念之内容构成"，载《法学》2011年第1期、"社会主义法治理念内涵之微观解说问题"，载《山东社会科学》2011年第2期。

87 参见"他们为啥感到焦虑?"，载《人民日报》2011年8月4日。

88 有关规则化意识在我国尚比较淡薄以及基于这一判断而提出的对我国法治或者司法改革取向的讨论意见，可参见陈金钊："法律人思维中的规范隐退"，载《中国法学》2012年第1期、"法官司法缘何要奉行克制主义"，载《扬州大学学报(人文社会科学版)》2008年第1期；陈喜贵："克制抑或能动——我国当下应当奉行什么样的司法哲学"，载《内蒙古社会科学(汉文版)》2009年第2期；杨建军："'司法能动'在中国的展开"，载《法律科学(西北政法大学学报)》2010年第1期；李永成、余继田："司法克制主义——中国语境下的司法意识形态探析"，载《河北经贸大学学报(综合版)》2009年第4期；吕明："从'司法能动'到'司法克制'——略论近年来中国司法改革的方向之变"，载《政治与法律》2009年第9期。本文作者并不完全认同前述文献中的许多观点，但同时也认为，这些文献中对规则意识的强调，仍然是有意义的。

89 关于学者或专家"将专业知识投入社会"或"锁限于学术圈圈内"这两种姿态的讨论，可参见[法]皮埃尔·布尔迪厄："为知识投入社会倡言"，引自：正来学堂 http://dzl.ias.fudan.edu.cn/MasterArticle.aspx?ID=4386(访问时间：2010年3月29日)。关于知识的资本属性与知识垄断、知识霸权之间关系的研究，参见翁志勇、安维复："论知识的资本属性"，载《齐鲁学刊》2006年第4期。

90 根据对中国知网(CNKI)所收录的CSSCI来源期刊所刊论文的统计，2006年至2011年中，篇名中包含"社会主义法治理念"字样的研究论文仅52篇。其中刊载于重要法学期刊的研究论文极少，且现有论文中有13篇系三本期刊的专题组稿论文，即《法学家》于2006年第5期(4篇)、《政治与法律》2008年第1期(4篇)以及《山东社会科学》2011年第2期(5篇)分别组织发表的主题论文。通过万方数据库对"社会主义法治理念"这一主题作"知识脉络分析"，得出的数据是：2008年为2006—2011年间命中数最多的年份，为每百万期刊论文中命中13.87篇文献，2006年、2007年、2009年、2010年和2011年的命中数分别为每百万期刊论文中命中论文篇数分别为6.13、8.03、9.36、8.67和7.19。这表明，社会主义法治理念的研究在2008年达到高潮(即便是高潮期，其年度命中数与法学理论领域内其他重要主题的年度命中数相比，也要低得多)，此后3年则逐步呈下降趋势。这种状况与社会主义法治理念的重要地位显然不相适应。

91 较早的代表性成果是夏勇："法治是什么?——渊源、规诫与价值"，载《中国社会科学》1999年第4期，该文通过对"法治的诫规"的梳理，特别是从形式法治与实质法治的结合方面，表达了作者对法治的基本认知。

92 参见夏勇主编：《法理讲义：关于法律的道理与学问》，北京大学出版社 2010 年版。

93 参见高鸿钧等：《法治：理念与制度》，中国政法大学出版社 2002 年版。

94 高鸿钧教授把法治的前景与命运诉诸“组建自愿共同体，走向共同体法治”。参见高鸿钧：“现代法治的困境及其出路”，载《法学研究》2003 年第 2 期。

95 参见邓正来：《中国法学向何处去——建构“中国法律理想图景”时代的论纲》，商务印书馆 2006 年版。

96 当然，邓正来教授在相关文章中的论说姿态以及论证方式，我难以认同，对于邓正来教授相关论文的批评与商酌，参见拙作：“也论中国法学向何处去”，载《中国法学》2009 年第 1 期。

97 集中反映该项研究的成果是《当代中国法学研究》所收录的多篇研究论文。参见陈甦主编：《当代中国法学研究》，中国社会科学出版社 2009 年版。

98 此次讨论的主要成果，参见“笔谈：中国法学研究之转型”，载《法学研究》2011 年第 6 期。以单篇文章的形式对当代中国法学研究范式从社会主义法律体系建成前到建成后转型进行深入讨论的代表性作品，参见陈甦：“中国法学由体系前研究到体系后研究的范式转型”，载《法学研究》2011 年第 5 期。

99 本文作者在近几年的相关论文中都表明了这方面的观点，提出防止“在自主型法治进路中可能出现的偏失”，注意“规则意识的普遍淡薄可能会扭曲能动司法的应有轨迹”。参见拙作：“中国自主型法治进路”，载《法学研究》2010 年第 1 期；“能动司法若干问题研究”，载《中国法学》2010 年第 4 期。

顾培东

代表作

贰

也论中国法学向何处去

当我们研究法律时，我们不是在研究一个神秘莫测的事物，而是在研究一项众所周知的职业。我们是在研究我们所需要的东西，以使其可以呈现于法官面前，或者可以建议人们通过这种方式免于卷入诉讼。

——霍姆斯[1]

一、引言

2005年，邓正来教授发表了《中国法学向何去》一文[2]。此后的三年中，正来教授又以同类主题相继发表了一系列论文（以下统称“邓文”）[3]。邓文的发表，在法学界引起了较大反响。我认为，引起这种反响的主要原因有二：其一，邓文提出的“中国法学向何处去”这样一个恢弘、甚而惊世骇俗的问题，涵盖着所有中国法学人的价值、利益和关切。面对“向何处”这一根本性的设问或诘问，任何一个法学人都没有理由不对邓文投过一束关注的目光，并期待从邓文中获得某种答案，潜隐地比对自己在前行中的方位。其二，邓文中的一些观点及其论证，留下了太多可以质疑的空间，从而吸引了一批关心中国法学命运、学术激情丰沛的年轻法学人，尤其是博士、硕士研究生（主要限于法理学、法哲学专业）对相关讨论的介入。[4] 如果不是法学界多数主流学者（包括其理论观点受到邓文重点批判的学者）对邓文抱以“不相为谋”的态度，可以想见，邓文所引起的反响必定会更为壮观。

始自于上世纪70年代末中国实行法治的实践，把中国法学也带入到

原文发表于《中国法学》2009年第1期。

"显学"的地位;法学获得了任何时期都不曾有过的社会意义。并且,基于中国特定的历史因素和现实条件,中国的法治必定有其独到的性状与特征,建构法治秩序的过程必然包含着多方面的创造与探索,这又更加凸现出法治实践对法学的借重与依赖。因此,在中国法学与法治实践相伴而行几近三十个年头的当口,法学人对这一历程进行审慎的反思,检视一下自己脚下的道路,无疑是必要而富有意义的。正来教授正是看准这一契机,提出了"向何处"的问题,进而引发了一场讨论。这也体现出正来教授对于学术机缘把握的敏锐以及在学术策略上的睿智。不仅如此,蕴含在邓文中有关中国法学不应脱离对中国问题的具体思考而盲目地接受西方法治理论,法学应当引领法治实践,为法治实践提供"判准"的立意(但愿在此问题上我没有对邓文作错误理解和概括),也应当得到充分肯定。

然而,在认真阅读了邓文以及参与这场讨论的其他一些论文后,我对于"中国法学向何处去"的困惑并未因这些文字而得以释然;而对"中国法学向何处去"的忧虑却由于这些文字而变得更为沉重。这是因为,邓文通过对中国法学界四种较有影响的理论[5]的反思批判而指陈的中国法学存在的问题,是作者刻意对这些理论作出"问题化处理",亦即强行打上"现代化范式"的烙印后而使之成为"问题"的,[6]多少有些"为批判而批判"的意味,因而邓文所指陈的这些问题未必是中国法学当下存在的真问题。与此同时,邓文主张法学人从"全球时代"的"世界结构"视角去认识"中国问题",进而建立中国人自己"理想的法律图景",这样失之虚空的导引也显然难以为中国法学指点迷津。不仅如此,邓文在批判他人盲目接受西方理论或范式时所运用的正是一些西方的理论及范式。贯穿于邓文的主要知识节点,基本上都取之于西方流行的某些理论,如伽达默尔的"前理解"(邓文的"前反思接受")、柯勒的"理想图景"(邓文的"中国法律的理想图景")、沃勒斯坦的世界体系理论(邓文的"世界结构")以及曼海姆和舍勒的知识社会理论等。邓文实际上是用其在西方流行理论海洋中捡拾的贝壳,为人们搭建了一具观赏性的玩景。而在我看来,这种研究和讨论方式,恰恰体现了中国法学当下的某种流弊。正是基于这样一些认识,我愿意在这场讨论余温大体逝尽的今天,重提并接续邓氏设问,撰写本文。

需要指出的是,本文并不打算对邓文作全面讨论。这不仅是因为,邓文的主要偏失在此前的不少讨论中已得到说明,更主要则在于,基于后面将提到的个人原因,我的思维方式、认识问题的角度以及知识积累的偏好等,与正来教授具有重大差异,[7] 因而我无力、也不愿与正来教授运用相同的知识元素,在相同的语境中进行系统的对话,——尽管我们讨论的是同样的问题。实在地说,邓文只是构成我写作本文的一个激发和勾引,同时,邓文也是我敢于借用"向何处去"这样宏大论题而不忌其虚妄的理由。当然,在我的正面叙述中,将包含有我对邓文前述评价的必要证明,并且也会提及邓文的某些观点。

还应说明的是,对法学以及法学研究的认识,很大程度上受制于学者个人的经历、处境、教育背景、知识积累等多重因素(我的记忆中,正来教授也持同样的认识),这些因素决定或支配着各学者的学术立场、学术偏好以及学术风格。"文如其人"的俗谚大概也蕴含有这样的意思。为此,在表述我的观点之前,我必须交待可能影响自己思考与判断的几个个人化的因素。首先,在此以前的十多年中,我事实上已脱离了纯粹的学术环境。在正来教授黄卷青灯,"闭关"苦读,与休谟、哈耶克等西方学术大师卿卿我我,以及后来坐镇吉大,设堂(正来学堂)讲学的这些年头,[8] 我正博弈在市场经济与法律实践的交汇点上,从事着以法律知识为工具,以经济效益为主要功利的律师业务,阅读与写作因之而受到一定影响。在理论知识的积累以及研究成果的推出方面,我显然远不及正来教授以及法学界的诸多同行。但是,我又必须说明,在这一时期中,我并未停止对学术研究的关注,更未停止对学术问题的思考。并且,我还根据自己在社会实践中的感受,不时撰写并发表了一些论文。[9] 这些大体表明,我是处于学术圈内与圈外之间的法学人。其次,我曾有过政府机关工作的经历,受到过主流意识形态的较多教育与熏陶,对体制内的实际运作机理有一定了解,对实践性功利目标有明确的偏好;同时,对于社会管理中的困扰有较多的理解,甚而对社会管理中迫于情境的某些非理性行为亦有较大程度的容忍。这决定了我在学术立场上可能务实、但势必保守的取向。再次,在上世纪80年代末的一段时期中,我主要从事经济学,尤其是经济体制改革理论的研究。我对经济理论研究与体制改革实践成效之间的密切关联有着深刻的感受。并且,我始终认为,法学与经济学都是应用性、实践性极强的学科,在实行法治和推进市场经济两大实践主题下,法学与经济学共同担当着贡献理性与知识的重大社会使命。因而,我常常依照经济理论研究中那种直面现实、“立竿见影”的方式与效应去认知和品评法学研究的方法及其得失。这种思维定式,在本文中仍然会有明确体现。所有这些,或许是导致我与正来教授存有歧见的原因,而我却奢望这些因素能够有助于我形成一个相对独特的视角,并藉此为置身于其中的中国法学研究事业提出一些有益的建言。

二、中国法学的发展进路与法学对法治实践的贡献和影响

悉心分析中国法学近些年的发展趋向,不难发现,中国法学在超越了法律知识的普及与传播,大体完成了“注释法学”的理论建构之后,正依循着知识—文化法学的发展进路逐步行进。“知识—文化法学”是我依据自身的体验对中国法学现状所作出的一种概括和表述。[10]在我的理解中,知识—文化法学具有这样几个基本特征:首先,知识—文化法学高扬的是“为学术而学术”的大旗,拒绝学术以外的社会实践性功利动机。在这一进路中,学术意义上的理论深化与创新不仅是法学研究的根本追求,同时也是检验和评价研究成效的基本依据。与此相联系,法学人并不企求其观点与主张的外部传播,而着意于法学人相互之间的承认与接受,“文章写给写文章的人看”成为一种理所当然。法学研究被当作一个不依赖于社会现实而存在的自闭、自洽以及价值自证的文化活动。其次,知识—文化法学遵循和守持法学人自我认知的学术研究标准、规则及规范,运用法学人自己才容易理解的话语体系和思维定式,进行圈内的交流和讨论。再次,知识—文化法学偏重于对法律制度和法律现象作学理探讨,研究中大量运用法哲学、法理学原理,并广泛借用哲学、社会学、经济学、伦理学等其他学科的知识元素,尤其是吸收当代社会科学中各流派的新潮观点和新颖研究方法,从而使法学带有浓厚的思辨色彩,法学的哲理性、抽象性愈趋突出。最后,知识—文化法学包含着明确的趋近世界法文化(更恰切地说,趋近西方法文化)的实际取向。无论是作为对“知识传统”的承继,还是基于“与国际接轨”的要求,当代中国法学人已习惯并热衷于在世界法文化语境中讨论问题,依照“我见青山多妩媚,料青山见我亦如是”的逻辑假想,力图在世界法文化中为中国法学寻得一席地位。

知识—文化法学的发展进路是当代中国部分法学人在若干内外部因素的影响下(本文后面将作具体分析)所作出的一种选择。这一进路有利

于(同时也在一定程度上标示着)法学人理性思维的拓展,有助于增加法学的知识资源,并提升法学的理论品位和学术素养,从而使中国法学不再被归置于"幼稚"的层级。然而,我所要强调的是,知识—文化法学的发展进路在丰满中国法学的学术羽毛的同时,却使法学与法治实践渐次偏离。与近些年法学研究资源迅猛增加的态势相比,[11]与中国法治实践的实际需求相比,中国法学对法治实践的贡献度却明显趋于弱化,法学对法治实践的影响力也有所衰减。特别是对于在中国这片土壤中如何全面实行法治,中国的法治应当具有什么样的特色这样一些根本问题,法学并未能贡献出应有的智慧。一些法学人除了信守西方法治理论中的某些经典命题,并强调其普适性外,并不愿对法治的中国因素或中国背景作更具体的分析;还有一些法学人则回避现实对法学的提问,在"真空社会"中叙说法律的应然机理和应有状态。具体地说,法学与法治实践的偏离体现在以下几个方面:

第一,法学研究的主题缺少对中国现实问题的应有关注。

在知识—文化法学的发展进路中,法学研究主题也呈虚化趋势。这主要指法学研究的"问题源"更多地产生于法学人在知识谱系中所形成的某些认知,而实践中存在的大量需要从理论上加以讨论的问题,则很难进入到法学人的视野。

近几年来,我国各类期刊每年都推出约五千多篇法学论文,每年出版的法学书著(不含译著)数以千计。如果计入法学博士和硕士论文,每年形成的法学研究成果达三万余项。概览近几年主要法学期刊发表的论文的文题,可以看到,法学研究的论题主要集中于这样几类:一是对法理学概念、范畴、原则或价值的反复讨论;二是对各部门法理论中某些问题的探讨与研究,包括概念的辨析、制度的考证,理论模式或构架的重塑等等;三是介绍国外的某项制度、某种理论、某一学说,并将其作为中国的实然存在予以解析。这几类论题的共同特点在于,它们大多是从知识和理论层面提出的"理论问题",而直接针对中国立法、司法以及社会运行实际的论题在法学论文中所占比重较小。更为突出的问题是,很多法学硕、博士论文,往往俯拾某一既有理论、原则或制度,对其进行一番源流考证,并对相关知识内涵重新作出一套解说,最后给出一个不着边际的结论。尽管不少论文的文题冠之以"我国"或"中国"之名,但对"我国"或"中国"的关涉大体止于立法层面。由于选择主题的视野狭窄,不少法学人已深感研究主题枯竭,而与此相关的论文选题高度重复的现象则十分严重。这种状况与社会生活中,尤其是司法实践中大量实际问题得不到理论上解析与回答的局面形成强烈反差。

第二,法学研究的语境远离中国社会的实际场景。

一些法学人偏好于加入西方法文化潮流,钟情于与西方法学大师们对话(我推测,大概不仅仅出于文化传播与介绍的目的),随时随地把西方诸流派的大师当作自己身边的张三李四,自得于多少有些一厢情愿、且断然是单向度的"学术交流"。更为普遍的现象是,很多法学论文,无论主题是否关涉中国,但其内容则往往超越于中国,而以西方法文化、西方法律制度、甚至西方社会实践作为论述的语境和背景。文章中讨论的是西方学者的观点,引证的是西方国家的立法制度,甚至援用的案例也是域外发生的事件。阅读这些论文,人们甚至有理由怀疑这些论文是否出自中国法学人之手,论文的作者是否真的把中国读者作为自己言说的对象。

近些年,我国法学界已形成一个为人们所通晓的潜规则,亦即:熟悉和掌握西方法学理论是中国法学人必有的学术经历;而引用西方法学文献,尤其是引用西方法学各流派代表人物的观点,则是中国法学著述的必备要素。不仅如此,对西方法学理论熟知的程度以及对西方著述引用的多寡,在许多情况下被当作学术水准的高低以及著述是否具有深度的重要评价依据。问题自然不在于对西方法学理论的参考和引用,重要的是,这种参考和运用常常被当作一种强势的证明方式。著述者的命题与假说只要与所引用的这些表述及观点达致契合,就获得了某种不可置疑的正当性,论证过程也随之完成。在此场合下,被引表述及观点的原有语境常常被忽略,作者的流派偏向也被舍弃。至于这些表述及观点是否真正适用于对中国现实的认知和判断,则更难为著述者所深虑与顾及。

与大量引用西方文献并行的风潮是,中国法学著述中欧化表达方式和语言风格的盛行。在一些法学人看来,欧化表达方式和语言风格不仅能够增加文章的美感,而且也是文章具有"深度"的重要标志;通俗就意味着肤浅,不易读、甚而不可读的文章才有深度。受此风潮的影响,法学著述的表达方式和遣词造句与大众的阅读思维及理解习惯渐行渐远。不少文章句式冗长,用辞生僻,意向缠绵,语焉匪测,不仅考验读者(当然是中国读者)

的汉语阅读能力，也挑战读者对这些文章阅读的忍耐力。这种现象在邓文以及一些讨论邓文的文章中表现得尤为突出。如果不是基于对“向何处去”的关切，可以想见，包括我在内的许多人都没有毅力去面对和忍受那些生涩难懂、洋洋数十万言的“黑格尔句式”。法学著述表达方式及语言风格这一看似不重要的问题，其实际影响却是不容忽视的。因为它使得法学文献的读者群渐趋单一，从而也使法学人同决策层以及法律实务界之间的沟通因缺少“共同语言”而变得更为困难。我们确实很难想象，决策层或法律实务界会乐意接受法学人用不易听懂的语言所叙说的某种道理，即便理性地看所叙说的是可以接受的道理。

第三，法学研究中潜含着法学人刻意疏离法治实践的姿态。

在近些年推出的一些法学著述中，无论是学者所主张的观点与见解，还是这些著述字里行间所显现出的情绪或口吻，都不难看出一些法学人对法治实践刻意疏离的姿态。

首先容易看到的是居高自傲的姿态。由于我国实行法治的进程最初始于法学人对法治知识的传导，因而在与法治相关的问题上，“理论正确于实践，学者高明于实务人员”已成为部分法学人认识中的预设。在法学著述中，一些法学人常常以训导者或“布道者”的口吻表达自己的各种观点与见解；也有一些法学人在确信自己所认知的法治理想的同时，又自觉或不自觉地把自己视为法治理想的守护者，进而把自己视为法治真理的占有者。在对各种法律问题或法律现象的讨论中，一些法学人往往轻率、且武断地把自己的见解与主张作为一切歧见的“判准”，而对于形成自实务界的认识，尤其是对于实务工作中存在的、与这些法学人的认知和想象不尽相同的做法，则付之以漠视、轻视、甚而鄙视的态度。

其次是“超然物外”的姿态。一些法学人主动地把自己隔绝于法治实践之外，着力在书本知识世界和理论场域中建立自己的生存和生活空间，并在纯粹的学术或文化意义上寻找自己的价值目标，把自己当作一种纯文化意义上的存在。无论外部世界如何变化，既不会改变这些学者的情趣和关切，更不会影响他们对于法治问题的认识与见解。这种现象决不仅仅存在于学科上有一定局限的法制史学以及法律思想史等领域，在法理学以及部门法学的研究中，也不乏这样的实例。

再次是对现实批判的姿态。在法学著述对法治实践的有限涉及中，法治实践往往是作为被批评和非议对象而存在的；一些法学人在法学研究中始终奉行着批判主义立场。不可否认，对现实的批判是包括法学人在内的现代社会中知识分子的一项重要功能，也是现代知识分子对社会核心价值维护的重要方式，这种批判现象并不独存于法学界。然而，问题在于，一些法学人对社会实践的批评常常是在缺少对中国情境的必要了解和理解的情况下作出的，概念化的评价重于实际分析。如同美国社会学家刘易斯·科塞所描绘的那样："他们以更高层次的普遍真理，对当前的真理提出质问，针对注重实际的要求，他们以'不实际的应然'相抗衡。"[12]同时，法学人对实践的这种批评往往又不附有建设性意见的支撑，留给人们的是"站着说话不腰疼"的感觉与印象。不仅如此，缺少真实感染力的批评在一定程度上还会损伤法学人与实务界乃至决策者之间的情感，从而进一步加大法学与法治实践的阻隔。

三、中国法学为什么会偏离法治实践

本文前一部分的分析表明，中国法学在选择了知识－文化法学作为主要进路的同时，事实上也就在一定程度上偏离了服务于法治实践需求的轨迹。这种状况的形成，决不应简单地用法学人的文化偏好加以解释，而应追溯其深层、复杂的社会原因。这方面原因主要是：

第一，部分法学人因法治实践不完全符合自己的想象与期待而放弃对这种实践的关注和参与。

当代中国法学人是与中国法治共生共长的。由于在中国本土上没有先在而系统的法治理论及实践经历，因而中国法学人对法治的应然状态都保有自己的某种想象，且这种想象在很大程度上产生于各法学人对西方法治理论与实践的理解。这种想象不仅实际决定和影响着法学人的各种学术观点与主张，同时也构成法学人对于外部实践认知和评价的基本依据。

在我国推行法治的初始，"法治"实际上是作为一种抽象的理想而为各方面所接受和崇奉的。其时，对于法治的恰切涵义，尤其是在中国实行法治的具体状态，人们既没有明确的认识，也未予以足够的重视。在此情况下，法学人与决策层及实务界在法治问题上具有很高程度的共识。然而，随着法治的具体推行，中国的法治实践似乎并未完全依循一些法学人所想象与期待的方向发展。一方面，中国法治的具体状态与法学人所认知的西方法治国家的一般模式存在较多的差异;另一方面,在中国实行法治的复杂性以及与此相联系的实践中存在的某些非理性的现象(如司法权威得不到应有的尊重,司法腐败现象滋生等),也超出了法学人的预料和容忍,由此形成了部分法学人法治理想的挫失。这种挫失的进一步反应则是这些法学人在自认无力改变现实的情况下,放弃对法治实践的关注和参与,“玩不了实的玩虚的”,转而在知识—文化维度上确定自己的研究价值,在纯理论王国中寻求自己学术作为的空间。不仅如此,现有的学术生态环境也完全能够为法学人的这种生活态度提供必要的支撑。

第二,法学研究的激励和评价机制扭曲了法学人从事法学研究的功利目标。

在现实生活中,每一个法学人的具体研究行为是同法学研究的激励和评价机制无法分开的。职称、学位、学术级别、学术组织的职务、发表著述的数量及期刊级别、基金、课题、奖项以及研究生点的设立、重点学科的确定等各种激励和评价元素,共同、实际地导引、甚而支配着法学人的研究行为。总体上看,我国法学研究的激励和评价机制具有这样几个明显取向:一是偏向对研究成果数量的追求。发表著述的数量不仅是各法学人职称评定、业绩考核乃至取得博士论文答辩资格的基本依据,同时还往往是取得基金资助,竞争课题项目的重要参考。二是突出对“理论深度”的重视。中国法学著述一个最为常见的评价尺度即是著述的“理论深度”。所谓的这种“理论深度”,在很多人的理解中并非是指对社会现实的深度解析,抑或制度建构理论的真正创新,而是指著述内容的深奥、抽象,哲理性强,甚至是主题或论述的虚玄。更具体地说,这种“深度”往往是根据其与大众思维及认知的距离加以测定的,亦即距离越远就越具有“深度”。三是过度强调学术形式的完善。在“学术规范化”与“国际接轨”等口号的倡导下,一些主流法学期刊把学术形式的完善提到十分重要的地位。研究范式、分析工具、引证文献等形式要素的恰当,成为期刊选稿的起码标准。有学者甚至还根据法学论文引证他人文献的多少或被引证率的高低,排列出当今中国法学界主流学者的“梁山座次”。[13]

毫无疑问,中国法学研究的现行激励与评价机制一定程度上分散了法学人对法治实践的注意力,淡化了法学人服务于法治的使命感和责任感,自然也扭曲了法学人从事法学研究的功利目标。对研究成果数量的追求,使法学著述常常成为批量化生产的文化产品。为满足某种量化要求，一些法学人不得不沉溺在概念变换、文章剪裁、注释堆积的“造文活动”之中，而对需要较多实践感验，需要大量、长时间调查研究的实际问题，则无暇顾及。与此同时，基于对“理论深度”的考虑，法学人很难对实践中的问题，特别是对具体操作层面中的问题倾注较多的精力，因为对这类问题的研究很难达致前面所说的“理论深度”，而唯有纯理论、纯学术问题，才会有“深度发挥”的可能。尤为突出的现象是，越是级别高的法学期刊越倾向于追求这种“理论深度”，因此也就越疏远实践主题，而这类期刊对法学人的研究活动又具有很强的影响和导向作用。至于学术形式的完善，在实践性论题中更难以得到体现。由于实践性论题立足于决策层及实务界对学术主张的接受，因而相关论述应尽可能符合大众化的思维，这就决定了这类论题很难与学术界推崇的某些“学术范式”相吻合。总之，在现行的激励与评价机制的作用下，法学越发成为一种可以脱离社会实践，且不受制于实践检验的理论学科。

第三，西方法文化的强势影响形成了法学人轻薄中国实践的认识偏向。

毋庸讳言，近三十年中，中国法学始终处于西方法文化的强势影响之中。这一方面是因为法治作为西方社会的“舶来品”，中国法治建构无法避免对西方国家的法律制度及法学理论的借鉴；另一方面也在于，当代中国法学人所接受的专业教育很大部分来自于西方的理论，西方著述在法学人的专业阅读中占有重要份量。不仅如此，今天活跃于法学界的中青年学者，多数都具有直接留访美、欧（包括受美、欧的法学影响很深的日本）的教育背景。应该说，西方法治的一些理念、原则乃至某些制度已经深深地植入于当代中国多数法学人的心际。

西方法文化的强势影响造成了法学人对中国实践的某种程度的轻薄。较为明显的例证是，西方的制度和理论常常被法学人奉为中国必须效仿的“典范”和检视中国实践“判准”。在一些著述中常常潜含着这样的逻辑：西方国家存在的制度，中国就应当有；反之，西方国家没有的制度，中国也不应有。对于共有的制度，西方国家是此种性状，中国就不应是彼种性状，否则就是“不规范”或“不完善”。更为吊诡的是，对于法律实务部门根据自己的实践所提出或施行的一些积极的举措，法学人也往往从西方法学中寻求理论资源加以论证,援引西方法学家的某些论述为这些举措提供“正当性”的理论证明。其结果,不仅未能使这些举措的实际意义得到真正展示,而且还往往引起决策层在意识形态上的警惕以至反感,导致某些有益的设想或方案胎死腹中。这种实例在前几年司法改革过程中并不鲜见。

第四,法学理论界与法律实务界缺少必要的沟通渠道,限制了法学人接触并参与实践的愿望和条件。

与经济学理论界同经济实务界的之间的联系相比,法学理论界与法律实务界的沟通并不很顺畅。这首先是因为,司法机构(以及公安、安全部门)习惯于封闭性运作,对包括法学人在内的外部参与具有某种本能的排斥。法学研究所需要的、可以公开的信息和资料,实务部门往往以种种理由而不予提供,加之实务部门的统计工作基础本身就很薄弱,因而法学研究中几乎没有借助实务部门的统计资料进行定量分析的可能。更为重要的是,我国尚未形成学界检讨立法制度和评价司法案例的常规机制和风气。一方面,法学人对这些领域疏于关注,更很少涉及。另一方面,即便法学人作出一些讨论和评价,也难以引起实务界的重视。自然,前面所提到的法学人对于实务工作姿态上的偏误,也不同程度地加大了两者之间的罅隙。某种意义上说,实务界存在的过度自信与法学人的莫名自傲结合于一体,造就了事实上两者不尽谐调的局面。

法学与实务之间的隔膜还体现于另一个层面。近些年,虽然最高法院、最高检察院以及一些省、市的司法机构都相继设立了某些咨询组织,聘请部分法学界精英介入其内。各级检察机构甚至还选择一些学者到检察机关挂职。但是,法学界始终未能有重量级的学者真正对国家法治决策产生重要影响。尽管也有少数法学家受邀为中央领导开办法制讲座,但限于讲座这种形式,其象征意义仍然大于实际作用。经济学界老一辈如吴敬琏、厉以宁,中青年如林毅夫、樊纲等既在学界叱咤风云,引领风骚,又能登堂入殿,与决策者共商国是,且在实务界有重大影响的境况,对法学界而言显属遥不可及。其中原因,当然不仅仅在于法学人本身,但这一现象却又表明,法学界与决策者高层对话的通道尚未形成,而这对于法学在社会实践中的位势又具有不言而喻的影响。

第五,法学专业分类细化的趋势限制了法学人的认知视野,从而削弱了法学分析和解决社会实际问题的能力。

作为一种普遍性趋势，与其他社会科学一样，近些年法学的专业分类也趋于细化。每一项立法，无论其是否已经颁布，都有相对应的法学学科存在。传统的部门法学的划分方式，已经满足不了相关法学人自立门户、独据领地的愿望。不仅如此，在知识-文化法学进路的影响下，法学人越来越偏重于对学科中某些或某一知识点的深度研究。不少法学人执着地守持在某一知识点上，凭借这种“一招鲜”维持着自己的学术生计，如昂格尔所说，“以技术上的熟练性在狭小的领域内进行耕耘。”[14]

法学专业分类细化的趋势固然从整体上增加了学科的知识含量，但由此形成的负面效应则是单个法学人的认知视野变得狭窄，知识的广度相对缩小。在法学界，不乏这样的现象：民事法学研究者可能对刑事法律理论和知识知晓甚少（反之亦是）；而实体法研究者则对相应的程序法知识和理论缺少基本的了解（反之亦是）。更有甚者，不少法学人对同类学科的其他部门法的理论和知识也近于陌生。这种状况事实上削弱法学分析和解决社会实际问题的能力。

毫无疑问，呈现给每一个法学人的各种社会问题往往具有很强的复杂性和综合性，而丝毫不会顾及法学人的认知能力和认知特性。特别是在社会转型期内，各种性质的矛盾交错一起，多元利益冲突蕴含于同一事实。对这些矛盾和冲突的认识以至解决，依凭某一部门法学的知识和理论，尤其是依凭某一认知视角是很不够的。正因为如此，近些年，对于一些困扰中国社会的重大现实问题，如商业信用的缺失，犯罪率居高不下，腐败现象屡禁不止，社会冲突与纠纷日益复杂且大量增加等，本应有较大作为的法学，却因缺少综合性视野而提不出较有份量的解决方案。基于相同的原因，在一些社会热点问题的讨论中，应当发出声音的法学界往往缺席于这种讨论。而在有限的参与中，有些颇有影响的部门法学研究者对一些宏观性问题所表达的主张往往缺少应有的力度；而有些在法理学界知名度甚高的学者，在某些影响较大的司法个案的讨论中则显示出对相关部门法知识的生疏。事实表明，法学人自己构筑的学科壁垒以及法学研究中普遍采取的“单兵作战”的方式，已难以适应解决中国社会相关现实问题的要求，并由此成为中国法学偏离法治实践的一个重要原因。

第六，法学研究中尚不宽松的政治环境不同程度地制约着法学人对法治实践的深度涉及。

法学是一个关及政治,甚而无法避讳政治的学科。法学研究中必定包含着对政治制度的讨论。然而,或许是由于极“左”思想残余的影响,或许是因为不宽松的国际政治环境挤压了我国主流意识形态的空间,我国法学研究中尚存在着一定的政治禁忌,法学研究的外部环境尚不够宽松。尤为突出的问题是,法学人基于技术角度对某些政治制度(包括司法制度)的讨论,有时会被理解为学者立场与情感上的偏误,甚至法学人对既有制度(并非根本政治制度)的批评,往往也会招致政治上的否定评价。这种状况往往使一些学者不敢对法治实践作深度涉及,而不得不涉及时,又常常运用“春秋笔法”,虚与委蛇,王顾左右。与之不同的是,在经济学界,自“市场经济”“私有制”等话题不再成为禁忌后,经济学人在研究中可以畅所欲言,针砭时政,包括对政府的多种经济政策提出任何批评。总体上说,经济学研究中几无“犯政治错误”之虞,而法学研究尚未获得这样的宽松环境。这一因素也可部分地解释中国法学为什么会与法治实践形成一定的疏离。

四、法治的中国因素或中国问题

虽然如前文所述,中国法学偏离法治实践的原因很多,但我认为,根本或主要原因仍然在于法学人对在中国如何实行法治以及实行什么样的法治持有不同的认识。这就需要对影响中国法治走向及状态的中国因素或中国问题作出进一步分析。

近三十年来的实践使我们越来越清晰地看到,中国实行法治的主要难题在于:传统法治理论以及既往法治模式中所形成的,被认为具有普适意义的某些理念、原则以及制度遭遇到中国具体国情的挑战。进一步说,中国国情中的某些特有因素一方面显示出传统法治理论及既往法治模式的时空局限,另一方面更突出了中国实行法治的复杂性与艰巨性,当然,也决定了中国实行法治的创造性与开拓性。

那么,横亘在法治进程中的中国因素或中国问题究竟是什么?我认为,主要有这样几个方面:

第一,中国的现实政治建构不同于传统理论与既有模式中法治依存的政治基础。

无论是西方法学的经典理论,还是西方法治国家的既有实践,往往都把“三权分立”作为法治赖以实行的政治基础。[15]在这些理论与实践中，“三权分立”不仅是实行法治所必要的政治条件与前提，同时也是法治本身的重要内容，是体现法治的一个主要标识。然而，与之不同的是，我国从理论到实践都明确否定“三权分立”制度作为中国的政治建构的可能。辅以多党合作的一党执政，是我国经历了长时期的社会动荡与波折后作出的政体选择，至少是不可改变的政治现实。因此，无论如何，法学人不可能企求从根本上改变中国的政治建构来适应传统意义上当代中国法治的要求，更不应把基本政治制度的变更视为中国实行法治的主要进路。更进一步说，如果务实地把法治当作一种社会治理方式来看待，那么，如同市场经济并不必然寄生于私有制社会一样，法治也并不绝对地依存于某种特定的政体；法治所蕴含并维护的公平、正义以及民主、自由、人权等价值在“三权分立”以外的其他政体中同样会得到相应的展示；实行法治的关键主要还在于执政者对于法治核心价值以及法治基本运作机理的态度。这一点不仅被近世一些国家或地区的实践所证实，更为当代中国人所直接感受。自然，这并不意味着我国政治制度没有依照实行法治的要求而进一步改革和完善的必要。不仅如此，在一党执政的政体中，如何设定和处理执政党的权威与法治权威这两种权威体系的关系，如何防止人治因素的复萌与扩大而损伤法治运作的应有机理，尤其是如何保证司法机关独立地进行司法审判活动，以及如何借助法治的方式强化执政党的政治地位等问题，不仅需要理论上的深入研究和讨论，更需要长时间的实践探索与积累。

第二，中国区域发展的极不平衡以及社会群体的高度分化对法律的统一性具有一定影响。

统一性是法律的一个重要属性；“法律面前人人平等”更是法治理论中最为经典的原则。毫无疑问，中国实行法治也必然包含着对法律统一性以及法律面前人人平等这一原则的承认与维护。但在另一方面，中国区域发展极不平衡以及社会群体高度分化的现实则对法律这一属性的体现以及法治这一原则的贯彻形成了很大的影响。首先，在立法层面上，有限的法律条文以及立法技术难以涵盖不同地区经济、文化以及社会各方面发展的重大差异，也难以反映和顾及各主体均有一定合理性的社会诉求。表面上公平、公正的权利义务配置方式，由于地区发展差异和主体境况的不同，所产生的实际效果则可能既不公平、也不公正。作为对这一状况的顾及，立法机构不得不采取“宜粗不宜细”的立法策略，加大规范的容量，放宽法律处置的幅度，希求为执法和司法预留充分的空间。然而，由此形成的实际效果却未必符合立法者的初衷与愿望。在执法和司法自由斟酌能力扩大的同时，执法与司法的随意性也相应增加，最终仍然使法律的统一性受到不同程度的损伤。其次，在司法层面上，区域及主体之间的重大差异同样造成了法律统一适用的困难。相同的事实，在不同的地区以及对于不同的主体，司法机构很难采用完全相同的处置方式。近些年备受社会关注的民事赔偿中的“同命不同价”以及刑事审判中的“同罪不同刑”等问题正是由此引发的。而这些现象的存在，又使得什么才是真正的意义上的法律面前人人平等成为一个难以回答的追问。

还需指出的是，世界各国为解决法域过大与法律统一性矛盾而采用的方式是实行联邦制国家结构（当然，联邦制的实行还有其他方面的原因），通过不同联邦成员立法，相对缩小国家立法的法域。与此不同的是，我国实行单一制国家结构，并且理论上和实践上都不可能改变这种国家结构形式。因此，解决前述矛盾需要有更富创造性的政治智慧和制度设计。

第三，中国社会在转型期中的急剧变化使法律难以保持必要的稳定。

转型期的中国社会，各种社会结构、社会关系，社会主体交往的实际内容，乃至各种社会行为及现象的评价标准都处于快速变化之中。可以预见的是，在今后相当长时间中，这种变化仍然是中国社会的一个重要特征。从社会发展角度看，中国社会的急剧变化无疑是社会快速发展与进步的重要表征，但从实行法治的角度看，这种状况给法律的制定与实施带来了更大的复杂性。这是因为，法律总是以某种相对固定的社会状态作为制度设计与安排的背景，只有依据于这样的背景，法律才能够保持自身的稳定性，并由此为人们未来的各种社会行为提供确定的预期。社会各种因素的急剧变化，一方面增加了法律制定的难度，有些立法草案甫经提出，即因为社会情势的变更而不得不重新考虑，有些立法方案则因为立法者难以把握相关事项的未来趋势而不能获得实质性推进。另一方面，社会的急剧变化也大大缩短了立法的实际生命周期。不少立法出台不久，即存在与社会情势不合、不尽适用的问题，只能依赖于大量的立法和司法解释加以弥补。与此相联系，立法的频繁修改也成为中国法治现实中的一大特色。据统计，近三十年来经全国人大通过和颁布的现行有效的 215 项法律中（不含决定、条例等立法性文件),经过一次以上修改的法律就有71项,共计修改达114次,其中修改最为频繁的《刑法》已先后经过7次修改,[16]仅2001年一年之中就修改了两次。即便是《宪法》这样的根本大法,在过去的三十年中,也历经了四次修改。法律稳定性的欠缺,不仅对法律的实际运用造成一定的不便,更重要的是,这种欠缺还会在一定程度上损害法律的严肃性和权威性,并有可能进一步动摇人们对于法治的信念与信心。

第四,中国社会治理资源的多元化对法律的功能以及法律手段的运用形成一定的限制。

与西方法治国家的实践有所不同的是,尽管中国决策者也重视和强调法律在社会治理中的核心作用,但事实上,中国的社会治理并不十分依赖于法律手段,法律在中国社会的实际功能及其运用的范围、程度都很难达致人们对法治国家一般模式的想象。务实地说,无论中国法治进程推进到何种地步,西方国家中的"法律中心主义","法律至上"这些理念或原则都很难成为中国的现实。这主要是因为,中国存在着法律以外的多元社会治理资源。这里所说的法律外的多元社会治理资源,在外延上远异于苏力教授所说的"本土资源"。在我的理解中,苏力语义上的"本土资源",实际上指的是乡俗民约、家法族规等"乡土资源"[17],而所有这些,概括不了这块"本土"上还存在的政党、行政等强大的社会治理力量。这些力量与法律共同承载着中国社会治理的功能。

社会治理资源多元化的现实对法治的影响是双重的。一方面,法律以外的其他社会治理手段的广泛运用,不仅减缩了法律手段在规范人们行为,尤其是解决社会矛盾与冲突方面的压力,而且政党及行政强大的社会动员力和协调力以及民间非正式制度的潜在影响力,在某些方面能够产生出法律所难以达及的社会治理效果;但另一方面,在社会治理资源多元化的格局中,无法避免包括"苏力悖论"(传统乡情民俗与现代法律制度相悖)在内的各种制度和规则的冲突。特别是在政党及行政权力过于强大的情况下,法律的应有作用可能得不到充分发挥,某些法律原则也容易受到贬损。因此,法律手段与其他社会治理资源的如何协调运用始终是中国法治实践所需要解决的重要问题。

需要提及的是,对法治的中国因素或中国问题,在"向何处去"的讨论中,邓文也有明确的涉及。所不同的是,邓文主张中国法学人应当从"全球化时代”的“世界结构”中思考中国问题。[18]诚然，在全球化的总体趋势下，包括法治（或法制）在内的所有社会存在都会受到不同程度的影响，因而“全球化时代”的“世界结构”不失为审视中国问题的一个视角。但我同时也认为，就中国法学或法治而言，“全球化时代”的“世界结构”决不是思考中国问题的唯一视角，并且，相对于前述中国因素，它甚至不是主要或重要的认知维度。这是因为，全球化趋势所形成的压力或强制尚不足以造成中国对自己基本守持的改变或放弃；而能够对中国法治状态与走向产生实际影响的，依然主要是内在于中国的前述因素。不仅如此，要在“全球化时代”的“世界结构”与中国法治的具体实践之间建立某种“勾连”（邓氏语），尚需借助于若干事实的过渡。[19]因此，邓文留给中国法学人的只能是“放之四海而皆准”，但又失之于大而无当的导引。

五、中国法学人的应有共识

法治的普适性与中国国情的前述矛盾无疑使中国的法治道路显得更为艰难。而在另一方面，这种矛盾也构成了当代中国法学人心灵深处难以言状的痛苦。是信守这些普适性原理、原则以及制度还是消极、宿命地认同各种现实，成为很多法学人心中的哈姆莱特设问。“中国法学向何处去”这一问题得以成立的实质背景和原因也正在于此。问题似乎十分清楚，如果长期阻滞在这样的二元对立中，那么，本来得之于“时势”的当代中国法学人不仅难有较大的作为和建树，而且还有可能耗空自己的学术青春。因此，我认为，中国法学必须解开前述缠结，走出目前的窘境，明确自己的“去向”。在此方面，法学人似应建立以下几点共识：

第一，法治的中国因素的存在，不会改变中国实行法治的总体方向，对中国法治以至中国法学的前景应当抱以乐观、积极的态度。

尽管中国的具体国情决定了中国实行法治的复杂性和艰巨性，尤其是在传统社会管理理念及方式影响下人治因素的复萌，还可能导致法治道路的曲折性以及局部过程的反复性，但中国实行法治的总体方向不会发生改变。这不仅是因为，法治已经成为执政者既定的政治决策，同时还在于，执政者由于推行法治而受到了更高程度的社会拥戴，从而成为法治的最大受益者，并且，法治还是执政者巩固执政地位，提升其执政能力所不可或缺的手段与方式。更为重要的是，法治已经成为当代中国人普遍的社会理想，法治的一些重要价值已经构成当代中国人的社会向往和主要的社会诉求。与此同时,法治的基本构架在中国已经全面形成,法律已经深入到社会生活的各个领域和各个层面;依照法律规范自己的行为,并运用法律维护自己的合法权益,已日益成为人们思维定式和生活习惯。此外,在世界文明发展的总体潮流和趋势的影响下,法治也只能是当代和未来中国不可改弃的选择。因此,恰如中国不可能放弃市场经济而改行计划经济,任何力量也不会使中国的法治道路发生根本性逆转。这一判断既是中国法学人认识和思考一切与法治相关问题的基本前提,也是认识中国法学发展前景的根本参照。

法治实践是法学得以生存与发展的土壤。中国实行法治的总体方向决定了中国法学应当是有作为、有出息的科学。毫无疑问,任何理论形态与社会实践之间,任何社会现实与学术人所守持的社会理想之间,都会存在一定的距离与差异,但这种距离和差异不应成为学术人回避现实、放弃对现实关注,乃至倾力改变现实的理由。马克斯·韦伯曾说过:“一个人得确信,即使这个世界在他看来愚陋不堪,根本不值得他为之献身,他仍能够无悔无怨;尽管面对这样的局面,他仍能够说:‘等着瞧吧!’只有做到这一步,才能说他听到了政治的召唤。”[20]我认为,韦伯这段针对政治职业者所作的劝导,对中国法学人具有同样的启迪意义,中国法学人只有直面现实,才能找到自己学术生命的支点,更何况我们所身处的是一个积极向上,值得为之献身的世界。

第二,法治的中国因素的存在,需要中国法学人反思自己对于法治模式的固有认识。

应当客观地承认,许多情况下,法治普适性与中国国情的矛盾,是因为中国法学人固守自己认知中的法治模式而在一定程度上被放大的。如果我们对认知中的这种法治模式进行审慎的反思,将不难得到这样几方面认识:首先,法学人认知的法治模式主要产生于自然法学派所描绘的图景。在西方法治理论中,自然法学派的理论具有基石地位。自然法学派对于法治应然状态的描述,代表着西方国家法治的完美理想。因此,中国法学人最初接受法治理论的启蒙时,不能不表现出对自然法学派理论的特别偏重,并进一步从这些理论中汲取各种元素,依照自己的理解,组合成自己想象和认知中的法治模式。然而,事实上,自然法学派所描绘的法治图画,充其量只是一个理想性启示,即便在法治最为发达、最为完善的西方国家中也未曾出现过。自然法学派关于法治图景的虚幻性,在现实主义法学、批判主义法学理论中已经得到了较为充分的揭示和批判。因此,基于自然法学派的理论而形成的对法治模式的想象与认知,或基于这种想象与认知而对中国的法治现实的评价,都是不尽恰当的。其次,在坚持法治核心价值普适性的同时,必须承认法治类型的多样性。在承认公平、正义、民主、自由这样一些核心价值普适性的同时,也必须看到,各国的法治实践实际上是千姿百态的。姑且不论西方各国分属于两大不同法系,法律的历史渊源、法律形式、司法程序等诸方面都存在重大差异,仅就英、美这两个典型的法治国家而言,两国在国家结构形式、政治制度构建、行政分权形式以及政党权力的作用等方面也各显其异。至于具体的制度设计,各国的状况更是斑驳杂陈,以至于有西方学者认为:“理性和法治可以采用不同的形式。没有特定的法律推理模式、特定的法律制度安排或特定概念体系可以确定为我们定义的法治所必不可少的东西。”[21]再次,西方法治施行的过程,尤其是司法过程,并非是对法条(或判例)的机械、刻板的墨守,而是丰富、生动,能够因应社会变化的过程。我认为,就了解西方法治的实际状况而言,在众多的西方法学理论家中,庞德、霍姆斯、卡多佐以及波斯纳等人的论述更应值得我们重视。这是因为,这些法学家不仅在理论上卓有建树,同时也亲历法治实践,他们的理论直接产生于他们在实践中的感受,也更接近于西方社会的现实。而他们对法治精神的倡扬,并不体现于对判例或立法的形式崇奉,而在意于法律对社会控制的能力,法律对社会经验的承认与尊重,以及法律解决具体问题的实际效能。为此,庞德十分强调法律规则及司法对地方社会情境的适应。他认为:“特定的地理环境、风俗习惯、经济和历史条件要求司法必须因地制宜、适时调整。”[22]卡多佐甚至认为:“司法过程是一种妥协,一种矛盾与矛盾之间、确定性与不确定性之间,崇尚书面文字的拘泥字义与打破规律及有序的虚无主义之间的妥协。”[23]庞德、卡多佐等人的这些观点,或许能够为我们缓释诸如守持法条主义与应对现实需求这类矛盾提供一定的启示。

第三,法治的中国因素的存在,不仅赋予中国法学特殊的社会使命,同时也为中国法学的开拓与发展提供了广阔的空间。

法治的中国因素的存在,决定了中国法治不可能完全依赖于传统法治理论的指引,也不可能完全沿袭西方国家的既有模式。中国法治实践亟需法学理论对中国因素或中国问题作深入研究,尤其是对被认为具有普适性的法治原则如何同中国因素恰当协调作出具体、且有操作意义的回答。正如柯勒所强调:"法学家的使命就是发现并且构造这些存在于特定时空条件下的文明的法律前提,并由此给出一种评价性的理论,指出立法应符合的理论状态,从而使法律体系的资料得以通过法律著作、法学教育和司法判决发展并被适用。"[24]因此,法治的中国因素的存在使中国法学获得了一种特殊的社会使命。法学人不仅应当据此建立起强烈的使命感和责任感,直面在中国实行法治的这些难题,把全部情感和精力倾注于这些难题的解决,而且更应在具体的研究中,把中国因素作为理论阐释、制度设计、功效评价的基本背景与条件;把自己的各种观点、见解和结论建立在对中国因素的充分认知和考虑之上。

从另一角度看,法治的中国因素的存在,又为中国法学人展示自己才华与智慧,为中国法学丰富自己的原创与想象,独辟法学发展蹊径提供了充分的可能和机遇。如果说中国法治基于中国因素而成为一种特有的法治类型的话,那么,植根于其上的中国法学也可能、并且应当是独树一帜的法文化形态。不仅如此,中国实行法治近三十年的实践,已经为中国法学提供了大量的实际素材,已经为法学人基于中国因素建构中国法治的框架,设计中国法治的具体制度奠定了一定的经验基础。于此,中国法学人也具备了根据自身的实践,而不是依赖既有的学说和模式,建立自己的法治理论体系的外部条件。更进一步说,中国法学人只有直面这些中国因素,探讨并形成适合于中国国情的法治理论,中国法学才可能有真正的作为与建树,中国法学也才会真正在世界法文化中获得自己的应有位置。在此问题上,"越是民族的就越是世界的"这一"张艺谋效应"同样具有很强的适用性。与此相适应,中国法学有必要对知识－文化法学的进路作必要的检讨,对已形成的学术评价和激励机制以及学术研究的一系列套路作必要的审视以至调整,特别是应当对法学作为应用性科学的社会功能形成明确的认知。

因此,如果确实需要概括地回答"中国法学向何处去"这一设问的话,那么,我会借用并扩充孙笑侠教授的结论:与中国法治同行,并能够引领中国法治实践。[25]

六、结语

作为长期处于学术边缘的“非典型学者”，[26]我在本文中对中国法学所作出的评价，尤其是批评性评价，也许会受到学界基于“批评主体不适格”而提出的质疑。同时，在“主义”盛行的时下法学界，我在本文中所表达的这些观点也很容易被责之以“实用主义”、“功利主义”、“犬儒主义”或“反智主义”。然而，这些年游移于实务和学术两界所形成的体验，特别是在阅读了“中国法学向何处”讨论中的一些文章后的感受，迫使我不惮“主体权利能力”的可能缺失，也不避“主义爱好者”们可能的诟病与訾议，无所顾忌地表达自己的相关见解。因此，本文毋宁是我个人胸臆的一种抒发，个人心中块垒的一种消解，同时也是个人学术主张的一种张扬，个人研究理路的一次梳理与自我调校。

特别需要说明的是，本文中以“中国法学”为对象的某些批评性评价，并非是一种全称判断。事实上，本文所涉及到的中国法学中的某些流弊，在法学不同学科中是有着重要的程度上差异的。受制于表达与行文的局限，我难以用准确的措词作出区别性界定。此外，我在本文的批评中没有更多地涉及特定的学者及著述，但这并不表明相关批评没有实指，而是我认为，对于具有一定普遍性的现象，仅仅用个别学者及著述作为例证，既无很强的说服力，也不尽公平。同时，当下中国法学界亦未形成学者们能够从容地接受相互间公开批评（包括可能不恰当的批评）的气氛，我不愿使我与相关学者建立多年的互敬关系毁于我可能偏颇的批评。至于本文不能不涉及的正来教授及其著述，我宁愿认为正来教授会乐见此情。因为我相信，正来在提出“向何处”这样宏大的主题时，已经包含着对各种批评性评价的预想甚而期待。不宁唯是，在我对正来教授的了解中，直率而不留情面的学术批评，从来就是他倾力倡导并乐于运用的风格或方式。

注释

1 ［美］霍姆斯：《法律的生命在于经验》，明辉译，清华大学出版社 2007 年版，第 207 页。

2 邓正来：“中国法学向何处去”，载《政法论坛》2005 年第 1 ~ 4 期。

3 这些文章主要是:“根据中国的理想图景——自序《中国法学向何处去》”,载《社会科学论坛》2005 年第 10 期;“批判与回应:寻求中国法学的主体性”,载《浙江社会科学》2006 年第 1 期;“中国法学的批判与建构——就《中国法学向何处去》答吉林大学理论法学读书小组”,载《政法论坛》2006 年第 1 期;“‘理想图景’、‘世界结构’与‘定义中国’——与邓正来谈《中国法学向何处去》”,载《河北法学》2006 年第 12 期;“直面全球化的主体性中国——谈‘中国法学的主体性建构’”,载《中国法学》2007 年第 2 期。

4 《政法论坛》、《现代法学》、《河北法学》和《浙江社会科学》等期刊先后就邓文开辟了讨论专栏。北京大学出版社出版了刘小平、蔡宏伟主编的《分析与挑战:学术传承的方式——评邓正来〈中国法学向何处去〉》专题论文集。不完全统计,公开发表的相关讨论论文达近百篇。

5 这四种理论分别是:张文显的权利本位论、法条主义、苏力的本土资源论以及梁治平的法律文化论。

6 在邓文的语境中,一切推崇诸如正义、民主、人权、规则乃至国家法等法治元素,或倡导法律向现代化转变的主张,都会落入“现代化范式”的套路而成为一种错误,都是对西方理念和规则的“前反思接受”,都是缺少“主体性”的思考。

7 总体上说,正来教授注重“形而上”,我则注重“形而下”。

8 参见邓正来:“中国法学的重建——批判和建构”,载《吉林大学社会科学学报》2003 年第 5 期。

9 发表的论文主要有:“效益:当代法律的基本价值目标——兼评西方法律的经济分析”,载《中国法学》1992 年第 1 期;“我国民事经济审判制度的价值取向”,载《中国社会科学》1998 年第 6 期;“论对司法的传媒监督”,载《法学研究》1999 年第 6 期;“中国律师制度的理论检视与实证分析”,载《中国律师》1999 年第 10 ~ 12 期;“中国司法改革的宏观思考”,载《法学研究》2000 年第 3 期;“论我国民事权利司法保护的疏失”,载《法学研究》2002 年第 6 期;近期发表的主要有:“试论我国社会中非常规性纠纷的解决机制”,载《中国法学》2007 年第 3 期;“中国法治进程中的法律资源分享问题”,载《中国法学》2008 年第 3 期;“公众判意的法理解析——对许霆案的延伸思考”,载《中国法学》2008 年第 4 期。

10 我这里所说的“知识—文化法学”的进路与苏力所说的“社科法学”有某些相同。我理解,苏力对“社科法学”分类的依据也是基于这类法学对知识、文化因素的偏重。参见苏力:“也许正在发生——中国当代法学发展的一个概览”,载《比较法研究》2001 年第 3 期。

11 据统计:中国法学研究和法学教育队伍中,具有正高职称的已有三千多人;有权授予法学博士学位的高等院校 2005 年为 48 所;现在读的法学博士研究生达七千多人;法学类期刊 126 种,其中中文核心期刊 21 种,CSSCI 来源期刊 27 种(含扩展版)。

12 [美]刘易斯·科塞:《理念人——一项社会学的考察》,郭方等译,中央编译出版社2001年版,第3页。

13 尽管苏力并未直白地表明引注或被引的多少同学者的学术地位、学术影响具有关连,但明眼人在这种量化的排列中不难看出各学者的座次。参见苏力:"从法学著述引证看中国法学——中国法学研究现状考察之二",载《中国法学》2003年第2期。

14[美]昂格尔:《现代社会中的法律》,吴玉章、周汉华译。中国政法大学出版社1994年版,第1页。

15 参见[法]孟德斯鸠:《论法的精神》(上册),张雁深译,商务印书馆1959年版,第185页以下关于立法权、行政权和司法权三权分立的论述。

16 以上数据统计自2008年2月国务院新闻办公室发布的《中国的法治建设》白皮书。

17 参见苏力:"变法,法治及本土资源",载《法治及其本土资源》,中国政法大学出版社1996年版,第3~22页。

18 参见邓正来:"直面全球化的主体性中国——谈'中国法学的主体性建构'",载《中国法学》2007年第2期。

19 值得一提的是,邓正来在《中国法学向何处去》一文中,唯一涉及中国法治现实的是有关消费者权益法律保护的讨论。在论证中,邓正来力图"高瞻远瞩",把假冒伪劣商品侵害消费者权益的现象认定为"作为发展中国家的中国在当下世界结构之政治、经济和意识形态等因素的冲击下所必须面对的一种困境"。在我看来,这种分析与其说是深刻,莫若说是虚空、矫情。因为"假冒行为"与"世界结构"的影响这两者虽然会有一定的联系,但其间的距离却不可以道里计。这样的分析,难免使人想起马季先生在相声名段《宇宙牌香烟》中所体现出的那种幽默。

20 [德]马克斯·韦伯:《学术与政治》,冯克利译,三联书店1998年中文版,第117页。

21 [美]劳伦斯·M.弗里德曼语。引自宋冰编:《程序、正义与现代化》,中国政法大学出版社1998年版,第117页。

22 [美]罗斯科·庞德:《法理学(第一卷)》,余履雪译,法律出版社2007年版第2页。

23 [美]本杰明·N.卡多佐:《演讲录·法律与文学》,董炯、彭冰译,中国法制出版社2005年版,第31页。

24 [美]罗斯科·庞德:《法理学(第一卷)》,余履雪译,法律出版社2007年版,第135页。

25 参见孙笑侠:"法学的本相——兼论法科教育转型",载《中外法学》2008年第3期。

26 参见拙作:《从经济改革到司法改革》,法律出版社2003年版,自序部分。

叁

顾培东

代表作

中国法治的自主型进路

一、引言

迄至现今，我国推行法治的实践已经历了三十个年头。三十年来，我国法治事业取得了举世瞩目的成就。然而，不容回避的是，三十年后的当下，我国法治事业也面临着一些理论上较为困惑、实践中无法绕开、必须直面的重大问题。

这些问题似乎是从两个完全不同的角度提出的：一方面是基于对中国具体国情的高度强调而对西方法治理论与制度作出的反思，由此提出的问题是：为什么被认为具有普适性的西方法治中的一些理论或制度并不完全适合于中国问题的解决？西方法治理论和制度中究竟哪些是值得我们借鉴的、而哪些是需要远拒的？更具有实质性的问题是，西方法治模式是不是我国法治所追求的理想目标？另一方面是基于观念中某种法治信念而对近些年我国法治实践提出的质疑，相应的问题是：决策层提出的“社会主义法治理念”的内涵，不同于西方法治的经典理论，这是不是意味着对法治基本价值的否定？“为大局服务，为人民司法”这样的司法取向以及相应的实践是不是符合法治的原理和原则？更进一步的疑虑是：中国还会不会继续坚持走法治道路？这样一些事关宏旨的是非问题的产生和存在，使我们有理由认为：我国法治事业正处于一个关键性时期。

从宏观上把握我国法治的现状，我认为，我国正经历着法治进路的重要转型，[1] 具体说就是：我国法治正在从以偏重于学习和借鉴西方法律制度和理论为取向的追仿型法治进路，转向以适应中国具体国情、解决中国

原文发表于《法学研究》2010 年第 1 期。

实际问题为基本目标，立足于自我发展和自主创新的自主型法治进路。前面所提及的这些问题都与这种转型密切相关，都产生于转型过程中的思想激荡、观念冲突以及认识分化，因而都可以把这些问题都归结到法治进路转型来认识，或者从法治进路转型这一角度给出回答。

虽然自主型法治进路是我国过去三十年法治实践的进一步延续，但这一法治进路的形成和确立，仍然牵涉到从理念到制度的重要变化，尤其是关涉到我们对法治理论和制度中一些基本问题的重新审视，更关涉到对我国特定社会条件下理想的法治模式的认识与构建，因此，法治进路的这种转型意味着我国法治事业的重要变革与全面创新。

二、法治进路转型及自主型法治进路的确立

过去的三十年，虽然我们一直在强调建设具有中国特色的社会主义法治，“社会主义”以及“中国特色”这两个基本点不断为决策者所提示，并且在法治的具体实践中也得到明确的体现，但不能否认的是，过去乃至今天，我国社会中始终存在着一种依恋和崇尚西方法治模式的思维偏向。在此特别需要指出的是，人们观念中的这种“西方法治模式”，并不是一个单一、确定的实体形态，也不是某一具体的西方国家的特定实践，它更主要是人们对其所接受的有关西方法治理论与实践的各种信息（甚至包括文学和文艺作品中的种种描述），进行理想化的提炼、筛选甚而推测后所形成的某种总体印象。虽然，基于对中国国情的实际考量，当代中国人并不认为中国法治的具体状态应当或可能会与西方法治模式完全相同，但很多人仍然会潜在地依照这种模式去想象和勾画中国法治的应有状态和未来图景，把西方法治模式当作我国法治的摹本和示范，把西方法治的“今天”视为我国法治的“明天”。

这种思维偏向与我国在法治创立阶段借用域外经验的客观需求结合于一体，从而形成了一种偏重于学习和借鉴西方法治理论和制度的追仿型法治进路，这种追仿体现于我国法治事业的诸多方面。首先，从法学理论看，我国的法学理论主要是建立在对西方理论和知识体系的移植和引入之上的。无论是法理学、法哲学还是部门法学，其体系结构、原则原理、概念范畴等都在很大程度上借取于西方法学。如果说在上世纪 70 年代末和 80 年代初，我国法学理论还受到过前苏联的某些影响，那么，在此后的发

展中,这些影响已了无痕迹。不仅如此,在对法治创立与施行过程中各种现象进行解说、分析和评价时,人们所运用的理论视角、知识资源乃至论说方式与方法,也都体现出与西方法学理论的密切联系。西方理论所确立的某些原则和原理往往成为人们判断是非和论证观点的主要依据。其次,从立法看,我国的立法多以西方法律法规为蓝本。三十年前,我国除了《宪法》和《婚姻法》外,没有任何法典和法规。在此情况下,只能以域外的制度作为蓝本和参照。虽然最初的《刑法》、《刑事诉讼法》等立法借鉴了苏俄立法的某些内容,但更多的立法(包括《刑法》、《刑事诉讼法》的修改)主要还是以西方国家的法律制度为蓝本的。不仅如此,不少人还常常以西方的法律制度作为衡量我国立法的标准:西方有的,我们也应当有,否则就是不健全;西方没有的,我们也不应有,否则就是不规范;西方是此种状态,我们就不应是彼种状态,否则就是不完善。这样一种思维定势始终存在于我国立法过程之中。再次,从司法看,我国司法制度及其运作也大量吸收了西方司法的各种元素。不仅体现在司法程序、诉讼类别、审判方式等方面,还反映于法庭布局、司法人员着装和用具,乃至法院的建筑风格[2]等形式和仪式之上。前些年在我国悄然出现了一个司法现代化的潮流,这一潮流实际上正是对西方司法制度从内容(如当事人进行主义、对抗制诉讼形式、严格的证据规则等等)到形式(如法袍、法槌乃至法院的建筑风格)的一种仿效。客观地说,在无法用一个确定的标准对"现代"与"非现代"作出判定的情况下,西方的司法制度不能不成为我们司法现代化过程中的标杆与参照。

追仿型法治进路在我国的形成具有历史性、客观性原因。主要是:其一,作为一种社会治理方式,法治是一件"舶来品"。尽管在我国传统中可以挖掘出某些法治因素,同时,我国近代以来也曾经历过从人治走向法治的努力[3],但相对于三十年前的中国来说,法治毕竟是外在的、且主要存在于西方国家的社会事实。因此,无需避讳的是,中国创立和施行法治本身,既是对人类文明成果的一种崇尚和继受,也是对西方社会发展经验的一种学习和借鉴。并且,这种学习和借鉴不会仅仅停留于对法治的概念化强调,还必然会延伸至相关理论、制度及实际运作方法。也就是说,对社会治理方式的借用必然进一步延伸到对相应内容的移植。其二,西方国家在长期实行法治的实践中形成了大量的文化、制度和经验的积累,并现实地向外部世界展示出法治的具体图景,为"什么是法治"提供了一个假定性的标准答案。面对这些先存的文化、制度和实践经验,中国法治的进程不能不以学习和借鉴西方法治作为起始点。其三,中国法治的创立是在全球化的整体趋势与潮流中实施和完成的。这种全球化的过程实际上是一个以西方世界作为主导、以趋近西方现代社会为目标的社会发展过程。在此过程中,西方国家的观念、价值以及制度等各个方面都会对发展中国家产生强势影响。作为发展中国家,我国的法律制度自然也无法回避这种影响。[4]

追仿型法治进路不仅有其客观和历史性的成因,同时从主流看,其效果也是积极和应当肯定的。第一,西方法治中毕竟蕴含了人类文明的诸多主流价值,对西方法治理论和制度的借鉴也有利于将这些价值导入到中国社会。第二,对西方法治理论与制度的学习和借鉴大大缩短了我国法治的探索过程,使我们有可能站在历史经验之上去进行自己的制度创设,避免了过多的试错和反复。第三,正是由于具有全球化、现代化的背景,"学习西方"这样一种激励和冲动也在一定程度上减少了在法治推进中政府动员的压力,潜在地塑造了推行法治的民间力量,并在某种意义上营造了法治施行所需要的社会氛围。概括地说,通过过去这样一种法治取向和路径,我国完成了一个现代法治国家所必备的法治体系的基本构造。

然而,在法治推行三十年后的今天,偏重于学习和借鉴西方理论与制度的取向和路径的追仿型法治已显示出明显的局限和缺失。一方面,如前所述,人们观念中的西方法治模式实际上是一种理想化的假想,并不符合法治运作的实际逻辑,更不符合西方社会的真实状态,因此,用这样一种假想的模式评价乃至指导我们的实践,不仅不能客观地认识我国法治的现实,而且还可能导致实践中的重大偏误。另一方面,法治是受特定社会条件和环境约束的社会实践,虽然各国法治有其共性的一面,但更有意义的是基于各国政治、经济、文化以及其他社会因素而形成的差别。因此,依靠学习和借鉴西方法治经验势必不能从根本上构建出适合中国具体国情的法治模式。近些年我国社会治理中所出现的众多事实反映出,西方国家的法治经验并不完全适用于中国实际问题的解决。这两方面的局限和缺失都表明,偏重于学习和借鉴西方的法治经验已不应继续成为我国法治的主要取向和路径,中国法治事业的后续发展必须转向自主和自创。

近几年出现的另一些因素又为我国法治进路转型提供了进一步的动

力和理由。首先，这场全球性金融危机使当代中国人清醒地看到，与自由市场经济相匹配的西方法治的实际效能已趋于弱化，西方法治中固有的某些观念和套路已难以应对当下西方社会的复杂局面。与此恰成对照的是，在金融危机的冲击下，我国经济仍然保持着较好的增长水平，整个社会呈现出处险不乱、遇难不惊的平稳态势。同时，近些年我国各种重大自然灾害的成功抗御，各种重大的群体性纠纷的妥善解决以及各种重大传染病疫的有效控制等事实，无不显示出中国式社会治理方式的特殊优势和效果，彰显了用中国方式解决中国问题的逻辑力量。再从另一个角度看，我国经济领域的创新性实践也为法治进路的转型提供了很好的启示。改革开放后较长一段时间中，我国在发展主义观念的支配下，以外向型经济为主导，形成了一大批劳动密集型、高能耗、高污染、低效益的产业和企业，并进一步导致了经济结构的失衡。近年来，我国着力调整经济结构，坚持可持续的发展路径，在经济增长方式的转型方面收到了显著的成效。经济领域中成功实践不仅使我们看到了自主创新、自我发展的意义，同时也感受到了经济发展对于法治创新的强烈呼唤。所有这些，共同构成了推动我国法治进路转型的现实因素。

我理解，自主型法治进路具有这样几个特点：其一，立足于中国的社会性质和具体国情，以解决中国实际问题为基本目标，而不是依仿于理论上或观念中的某种西方模式，更不是追求与某种西方模式相符合。其二，通过挖掘和提炼本土社会治理经验，尤其是通过基于中国国情的制度创新，完善法律制度和法律运作。尽管我们对外部制度与实践仍然会保持一种开放的立场和态度，但我们会更加强调自主性和自创性。其三，系统、综合地形成一整套的中国特色的法治理论和法律制度体系，特别是把司法制度放置到我国政治运作的总体结构中，确定并发挥其功能和作用，建立起合理的政治秩序，形成能够与政治等其他社会治理力量相协调与融合的司法运行机制。其四，自主型法治进路同样保持着对公平、正义、民主、自由等法治价值的追求，但同时又会依照中国的国情去理解这些价值的实际内涵，对这些价值作出中国式的诠释，特别是从中国实际出发正确处理这些价值在具体社会现象中的矛盾与冲突。

虽然，“法治进路的转型”或“自主型法治进路”这样的表述仅仅是一种学理上的概括，但我认为，近年来，无论是决策层强调确立“社会主义法治理念”以及“中国特色社会主义司法制度的自我发展与完善”，还是各级司法机构在理念更新、制度改革、方式探索等方面的积极作为，都明显体现出为实现这种转型所付出的努力。也就是说，转型已实际发生。

三、对法治理论中几个重要问题的审视与辨识

如前所述，所谓的“西方法治模式”蕴含着人们对西方法治理论与制度的很多误判和误识，因此，无论是对既往法治实践进行反思，还是对自主型法治进路作出选择，都必须以澄清这些偏误和误识、消除思想上的困惑为基本前提。为此，需要对法治理论与制度中几个重要问题给予审慎的思考和辨识。

1. 西方法治理论中哪些是真正值得我们重视和借鉴的资源。

西方有关法治的理论浩瀚庞杂，林林总总，五花八门。这些理论可以粗略地归为四个类型：一是以洛克、卢梭和孟德斯鸠为代表的启蒙思想家有关法治的基本理论。这类理论的核心在于以反抗封建专制为背景，描述思想家们对于法治及民主社会的理想图景。这类理论通常被认为是现代西方法治理论的源头，被奉为西方法治理论的经典。二是以强调或推崇法治的某种价值或法律的某个特性为核心而建构的有关法治或法律的理论体系。如萨维尼推崇民族精神，凯尔森强调规范的绝对意义，耶林坚持法律的强制性，哈耶克主张自由主义等等。三是以霍姆斯、庞德、卡多佐以及波斯纳等人为代表的现实主义及实用主义法学理论。他们的理论重点分析和阐述法律的实际运作过程，突出强调法律实际运用的功效。这些法学家都有一个共同经历，即都从事过具体的司法实践[5]。四是当代西方法学家以西方法治的运作状态为实践背景，以反思和批判西方传统和经典理论为主要内容的相关理论和学说[6]。

过去三十年乃至今天，这四类理论中的前两类比较为我们所重视，在我国理论界的影响较大[7]。形成这种选择偏向的原因主要在于：第一，启蒙思想家对法治社会的描绘往往更符合人们的理想，即便是乌托邦式的设想，也能诱导人们心灵的向往。第二，启蒙思想家的这些理论已经成为西方国家意识形态的重要组成部分，同时也是西方国家用于对外部世界实施文化征服的武器。第三，西方学者对诸如民主、自由、平等、正义等价值或者对法律某一方面属性的极度强调，往往能够产生“片面深刻”的效果，因

而更容易引起人们的关注和重视。

而我认为,真正值得我们重视和借鉴的应是后两类理论。理由是:第一,霍姆斯、庞德、卡多佐以及波斯纳等人由于其特殊的实践地位,他们的理论更能反映西方法治实践、尤其是司法实践的真实状态,他们的理论与见解更加切合司法运作的实际过程,因而对我们更有参考价值。第二,西方的法学理论在经历过几个世纪后,已发生了很大变化。近几十年西方法学理论的主流是集中于对法治运作进行实证分析,并且据此对传统的、经典的理论进行反思和批判,[8] 这些理论直面当代西方国家的社会现实,具有更高的可信性,也能够给我们提供更多更有益的启示。从他们的一些分析中,我们不仅可以看到西方传统法治理论的虚幻性,而且能够了解到一些具有务实精神的建构性设想。

总之,在对待西方法治理论资源方面,我们过去乃至今天存在的问题是:人们往往把西方思想家的理想描绘当作西方世界的真实状况;同时,把17、18、19世纪在西方产生影响、而今天实际上已经衰微的理论奉为当代的经典。这种认识上的偏误,恰同于昂格尔曾经作过的深刻揭示:“真正的法治的概念也许建立在一种误解之上,它同时也是一种神秘的东西。它把占统治地位的理论以及该理论代表的精神状态与对法律在社会中实际位置的精确描述混淆在一起。”“把法律秩序在社会生活中的作用与某些理论对这一秩序的描述方式等同起来。”[9]

2. 法条主义是不是法治的核心原则。

在我们很多人的理解中,法治的核心原则是法条主义,法条主义所赖以支撑的口号也正是法治[10]。法条主义意味着严格、一丝不苟地依照先存的法律或先例行事,尤其是依此方式实施司法审判。在法条主义看来,由于法律的正义已经包含在法条之中,因此,司法审判过程就象并且应当象售货机一样,一边输入法条和事实,一边输出判决[11]。人们想象的西方司法也是一幅法官铁面无情,严格、机械地依照法条或先例判案的图景。然而,历史与逻辑告诉我们的却是一个与此完全不同的道理和事实。

首先,任何国家在任何时代都无法生成法条主义所期待的囊括各种社会现象、覆盖全部社会过程、包罗一切社会事实的法律规范。历史上不乏创造此类“法律大全”的努力,但无不以失败而告终。最为极端的例证是,18世纪末,腓特烈大帝曾主持制定了多达一万七千余条的《普鲁士民法》,

"试图对各种特殊而细微的事实情况开列出各种具体的、实际的解决办法"。然而,"尽管《普鲁士民法典》的规定极为详细",但难免百密一疏或方枘圆凿,"从而不可能为一切案件设定明确的答案",[12]这部法典不久便被废弃。庞德也说过:"希望有一部包含着对法院或法官可能遇到的每一个明确、详细的事态都定有明确与详细法规的完整法典","这种想法完全是不切合实际的"。[13]也就是说,法条主义赖以存在的前提根本就不存在。

其次,司法活动是需要参考多种因素,考量多种依据的能动、且富有创造性的实践。霍姆斯的一个著名论断即是"法律的生命从来不是逻辑,而是经验"[14],因此,他主张在司法中要依据社会生活的实际经验来探究案件的处理方式。卡多佐则认为,司法过程除了要遵循法条和先例外,也必须考虑道德习惯、社会影响、生活习俗、公众情感等多种因素,司法就是在各种利益冲突中找到妥协之道。他说:"法律一如人类,要想延续生命,必须找到某种妥协之道。"[15]他还说:"对各种社会利益及其相对重要性的分析是律师和法官在解决自己问题时所必须利用的线索之一。"[16]波斯纳更认为,法官的政治偏向、宗教信仰、理性良知、社会经历乃至情感与情绪都会对司法过程产生影响。因此,他主张用一种实用主义的态度对待司法中的问题,"能动和有限度地坚守立法的规定和先例的规定。"[17]

再次,任何立法都是立法者在特定时期所形成的社会愿望与要求,而随着社会情势的不断变化,立法所确立的某些规则已难以适用于变化了的社会情势,甚至继续适用这些规则还将违逆立法者制度设计的初衷或损害社会的根本利益。在立法修改或废止程序(包括不违先例原则)的刚性制约下,强调对一切现存规则的严格遵循,这在事实上已丧失了绝对的合理性。以规制和训服外部世界为目的的立法往往因为其与外部情境的脱节而成为束缚人们实现这一目的的"纸枷锁"。不管对立法的前瞻性以及立法技巧赋予多么丰富的想象,都无法满足法条主义对立法适用性的假定和预设。因此,司法必须与不断变化的社会发展的需求相适应。美国现实主义法学坚持认为,法律应能够适应社会的各种变化和回应社会的各种要求,要在"司法的开放性和忠实于法条之间寻求一种平衡"[18]。在司法中,立足于探求规则和政策内含的价值,注重追求法律的社会目标,"摆脱形式主义和程式的影响"。为了更好地回应社会的需求,现实主义法学家们"极力主张扩大法律相关因素的范围,以便法律推理能够包含对官方行为所处社会场合及其社会效果的认识。”[19]

最后,法条主义始终暗含着这样一种判断:法条是公正、正义、民主、自由等价值的具体表达;法治所倡导和维护的这些价值通过法条能够、并且已经得到实际体现。法条被严格遵循的正当性或主要理由也源出于此。然而,事实表明,法条主义的这种判断并不具有确定的真实性。这是因为,任何立法或先例都是在极为复杂的因素影响下形成的。政治势力的争斗,利益集团的博弈,立法者个体(包括创造先例的法官)的立场、意识、知识、经验乃至情感偏向与癖好等诸多因素,无不对立法或先例产生实际影响。一切在其他政治活动中所出现和存在的各种弊端,在立法环节中都难以避免,并会体现于法条的具体内容之中。或许在应然意义上可以把公正、正义、民主、自由等积极价值视为法条所追求的目标,但在实然状态上,法条并不完全是这些价值的化身。基于同样的理由,立法也不可能完全被视为人民意志或多数人的意志的体现。正如沃尔夫所说:“没有任何东西可以保证任何一项立法都能真正代表大多数美国人的意志。”[20]而法条主义的一个致命缺陷,正是把对法治内在价值追求异化和衍变为对法条形式的崇拜以及对固守法条的强调。

当然,无论是司法实用主义、现实主义或能动主义,都不意味着司法任性,也并不否定法条作为基本依据的价值,即便是为了实现社会目标而超越规则,也必须遵循“超越规则的规则”,只是不应绝对化地看待法条的效力,不应机械地、僵化地适用法条。

3. 司法独立的真正涵义是什么,西方社会是否真实地存在着司法独立。

司法独立是西方法治理论中的核心组成部分之一,也是西方司法制度的一个基石。对于司法独立的问题,很多西方法治理论给予我们的是这样两个确定的判断:其一,西方国家司法是真正独立的;其二,司法独立主要指司法独立于政治。“司法独立最核心和传统的含义系法官(集体或个人)独立于政治机构(The political branches),尤其是独立于行政机构(The executive)。”[21]然而,西方学者新近对此问题的研究却向我们显示了这样几个结论:

第一,司法不可能独立于政治。理由是:(1)司法独立于政治的判断违背了政治常识。美国学者马丁·夏皮罗认为,司法独立于政治的理论与实践,有悖于国家主权原则和原理。[22](2)司法是寄生于政治躯体内的产物,是政治的创造物。意大利法学家卡佩莱蒂认为,司法在本质上仍然是一种政治装置,“司法部门归根到底还是国家的一个部门”;[23]夏皮罗则说:“审判至少是最高统治权的一部分或至少是政治的伴随物”。[24]“审判与最高统治权或终极政治权力密切地联系在一起的倾向可以在所有社会中被找到”[25]。(3)作为特定政治实体,法院不仅是争议解决者,同时也是社会控制者,承载着重要的政治功能,而当其作为社会控制者时,显然就不可能具有所谓超脱于政治的独立性。“从作为争议解决者的法院转向社会控制者法院时,它们所具有的独立性和社会逻辑甚至被更大程度地削弱了。”[26]

第二,政治始终保持着对司法的控制和影响力。具体体现于:(1)司法构造和布局应依据于社会控制的要求。夏皮罗认为,就连上诉这样的程序设计,表面上看是赋予当事人一种权利救济手段,而真正的作用却在于实施中央对地方的控制。[27]西方多数国家的上诉程序中,只审法律问题,而不审事实问题,原因就在于此。(2)政治力量决定着司法人员的任命。波斯纳说:“在任命和确任联邦法官中政治具有毫无疑问的重要性”[28]。“一位总统总是从自己的政党中任命大多数法官(通常超过90%)”。[29]不仅如此,如果司法出现偏离政治方向的问题,政治力量有能力和条件改组司法的构成。上世纪30年代,美国最高法院的司法政策曾引起罗斯福总统的不满,从而激发了罗斯福改组最高法院的愿望。最后,最高法院不得不以合作性的妥协换回了自身的稳定和平安。[30]主导政治力量构造司法组织以及任命法官的机制为政治影响在司法过程中广泛渗透创造了条件和前提。虽然法官一般并不公开、明确地把自己的具体审判行为与其任命者的政治主张直接联系,但法官作为“真实的个体”,在“屁股决定脑袋”的效应下,无法抛却其任命者施加于自己的政治期望,不能不“受制于授予他职位的人们。”[31](3)主流政治意识形态是司法人员所必须接受的观念,并会影响到司法的实际过程。夏皮罗认为:“司法态度属于存在于国内政治环境中的同一个相对连贯的意识形态模式中。”[32]法官往往潜在地把任命者的政治主张转化为自己的意识积淀,形成波斯纳所说的法官的“前见”(Preconception),[33]从而在具体的司法行为中加以贯彻和体现,由此使“法官的政治态度和他们支持或者反对某个类型的诉讼当事人的判决之间存在着高度的相关性。”[34]

第三,在西方历史上并没有出现过真正独立于政治的司法。夏皮罗通过对被认为是司法独立典范的英国实践的具体考察和分析,得出的结论是:“而在事实上这一国家真正的经验却是一个将司法的依赖性与独立性混同在一起的奇特的微妙结合,并且在这一混合物中依赖性在最终意义上是处于支配地位的”。[35]美国学者欧文·费斯对于美国司法独立状态的描述是:“我们美国人有理由为我们的司法所达到的独立程度而自豪。事实上,它是我们司法权威的支柱之一。但我们却不能想当然地认为司法绝对地与政治分离。”[36]“即便是联邦法院法官这种长久以来被公认为世界司法体系中最独立的法官之一,也不是完全与政府部门隔绝,而作为政治体制中相互依赖的分支。”[37]就司法与政治的关系而言,更为真实或更为合理的状态是司法与政治权力高度融合和一定范围内的相互替代。

第四,虽然司法独立直至今天仍然被西方社会视为“一个相当重要的社会和经济善品”[38],但如果不是固执于既有的信念,而是立足于政治运作,尤其是司法实践的真实过程,那么可以认为,司法独立在西方的真实性及意义已大为衰减。司法独立的真正涵义是在一个“极其狭窄的范围内”存在和被承认的,即:“具体案件判决的做出没有受到任何直接的外部干预”[39]。这既是司法独立的下限,也是司法独立的上限。此种意义的司法独立,实际上指的是审判的独立,这与我国宪法第126条的表述,即“人民法院依照法律规定独立行使审判权,不受行政机关、社会团体和个人的干涉”是基本一致的。

4. 实行法治是否应奉行法律中心主义

人们在法治问题上的另一个较为普遍的认识是:法治社会必然把法律的作用、尤其是司法的作用放在最突出的地位;在实施社会治理中,法律是最主要、甚而是唯一的方式和手段。基于这样一种认识,在近几十年的实践中,我们经常看到的现象是,每当社会出现一个新的问题时,人们就呼吁制定相关立法;而每当出现社会纠纷和社会矛盾时,人们就吁求运用司法手段加以解决。

然而,这种认识以及这种思维倾向同样与当代法治发展的总体趋势不相吻合。庞德在很早以前就注意到“有效法律行为的限度”,他说:“我们必须决定,通过法律我们预计能做些什么以及把什么留给其他社会控制机关去办,我们必须试验我们所有的法律武器,估计一下每件武器对于我们今天的任务有多大的价值。”[40]庞德认为,在现代社会的控制中,法律既有其特定的优势,但也有其重要的局限,法律应当与其他社会控制手段共同发挥作用。当代美国学者考默萨通过对环境污染侵权纠纷、城市规划纠纷(类似我国的征地拆迁纠纷)、集团诉讼(群体性纠纷的诉讼)等现象作了大量分析后认为,现代社会中,社会关系的调整以及社会矛盾的解决主要是法律、政治过程、市场这三种方式或手段;而人数众多和问题复杂是决定这三种方式具体适用的两个重要变量。在人数众多、且问题复杂的情况下,往往会产生用法律来解决纠纷和矛盾的要求,但人数众多和问题复杂恰恰是法律手段难以奏效的因素。因为各主体的诉求不同,判定和解决问题的标准难以统一,法律处理方式较为单一,规范不够明确以及司法的容量有限等等,都会使人们不得不把这些问题交给政治过程或市场来解决。[41]考默萨有一段话特别值得我们深思:“在全世界范围内建立法治社会的浪潮中,有许多可圈可点的经验教训。我们时常听到这样一种呼声,呼吁在最难以实施法治的制度中建立一种稳定、清晰、平等适用的法治体系,在人数众多、事件本身错综复杂的时候,社会对于法治的需求也是最大的,但此时也是法治的供给最为短缺的情形。这并不是说司法制度就不能担当起处理那些棘手的社会问题的重任,而是说,法院不太可能长时期广泛而深入地介入社会问题的解决。”[42]

所有这些都表明,实行法治并不意味着奉行法律中心主义,真正有效的经验是把法律与其他社会控制资源结合起来,根据特定的社会条件,综合、协调地发挥其作用。

在前面的分析中,我比较多地引用了西方学者的一些论述和描述,目的在于说明,在有关法治的一些重大问题上,我们过去所得到的很多关于西方的信息是并不准确、至少是较为片面的,由此所形成的结论也是不可靠的。只有消除这些误读和误识,才能在法治进路转型中建立广泛的共识。

四、我国自主型法治进路的主导思路

自主型法治进路的实质就是把解决中国实际问题,实现有效的社会控制与治理的要求渗透到法律及其运作的整个过程之中,从而形成与中国国情相适应的法治体系。因此,进一步需要思考的问题是:哪些是决定我国法治独特性的“中国国情”,这些“中国国情”对我国法治、尤其是司法制度的构建与施行具有何种影响,在对这两个问题作出判断的基础之上,我国自主型法治进路应有什么样的主导思路。

对此,我的认识是:

1. 以保证执政党的核心领导为前提,界定司法在我国政治结构中的地位。

执政党在全社会中处于核心领导地位,这是中国最主要的政治特色,从而也决定了中国法治、尤其是司法的特色。在执政党与司法的关系上,必须坚持执政党对司法的领导。这种领导的作用一方面在于保证司法工作统一于社会治理以及社会发展的大局,使司法的作用与其他手段的作用相互协调,更充分地发挥司法的社会功能;另一方面又在于保证司法机构正确地实施法律,监督和约束司法机构及其成员依照宪法和法律实施司法行为。

在此方面,关键的问题是,实际运行中如何具体地体现或实施党对司法的领导。我认为,应明确这样几点:其一,党对司法的领导应首先体现党的路线、方针、政策在司法工作中的贯彻,将这些路线、方针、政策转化为司法理念和司法政策成为司法机构及其成员的一种思维取向。其二,党对司法的领导又体现于党组织对司法机构的设置以及司法机构主要成员的选任具有实质性的决定权力。其三,党对司法的直接领导主要体现在党中央对最高司法机构的领导,即通过最高司法机构将党中央的决策通过司法内部特有的渠道和方式、准确而规范化地传导到各级司法机构之中。其四,党对司法的领导同样必须依据于宪法和法律,尤其是尊重司法特性、尊重司法程序、尊重司法运作所固有的规律。这种领导应能够与司法特性和规律兼容,从而能够较好地融入到司法运作过程之中。其五,党对司法的领导应当是组织化的领导,并且应依照一定的程序和制度,而不应是党组织中的成员向司法机构及其成员任意地发号施令。总体上说,在两者关系的处理上,必须建立起合理的政治规则。

2. 以我国人口众多、地域广阔且区际发展极不平衡为背景,考虑法律及其适用的多样性和区别性。

我认为,对于中国这样的国家来说,不应机械地理解和强调法律的统一性和法律的平等性。简单地或形式化地强调统一性和平等性,实际上会损伤法律的公正性或公平性,容易固化甚至扩大地区间、阶层间、群体间的现实差距。为此,一方面,基于我国法域过大而地区间发展不平衡的事实,可在现有的地方立法和少数民族地区立法权的基础上,进一步放大这两类立法的空间。[43]尤其是发达地区和极不发达地区,在地方立法方面应有更大的权限和作为,允许其根据实际需要,并经过全国立法机构的审查许可,制定不同于一般立法的特别规定。另一方面,在司法中应实行司法能动主义。司法能动主义的核心是司法机构及其成员依照司法所要达致的社会目标,能动地运用司法工具解决各种司法问题。司法能动主义(Judicial activism)最初被用于表达法院在司法审查上的一种态度,[44]近几十年来,司法能动主义越来越超越、甚而脱离司法审查这一具体事实,而成为现代司法的一个主导性趋势和具有普遍适用意义的司法哲学。美国学者克里斯托弗·沃尔夫甚至认为"司法能动主义"与"现代司法权"是可以相互替代使用的概念。[45]对于差异性、不平衡性极为突出的我国来说,司法能动主义具有特别重要的适用意义。[46]当然,实行司法能动主义牵涉到一些更广泛的问题,需要作进一步的讨论和研究。

3. 以我国社会治理资源的多元性和司法资源的相对匮乏为基础,确定并发挥司法的职责与功能。

一方面,我国社会治理资源是多元的。除了司法手段以外,还有具有强大社会动员力和社会权威的政党组织、完整而庞大的行政组织体系以及以传统文化和传统习俗为依托的民间性协调力量。另一方面,我国司法资源则比较匮乏。同时,相对于其他社会治理手段而言,司法在某些方面并不是最好或最有效的手段。这就决定了我国司法的实际功能不易放得太宽,尤其是不应把解决社会矛盾或纠纷的任务全部委诸于司法过程。对此问题的建议是:其一,应当明确,各种社会组织,无论是社会管理机构还是生产经营单位,都具有实施社会管理和解决相关社会纠纷的职责,要把社会管理和解决社会纠纷的职责与功能贯穿于各个社会组织和社会运行的整个过程,全面动员和整合各种社会力量参与到社会管理和社会纠纷的解决之中。其二,建立多种形式的解决社会纠纷组织,形成多元化、多层次、覆盖全社会的组织体系,依照各自的条件与功能,综合地发挥其社会治理的作用。其三,合理地设计和界定司法与其他治理组织之间的关系,把司法手段运用于最需要、最有效的地方;同时,通过司法与其他手段之间的配合与衔接,将司法的强制和威慑作用延伸于其他社会治理过程。

4.立足于社会阶层严重分化、利益群体及其诉求极为复杂的现实,重视司法行为的社会影响和社会效果。

我国社会阶层严重分化、利益群体诉求极为复杂的现实决定了我国的社会纠纷具有这样一些特征:其一,单个主体的诉求中蕴含着不同阶层或群体的共同利益和诉求;其二,某一社会纠纷及其解决方式可能牵动更多、甚至是更大的社会纠纷;其三,以法律纠纷表现出的冲突可能蕴含着其他更为深层的政治、经济或社会矛盾。[47] 近几年发生的“许霆案”、“瓮安事件”、“邓玉娇案”等案件和纠纷中都反映出这些特征。正因为如此,对于司法中的某些个案,基于单一的法律维度很难作出恰切的是非评价;机械地适用法条作出处理,不仅很难保证其公正有效,甚而会引发更大的危险。这就要求司法必须具有更高的立足点和更广阔的视野,即具有大局观。所谓大局观,体现在具体的司法过程中,就是能够综合、全面地考虑到案件所关联的各种因素,在各种复杂的诉求中找出主流性、主导性的冲突,在多种合理的诉求中寻求恰当的妥协和平衡,把社会控制与治理的总体要求导入到纠纷的解决之中。我认为,对司法机构及其成员大局观的培养,不应仅仅停留在教育和倡导层面上,还应研究具体的制度性措施,形成相应的激励和引导机制以及评价和监督机制。对于个案处理的综合效果,司法机构应有一套具体的识别和参照标准以及一个可供操作的评价体系。

5.以经济文化相对落后、社会公众对法律的认知能力普遍较弱为客观制约,把握法律专业化、技术化、程序化水准提升的进程。

法律具有自己特定的专业性术语和概念;同时,法律的实施以及对法律活动的参与通常还涉及到很强的技术性和程序性。就法律自身的发展趋势而言,法律的专业化、技术化、程序化的水准会越来越高。但是,基于我国经济文化相对落后、社会公众对法律的认知能力普遍较弱这一现状,在法治进程中,不应过度强调专业化、技术化、程序化水准的提升。在司法方面,应当重视这样几点:其一,在基层尤其是广大农村,应创造并适用一些简单便捷的司法审判程序和审判方式;对于文化水平不高的当事人,应尽可能运用当事人能够理解的司法审判语言。总体上说,不应把现代司法的程式和要求完全照搬到基层尤其是农村(但我同时也认为,不应把以农耕社会为背景、以文化教育水平低弱者为对象的审判方式提升为一种普适性的制度)。其二,在司法审判中,应强化司法人员对诉讼参与人的告知责任,扩大司法人员在诉讼各个环节中释明权的行使,加强裁判文书中裁判理由的叙述,使各诉讼参与人对相关法律或司法行为有基本的理解和大体上的认知。对于“当事人进行主义”、“法院消极中立”等理论或原则,应持谨慎态度。其三,在司法中充分考虑当事人对法律的认知水准和法律行为的实施能力,对于诸如当事人意思表示是否准确、合同是否有效等与当事人个体行为能力直接相关的问题,应结合当事人的实际能力和条件加以认定。与此同时,慎重地对待程序失权问题,不能过于苛严地规定程序失权的后果。对于因诉讼时效而形成的失权,审判中应从严把握,不能轻易地根据时效否定当事人的实体权利。对于其他各种程序性时效规定,如举证期限、上诉、申诉以及申请执行期限等,也应能动地考虑其具体适用;对于延误时效行为的事由要给出更宽泛的条件,对于因正当理由而形成的延误,要给予相应的救济措施。

6. 以我国司法队伍的现状为条件,完善司法权的配置,并建立和健全司法机构内部运行机制。

目前我国司法队伍的总体素质还不能说很高,更重要的是,司法机构中的激励手段和约束手段都很匮乏,这种现状决定了我国司法权的配置不能过于集中,既不能集中于某一机构,更不能集中于某些个人。同时,必须以司法产品的形成过程为主线,设置多元、多层次的控制、监督和评价体系,并相应建立和健全司法机构内部运行机制。相关的建议是:其一,进一步深入研究公、检、法之间,尤其是检、法之间在司法流程中的配合与制约问题,合理界分各自的权力与责任。其二,要根据司法产品形成的特点和规律,研究司法机构内部的控制和监督流程,尤其是正确处理审判权与审判管理权之间的关系,建立和形成法院内部合理而有效的权力运作机制,并由此构造出中国特色社会主义司法制度的微观基础。[48]其三,要梳理和整合各种司法监督资源,统筹发挥党委监督、人大监督、法律监督、机构监督、社会公众监督、学术理论界的监督、传媒监督以及司法机构上下级间监督的作用,同时,明确各种监督的权限、方式和效力,特别是协调处理好党委监督和同级人大监督之间的相互关系,提高监督成效,并防止一些负面因素的渗入,为司法创造良好的外部环境。

7. 以我国所处的国际地位和所面临的国际环境为参照,提升法律对外部世界的应对能力。

在今后较长时间中,我国的国际地位将会不断提高,在多极化的国际格局中发挥越来越重要的作用,特别是在全球经济中,我国的经济发展将更突出地显示出举足轻重的影响。也正因为如此,我国在和平崛起的过程中,将面临不同国际势力的挤压。各方面情况表明,我国将长期面临着不宽松的国际环境。与此相适应,我国在推进自主型法治进路中,必须参照这一因素,全面提升法律应对外部世界的能力。首先,法治体系的构建必须把维护国家的政治、经济以及社会安全放在突出的位置。在考虑我国法律的社会控制时,必须注重对外部敌对势力相关行为的有效控制,运用法律武器维护我国的主权以及国家利益。其次,要使法律成为我国在国际斗争中的有效工具。和平时期,国际势力间的斗争,常常是通过法律冲突的形式而体现出来的,同时,政治、军事、外交斗争中也往往掺杂着许多法律问题。因此,我国立法和司法应当对这种复杂性给予必要的重视,不仅不能授人以柄,而且还应保证我们在这些斗争中赢得主动。再次,应注重我国法律与相关国际条约及国际惯例的衔接。我国已经参加并将更多地参加各种国际条约(如《公民权利和政治权利国际公约》以及 WTO 的相关规则)。一方面,这些条约的遵行必须有相应的国内立法与之配套;另一方面,国内立法与这些条约相冲突的地方,也必须相应完善和调整。更为重要的是,在外向型经济发展模式的影响下,我国国内经济与国际经济之间已形成了很高的依存度,这也要求我国的立法与司法在很多方面必须与国际商事惯例相吻合,相应的法律环境也必须达致国际商事交往的一般要求。此外,与我国作为世界大国这一地位相适应,在维护社会的公平与正义,维护人权、自由、民主等方面,特别是在依靠法律手段解决社会发展中的矛盾方面,我国也应创造出符合中国实际,且对广大发展中国家具有参考和借鉴意义的经验。

五、自主型法治进路中应防止和避免的偏失

自主型法治进路包含着对中国具体国情以及民族自主性的高度强调,在此过程中,又伴随着全球金融危机所激发出的国家自信和民间的民族主义情绪,这些因素容易造成人们对域外法治理论、制度及经验的情绪化的

排斥，乃至对我们自身过去某些实践的不恰当否定。更为重要的是，基于对现代法治发展趋势的理解以及对中国国情的认识，我国自主型法治进路还意味着对法条主义和法律中心主义在一定程度上的扬弃，而这又容易被错误地认知为对某些“人治”因素的肯定，或者对法律虚无主义的某种认同。正因为如此，在自主型法治进路的推进中，必须高度重视可能出现的某些偏失，避免局部性、阶段性的始乱终弃，正确把握好以下几方面问题。

1.高扬法治旗帜，养护并进一步提升社会公众对于我国法治的信心。

坚定不移地走法治道路，这是中华民族用血与火的惨痛经历换取的共识；大力推行法治，既是执政党先进性的重要时代内涵，也是执政党取得社会广泛拥戴的重要前提和原因。我国近几十年的实践也表明，只有实行法治，才是我国实现社会有效治理、人民安居乐业的基本方式与方法。因此，自主型法治进路的选择，丝毫不意味着对法治形式或实质上的放弃，而是在正确认识现代法治的基本内涵和发展趋势的基础上，从中国实际出发，对法治精神的实质性、建设性的倡扬和坚持。

由于所谓的“西方法治模式”在我国社会已经形成了较为深刻的影响，很多人把“法治”同这种“西方法治模式”简单地加以等同，因此，当前在推进法治的过程中，应从两个方面克服和防止认识及实践上的偏差。一方面，在党政领导干部和司法人员中，要避免在排拒和抵制“西方法治模式”不当影响的同时，漠视甚而否定法治的核心价值、基本原则和基本方法；避免在强调中国国情的同时，忽略法律的严肃性和权威性、忽略法律活动的科学性和规律性，从而确保我国社会治理始终不偏离法治的轨道。另一方面，在社会公众中，尤其是在法学理论界，应避免把对西方法治理论与实践在误读基础上所形成的认识，当作判断我国法治具体实践的依据，进而因不能正确理解我国的创新性实践而对我国实行法治丧失信心。

克服和防止这些偏差，首先要求决策层高扬法治旗帜，维护法律的权威性，以大力倡导并自觉履践法治的实际作为，向社会昭示其坚定不移走法治道路的信心和决心，回应并消除人们在此方面的疑虑。其次，应通过多种方式统一全社会的认识，尤其是澄清在法治问题上的一些重大是非，使社会各方面对我国自主型法治进路有充分的理解和认识。要用人民群众听得懂的语言，用发生在社会生活中鲜活生动的实例，用符合当代中国人自身感验的道理，告诉人们中国应当走什么样的法治道路，从而养护并进一步提升社会公众对于我国法治的信心。

2.尊重司法的固有规律和特征,维护司法审判必要的独立性。

法治的权威性很大程度上体现于司法的权威性;而司法的权威性又主要产生并体现于司法审判活动的独立性。司法机构对具体案件的处置不受制于外部力量的强制,这是司法独立的底线,也可以说是法治的底线,不能突破。在维护司法审判的独立性方面,我认为,应把握好这样三点:其一,严格限制和禁止外部权力机构的领导成员对司法审判过程实施干预。外部权力机构的领导成员以种种方式对个案审判过程施加影响,这是当前社会公众最为担心、也是非议最为集中的现象,应当严格限制和禁止。必须看到,在我国现实中,争夺司法资源以及争夺能够影响司法的各种资源的现象非常普遍,因而应当防止腐败等各种消极社会势力借助于这样的途径在司法过程中谋求非法利益。[49]对于少数涉及到地方社会稳定或其他重大社会利益的案件,可以通过政法委表达地方党组织的意见。对于以各种形式反映给地方党政领导的有关司法个案的问题,也应由政法委统一加以分析、评价和筛选,并相应作出处理。在此方面,政法委要真正起到统筹和协调的作用。政法委向司法机构表达的意见应当符合三个特征:一是事关大局;二是符合法律规定,有法律依据;三是不对案件的具体处理作终极性、强制性要求。其二,应当规范和协调对司法的各种外部监督,界定各种监督的权限和方式,在监督机构内部,应明确相应的程序和规则,保证监督的正当性和有序性。不能因多方掣肘而使司法机构感到无所适从,更不能使司法机构丧失对个案处置的决断能力。其三,正确应对网络以及媒体对司法活动的影响。近年来的实践表明,网络以及媒体对我国司法活动的影响正日趋加深,如果不能正确应对和处置,不仅无法保证司法审判的独立性,也会对我国民主政治产生不可低估的负面影响。我认为,对网络和媒体的这种影响,司法机构以及相关部门应采取"充分关注、慎重分辨、据法考量、理性回应、正确引导"这样几个原则,尤其是应通过对一些影响较大的典型案件的处理,以及对这种处理结果的理性解析,引导社会公众正确认识案件所涉及的相关法律规则,显示司法机构对于网络及媒体相关意见的理性立场和态度,决不能让司法机构被网络和媒体盲目牵引。

3.重视法律的安定和稳定,强化法律实施的严肃性。

在自主型法治进路中,一方面,需要充分考虑回应社会现实需求、回应社会变化，依据社会控制和社会治理的总体目标，能动、有效地实施法律；但另一方面，又必须尊重法治的客观规律和基本要求，重视法律的安定和稳定，强化法律实施的严肃性。在此方面，有两个需要引起高度关注的问题。首先，应注重法律实施行为，尤其是司法行为的引导性。任何法律实施行为，不仅是对已经形成的社会事实作出评价和处理，同时也会为相应的社会行为提供一种示范，从而对人们的社会行为形成实际引导。因此，在社会治理的实践中，我们既要考虑到具体纠纷或事件的灵活、妥善处理，又必须重视这种处理的示范效应，重视在这种处理中所显示出的法律评价对于相关社会行为的影响，重视法律实施行为所释放出的信号以及由此而形成的社会行为的预期。不仅如此，通过法律实施行为所体现出的社会规则，还应相对稳定，便于人们识别和认知，不能让社会公众对社会规则感到反复无常、变幻不定或捉摸不透。其次，注重各主体间的利益平衡。基于我国社会矛盾和社会纠纷的复杂性，在个案处理的实践中，有时为了求得矛盾和纠纷的解决，在满足一部分主体诉求的同时，难免会忽视另一部分主体的正当利益。这种状况如过度发展，很容易出现重社会利益、轻个人权利，重公有利益、轻私人权利，重弱势阶层权益、轻其他主体权益，重群体性诉求、轻个体诉求等偏向。从长远看来，这种偏向不仅会损伤法律的公平性，也会影响到社会整体的平衡，甚至也会损害到司法偏向保护的这一阶层或群体的利益，加大他们与其他社会主体交往的难度。因此，无论在宏观上还是在个案的处理中，必须把握好权利保护的具体尺度，重视各主体间的利益平衡，以维护法律基本的公平性。

基于前述两个方面的要求，在处理维护社会稳定与法律实施的关系中，应坚持依法维稳、规范维稳的方针，把法律规则作为分辨是非的基本依据，并在可能的情况下，把相关纠纷或事件纳入到正常的法律程序中加以解决，力求使“实体问题法律化、解决手段程序化和技术化”。特别是在涉法上访案件的处理中，应尽可能把法律问题还原到法律程序中，依据法律加以解决。对这类案件中少数当事人的无理要求，不应一味迁就，不能让上访闹事成为一些人谋求不当利益的常规而有效的手段，不能让少数人借助上访闹事而干扰法律的正确适用，以至于扭曲相关的法律规则。必须看到，法律的安定和稳定是社会安定和稳定的前提与基础。如果为了表面上暂时或局部性的稳定而在一些纠纷或事件的处理上违背或放弃法律的基本原则，必将为长远和全局性稳定留下隐患。因此，在维稳工作中，更应当体现出对法律规则的尊重，强化法律实施的严肃性，维护法律的应有权威。

4. 继续以开放的姿态，广泛吸收各国法治的有益经验。

坚持自主型法治进路并不意味着我们闭关自守、拒绝吸收域外的经验。相反，对于包括西方国家在内的各国法治理论、制度以及实际运作方式，我们应进一步予以关注，深入研究和分析，并结合我国的国情和实际需要，博采其长、为我所用。事实上，作为一种社会治理的方式和治理工具，现代各国的法律制度有很多相通或相同的内容，差异仅在于这些内容服务于不同的社会目的。因此，各国法治实践在技术层面上相互借鉴的空间仍然较大，这就需要我们以开放的姿态去对待外部的制度和实践。应当明确，我们摒弃的是对西方法治不甚了然的盲目崇拜以及不切实际的照搬照套，但我们必须以更高的境界和更广阔的视野，摄取在各国法治实践中所形成的有益经验，把中国社会主义法治建立在人类法治文明的制高点上。

注释

1 有关法治转型或法治进路转型问题，我国法学界已有了一定的共识。在本文初稿形成后，作者看到公丕祥教授《全球化时代的中国法制现代化议题》一文，公文从全球化角度提出了"超越法律发展问题上的狭隘的东西方主义模式观，走出一条适合中国国情的自主型法制现代化道路"的观点。参见公丕祥："全球化时代的中国法制现代化议题"，载《法学》2009 年第 5 期。张志铭教授则提出我国法律体系的构建须从封闭性转向开放性，从而更好地回应中国社会现实。参见张志铭："转型中国的法律体系构建"，载《中国法学》2009 年第 2 期。里赞教授认为，"改革开放的三十年中国社会主义法进入现代化转型期，在后现代理论对法治的批判和已经法治的国家反思法治的背景下，以西方法治为模式的中国法的改革进路是否应当成为未来中国法的目标是值得当下中国法学思考的问题。"参见里赞："变与不变：转型时期的中国法"，载《西南民族大学学报》（人文社科版）2009 年第 1 期。

2 国内不少地方法院的建筑风格仿效了美国最高法院的外形。

3 有关于我国近代法治的肇始，参见程燎原："晚清'新法家'的'新法治主义'"，载《中国法学》2008 年第 5 期。

4 有学者认为，全球化首先是经济的全球化，经济全球化要求与之相适应的国际规范，这些国际规范对各国的立法、行政和司法具有直接作用，从而导致各国的法律规范、执法原则及法律价值等不断趋同，逐步达到全球法治化。参见王贵国："经济全球化与全球法治化"，载《中国法学》2008 年第 1 期。

5 霍姆斯、卡多佐分别担任过美国最高法院大法官；波斯纳至今仍然是美国巡回法院的法官；庞德虽然未直接从事过审判，但有过律师和州上诉委员会委员的经历，并且长时间担任美国司法委员会主席，还担任过旧中国司法部和教育部的顾问。

6 这一类主要指批判法学派的相关学说，其代表著作如昂格尔：《现代社会中的法律》，诺内特、塞尔兹尼克：《转变中的法律与社会》等。

7 通过 CSSCI 数据库检索历年来源期刊的引证数据，孟德斯鸠、卢梭、洛克与哈耶克的总引证率均位居前列。

8 昂格尔把西方法治在当代的发展表述为"后自由主义中法治的解体"，参见[美]昂格尔：《现代社会中的法律》，吴玉章、周汉华译，中国政法大学出版社 1994 年版，第 180 页。

9 [美]昂格尔：《现代社会中的法律》，吴玉章、周汉华译，中国政法大学出版社 1994 年版，第 50 页。

10 参见[美]波斯纳：《法官如何思考》，苏力译，北京大学出版社 2009 年版，第 39 页。

11 参见[德]马克思·韦伯：《论经济与社会中的法律》，张乃根译，中国大百科全书出版社 1998 年版，第 62 页。

12 参见[美]约翰·亨利·梅利曼：《大陆法系》，顾培东、禄正平译，法律出版社 2004 年版，第 39 页。

13 [美]罗斯科·庞德：《通过法律的社会控制·法律的任务》，沈宗灵等译，商务印书馆 1984 年版，第 98 页。

14 [美]霍姆斯：《普通法》，冉昊、姚中秋等译，中国政法大学出版社 2006 年版，第 1 页。

15 [美]卡多佐：《法律的生长》，苏力译，贵州人民出版社 2003 年版，第 3 页。

16 [美]卡多佐：《法律的生长》，苏力译，贵州人民出版社 2003 年版，第 51 页。

17 参见[美]波斯纳：《法官如何思考》，苏力译，北京大学出版社 2009 年版，第 1～52 页。

18 参见[美]诺内特、塞尔兹尼克：《转变中的法律与社会》，张志铭译，中国政法大学出版社 1994 年版，第 83～85 页。

19 Lon L. Fuller, "American Legal Realism," University of Pennsylvania Law Review 82 (1934):429, 434，转引自[美]诺内特、塞尔兹尼克：《转变中的法律与社会》，张志铭译，中国政法大学出版社 1994 年版，第 81 页。

20 [美]克里斯托弗·沃尔夫：《司法能动主义》，黄金荣译，中国政法大学出版社 2004 年版，第 120 页。

21 [意]莫诺·卡佩莱蒂：《比较法视野中的司法程序》，徐昕、王奕译，清华大学出版社

2005 年版,第 94 页。

22 参见[美]马丁·夏皮罗:《法院:比较法上和政治学上的分析》,张生、李彤译,中国政法大学出版社 2005 年版,第 29、49 页。此外,从政治学的视角看,不存在独立于政治、独立国家的司法和司法机构,因为"国家的每一个部分不仅仅作为一个独立的权力中心,而且也是国家的有机组成部分,使国家作为一个整体在实现自己的目的方面具有更高的权能。"参见:[美]贾恩弗朗哥·波齐《国家:本质、发展与前景》,陈尧译,上海世纪出版集团 2007 年版,第 24 页。

23 [意]莫诺·卡佩莱蒂:《比较法视野中的司法程序》,徐昕、王奕译,清华大学出版社 2005 年版,第 94 页,第 22 页。

24 [美]马丁·夏皮罗:《法院:比较法上和政治学上的分析》,张生、李彤译,中国政法大学出版社 2005 年版,第 38 ~ 39 页。

25 同上注书,第 50 页。

26 同上注书,第 53 页。

27 同上注书,第 71 ~ 75 页。

28 [美]波斯纳:《法官如何思考》,苏力译,北京大学出版社 2009 年版,第 21 页。

29 同上注书,第 26 页。

30 参见[美]克里斯托弗·沃尔夫:《司法能动主义》,黄金荣译,中国政法大学出版社 2004 年版,第 120 页,第 30 – 31 页。

31 [美]马丁·夏皮罗:《法院:比较法上和政治学上的分析》,张生、李彤译,中国政法大学出版社 2005 年版,第 29 页。

32 同上注书,第 42 页。

33 [美]波斯纳:《法官如何思考》,苏力译,北京大学出版社 2009 年版,代译序,第 4 页。

34 [美]马丁·夏皮罗:《法院:比较法上和政治学上的分析》,张生、李彤译,中国政法大学出版社 2005 年版,第 42 页。

35 同上注书,第 176 页。

36 [美]欧文·费斯:《如法所能》,师帅译,中国政法大学出版社 2008 年版,第 75 页。

37 同上注书,第 77 页。

38 [美]波斯纳:《法官如何思考》,苏力译,北京大学出版社 2009 年版,第 53 页。

39 [美]马丁·夏皮罗:《法院:比较法上和政治学上的分析》,张生、李彤译,中国政法大学出版社 2005 年版,第 219 页。

40 [美]罗斯科·庞德:《通过法律的社会控制·法律的任务》,沈宗灵等译,商务印书馆 1984 年版,第 114 页。

41 参见[美]尼尔·K. 考默萨:《法律的限度》,申卫星、王琦译,商务印书馆 2006 年版,第 169 页。

42 [美]尼尔·K. 考默萨:《法律的限度》,申卫星、王琦译,商务印书馆2006年版,第173页。

43 与此相关的一个问题则是,获得立法权的地方和少数民族地区尚需进一步认识到地方立法及自治立法的重大意义,并进一步提升相应的立法技艺。

44 早期司法能动主义的例子是大法官约翰·马歇尔在马伯里诉麦迪逊(5U. S 137:1803)一案中确立的司法审查权。参见[美]彼得·G. 伦斯特洛姆编:《美国法律辞典》,贺卫方等译,中国政法大学出版社1998年版,第340页。

45 参见[美]克里斯托弗·沃尔夫:《司法能动主义》,黄金荣译,中国政法大学出版社2004年版,第15、120页。

46 司法能动主义已经为我国最高司法机构所接受。王胜俊院长在江苏法院调研并与人大代表、政协委员座谈时强调:"能动司法是人民法院服务经济社会发展大局的必然选择",载《人民法院报》2009年9月1日第1版。

47 相关内容可参考拙作"试论我国社会中非常规性纠纷的解决机制",载《中国法学》2007年第3期。

48 如同经济体制改革的着眼点首先在于搞好企业运行机制、建立法人治理结构一样,司法体制改革或者社会主义司法制度的自我发展与完善,也必须把各司法机构内部运行机制的建立和完善放在突出位置上,实实在在地打造好司法制度的微观基础。

49 相关内容可参见拙作"我国法治进程中法律资源的配置与分享",载《中国法学》2008年第3期。

肆

顾培东代表作

中国司法改革的宏观思考

20 世纪末，司法改革作为一项政治决策在中国共产党文献中正式提出。[1]由此，司法改革成为中国社会制度变迁的又一个热点。笔者依据近十余年来对中国司法实践的感悟和体认，并借鉴经济体制改革的一些经验，从宏观上对中国司法改革提出一些思考意见。

一、中国司法面临的现实矛盾与司法改革的主导任务

中国司法改革是顺应进入 20 世纪 90 年代后中国社会结构和社会运行方式的变化，回应新的社会要求而提出的。更具体地说，中国司法改革是为着解决中国司法所面临的深层的现实矛盾而启动的。因此，认识司法改革的主导任务，逻辑上必须以分析这些矛盾作为始点。

1. 传统的社会治理方式和社会治理结构发生了重要变化，社会治理过程对司法的仰赖空前加重，而司法难以承载这样的社会使命。

特定社会中社会治理方式和社会治理结构的变化可以通过对社会制度的一些基本要素的分析加以说明。美国政治学家查尔斯 · 林德布洛姆（Lindblom Charles Edward）把交换（市场）、权威（政府及法律、军队等）、说服（意识形态）作为社会制度的基本要素，并藉此分析各种不同的社会统治类型。[2]与此相近，美国著名经济学家道格拉斯 C. 诺思（Douglass C. North）把国家（对应“权威”）、产权（对应“交换”）、意识形态（对应“说服”）作为社会制度结构的基本要素，以此作为考察社会变迁的依据。[3]假定这种分析框架具有一定的普适性，那么，从中国社会中这些要素的现实

原文发表于《法学研究》2000 年第 3 期。

状态不难看出20世纪90年代以来中国社会治理方式和治理结构的重大变化。

首先,进入20世纪90年代后,中国社会的所有制结构出现了较大的调整。这一调整的基本趋势和走向是非公有经济在全社会所有制结构中的比重逐步增加,而国有或公有经济的比重相对降低。这种变化在经济学上的意义无疑是积极的,但由此所带来的另一方面结果是:国家用于社会控制的经济资源大大减少;国家与社会成员进行交换并促使其服从国家意志的经济条件有所减弱。其次,由于文化多元化趋势的形成,90年代以后,主流意识形态对社会生活过程的影响也明显弱化,主流意识形态无论在覆盖社会生活的范围上,抑或在对社会成员制约程度上都远异于先前。在此情况下,社会治理和社会控制的重心更主要转移到国家或权威的力量之上。

更进一步看,在国家或权威这一要素中,近二十年来,特别是20世纪90年代后,政党及政府治理社会的方式及力度也有了较大变化。这不仅是因为在市场经济体制下,诸多经济过程已脱离了政党及政府的直接控制,更主要是直接承载政党及政府指令、体现其权威的最基本单元——单位(Unit)的功能发生了重大改变。单位作为一种经济组织的特性更为突出,而接受政党或政府指令实施社会(对单位成员)控制的动机及能力都有很大减弱。这也表明,在国家或权威这一要素中,司法的作用愈显突出,社会治理过程对司法的仰赖空前加重。

社会治理过程对司法的倚重,这本来是法治社会的应然现象,但问题在于,中国司法的现实条件尚不足以保证司法承载这样的社会使命。这一方面在于中国司法机构自身尚不具备解决各种社会矛盾和社会冲突的实力(直观上表现为需要处理的各种类型的案件超出了司法机构的负荷);另一方面更在于,司法在国家制度结构中(特别是在制度实践中)以及在全社会的权威体系中并不具备法治社会所具有的、与实施社会治理的实际要求相吻合的地位。换句话说,社会治理过程对司法的实际需求并未转化为制度上以及实践中对司法的必要尊重和推崇。这是司法所面临的首要矛盾。

2. 中国社会资源配置及经济运行方式已发生重要变化,市场经济的快速形成与发展要求司法创立并维护与之相应的经济秩序,而司法在这方面则显示出一定的滞后性。

20 世纪 90 年代后，中国经济体制改革由市场取向转入全面建立市场经济体制。迄至 90 年代末，市场已成为资源配置的基本手段，经济运行中市场的主导地位也已大体形成。作为普遍性的实践与经验，市场经济必须在确定的制度框架中存在和发展；特定的制度是市场主体理性预期的重要依据。马克斯·韦伯曾揭示过国家“正式制度”，即法律制度对于现代经济的必要性：“国家对经济来说，在纯粹概念上都是必要的。但是，尤其对一种现代形式的经济制度来说，没有具有特别特征的法的制度，自然无疑是行不通的。”[4]

面对中国市场经济的快速形成与发展，司法机构虽然在姿态上的回应是积极的，但从总体上看，司法实践依然显示出一定的滞后性。这是因为：第一，相对经济现象而言，司法是次生的，居于第二位的。经济现象所产生的要求具体体现为法律制度乃至司法实践必然具有一定的时滞过程。同时，与经济过程相比，司法的变化也是缓慢的。第二，司法内在封闭性、保守性是司法的一般性特征。对法律规范的尊崇，对法律技术的自重通常成为司法机构及其成员的基本价值取向。司法机构及其成员习惯于从自身墨守的规范价值中寻求自我激赏，而外部的社会变化，尤其是经济现象的变化较难引致司法的共鸣。第三，对于中国司法来说，市场经济是陌生的环境、陌生的对象。如果说经济领域中对如何建立市场经济体制尚需作较长时间的探索与尝试的话，[5]那么，在司法领域如何创立与市场经济相适应的法律秩序则是更为复杂的主题。一方面，即便立法工作以超常的速度进行，司法所能够得到的规范资源仍不足以应对激剧变化的经济现实，而在社会层面看来，立法的任何缺陷或不足都是由司法直接加以承受的。[6]另一方面，在司法实践中，更具体地说，在司法自由斟酌的空间和范围内，司法机构成员受知识和经验的局限，亦难以恰当地把握哪种司法行为对建立市场经济秩序是必要或有利的，从而难以恰当地把握处理实际问题的基点。第四，与前述相联系，在体制转换时期，司法需要在新旧体制的不同要求中作出权衡。在许多情况下，司法既要以宽容的态度对待旧体制所形成的现实，又要以超前的视野倡导和维护新体制所应有的规则。从理论上表述司法机构在此境况下的应有立场或许较为容易，但在实践中具体处置这种关系则极为困难。

3. 在社会变革过程中,社会各阶层以及各个不同的社会主体之间的利益矛盾和冲突错综复杂,而这些矛盾和冲突直接或间接提交给司法机构,司法机构对矛盾诸方面的顾及使其在处理这些矛盾和冲突过程中常常处于尴尬地位。

社会变革在本质上是各阶层、各主体利益结构的调整,在这种调整中,不可能都获得“帕累托最优”或“帕累托次优”效应;[7]即便在获得这种效应的情况下,仍然存在着不同阶层、不同主体比较利益的优劣与多寡问题。这就决定了由社会变革所引起的各阶层、各主体之间的利益矛盾和冲突的不可避免。在法律覆盖社会生活主要过程的情况下,这些利益矛盾和冲突都直接或间接地表现为应受或可受法律评价的法律事实。不仅如此,当这种矛盾和冲突发展到难以调和的境地时,矛盾或冲突主体也倾向于寻求司法解决。由此所形成的局面是:中国社会所长期累积或由社会变革所引发的各种矛盾和冲突都直接或间接地交给了司法;司法直面着由社会变革所引起的各种矛盾和冲突。

与之不相适应的是,在中国特定社会条件下,司法在处理社会变革中的矛盾和冲突时受制并顾及于多方面的压力,从而难以坚守自己应有的法律立场。首先,社会各阶层、各个不同社会主体在社会变革中所反映出的利益要求都具有一定的合理性;在这些利益要求的相互冲突中,各主体都能够从中国社会的政治原则和经济规则中不同程度地找到支撑自己利益主张的依据。特别是不同社会阶层和不同主体都有条件以其在意识形态上的某种优势,[8]借助于大众传媒的渲染,对司法机构形成一定的压力,藉此谋求司法对其利益的特别保护。在此情况下,司法所面临的任务与其说是法律规则的适用,毋宁是在不同利益之间寻求平衡。在一些波及面较广、影响较大的群体性冲突的案件处理中,这种状况尤为突出。其次,在处理社会变革中的矛盾和冲突时,司法机构必须遵守的最主要的原则或刻意追求的最基本目标是维护社会的稳定与安定。在多数场合下,个案处理的法律后果与稳定、安定的原则或目标是一致的,但在另一些情况下,两者并不重合与一致。更具体地说,追求和维护稳定与安定的目标在某些个案中不可避免地会损伤公平或公正的法律原则。于此境况中,司法机构只能从“维护大局”、“特事特办”这样一些理念中为自己的行为找到宽慰的基点。应该说,中国司法所面临的这种矛盾在任何社会条件下都会不同程度地存在。这种矛盾实际上是政治与法治之间内在矛盾的具体展示。所不同的是,在中国特殊的社会背景下,司法更偏重于对政治要求的遵从。再次,社会变革中的利益矛盾和冲突,部分产生于地方政府与其他社会主体之间。在某些矛盾和冲突中,依照法律原则,政府应支付一定的成本。但基于地方政府财政普遍拮据的现实以及政府与司法之间的特殊关系,司法也不得不避开法律原则,或者牺牲相对主体的利益,或者将支付义务转嫁于具有实际承受能力的其他主体(如盈亏归属于中央财政的银行),以此谋求矛盾和冲突的解决,同时也避免地方政府对义务的承担。

4. 中国司法的内生资源严重不足,同时又缺少足够而稳定的外部资源供给保障,司法机构自洽机制不能形成,由此不可避免地导致司法行为的偏差。

中国现行司法体制下司法机构运作的全部资源,即人、财、物,基本来自于司法体制以外。司法自身创造的唯一资源——诉讼费收入在制度上也不能(或不应)由司法机构自由支配。更主要的问题是,外部资源的供给,既不充分,也不稳定。包括司法职位任免在内的外部资源供给的实际状态,相当程度上取决于同级其他权力机构所能够提供的实际条件以及司法机构与同级其他权力机构之间的相互磋商。司法机构过度依赖外部资源供给,自洽机制不能形成,这是当前司法机构抱怨最多的现实。

司法机构资源供给的这种状态,所引发的负面效应主要体现在两个问题上:其一,司法地方化的色彩越来越浓。一方面,司法在个案处置中以其对地方利益的特殊保护而取悦于地方权力机构,从而谋求地方权力机构在司法机构资源供给上给予更大的宽容;另一方面,司法与地方权力机构之间长期的、过度的"亲和"也会使"为官一任、造福一方(仅仅是一方)"的传统政治伦理渗入于司法理念之中,成为司法机构潜在的行为取向。毫无疑问,司法地方化对法治原则的损伤是很大的;尤其是对统一的市场经济秩序的形成影响最为深刻。不仅如此,逻辑和经验都表明:没有统一的法治,就不可能有真正统一的政治。在政治统一已关及民族命运的今天,司法地方化问题尤为值得警惕。其二,司法机构及其成员腐败现象的滋生。资源短缺历来是腐败现象滋生的诱因。这一判断同样适用于对中国司法现状的表述。近年来,无论是依据于媒体所披露出的个案,还是依据于在与司法机构及其成员的交往过程中所形成的感受,司法腐败现象严重已成为不争的事实。司法腐败的实质是司法机构及其成员以司法权换取某种物质或非物质利益。这既指滥用司法权获得这种利益,也指在正当行使司法权的情况下,利用职业地位的优势取得这种利益。以非正当方式谋求司法机构(或其成员)依法办事的现象正是缘于后一种情况。客观地说,司法腐败现象还导源于其他一些因素,仅仅用资源短缺不足以说明更具普遍性的现实,但资源供给不足与司法腐败现象的联系是应当予以肯定的。

中国司法面临的前述诸种现实矛盾,最终、最直接、最集中地反映在一种事实或现象上,这就是:司法对于社会主体的权利保护不充分和不完善。这一判断不仅产生于经验性感受,同时也产生于学理性分析。按照公共选择理论,司法所提供的是"公共产品"(Public Goods)。这种"公共产品"的内容是对社会成员正当权利的充分和完善保护,这既包括在司法框架中使社会成员的正当权利得到顺利行使和实现,也包括对侵害正当权利行为予以排除、制裁和打击。充分和完善保护社会成员的正当权利是司法机构所应当追求的产出最大化目标。"公正"及"效率"等价值内含在这种追求之中。

从对中国司法所面临的现实矛盾以及这些矛盾的实际影响的分析中不难推导出中国司法改革的主导任务。简略地说,中国司法改革的主导任务在于:通过制度创新,消除或减缓司法所面临的现实矛盾,提高司法机构"公共产品"的产出能力和产出效益,更有效、更充分、更完善地保护社会主体的正当权利,创造、完善并维护适应新的历史条件的政治、经济以及社会生活诸方面的法律秩序。这种表达或认识,与以制度创新、提高企业经济效益,丰富社会主体物质生活为主导任务的经济体制改革颇为契合。

二、中国司法改革的基本内容

近年来,司法机构依据于自身最急切的需求,在现行法律框架所允许的范围内,实施了一系列的改革措施。同时,对在深层次上涉及体制调整的问题,也提出了一些计划和设想。[9]然而,总体上应如何把握中国司法改革的基本内容,目前的改革实践并未能提供明晰的概念,相关的理论讨论也未能回答这样的追问。

我认为,中国司法改革的基本内容可以归略为:围绕更有效、更充分、更完善保护社会成员正当权利的要求,合理界定司法机构与其他相关主体的权力范围及相互关系,逐步形成现代化的、且富有中国特色的司法体制。这一内容的关键是重新配置司法以及与司法相关的各主体的权力。作出这种概括的理由是:(1)司法体制的核心是司法机构与其他相关机构之间的权力关系。恰当界定这种权力关系是创设合理的司法体制的关键所在。(2)根据法治国家政治建构的要求,中国社会中现实权力结构关系整体上面临着进一步的调整。在这种调整中,司法在政治建构中的定位具有基础性意义;而司法的定位正体现于界定司法与其他主体之间的权力关系。(3)中国司法所面临的矛盾和问题(至少是主要矛盾和主要问题)都同司法与其他主体权力边界不清,或权力关系不合理相关。重新合理配置权力是解决中国司法现实矛盾和主要问题的根本出路。

(一)司法与执政党的权力关系

司法与执政党关系的总体原则已成为主流意识形态的重要内容。[10]两者关系的实质是执政党在中国社会不容置疑、不容更易的领导核心地位(这是被普遍认同的中国社会发展的主要经验)与理想化的法治国家中法律至上地位的相容性、协调性问题。在总的原则上,司法与执政党的关系是明确的。“依法治国”被确定为执政党的基本方针,这不仅是执政党对全体人民的社会理想的一种尊重,而且也是执政党在处置司法关系上所作出的一种政治承诺。但是,在具体运作层面上仍然需要讨论和解决一系列问题:(1)执政党如何在实施其政治领导过程中维护司法的应有权威,尊重司法自身的运作规律。(2)司法在具体实践中如何通过法律技术手段(尤其是不损伤法律基本原则)贯彻执政党对社会治理的基本要求,体现执政党对社会过程的控制与领导的愿望。(3)执政党通过什么样的形式对司法实施组织化的、制度化的、常规性的领导。(4)在执政党的总体方针、政策体现于各级党组织以及党的领导干部所实施的具体行为的情况下,司法如何既能做到贯彻党的方针、政策,同时又能辨识进而排拒个别党组织、特别是个别党的领导干部对司法行为的不当干预。相关制度设计的重心似应集中于两个基本方面:一方面,建立和巩固向司法机构灌输执政党的方针政策,强化主流意识形态对司法渗透和影响的常规渠道;另一方面,为司法机构排拒个别党组织、特别是个别党的领导干部的不当干预,维护法律基本原则(包括程序上的规则)提供必要的制度保障。

(二)司法与立法机构(包括各级人大)的权力关系

立法机构(包括各级人大,下同)是司法机构外部联系最为密切的主体,相互间权力关系的内容也最为丰富,因而在司法改革中,司法与立法机构之间的权力关系也最值得审视。调整、完善或重构两者之间权力关系所涉及的问题包括:(1)立法权是否由人大独享,司法机构(特别是最高审判机构)在一定范围内的立法权应否被承认。这一问题具体又包括两个方面:一是司法解释与立法及立法解释的各自范围及地位如何界定;二是司法判例可否作为法律渊源之一。(2)中国应否建立违宪审查制度,亦即司法(当然仅指特别司法审判机构)能否获得评价某些立法合宪性的权力。(3)现行司法人员的任免制度是否需要完善。更进一步说,司法机构自身任免司法人员的权限可否相对扩大;而应由人大任免的,在方式上(如人大任免同级司法机构人员)是否应作一定改进。(4)如何改善人大对司法机构的监督;人大对个案监督是否正当和必要;如果个案监督正当和必要,个案监督的范围、方式以及程序应如何设定。

在处理前述问题中较难把握的是,如何既能防止司法权力失控,遏制司法专横及司法腐败的滋生与蔓延,保证立法的有效实施,同时又能避免立法机构的权力过于扩张进而影响司法机构独立地行使自己的司法权,尤其是审判权。权力配置的畸重畸轻,都会带来运作上的重大偏失。在此方面所需要考虑的一些实际情况是:(1)人大成员代表着由其社会身份所限定的某种特殊利益。同时,人大自身对其成员的各种不同要求的筛选、识别机制尚不够完善,因此不同成员对司法所提出的要求可能不尽恰当。(2)人大对同级地方利益的偏重是不言而喻的,人大对司法的制约往往以地方利益为基点。在此背景下,对人大权力配置畸重容易导致司法地方保护主义甚而司法地方化的扩大。(3)由于司法的重要资源(人员任免)来自于人大,同时,司法在体制内的主要评价来自人大(具体表现为一年一度的司法机构工作报告的通过以及不定期的对司法机构工作的评议),在司法与人大关系上,司法无疑处于弱势地位。这种格局下,如果不考虑监督与被监督、制约与被制约双方权力的相对平衡,司法所必要的独立性将逐步失却,司法对人大(包括对其部分成员)要求的无原则迁就、甚而曲意逢迎将不可避免。基于这样一些实际情况,我们认为,人大对司法影响的强化应立足于完善和改进具体的监督和制约方式,提高监督与制约的实际水平;而在两者权力关系的配置中则应更多地考虑对司法独立地位的保护。

(三)司法与政府的权力关系

在现行体制下,司法与政府的权力关系集中体现在三个不同层面:一是在一定范围内,政府行政权力的行使受制于司法评价;二是司法机构的物质资源来自于同级政府;政府的财政状况以及对司法机构的态度决定着同级司法机构物质供给的丰寡;三是司法是政府实现其经济社会发展以及社会治理的重要保障或重要手段,尽管从理论上说政府不能直接支配司法行为。

在第一个层面的关系中,需要研究的问题是,司法对政府行政权力评价的范围的界定。从趋势上看,随着行政法制化水平的提高,司法对政府行政行为的评价范围,亦即适用行政诉讼的范围将会逐步增加。特别是不少抽象行政行为应纳入到司法评价的范围,成为可诉诸行政诉讼的对象。这一问题表象上是行政诉讼的受案范围问题,但实质上涉及到司法的地位。因此,相关范围的界定、尤其是这一范围扩大的进程应从属于政治体制改革的进程以及政治建构合理化的要求。

司法与政府权力关系的第二个层面,亦即政府权力决定司法机构的物质资源供给。这是目前弊端较为集中的层面。形成这种格局的直接原因是"分灶吃饭"的财政体制,但深层看,在这种格局中仍带有"政审合一"的传统遗风。司法机构主观上不愿接受这一供给体制的原因在于:(1)地方政府的财政实力普遍不能满足司法机构物质资源的要求。即使在财政实力较强的地区,司法机构物质资源的供给也是在与其他行政机构的平衡中确定的。换句话说,对司法机构物质资源的供给缺少应有的特殊性考虑。(2)由于资源供给决定于地方财政收入的实际能力以及地方政府对司法机构的态度,因此,司法机构难以建立稳定的收入预期。(3)在"一府两院"的制度下,作为与政府地位平等的司法机构不愿在物质上受制于地方政府。当然,在此问题上,更主要的矛盾是,政府决定司法资源供给的合理性必须建立于对政府和司法的双重道德假设之上,亦即政府不因资源供给上的优势而谋求司法给予特殊保护,包括在行政诉讼中不谋求司法机构予以偏袒,并且不直接或间接干预司法审判;同时,司法亦不"为稻粱谋"而在处置涉及政府事务时失之公正,且能排拒政府的任何直接或间接的干预。显然,这两种道德假设无论在理论上和实践中都是难以成立的。

司法与政府权力关系的第三个层面在运作中的实际问题是,司法如何既能够配合地方政府有效地实施对本地的社会治理,同时又不至落入"地方保护主义"的俗套,从而丧失司法机构应有的公正性和独立性。实践上这种"度"是难以把握的。在此,所能够提出的建议是:在制度设计的取向上,应偏重于对司法独立性、统一性、规范性的考虑,在更高层面、更广阔的视野中认识和发挥司法对地方治理的作用。

(四)司法机构之间的权力关系

中国现行司法机构之间的权力关系是根据"相互独立、互相制约、互相配合"这一富有理想化色彩的原则而设定和构造的。不仅如此,意识形态或主导政治理念还赋予每一司法机构某种特别的优势;同时,每一司法机构也在不断张扬和强调这种优势以谋求社会对自身的重视,特别是谋求在司法机构之间权力格局中的特殊地位。在此境况下,体现司法机构权力关系的具体制度,往往只是特定的意识形态或政治理念的一种演绎,而无论"独立",还是"制约",抑或"配合",尤其是"独立"、"制约"以及"配合"三者之间的协调都未能很好地得到展示。

在重新配置司法机构权力的过程中,需要讨论的问题是:对各司法机构而言,究竟是先从意识形态上给予其定性评价,明确其地位,并依此界定权力,拟定制度,还是根据司法技术的一般性规律或规则,从提高司法效能这一总体目标出发,界定各自的权力范围,设计相互间的权力关系?就一个学者的认识而言,无疑倾向于作后一种选择。

纯粹从司法技术角度看,现行司法机构权力配置中的突出矛盾集中在检察机关的权力界定上。具体说,检察机关集部分侦查以及控诉和法律监督权力为一体,这一格局事实上已经瓦解了相互独立、相互制约以及相互配合原则所要求的平衡。此外,更值得深思的是,赋予检察机关的法律监督权力(特别是扩张性解释检察机关的法律监督权力)对审判权这一终极权力的权威性的维护是否真正有利?当然,这一问题的预设前提是对司法审判权在诸种司法权力中最高权威的认同。由此或许可以作出这样一种判断:中国司法机构之间权力重新配置的核心问题是重新审视检察机关的职能与功用;检讨并真正解决检察机关的职能与法治国家中司法技术的一般规则之间的协调性。

(五)各司法机构内部的权力关系

司法机构内部权力关系涉及两个基本方面:其一,各级司法机构之间的权力关系;其二,在各司法机构内部,不同职级之间的权力关系。由于司法机构内部权力调整的制度性障碍较少,因而当前司法改革的实际措施主要集中于这一方面。

我们注意到,在司法机构内部权力的调整过程中,较为明确的取向是权力下放,亦即上级司法机构将部分权力下放给下级司法机构(包括权力行使的部分范围划给下级);[11]在司法机构中,上一职级将部分权力下放给下一职级。[12]这一取向形成的主要理由和原因是:(1)司法行为的层次较多,会影响司法机构的整体效率;(2)社会各方面对司法行为受到的上级干预过多提出了不同程度的批评;(3)下放权力有助于明确和落实司法机构的内部责任;(4)法治国家的普遍实践是突出司法机构成员在作出司法行为时的作用。

应该说,支撑权力下放这一取向的现实理由是值得重视的。但必须提到的是,在下放权力的过程中,似乎普遍忽视了对一些前提及背景的考虑。其中,尤其应当予以重视的因素是:(1)在司法地方化问题并未真正得到解决之前,下放权力可能会进一步扩张司法地方化的负面效果。例如,下级法院管辖范围的扩大,事实上增加了下级法院实施地方保护主义的能力。(2)在司法机构成员素质尚不够理想的情况下,且在对司法机构成员责任约束机制尚未形成的条件下,下放权力可能会进一步降低司法行为的水平与质量。[13](3)即使在有限的意义上,也不能肯定下级司法机构、低职级司法内部组织或成员比其上级能够更好地行使司法权;同时也不能肯定简单的层次比复杂的层次更能保证司法行为的质量。经验与直感间接提供的结论或许恰恰相反。实际上,司法机构内部面临的主要问题在于激励和约束机制未能有效形成(依我看,原因主要在外部),而仅仅通过下放权力显然不足以解决这一问题。不仅如此,如果把下放权力作为一种激励性措施的话,那么,逻辑上应当先行考虑的是约束手段的形成与完善。在约束手段不充分的情况下下放权力,其效果有可能违背下放权力的初衷。

三、中国司法改革的约束性条件

中国司法改革的约束条件是指中国特定社会环境所派生出的对司法

改革的推进形成实际影响的诸种因素。对这种约束条件的分析,不仅能够说明当前司法改革进程缓慢的深层缘由,更重要的是,有助于深化对中国司法改革复杂性的认识,同时也有益于选择和制定正确的改革策略。总体上看,中国司法改革的约束条件主要有以下几方面:

(一)现行法律的规制

中国司法改革是在立法体系已基本形成、法律覆盖面已较为广阔、司法体制的主要构架以及司法行为的主要过程已经由法律所规定的情况下进行的。这一点,与经济体制改革也显有不同。虽然经济体制改革也面临一些制度性约束,但这些制度主要是政策、规章,而不是法律。具体地看,现行司法体制的制度基础既有人民法院组织法、人民检察院组织法、刑事诉讼法、民事诉讼法、行政诉讼法等法律,更有作为根本大法的宪法。不仅如此,基于司法体制内在联系的要求,各个法律涉及司法体制的内容也彼此关联。在一些基本问题上,如果某一个法律的内容发生变化,其他法律也将相应发生变化。

现行法律的规制所形成的约束使司法改革处于这样一种窘境:要么系统地修改法律,实行真正意义上的"变法";要么只能在法律框架范围内进行局部性的调整。近年来,司法机构在倡导改革的同时,又不得不谨慎地把"在现行法律范围内进行改革"、或"不违反现行法律规定进行改革"作为改革的一项原则。对这一原则的遵从,一方面可以理解为司法机构的一种政治态度;另一方面也是为了避免改革过程中无序、失控局面的出现。但是,完全以现行法律为基础,司法改革的全面、深层次推进是不可想象的。事实上,司法机构目前所提出的一些改革设想和方案,已属"红杏出墙",溢出了现行法律的规制范围。这些设想和方案的实施,无疑必须以修改法律为前提。否则,"违法改革"的现象不可避免。

现行法律规制对司法改革的真正约束还不在于修改法律所可能出现的程序上的难度,更重要在于,它使得"摸着石头过河"这一中国经济体制改革"经典性"的方式难以、甚而无法适用于司法改革。因为从法制原则的基本要求看,任何局部性的"违法试验"都是不能被允许的,即便这种试验的主观倾向应得到充分肯定。这意味着中国司法改革在路径的选择上不可能依赖于"由点到面"的积累效应,而需要在充分的理性探讨基础上,系统地进行制度设计,进而对相关法律作出修改。这种方式在操作层面上并非不可能，但其难度则是不言而喻的。

(二)意识形态的影响

意识形态的影响首先体现在：中国现行司法制度作为中国政治建构的重要组成部分，不仅其主要内容已上升为主流意识形态，而且其权威性、优越性也在意识形态中得到了肯定和支撑。对中国司法制度优越性的认同已成为政治组织和社会公众的一种政治理念。中国的主流意识形态通过对司法制度的褒扬使这一制度获得了广泛的社会拥戴。与此同时，司法制度本身也承载着社会各阶层、各主体的某种社会理想。在这种意识形态氛围中，司法体制或制度上所实施的改革或多或少将触及人们既往所形成的理念；而对这种理念的信守又会影响到改革的实际进程。一方面，虽然对司法实践中所反映出的问题有广泛的共识，但人们对司法制度基本方面的信赖往往忽略或宽宥了这些问题的存在，这在一定程度上消解了司法改革的主观动因。另一方面，当司法体制或司法制度的主要内容上升为主流意识形态后，司法改革，即便是在技术层面上所进行的改革，也必然会遇到观念性的障碍。如果说经济体制改革曾经历过逾越观念障碍的阵痛的话，那么司法改革也不可避免这种相同的遭际；而如果说经济领域中的观念比较容易在经济实践的验证中得到改变的话，那么，在司法领域中所形成的一些观念则因司法行为效果的潜隐性（量上的不可测性）以及不同主体的感受上的差异而难以改变。

意识形态对司法改革的影响还体现于另一个层面。中国司法改革过程中不可避免需要借鉴西方发达国家的实践。这不仅是因为西方发达国家在实行法治中的先起性，更主要还在于作为一种社会统治实践，司法体制或司法制度有其普适性的规则和原则。在工具理性意义上，各国司法体制或司法制度彼此借鉴的可能性较大。然而，西方发达国家基于其政治统治的需求，也已将司法体制及制度上的基本内容意识形态化；司法体制及制度中具有普适性、一般性规则被西方国家主流意识形态认定为资本主义民主制度与生俱来、且仅仅与资本主义民主制度相联系的制度设计。不仅如此，西方国家主流意识形态还将这些制度作为与社会主义阵营相对垒的一种工具。近二十年来，随着东西方文化阻隔的逐步消除，西方司法体制及制度的主要内容通过文化载体，甚而通过文艺传播途径在中国有了广泛的认知。但是，作为一种政治制度的建构，中国社会的决策者以及社会公众对这些内容仍保有相当程度的警惕和戒备。在国际间政治斗争尚未停息、民族主义情结忽隐忽现于国际间各种社会事件过程的今天,这种警惕和戒备无疑是必不可少的,但这种状态又或多或少会影响到对西方司法制度的某些借鉴。

(三)权力调整中的位势失衡

如前所述,司法改革的基本内容在于合理化地重新界定和配置司法机构同其他权力机构之间的权力。在此过程中,虽然司法机构与其他不同主体之间权力关系调整的内容有所区别,但总体趋向上是适度扩大司法机构的权力,尤其是减少其他权力主体对司法机构实施司法行为过程的干预,以保持司法地位的相对独立。然而,依照现行制度及制度实践,司法机构所对应的权力主体主要是在政治构架中处于强势地位的主体,司法机构自身在权力关系调整中则处于一定的弱势。这就意味着需要扩张权力的机构缺少实现这种扩张的权力;而具有扩张权力能力的机构却需要相对减少权力。由此形成权力调整中的位势失衡。即便就司法机构彼此之间的权力调整而言,各司法机构都有抗衡其他机构权力扩张的条件或依据,同时也都不具备向其他司法机构延展其权力范围(尽管这种延展被认为是必要的)的能力和手段。

从近年来各司法机构所提出的改革方案可以看出,司法机构所拟定的改革措施基本都遵循了两个规则:一是不涉及本机构与执政党、人大以及政府之间的权力调整;二是不涉及本机构与其他司法机构之间的权力调整。这表面上可以视为对改革的阶段性的尊重,但深层上还在于司法机构自身不具有提出这种调整要求的权力和地位(甚而勇气)。

在一般意义上,对相关权力主体的政治胸襟应有足够的估量,但是,在涉及具体权力配置的过程中,各主体的特定利益立场必然会衍生出扩张自身权力范围(而不是减缩权力范围)的本能倾向。[14] 自然,揭示这种政治过程的一般特征并不在于由此给司法改革作出悲观的结论,对此问题分析的全部意义在于,司法改革必须以各主体广泛共识的形成以及社会各方面的广泛支持为前提,仅仅有司法机构的内在要求和积极性,或仅仅有司法机构自身的行为是远远不够的。

(四)改革成本的匮乏

司法改革不仅牵涉到权力重新配置,而且也涉及利益关系的调整。无论是改革过程还是改革后所形成的新的利益格局,都需要支付一定的成本。这里所要讨论的仅是狭义上的、最直接的成本——司法机构及其成员在司法改革中的利益问题。

司法机构及其成员在司法改革中的利益需求反映于三个方面:其一,改革将很大程度上消除司法腐败,杜绝司法机构及其成员利用司法权力的行使谋取不当利益。这意味着司法机构成员的"灰色收益"、甚至"黑色收益"将被取消或减少。由此进一步提出的是对正当渠道物质供给增加的要求。如果没有正当渠道物质供给作为补偿,对"灰色"乃至"黑色"收益的追求无疑会抵销司法改革的成果。其二,司法改革、特别是司法机构内部的改革将强化对司法机构成员个别责任的约束;与此同时,提高司法行为效率的要求也会增加司法人员的智力和体力耗费。与此对应,司法机构成员对包括物质待遇在内的利益需求也应增加。其三,司法改革的应有措施之一就是对司法人员(尤其是审判人员)"隆其地位"、"厚其薪酬",因此,增加对司法机构成员物质供给本身也是司法改革的题中之义。除此之外,司法现代化无法脱离司法机构及其成员的装备及其他物质条件的现代化。顺应现代化趋势的司法改革,也必须以相应的物质条件作为支撑。这也是司法改革成本支付的因素之一。

在经济体制改革中,改革成本最初是通过政府让利减税来解决的。随着企业改革的推进,改革的积极效应(反映为企业经济效益的提高)为企业自己支付改革成本提供了可能。总体上说,企业改革与改革成本支付两者能够形成一种积极的对应,由此形成良性循环。与此完全不同的是,司法改革本身并不能为司法机构直接带来任何物质利益。恰恰相反,在一定意义上看,这种改革还会导致司法机构物质利益的减少。这也就是说,司法机构自身不具备支付改革成本的条件。当最高司法机构或司法机构的长官们对司法人员提出种种责任要求的同时,却无法回应司法人员直接或间接提出的合理的利益要求。于此境况下,德化教育和"精神鼓励"是司法机构长官们唯一可用的激励手段。[15]从实际情况看,作为司法机构物质供给主渠道的各级财政并非完全忽视司法机构这种境状;由财政增加对司法机构的物质投入,解决司法改革成本支付问题本应是顺理成章的事情。但这一方式的实施除了受制于财政实力的局限外,更主要还在于,从财政角度看,处于公务员序列之中的司法机构成员尚不具备"厚其薪酬"的特殊理由。司法机构成员的“特殊待遇”或许只有当“高薪养廉”规则在政府公务员中普遍实施后才有可能。

近年来，一些地方司法机构利用其职业优势，通过一些渠道从体制外获取一定的收益，以此在一定程度上提高司法人员的物质待遇，弥补司法人员在改革中相对利益的减失，如提高或截留诉讼费用于发放奖金等。这种做法较之个别司法人员利用司法权力谋取私利在道德上的负面评价或许会少一些；同时，在体制性的矛盾未解决前，这种做法甚至有一定的合理性。但严肃地看，这种做法与司法改革的追求是相悖的；即便作为权宜性措施，亦乏善可陈。不仅如此，相关司法机构的负责者也可能会为此付出沉痛代价。[16]

四、中国司法改革几个策略问题的讨论

基于前述诸种约束性条件，中国司法改革必须从中国社会制度变迁或制度创新的一般规律出发，把握好司法改革的策略，以便卓有成效地推动改革的进程。这里就几个策略性问题进行讨论。

(一)关于司法改革的路径或时序

中国经济体制改革最初启动于基层，改革过程的主导作用也体现在农村基层单位和企业自身的作为。虽然，从宏观上看，农村基层单位和企业自身的改革与政府宏观管理的改革大体上是同步的，但从具体时序上看，这一改革是“由下而上”进行的。这一特点不仅反映在改革的整体过程中，也反映在改革的每一阶段上。目前进行的司法改革也有与经济体制改革相类似的情况：基层司法机构的改革较为活跃，至少改革的声势较大；另一方面，司法机构自身的主动性较强，而与此关涉的外部权力机构所采取的实质性措施尚不清晰。然而，这种情况的存在并不意味着司法改革可以仿效经济体制改革“由下而上”的路径。这主要是因为：(1)在经济领域，作为基本经济主体的农户及企业在很大程度上可以不依赖政府的行为而运作(这种格局本身就是经济体制改革所追求的效果)。与此相异的是，司法体系中的任何主体都不可能脱离外部权力关系而独立运行；司法改革的任务不在于简单地减弱司法机构与外部其他权力关系的联系，而在于改善和调整这些关系的内容。在此情况下，没有外部权力关系的相应调整，司法改革不可能有实质性进展。(2)经济体制改革的措施可以在局部地

区、部分主体之中进行试验性推行。司法改革则不具备这种条件。司法的统一性以至法制的统一性是任何情况下都不能变通的原则。司法改革的进程可以是阶段性的,但改革措施的实行不可能是局部性的。“凤阳小岗现象”不可能、也不应当出现在司法改革之中。由此可以认为,尽管司法改革需要各级司法机构的积极性,也尽管司法改革的着眼点也在司法机构本身,但司法改革的基本路径或时序应当是“由上而下”,亦即从总体上设计和制定改革现行司法体制和司法制度的基本方案,并逐步推进与实施。

“由上而下”的司法改革路径或时序所派生出的要求是:(1)改革的主导者应当是与司法机构相关涉的其他权力机构,并且是最高权力机构。这不仅应体现于这些机构对司法改革的一般性倡导,而且应体现于这些机构的实际行为和步骤。(2)与此相应,必须对法治在中国社会治理中的地位、司法在整个政治建构中的地位作出符合中国国情的界定;尤其应将“依法治国”作为司法定位的基础,并以此进一步确定司法权与其他政治权力、司法机构与其他权力机构之间相互关系的应有内容。唯有如此,才能保证司法改革的总体方案符合中国社会治理及社会发展的实际要求。(3)在司法改革的总体方案形成过程中,相关的理论讨论以及经验分析是必不可少的。围绕司法改革所进行的讨论,不仅应超出法学理论研究范围,而且应有司法机构以至全社会各方面的参与。

(二)关于对西方制度及理论资源的态度

近几年,在有关中国实行法治及司法改革的讨论中,西方国家法律制度及西方国家法学家的理论被学者们大量引用。在法治处于初始状态、司法改革刚刚起步的特定背景下,在西方文化作为一种强势文化而存在的潮流中,这种现象有其必然、甚而积极的一面。然而,蕴含在这种讨论中的一些情绪化的倾向是需要指出的。首先,在所引用的理论资源中,西方启蒙思想家有关法治以及法律制度建构的理论受到特别重视,这些理论常常被学者们用于佐证和说明中国实行法治的社会意义以及中国实行法治(从而也延伸于司法制度)的应有状态。然而,事实上,西方启蒙思想家所描述的法治状态即便在西方国家也只是一种未曾实现的理想。西方批判法学派和现实主义法学派所揭示出的西方国家法治现实足以击穿这种虚构。其次,西方国家司法制度被潜在地理解为中国司法制度的目标模式;西方司法制度中的具体规则被或明或暗地认定为“校正”中国司法制度的“基准"。即使在不赞成完全以西方制度作为范本,而强调考虑中国具体国情的主张中,也提出走"相对合理主义"的路子,[17]其预设的前提仍然在于:西方的普遍实践是终极性的"合理",而基于中国国情的实践只是"相对合理"。再次,在援用西方司法制度及其实践作为论证依据时,缺少对制度背景的具体分析,抽取了这些制度所依托的文化或物质内涵,偏执地张扬这些制度的积极效应;至少在引证这些制度的同时没有给予人们"南橘北枳"这样的必要警示。

对西方制度及理论资源的态度,不仅牵涉到理论研究中的思维倾向以及这种研究的实践价值,更主要在于它关系到人们对于中国法制改革目标的期待以及改革措施的选择。因此,即使在纯粹文化讨论的意义上,我们也不能认同前面所提到的一些倾向。在此问题上,必须建立的基本理念是:承认并坚持法治及司法制度的多样性。渊源于同样理论资源的英、美为代表的普通法系和法、德为代表的大陆法系在具体制度安排上的殊异,已经为此作出了最好的例证。深谙西方法治真谛的美国著名法学家劳伦斯·M.弗里德曼的一段话或许值得中国学者们反复、认真品味:"理性和法治可以采用不同的形式。没有特定的法律推理模式、特定的法律制度安排或特定概念体系可以被确定为我们定义的法治所必不可少的东西"。[18]在承认法治及司法制度多样性的前提下,以中国社会的实际条件以及中国社会治理和社会发展的实际要求为依据,研究和探讨中国司法制度的具体建构,这应当成为我们的应有选择。当然,这丝毫不意味着对西方司法制度乃至西方法学理论资源借鉴意义的否认。

(三)关于德化教育、加强管理、完善程序与制度创新的关系

从目前司法机构所提出的改革方案看,其措施主要集中在:(1)德化教育,亦即对司法机构成员进行思想品质方面的教育,以回应社会对司法腐败现象的批评。(2)加强管理,亦即落实内部各机构及其成员在司法过程各个环节的行为责任,强化责任约束,如建立主审法官或主诉、主办检察官制度。(3)完善程序,亦即从技术上完善司法程序,提高司法行为的总体水平。例如,最高法院明确把改革审判方式作为近期改革的重点。[19]一方面,进一步强化公开审判等制度的实施;另一方面,在诉讼法确定的原则和程序框架中,吸收了国外司法实践中的一些技术性措施。

应该说,前述措施大体上覆盖了在现实条件下司法机构自身努力所能

涉及的范围。各司法机构之间在实际举措上的差异,并不是对改革的信心或改革进展的不同,而是各自面临的约束条件不一。

毫无疑问,前述措施的积极意义是应当充分肯定的,但根据本文前面对司法改革内容的分析,这些措施又远未能反映司法改革的主要方面。因为这些措施大体上还是在现行司法制度和现行司法体制下进行的,没有触及制度和体制本身。司法改革的真正展开还有赖于以司法体制变革为内容的制度创新。更需要看到的是,在制度创新与前述措施的关系中,制度创新具有本质性、基础性意义。如果没有制度创新作为前提,前述措施所能够形成的积极效应不仅是有限的,而且是不能持久的。这一点,也进一步印证了前面所讨论的中国司法改革“由上而下”的路径和时序的合理性。

中国司法改革需要有更为充分的理论准备,因此,法学理论工作者以至于社会公众应更多地参与司法改革的讨论,尤其应将对司法腐败情绪化的义愤宣泄转向对司法改革的建设性的审慎思考,用民族整体的智慧创造出富有中国特色的司法制度与司法体制。

注释

1 见诸于中共“十五大”报告。

2 参见[美]查尔斯·林德布洛姆:《政治与市场:世界政治——经济制度》,王逸舟译,上海人民出版社 1997 年版,第 19 页以下。

3 参见[美]诺思:《经济史上的结构和变革》,厉以平译,商务印书馆 1992 年版,第 18 页以下。

4 [德]马克斯·韦伯:《经济与社会》,林荣远译,商务印书馆 1997 年版,第 374 页。

5 经济学家茅于轼坦陈:“迄今为止,我们(指国内经济学界——引者)对于市场制度如何建立的知识还是非常有限”。参见《新制度经济学名著译丛》序言,经济科学出版社 1999 年版,第 4 页。

6 社会层面所注重的往往不是立法的具体内容,而是由司法实践所体现出的对个案的评价和处置结果。

7 在某项调整中,所有的主体都能获益,则为“帕累托最优”;而在某项调整中,部分主体获益且其他主体的利益不受影响,则为“帕累托次优”。

8 例如:国有资产的代表者张扬国有资产的神圣地位,以“国有资产不可流失”为由,强调司法对国有资产的特殊保护;民营业主则张扬国家发展非公有经济的方针,主张司法应对民营经济予以特殊保护。此外,下岗工人、农民、科技人员、妇女、儿童等都有应对其给予特殊保护的政治理由。

9 这方面的成果集中体现于最高人民法院《人民法院五年改革纲要》。

10 西方主流意识形态常常把司法描绘成不受政党任何影响的领域。然而事实上,即便在美国这样的法治国家中,政党对司法的影响也是深刻的。美国法官的任命通常都带有一定的党派背景。据统计,从克利夫兰到卡特共 17 位总统中,有 13 位总统任命本党成员为联邦法官,本党成员的法官占他们任命的联邦法官总数的 90% 以上,其余 4 位所任命的本党成员占任命总数的 80% 以上。在依照选举程序而选举法官的情况下,法官的产生仍然有深刻的党派背景。美国学者曾揭露道:在“党派选举”的州,“法官是作为一个政党的成员或候选人而选出的”;在“非党派选举”的州,“不管选举过程和政治如何,法官仍然可以带着一个政党所主张的社会准则来到司法机构”。不仅如此,控制或制约司法机构往往正是美国两党激烈竞争的目标。(资料来源:陈其人等:《美国两党制剖析》,商务印书馆 1984 年版,第 57 页。)

11 如法院系统逐级扩大下级法院的管辖范围。

12 如法院系统强化合议庭和主审法官的权力。

13 这方面的详细讨论,可参见李浩:“法官素质与民事诉讼模式的选择”,载《法学研究》1998 年第 3 期。

14 按照公共选择理论所揭示的原理,政党以及其他机构都具有“经济人”的一般特征,即追求自身利益(权力)的最大化。詹姆斯 · M. 布坎南指出:“既然政治和政治过程最终在交易范例中加以构造,那么简单的和直接的观察就可以使人们联想到,政治家和官僚是内在组成部分。这些人的行为同经济学家研究的其他人的行为没有任何不同。”参见[美]詹姆斯 · M. 布坎南:《自由、市场与国家》,平新乔等译,上海三联书店 1989 年版,第 40 页。

15 一些法院或检察院,对获得“主审法官”或“主诉检察官”资格的人员,给予象征性的物质待遇,如每月增加 100 ~ 150 元。这种措施进一步凸现了司法机构改革成本的匮乏。

16 云南省高级法院前院长被革职正是例证之一。

17 参见龙宗智:“论司法改革中的相对合理主义”,载《中国社会科学》1999 年第 2 期。

18 宋冰编:《程序、正义与现代化》,中国政法大学出版社 1998 年版,第 117 页。

19 参见 1999 年最高人民法院《人民法院五年改革纲要》。

顾培东

代表作

伍

中国法治进程中的法律资源分享问题

一、问题的提出

作为一个法律人,对中国法治问题的思考,我所关注的是法治在实践层面中的具体状态,尤其是法治同每一个社会成员(也包括社会组织)的具体关系。[1]更直白地说,我所考虑的是,在推进法治的过程中,每一个社会成员得到了什么,又失去了什么。我认为,对此问题的回答,既不能依凭于西方法治国家的既有实践,也不能借助于已或多或少被意识形态化了的有关法治功能及意义的表达。这是因为,虽然法治是现化社会中具有普适性的社会理想,但是,对普适性社会理想的共同追求并不能消除不同国家在推行法治过程中所显现出的多种状态;更为重要的是,国家对法治的选择并不能逻辑地推演出社会成员能够公平地受惠于法治的具体活动。事实上,法治概念所蕴含的诸如公平、正义等积极意义往往遮蔽了不同社会成员在法治实践中实际受益的差异。由于多方面的原因,在推行法治的积极动机下,可能存在着不同主体受益状态的严重失衡。

在法学视域中,社会成员在推行法治过程中的受益状态体现为社会成员对法律资源的实际分享。法律资源是指能够对主体产生利已效果的一切法律规范、法律程序以及法律活动。法律资源的分享状态,既体现社会成员的实际利益及欲求受到法律承认与保护的程度,也包括这些利益与欲求通过法律手段实现的可能。相比之下,法律资源的分享状况更能够体现出每一个社会成员在实行法治过程中的实际境况与遭遇。因此,当人们对法治的认知不再停留于抽象的法治概念,社会成员开始从自身的感受和体

原文发表于《中国法学》2008 年第 3 期。

验去理解并辨析法治的功能与作用，尤其是当法律资源已表现为一种重要的社会利益，获取法律资源的多寡直接关乎社会成员的生存状态时，法律资源的分享便成为法治进程中所面临的重大理论及实践问题。至少，对法律资源分享状况的分析，有助于加深对中国法治现实的把握与了解。

二、我国法律资源配置与分享机制的偏失

尽管无法用定量数据加以佐证，但我国现实中社会成员法律资源分享的失衡应当是不争的事实。从立法资源的分享看。据《嘹望》杂志相关文章介绍，近些年，各种强势集团利用自己特有的条件与优势，争夺立法上的利已保护，力图巩固并扩张其特殊利益。[2]一些社会各方面反映十分强烈的痼疾，无法通过立法加以消除和遏制；而社会发展所急需的法律因触及某些部门或行业的利益而迟迟不能出台；更有不少法律、法规，在相关利益主体的作用与影响下，对这些主体的特殊利益给予非理性迁就，从而使某些不恰当的利益得以合法化。从执法资源的分享看。2006 年，重庆市公安局曾出台一项措施，对重庆 128 位知名民营企业家的人身安全进行重点保护，并成立能够“协调各级公安机关以及各警种”的“保护知名企业家联络办公室”。这也意味着有限的执法力量及相关执法资源部分地被用于对有产阶层、富裕群体作倾斜性保护。[3]重庆公安局这一举措当然不是特例。不少地方政府把执法资源（甚至滥用执法资源）作为吸引投资人投资的条件。[4]即便没有类似前述规定，执法资源对强势群体或阶层的趋从，也已成为实践中具有一定普遍性的现象。从司法资源的分享看。一方面，司法资源的运用本身即需要主体具备一定的财力与智力条件，进入司法程序的门槛事实上已经阻却了部分社会成员诉诸司法的可能[5]。另一方面，或许更重要的，在诉讼实践中，司法资源往往更多地被其他社会力量所支配和运用；不同社会身份的主体在诉讼中所能够形成的不同影响使形式上公正的诉讼程序常常产生出不公正的诉讼结果。这一点，甚至不取决于法院的主观愿望。法律资源分享的失衡，在司法环节中表现得尤为突出。

社会成员法律资源分享的失衡与我国法律资源配置与分享机制的偏失直接相关。概括地说，这方面的偏失体现于以下三个方面：

第一，政治权力对法律资源过度控制。

政治权力与法律资源配置的关系，特别是政治权力与司法之间的关系

实际上涵盖了国家政治结构和政治理念的核心部分。虽然在此方面不乏西方法治国家公认的经典模式,但两者关系的具体内容仍然富有很强的地域性和历史性。也就是说,撇开国家性质不论,纯粹从统治和治理技术角度看,不同国家在不同历史时期中,两者关系的具体内容也会有很大差异。因此,政治权力对法律资源控制是否适度的评价,除了应考量法律资源分享的实际效果(这往往受制于不同主体的主观感受)外,还必须分析该社会政治权力及其行使的特质。

首先,我国正处于从集权模式向控权模式过渡之中,在思维及行为惯性中存在着强化政治权力的趋向。而国际环境不宽松、整体物质资源不丰裕、社会阶层及群体间矛盾与冲突日益复杂、突发性的重大自然与社会事件不断增多等因素,又从新的意义上增加了强化政治权力的理由与需求。强化政治权力的趋势或取向,毫无疑问地包含着政治权力对法律资源的高度控制。在一定意义上说,决策层的政治自信并不建立于法律功能技术化地自然释放,而更多地产生于自身对社会情势的判断以及在此判断基础上对法律资源的配置与运用。其次,在法律规范覆盖社会生活的主要方面及主要过程的背景下,法律已成为政治权力机构(主要是党委和政府)实施社会治理的主要工具,支配并运用法律资源是政治权力机构的一项常规性活动。尽管由于制度上的限制,相关政治权力机构并不能直接干预司法机构的具体审判,但要求司法机构领会并理解政治权力机构实施社会治理的意图,从而使司法机构的审判活动与社会治理的"大局"保持一致,这并未越出现行政治秩序所设定的界域。不仅如此,司法机构也会主动自觉地服从政治权力机构的这种要求。概而言之,我国现行立法、执法及司法活动实际上是围绕政治权力机构及其活动这一轴心而运转的。司法方面稍有不同的是,司法技术上、程序上、专业上的一些特殊规则与要求尚能得到一定程度的尊重。再次,政治权力是我国法治推行的主导力量,由此形成的法治模式也是党委、政府主导型(或推进型)的法治[6]。一方面,法治的具体进程取决于政治权力机构的实际努力,尤其取决于政治权力机构放弃久已习惯了的传统社会治理方式的理性自觉,以及政治权力机构对法治这种新型社会治理方式的认知与接受;另一方面,在对法治内容的具体设计与构建中,不可避免地包含了对政治权力的偏重,从而为政治权力机构掌控甚而垄断法律资源留有较大的空间。

第二,物质财富对法律资源的配置与分享具有较大的趋导作用。

在任何社会中,物质财富与法律资源都不是毫不相干的两个范畴,这两者之间的关联甚至可以用于解释与显示现代社会主要社会关系。物质财富与法律资源相互关系的应有内涵在于,法律资源为社会成员的物质财富的取得、拥有及运用提供一个合理的秩序,但不意味着社会成员可以直接用物质财富换取法律资源,并进而借助这种法律资源去获取更多的物质财富。然而,这类交换即便是在现代社会中依然不曾绝迹。因而,社会成员物质财富的多寡不仅会表现为对法律资源需求的不同,而且,大体上说与主体拥有和使用法律资源的多少成正相关关系。美国政治学家林德布洛姆用极为朴素的语言表达了对此问题的认识:“在美国……它的昂贵的法律制度面向富人敞开,民法对于穷人难以接受,刑法对他们抱有敌意。”[7]法国著名政评作家弗雷德里克·巴斯夏对法国社会状况也有相同的批评。[8]也正因为如此,减少以至避免物质财富对法律资源配置和分享秩序的不恰当影响,历来是各国法治实践中的现实任务,也是维护和实现社会正义的重要着力点。

在我国,物质财富对法律资源的配置与分享的趋导性影响主要表现为三个方面:其一,具有优势经济地位的利益集团以种种方式左右立法进程及立法的某些内容。这主要指一些垄断行业及企业为维护并扩张其行业及企业的特殊利益,力图在立法层面上反映其要求与愿望。尽管这种现象并不像公众媒体讨论的那样简单,因为垄断行业及企业行为的背后隐含着中央政财的重要利益(在此意义上说,仅仅指责垄断行业及企业并不公平),但这丝毫不妨碍特殊经济因素影响立法这一判断的成立。其二,某些法律资源的运用与消费需要支付一定的经济成本,因而不同社会成员经济能力的差异可能会直接表现为运用与消费法律资源能力的不同。需要指出的是,对这类经济成本的认识,不能局限于诉讼费、登记费等制度性规费,甚至也不限于聘请律师、办理公证以及调查取证、提供诉讼保全担保等显性支出。在参与相关法律活动(特别是诉讼)中所付出的各种隐性费用以及执法、司法机构违反规定以各种名义强制收取的费用,或许是相关当事人运用法律资源所必须付出的更主要的成本。各种合法或不合法,显性与隐性支出累加而形成的成本,事实上已经超越出了部分社会成员的承受能力,从而使法律资源的运用对他们而言已成为一种“奢侈性消费”,而这种状况又为经济富有者更为充分地享有和运用法律资源提供了便利,其结果进一步加大了社会成员法律资源享有水平的分化。其三,如本文前面所述,一些地方政府为谋求地方经济的发展,对少数经济富有者及其属下企业的经济社会活动提供特殊的法律保护,用执法乃至司法资源换取经济精英们对地方财政献力。一个突出的例子是:不少地方的利税上缴大户(当然也可能是实施环境污染等违法经营行为的大户)的门前,赫然挂着地方政府或执法或司法机构颁发的"重点保护企业"的牌匾。"保驾护航"这一时尚的口号,常常成为一些执法或司法机构"嫌贫爱富",甚而"帮富欺贫"的正当理由。

第三,各种其他的社会势力对法律资源的配置与分享具有较大的影响。

除了前述政治、经济因素外,各种其他社会势力也以各种不同的方式对我国法律资源的配置与分享产生实际影响。应该说,这种状况并不独存于我国现实社会,同时,法律资源的配置与分享的合理化的过程,也无法脱离对各种社会势力及其诉求的考虑,但就我国情况而言,需要清醒认知的是:(1)处于社会变革、尤其是社会成员利益格局大幅度调整时期,各种社会势力的诉求不仅复杂,而且容易偏激,对外部的影响不全是积极的。(2)无论是政治权力机构,抑或是执法或司法机构,识别、筛选以至合理处置各种社会势力诉求的经验尚不够丰富,需要顾及的因素较多。实践中,既存在着对合理的诉求重视不够的情况,更未能避免无端迁就一些社会势力非理性诉求的现象。(3)各种不同的社会势力(也包括不同的群体、阶层以及其他不同的社会成员的类别)在我国现实意识形态或制度中,都能够找出其独特的、优越于其他类别的特殊保护理由,因而各种社会势力诉求之间的冲突很容易转化成各种政治倡导以及政治制度之间的冲突。在此情况下,各种社会势力之间的博弈,不仅难以对法律资源的配置与分享形成良性影响,而且还可能消解政治倡导及政治制度的积极效应。

正是由于前述几方面因素,我国法律资源的配置呈现出这样一种格局:法律资源的分享与各主体的社会地位及社会实力同态,亦即越是具有较高的社会地位及较强的社会实力的主体,分享和利用法律资源的能力就越强,占有的法律资源就越多;而社会地位相对较低,社会实力相对较弱的主体,分享和利用法律资源的能力也较弱,占有的法律资源也相对较少。

一般说来,这种分享格局总体上与各国的社会现实并无不同,甚至也有一定的合理性。但问题在于,我国政治权力结构以及政治运作方式尚待进一步完善与调整,社会成员经济利益分配存在着严重不公,且贫富分化呈日益加剧趋势,其他社会势力的诉求与动机也十分复杂,换句话说,在各主体的现实社会地位与实力不尽合理的情况下,与其同态的法律资源的分享与利用格局也不可能公平与合理。

法律资源分享的失衡现象,带来了两个直接后果:一是固化并扩大了社会分化的效果,使强势者更强,弱势者更弱[9],并且由此进一步加剧了社会分化的矛盾与冲突。二是作为法治精髓的法律的公正性受到不同程度的损害,法律在某些情况下往往成为强者的法律,成为保护强者、维护强者利益的法律。

三、我国法律资源分享不公或失衡的深层原因

本文前述分析已经在一定程度上表明,法律资源分享不公或失衡并不简单产生于配置行为及配置方式的失当。同时,我国法律资源配置与法律资源分享的现实状况,也并不符合决策层推行法治的愿望与初衷,尤其不符合决策层现今所倡导的构建和谐社会的目标。这就需要从更深的层面上探究其根源与原因。

第一,从我国构建与施行法治的功利取向看。

尽管法治理论的基本问题在当下的法学研究中已经从中心退居边缘,[10]但基于本文分析的需要,仍然无法脱离对相关问题的讨论。上世纪70年代末,法治是作为一个概念、作为一种社会理想而引入我国的。由于法治并没有堪称经典的固定模式,因而对于法治的恰切内涵究竟是什么,中国的法治又应当是一个什么样的状态,各方面都没有清晰的认识。围绕"法治是什么",学者们以西方法治国家的实践以及西方法学理论资源为依据,从不同角度作出了若干不同的阐释。[11]在无法全面图解或描述法治内容的情况下,有学者提出了法治的一些普适性原则(或称之为"法治的规诫"),实际上是提出学者视野中法治的"起码标准"或必备元素。[12]然而,中国法治的构建既不可能摹照某一或某些国家的模式,更不可能依从于学者们所作出的阐释,甚至不会完全顾及学者们所揭示的"法治的规诫"(尽管这些因素也在不同程度上产生一定影响),决定中国法治实际图景的是

决策层对治理中国社会需求的理解,尤其是决策层在构建中国法治中所蕴含的功利取向。

我认为,法治的功能可以通俗地归纳为三个方面或三个层次:一是以法制权,亦即用法律制约权力;二是以法治民,亦即用法律治理民众;三是以法维权,亦即用法律维护权利或权力。事实上,不同主体在不同情境下所提及的“法治”,其实际意指并不完全相同,法治这三方面功能中的某一方面,被不同主体根据利己性的需求偏重性地强调。在西方传统理论中,法治的核心功能在于“以法治权”,“法律对于权力的限制与控制”是法治的要义所在;西方国家通过“社会自发演化”所形成的法治也确实把对抗强权,制约政府作为重要的实践目标。与之不同的是,我国法治是决策者因应治理中国社会的需求,以集权制的组织构架为基础,以政治权力为本位而构建与施行的,因而在功利取向上不能不偏重于以法治民和以法维权这两个方面,而以法制权的法治功能则相对柔性化地存在。有学者指出:“中国……建立法治的努力中,一直由国家推动建立秩序。在这种法治建设的进路中,法律主要不是作为对国家权力行使的约束而发生的,而是作为强化国家政权力量进行社会改造的工具而发生的。国家权力不仅大大膨胀了,而且社会难以对政治权力的行使构成强有力的制约。”[13]我国国家权力活动规范化、公开化程度不够高,行政诉讼的可诉面较窄,矫正权力行使偏差的难度较大等现象,都是以法制权功能弱化的具体体现。

基于这样一种功利取向,一方面,法律资源的配置不能不向政治权力倾斜,以便使政治权力机构掌控丰沛的法律资源,通过以法治民来实现社会管理的目标,同时又在以法维权(力)的过程中建立并巩固权力机构所希求的政治秩序。另一方面,法律资源的配置又会偏向于其他社会实力较强者。这是因为,“以法维权”在具体的个案中通常体现为相关主体极为复杂的社会实践,在这一过程中所显现的仍然是主体的社会实力。除非有制度性矫正措施存在,“以法维权”的实际效果在很大程度上将决定于主体的实力与能力。所有这些,或许可以表明,我国法律资源配置与分享的失衡,很大程度上渊源于构建和施行法治的功利取向的偏差。

第二,从我国法律机构[14]的地位与素质看。

社会成员法律资源的分享,很大程度上是通过法律机构的具体活动得以实现的;法律资源的运用也主要体现在社会成员与法律机构的互动关系之中。因此,法律机构不仅具有较大的法律资源的配置能力,而且对于保障社会成员法律资源的实际分享与运用具有直接和决定性作用。我国法律资源分享的不公和失衡,与法律机构的现实地位与素质有较大关系。

毋庸讳言,我国法律机构在国家权力结构中的独立性和自主性是比较弱的。在控权政治模式下,法律机构地位与功能的提升与强化取决于主导政治力量对于法律机构的信任与依赖。而在法律机构的作用尚不足以完成对其他权力行为的替代,抑或法律机构的行为不能完全有效地实现主导政治力量社会治理意图的情况下,尤其是在法律活动的技术性、程序化以及一定程度的滞后性难以应对社会转型过程中各种利益关系的复杂性的情况下,法律机构地位与功能的提升与强化,显然需要经历一定的过程。这种状况与前述构建法治的功利取向相结合,则决定了法律机构在配置法律资源的过程中,在与社会成员的互动过程中,难以调整或矫正配置与分享的偏向。不仅如此,由于控权式政治所产生的惯性效应,这类偏向还有可能在法律机构的运作环节中得以放大。因为法律机构通常所选择的政治保守主义态度往往会促使它们在主导政治权力的偏向上进一步向前延伸,以保证政治上的正当与正确。

法律机构在国家权力结构中独立性和自主性的相对弱化,使它们在社会整体结构中应有的威权受到更为深层的影响。一方面,法律机构难以辨识并排拒各种社会势力(在市场经济条件下,经济势力尤甚)为争夺法律资源所施加的影响。无论在程序方面,抑或在实体方面,无论在法律制度中,抑或在法律实施中,易变性都较为突出,而这种变易大体依随着外部社会势力的影响,其中自然不乏一些消极的、非理性的成分。另一方面,法律机构难以形成自身独立的价值判断,并依此平衡法律资源的分配,合理调节各社会成员的生存与生活能力。

与前相联系的另一因素是我国法律机构的素质。首先,法律机构在推行法治过程中缺少丰富的实践经验。如何形塑适应中国特定条件下社会治理需求的法律运作机制?如何处置社会转型期所形成的各种复杂的矛盾与冲突?如何通过法律手段建立并维护符合中国现实情况的社会秩序?面对这些急迫的现实问题,法律机构的应对能力明显不足。特别是司法审判机构,这些年徘徊在技术化、精英主导的审判风格(及方式)与简俗化、应世亲民的审判风格(及方式)的两极之间,困惑于墨守立法规范,就案办案，维持自洽性与服从大局、因应现实生活变化的这种矛盾之中。其次，法律机构自我约束机制不健全，自律能力尚待强化。法律机构自决能力相对弱化，在一定程度上消解了法律机构自律的意志与信心，在不良社会风气的进一步影响下，法律机构部分成员放松了对自身行为的约束，并由此滋生了诸如“司法腐败”或“司法专横”等现象。而这些问题又往往成为外部力量进一步限制司法自决能力的正当理由与依据。这种非良性循环，使法律机构自我约束与自决能力双重缺失不断加重。在此情况下，法律机构公平、合理配置法律资源的能力及效果都不能不受到较大影响。

第三，从我国社会整体资源的获取状况及整体资源的分布态势看。

在我国现实条件下，作为社会资源重要组成部分的法律资源，其获取的方式与分布的态势与其他资源（包括社会资源及自然资源、物质资源及非物质资源）并没有太大的差异。法律资源的流向与其他资源在不同社会主体之间的分布呈大体一致的格局。近30年来我国社会中资源分配与占有中所存在的病弊在法律资源配置与分享中同样存在，甚至更为突出。

概略地说，近三十年来，我国社会中资源分配与占有方面存在三个主要问题：其一，资源获取的方式不尽合理与正当。上世纪70年代末以来，市场经济的引入和发展及与之相伴的各种社会政策的大幅度调整，形成和创造了巨量的资源。尽管社会管理者始终未丧失对资源分配的一定控制力，但往往在资源分配制度及机制尚未建立之前，相关资源已经不同程度地被部分主体所瓜分。这其中不乏一些主体通过投机或其他不正当手段而获得了大量的资源，流行之中的“社会分配不公”正是对这种现象的概括性表达。在部分社会主体不合理地获取的资源中，毫无疑问也包含着法律资源。然而，更为重要的是，法律资源能够使不合理或不正当获取的其他资源正当化。近几年一些地方消除民营企业及企业家“原罪”的尝试正是这方面的典型例证。此外，社会各方面围绕《物权法》公平保护原则的争议，其实质并不在于《物权法》本身，而是先于《物权法》公平保护原则而存在的不公平的财产分配及分布格局。其二，不同资源的交易与交换之间应有的禁忌与界隔不够严格或清晰。虽然资源交易与交换是社会存续的重要基础，但并不是各种资源都可以任意交易与交换。更具体地说，权力与财富之间的交易或交换是现代文明社会的重要禁忌。但在我国现实生活中，这方面禁忌并未被严格遵守；资源交易所必要的界隔在实践中也并不清晰。在法律资源的交易与交换中，不仅存在公开或隐藏地“以钱(或其他物质或非物质利益)换权(立法、执法或司法权力)”的现象，还存在着许多间接交易与交换的情况，亦即相关当事人以一定的资源换取能够影响法律机构(或其成员)行为的权力以及其他势力对其诉求的支持，进而在法律程序中获得利己的效果。以至在某些案件中，决定当事人之间争议的已不只是案件事实及法律上的是非，而包含了当事人各自所借用的权力或势力的强弱。其三，资源占有与分布的“马太效应”愈趋突出。阶层、群体以及不同社会主体之间资源占有的分化呈日益加大的趋势。如果说显示贫富差距的“基尼系数”已超过国际公认的警戒线的话，那么，包括法律资源在内的其他社会资源在各主体之间分布的悬殊，也不应有比这一“系数”更为乐观的推测。“马太效应”不仅体现在不同社会成员占有资源的数量方面，同时也体现于占有资源的种类之上。

四、我国法律资源配置分享机制的完善

近几年来，在构建和谐社会的政治倡导下，基于改变部分社会成员(亦即所谓“弱势群体”)生存状态的考虑，社会各方面，特别是法律机构逐步注重这些社会成员的法律利益，并采取了一些实际措施，力图从法律上给予他们以更多的帮助。如强化对农民工劳动权益的保护，赋予建筑工程款优先受偿权，在破产企业财产中优先列支与职工切身利益相关的工资及相关保险费用，降低部分案件的诉讼费并改进收费方式等等。所有这些努力对于解决我国法律资源分享失衡问题都不同程度产生了一定的积极效果。然而，正是因为这些举措主要出自对政治倡导的回应，法律机构实施这些举措时多少有些“应时应景”的意味，并未从调整法律资源配置与分享格局，完善配置与分享机制这一角度去理解实施这些举措的目的性，所以，一方面，在感性层面上所产生的激情不足以成为矫正相关偏失的持久力量，另一方面，目前所采取的这些措施难以从根本上解决法律资源配置与分享的实质性问题。我认为，完善我国法律资源配置与分享机制应着力于以下几个方面：

第一，把推行法治的重心从创造法律资源转向公平配置与分享法律资源。

我国推行法治已大约三十年。在此期间，不仅基本完成了法治国家所

必备的法律机构的构建,法律人才的培养,法律规范的制定,而且社会成员法律知识的普及,法律观念的教化也达致了一定的水准。尽管这些方面仍有改善与强化的需求,但总体上说,法律资源的产生与供给构架已基本形成。在此情况下,我国推行法治工作的重心,应当从创造法律资源转向公平配置和分享法律资源,换句话说,后者应当成为我国推行法治的现实使命和阶段性特征。

从法治演进的一般规律看,任何国家在施行法治的过程中都无法避免"量"(各种有形元素的形成)到"质"(法律及其实施的品性和价值)这样一个逻辑过程。亚里士多德对法治所概括的两个经典命题,即"已经制定好获得普遍服从的法律"以及"人们所服从的是良好的法律",这是在静态意义上说明这种"量"与"质"的关系,而在动态实践中,受人类认识规律的制约,"量"与"质"的形成必定存在着一定的继起性和时序性。法治的"量"与"质"在另一维度上则体现为全社会法律资源的提供与社会成员对法律资源的公平、合理分享。后者的理想状态是:每一个社会成员的正当利益与愿望都能得到法律上的肯定;每一种合法权益都能够得到法律的保护;在这些权益受到侵害时,能够获得并有效地运用法律救济手段。事实上,无论人们是否具备清晰、明确的认识,我国法治已经步入从"量"的扩展到"质"的提升过程,而对社会成员法律资源的公平、合理分享则是"质"的提升的一个重要进路和切口。更现实地看,如果不改善法律资源的配置与分享格局,创造的法律资源越多,社会成员运用法律资源的条件与能力的差距就越大,社会分化的矛盾也会愈趋突出。

第二,适度调整法治的功能结构,强化以法制权作用。

如前所述,西方法治理论及实践,从来都把以法制权视为法治的核心内容或最有价值的功能。虽然在我国特定的意识形态氛围以及特定的社会条件下,西方国家的这一理论并不足以引借为我国法治的应然依据,但我国近几十年来的实践或多或少从不同方面证明了强化以法制权对于推动法治的整体进程,提升法律的素质与水平所具有的特殊意义。

强化以法制权,首先要相对减少权力机构对法律资源的掌控。一方面,在法律权益的配置上,要有效地矫正权益过多地向权力机构倾斜的偏失。在保证权力行使所必要的强势的同时,必须充分考量强势被滥用的可能及后果。[15]另一方面,要适度减少权力机构对于法律活动及其过程的直接影响力，尤其应防止和杜绝权力机构成员个人意志不恰当地渗透于法律活动之中（权力机构的行为与权力机构成员、特别是负责人的行为往往很难界分）。其次，强化以法制权，还应当赋予社会公众以及非权力性组织（企业等）更多的制约权力的法律手段与方式，为其提供更为充分的可能。近年来，有关社会阶层分化以及对“弱势群体”的讨论，较多的是围绕社会成员的经济状态和经济地位而展开的。实际上，经济地位的低下固然是“弱势群体”之“弱”，而面对行政以及其他权力所显示的羸弱，更是这部分社会成员的痛楚所在。并且，相对于经济处境而言，这种现实更难以改变，因而在其心灵上的影响也更为深重。从法律上为这部分社会成员提供相应的手段与便利，不仅使他们的生存与生活有可靠的保障，同时也使他们具备抗衡不当权力侵害的能力与条件，在受到不法侵害时能够获得及时、有效的法律救济。从另一个角度看，赋予社会公众和非权力组织制约权力（尤其是行政权力）的法律手段，还有利于理性化地推进我国的民主进程。相比于其他民主形式，在法律程序中所实施的行为，通过法律所规定的方式表达利益诉求，不容易产生偏激，易于控制和引导，因而应当成为我国推进政治民主化的重要路径选择。

第三，合理界定政治权力与司法权力之间的关系。

尽管政治权力与司法权力[16]的关系属于较为敏感的话题，但基于本文前述分析，完善我国法律资源的配置与分享机制的研究，尚无法回避对这一话题的讨论。在发端于上世纪 90 年代末的司法改革浪潮中，很多改革方案从司法机构内部的技术改进角度提出，最后都不约而同地落脚于政治权力与司法权力关系的调整与改善。然而，或许因为各方面共识尚未形成，或许因为相关思路及方案不尽成熟，在此问题上的理论探讨与实际操作都未取得实质性进展。

事实上，在我国法治推行的初始阶段，司法虽然不失为政治结构中的重要组成部分，但司法活动仍然带有一定的边缘性特征。司法处理民事纠纷案件或惩治犯罪、维护社会秩序的常规性工作，通常被理解为专业性、技术化的业务活动，与社会运行的中心保持着一定的距离，司法机构具体审判活动与政治权力运行的交叉也并不十分直接，更不频繁。然而，随着司法与社会各方面关联日益密切，司法对社会生活影响的日益深重，特别是随着各种社会矛盾与冲突日趋复杂，控制并解决社会矛盾逐步成为各级权力机构的一项中心工作，社会各方面，尤其是政治权力机构对司法的关注也愈显突出。司法逐步从边缘进入中心。这一过程导致了双重结果：一方面，司法的作用得到各方面的空前重视；另一方面，司法的独立性与自主性则同时有所减弱。后者不仅体现于司法对“全局”与“中心”的配合，增添了司法的从属色彩，同时也反映在各种社会力量以不同方式，对司法机构及其活动形成不同的影响。司法活动的外部氛围显得较为复杂。

政治权力与司法权力的关系，往往被置放在意识形态语境中加以讨论。这种状况常常使讨论无法深化，甚而无法进行。我认为，在政治路线与政治方向既定的前提下，政治权力与司法权力关系的应然状态，更应从社会治理经验、治理技术，特别是从实用角度加以讨论和分析。许多社会治理经验及技术并不反映社会性质。正如卡尔·曼海姆所主张，社会治理技术在不同性质的社会中可以相互借用，因为特定的技术安排，其作用“在很大程度上依赖于使用其目的”。[17]对于我国政治权力与司法权力关系合理化内容的具体设计，事实上已超出了本人的能力，也非本文的容量所及，在此所能提出的是这样一些思考方向：其一，在保持政治权力对社会的整体控制中，如何保证司法活动的相对独立性？其二，司法在维系自身相对独立性的同时，如何保证对权力机构政治倡导以及社会运行需求的恰当回应？把司法的独立性理解为司法完全脱离政治影响，不顾及社会发展情势，既是对司法独立性的误读，也曲解了司法的应有功能与作用。[18]其三，如何规范司法同外部政治权力以及其他社会力量的联系，彼此间应有什么样的传导机制？其四，如何建立与完善对司法机构及其成员的约束机制，尤其是外部力量对司法机构及其成员如何实施有效监督，并通过何种方式矫正其偏失？所有这些无疑是实践中难以把握的问题，但也决不是无解之题。

第四，突出法律资源的“公共产品”属性，提升社会成员运用法律资源的能力。

自萨缪尔森提出公共产品（Public goods）理论以来，法律资源从来被认为是一种典型的公共产品。虽然我国经济学界对公共产品的本质特征尚存一定争议[19]，但非排他性（Non - excludabiliy）和非竞争性（Non - rivalness）则是公认的公共产品的基本属性。法律资源的非他性和非竞争性的涵义是：社会成员自身对法律资源的运用既不排斥他人的运用，也不受他人排斥;同时这种资源使用的边际成本为零,不会形成“消费拥挤”。然而,实践中法律资源的这些属性并未真正得到展示。一方面,法律资源的运用受到主体智识与能力的限制,是否运用、如何运用以及运用的效果怎样,相当程度上决定于主体对法律规范的认知,对法律程序的熟悉以及参与法律活动的能力。而在法律服务业已经普遍形成的条件下,这种智识上的限制又转化为经济支付能力的限制。这表明法律资源的使用事实上存在着一定的前提;另一方面,由于政府供给能力的局限,尚不能为所有社会成员提供充足的法律资源,因而在法律资源的使用中,仍然存在不同程度的竞争。正因为如此,完善法律资源配置机制的另一进路又在于进一步突出法律资源作为公共产品的前述属性,提升社会成员公平运用法律资源的能力。

首先,法律资源的配置不应依从于主体的社会势力,不应向部分强势社会主体提供“VIP”式服务。在法律资源,尤其是执法与司法资源仍然稀缺的情况下,如果为强势社会主体提供特殊的法律保护,不仅会破坏主体之间必要的平衡(主体拥有法律资源的不平衡,常常是社会冲突引发的重要原因;“势均力敌”的格局反而不容易形成冲突),而且会进一步影响社会成员对社会公正的信心。

其次,尽可能降低法律资源使用的门槛,消除一些不必要的限制,特别是为弱势社会成员提供帮助和便利。一方面,法律活动,尤其是司法审判活动的技术化、专业化推行与提升的进程,不应脱离社会公众的基本智识水准和参与能力。另一方面,在诉讼费减免缓、法官释明权行使、法院调集证据、证据保全以诉讼保全及保全担保、程序性失权的提示以及检察院抗诉等等方面,法律机构都应当充分考虑弱势社会成员的实际需求,使他们能够在程序手段上与其他主体达致均衡,尤其应使案件的法律评价与实体处置不受当事人利用法律资源能力差异的影响。再次,国家应为部分经济贫困者提供更多的免费法律服务。目前实行的律师法律援助制度,实际上带有一定程度的政府摊派的性质,既不能应对大量的社会需求,也难以保证律师尽责尽力处理好相关案件。诚然,法律援助工作需要动员各种社会力量的参与,但政府的主导性作用仍然是不可缺少的。为此,试行中的公职律师的职能定位不应局限于为政府行政活动提供服务,还应包括为部分缺少相关能力的社会成员提供无偿法律服务;另一方面,各级财政应设立专项基金,用于聘请社会律师提供前述服务。此外,鉴于大量的法律院校学生以及通过司法考试的人员缺少实习与锻炼的机会,政府可充分利用这部分人才资源,向其支付一定的报酬,指定其为涉法上访人员或其他需要法律援助人员提供法律帮助,以较少的成本扩大法律资源的运用。

更进一步说,公平、合理地配置和分享法律资源,应当成为全社会,尤其是决策层及法律机构及其成员的一种政治理念、一种意识和思维定势;完善法律资源配置与分享机制则应当成为作为矫正社会阶层与群体之间过度分化的主要措施。唯有如此,我国的法治才能真正惠及每一个社会成员,这样的法治也才会是社会各个层面所期待的法治;也唯有如此,和谐社会的构建才是可以企及的福祉与目标。

注释

1 贺卫方将其一本文集冠名为“具体法治”,并且表明了他对“重宏大价值而轻具体制度”倾向的不屑。这大致也可以看出,对法治运作具体状态的关注已不限于法律实务者。参见贺卫方:《具体法治》,法律出版社 2001 年版,自序。

2 参见:“警惕部门利益膨胀”,载《瞭望》2006 年第 41 期。

3 参见 2006 年 9 月 25 日《京华时报》。

4 如某地方政府在招商引资文件中明确,对于在本地投资额达至一定数额的投资人,违反交通规则等轻微违法行为不予处罚。

5 基于对这一现象的关注,最高人民法院新近对诉讼规费的费率及收费方式作了较大的调整,但姑且不论法院形式上收费与实际上收费从来都是两个不同概念,日益技术化、专业化的诉讼程序和诉讼活动方式以及旷日持久、久拖不决的诉讼耗费,也无形中使部分社会成员“临讼却步”或“望讼兴叹”。

6 参见蒋立山:“中国法治道路初探”,载《中外法学》1998 年第 3 期。

7 [美]查尔斯·林德布洛姆:《政治与市场》,王逸舟译,上海三联书店 1994 年版,第 365 页。

8 参见[法]弗雷德里克·巴斯夏:《财产、法律与政府》,秋风译,贵州人民出版社 2002 年版,第 150 页。

9 社会学研究者孙立平用“法律剪刀差”来概括和定义这种现象。参见孙立平:“法律剪刀差”,载《经济观察报》2006 年 10 月 18 日。

10 近年来,我国法学理论界更主要趋向于对法律技术问题的研究。在我看来,这并不表明法治理论的基本问题已经得到透彻的讨论，恰恰是学者之间、学者与决策者及实务者在这些问题上缺少更高的共识。

11 正如夏勇所述“我们从学理上阐释法治的时候所使用的语言主要是翻译过来的西方语言，我们所援用的原理主要是翻译过来的西方原理。”夏勇：“什么是法治”，载《中国社会科学》1999年第4期。

12 参见夏勇：“什么是法治”，载《中国社会科学》1999年第4期。

13 孙鹏：《经济立法问题研究——制度变迁与公共选择的视角》，中国人民大学出版社2004年版，第264页。

14 本文所称的法律机构，泛指立法、执法及司法机构，尤指司法机构。

15 近些年，虽然决策层反腐败决心很大，但效果不尽人意，其原因或许在于：立足于运用权力的强势去解决权力强势所引发的问题，而不是合理地消解这种强势。

16 广义上的政治权力涵盖着司法权力。为说明问题方便，姑且将两者作为彼此独立的概念。

17 参见[德]卡尔·曼海姆：《重建时代的人与社会：现代社会结构的研究》，张旅平译，三联书店2002年版，第240~241页。

18 卡多佐曾对美国司法提出批评：“法院犯的有些错误起源于对某个判决的经济和社会效果，或者对该判决所回应的经济和社会需求欠缺足够的知识。”他崇尚判决应“反映时代影响、社会、商业以及政治的当前状况”参见本杰明·N. 卡多佐：《法律的成长》，董炯、彭冰译，中国法制出版社2002年版，第65~66页。

19 参见秦颖：“论公共产品本质”，载《经济学家》2006年第3期。

陆

代表作

顾培东

效益：当代法律的基本价值目标

兼评西方法律的经济分析

传统法理学——法哲学几乎一直将正义（或公正）视为法律的唯一价值目标或功利极值。不仅如此，对法律的哲学、政治、伦理乃至宗教评价，也主要是围绕法律的正义性（或公正性）而展开，同时又以不同涵义的“正义”作为判断依据的。然而，随着法律对社会经济生活影响的日益深重，法律的效益问题逐步受到广泛关注。由于法律的正义性并不能完全涵盖法律的效益价值；正义的实现也不是效益极大化的必然标示。因此，一个首先由人们直觉所感知、继而成为重要理论对象的问题从不同角度被提出：法律在维护社会正义的同时，应否以及怎样保障效益的提高以至极大化？相应，实存法律制度也逐步受制于正义与效益的二重评价。尽管法理学与法哲学著述尚未将效益列入其理论范畴，但已无法否认效益作为当代法律的基本价值目标这一趋势，亦无法回避这一趋势将引起的传统法学理论和法律制度的重大创新与变革。

中国社会主义法学理论体系和社会主义法制正处于进一步创立与完善之中。近十年来，中国的立法与司法、尤其是经济立法与司法同样面临着如何保证资源优化配置，并保障效益最大限度地提高的问题。因此，对前述趋势及其影响更应有敏锐的感知和正确的把握。

一、经济学的渗透与法律经济学的形成

效益原本是经济学的根本主题。效益引入法律领域源于亚当·斯密以来的经济学对法律的渗透，亦即对法律的经济分析的运用。在斯密以前

原文发表于《中国法学》1992年第1期。

的经济学中,法律结构基本是作为既定前提而被认识的。法律结构如同其他社会条件一样,作为经济活动或行为的一个环境因素;而这种环境因素不是不可更改,而是经济学所无需关注的。经济学只是在实存法律结构之中(实际上在制度真空中)探讨资源配置的优化和效益的提高。

基于对重商主义和干预自由贸易制度的反对,同时基于对“看不见的手”和“自然秩序”的推崇,亚当·斯密第一次把经济学的视野扩及到法律制度。但是,斯密对待法律制度的态度是矛盾的。一方面,斯密无情地抨击体现重商主义和干预自由贸易的“愚蠢法律”或多或少地“侵害了个人改善自己境遇的自然努力的自由,或减少了这种努力的安全”,从而影响了社会财富的创造与增加;另一方面,斯密在阐释“自然秩序”时,又肯定了法律和制度结构对于个人行为的约束作用,把这种法律和制度结构作为“自然秩序”得以形成的社会前提。并且认为,在既定的合适的法律制度结构中,追求私利的个人会无意造成有利于全社会的效果。对斯密的这种矛盾,不能简单地理解为斯密对于实存法律制度的不同取舍,而应溯源于古典自然法学思想的影响。事实上,古典经济学与古典自然学是一脉相承的。斯密所处时代也正是洛克、卢梭等人倡导的古典法学昌盛的时代。古典自然法学所力图倡导的法律秩序包含着对专制主义和无政府主义的双重抵制,[1]而在法律态度上则表现为对实在法的批判和对自然法的推崇。斯密对待法律制度的矛盾立场正体现出古典自然法学对实在法和自然法的不同态度。尽管存在着这种矛盾,但斯密开创了用经济学的目光,从而以效益为依据检视和评价法律制度的先河,毕竟完成了法律结构在经济学中从前提到对象的转折。19 世纪 30 年代,英国经济学家约索·威廉·西尼耳曾主张把经济学的领域缩至“纯经济学”的范围,并否定经济学对制度的渗透,[2]但西尼耳的主张并未能减少同时代以及后世经济学家对法律制度的兴趣。

19 世纪末 20 世纪初在美国兴起的制度学派,则明确地把社会经济的发展同制度及制度的演化联系起来考察,从与经济生活相关的各种制度中揭示经济发展的缘由及过程,描述制度对经济发展的影响。制度学派的创始人凡勃仑把作为经济组织的企业的运营视为财产所有权制度的实际演示。[3]虽然从正确的认识论角度看,凡勃仑颠倒了经济行为同法律制度之间的逻辑关系,忽视了后者相对于前者的次生性,但凡勃仑的这种分析无疑为经济学提供了一个独特的视角。制度学派的另一创始人康芒斯以相同的方式，从法律、经济、伦理三个方面综合地理解社会经济过程。康芒斯区分了“物质财富”与“所有权”的不同属性，从而揭示了纯经济性“交换”与在法律调节下的“交易”之间的区别，以及这种区别在实际经济运行过程中的不同效果。[4]康芒斯所作的这种区分，直观而具体地展示了法律制度（包括法院审判行为）对于微观经济活动和经济行为的影响。不仅如此，康芒斯还根据蕴含并结合于单个交易行为之中的“冲突”、“依存”与“秩序”这三项原则的联系，描述了经济交往所必备的前提。制度学派的出现，使得经济学对法律的考察趋于系统化。在制度学派的理论中，法律对于经济的影响已不是个别或局部性的，整个社会经济过程都建筑并受制于法律制度的影响，这种影响如同经济活动所受到的自然条件的影响一样。制度学派的这些基本观点在加尔布雷思，阿尔钱恩等人创造的新制度经济学中得到了进一步的阐发。

经济学对法律的渗透、经济分析的运用在本世纪60年代以后随着经济学界对制度的进一步重视以及制度分析方法的广泛运用而到了新的境界。60年代以来，随着凯恩斯主义的没落和新自由主义的兴起，反思在干预主义影响下所形成的社会立法成为西方经济学的一种时尚。加尔布雷思等人的新制度经济学、布坎南的公共选择理论以及科思的社会成本及产权理论都是基于对法律制度或其他公共社会政策的分析而展开的。同古典经济学及制度经济学一样，60年代以来兴起的这些经济学理论也大量地包含了对实存法律的批判与抨击，但与前所不同的是，这些经济理论已不是简单地诅咒实存法律的缺陷，而是依据自身所确立或崇奉的经济理论原则，并且运用经济运行的一些实例，对某些实存法律作具体分析。与此同时，经济学家已不再把对制度的分析视为经济学对法律的偶尔关注，而当作经济学（尤指政治经济学）的常规任务与基本使命。在这方面，布坎南的公共选择理论尤为突出。布坎南把公共选择理论直接建立在“对规则、立宪、立宪选择及规则选择的”注重和强调上，并且宣称“作为科学的政治经济学，它的目的是用某种最终目标来评价约束结构或法律结构，这种最终目标是为潜在共同利益的开发效率而进行的重组和改革。”[5]布坎南不仅从其经济自由主义出发对垄断、契约、税收及财政等法律制度和经济政策作了广泛的分析和评价，而且还运用“经济人”的原理，对立宪制度、法律的经济学的全面、具体运用,集中体现在作为一门独立学派的法律经济学或经济分析法学之中。法律经济学的萌生以60年代初期加尔布雷思的《关于风险分配和侵权法的若干思考》以及科思的《社会成本问题》这两篇论文为标志。60年代后期及70年代初,法律经济学已获得独立学派的意义,而1973年美国芝加哥大学教授理查德·A. 波斯纳的《法律的经济分析》一书的问世,则从根本上奠定了法律经济学或经济分析法学的地位。法律经济无疑承袭了既往经济学对法律分析的各种成果,但由于这一学派具有集大成的性质,因而也显示出某些特点。其一,法律经济学较为全面地吸收了经济学各流派的观点与方法。但是,法律经济学中又采纳了干预色彩较浓的福利经济学的某些原理与范畴。作为法律经济学基本范畴和分析模式的"最优行为"、"稳定偏好"和"社会成本"以及三者之间关系的原理,就部分地源于福利经济学。[6]另外,边际主义经济学以及数理经济学的基本方法也在法律经济学中得到广泛运用。不仅如此,法律经济学对垄断竞争理论的分析方法亦有所采纳。其二,法律经济学不仅将经济方法应用于对具有经济内容或直接同经济活动相关的法律的分析,同时又应用于对非经济性的法律行为或活动的分析。波斯纳认为,"'新'的法律经济学不承认对法律进行经济学分析的任何限制"。[7]因此,法律经济学除了广泛涉及反托拉斯法、税法、贸易管理、劳工、公共事业、金融、商业组织等方面的法律外,还对财产法、契约法、家庭法、侵权法、刑法以及诉讼程序、行政程序、立法程序等作了全面的分析。其三,法律经济学以实存法律体系和经济学原理为基础,相应建立了自己完整的理论体系。斯密、康芒斯以及布坎南等人对法律的分析往往还是以经济学理论体系为基础的,法律的分析主要是用于佐证他们对经济运行的某种认识。与此不同,法律经济学依据实存法律的体系,并依据各部门法(主要是普通法)的立法体系,结合经济学的原理,形成了自己完整的理论体系。被奉为法律经济学之经典的《法律经济分析》一书中完整地反映了这种体系。该书的结构包括法律与经济、普通法、市场之公共监督、商业组织的法律与金融市场、法律与收入和财富的分配、法律程序、宪法与联邦制度共7篇,这些内容基本覆盖了立法与司法的所有内容。正因为如此,法律经济学在学科性质上究属经济学,抑或法律学已难以判定。经济学根据法律经济学所广泛采用的经济方法和原理,将其归为政治经济学的一个分支;[8]而法学则把法律经济学视为与功利法学、实证法学具有联系的法学的一个流派,并将其称之为经济学分析法学。[9]

概括地说,法律经济学对法律的分析包括实证分析与规范分析两种。实证分析主要用于对某种具体的法律制度,如刑罚制度侵权制度的效果进行分析。实证分析包括两层含义:其一,以效果为中心,以某种假定为前提,提出定性预测或评价。其二,运用由统计等手段所形成的材料验证这些预测或评价。实证方法力图回答这样的问题:法律可能有哪些效果;这些效果是否实际发生;法律目标是否真正得以实现等等。法律经济学的规范分析主要是研究个人效益与社会效益的关系,分析效益实现中的影响因素,并提出法律规制或矫正方法,规范分析藉助于完全竞争理论和福利经济学的外部成本理论,研究在理想的社会环境模式中,外部成本形成的原因和性质,并研究如何从法律上降低行为的外部成本,提高综合效益的手段。这种方法广泛用于对污染、意外事件以及婚姻家庭、种族歧视等行为及立法的分析。[10]

从斯密对重商主义法律制度的抨击到法律经济学的确立,经济学完成了对法律的全面渗透,而这一过程事实上又是同法律对社会经济生活的影响不断强化,以至全面渗透于社会经济生活的过程相同步的。本文后面将进一步说明,经济分析的运用,与其说使经济学的主题和研究领域发生了某种改变,莫若说对法律的影响更为深刻。

二、经济分析对法律的实质影响:效益观的导入

从表象上看,经济分析的运用只是为法律制度的研究和评价提供了一种方法或一种视角。特别是法律经济学广泛地运用投入与产出、成本与收益、价格与市场这样一些经济范畴和原理演绎法律制度或法律行为,并且用统计方法、数学模型甚至几何图形对某些法律制度或法律行为作出定性分析和评价,愈益加重了经济分析的“方法”或“工具”色彩。西方理论界通常亦是在“一种特定的方法”意义上认识和评价法律经济学的文化价值的。正因为如此,法律经济学也往往受到法学家们针对其“方法”所作出的非议。不少法学家认为,用简单的经济模式和逻辑关系并不能说明复杂的法律现象,而根据统计方法进行预测和评价总是受到定量基础不够可靠或多数法律现象缺乏定量条件等因素的影响。

我们认为,从法律自身角度看,经济分析对法律的实质影响,在于它使效益观导入于法律——导入于法律意识、法学理论和法律制度。形成这种影响的原因是简单而直接的:经济学的全部内容都是在效益这一主题下展开的,无论各经济学流派对社会经济运行的见解怎样,但其出发点与归宿都只能是效益。[11]同样,经济学家对实存法律的臧否贬褒、对于法律制度改善的构想与描绘,也都是(只能是)以效益为本位或价值尺度的。在这方面,我们所需要把握的只是:不同经济方法和角度以及不同的经济主张和见解在分析和评价法律时是怎样统一在效益这一基点上的。

科思关于交易费用与社会成本理论在经济学的贡献:一方面在于它修正了新古典经济学对于市场运行环境的假定,揭示了市场运行中实际摩擦的必然性以及由此形成的交易费用对经济行为的影响;另一方面,科思理论又吸收了福利经济学有关经济行为外在性的思想,进一步从资源优化配置或最优化地解决外在性问题的角度,提出了处置外在性问题的原则与方式。[12]科思理论运用于法律分析之中,则形成了以效益为基点的一些基本命题:

1. 在未经法律界定、权利界区不明的情况下,交易无法进行,相关行为的效益最差。虽然在私有制社会中,财产的所有权关系是十分清晰的,但在某些经济区域内,往往出现权利不相容使用(Incompatible Use)的情况,由此导致权利的使用冲突(Use Conflict)。如火车排放火花的权利与铁路旁庄稼不受火花侵害的权利;工厂生产产生噪音的权利与工厂周围医院保持宁静的权利;工厂排放烟尘的权利与附近居民保持空气洁净的权利。随着资源利用方式的拓展,不相容使用的情况将越来越趋于普遍。由于这些不相容使用关系的存在,使得本来清晰的权利界区变得模糊起来,如果不从法律上对权利作重新安排,则会使资源的使用出现浪费,从而降低资源的使用效益。

2. 在不相容使用的关系中,权利的安排或分配应以效益最大化为依据。解决不相容使用可以有多种权利安排或分配模式。在前例中,可以确认火车排放火花的权利而否认农民使庄稼免遭火灾的权利,其结果将导致农民放弃铁路旁的种植或改种不易造成火灾的植物;也可以作相反的安排,其结果是铁路改道、停止通行或采取消除火花的措施。自然,还可以保持火车的火花排放权,而同时授予农民获得损害补偿的权利,而在此种情况下,又必须使铁路经营者所作出的补偿不超过其经营所得;同时亦必须使农民所获得的补偿足以反映其实际损失,亦即交易双方的边际收益等于边际成本。由于不同的权利安排或分配模式会产生不同的效益,因此效益最大化则成为各种模式选择的依据。[13]立法或法院的判决必须符合效益最大化原则。

3. 解决外在性问题,既可以用市场手段,也可以用国家手段,法律应能够促使人们作有利于效益优化的选择,更直接地说,亦即促使人们通过市场交易手段解决外部性问题。科思并不一概反对国家强制手段的运用,但他认为这种手段往往需要较大的管理成本,因而不符合效益极大化原则。相比之下,市场交易手段更能降低解决外部性问题的成本。科思理论中这些命题的实质,集中到一点即是:法律制度的基本取向在于效益。

波斯纳直接地阐明了法律经济分析的效益宗旨:“法律的经济分析的一个重要问题是:是否及在哪种情况下,非自愿性的交易(指法律强制下的交易-引者)可能会提高效益。”[14]同科思一样,波斯纳亦主张将是否有利于增进人类对资源的优化利用,减少资源浪费,提高经济效益作为判断实存法律制度和确定法律未来发展的根本依据。但是,波斯纳独特之处在于,他把这一思想全面贯彻到普通法和社会性立法的各主要制度之中,为传统法律主要制度的合理性作出了新解或者为某些具体制度提了新的否定根据。用波斯纳自己的话说,经济学效益原理,为法律制度提供了特定的“批判、改良和理解的典据”。下面一些实例可以为此佐证。

财产权制度是传统民法的重要内容。这一制度的核心是保护财产权不受侵犯。民法制度和民法理论都没有具体回答为什么保护财产权不受侵犯这样既简单又深沉的问题。这或许同立法者和法学家们对人类基本道德水平的自信相关。但是,波斯纳并不认为这一问题不具有回答的价值。因为不同的回答可能导致财产保护的具体手段和方式的差异。波斯纳认为,财产权制度确立的根本意义在于创造和保护人类有效使用资源的诱因。[15]正是农夫能够获得土地生长物的财产权,才有诱因促使农夫支付并尽可能节约耕种土地生长所需要的成本。不仅如此,波斯纳还提出了判断有效率的财产权制度的标准:即普遍性(各种具有稀缺性的资源皆为人们所有)、排他性(排除他人无成本使用的可能)、可转让性(使资源从无价值使用自愿地往有价值使用转移)。[16]波斯纳的这种分析对于通晓财产权立法的内容、且稔熟财产权的法律属性却不知其缘由的法学家们来说,不啻是一种启蒙解惑。刑法制裁盗窃罪的根据或许有多种,但波斯纳则从全新的角度把盗窃同资源使用的效率相联系,他认为:"虽然经济学家无法告诉社会是否应当寻求限制盗窃,但他能证明如无限制地纵容盗窃是无效益的"。[17]并且,经济学家还能告诉人们,在诸种限制盗窃的手段中,哪一种成本更低,效益更好。波斯纳对诉讼程序的分析更有启示性。他认为,审判过程实际上也是一种交易清结过程,一个裁决只是一种被专有术语和概念所掩饰起来的交易结果的表达。波斯纳将审判程序同市场竞争相联系和类比。他认为,对于资源分配的效益极大化问题,通常是由市场作出决定的,但当市场决定的代价可能超过审判程序决定的代价时,审判程序便因之而发生。在审判程序中,各主体的行为如同市场竞争一样,彼此地位平等、机会相同,同时都需要作出成本支付,也能获得相应的收益。恰当的审判程序不仅应当通过裁决使资源分配达到效益极大化,而且审判程序本身必须做到尽可能降低成本,提高"产出"效益。波斯纳的这种分析既为当事人平等等传统诉讼原则作出了新的诠释,亦为诉讼程序的完善提出了另一种依据。

作为经济自由主义维护者的布坎南,他对法律制度或其他公共政策的分析都是为了证明经济自由主义的正确而诋毁国家干预的。布坎南完全否定某种超出市场主体主观意愿、独立于个人选择之外的资源配置准则,甚至反对对资源优化配置的倡导。他认为这有可能导致更多的社会强制出现,从而损伤市场的自然性。但是,即便如此,布坎南的分析仍然未脱出效益本位。布坎南不主张过多地使用法律干预社会经济生活,尤其反对政府借助于法律对市场经济行为作出控制和干预。他把立宪的任务限定于通过建立一种共同接受的规则,使具有不同利益的个人和团体能够追求极为不同的目标,不至于出现公开冲突。布坎南这些主张的信念基础就在于:"一个自由人社会如按市场过程组织起来就可以避免公开冲突并同时以尚过得去的效率使用资源"。[18]换言之,法律制度只要能够恰当地保证个人和团体追求利益行为的自由,这种法律制度即能够保证资源使用的效率。由此可见,效益即是布坎南否定法律广泛渗透的依据,也是其确定法律"适度限界"的凭藉。在对反垄断法、公债和税收以及财政立法的实证分析中,布坎南的判断和结论也基本是依据这些立法的实际效益作出定性评价的。[19]

在另一位被称为“法律经济学的先驱之一”的经济学家乔治·施蒂格勒的著作中,我们可以看到大体相同的情况。施蒂格勒在《经济学与说教者》中不无调侃地嘲弄反垄断立法等社会性立法的失败,并认为这种失败的原因并不在于立法本身,而在于立法不具有令人相信的效力,从而未能产生立法者所期望的效益,同时也增加了政府管制的成本支出。在《产业组织和政府管制》一书中,施蒂格勒运用大量的实例和数据具体论证了反托拉斯立法的实际效果,并从“投入与产出”角度对这方面立法的价值作了分析。施蒂格勒所作的这些研究正是源于他的一种见解:“经济理论的中心问题是分析经济制度、激励系统对资源使用效率的作用”。[20]可见,效益也是施蒂格勒检视法律制度的基本出发点。

把效益观导入法律或许并不是经济学家们对法律制度作经济分析的初衷。深刻地看,在绝大多数(即便不是全部)有关法律的经济分析中,效益主要是作为对实存法律制度进行批判的武器。更具体地说,即是用效益所体现和蕴含的理性价值反衬实存法律制度的某些缺陷,同时又根据唯有“市场配置资源能够产生最大效益”这一并不真实的前提,“构造”适应经济自由主义的法律秩序。但是,法律经济分析的运用,客观上为全社会认识和评价法律提供了新的观念,这种观念或迟或早将对法学理论和法律制度产生重要影响,并最终导致效益价值目标在法律中的确立。这一点,也正是法律经济或法律经济学的积极贡献。

三、效益价值目标在法律中确立的实践根据

没有理由把法律经济分析的运用以及效益观在法律领域的导入看作是一种偶然性现象,更不应将其归结于资产阶级某种经济流派的偏好。从广泛的意义上说,效益观的导入以至于效益价值目标在法律中的确立,具有深刻的实践根据,体现着社会发展的必然。这一判断既可作为我们对法律经济分析以及法律经济学出现根本缘由的解释,也是本文所需要进一步加以论证的命题。

我们认为,效益成为当代法律价值目标的实践根据主要有以下三个方面:

(一)法律在当代的基本使命

法律无论作为一种统治手段,抑或作为一种文化现象都是受制于社会

整体的发展,尤其是受制于社会经济的发展的。对此,马克思指出:“社会不是以法律为基础的,那是法学家们的幻想。相反的,法律应该以社会为基础。法律应该是社会共同的、由一定物质生产方式所产生的利益和需要的表现,而不是单个的个人恣意横行。”[21]从这一原理出发,就实然状态看,每一时代法律制度的基本使命与同时代社会经济发展的主要任务是一致的;就应然趋势看,每一时代的立法者也只能从同时代社会经济发展的主题中领悟并确定法律制度的使命。当代社会经济发展的主题在于最大限度地优化利用和配置资源。尽管人类资源稀缺的矛盾一直与人类相伴而存,但将优化利用和配置资源作为一种明确的社会目标则仅属于现代文明社会。当代社会经济发展的这一主题也相应决定了当代法律的基本使命。

一种源自古罗马、且在近代法典化运动中制度化了的观念认为,法律在社会经济发展中的基本使命在于对各种财富(表为财产权)以及财富的交易行为(表现为契约权)给予公平的保护。应当肯定,这种观念与自由资本主义时期社会财产关系的稳定以及经济竞争“自然秩序”的要求是相贴近和吻合的。并且,也应看到,对财富及其交易行为的公平保护也是资源优化使用和配置的前提与必要保障。然而,财富及其交易行为的公平保护相对于资源最大限度地优化使用与配置的社会目标来说,前者的作为则明显是不够的。法律的传统作为与当代使命的这种差距套用常为法学家们所援引的比喻则是:法律的传统作为只是保障人们公平地分享资源这一“蛋糕”;而法律的当代使命则不仅要保障“蛋糕”分享的公正性,更需要促使人们努力增加“蛋糕”的总量。

法律的当代使命逻辑地派生出这样三项要求:第一,把法律对个别主体行为的评价视角从行为主体延展到社会,换言之,将个别主体行为置于社会整体利益之中加以认识。在以保护财富公平分配为宗旨的条件下,法律较少考虑个别主体行为的外部性,也不理会个别主体明显损害资源的财产权滥用行为。然而,根据保证资源优化使用和配置的目标,法律对个别主体的行为应当有新的评价角度。在这种视角中,不存在绝对与社会不发生联系的个别主体行为,个人对财产的使用同时也是全社会资源使用和配置的有机组成部分。而一切不符合全社会资源优化使用和配置的个别主体行为,在法律上也应给予否定评价,并受到相应限制。第二,法律应为有利于资源优化使用和配置的行为提供便利。这集中体现于法律应建立有利于资源顺畅流转的财产权制度。经济实践表明,资源的优化使用和配置首先需要资源能够顺畅流转,因为只有使资源在各主体之间顺畅流转,才有可能使资源获得最大价值的使用。这样,有关财产权的法律制度的基点就不应是保护财产权的静态完整,而应有利于财产权的价值在动态中最大化地实现。第三,法律应能够引导或促使人们按照最有效的方式使用资源。由于存在信息上的障碍,同时个别主体(包括个人或团体)的资源使用行为并不总是理性的,因而法律又必须把在经济实践中形成的资源优化使用和配置的一般经验加以确认,并藉助自身的普遍性、规范性和强制性的特点,使这些经验成为约束人们行为的普遍性规则,从而提高全社会资源使用和配置的优化程度。自然,在社会主义公有制条件下,由于资源使用的社会性十分突出,法律在这方面的作为也更加广泛。

从法律的当代使命所衍生的这些要求中,很容易推导出在当代法律中确立效益价值目标的依据。资源优化使用和配置在经济学涵义上与效益是彼此涵摄的。效益价值目标的确立,使法律的内在价值同其时代使命保持了统一。

(二)法律在当代经济生活中的作用领域

与法律的基本使命相联系,当代法律在经济生活中的作用领域大大变宽,尽管经济自由主义者对此表示出极度愠怒,但是,资料表明,即便在美国这样的市场经济国家中,法律对社会经济生活的渗透也已经很为广泛,且有进一步强化的趋势。当代法律在经济生活中作用领域的广泛性,亦为当代法律中效益价值目标的确立设定了另一实践根据。

历史地看,法律对社会再生产过程的渗透是逐步变化的。如果不避粗略甚而片面之嫌的话,我们可以把这种变化分为三个阶段。第一阶段,亦即前资本主义阶段,法律对于经济生活的作用领域主要集中于分配领域。具体地说,前资本主义时期,法律的主要作用在于维护以“受民授疆土”为主要内容的初次分配和社会产品的分配和社会产品的再分配。古罗马社会中法律对流通领域较为广泛的调节以及亚细亚生产方式下国家(也是法律)对于生产领域(主要是水利灌溉)的干预,在整个前资本主义社会中只能视为特例。形成这种状况的原因不仅在于前资本主义社会中自然经济条件下,生产和流通领域缺少法律干预和渗透的必要与条件,同时也因为,这一时期的分配带有强烈的掠夺性;分配中,无论是直接的经济强制还是超经济的强制，都需要借助于法律而得到实现。第二阶段，亦即自由资本主义阶段，法律的作用则主要集中于流通领域。法律一方面严格保护作为交易行为之物质前提的财产所有权，另一方面又保护体现交易的契约的自由。自由资本主义时期法律所扮演的主要是适用于市场竞争的“交通规则”的角色。法律对再生产过程的全面渗透出现于第三阶段，亦即垄断资本主义出现以后，特别是战后。其标志是以反垄断法为代表的各种社会性立法的大量出现。在此阶段中，私人资本的生产过程以及分配过程不再是法律调节的真空。法律作用领域的这种扩张。既同资本主义经济矛盾的发展相关，也根源于国家职能和政府角色的变化。社会主义国家从来强调国家对于社会经济发展的组织与管理作用，因此法律对经济生活全面规制的可能性包含在社会主义政治和经济原则之中。法律对经济生活渗透的进程和广度，主要受制于法制本身的发展与完善。

法律在当代对经济生活的全面渗透使法律的效益价值日益显得重要。这是因为：(1)在法律全面渗透的情况下，资源使用和配置的方式很大程度上是由法律决定的。实存法律的内容，直接关系到资源利用的效益。换句话说，资源利用的效益直接体现着实存法律的科学性和合理性。(2)与前相联系，在法律全面渗透的情况下，法律已成为改变资源利用效益的重要变量。每一立法活动，以及每一司法审判行为都会不同程度地改变社会主体的机会成本与实际收益。(3)法律对经济生活的全面渗透同时又强化了个别法律现象对经济行为，从而也是对行为效益的边际影响。个别法律现象往往引起多重利益关系的变化，从而使其对效益的影响程度大大加强。事实上，在当代社会中，决定和影响单个经济行为效益或社会经济发展综合效益的因素，一是人们利用资源的主观能力，再就是以法律为主要形式的各种社会制度及公共社会政策。在此境况下，特定社会中的社会经济发展的综合效益在很大程度上决定于该社会法律所内含的效益价值水平。无视法律的效益价值目标，其不良后果将会体现于社会经济的发展之中。

(三)单一正义(或公正)价值目标的局限性

在当代法律中，确立效益价值目标的另一根据，则是单一正义(或公正)价值目标的局限性，以及与这种局限性相联系的正义(或公正)目标与效益目标互补的必要性。本文开头即指出，传统法哲学历来将正义(或公正)作为法律的唯一价值尺度或目标。古罗马思想家西塞罗明确地认为,法就是正义与非正义之间的界限。中国古代思想史中的“义利观”虽然形式上给予“利”以一定地位,但儒教中“重义轻利”的取向实际已否定了“利”的伦理价值,对中国古代立法产生支配作用的仍然是特定意义上的“义”的观念。在法律进化的漫长历史过程中,正义(或公正)一直是立法与司法的理性取向,尽管用现代文明的观点看,历史上和现实社会中都存在着许多非正义不公正的立法与司法。

应当承认,在哲学或伦理学范畴中,正义或公正这一价值目标同效益并不是绝然无关的。在亚里士多德、亚当·斯密、斯宾塞以及罗尔斯等人的正义或公正观中,都包含着某些至少是有关效益的内容。然而,就总体而言,正义或公正对效益的涵摄是极为有限的;正义或公正无法恰切地表达法律的效益价值目标。

从实际层次上看,正义或公正单一地作为法律的价值目标具有多方面局限性,从而需要与效益目标形成互补。首先,当代社会经济生活中某些现象,仅仅用正义或公正无法对其作定性评价。许多经济行为或活动并不具有政治或伦理色彩,社会无法根据既定的政治原则或伦理规范判定其正误,而这些行为或活动却关系到资源利用或配置的优化,因而需要在立法上加以规范。显然,对于这些行为或活动,既不能从正义或公正的目标中推导出运用法律调节的根据,更不能祈求依照正义或公正的目标来决定法律的具体方式。经验和常识表明,当代社会中许多经济现象都不适用正义或公正这一量度。而恰当的价值尺度则是效益,有无效益以及效益的大小是决定这些经济现象是否以及怎样受到法律调节的基本依据。第二,正义或公正的内涵是历史性的,它不仅决定于这一目标所存在的社会制度,同时也受制于特定时代的社会经济发展的主题。因此,当代社会中法律正义或公正内涵的确定也需要借助于资源使用与配置的效益评价。某些行为的正义或公正性,甚至直接可以用效益作为度量。例如,当事人不履行契约从而造成他人的损失,这是有违于传统的公正或正义原则的行为,因而在立法上必定受到一定评价。但是,某些违约行为从资源的优化使用和配置角度来看又确实是应予肯定的,因为违约者在违约行为中所产生的利益(包括与履约相比损失的减少)不仅能够补偿相对方的损失,而且还能够得到更多的效益。立法虽不应一般性地允许或鼓励违约行为的发生,但也不应完全否定这类违约行为。所以,有关违约行为的正义或公正性问题,需要结合效益因素而重新加以认识。[22]第三,法律对许多权利的安排或手段、方式的选择,必须以正义(或公正)与效益双重目标为依据。例如,对于本文前面所提到的不相容使用问题,仅仅依正义或公正来决定权利应授予某一方,可能导致资源的浪费或低效使用;而仅仅用效益作为依据,则可以导致一方对另一方无补偿或不能足量补偿的侵害。在诉讼程序中,许多程序措施(如诉讼保全、先行给付等)的设计也必须兼顾正义(或公正)与效益双重目标。第四,从整体上看,正义或公正往往更适于作为法律制度确定与实施的定性依据,而定量依据则有赖于效益目标。这也体现了正义(或公正)与效益双重目标互补的必要性。

法律经济分析在西方的运用,特别是法律经济学的形成,曾受到一些法学家的抨击与批评,其重要根据之一就是法律经济分析过分强调法律的效益因素,而忽视了法律的正义目标。[23]对此,波斯纳的辩解是:效益与正义是同义词,并且宣称:“正义的第二种意义,简单地说来,就是效益。”[24]我们认为,波斯纳用效益取代正义的主张显然过于极端,恰当的认识应当是承认正义(或公正)与效益双重目标的存在,且使之形成互补。

四、对我国法律的效益价值目标的一些思考

作为当代人类法律制度的重要组成部分,我国社会主义法律制度亦应将效益确立为自己的价值目标。这不仅指使效益成为我国立法和司法中的重要观念和意识,成为社会主义法文化的有机组成部分,更指效益价值目标在我国具体法律制度和司法实践中得到贯彻与体现。为实现这一任务,我们需要借鉴西方法律经济学的某些原理与方法。但是,切不能指望只要照搬西方法律经济学的全部原理和方法,即可使效益价值目标在我国法律中得以确立。对西方法律经济学的原理和方法,至少有这样几点需要冷静地把握:(1)如前所述,西方法律学主要受经济自由主义思想所支配,许多结论是在过分夸大市场功能的基础上作出的,因而明显失之恰当。(2)西方法律经济分析是以市场经济为实践背景,且以资本主义政治制度和文化意识为典型环境的,无论是这种分析所涉及的对象,抑或分析中所考虑的变量都同特定的实践背景和这种环境相联系,因此,简单地移植或套用这些分析方法或运用由此所形成的结论则会导致大的偏误。(3)西

方法律经济学中某些定量分析方法假定条件过多,与实践的相合程度很低。这一点即使在西方国家中也不为人们所认可。因此,我们所面临的现实任务,以及努力的现实基点在于,根据效益价值目标审慎地思考我国法制建设中的一些主要问题,并逐步将效益价值目标引入到实用层次之中。以下试提出我们对法制建设中效益问题的几点思考。

(一)财产法律制度的效益问题

财产法律制度也是决定资源优化使用和配置的重要制度因素。西方法律经济分析通常都以财产法律制度为主要对象。我国财产法律制度的效益问题的特殊意义在于,这种制度关联甚而决定着公有制下资源使用与配置的效益水平。

由于生产资料公有制是社会主义制度赖以存在的物质基础,因此,既往我国财产法律制度的政治色彩较浓,财产法律制度的基本取向在于维护公有财产、尤其是国有资产的稳固。问题自然不在于这种取向有何不妥,我们所关注的是,财产法律制度在维护公有制的同时,怎样提高财产的利用效益;更有意义的是,财产法律制度如何通过保证效益的极大化而提高公有制的生命力,进而实现公有制的稳固。

我们认为,根据效益目标,我国财产法律制度的基点应侧重于解决这样三个矛盾:第一,财产所有的社会化与个别财产使用主体利已倾向的矛盾。解决这一矛盾的宗旨在于防止个别主体对社会财产的不当耗损与侵蚀。公有制条件下的财产所有呈高度社会化,但财产的使用只能依托于个别主体(自然人以及由自然人所组成的企业或其他社会组织)进行。尽管社会主义政治原则和伦理道德原则要求和启导社会成员保持对社会利益的尊重,但这并不意味着个别主体在使用财产过程中可以完全放弃利已倾向;而这种倾向在缺乏有效约束的情况下则可能导致对公有财产的不当耗损与侵蚀,由此而降低公有财产的实际效益。近些年所出现的某些个人收益分配不恰当扩张,挤占集体与国家应有收益以及公有资产大量浪费等现象正是这种矛盾的表现形式。因此,法律制度的首要任务是有效地抑制个别主体对公有资产的不当耗损与侵蚀。第二,国有资产一体化与经济主体(主要指企业)产权界区明晰化要求的矛盾。国有资产在理论上和制度上都统属于国家所有,国有资产也因主体的单一性而形成一体化。然而,国有资产的营运却是通过经济主体的行为而实现的。无论从市场交易的一般条件看，抑或从经营责任约束看，个别经济主体产权界区必须明晰化。产权界区不明确，不仅会增加交易成本，而且会减弱优化使用和配置资源的诱因，同时也会造成其他的资源浪费。改革以来，特别是税后留利制实行以来，国有企业与其他企业以及国家财政之间已形成的一定的利益边界，但这种利益的法律性质并未确定。“企业自有资金”的财产权归属依然处于模糊状态。这种境况对公有资产经营效益的影响是不言而喻的。如何在国有制框架中为企业财产界区的明晰化建立根据，这也是我国财产权法律制度面临的任务。第三，国家享有所有权与国有企业自主支配财产的矛盾。如前所述，国家对一切国有资产享有所有权。按照所有权的传统法律定义，所有权所体现的是占有、使用、处分和收益四项权能的统一。所有权权能虽然可以作一定的分离，但处分权（包括改变财产的物理形态或向其他主体转让）只能由所有者行使。失去处分权，所有权就丧失了意义。毫无疑问，如果在传统定义上理解国有资产的所有权，国有企业就不可能对企业内的国有资产作自主支配，而自主支配又是保证资产营运效益的重要前提。目前，我国立法用“经营权”来表达企业对国有资产支配的根据，并把处分权包含在经营权中。然而，问题在于，如果经营权是一种包含了处分权的财产权，那么经营权与所有权在法律上已不具有差异，国家所有权也就不再具有物质和利益内容。显然，国家与企业之间财产权法律关系的内容需要重新界定，尤其应有新的财产权概念来反映国家与企业各自的权益。界定的总体的原则是：保证国家对财产营运收益的不断提高，同时保障企业对国有资产充分自主地支配。

（二）预防和惩治犯罪的效益问题

关于我国法律的效益价值目标，进一步值得思考的是预防和惩治犯罪中的效益问题。近些年来，鉴于社会治安较为严峻，犯罪活动比较猖獗，我国采取了从重从快惩治犯罪的刑事政策。就阶段时期中抑制犯罪，体现刑罚的震慑作用看，这一政策的选择无疑是必要的。但是，预防和惩治犯罪是一项综合性很强的社会行为，所牵涉的“投入”与“产出”关系也极为复杂。全面地认识预防和惩治犯罪中的效益问题，需要有更广阔的视野与思维。这里，我们试就此提出几个具有直观性的比较因素。

1. 惩治的成本和效益与预防的成本和效益。惩治犯罪的效益除了维护刑法的权威性，为社会成员提供安全感，并在一定程度上恢复被害者受侵害的权益外,再就是通过自由刑或生命刑限制甚至剥夺犯罪分子再犯罪的能力,并儆戒效尤者。然而,惩治犯罪的成本也是很高的。首先,惩治犯罪一般是以犯罪损害已经发生为前提的,社会和个人已承受了犯罪行为造成的成本;其次,侦查和审判往往需要作出大量的人力、财力的耗费;再次,改造犯罪亦会形成较高的成本。不难看出,尽管惩治犯罪具有一定效益,但这些效益只是在减少或消除犯罪消极性的意义上而成立的。同时,这种惩治具有很高的成本。这一事实足以启示人们把行为的基点转向预防犯罪。虽然预防犯罪的具体成本无法作出定量测算,但经验表明,在许多情况下,少量的成本投入即可达到预防犯罪的目的,而由此所形成的效益,就是社会或个人不必为犯罪作出相应的成本支付。因此,就社会总体而言,增加对预防犯罪的支出,其综合效益大于惩治犯罪。[25]尽管惩治犯罪也是必要和不可避免的。

2. 专业预防与社会预防、专业改造与社会改造的成本和效益。在犯罪的预防中,司法机关的专业预防作用是不可或缺的。但是,专业预防的成本支出较高,且预防的广度较为有限。相比之下,社会预防不仅覆盖面较宽,同时这种预防可寓于一般社会行为之中,成本支出较低。因此从效益目标出发,应着重强化社会预防的作用。与此相类似,对罪犯的专业改造(指在劳改单位所进行的改造)成本较高,不仅需要支出大量的管理费用(甚至罪犯的生活费用),也难以完全避免罪犯"交叉感染"。而社会改造的管理成本甚低,罪犯反改造的对抗性不强,劳动创造作用能够得到较好发挥。这表明,有条件地扩大缓刑和管制刑的适用,充分发挥社会改造的作用,也有助于综合效益的提高。

3. 从重从快的成本与效益。如前所述,从重从快的刑事政策在阶段时期中的效益是明显的。但是,从重从快不宜作为恒定的刑事政策。在充分肯定从重从快政策的积极效益的同时,也应看到这一政策所带来的成本。首先,持续从重会提高犯罪行为的平均罚值;而平均罚值的提高,会使同一刑罚手段所产生的震慑力相应降低,从而有可能降低一般预防的效果。其次,对"从快"的强调,亦可能使侦查和审判质量受到一定影响,特别是在司法力量普遍短缺的情况下,过分强调"从快"可能导致错案的发生,从而也会减损综合效益。

概括地说,在预防和惩治犯罪方面,最优化的效益只有产生于综合治理，且使刑罚的适用保持恰当的节律。任何刑事政策和措施的选择，都应产生于对成本与效益、特别是各个相关因素的成本与效益的综合考虑。

(三)诉讼程序的效益问题

诉讼程序的效益问题体现于两个层面：其一，包括司法机构在内的参与诉讼的各主体都需要作出一定的成本支出，同时也会获得相应的收益（包括效益的减少或避免负效益的不当增大）；其二，诉讼作为特定活动，各主体的综合成本投入也会产生综合的收益。有关诉讼当事人的成本投入与收益，这里暂不作分析。[26]以下着重探讨诉讼，尤其是经济诉讼的综合成本与收益问题。

近几年，诉讼成本偏高已成为我国审判实践中的突出问题。就经济审判而言，诉讼成本偏高，诉讼效益不够理想主要反映在这样几方面：(1)个案审结周期过长，一方面加大了诉讼中人力、财力的耗费，另一方面，在诉讼中相应的经济权益由于处于不确定状态而不能得到实现，经济冲突所引起的社会震荡延续较广，冲突的负效益增加。(2)缺乏灵活、简便、能够适应各种经济冲突解决的程序手段，程序措施不够经济。某些事实较为清楚，权利与责任关系比较明确的案件，同样需要经历复杂的诉讼程序，增加了不必要的耗费（修改后的民事诉讼法在这方面已有了明显改进）。(3)审判中程序措施的选择不尽恰当。某些审判人员重调轻判的偏好加大了结案的难度；同时，某些不必要的保全措施增加了诉讼主体的损失。(4)裁决的执行率偏低。相当多的裁决不能执行或不能完全执行，从而形成无效益或效益甚低的成本支出。更值得重视的是，诉讼成本过高，而效益不够理想的状况，使社会成员难以建立良好的诉讼预期。有关调查表明，近年来经济主体对于经济冲突的解决，求诸诉讼的动机有所减弱。私了甚而放弃权益追偿的现象增加。这种状况又引起了社会平均究责率的降低，违法行为的成本也因之而减少，经济交往中的摩擦则相应增加，交往的效益受到进一步影响。

影响诉讼效益的现实原因是多方面的，但重要因素之一在于司法实践中缺乏对效益的足够重视。审判行为的追求仅在于公正地裁决并排解社会冲突，而诉讼效益未能成为审判行为的价值目标。毫无疑问，效益价值目标在我国法律中的真正确立与实现，亦需要从根本上改变这种状况，使效益与公正共同成为审判实践的宗旨与追求。

注释

1 参见[美]博登海默:《法理学——法哲学及其方法》,邓正来译,华夏出版社 1987 年版,第 66 页。

2 参见汤在新主编:《近代西方经济学史》,上海人民出版社 1990 年版,第 301 页。

3 参见[美]凡勃仑:《企业论》,蔡受百译,商务印书馆 1959 年版,第 1 ~ 12 页。

4 参见[美]康芒斯:《制度经济学》,于树生译,商务印书馆 1983 年版,第 67 ~ 92 页。

5 [美]布坎南:《自由、市场和国家》,平新乔等译,上海三联书店 1989 年版,第 50 页。

6 参见[英]保罗·伯罗斯等:《法律经济方法》,伦敦 1981 年英文版,导言部分。

7 菲力浦·苏尔茨曼:《法理学和法哲学的见解》,1979 年英文版,第 853 页。

8 参见[美]布坎南:《自由、市场和国家》,平新乔等译,上海三联书店 1989 年版,第 20 页。

9 参见张乃根:"波斯纳的经济学分析法学",载《外国法学研究》1988 年第 4 期;张文显:《当代西方法学思潮》,辽宁人民出版社 1989 年版,第 105 页。

10 关于法律经济学的分析方法,参见拙作:"西方法律经济方法",载《外国法学研究》1985 年第 2 期。

11 福利经济学虽然强调社会福利的重要性,但社会福利在广义上也是一种效益;某些经济学流派对社会公平的强调并未导致他们对效益本位的忽视。

12 参见贺若先、牛仁亮:"论权利清晰与交易费用的关系",载《经济理论与经济管理》1990 年第 3 期。

13 关于不相容使用情况下的权利保护方式,参见张文显:《当代西方法学思潮》,辽宁出版社 1988 年版,第 118 ~ 120 页。

14 [美]波斯纳:《法律之经济分析》,台湾商务印书馆 1987 年版,第 7 页。

15 同上注书,第 22 页。

16 同上注书,第 24 ~ 25 页。

17 同上注书,第 14 页。

18 [美]布坎南:《自由、市场和国家》,平新乔等译,上海三联书店 1989 年版,第 25 页。

19 当然,布坎南偶尔也从伦理角度对某些社会性立法作过评价。

20 [美]施蒂格勒:《产业组织与政府管制》,上海三联书店 1989 年版,前言。

21 《马克思恩格斯全集》第 6 卷,第 291 ~ 292 页。

22 这里只涉及定性评价问题,至于不同违约行为的实际补偿责任当属另一层次的问题。

23 陈宝林等:《现代法学》,重庆出版社 1990 年版,第 66 页。

24 [美]波斯纳:"法律经济方法",载《得克萨斯法学评价》1975 年卷。

25 惩治也有一般预防和特殊预防的效果,这里姑且不谈惩治的预防效果。

26 这方面的分析,可参见拙著:《社会冲突与诉讼机制——诉讼程序的法哲学研究》,四川人民出版社 1990 年版,第五章"诉讼成本与诉讼效益"。

柒

代表作

顾培东

能动司法若干问题研究

只有那些以某种具体和妥切的方式将刚性与灵活性完美结合在一起的法律制度,才是真正伟大的法律制度。[1]

——[美]E. 博登海默

一、引言:我对能动司法思考和研究的过程

叙述我对能动司法思考和研究的过程,是因为这一过程大致可以表明我对这一主题研究意义的认知。2008 年下半年,我明确地感受到法学界(事实上不仅限于法学界)弥漫着一种对我国法治前景的焦虑与担忧的情绪。这种情绪显然同那一时期最高法院出台并实施的一系列新政[2]相关。近几十年来,人们已经习惯了一种思维方式:中国法治看司法;中国司法看法院;中国法院则看最高法院。因此,当最高法院所出台和实施的这些新政多少有些悖离人们对中国司法的想象与期待,并与人们观念中理想的法治模式渐行渐远时,对中国法治前景的焦虑与担忧则成为难以避免的现象。这种状况激发了我探索潜隐在最高法院新政背后的心迹、梳理最高法院发展思路与脉络的愿望。为此,我在学生的协助下,对其时所能收集到的最高法院的各种文献(包括司法解释、司法意见、工作部署、领导讲话以及最高法院《公报》所公布的案例等)进行了较为系统的整理和分析,以此为基础,集中对一些问题进行了思考。这一过程留给我的强烈印象或结论是:中国司法所依循的是一条能动主义的发展主线。虽然其时最高法院的各种文献中并未直接使用“司法能动”或“司法能动主义”这样的语词,但

原文发表于《中国法学》2010 年第 4 期。

通过司法理念、司法政策、司法解释乃至司法判例等,最高法院已经向社会明确地昭示了其追求能动主义的愿望与情怀。以适应中国国情、因应时代变化、回应社会需求以及响应执政党政治倡导为主旨的司法取向,所体现的正是司法能动主义的一般性状与特质。为表达这种认识,我开始撰写相关论文。[3]

然而,我在论文写作即将过半之际却中辍了此项工作。促使中辍的原因在于,随着思考的深入,我产生了两方面顾虑:一方面,司法能动主义(judicial activism)在西方是与分权理论和原则密切联系的概念,用能动主义解说或概括最高法院的新政思路,固然有助于把政治色彩很浓的话语还原到法治语境中加以讨论,从而体现出对"用法律的术语看待法"[4]的合理思维方式的尊重,但这是否会落入我自己曾经批评过的"从西方理论资源中为本土创新性实践寻求正当性依据"的窠臼?另一方面,在法治甫成我国治国之道、人们对法治的认识尚局限于"有法可依、有法必依、执法必严、违法必究"这一民谣化句式的社会中,司法能动主义会在多大程度上能够为人们所接受?

不曾料及的是,2009年8月,最高法院王胜俊院长明确提出了能动司法的主张要求,[5]由此,能动司法这一概念也正式进入我国司法主流话语,并被认知为我国司法的基本理念与基本方式。与此相应,能动司法则成为我国法学理论界与实务界共同关注的热门话题。尽管客观地看,直接参与这场讨论的学者队伍依然稀疏零落(这大概与部分学者并不赞同司法能动主义,或者不赞成在中国实行能动司法有关),但所有关注中国司法以及法治现实的学者,事实上都无法回避对这一主题的思考。于此境况下,先前的顾虑转化为我进一步研究的理由,我接续先前的思考,并广泛阅读在这场讨论中所形成的各种文献,凭借他人的思维成果去深化自己既有的认识,从相互争辩的论理中形成自己对一些基本问题的判断,并延续两年前中辍的论文写作。

更为重要的是,我真切地认为,如同波斯纳把实用主义司法作为理解美国司法进路的一把钥匙[6]一样,能动司法也是正确认识和理解我国司法乃至法治的一个重要视角,因为能动司法关及到司法及法治的一系列基本问题,用沃尔夫的说法即是"可以把对司法机关现代角色的讨论归结为一个赞成或反对'现代'司法权或者司法能动主义的问题。"[7]如果在能动司法问题上能够形成广泛的共识，对我国司法及法治的认识也将会趋于一致。因此，有关能动司法的讨论无疑有助于解开人们在司法及法治问题上的千千之结。而这一点，对于当下中国法学人或法律人来说，甚至对于我国法治的走向与进程来说，无疑具有重要意义。

二、能动司法与司法能动主义

当下对能动司法在学术层面上的讨论，无论是对能动司法持赞同，还是反对，抑或折衷态度，无不呈现出两个特点：一是从西方司法能动主义追溯我国能动司法的源头，有关能动司法的故事，总是从"马伯里诉麦迪逊案"讲起；在语词上，也往往是将能动司法与司法能动主义混同使用。二是讨论者通常根据各自对西方司法能动主义的认识和理解来评价中国的能动司法，并且往往截取西方司法能动主义的某一或某些特性与内容，比附中国的能动司法，进而得出相应的结论。[8]这种状况使得讨论中各自的实际指陈常常发生错位，不仅阻碍了彼此间真实的交流和沟通，更影响着对能动司法这一现象的认识和评价。为此，首先需要弄清中国语境中的能动司法与西方司法能动主义究竟有什么样的联系，进而揭明中国语境中的能动司法所指何物。

（一）司法能动主义的多义性

在法律问题的讨论中，卡多佐曾提示人们注意"一条古老的法学格言说，危险潜伏于定义之中"。[9]"司法能动主义"的定义不清或许正是对能动司法的理解发生偏误的危险渊薮。在西方语境中，司法能动主义是一个多义性的概念，从而也是一个使用较为混乱的概念。[10]我根据西方文献中司法能动主义的不同语义和语用，将其大致归纳为三种：

1. 违宪审查意义上的司法能动主义。这是指以"马伯里诉麦迪逊案"判决为实践标志、主张和坚持司法对于立法、行政等政治行为具有合宪性审查权力的司法意识形态。此种意义上的司法能动主义也是这一概念的最初版本。需要指出的是，尽管在此后的发展中，司法能动主义被充填了许多其他内容，但由于对司法违宪审查权的争议始终未曾停歇，或者因为违宪审查权极端化地体现着司法能动主义精神，因而直至今天，司法能动主义在许多场合下仍然被用于特指违宪审查的司法立场和态度；很多对司法能动主义的反对或批评所针对的也正是违宪审查这一具体事实。[11]

2. 实用主义或现实主义意义上的司法能动主义。这主要是指由霍姆斯、卡多佐、庞德以及当代的波斯纳等人所倡导和主张的、以实用主义或现实主义为其哲学基础的司法能动主义。此种意义上的司法能动主义具有丰富的蕴含和多种实践形态(本文后面详述),但有四个较为明显的特征:(1)在司法的目的上,把社会目标的实现作为司法的根本追求,主张司法的一切活动都必须从属于社会目标的实现。(2)在司法的依据上,不把法条或先例当然地作为唯一的规范依据,而是充分考量案件所关涉的多种价值、规则及利益,在各种价值、规则及利益中寻求平衡和妥协。(3)在司法的方式上,不是机械地拘泥于某些形式,而是灵便地适用各种方式和方法。(4)在司法的姿态上,法官不是完全被动、消极地面对各项系争事务,而是从有效处理案件出发,自为地实施相关裁判行为。

3. 混合意义上的司法能动主义。鉴于前述两方面内容都必须定义于司法能动主义的概念之下,并且都共性化地体现着司法积极主动的主观状态,因而西方法律辞典中司法能动主义的定义通常都是糅杂了违宪审查和实用主义两个层面的意蕴,形成兼容了两个方面的混合意义上的司法能动主义,但不同的版本中保持着对这两个方面内容的不同强调。《美国法律辞典》将司法能动主义定义为“对美国司法制度中审判行为的一种见解。司法能动主义者认为上诉法院发挥着实质性和积极的政策导向作用,司法能动主义倡导法官接受新的政策,即便是那些与既定的法律规范和先例不一致的政策。……最重要的是主张法院适用自己的政策优先于那些立法机关和行政机关的政策。这最明显地表现在法院宣告一项政府行为因违宪而无效。司法能动主义还可以把法律规范延伸到为政府行为确立特定的要件”。[12]这一定义蕴含着对违宪审查的偏重。《布莱克法律词典》对司法能动主义的定义则是:“司法能动主义是指司法机关在审理具体案件的过程中,不因循先例或不遵从成文法的字面含义进行司法解释的司法哲学及基于此哲学的行为,当司法机关发挥司法能动性时,它对法律解释的结果会更倾向于回应时下的社会现实和社会演进的发展趋势,而不是拘泥于现有成文法或先例以防止产生不合理的社会结果。因此司法能动主义意味着法院通过解释对法律进行创造和补充。”[13]显然,这一定义又突出了实用主义的司法精神。

从西方司法能动主义的多种语义和语用来看,当下中国语境中的能动司法主要与实用主义意义上的司法能动主义相重合；并且，由于司法制度上的差异，这两者之间的重合也是有一定限度的。因此，不注重这些区别，泛泛地把中国语境中的能动司法与西方司法能动主义相混同，势必不能真正把握能动司法的涵义。

（二）能动司法的对应：司法克制主义还是法条主义

对能动司法认知和理解的另一个维度或视角是：能动司法所对应的司法意识形态或理念，究竟是司法克制主义还是法条主义。

在西方文献中，通常都把司法克制（Judicial restraint）视为司法能动主义的对应形态；反对司法能动主义的理论与主张一般被称之为司法克制或司法克制主义。基于前面提到的能动司法与司法能动主义被混同使用的原因，我国学者对能动司法的讨论（无论是赞同还是质疑或反对），也往往涉及到对能动司法与司法克制主义的比较，有些甚至还鲜明地把能动司法与司法克制当作我国非此即彼的选择。[14]

事实上，如同司法能动主义具有多种语义和语用一样，司法克制主义在西方语境中的含义同样是很不确定的。本原意义上的司法克制主义当然主要指对司法的违宪审查权的否定或反对，但这种语义后来又被进一步引申为司法在社会事务，尤其是政治事务上应严格守持自己的疆界，尤其不主动关切或参与这些事务；在案件的处理中也无需关顾案件所涉及的社会及政治因素。《韦伯斯特法律辞典》（Webster's New World · Law Dictionary）对司法克制所作的定义是："是指案件应当尽可能以最狭窄的依据来裁判，而毋须解决不必要的问题，尤其是政治性或社会性争执的学说"。[15]还有文献对司法克制作了更为狭窄的理解，如《奥兰法律辞典》（ORAN' S DICTIONARY OF THE LAW（3rd Edition））的相关解释是："与司法能动主义相对立，排斥法官个人观点，严格依循适用先例的司法裁判以及作出裁判的过程。"[16]国内学者一般都是根据自己的理解，甚至是根据论证和叙说自己观点与主张的需要而使用和界定司法克制或司法克制主义这一概念，但占主导地位的观点仍然是把法院或法官的"被动"、"消极"或"中立"表述为司法克制。[17]

不可否认，能动司法与司法克制在一定范围内或一定意义上存在着对应性关系，但两者之间并不完全对应。无论对司法克制作何种宽泛的解释，其内容也不能反向覆盖能动司法的丰富内涵。这主要是因为，能动司法所突出的是司法积极主动的主观状态,因而其实践形态既可以表现为积极的作为,也可以表现为自主性的不作为,能动司法的方式在不同社会条件下具有很大的创造性空间;而司法克制所强调的是司法保守性的外部形式,其实践形态只能体现为刻意的不作为。基于司法活动本身的特性和要求,法院或法官在司法过程中除了针对某些特定事项外,没有进一步"克制"的可能。更值得注意的是,如果把法院或法官在司法过程中必要的被动(如民商事案件的不告不理)、中立(不偏袒于一方当事人)等特性表述为"司法克制",并以此反衬能动司法,由此可能产生的效果是人为制造和扩大能动司法与司法客观规律之间的矛盾,使能动司法披染某些"原罪"色彩,这不仅不利于理解能动司法的积极意义,也容易对能动司法的实践产生错误的引导。因此,把司法克制或司法克制主义理解为能动司法的对应体,或者从司法克制角度反视能动司法,无助于对能动司法形成客观的认识。

在我看来,能动司法所主要对应的是法条主义理念;能动司法在技术层面的重要功能是克服法条主义的根本缺陷。法条主义认为,法律的社会价值和社会目标已经包含在既定的法条之中,法院或法官只要严格依照法条行事,就能保证法律的社会价值和社会目标的实现。因此,法条主义把法官恪守法条规定(包括严格遵循先例)以维护法律的确定性作为司法的重要追求和评价司法行为的主要依据;同时,把司法活动确定为封闭、自洽的逻辑推理过程,"理想的法条主义决定是一个三段论的产品"。[18]与此相应,法条主义否定司法过程对社会现实关及的正当性,拒绝对法条(或先例)合理性的审视,也排斥司法活动中对特殊情境以及个别性、差异性的考虑。法条主义的这些认识与主张正是能动主义所着力反对或否定的思维取向,能动司法从目标追求到行为方式都是针对法条主义而确立的。在西方法哲学史上,崇尚能动主义的社会法学、现实主义及实用主义法学,与奉行法条主义的分析实证主义法学或规范法学构成了近现代以来法哲学领域内根本对立、无法融合的两大阵营。无论是卡多佐对遵循先例原则绝对性的否定,霍姆斯对法律经验基础的强调,抑或庞德对法律任务和功能的阐释与解读,都显示出对法条主义的明确挑战和反叛。用波斯纳的话说,在过去的几十年间,法条主义"饱受法律现实主义和实用主义、'批派'(即批判法学的成员)、政治科学家、法律经济学家以及其他怀疑论者的摧残”，因而“法条主义的王国已经衰落、苍老，今天，它主要限于常规案件，如今允许法官做的事很多。”[19]在我国，能动司法理念在最基础层面上所要解决的问题同样是克服法条主义思维所形成影响和局限。所以，法条主义才是我们恰当理解司法能动的意义与内涵的反向参照。

（三）中国能动司法是否需要与西方司法能动主义相撇割

在能动司法的相关讨论中，我们还看到另一种见解：尽管不否认中国能动司法与西方司法能动主义之间的联系，但同时又认为两者之间具有“本质性区别”。[20]事实上，最高法院使用“能动司法”这一提法，而不是人们业已习惯的“司法能动”或“司法能动主义”，或许也包含着通过词序的颠倒或语词的变换来体现两者之间差异的意图。由此所引出的问题在于：中国能动司法是否需要刻意与西方司法能动主义撇清关系。对此，我的认识是：第一，基于西方司法能动主义语义的复杂性，我国能动司法与西方司法能动主义的重合只是在特定语义上成立，并且在范围上也有一定的区别。因此，简单地将中国能动司法与西方能动主义相混同，尤其是不加鉴别地用西方司法能动主义观照中国能动司法，这显然是不恰当的。第二，中国能动司法与西方司法能动主义作为解决相同社会问题的司法理念或方式，两者又会有许多相同或近似；就实用主义意义上的司法能动主义而言，我国能动司法与其并不存在“本质上的区别”，至少应当把两者看作是同质性的社会现象或社会行为。第三，无论最高法院主政者提出能动司法时是否受到西方司法能动主义的知识性启示，我们都无法以虚无主义的态度漠视或割断这两者之间的联系。即便是主张两者间存在“本质性区别”的学者，也不得不把探源于美国作为相关论文的开篇。[21]这表明，中国能动司法与西方司法能动主义之间固然不存在制度上的传承，但也无法断然否定两者之间知识上的缘脉关系。第四，卡多佐、霍姆斯以及庞德等能动主义的倡导者对司法运作的规律和特性有着深刻的认识，他们的很多见解对于加深我们对能动司法的理解，以致对我国相关制度的建构都具有一定的启示作用。第五，更为重要的是，司法能动已是当代各国司法的普遍性实践和主导性发展趋势，我国对能动司法道路的选择，正是对人类司法发展规律以及司法发展趋势的正确领悟和把握。在对待我国法治实践与外部制度和理论的关系上，我们确实没有必要牵强地对外部世界作攀附，但也不应试图通过自我封闭而建立某种自尊。把我国能动司法放置在世界法治语境中,不仅不会贬损我国司法制度自我创新的意义,同时还会增强我们对中国法治的信心(因为我们毕竟还行进在人类法治的道路上,尽管我们有些特立独行)。因此,在总体上应当把中国能动司法看作是世界法治语境中的司法能动主义在中国的特殊形态。

三、实用主义意义上的司法能动的主要蕴含或实践形态[22]

如前所述,西方实用主义意义上司法能动更加接近或切合于我们对能动司法的想象,那么,这种司法能动的主要蕴含或实践形态又是什么?需要说明的是,这方面问题并没有完整而集中的答案,它散见于相关思想家在不同主题下的阐释,但通过对这些阐释的系统梳理和归纳,我们仍然可以清晰地看到现实主义和实用主义法学家们所描绘出的司法如何能动的图景。

第一,把司法活动及过程的目的直接设定于对外部社会目标的追求之上。

司法能动主义否弃法条主义有关法条已经涵括了公平、正义等社会价值和目标的预设,从司法运作的真实状况出发,回复并尊重司法运作的实践逻辑,把追求外部社会目标作为司法第一性的因素;相应地,把法律适用视为从属于追求这些社会目标的手段或方式。在能动主义理念中,司法不只是一个把法律适用于具体事实的程式化活动,更是实现其社会功能、追求社会整体利益的具体实践。正如达玛什卡所说:"能动主义司法的最终目的在于将国家政策贯彻到法官的审理的案件之中"。[23]与政治或其他社会活动一样,司法始终承载着推动社会进步、实现社会主流价值的重要使命。[24]与此同时,司法过程中不仅需要法院及法官对法条和法律适用技术的熟稔把握,更需要对特定社会中社会目标的深刻领悟和感知。不仅如此,司法能动主义视野中的社会目标往往并不是"自由"、"正义"这些抽象的政治价值,而是"社会福利"、"公共善品"、"有效"[25]等具有很强的感验性、容易明确认知(在某些场合下甚至可量化[26])的社会功利,或者是一些更为具体的社会任务或社会倡导。

第二,明确肯定司法(机构)立法的正当性和可能性。[27]

依据司法能动主义的理解,司法与立法的限界仅是一种技术性设置或安排,因而这种限界并不是绝对的。[28]因为,其一,没有充足的理由可证明司法过程中创造的法律产品一定会逊于立法过程中形成的法条。正如考默萨所说:“要想明确法院以外的制度所制造的法律是否以及在何种程度上优于法院法,是一个非常难以判断的命题。”[29]其二,在缺少法条资源供给的情况下,法院或法官不能以没有法条依据为理由而拒绝解决提交给司法机构的具体案件。立法者缺位的地方,正是司法者施展其创造才能的空间。“司法过程的最高境界并不是发现法律,而是创造法律。”[30]其三,基于一般化的法条规则并不必然能为差异化的个案提供良好的解决方案这一现实,因而司法必须致力于在价值多元和利益多元的背景下对“一般”与“特殊”、“多数”与“少数”加以充分观照和审慎权衡,并通过司法立法固定处理特殊问题的方式。这不仅不是“不民主的”司法权僭越“民主的”立法权的“反多数难题”,而恰恰是克服“多数人暴政”的明智举措。[31]

当然,在不同的体制下,司法立法的主体不尽相同。在以判例法为主体的国家中,司法立法直接体现为法官造法;而在成文法国家中,司法立法的主体则主要是法院,并且往往特指最高层级的法院。[32]从实际情况看,虽然,基于权力分立的理论与原理,司法立法在一些国家中仍然是触及政治戒规的敏感话题,司法立法在正统话语中往往不被承认,而相应的功能更多通过“法律解释”等语词加以表达。同时,即便在美国这样的判例法国家中,有关法官的功能应当是发现法律、宣告法律、解释法律还是创造法律的讨论,仍然吸引着法学家们的理论兴趣;各流派的固有立场使法学家们在此问题上无法形成共识,但司法立法在事实上已广泛存在于不同国家的实践之中,发挥着弥补法条资源供给缺失的作用。

第三,允许法院或法官在某些特定情况下不受既定法条或先例的约束。

即使“有法可依”,但当依照既定法条或先例不能有效地达及或实现司法所希求的社会目标和社会功利时,司法能动主义亦允许法院或法官在裁判时不受其拘束。波斯纳认为:应把“依据先例(即人们所知的‘遵循先例’学说)当作一个政策,而不是当作一种义务。”[33]因此,法官必须调整法律,使之“适用于一个已改变了的社会环境和政治环境。”[34]能动主义者把这一主张的正当性建立在三个基点之上:其一,对法律的社会目标和社会功利的追求,其意义和价值重于对法条或先例的形式化固守;其二,法条或先例中存在着依据社会目标和社会功利判断而不尽敷用的缺陷,如果迳行适用,将有损于法律的社会功能;其三,不受法条或先例的约束,并不意味着对法律权威性的忽视，而是对法律根本价值或内在本质的深入探寻，是法律精神在更高层次上的实现，因而也是对法律权威的真正尊重。由于司法能动主义的这一主张对传统法治观念最具有挑战性，[35]从而也是能动主义备受争议的焦点，并由此成为司法能动主义最具识别性的特征。尽管如本文所显示，司法能动主义的蕴涵远非这一特征所能概括，但“不拘泥于法条或先例”或“超越法律”却往往成为司法能动主义留给人们最深刻的印象。

第四，重视司法的决策功能，主张司法在社会生活、尤其是在国家的政治生活中扮演更为重要的角色。

能动主义者主张，一方面，应扩大和延伸司法对各种社会活动的影响层面，强化司法对各种社会行为的评价能力，加强司法对社会过程的深度干预；另一方面，通过司法活动实现国家的政治功能，特别是通过司法创新、型塑新的制度结构，促成社会的重大变革，推动社会整体的进步。美国宪法学者考克斯即宣称：“最高法院的宪法判决经常型塑着我们国家的历史进程。”[36]然而，需要进一步说明的是，能动主义并不片面地强调司法活动的无限扩张，司法活动的增加“并不必然与更大程度上的能动主义相关”。[37]在特定情况下，能动主义还明智地主张将某些符合司法处置的法定要件、本应由司法解决的问题交由政治过程或市场来解决。“当市场能担当重任时，法院就把决策权（成本——收益分析）交给市场；当市场失灵时，法院就自己来判决资源配置的效率是否实现。”[38]有些著述把司法对自己权力范围内事务的某种让渡认定为与司法能动主义相对应的“司法克制”、“司法谦抑”或“司法消极”，这实际上是对能动主义的一种片面理解。[39]因为，此种意义上的“克制”、“谦抑”或“消极”，主要产生于司法对自身能力和容量的一种考量和权衡，以及司法在与其他社会力量互动过程中进退自如、有所为亦有所不为的积极把握。因此，对司法能动主义的测度，不在于司法实际涉足范围的大小，而在于司法可能作为的空间及成效，在于司法自身的主体性、主动性以及自决性是否以及能否得到充分的体现。

第五，强调司法必须与社会发展变化保持同步，以对社会的高度关切，并以各种可能运用的司法手段，回应社会在不断发展变化中形成的需要。

司法能动主义虽然不否定法律确定性的价值，但并不过度看重这种确定性。“确定性只是相对的、暂时的，只是沙滩上易被一浪高过一浪的潮汐抹去的痕迹,”[40]因而不应因守持法律的确定性而影响司法对社会情境的适应。在解决法律与外部社会变化这一矛盾(亦即法律确定性与适用性的矛盾)方面,无论是出于对立法过程复杂性、时滞性的理解,还是基于对司法责任的认知,抑或对司法自身能力的自信,能动主义者都不把希望完全寄托于立法,而是主张通过司法过程直接克服这种矛盾,“通过司法过程的固有力量,来恢复平衡,”[41]用在司法中形成的“活的法律”去应对鲜活灵动的外部世界。卡多佐曾颇富感情地表达自己的相关理念:“我将尽自己的绵薄之力,把那些悸动着、喧嚣着渴望得到表达的社会和经济力量引入法律。”[42]为此,卡多佐赞同这样一种方式:“解释成文法时,涉及到当代的社会、经济关系时,必须依据其术语在当代的涵义。”并且主张,在具体的司法活动中,将“某个法律关系的社会与经济目标作为讨论的起点”,同时认为“对法官而言,正确评价当事人之间的法律关系的经济与社会目标,这一职责要比某部法律所宣告的特定规则更具确切的指导意义。”[43]正是通过在司法中赋予法律条文以时代涵义,以及把具体的司法活动同社会及经济目标相联系,司法能动主义力图在法律与变幻不定的社会事实中搭建起一架不离不弃的浮桥,从而使法律与外部社会保持着动态性适应。

第六,主张在司法活动中超越单一的法律维度,综合、统筹、全面地分析和考量对象所关涉的各种因素,合理平衡各种诉求和利益关系,恰当解决各种规则及价值的冲突。

司法能动主义认为,单一的法律维度难以对复杂的事实或现象作出合理和恰当的评价;鉴别是非或者权衡利弊也不能仅仅依凭于法条或先例所确定的标准。同时,司法的功能不在于简单地找寻和发现案件事实与法条或者先例的对应和相符之处,更在于追求和实现司法所承载的社会及经济目标。因此,在法律维度以外,政治规则、道德伦理、民间规诫、风俗习惯等都应作为司法决定的参考因素;[44]同时,政治影响、经济利益、公众情感等各个方面也都应纳入司法考量的范围。司法过程“意味着评估和权衡,它也意味着考虑选择的实际的道德和结果;它还意味着不仅运用抽象逻辑的论证,而且运用经济学、政治学、伦理学、社会学及心理学论证。”[45]卡多佐认为:“法院犯的有些错误起源于对某个判决的经济和社会效果,或者对该判决所回应的经济和社会需求欠缺足够的知识。”[46]他主张法官应当像布兰代斯那样,使自己的判决“充满了反映时代影响、社会、商业以及政治当前的状况。”[47]庞德则进一步强调:“在任何时候在所有涉及法律秩序的妥协、调整与和解中”都应当“尽可能多地实现社会整体的利益……通过一个反复试错的过程来达到妥协与调整,以最少的牺牲换取最大程度的社会利益保障。”[48]总之,在能动主义的观念中,法条或先例不是司法审判的唯一依据,正确的司法决定也不可能产生于“法律、事实、结论”这样三段式逻辑推演的机械性过程。[49]

第七,主张赋予法院或法官在司法过程中更强的主导地位,尤其是赋予法官在实体及程序方面更大的自由裁量空间,突出法院或法官对于案件最终解决的决定或影响作用。

司法能动主义认为,既然司法是实现社会目标和社会功利的一种活动或手段,那么,法院或法官就应当导引案件的最终解决朝着符合于这种目标或功利的方向发展;进而在司法活动中,法院或法官应当具有足够的主导能力,把握司法活动的进程及其效果。在能动主义看来,无论是职权主义还是当事人主义、审问模式还是抗辩模式,都应从属和决定于法院或法官对司法活动的实际控制;[50]法院或法官的中立性或在某些场合下的消极性只有在符合司法目的前提下才具有意义,这种“中立”或“消极”毋宁是法院或法官“能动”的另一种表现形式(如上文述及)。马丁·夏皮罗指出:“描述司法行为的著作已经相当令人信服地表明许多法官不是完全处于‘中立’地位的第三方,而是将值得注意的公共政策支持的利益加入到三方结构中,他们寻求通过判决来达到这一目的。”[51]“虽然继续在三方结构中的争议解决者的这一伪装下履行职责,但是法院在运行的过程中很明显地将外部利益强加给当事人。”[52]美国学者摩西·拉斯基在描述美国司法运作实际状况时也承认:“理性的阐述和中立的原则的概念仅仅是理论,同司法判决的现实没有关系。”[53]

除了前述诸方面外,司法能动主义的意蕴在事实上还有进一步扩充的可能。其原因或理由主要在于,对社会目标和社会功利的追求,客观上要求司法具有多方面的作为,并具有多样化的表现形态,要求司法者主动而灵活地运用卡多佐所说的“法律武库中的十八般兵器”;而在另一方面,这样的追求也为司法超越一定的限界去实现自己的抱负提供了相应的正当性,增加了外部社会力量对司法相关行为的接受抑或宽容的可能。因此,对司法能动主义的蕴含或实践形态,尚有更大的空间留予人们作进一步想象和揣度。这也表明,对司法能动主义的理解不应当局限于某一方面内容或某种形态,尤其不应从司法能动的某一内容和形态去解读司法能动主义的基本特性,进而据此作出认同抑或反对司法能动主义的结论。

四、司法能动主义在西方兴起与践行的原因

长期浸淫于传统法治文明的西方社会,为什么会提出司法能动的问题?换句话说,在法条主义理念已深入人心的社会环境中,司法能动何以被推崇和践行?弄清这些,有助于我们理解“司法为什么要能动”这样一个基本性问题。对于这样的问题,在有关司法能动的大量文献中,尤其是在现实主义和实用主义法学家的著述中已经作出了充分的解说,因此,对此问题的回答,严格地说已不完全是出自我的思考;但我奢望用我自己浅俗的理解为对能动司法尚存疑虑的人们提供某种认识上的导引。

(一)技术层面的原因:克服法律固有属性或特性所附随的缺失和局限

司法需要能动的理由和原因首先同法律固有属性或特性所引致的缺失和局限相关。规范性、普遍性以及稳定性是法律的固有属性或特性,是法律得以成为社会规范并发挥其功能的基本要素,是法律之治相对于其他社会治理手段的优势所在。然而,这些特性或者属性在形成法律优势的同时,也为法律之治预设了天然的缺失与局限。法律的规范性为人们提供了一种明确但却始终有限的社会规则,而有限的法律规则永远无法涵盖千姿百态的社会生活,从而使法律不可能完全恰当地对应它所意欲规制和评判的社会现象与社会事实;法律的普遍性在创造一种形式上的公正与平等的同时,却无法照顾到个别性主体、特殊情境,以及差异化的事实等场域下的公平正义诉求;法律的稳定性有助于为人们的社会行为建立确定的预期,但在另一方面却往往难以避免法律的内容滞后于社会的发展和变化。博登海默深刻地指出:“法律的这些缺陷,部分源于它所具有的守成取向。部分源于其形式结构所固有的刚性因素,还有一部分则源于其控制功能相关的限度。”[54]因此,流行中“法律不是最好之治,而不过是最不坏之治”的判断,也正是建诸于对法律固有属性或特性所附随的缺失与局限的认知。[55]

法律固有属性或特性所附随的上述缺失与局限在法律实际运作中进

一步展开并现实化,形成了司法实践常常遭遇的一系列窘境:(1)受传达法律规则的语言媒介所限,法律规定往往难免语义含混、歧义,容易引致司法中对规则的理解分歧;(2)法律规定之间呈现相互矛盾和冲突,适用时则难以作出恰切的选择;(3)法律规定不能覆盖和对应司法所面临的社会事实,而法院又不能以此为由而拒绝对案件的审理和裁判;(4)法律规定与其他社会规则,包括伦理道德规范、政治原则、普遍性较强的风俗习惯存在一定的冲突时,单一化地遵循法律规定将(可能)损害法律的社会认同基础或者引发更多的社会问题;(5)法律规定落后于社会发展,以致于依照法律规定裁判将会对积极的社会行为产生不恰当的限制和制约,或者放任消极的社会行为危害社会的发展和进步;(6)法律规定所依据(或预设)的事实背景与现实中个案事实存在较大差异,如果武断地将个案事实"涵摄"于预设事实之下,难免产生不可预知的裁判结论;(7)法律规定的适用,有赖于对案件中具体事实的认定,而在一些案件中,受证据有无、证据完备与否以及证明的能力和条件等因素限制,难以对个案事实作出明确的认定,从而难以兑现"以事实为根据"的裁判承诺;[56](8)立法所限定的处置方式极为有限,有限的处置方案难以对应于个案中的实际问题,从而难以针对性解决纠纷;(9)在案件涉及多个主体,各主体的利益诉求都有一定合理性或者合法性但各种诉求又不能兼容的情况下,法律往往不能提供确定且恰当的解决方式。[57]

在直接和质朴的意义上,司法能动或者能动主义正是因应着从技术或方法上解决这些矛盾和问题的要求而形成的。能动主义建立于这样几个相互关联的认识与判断:第一,作为司法依据的法律资源,尤其是法条所能供给的法律资源永远是短缺或不完备的。[58]第二,人类不应宿命化地对待法律的局限或者片面化地仰仗立法过程来克服这些局限;相反,人类应当并且能够通过司法过程的能动运作来补救这些缺失。第三,司法的目的和功能不是显示现有法律规则的约束力,而是追求法律所要实现的生活目标,而司法在这种追求中能够超越法律形式的局限,把社会目标直接导入到具体案件的处理之中,并激活除法律规则之外的多种规范资源,从而消解法律缺失的影响。第四,司法过程并非"自动售货机"那样简单,法条主义对司法行为的程式化想象[59]并不符合司法的真实状态,司法实际上是充满创造性的高度智慧化的活动,因此,司法过程的这种特性也决定了法院或法官不可能面对法律的缺失而无所作为——即便法院或法官真诚地愿意遵循法条主义的教诲。第五,即使司法面临着前述诸多的矛盾和问题,但就总体而言,这些矛盾和问题并不是司法中的常态,[60]需要司法以特殊的思维和方式处理的仍然是个别性的现象。作为一种司法理念的“能动”是恒久和确定的,但体现在具体的司法方式上,能动并不是适用于所有案件的技术和方案,因此,能动主义并不构成对法律基本属性的实质性损害。毫无疑问,能动主义的这些认识符合人类社会实践中的进取本性和思维取向,同时更体现出人类在法治进程与发展中所作出的努力。

(二)社会层面的原因:司法与政治的融合

在传统法治的理论建构中,司法是与政治相隔绝的封闭性活动。一方面,基于“三权分立”的原则,司法与立法、行政相互独立,因而司法无涉于立法及行政活动;另一方面,基于公正中立的要求,司法与政治又必须保持一定的隔绝。然而,司法的这种封闭性实际上只是出自于一种理想性的假设,并不符合、从而也不能适应于社会运行的实际,更不符合政治生活的逻辑。

从司法能动主义的发源地美国的实践看,19 世纪初违宪审查权的出现,并不能简单地用最高法院扩张自身权力的愿望来解释,从根本上说仍然缘自于美国政治生活的实际需要,而这一权力的出现,明确地标示着司法与政治之间的间隔被打破,两者趋向于相互融合。20 世纪 30 年代,这种融合在罗斯福新政的推动下获得了新的意义,并呈现出更加紧密的形态。面对日益复杂的工商业关系以及日益增加并激化的社会矛盾,特别是面对自由放任资本主义形成后最大的经济危机和大萧条,罗斯福在强烈的国家主义意识下积极推行福利国家政策,由此触及了最高法院保守派的神经,进而保守派利用违宪审查权撤销了一些作为新政重要举措的反萧条法令。然而,保守派阻止新政的企图并未得逞,罗斯福在获得连任后即提出意欲改组最高法院的“法院填塞计划(Court - packing plan)”。这一计划虽然并未实施,但足以促使最高法院重新审视自己的司法立场。此后的最高法院迅速改弦易辙,从对抗新政转向密切配合和支持新政法令的颁布与实施,并对新政发挥了重要的积极作用。二战后,美国司法能动主义在沃伦时期被发展到极致,而促进和推动这种发展的仍然是司法对种族歧视、言论自由、立法机关议席分配以及被告人宪法权利保护等政治生活的关注和干预。沃伦法院的成功也得缘于其准确地把握了美国政治发展的趋势，司法政策具有广泛的政治基础。[61]后沃伦时代[62]的美国，通常被认为是温和的司法能动主义时代，因为这一时期最高法院已较少运用违宪审查权力，但实际情况则是能动主义采取了更为成熟的策略和方式：法院以及法官们将自己所认同的政治理念贯彻到司法过程之中——他们在具体的个案裁判中不动声色地体现自己的政治主张和政治立场，并以此去影响社会政治生活。[63]

在美国司法能动主义的实践史中我们还可看到这样一种现象：当需要型塑（包括改革）某些重要社会制度建构，或确立某种新的社会理念时，司法能动主义主要体现为违宪审查权的运用。如前所述，罗斯福时代以及沃伦时代的能动司法既是美国社会变革的重要时期，也是违宪审查权被充分运用的时期；而当社会处于平稳发展阶段时，司法能动主义则更多地体现出它的实用主义精神，司法的政治性通常潜隐在具体的审判技术之中，通过法院或法官对具体审判技术的运用，把主流意识形态和主导政治力量的要求带入到司法过程之中，并以“随风潜入夜，润物细无声”的方式在司法领域中得到实现。如果前者显示着司法与政治之间融合的“栈道”，那么，后者则是司法与政治相互沟通的“陈仓”，两者的实际作用都是维护美国的核心政治价值。故沃尔夫说：“司法审查的历史就是法院面对那个时代的中心政治问题，并且总结出自己对宪法、先例和某些自己的政治观点之间关系看法的历史。”[64]

事实上，司法与政治之间的融合以及由此而引起的司法能动主义的兴起，只是反映出司法向其政治本质的复归。现代各国的实践都越来越清楚地表明，司法始终只是一个政治装置，是实现政治目标的一个工具；法院始终是国家政治权力结构的组成部分，是民族－政治国家的权力网格中的一个关键节点；司法固然有独立的行为标准与活动方式，但并没有独立于统治之外的利益。正如美国政治学家波齐所说：“国家的每一个部分不仅仅作为一个独立的权力中心，而且也是国家的有机组成部分，使国家另一个整体在实现自己的目的方面具有更高的权能。”[65]批判法学派则更为极端地认为：“司法判决并非一个中立的过程，而是彻头彻尾的政治，法律不但是政治性的，而且它还是具有偏向性的政治。”[66]在此方面，一位美国法学家的表述也许更切合实际状况：“对于司法制度而言，法治的观念并不意味着法官作出判决不受政治的影响，也不意味着判决不具有政治意义或不对政治制度发生作用；不意味着法官超脱于价值体系和思想观念；也不意味着其判决是以盲目、机械的方式作出的。法官和公务员不是机器，他们是人，具有人的情感和思想；他们也有自己的好恶，有政见，有价值观。[67]司法与政治的关系决定了司法活动以及司法过程必须从属和适应于社会政治统治的总体要求，在这种从属与适应中，司法必然是能动的。能动，既是司法与政治关系的重要稳定器，也是司法与政治关系保持恰当平衡的必要方式。美国的实践只不过更具说服力地向人们展示出：即便是在分权原则和理论构筑的壁垒之下，司法与政治之间仍然明通款曲或暗诉衷肠，而司法能动则是两者相融相通的桥梁或实现这种融通的基本方式。

（三）法哲学层面的原因：对传统法治理论认识的深化

传统法治理论产生于以启蒙思想家为主导的理性自然法学对于法治社会的规划和勾勒。启蒙思想家们用自由、平等、公平、正义等核心价值，法律面前人人平等的原则，“三权分立”的政治建构，司法独立，以及忠实于法律信仰的职业化法官等元素为人们构画出一幅法治的理想图景。

传统法治理论类似于一种宗教，它启导人们对法治的向往，反映人们对世俗社会的普遍性愿望，并且也能够为法治实践提供方向性引导，但这种理论不是产生于经验性总结，更不包含对实践过程具体情境与条件的考虑，它不仅未能反映人类在此前的社会历史经验，更不能反映 20 世纪以来极为复杂、变化巨大的社会现实。因此，自传统法治理论提出后就不乏相应的反思与质疑。尤其是 19 世纪末以来，伴随着由马克斯·韦伯所开启的西方思想界对人类社会及其建制的“祛魅化”[68]过程，法学理论形态的一个重要发展趋势就是对传统法治理论的审慎反思，在此过程中显示出四个重要变化：一是由对法律的概念化信仰转向对法律具体功能和作用的思考，如庞德对“法律的任务”的解读；[69]二是从对国家法治宏观建构的关注转向对法律实施过程、尤其是司法过程的实证分析，如卡多佐对司法过程的性质的思考；[70]三是从孤立、封闭地看待法律的运作转向把法律放置到社会整体运行之中，考量其作为一种社会现象的真实状态；四是从力图为人们提供评判社会现实的武器转向为社会提供建构性指导。总体而言，这种反思虽然未能导致批判法学派所断言的传统法治理论体系的颠覆和崩溃，[71]但确实启导了人们对传统法治理论保持应有的审慎。

在前述反思传统法治理论的过程中，三个不同的法哲学主张获得了不同的命运。首先是法条主义被扬弃。法条主义（也有些西方文献中表达为法律形式主义或法律程序理论）集中概括了传统法治理论对法治形态的描述，法条主义通常被认为是法治的外部形式，而法条主义赖以支撑的口号也是法治。[72]因此，当传统法治理论不再被盲目信仰时，法条主义也随之被扬弃，即便是依然保持着对传统法治理论的敬重，主张“回归法律自身”，将法官“与政治隔离开来”，以追求法律的公共理性的学者，也不得不顾虑法条主义的缺陷，把司法的作用定位于“测度立法权威所确立的价值和现实生活之间的差距，从而找到弥补两者罅隙的方法”。[73]真实地说，传统法治理论在近世所受到的质疑和挑战，并不是这一理论所倡导和守持的正义、公平等价值，而恰恰正是法条主义所显示出的机械刻板的法律思维和司法方式。其次是批判法学派虽然使传统法治理论遭受重创，但并未得到普遍的认同。以昂格尔为代表的批判法学从揭示传统法治在社会现实中的矛盾与困境以及动摇传统法治的基石入手，从根本上否定了传统法治在后自由主义社会中存在的意义与现实性，并宣称传统法治在现代社会中业已解体或没落。[74]应该说，批判法学派的深刻分析无情地揭下了传统法治理论的神圣光环，为人们提供了对法治的一种新的认知，但由于“批派”并未系统地完成自己的理论建构，昂格尔的理论缺少必要的建设性，他为人们所描述的“潜在的、活的法律”，多少有些虚无缥缈，因而“批派”在西方法哲学中固然有其不可忽略的地位，但并未能得到广泛的认同。再次是实用主义、现实主义（在更大范围中还包括经验主义和功利主义）成为司法领域中具有主导地位的意识形态。形成这种结果的原因，一方面在于实用主义、现实主义更能够因应社会发展和变化的要求，同时也更能反映司法实践的具体要求，也贴切于司法这一极为具体的社会活动的基本品性；另一方面，实用主义、现实主义的倡导者霍姆斯、卡多佐、庞德等人直接掌握着司法权力或者在司法实务界具有重要地位和影响。近几十年来，虽然西方法哲学领域中仍然可以听到维护传统法治理论的呼声，但这大致可以理解为保持法治意识形态所必要的张力的具体努力，同时，也是学者们面对日益恶化的社会现实而对法治理想的一种追念或憧憬。就司法领域的实际状况而言，实用主义和现实主义以及体现这种哲学意识的能动主义已牢牢地扎根于司法实践之中。这也是能动主义司法成为当代司法发展主导性潮流和趋势的重要原因。

五、中国实行能动司法的现实理由及约束性因素

从克服法律固有属性所附随的缺失与局限来看,中国或许是最需要实行能动司法的国家。这是因为,法的固有属性所附随的缺失与局限以及体现于司法过程中的矛盾,在我国特殊的社会背景和社会条件下,都一一被放大了。首先是我国地域广阔而发展极不平衡,法律适用的对象、情境的差异甚大,法律的普遍性和统一性始终面临着各种差异性要求的挑战。[75]其次,近几十年以至今后较长一段时间中,我国都处于社会转型以及社会快速发展时期,法律所对应的社会背景不断发生新的变化,从而使法律的实际生命周期显得十分短促,法律很难保持其应有的稳定。这两个因素在很大程度上加大了对能动司法的需求。而在另一方面,相对而言,我国的立法资源更为短缺。这不仅是因为在复杂的社会环境和条件下我国立法工作的难度较大,同时客观上也存在着立法技术与经验不足,立法能力不强,立法决策机制不够健全等问题,这难免会导致立法空缺、立法粗疏、立法不尽适用等现象。而立法中的所有这些问题与缺陷,又都需要在司法层面中通过能动司法加以消化。然而,仅仅是前述这些因素,仍然不足以充分解说我国实行能动司法的现实理由与原因。我认为,能动司法理念在当下的提出和施行,主要与下述几个方面密切相关:

第一,能动司法的提出是对我国司法发展方向的适度调校。

过去几十年中,我国法治是依沿着一条追仿型进路而行进的,在此过程中,我们依照传统法治理论所描绘的法治图景,并根据我们自身对西方法治社会的理解与想象,在我国各种现实条件的制约下,推进着法治的具体实践。这种法治进路体现在司法层面上则是对西方司法一些制度及形式的仿效,并由此成为我国司法的主导性发展方向。[76]上世纪 90 年代中期以后,在司法现代化和司法改革这两个主题下,这种状况变得更为突出,司法朝着这一方向发展的进程也进一步加快。在“还权于合议庭”表象后对司法独立性的强调,[77]抗辩式诉讼制度的引入,严格的证据规则的确立,对司法裁判的重视而对诉讼调解的相对弱化,为塑造司法权威而突出司法在社会纠纷解决中的核心地位,法袍、法槌这些仪式化、象征化器具的运用,以及胎死腹中的法官精英化路线等等,系统地体现着这样一种发展方向或

思路。

客观地说,我国司法发展的这段经历是值得敬重的,因为它推动了我国司法基本架构的形成,完成了一个现代国家司法制度及其运行所必备的基本要素的设置。我们至少可以把这段经历看作是我国司法发展所难以逾越的过程和阶段。然而,以追仿西方司法模式为主导的发展方向或思路在中国特定的社会条件又不可避免衍生出一系列问题。首先,"还权于合议庭"的真实意图在于为法院与外部社会之间建立起一道"防火墙",以排除外部社会影响对司法审判的不当干扰,通过合议庭独立行使裁判权以实现审判(法院)在我国政治条件限制下的相对独立,但问题是,"还权于合议庭"的结果并未能排除外部社会力量对审判过程的不当影响,当合议庭处于裁判决断者地位时,同样面临着各种外部社会势力的包围。更重要的是,割断司法与社会联系的思路未必是对审判独立的正确理解,因为这一思路同时也会损伤司法对社会功能的承载。其次,抗辩式诉讼制度的引入以及严格证据规则的确立固然在很大程度上体现了诉讼活动的特性,也为审判行为提供了一定的规范,但在我国当事人诉讼能力(包括购买律师法律服务的能力)普遍较弱,且主体间差异甚大的情况下,抗辩式诉讼制度和严格证据规则所产生的实际效果在许多情况下背离了制度设计的初衷,形式上的公平所带来的是实际上的更不公平。再次,强化裁判而弱化调解,以及突出司法作用而相对淡化其他纠纷解决手段的取向,同样在一定程度上脱离了我国社会现实,与解决社会矛盾纠纷的实际要求不尽相符。这种状况恰如美国学者达玛什卡对中国读者所提示的那样:"……到本土经验以外寻找新的启迪的过程中,承担着改革重任的各国法律家们总是很容易为一些他国的制度设计所吸引,因为这些制度可能体现着较为健全的原则或者表现出良好的意图。但是,匆忙将这些制度纳入到本国法律体系之中的做法可能容易导致不尽人意的结果。""改革的成败主要取决于新规则与某一特定国家的司法管理模式所根植于其中的文化和制度背景的兼容性。"[78]能动司法正是在这样的背景下,针对这样一些问题而提出的。能动司法的提出,虽然并不意味着否定先前的具体实践,更不否定业已形成的基本制度,但的确是正视了这种实践所存在的偏失,尤其是警惕于这种实践在进一步发展中走向极端,防止司法在更大程度上脱离中国的社会现实。因此,能动司法的提出,实际上体现着对前些年我国司法发展方向的适度调校。

第二,能动司法的提出是对强化国家核心控制力的积极配合。

进入21世纪后,我国政治发展的一个重要态势就是国家核心控制力趋于强化。国内社会发展不平衡所形成的阶层间、群体间社会矛盾和冲突的日益增多并不断激化,重大自然灾害频繁发生以及重大传染病疫不断出现,国际环境错综复杂并日趋紧张,尤其是近年来所发生的全球性金融危机等各种因素,都从不同方面促使国家核心控制力的进一步加强,通过提升国家对全社会成员和社会组织的动员能力,提升国家对社会发展和社会运行的把控能力,应对国内外各种复杂的局面。

与罗斯福新政时期所体现的实践逻辑相同,国家核心控制力强化的趋向相应产生出司法能动的需求。能动司法与国家核心控制力强化之间的因应关系[79]体现在两个主要方面:一方面,国家核心控制力的强化在很大程度上体现于主导政治力量对司法影响力的增强。尽管受制于司法的具体特性,主导政治力量对司法的影响方式与其他领域有所不同,但就实质而言,国家的核心控制力的增强无疑包含着主导政治力量对司法实际驾驭能力的提高。与此相关联的另一方面,国家的核心控制力的强化又在很大程度上通过司法的作用加以体现,通过具体的司法行为把主导政治力量的要求贯彻在实际社会生活之中。所谓"为大局服务",也正是集中体现着最高法院以能动的司法方式积极配合国家核心控制力强化的政治情怀与姿态。

第三,能动司法的提出也是对主流意识形态社会倡导的具体和应。

近十年来,我国主流意识形态逐步超越政党意识范畴而趋近于人民大众的普遍性社会理想和诉求,并且更加切合于社会公众的生存和生活感验。"构建和谐社会"、"以人为本"、"科学发展"等反映人与社会关系、人与自然关系理想的话语,成为主流意识形态的主要社会倡导。能动司法的提出也与这种变化密切相关,并且体现着对这些社会倡导的具体和应。

司法的表象是处理社会矛盾和纠纷,制裁违法犯罪,但实质上是调整和调节人与社会以及人与自然的关系,尤其是在人与社会、人与自然的关系中建立起恰当的规则。当调整和调节这些关系以及在建立相应规则过程中需要体现"和谐"、"人本"以及"科学发展"等理念时,司法的目标和方式便不能不产生一定的变化。具体表现在:司法的作用从对案件是非作出评判延伸致使当事人之间的冲突和矛盾的真正消除(以达至和谐);司法的重心从对个案案件事实的重视进一步深入对所涉当事人以及由此而影响的其他社会成员的生存和生活状态的关注(以体现人文关怀);司法的依据从单一法律维度的考量扩展至对多重规则、多种价值的综合性权衡(以切合科学发展)。这些变化反映在具体司法活动中便是调解方式的广泛适用、恢复性司法的提出、宽严相济原则的明确实施以及对司法行为社会效果的充分强调。而所有这些,都可以概括在能动司法这一主题之中,都是能动司法的实践形态。能动司法正是"构建和谐社会"、"以人为本"以及"科学发展观"等社会倡导在司法过程中的具体展示。

第四,能动司法的提出是缓解我国社会基础性社会矛盾、应对我国社会纠纷的必要措施。

当下我国司法所面临的社会纠纷具有一个重要特性,这就是社会纠纷中往往蕴含着基础性社会矛盾。所谓"基础性社会矛盾",[80]是指反映我国阶层及群体间主要对抗,对我国社会发展和社会稳定具有深层次影响的社会矛盾,如城乡矛盾、贫富矛盾、干群矛盾、民族矛盾等等。这些矛盾的形成主要与我国社会转型期间发展失衡、公共政策失当、特别是利益分配不均衡等缺失具有重要联系。现实中,提交给司法的案件,相当一部分是基础性社会矛盾所衍生出的社会纠纷。与其他社会纠纷所不同,这些纠纷具有这样几个特点:一是纠纷(或案件)虽然直接发生于个别主体或存在于个别主体之间,但纠纷中潜含着某个或某些群体及阶层间的对抗,处理不当自然很容易引发群体性的社会冲突;二是纠纷虽然直接指向的是某个具体的当事人,但往往暗含着对社会管理者、尤其是对相关党政组织的不满;三是纠纷的诉求虽然多数不涉及政治内容,但或多或少带有一定的政治色彩,尤其是在进一步激化后,最终往往会体现出很强的政治属性;四是这些纠纷与其他衍生于基础性社会矛盾的纠纷具有同源性,因而很容易借助于某一具体纠纷而叠加和聚合。

毫无疑问,以常规性思维和方式很难恰当地应对和处理前述这类纠纷,尤其是机械地使用法条、简单化对案件作出评判,不仅不能消除具体的纠纷,而且还可能引致更大、更严重的社会冲突,进一步扩大和激化基础性社会矛盾。能动司法的提出也是希望为这些"非常规性纠纷"的妥善、有效解决提供一种理念和思路。在这种理念和思路引导下,司法中既需要加强对纠纷的深度识别,从纠纷的表象背后探求蕴含于其中的对抗的实质,把握纠纷诉求之后潜隐的各种利益冲突,在兼顾和平衡各种因素后形成解决纠纷的具体方式。在此意义上说,能动司法是因应我国社会纠纷的特点,有效解决我国现实社会纠纷的必由之路。

第五,能动司法的提出也是对各种社会批评与非议的恰当回应。

毋庸讳言,这些年我国司法一直面临着来自社会各方面的批评与非议。这些批评和非议除了集中于司法腐败这一常规话题外,主要涉及两个不同方面:一是与前些年我国司法发展方向相关,仿效西方司法模式的发展思路造成了司法与我国社会现实在一定程度上的失调与脱节;二是如本文引言中所述,近几年来最高法院推行的一些新政也受到了主要来自于学者们的质疑和非议,人们担心这些政治色彩很浓的新政有可能损害司法的独立性、权威性和严肃性,损伤司法固有的规律和特性,并进而导致我国法治事业的停滞甚而倒退。无论这些批评和非议基于什么样的理由和原因,也无论这些理由和原因在多大程度上成立,能动司法的提出,都是对这两方面的批评与非议一种积极和恰当的回应。首先,前已述及,能动司法提出的一个重要背景就是对前些年我国司法方向的适度调校,能动司法的提出,不仅从理念和指导思想上把司法与中国社会发展的现实要求,尤其是有效解决社会矛盾纠纷的要求密切联系起来,而且在具体司法方式、司法措施上也更切贴近于社会现实,贴近社会公众的要求,一定程度上改善了人民群众的司法生态。而这些努力自然会在很大程度上能够平息相关批评与非议。其次,能动司法也是最高法院用法治语言对近年来所施行的新政所作出的准确概括。因此,能动司法的提出,即便不能算作最高法院就其施行的新政而对社会、尤其是向法学界作出的合理解释,但客观上能够消除一部分人对司法乃至法治的忧虑,至少使实务界与学术界找到了对话的共同主题,从而把政治色彩浓烈的司法路线、司法方针和司法主张还原到法治语境中加以讨论和评说。当然,在是否应当实行能动司法的问题上,仍然会有各种不同的主张,因而相应的非议也不可能由此而消失,但这已是司法能动抑或司法能动主义在各国实践中的普遍性遭遇,可以看成是法治文化的一种常态现象。

前述分析大体可以表明,能动司法在中国的提出,具有很强的现实理由和依据。然而,这些理由与依据的存在并不能避免和消除在中国社会条件下奉行能动司法所可能面临的特殊困难，尤其是难以避免能动司法实施中可能出现的偏差。或许可以这样认为，如果说中国是最需要实行能动司法的社会，那么，中国同样也是最难以实行能动司法，或者在能动司法中最容易出现偏失的国度。客观地看，能动司法理念在我国的实施面临着这样几个约束性因素：

第一，对传统法治理念的守持排拒着对能动司法的接受。

上世纪70年代末我国开启法治进程以来，我国基本上是在西方传统法治理念的导引下行进的，传统法治理念所构画的法治图景成为人们理想中的法治模式，而法条主义所形成的相关原则构成人们对法治的基本、概略性的认知。（事实上，即便在美国也存在这样的情况："普通老百姓一般可能把法官的工作想象得比实际上要机械得多。普通老百姓信奉他们所理解的法治观念。"[81]）作为我国法治基本纲领和口号的"有法可依、有法必依、执法必严、违法必究"，正体现着人们从法条主义角度对法治内涵和形态的理解。因此，当以否定和扬弃法条主义为主旨的能动司法被确立为我国司法的基本理念与方式时，难免会对人们的法治理想，对司法的期待形成较大的冲击。换句话说，人们对传统法治理念的守持，在一定程度上排拒着对能动司法的接受；而要消除这种认识上的障碍，不仅需要全社会对现代法治发展的规律和特性的认识进一步深化，更有待于能动司法以其积极且稳定的实践成效向社会作出广泛的证明。

第二，规则意识的普遍淡薄可能会扭曲能动司法的应有轨迹。

尽管人们依照传统法治理论保持着对法治理想状态的想象，但我国事实上并未经历过传统法治文化的长期熏染，法治亦未成为社会公众的普遍、深刻的社会信仰；同时，尽管人们把法条主义视为法治的主要内容，但信守法条的规则意识却普遍淡薄。这些看起来是一个难以解释的悖论，但却是我们置身于其中的社会真实。在规则意识普遍淡薄，不拿规则当规则，或者规则可以不当规则、"一切皆有可能"的社会环境中，如果没有恰当的把控，特别是如果不建立起相应的制约和保障机制，能动司法的运行轨迹很容易出现偏差。从小的方面说，可能影响司法审判的质量；从大的方面说，则可能进一步滋长全社会对规则的漠视，进而引发人治因素局部或阶段性的复萌。这意味着在我国能动司法的相关制度设计中，必须采取更为审慎的态度，特别是司法过程中所释放的信息，应有助于人们对规则约束力和强制性的认识。

第三，司法队伍素质在一定程度上制约着能动司法的效能。

能动司法的具体实施依赖于法院或法官主观作用的充分、正确发挥，无论是对司法社会目标的理解，还是对具体司法方式的选择，都在很大程度上取决于法院或法官的主观状态。因此，能动司法无疑意味着法院或法官在司法中自由斟酌空间的加大。在西方法治社会中，能动司法所需要的这种自由斟酌权的加大，是建立在高素质法官队伍的形成以及维系法官队伍良好素质的系统化制度体系较为健全这一前提之上的。相比之下，我国司法队伍的素质尚不够理想；维系和保障司法队伍素质的制度与体系也尚待完善，这对能动司法效能的有效、正确发挥将会形成一定程度的制约。在实践层面上，一方面，法官对政治目标以及社会发展的总体趋势与要求往往缺少宏观上的把握能力，不仅如此，对社会生活的实际理解和感受也较为肤浅，尤其是对具体审判所涉及的相关社会实践常常缺乏基本的了解；另一方面，对法律原则、法律理念以及法律知识的系统掌握和娴熟运用也难以达至能动司法所需求的基本水准。更为重要的是，随着司法对社会生活影响的逐步增强，各种社会势力利用各种手段，争夺司法资源，谋求利已裁判的情况也日趋突出。强大的外部诱惑与司法内在激励的严重不足，形成了司法职业生态的巨大的反差，使得法官职业成为多种意义上的“高危职业”。在此情况下，很难给予法官过大的自由斟酌空间，这也决定了对法官层面上的能动必须设定必要的限制，否则，能动司法很容易为司法权的滥用提供口实。

第四，我国司法与政治的密切联系加大了能动司法中对社会目标识别的难度。

从我国制度建构以及社会运行的实际状况来看，我国司法与政治之间的关系十分紧密，司法机构与其他政治组织之间始终保持着密切的联系。这种状况对能动司法中对社会目标的识别也会形成一定的影响。如前所述，能动司法的核心在于通过司法过程实现社会目标，或者说围绕社会目标的实现而实施司法活动。在我国，社会目标通常只是一些抽象的社会倡导，而操作过程中往往体现为由各级党政组织（理论上代表着社会）所提出的具体要求，因此，在司法与政治关系十分紧密，并且司法机构具有明显依从性的情况下，如何在各级党政组织（特别是由党政组织负责人）提出的要求之中识别出哪些是司法应当追求的社会目标，则成为能动司法的实践难题。[82]更直接地说，在“为大局服务、为人民司法”的主题下，如何确定哪些是司法应当服务的“大局”，同时又怎样判别哪些是司法所应当追求的“人民”的利益，这对于具体的司法机构以及具体的司法活动来说，都是无法回避、必须直面却又难以把握的问题。在这些基本问题上，如果没有明确且恰当的认识，既容易因司法自身的偏误而不能很好体现能动司法的效果，更可能因外部不当影响而使司法行为失范，从而背离能动司法的初衷。

客观地揭示能动司法在我国现实条件下的诸多约束性因素，丝毫不意味着对能动司法意义的否定。这也就是说，这种约束性因素的存在不应遏止我国奉行能动司法的步伐。正如卡佩莱蒂在分析司法独立与司法的政治责任的关系时所说：“真正的问题并非内在矛盾的存在抑或不存在。此种矛盾当然存在。但真正而非想像的问题，再一次仍然是在现实世界中尽可能调和相互冲突的原则。因为现实世界并不纯粹，也不是绝对的‘非此即彼’。它是冲突与对立的共存”“理性的分析不可能包纳一种谴责现存矛盾的徒劳尝试”，“将矛盾淹没于预期不确定的某种虚幻景象之中。相反，它应当包括将现实理解为不可避免地相互矛盾，由那些冲突和斗争所构成，并实际上在其中享受生活。”[83]各方面情况表明，在传统法治理论已显示出明显局限的情况下，中国不可能再屈从于传统法治理论所确立的法条主义戒规；在社会发展日益复杂化的今天，中国也不可能再等待全社会规则化训练完结后再施行能动性司法；同时，我们也无由把能动司法的进程依托于司法队伍素质在短期内迅速提升；自然，更不应因社会目标识别的困难而放弃在能动司法问题上的努力。所有的一切留给我们的结论应当是：以积极同时却又审慎的态度去思考和对待中国特定社会条件下的能动司法。

六、中国能动司法的主要内容及保障机制

中国能动司法的具体内容及表现形态究竟应当是什么？提供给我们认知这一问题的主要参照来自三个方面：一是最高法院主政者的相关论述，最集中的是王胜俊院长提出的能动司法的“三个显著特征”；二是各地和各级法院根据自己对能动司法的理解而形成的制度以及相关的实践，最

具代表性的是江苏省高院的“六个机制”的制度建构；[84]三是学者们对于能动司法应然及实然状态的描述。事实上，能动司法的应有内容及表现形态无法通过一个具体的文件或者某一项甚至某几项具体的制度加以表达和规定。最高法院主政者出题、各级法院探索性实践、学者们提供解说和评价，依然是解答这一问题所不可超越的方式。但值得强调的是，在此方面需要摆脱两种不恰当的偏向：一是把西方司法能动主义的理论及实践当作中国能动司法的应然状态或无需证明的示范；二是把基于质朴的政治愿望和亲民热情而超越常规，甚至违反基本司法规则和规律的做法视为能动司法的具体举措。

结合前一部分提到的能动司法提出的背景与原因以及有关约束因素，我认为，中国能动司法的内容主要体现为这样四个方面：

（一）把追求社会目标的实现作为司法的基本导向

这是能动司法最根本、也是最富有实质性的内容。能动司法的功能，一方面旨在从宏观上调校司法在中国政治结构中的定位，把司法活动自觉地融入到社会全局的运行之中，通过司法所特有的功能和作用的发挥，推动社会的发展与进步；另一方面，在实际运作层面上，引导和启示法院及司法人员超越单一的法律思维以及对案件简单化认知的视野局限，关注社会总体目标的要求，关注社会发展与变化的趋势，关注我国社会现实矛盾和纠纷的复杂性，关注民生、民情和民意的总体状态，特别是注重司法行为的社会影响和社会效果，把个别化的司法行为与司法活动放置到社会目标的实现以及社会发展的大背景下予以认识和考虑，亦即在司法过程中确立并践行所谓的“大局观”。从根本上说，能动司法所体现的乃是这样一种明确的意识、这样一种思维方式以及这样一种理性自觉。相形之下，体现司法能动性的具体技术性的方式和方法倒显得并不重要，因为在这样的意识和理念的支配下，能够促成并保证法院或法官对具体方式和方法做出正确选择。相反，如果没有这样一种根本性的理念和导向，司法过程中即便运用了某些或某种通常被认为体现了能动司法的技术、方式或方法，也不一定能够真正体现出能动司法的实际精神。这也表明，能动司法不应被理解为一种特殊情境下的司法权宜之计或者处理特殊案件的个别性方法；更不应把能动司法的适用范围限定于“没有重大政治、经济、制度和公共政策寓意的案件中”。[85]（在我看来，这恰恰是最需要体现能动司法的场合）。作为一种司法理念,能动司法应贯穿并贯彻于各种司法行为和司法活动的全部过程。唯有如此,才能体现能动司法的真正意义。

(二)以多元社会规则、多重社会价值作为司法的考量依据

我国能动司法并不要求法官创造法律或超越法条的规定,但同时亦不主张把法律作为唯一的司法依据,而是强调以多元社会规则、多重社会价值作为司法的考量依据。我理解,“三个至上”所欲表达的也是这层意思。

能动司法的这一意蕴依据于我国两个基本社会现实:一是我国社会规则体系的复杂性。虽然,法律已成为我国当下的主要社会规范,依法治国也被明确为我国的治国方略,但在事实上,与法律规范同时对社会运行产生重要影响的还有强大的政治力量以及广泛的民间势力。我国社会规则体系也是由法律规范、政治规则以及民间伦理和习俗这三个主要支干共同构成的。不仅如此,就某些特殊的社会活动和社会行为来说,法律未必是最有实际影响力、甚至未必是最恰当的规范。在社会生活实际受制于这样复杂的规则体系的状况下,司法无法唯法是尊而罔顾其他,因为司法终究是社会生活的延续,社会生活所依据的逻辑和规则也必定应成为司法中所应当考量的因素。这也就是说,社会规则体系的复杂性要求司法过程必须包含对多种规则的考量。二是我国社会矛盾的复杂性。如前所述,基于我国社会转型以及转型中的政策失当、利益失衡等因素,我国社会矛盾呈现出高度复杂的状态。这种复杂性往往还不在于对抗与冲突的尖锐,更主要还在于,在许多场合下,对抗与冲突的各方都能从不同的角度、依据不同的理由找到自己诉求的正当化理据,从而形成蕴含于诉求背后的法律、政治、道德、民俗等不同价值或规则之间的冲突。这种状况又进一步凸显了司法对多种规则、多重价值权衡与考量的必要性。这些年,充斥于最高法院各种司法文件中的“既要……又要……”这样的平衡化句式,实际上正是体现了这样一种精神。虽然,对于需要作出具体决定的司法行为来说,“鱼我所欲,熊掌亦我所欲”的“双赢”结局往往难以形成,但即便如此,能动司法的这种倡导和提示仍然是具有实际意义的,至少可以避免法院或法官“一根筋”地片面和偏颇地去处理这些复杂的社会矛盾和纠纷。

(三)把调解作为处理社会纠纷的常规性司法方式

司法能动主义在中国的实践形态最富有特色之处就是调解手段的广泛运用。换个角度说,中国的法院调解制度和实践丰富了司法能动主义的

内涵。有关调解的作用与意义,已有大量的论证与解说,无须赘述。在此,我想特别强调的是,无论从现今还是从长远看,必须把法院调解理解为一种常规性的司法制度和司法方式。作出这种强调的背景在于,在不少人的认知中,调解仍然是一种不入司法正统的“旁门左道”或者中国式的“奇技淫巧”。这种认知产生于两种偏误:其一,法条主义的思维塑造了对司法程式的想象:“纠纷 = 案件;案件处理 = 司法手段;司法手段 = 裁判;裁判 = 纠纷解决”。几乎所有的经典法学理论、尤其是司法理论也都是以这种固定的程式为叙述前提、并在这样的程式中展开的。依照这一程式,自然找不到调解在司法中的位置,调解的司法属性也必然得不到承认。毫无疑问,这样的程式一旦放置到具体社会实践中,每一个环节都经不起实践的检验,每一个“等于”都无法成立,而司法功能的实际发挥无法脱离对调解的运用。其二,调解就是“不依法”,或者调解可以“不依法”。据我所知,在公开的文献中,明确提出这一观点的是苏力教授。苏力教授提出:“在可以调解了结纠纷的条件下,如果还强调依法,其实就是不想让调解成功”,“要想促进调解的发展,就必须适度摆脱法条的约束,放松对调解的‘依法’要求”。[86]从苏力的文意中可以理解出,调解之所以可以不依法是因为:在实体上,调解意味着“周瑜打黄盖”(苏力用语),法官若依法行事则不能允许“周瑜打黄盖”;在程序上,调解又存在着法官“涉嫌违反不得私下接触当事人的规则”[87]以及“超出审限”等问题。我认为,这些认识完全出自苏力教授对“依法”的片面理解。首先,当事人处分是民事诉讼中的重要原则,这种处分,既包括实体上的处分也包括程序上的处分。依照这种法定原则,法官不仅可以允许并努力促成“周瑜打黄盖”的结果,甚至不能干预“周瑜打黄盖”这种现象;同时,当事人也可以在包括审判期限在内的程序问题上有一定的决定权。[88]其次,苏力曲解了调解中法官基于策略和技巧的需要而分别(并非“私下”)对当事人施以劝说这一方式,将其混同于违反公正廉洁规则而“私下接触当事人”的行为。更需要指出的是,如果认同调解“可以不依法”这一判断,不仅容易引起实践中的混乱,[89]同时也会进一步加大社会各方面对调解认识的偏见。而这与苏力所一贯支持和倡导调解的立场势必南辕北辙。

此外,强调把调解理解为一种常规性的司法方式的理由还在于,本文前面提到的立法的固有缺陷以及司法实践中普遍存在的矛盾都可以通过调解方式在很大程度上得到解决。如果把调解放置到人类法治进步、尤其是司法制度演进的过程中来认识，调解或许是“把法律的刚性与灵活性完美结合于一起”的一个有效途径与方式，从而也是人类司法制度完善的必由之路。

(四)把便民、利民作为司法运行中应当考虑的重要因素

能动司法的另一项主要内容便是在司法运行中对便民、利民因素的重视。尽管体现着便民、利民精神的简化诉讼程序、降低诉讼成本、提高司法效率已成为当代各国司法发展的总体趋势，但中国能动司法主题下的便民、利民有着更深层次、也更为现实的意义。首先，司法中的便民、利民承载着体现党和政府亲民、恤民、为民形象的功能。基于我国政审合一的历史传统，也基于当代司法与政治的密切关系，社会公众习惯于把司法机构与党和政府视为同一体，司法行为往往被当作党和政府行为的组成部分。在此境况下，“党代表着人民的根本利益”、“人民政府爱人民、人民政府为人民”等原则或理念不能不体现为司法中对便民、利民的重视和强调。相反，“板着脸孔”或“高高在上”的司法则会有损于党和政府的形象。尽管这种状况多少缘自于人们对司法与政治关系的误读，但政治意识形态对于司法便民、利民的影响确实是无法忽视的事实。其次，就普遍情况而言，迄至今日，我国社会公众对于司法以及诉讼活动的了解依然较为肤浅，司法过程中很多程式和技术仍然是绝大多数人所陌生的知识或不曾有过的经验。因此，要保证社会公众在涉诉时对诉讼活动有恰当的参与，司法过程中也必须具备一些行之有效的便民、利民措施。再次，与我国经济欠发达、尤其是低收入阶层占绝大多数的实际情况相适应，司法也不应成为昂贵的消费。因此，司法便民、利民的另一层意义也在于降低司法门槛，包括通过降低司法的技术性而减少公众对律师法律服务的实际需求，以便在更大程度上保证公众对司法这一“公共产品”的有效使用。

毫无疑问，能动司法主旨下的便民、利民会在一定程度上淡化或消解司法的程式化，同时对诸如法院或法官“消极”、“中立”以及“法不容情”之类的观念也会形成一定的冲击。但这绝不意味着对司法活动的程序价值的颠覆。一方面，便民、利民措施本身即应当通过特定的司法规则加以确定，以使得这些措施获得程序性意义和制度性保障，减少施行中的随意性；另一方面，便民、利民精神应尽可能在既有的制度空间中通过灵活使用

司法技术手段加以体现,如强化法官释明权的行使,增加法院或法官职权行为的适用,审慎地处理当事人程序性失权的情形,给予当事人必要的指导和引导等。总之,能动司法中的便民、利民应当显现出对司法规律和特性的应有尊重。

从前述我国能动司法的主要内容看,与西方司法能动主义相比,我国能动司法既有一定的创新性(如强调调解的常规化运用以及便民、利民),也有较大的保留(如不承认法官造法,也不倡导超越法律规定)。这不仅是考虑了不同法系及司法制度之间的差异,更是对中国具体国情的尊重。

然而,即便如此,由于“能动”在概念上给了司法行为无限可能的空间,因而能动司法理念的具体贯彻仍然需要相应的保障机制。不能否认的是,西方司法能动主义的正确实施是以司法独立性较强、全社会规则意识较为明确、法官职业化制度十分成熟为基本条件的。而无论是当下还是长远,中国社会都未必能满足这样的条件。目前学术界或者实务界对能动司法持不赞成态度的主张,多数并不否认能动司法的积极意义,只是认为中国不具备西方这些条件从而不能保证“能动”不被衍化为“盲动”或“乱动”。[90]我们固然无法认同这些认识以及由此推出的结论,但能动司法的贯彻需要建立相应的保障机制,这却是不应回避的问题。对于这种保障机制的建立,我认为应着眼于以下三个层次。

第一,宏观上,建立良性而有序的司法与政治的互动机制。

基于本文前面的分析,我认为,中国能动司法所要解决的核心问题仍然是司法与政治的关系问题,其主旨在于使司法更紧密地贴近于政治全局的要求,更深入地融入到我国政治实践中,努力实现主导政治力量所确定的社会目标。因此,在司法对政治现实保持着丰沛的热情和激情的情况下,应当把握好一些基本性原则,以防止可能出现的偏失。一是正确理解司法所服务的“大局”,树立正确的大局观。更直白地说,不能把地方党政组织基于地方保护的愿望而提出的要求,理解为司法所必须服务甚至是服从的“大局”,更不能把地方党政领导人追求个人利益而提出的要求也与“大局”相联系。二是规范党政组织与司法联系的渠道和方式。司法对社会目标的追求与落实,更主要应依靠司法机构自身对政治路线、方针和政策的领悟,而不是借助或依赖于党政组织领导的“批示”和“指示”。党政组织与司法机构的联系,应当在制度框架中依照相应的程序进行;制度及程序缺失的，应当逐步完善。两者之间的交往必须有明确的规则。三是即便对于某些影响到地方社会发展或稳定与安定的司法问题，也应由司法机构在法律规定的范围内、通过法律技术的灵活使用加以解决，而不能明显违反基本的法律原则。实践中，很多此类情况的处理，问题并不在于法律上没有解决之道，而在于某些地方党政组织缺少应有的法律意识，司法机构也未能正确地理解并恰当地运用相关法律。总体上说，在司法与政治之间，应逐步建立起良性而有序的互动机制；这一机制的建立，也是能动司法正确施行的首要保障。

第二，中观上，建立恰当而有效的最高司法机构的指导机制。

我国能动司法实施的效果，很大程度上将决定于最高法院对下级法院的指导机制能否有效和恰当建立。这首先是因为，最高法院更贴近中央，因而对主导政治力量的要求、对社会发展的大局有更为恰切的理解。通过最高法院传导主导政治力量的要求，可以增强地方法院对“大局”的识别能力，尤其是可以减少地方法院在这种识别中的偏误。其次，我国司法体制与联邦制国家有着显著的区别，我国最高法院的司法政策及司法意见等可以穿透法院的层级限制而直接辐射到基层法院，最高法院对于全国各级法院的司法活动都保持着重要的影响力。在此格局下，一方面，最高法院自身的“能动”即在很大程度上体现我国能动司法的总体状况和水准；另一方面，最高法院也有条件为地方各级法院的“能动”提供指导和提出要求。再次，我国不承认法官造法，因而对立法缺失的弥补主要依赖于最高法院的司法解释，甚至在某些情况下需要最高法院部分地承担立法性解释的责任。这表明，最高法院司法解释功能的发挥对于我国能动司法也具有重要的影响。

目前，在最高法院指导机制方面主要存在这样几个问题：一是主体混乱。最高法院内部各主体（包括个人或内部机构）都以各种不同的方式表达其相关的司法意见和主张，而基于最高法院的权威以及体制上的现实，这些意见和主张都会受到下级法院的重视，从而都会对地方司法产生影响。二是形式多种且效力关系不明。与主体混乱相应的问题是，最高法院对下级法院指导的形式既多亦杂，且效力关系不清。从领导讲话、批示到其他成员在不同场合下公开发表意见；从最高法院正式文件到法官个人发表的文章；从司法解释、司法意见到公布的案例，其间不仅常常出现矛盾和差异，同时也存在着效力关系不明的问题，这种状况往往使得地方法院无所适从。三是司法解释或批复等对实体或程序有重要影响的文件,其质量差强人意,不仅内容上往往失之片面,对可能关及的问题缺少足够的考虑(更致命的是,司法解释通常还溯及既往),而且在文字上往往语义不清,以致于对司法解释仍需作进一步的解释。

鉴于这些问题的存在,我认为,最高法院应当认真而系统地审视司法指导方面所涉及的相关问题,理顺关系、明确效力,建立必要的程序和制度,尽快形成恰当而有效的对下级法院司法活动的指导机制。[91]

第三,微观上,建立科学和合理的法院内部审判运行机制。

如前所述,我国能动司法是在法官职业化条件不具备的情况下施行的,这就需要从法院整体功能有效发挥的角度,借助制度和机制的作用弥补司法人员个体素质的缺失,提升能动的水平。由此必然涉及到我国法院内部审判运行机制的建构问题。

我认为,我国法院内部审判运行失序和紊乱是长期以来未能得到有效解决的问题。这一问题缘于我国法院定案机制的复杂性。与其他国家司法制度不同,我国法院实行的"多主体、层级化、复合式"的定案机制。在同一审级中,法院多主体、各层级都可能对案件的实体裁判产生影响;同一案件往往受制于同一法院内的多重评价。而问题在于,法院内部各主体、各层级对于裁判决定的权力不清、职责不明,各主体参与裁判过程的方式不定,动机亦很复杂。这种状况必然带来审判运行的失序和紊乱。反映在权力关系上,便是审判权与审判管理权之间的关系没有厘清:要么是审判权被审判管理权替代和侵蚀;要么则是审判权完全不受制于审判管理权,后者相应地被边缘化。

近十年来,我国司法改革虽然不同程度地触及这一现象,但由于其涉及到如何理解我国司法独立以及我国司法权的行使方式等等深层次问题,因而对此不仅认识上分歧较大,同时在实践上也几经反复。可以说,我国司法活动中出现的诸种弊端,很大程度上都与这一现象相关。为此,在能动司法的背景下,必须在系统总结我国法院及审判运行经验、恰当把握审判运行规律的前提下,理顺审判权与审判管理权之间的关系,建立起既顺畅运行又有监督制约,既便于发挥法院集体智慧又能提高审判效率的科学、合理的审判运行机制,[92]从微观层面上解决司法主体的特性问题,使之与能动司法的要求相匹配。

注释

1 [美]E. 博登海默:《法理学、法律哲学与法律方法》,邓正来译,中国政法大学出版社2004年修订版,第424页。

2 这些"新政"包括:在司法中贯彻"三个至上"原则;确立"为大局服务、为人民司法"的司法理念;高度重视并突出调解的作用与地位;重提"马锡五审判方式"等等。参见:王胜俊:"牢牢把握'三个至上',开创法院工作新局面"(王胜俊在全国高级法院院长会议上的讲话),2008年6月22日;王胜俊:"坚持科学发展观,为大局服务为人民司法"(王胜俊在全国高级法院院长会议上的讲话)见:新华网(2008年12月19日),http://news.xinhuanet.com/newscenter/2008-12/19/content_10528885_1.htm。《南方周末》曾以"司法改革进入王胜俊时代"为题表达"新政"的影响,参见2008年8月9日《南方周末》。

3 原拟论文题目为:《能动及其规限:当代中国司法的理性抉择与实践主题》,论文中的部分内容吸收于本文之中。

4 [美]欧文·费斯:《如法所能》,师帅译,中国政法大学出版社2008年版,第252页。

5 参见王胜俊:"坚持能动司法、切实服务大局",2009年8月28日在江苏省高级人民法院调研座谈会上的讲话。

6 参见[美]波斯纳:《法官如何思考》,苏力译,法律出版社2009年版,第210~241页。

7 [美]克里斯托弗·沃尔夫:《司法能动主义》,黄金荣译,中国政法大学出版社2003年版,第15页。

8 如吴英姿:"司法的限度:在司法能动与司法克制之间",载《法学研究》2009年第5期;张志铭:"中国司法的功能形态:能动司法还是积极司法",载《中国人民大学学报》2009年第6期;王建国:"司法能动与纠纷解决",载《法律适用》2010年第2~3期;刘书星:"对规则外能动司法的调查研究——以超越规则的执行为例",载《司法改革评论》2007年。

9 [美]本杰明·N. 卡多佐:《演讲录·法律与文学》,董炯、彭冰译,中国法制出版社2005年版,第22页。

10 正如美国法官弗兰克所说:"每个人都批判司法能动主义,然而它却是个不确定的概念。"参见 Randy E Barnett, Is Rehnquist Court an Activist ? U. Colo. L. Rev. 2002, p. 1275. 转引自:罗东川、丁广宇:"我国能动司法的理论与实践述评",载《法律适用》2010年第2~3期。

11 我注意到,西方对司法能动主义的批评,有时并不是针对这种司法理念或方式,而是针对违宪审查权所指向的具体政治主张或公共政策,这多少有些“恨屋及乌”、“殃及池鱼”的意味。

12 [美]彼得·G.伦斯特洛姆编:《美国法律辞典》,贺卫方等译,中国政法大学出版社1998年版,第340页。

13 Black, Henry Campbell, Black Law Dictionary, 8th ed. West Publish Co. 2004. p.862.

14 比如:陈金钊:“法官司法缘何要奉行克制主义”,载《扬州大学学报(人文社会科学版)》2008年第1期;陈喜贵:“克制抑或能动——我国当下应当奉行什么样的司法哲学”,载《内蒙古社会科学(汉文版)》2009年第2期;杨建军:“‘司法能动’在中国的展开”,载《法律科学(西北政法大学学报)》2010年第1期;李永成、余继田:“司法克制主义——中国语境下的司法意识形态探析”,载《河北经贸大学学报(综合版)》2009年第4期;吕明:“从‘司法能动’到‘司法克制’——略论近年来中国司法改革的方向之变”,载《政治与法律》2009年第9期。

15 该词条的原文为:“judicial restraint n. The doctrine that cases should be decided on the narrowest possible grounds, without resolving unnecessary issues, especially political or social controversies.”Webster ’s New World? Law Dictionary, by Susan Ellis Wild, Legal Editor, Copyright ? 2006 by Wiley, Hoboken, NJ; Published simultaneously in Canada

16 该词条原文为:“Judicial restraint A judge ’ s decision and decision – making that excludes the judge ’ s personal views and relies strictly on precedent. ” ORAN ’ S DICTIONARY OF THE LAW (3rd Edition), Daniel Oran, J. D. Mark Tosti, J. D. Contributing Author, Africa, COPYRIGHT, 2000。

17 参见前引张志铭:“中国司法的功能形态:能动司法还是积极司法?”;陈金钊:“法官司法的克制主义姿态及其范围”,载陈金钊、谢晖编:《法律方法(第七卷)》,山东人民出版社2008年版。

18 [美]理查德·波斯纳:《法官如何思考》,苏力译,北京大学出版社2009年版,第38页。

19 参见[美]理查德·波斯纳:《法官如何思考》,苏力译,北京大学出版社2009年版,第1页。

20 如罗东川、丁广宇认为“……我国的能动司法与美国的司法能动主义具有某些相似性,但我们必须注意到,无论在内涵上,在社会价值的把握上,还是在适用的主体、适用的范围、方式以及基本特征上,我国的能动司法与美国的司法能动主义有根本区别。”参见前引罗东川、丁广宇:“我国能动司法的理论与实践述评”。公丕祥也认为:“中国能动司法具有不同于西方国家司法能动主义的独特品格。”参见公丕祥:“能动司法:当代中国司法的基本取向”,在2010年5月5日“人民法院能动司法论坛(盐城)”上的发言。

21 如罗东川、丁广宇:“我国能动司法的理论与实践述评”,载《法律适用》2010年第2～3期。

22 本节的部分内容,曾应《法律适用》之约,在该刊2010年第2～3期刊发。考虑到论述的完整性,本文保留了这部分内容,但有所修正,特此说明。

23 [美]米尔伊安·R. 达玛什卡:《司法和国家权力的多种面孔》,郑戈译,中国政法大学出版社2004年版,第130页。

24 已为世人熟知的典型例子就是美国司法、其是美国联邦最高法院的司法对于美国历次社会进步运动的积极参与和有效推动。

25 比如,卡多佐认为:“法律的终极原因是社会福利。”[美]卡多佐:《司法过程的性质》,苏力译,商务印书馆1999年版,第39页。

26 人们通常习惯于“定性研究”的诸多主题,比如权利、救济甚至更一般化的制度,其实都不仅可以通过量化的方式和理路予以研究,而且还将因这种量化研究带来极有价值的发现。对此,新制度经济学、法律经济分析的研究文献已极为丰富。甚至,更一般地讲,“法律、规则和习惯是制度(在我看来是如此)参与的成本,如交易成本、诉讼成本和说服成本,的函数。”[美]尼尔·K. 考默萨:《法律的限度》,申卫星、王琦译,商务印书馆2006年版,第31页。

27 关于“司法造法”问题的更深入讨论,可参考:[美]马丁·夏皮罗:《法院:比较法上和政治学上的分析》,张生、李彤译,中国政法大学出版社2005年版,第41～52页“作为造法者的法院”。

28 而且,即便法官真诚地愿意弃绝扮演任何立法性的、政治性的角色,他们也做不到。参见[美]波斯纳:《法官如何思考》,苏力译,法律出版社2009年版,第340页。

29 参见[美]尼尔·K. 考默萨:《法律的限度》,申卫星、王琦译,商务印书馆2006年版,第9页。

30 参见[美]卡多佐:《司法过程的性质》,苏力译,商务印书馆1999年版,第105页。

31 关于司法(以及司法审查、法律解释)、立法与民主、自由间的复杂关系,可参考美国公法学家杰里·马肖的精彩论述。参见[美]杰里·马肖:《贪婪、混沌与治理——利用公共选择改良公法》,宋功德译,毕洪海校,商务印书馆2009年版,第164～166页。

32 不过需注意的是,这并不绝对。因为,即便在德国这样的典型的大陆法系成文法国家中,“法官造法也并非异物”。参见:[德]汉斯·普维庭:“德国司法领域中的法官造法”,汪振林译,载陈刚编:《比较民事诉讼法(2006年卷)》,中国法制出版社2007年版。

33 [美]理查德·A. 波斯纳:《超越法律》,苏力译,中国政法大学出版社2001年版,第5页。可资例证的是,自1810年至1997年中期的一百八十余年间,美国最高法院共计 413 次地推翻了自己早先的判决。参见:[美]亨利·J. 亚伯拉罕:《司法的过程》(第七版),泮伟江等译,北京大学出版社 2009 年版,第 391 页。

34 参见[美]理查德·A. 波斯纳:《超越法律》,苏力译,中国政法大学出版社 2001 年版,第 461 页。

35 "法条主义"全面体现了传统法治理论的一整套预设,其中之一即是所谓的"规则至上"。而肯定法院或法官在必要时不受既定条文或先例的拘束,正好与传统法治理论"规则至上"的教条针锋相对。

36 [美]阿奇博尔德·考克斯:《法院与宪法》,田雷译,北京大学出版社 2006 年版,第 1 页。

37 参见[美]尼尔·K. 考默萨:《法律的限度》,申卫星、王琦译,商务印书馆 2006 年版,第 170 页。

38 同上书注,第 14 页。

39 因为,能动主义司法既有"进取型"的也有"温和型"的进路,而"拒绝牺牲政府其他部门来抬高"自己的所谓"节制"或"自制"仍然是能动主义的司法而非法条主义的司法。参见[美]波斯纳:《法官如何思考》,苏力译,法律出版社 2009 年版,第 261 ~262 页。

40 参见[美]本杰明·N. 卡多佐:《演讲录·法律与文学》,董炯、彭冰译,中国法制出版社 2005 年版,第 14、22 页。

41 同上注书,第 22、93 页。

42 同上注书,第 22、54 页。

43 同上注书,第 22、49 页。

44 对法律维度之外其他值得司法过程考量的因素,学者也常在法律的"非正式渊源"范畴下展开讨论。比如博登海默将法律的"非正式渊源"区分为"正义标准、推理和思考事物本质的原则、衡平法、公共政策、道德信念、社会倾向和习惯法"。参见[美]E·博登海默:《法理学、法律哲学与法律方法》,邓正来译,中国政法大学出版社 2004 年修订版,第 430、457 ~ 500 页。

45 参见 Pekelis, "The Case for a Jurisprudence of Welfare," in Law and Social Action: Selected Essays of Alexander H. Pekelis 1, 8 ~ 15 (M. R. Konvitz ed. 1950). 转引自[意]莫诺·卡佩莱蒂:《比较法视野中的司法程序》,徐昕、王奕译,清华大学出版社 2005 年版,第 13 页。

46 [美]本杰明·N. 卡多佐:《法律的成长》,董炯、彭冰译,中国法制出版社 2002 年版,第 65 页。

47 同上注书,第 66 页。

48 Pound, article "Jurisprudence," in the History and Prospects of the Social Sciences, by Harry Elmer Barnes and others, p. 472,参见:前引卡多佐《法律的成长》,第 124 ~ 125 页。

49 对此,美国法学家伯顿曾有过精当的批评。他说:"有一种关于法治的见解常常被称之为'法律形式主义',它坚持认为,法律推理应该仅仅依据客观事实、明确的规则以及逻辑去决定一切为法律所要求的具体行为。假如法律能如此运作,那么无论谁做判决,法律推理都会导向同样的结论。审判就不会因为人的个性的怪异而变化。法律和法律推理将足以使律师有信心去预测政府官员的行为。法官就可以无需判断力而去裁决案件。评论者就可以有信心地说,司法判决是依法作出的。""对许多法律判决的细致分析表明,它们是基于不确定的事实、模糊的法律规则或者不充分的逻辑作出的。因此,'真正的'判决根据并不清楚。对不同官员在类似情况下所作出的判决的比较可以发现,官员的个性、政治因素或各种偏见对判决的影响比法律要大。"参见:[美]史蒂文·J. 伯顿:《法律和法律推理导论》,张志铭、解兴权译,中国政法大学出版社 1999 年版,第 3 ~ 4 页。

50 尽管一般来说,职权主义、审问模式往往更契合于政治国家的能动取向,而当事人模式、抗辩模式往往更契合于政治国家的协调取向,但实用主义者认为,这两者并不是界分能动主义或者法条主义的依据。相关讨论参见[美]米尔伊安·R. 达玛什卡:《司法和国家权力的多种面孔》,郑戈译,中国政法大学出版社 2004 年版,第 4 ~ 9、19 ~ 22、103 ~ 105、137 ~ 140 页。

51 参见[美]马丁·夏皮罗:《法院:比较法上和政治学上的分析》,张生、李彤译,中国政法大学出版社 2005 年版,第 42 页。

52 同上注书,第 53 页。

53 转引自[美]斯蒂芬·M. 菲尔德曼:《从前现代主义到后现代主义的美国法律思想》,李国庆译,中国政法大学出版社 2005 年版,第 237 页。

54 参见[美]E. 博登海默:《法理学、法律哲学与法律方法》,邓正来译,中国政法大学出版社 2004 年修订版,第 419 页。

55 有关法律局限性的认识,可参考[美]E. 博登海默:《法理学、法律哲学与法律方法》,邓正来译,中国政法大学出版社 2004 年修订版,第 418 ~ 424 页。

56 但是,"法官必须消除纷争,尽管它不能消除(事实)怀疑。"(恩吉施语)于是,司法借助"证明责任"这一装置来回避法条主义对"事实"真相的绝对依赖。参见[德]卡尔·恩吉施:《法律思维导论》,郑永流译,法律出版社 2004 年版;[德]罗森贝克:《证明责任理论》,庄敬华译,中国法制出版 2002 年版。

57 因为,标识传统法院模型的四个命题之一正是"'赢者通吃'的判决",而这一预设显然无法为两造都"部分有理"而非"一方全对另一方全错"的情形提供恰当的处遇方案。详细讨论参见[美]马丁·夏皮罗:《法院:比较法上和政治学上的分析》,张生、李彤译,中国政法大学出版社 2005 年版,第 2、17 ~ 18 页。

58 即便是在典型的法典化国家比如德国、法国,人们也早已认识到"法典在实践中的作用远没有它们在理论中所具有的包容性"。见:Tunc,"It is Wise not to Take the

Civil Code too Seriously," pp . 71 – 85, in Essays in Memory of Professor F H. Lawson, (Wallington and Merkin ed. 1986). "一部完美、全面而包容一切的法典理想越来越被大陆法律人视为一个不可能实现的乌托邦之梦"。Csaba Csaba Varga , "Utpias of Rationality in the Development of the Idea of Codification," in Law and the Future of Society, (Hutley et al. Ed. A. R. S. P. ,1977), pp. 27 – 41. 转引自:[英] P·S·阿蒂亚:《英国法中的实用主义与理论》,刘承韪、刘毅译,清华大学出版社 2008 年版,第 2 页。

59 法条主义对司法运作的程式化想象,突出地表现在对于法律推理的形式主义的理解;尽管没有一个现代法条主义者认为"法律推理,哪怕是'最好的'法律推理,具有像几何学那样的公理演绎结构",但是,他们却认为,"绝大多数法律问题,哪怕是非常困难、非常有争议的问题,都可以依据权威文本——无论是立法性法令(包括宪法)还是司法决定——通过推理得出明显正确的答案(而且,一定要发现这些答案),而不是有道理或合符情理答案;因此,也无须求助于社会科学的理论、数据、洞见或经验经验研究方法,无须求助于个人的或政治的价值:换言之,无须直面那必定是混乱如麻的事实世界和感觉世界"。参见[美]理查德·A. 波斯纳:《超越法律》,苏力译,中国政法大学出版社 2001 年版,第 24 页。

60 参见[美]理查德·A. 波斯纳:《法理学问题》,苏力译,中国政法大学出版社 2002 年版,第 42、47 页。

61 有关沃伦法院通过司法能动主义运作推动美国社会发展的更多细节,可参考:[美]莫顿·J. 霍维茨:《沃伦法院对正义的追求》,信春鹰、张志铭译,中国政法大学出版社 2003 年版。

62 后沃伦法院的美国联邦法院大法官的代表人物先后主要是伯格(W·E. Burger)、伦奎斯特(William Hubbs Rehenquist)、奥康纳(O'Connor)、肯尼迪(Anthony Kennedy)等。

63 关于美国最高法院的详细介绍,可参考:[美]伯纳德·施瓦茨:《美国最高法院史》,毕洪海译,中国政法大学出版社 2005 年版;[美]库特勒:《最高法院与宪法——美国宪法史上重要判例选读》,朱曾汶,林铮译,商务印书馆 2006 年版。

64 参见[美]克里斯托弗·沃尔夫:《司法能动主义》,黄金荣译,中国政法大学出版社 2003 年版,第 26 页。

65 [美]贾恩弗朗哥·波齐:《国家:本质、发展与前景》,陈尧译,上海世纪出版集团 2007 年版,第 24 页。

66 参见[美]斯蒂芬·M. 菲尔德曼:《从前代主义到后现代主义的美国法律思想》,李国庆译,中国政法大学出版社 2005 年版,第 241 页。

67 [美]劳伦斯·M. 弗里德曼:"法治、现代化和司法制度",载宋冰编:《程序、正义与现代化》,中国政法大学出版社 1998 年版,第 124 页。

68 参见[德]马克斯·韦伯:《宗教的经济伦理·儒教与道教》,王容芬译,广西师范大学出版社 2008 年版,尤其是"世界宗教的经济伦理——比较宗教社会学初探(导论)"部分。

69 参见[美]罗斯科·庞德:《法律的任务》,沈宗灵、董世忠译,商务印书馆 1984 年版。

70 参见[美]卡多佐:《司法过程的性质》,苏力译,商务印书馆 1999 年版。

71 有关批判法学对传统法治理论的批判,详细讨论可参考:[美]安德鲁·奥尔特曼:《批判法学——一个自由主义的批评》,信春鹰、杨晓锋译,中国政法大学出版社 2009 年版。

72 参见[美]波斯纳:《法官如何思考》,苏力译,法律出版社 2009 年版,第 39 页。

73 参见[美]欧文·费斯:《如法所能》,师帅译,中国政法大学出版社 2008 年版,序言第 1 页。

74 参见[美]昂格尔:《现代社会中的法律》,吴玉章、周汉华译,中国政法大学出版社,第 180 ~ 225 页。

75 不能忽略的是,中国是世界上法域最大的国家。各国解决法域过大问题的基本方式是实行双重立法体制,亦即联邦及联邦成员均具有立法权,而我国则没有这样的可能。有关美国双重立法体制可参见宋冰编:《读本:美国与德国的司法制度及司法程序》,中国政法大学出版社 1998 年版,第 96 ~ 120 页。

76 参见顾培东:《中国法治的自主型进路》,载《法学研究》2010 年第 1 期。

77 根据《人民法院五年改革纲要》的要求,除合议庭主动提交院长提请审判委员会讨论的重大、疑难案件外,其余案件的裁判一律由合议庭决定和作出。

78 参见[美]米尔伊安·R. 达玛什卡:《司法和国家权力的多种面孔》,郑戈译,中国政法大学出版社 2004 年版,第 2 页。

79 达玛什卡对国家权力与司法能动的关系有具体分析,可参见[美]米尔伊安·R. 达玛什卡:《司法和国家权力的多种面孔》,郑戈译,中国政法大学出版社 2004 年版,第 219 ~ 269 页。

80 我国过去对社会矛盾的分类主要为"人民内部矛盾和敌我矛盾",但我认为,在"敌、我"两大显性阵营已经消失,并且在法治背景下解决矛盾的方式趋于同一的情况下,这种分类的意义不再突出,而更有意义的分类则是"基础性社会矛盾和非基础性社会矛盾。"

81 参见宋冰编:《程序、正义与现代化》,中国政法大学出版社 1998 年版,第 124 ~ 125 页。

82 达玛什卡指出,在能动型国家中,始终存在着政党组织的"一般性指示与具体指示之间的区别——一种在理论上容易作出而在实践中很难把握的区别"。参见[美]米尔伊安·R. 达玛什卡:《司法和国家权力的多种面孔》,郑戈译,中国政法大学出版社 2004 年版,第 257 ~ 258 页。

83 参见[意]莫诺·卡佩莱蒂:《比较法视野中的司法程序》,徐昕、王奕译,清华大学出版社2005年版,第15~16页。

84 亦即:政策考量机制、利益平衡机制、司法技术运用机制、多元纠纷解决机制、诉讼指导机制、便民诉讼机制。参见江苏省高级法院司法改革办公室:"能动司法制度构建初探",载《法律适用》2010年第2~3期。

85 苏力:"关于能动司法",载《法律适用》2010年第2~3期。

86 苏力:"关于能动司法与大调解",载《中国法学》2010年第1期。

87 参见苏力:"关于能动司法与大调解",载《中国法学》2010年第1期。

88 其实,在苏力教授《关于能动司法与大调解》一文中,已经注意到调解与契约自由和意思自治的联系,但不能理解的是,苏力教授为什么仍然会得出调解可以不依法、依法则不能有效调解的结论。

89 不可否认,实践中确实存在着不依法调解的问题,但这恰恰是需要着力解决的偏失。

90 关于美国司法能动成功的经验以及中国因为守法传统尚未形成、法律职业化尚未建立故而不能施行能动司法的论述,可参考杨建军:"'司法能动'在中国的展开",载《法律科学(西北政法大学学报)》2010年第1期。

91 有学者对最高法院拟建立的案例指导制度提出批评,而主张通过立法解释建议、立法型司法解释、重视"批复"型司法解释以及对于少数特殊类型的案件实行案例指导等方式,体现最高法院的指导作用。参见李仕春:"案例指导制度的另条思路",载《法学》2009年第6期。

92 对此方面,成都中院已进行了为期三年的改革探索,形成了较为系统的经验,最高法院拟在近期总结推广。我对成都中院的实践进行了较长时间的跟踪调研,有关认识另文表达。

捌

顾培东代表作

人民法院内部审判运行机制的构建

以C市中级人民法院实践为样本

一、问题的提出

如果把人民法院认定为我国司法审判的主体,那么,作为审判最终产品的司法裁判是如何在法院这个由多个成员组成、具有明确的层级化设置的拟制人格主体内部生成的?换句话说,法院内各个主体、各个层级在审判活动过程中居于什么样的地位、处于什么样的关系,对司法产品的最终形成又能产生什么样的作用?更富有意义的问题是:法院内部各主体和各层级通过什么样的方式、以何种样态参与审判活动与实施审判行为,才能有效地保证司法产品质量,[1]并且最大限度地提高司法产品的产出能力?[2]所有这些,都是各级人民法院日常面临并直接关及司法功能与审判成效的根本性问题。然而,客观地看,所有这些,也恰恰是人民法院在近三十年的改革与发展中着力解决而始终未能得到很好解决的问题。

前述问题未能得到很好解决的原因大致有三个方面:一是缺少必要的制度性资源。[3]无论是宪法、法院组织法、法官法和各类程序法,还是最高人民法院制定的各种规则,都未能为法院内部的审判运行提供系统而明确的规范性依据。一方面,各种制度尚未能细及法院内部审判运行的各个环节和各个方面,相对于丰富而复杂的审判活动,现有的各种制度和规则显然过于粗疏,一些关键性活动或环节尚无据可依;另一方面,虽然各种制度都建立于对法院内部多主体、层级化构成的明确认知,但往往仍然把法院看作是一个抽象的整体,对法院内部多主体、层级化的构成以及由此而带来的各主体意志的非一致性、甚至利益的多元性鲜有顾及。不仅如此,各种

原文发表于《法学研究》2011年第4期。

制度通常以单一案件的处理模式为实践背景，舍去法院总是同时面临很多案件这一客观事实，从而也忽略了由此而带来的法院整体审判运行的复杂性。二是法院审判运行无法简单沿用其他机构的组织方式和管理模式。一般说来，任何机构都会面临如何处理机构与其内部成员之间的关系这一问题，但基于审判活动的特殊要求与规律，现代社会中普遍适用于行政机关的科层制，以及普遍适用于企业的代理制或科层制与代理制结合的模式，都不能妥帖地适用于法院的审判活动。三是各方面认识极不统一。这不仅是因为不同主体对于审判实践活动的经验性认知与判断存在很大差异（在法院内部，还存在不同主体对自我角色的不同期待），更主要在于，法院内部审判运行决不简单是一个技术性问题，它关涉到人民法院审判权应当如何行使，以及怎样理解审判独立或司法独立这样一些深层次理论是非，对这些是非问题的不同主张和不同理解影响和阻碍着人们对于审判运行模式或方式共识的形成。

围绕人民法院审判运行的合理化，[4]近十多年来，人民法院系统付出了诸多努力。《人民法院五年改革纲要（1999－2003）》（以下称“一五改革纲要”）和《人民法院第二个五年改革纲要（2004－2008）》（以下称“二五改革纲要”）主要以革除“审判工作的行政管理模式”为核心内容和主导思路；而《人民法院第三个五年改革纲要（2009－2013）》（以下称“三五改革纲要”）则更主要强调“优化人民法院职权配置”，其中一个重要切入点在于“改革和完善审判管理制度”。从最高人民法院新近的一系列举措看，“改善和加强审判管理”正成为当下法院工作的重要主题。[5]对于两个不同时期改革思路及内容的变化，固然可以解释为人民法院改革的阶段性任务的不同，但或多或少也显示出两个不同时期改革所依循的理念、改革的取向以及所针对的问题存在着某些实质性差异。然而，无论是革除“审判工作的行政管理模式”抑或“改善和加强审判管理”，其着眼点都在于“审判管理”，而事实上，实现审判运行合理化，所要求的不仅仅是审判管理的改善与加强，更富有本质意义的是审判运行机制的构建。相对于审判运行机制的构建来说，审判管理的改善和加强无疑具有一定的次生性和从属性，特别是在有关审判权行使方式、审判独立或司法独立等基本性或根本性理论是非未能廓清，亦即管理的主导方向尚不够明确的情况下，不管是刻意消解审判工作的行政管理模式，还是在一般意义上强调加强审判管理，都未必能产生出理想的(尤其是符合我国法院审判工作特性、具有长效性)的审判运行状态。为此,本文拟对我国法院内部审判运行的基本特征和现实矛盾作出分析,对我国法院审判工作关涉的几个主要认识问题进行讨论,以此为基础,对C市中级人民法院近几年的相关探索性改革实践进行样本解析,[6]通过这种解析,力图勾勒出人民法院法院审判运行机制应有的基本图景,并说明这种机制构建对于中国特色司法制度微观基础塑造的重要意义。

二、人民法院审判运行的现状

描述我国法院审判运行的现状,着重需要揭示现阶段我国法院司法裁判的生成方式,亦即定案方式。尽管审判运行所关涉的问题远不止于此,但司法裁判的生成方式或定案方式无疑是审判运行中的核心问题和关键性因素。从人民法院定案方式看,虽然各法院的具体实践有很大差异,但都有一个共同特征,可概括为:“多主体、层级化、复合式”。所谓“多主体”,亦即审判活动由法院内多个主体参与,从承办法官、合议庭、副庭长、庭长、副院长、院长,以至审委会,各主体都可以参加到审判活动之中,[7]并对案件的实体裁判产生不同的影响;所谓“层级化”,亦即法院内合议庭、庭长、院长以及审委会之间构成了类似于行政科层的层级化设置,各层级具有明确的从属关系,并且,这种从属关系的效应常常体现在案件的实体裁判过程之中;所谓“复合式”,亦即同一案件在同一审级法院内往往需要经历多个主体和多个层级的复合评价,才能形成最终的裁判意见。

“多主体、层级化、复合式”的定案方式决定了我国审判运行的轨迹与其他任何国家的制度和实践都具有重大差异。在英美法系国家,如美国,初审裁判一般由独任法官作出,上诉审裁判则由多名法官组成的合议庭根据明确的议决规则作出;[8]大陆法系国家各审级的裁判通常都由合议庭作出。这也就是说,各国法院在同一审级中,独任法官或合议庭所实施的审判活动和行为,法院内其他成员不能参与和介入;并且,独任法官或合议庭所形成的裁判意见,不受制于(并且排除)法院内其他主体的评价和影响。[9]一些国家虽然针对不同案件设置了多种类型的合议庭(如法国设有普通合议庭、重案合议庭、联席合议庭等),但各合议庭在同一案件中并不发生任何交叉,彼此之间更不存在从属关系。

问题自然不在于我国法院裁判决定方式的特异性，重要的是，“多主体、层级化、复合式”的定案方式在缺少相应制度配套的条件下，同时在各种复杂因素的影响下，造成了我国审判运行一定程度上的失序和紊乱。具体表现为：一是法院内各主体是否对个案审判活动的参与、特别是对个案裁判过程的参与很不确定。除了合议庭以外，院、庭长以及审委会是否参与到某一案件的审判活动尤其是裁判过程之中通常是不确定的。虽然从最高法院到基层法院都制定过一些规则，旨在对各主体参与案件审判活动的范围作出规范，但这些规则都无一例外地设置了弹性条款或“兜底条款”，即：“合议庭自己认为应当提交院、庭长审核或提请审委会讨论的情况”，或“院、庭长认为应当由自己审核或审批的情况”，这些条款实际上瓦解了相关规则的限定意义，为各主体自由选择是否参与个案审判活动及裁判过程留下了很大的空间。各主体（尤其是分管院、庭长）既有参与某一案件的审判活动并影响甚而决定裁判的条件和能力，同时也有放弃和推诿这种参与的理由和依据。二是案件在同级法院内应当经历哪些层级的偶然性较大，随机性、甚而随意性过强。与前一问题相对应，由于法院内各层级所对应处置案件的范围以及决定裁判的权力实际上很不确定，因而除了少数依规定必须由审委会讨论的案件外，其他案件的裁判究竟由哪一层级最终决定往往取决于多方面复杂因素，与处理和解决案件的实际需求并不吻合。三是各主体参与审判活动以及影响裁判的方式和动因较为复杂。就方式而言，下一层级可以不向上级呈报而规避上级的参与，而上一层级也可以直接要求下级将案件上报给自己决定；同时，各主体对于裁判的形成，既可以通过明示、直接的方式在程序内表达其意见，也可以通过间接、暗示的方式，以非程序化的手段施以影响。就动因而言，各主体对自身职责的理解、个人工作的习性与偏好、外部社会因素的影响，甚至对不当利益的谋求等等，都可能影响其是否实际参与审判活动及裁判过程。四是各主体参与审判活动及裁判过程的效力也不是很确定。尽管法院内各个层级之间存在着明显的从属关系，但并不意味着上级对裁判的实际影响总是绝对地大于下级（审委会情况除外）。由于每一主体都有其特定的影响裁判的手段和方式，因而无论是院长还是普通法官，既可以说权力很大，也可以说权力很小，权力的实际范围常常取决于各主体如何运用自己的权力。

正是因为前述现象的存在，因而以人民法院机构名义所作出的裁判，特别是在裁判文书中“本院认为”项下所作出的表述,可能既不反映法院这一机构的意志,也不体现法院内各主体的共同智慧。固然不能从这些现象中推导出法院裁判质量或审判水平必然低下的结论,但可以肯定的是,“多主体、层级化、复合式”定案方式所希图创造的法院这一机构作为审判主体的“集体优势”,在审判工作的现实中并没有得到很好体现;不仅如此,由于这样一种审判运行状态容易为苟利营私者所利用,因而司法不公或司法腐败现象与此也不无联系。

对我国法院审判运行的现状的叙说,还必须进一步回溯到我国法院审判运行变化的过程,特别是前面所提到的各级法院在审判运行合理化方面所付出的努力。

上世纪 70 年代末恢复司法审判制度后的较长时期中,我国法院主要实行的是行政化的案件审批制度,层层审批以及体现于其中的“民主集中制”成为裁判形成的基本方式。承办法官或合议庭在裁判过程中的话语权和影响力都很小,很多案件甚至是在院领导已经“研究决定”后才履行开庭形式,“先判后审”的现象较为普遍地存在于各级法院。迄至上世纪 90 年代末,“审判工作的行政管理模式,不适应审判工作的特点和规律,严重影响人民法院职能作用的发挥”[10]逐步成为各级法院的共识,因而,《一五改革纲要》以发挥法官独立审判作用为潜在理念,以“还权于合议庭”为主导思路,推出了“以强化合议庭和法官职责”为重点的改革方案,明确规定:“除合议庭提请院长提交审委会讨论决定的重大、疑难案件外,其他案件一律由合议庭审理并作出裁判”;同时提出,审委会“逐步做到只讨论合议庭提请院长提交的少数重大、疑难、复杂案件的法律适用问题”。这一改革思路和方案意味着:(1)法院裁判基本由合议庭自行决定;(2)案件是否交由审委会讨论,除了取决于案件是否“重大、疑难”外,还取决于合议庭是否主动提请院长提交;(3)院、庭长除了向审委会转交合议庭提请讨论的案件(此职能仅限于院长)以及作为合议庭成员参与案件审理和作为审委会委员参与少数案件的讨论(并非所有庭长都是审委会成员)外,对审判过程不能有更多的参与;(4)审委会讨论的范围,主要集中于少数重大、疑难、复杂案件的法律适用问题,其他影响案件实体裁判的因素,不属于审委会讨论的范围。

从明确法院内各主体审判职责的角度看,《一五改革纲要》所确定的这一思路无疑是富有意义的（当然，这一思路还暗含着对法官独立原则的承认与倡导，对此原则的讨论，本文后面将进一步展开）。然而，在我国法官队伍素质尚不够理想，司法审判的外部环境较为复杂，相应配套和约束严重缺失的情况下，这一思路实际推行后所暴露出的问题在很大程度上背离了改革的初衷。在“还权于合议庭”的口号下，由于院、庭长缺少参与审判过程的正当性，审委会讨论案件的范围又受制于合议庭的主观愿望与判断，因而审判管理基本上被“边缘化”，审判活动在很大程度上游离于监督与管理之外，由此引发出案件审判质量下降、裁判过程不透明、腐败现象滋生等问题。

《二五改革纲要》尽管仍然依循着突出合议庭的作用与功能这一主导思路，但着重强调“强化院长、副院长、庭长、副庭长的审判职责”，其意图在于通过院、庭长具体参加合议庭审理案件，[11]同时“建立法官依法独立判案责任制”，“逐步实现合议庭、独任法官负责制”，提升审判质量与水平。与此同时，《二五改革纲要》又把“改革和完善司法审判管理”列入法院建设的重要内容，强调“建立并细化与案件审理、审判权行使直接相关事项的管理办法，改善管理方式。”《二五改革纲要》显然已经注意到对《一五改革纲要》某些缺失的弥补和矫正。但是，在《二五改革纲要》的落实过程以及在实际操作中，各级法院并未显现出“逐步实现合议庭、独任法官负责制”的趋势，更明显的偏向是将裁判的决定权（从合议庭或独任法官手中）部分甚而大部分上收，相应恢复院、庭长审批案件的方式和制度。形成这种状况的原因主要有：首先，在院、庭长人数与案件数量严重不相匹配的情况下，通过院、庭长直接参与合议庭审理案件来提升整体审判质量和水平的意图，并不具有很强的现实性和可操作性，因而，院、庭长对案件质量的把关不能不通过审批案件的方式实施。其次，在法院内部各种权力关系未完全理顺的情况下，对审判管理的强调，实践中很容易被简单地理解或衍化为院、庭长对案件的审批。再次，或许更为重要的是，进入本世纪以来，提交于法院的社会纠纷日益复杂，司法审判对外部社会的影响日趋加大，党政权力机构对法院审判工作也高度重视，各法院都无法容忍“权力在法官、压力在法院、责任在院长”[12]这样一种格局或状态，从而促使院、庭长不得不更多地介入到个案的审判活动之中，关注个案的裁判结果，由此也导致院、庭长审批案件方式的恢复或部分恢复。总之，在《二五改革纲要》实施期间(甚至在"一五改革"后期,直至现今),《一五改革纲要》所希望革除的"行政管理模式"再度成为很多法院的选择;"一五改革"初期"从窗户中扔出去"的行政管理模式,在此后却堂皇地"从正门中走了回来"。不过,由于案多人(院、庭长)少的矛盾始终存在,在多数法院,院、庭长事实上不可能审核或审批所有的案件,因而,审判运行的真实的状况往往仍然是:要么院、庭长说了算,要么院、庭长管不着;审判运行的紊乱与失序问题并未真正得到解决。

《三五改革纲要》所提出的"优化人民法院职权配置"的思路包含着对法院内部审判活动中的权力关系的重新审视,但改革的具体措施却落脚于"改革和完善审判管理"(近年来使用更多的提法是"加强审判管理")。然而,如前所述,权力的配置以及权力关系的调整已然超出了"审判管理"所能涵盖的范畴,无论是加强还是改善"审判管理",都难以承载法院审判运行合理化的重任,至少在"裁判究竟应由谁说了算"或"谁可以在裁判过程中说了算"等基本问题尚不清晰的情况下,对加强和改善审判管理的实际成效很难付以太多的期待。

还需提到的是,最高法院新近出台了《关于在审判工作中防止法院内部人员干扰办案的若干规定》,对法院内部人员参与和影响审判活动作出了某些限制。应该说,这一规定对规范审判行为具有一定的积极意义,但对于解决前述审判运行的紊乱与失序问题的作用仍然十分有限。这主要是因为,这一规定所限制的主要是法院内部人员的非职务行为,[13]如非办案人员或非分管领导对办案人员或办案过程施以各种影响,而本文所指陈的审判运行紊乱与失序问题,很大程度上是法院内部成员在履行职责过程中所产生的,这些问题更主要与法院内部的权力配置和职责设定相关。因而,总体上说,这一规定所欲达致的效果与本文所讨论的审判运行机制的构建不属于同一层面的问题。

三、审判运行机制构建的前提性问题

人民法院审判运行机制的构建,始终绕不开一个前提性问题,亦即在法院机构作为审判主体的体制下,法院内部各主体,谁应当具有司法裁判的参与或决定权?长期以来,有两种力量缠结和交织在这一问题上:一种是理论上以司法独立原则为依据或支撑的话语力量,坚持司法裁判权只能由法官(通常指承审案件的合议庭或独任法官)排他地独立享有;另一种是实践中在科层制结构影响下,行政化决策方式的强势作用,实际奉行院、庭长(也包括审委会)案件审批制,保持院、庭长及审委会对裁判的最终决定权。两种力量的缠结和交织,使得前述问题的答案变得模糊不清。为此,需要从理论、制度以及经验等不同层面对下述几个相互关联的问题作出讨论。

(一)我国是否应当承认法官(或合议庭)独享裁判权

法官独享裁判权的主张通常是从司法独立原则中推导出来的。在很多学理性阐释中,司法独立包括三层涵义:一是司法独立于政治以及其他社会力量;二是法院及法官独立于当事人以及其他关系人;三是法官独立于法院内部其他成员,亦即法官独享裁判权。[14]后一层涵义又包括:(1)法官独立行使裁判权的过程不受制于法院内部其他人员的影响;(2)裁判只能由法官独立决定和作出。由于寄寓和依托于司法独立原则,法官排他地独享裁判权的主张往往被认为具有很强的话语上的正当性。不仅如此,在近些年有关中国法治或司法问题的讨论中,司法独立日益成为中心话题。不少人几乎把我国法治或司法领域的所有问题都归结于司法的独立性不强或法官未能独立;一些学者为中国法治或司法所开出的“包治百病”的万灵丹亦是司法独立或法官独立,很多论说似乎都告诉人们这样的道理:只要法官完全独立行使裁判权,便可以实现法治昌明,弊绝风清。[15]这些认识和观点自然有很大可争辩和可商酌的余地,但这些认识和观点所造就的舆论氛围则无疑会强化人们对于法官独享裁判权的信念与期待,特别是把法官独享裁判权与法治昌明的重大意义维系于一体,客观上会影响人们对法官独享裁判权在中国社会环境中实现的可能性及实际效果的审慎分析。

对于司法独立这样宏大主题的讨论,显然已超出了本文的承载。而且,在当下法治意识形态极为复杂的局面下,对此问题的任何观点都很难避免仁智互见的命运,但既然有关法官独享裁判权的主张搭载在司法独立的主题下,就需要在共识性相对较强的认知基础上,对相关问题作出解说。

如果对前述司法独立的第三层涵义稍加分析,便不难看出,法官独享裁判权与司法独立这两者之间并非是相互证成的关系。司法独立在最朴素的意义上体现为审判主体实施审判活动不受制于其他力量或因素的干扰,因而,对司法独立的实际判断需要首先明确谁是审判主体。如果审判主体是法官,那么司法独立当然应体现为法官独立;而如果审判主体是法院,裁判行为是由法院机构整体完成的,那么司法独立的评价基点就不在于法官是否独立,而在于法院的审判活动是否独立。所以,司法独立即意味着法官独享裁判权的判断,实际上是一个逻辑上并不周延的命题。这也表明,是否承认法官(相对于法院内部)独享裁判权与是否认同司法(相对于法院外部)独立原则,是完全可以分离开来审视和讨论的。

从我国制度性规定来看,我国宪法、法官法等法律清楚地表明,我国司法审判是以法院而非法官为主体或本位的,相关的制度设计也是围绕着法院机构作为审判主体而展开的。我国《宪法》第 126 条规定:"人民法院依照法律规定独立行使审判权,不受行政机关、社会团体和个人的干涉"。这一规定与《宪法》第 131 条有关人民检察院依法独立行使检察权的规定,共同构成我国法律对司法独立在中国的特定涵义的权威界定和解释。[16]在《宪法》的这一界定和解释中,既看不出有关法官独立的意蕴,更推导不出法官独享裁判权的结论。需要指出的是,我国《法官法》第 8 条对法官权利的规定中,的确有法官"依法审判案件不受行政机关、社会团体和个人的干涉"这样的表述,但这一规定依然不能被解读为对法官独享裁判权的肯定。首先,与《宪法》规定法院独立行使审判权的表述相比,《法官法》的这一规定中并没有使用"独立"一词修饰法官的审判行为,这显然出自于立法者的审慎和严谨。其次,《法官法》这条规定中所称的"法官",是对法院内审判人员的一种泛指,并非仅指特定案件中的合议庭成员或独任法官。《法官法》第 2 条开宗明义即对"法官"的范围作出一般性界定,包括"院长、副院长、审判委员会委员、庭长、副庭长、审判员、助理审判员",这也体现出法律对法院整体性的强调。从根本上说,《法官法》这一规定,主要是对《宪法》第 126 条精神的重申和落实;作为《宪法》下位法的《法官法》,也不能作出与《宪法》文意所不同的规定。因此,综合我国法律的相关规定看,我国法律所意蕴的司法独立或审判独立不包含对法官不受制于法院内部制约而独享裁判权的承认;同时,根据宪法和法律的精神,"法院独立行使审判权"也不简单地等同于或推断为"法官独立行使审判权"。[17]

不可否认,法官(或合议庭)在法院内部排他地独立享有裁判权,确实是西方法治国家的一种普遍性实践。[18]这样一种以法官为中心或本位的司法方式或模式是否适用于我国,在我看来,关键并不在于它能够带来什么样的司法效果或者具有什么样的意义,也不在于这种司法方式或模式与我国以法院为主体或本位的制度两者孰优孰劣,而在于我国是否具有适用这种方式或模式的社会条件和社会基础。正如美国学者达玛什卡所说:“在考虑移植某一外国规则的时候,当务之急是首先仔细考察在本国的制度背景中是否存在使此项外国规则有可能发挥实际效用的先决条件。”[19]应当看到,西方以法官为中心或本位的司法方式或模式的形成和存续,不仅经历了数百年的漫长历史,更重要在于它具有系统化的政治、经济以及文化等因素的支持和匹配。特殊政治结构所造就的法官的突出地位,[20]深厚的法治传统对法官的长期熏染和影响,精英崇拜文化烘托起的法官的社会声望,法律职业共同体的全面形成以及法官遴选制度和机制的成熟,法官执业保障制度的配套及法官相对优渥的薪酬待遇等等,所有这些共同构成了以法官为中心或本位的司法方式或模式所必要的社会基础。可以说,西方法官的地位和作用以及与此相关的司法方式或模式是西方社会条件和社会制度的特殊产物。就我国情况而言,前述这些因素中,有些在一定的情况下或许会与西方趋同,有些则需要很长时间的发展与积累,而涉及政治建构以及文化取向等深层次的因素,则无法期待与西方相同,我国不可能通过改变基础性政治建构和主要的文化取向来适应某种司法方式或模式。这也表明,不只是现阶段,即便从长远看,以法官为中心或本位的法官独享裁判权的司法方式或模式都不可能成为我国制度上和实践中的选择。

为避免前述分析带来误解,必须申明,不认同法官独享裁判权的主张,丝毫不意味着否定法官在我国司法审判中的核心作用。一方面,法院绝大多数案件的裁判都应由法官(当然也是指合议庭或独任法官)作出决定,只有少数案件的裁判由审委会最终决定;另一方面,在审委会决定的案件中,法官仍然发挥着必不可少的作用,法官所进行的审理以及对裁判的初步意见,是审委会作出决定的前提与基础,即便是在法官的裁判意见与审委会意见不尽一致或完全相左的情况下亦是如此。[21]否认法官独享裁判权仅仅是为了表明:(1)人民法院内部决定司法裁判的主体,除了法官外,还有审委会这一组织;(2)法官在形成裁判的过程中,不应绝对地排除其他主体(主要指院、庭长)的参与,这种参与既包括为法官的裁判提供智识和经验方面的指导与帮助,又包括对法官的裁判行为实施恰当的制约。明确这两个基点,才有可能、也才有必要对法院内各主体在裁判形成过程中的应有角色作出分析,进而对审判运行秩序及机制等问题作进一步的讨论。

(二)法院审判为什么不应适用行政化决策方式

尽管饱受各方面的诟病,也尽管没有明确的制度支撑(甚至有悖于某些制度性规定),但不能不承认,行政化决策方式依然在我国法院审判实践中具有强势影响,并且在很多情况下,实际地支配着法院的审判运行。苏力教授在上世纪 90 年代末所描述的同级法院内就裁判意见下级对上级逐级请示报告或上级对下级直接垂示的情况,[22]依然是不少法院今天的现实。这种状况同三个因素直接相关:其一,如前所述,我国法院内部组织实际上是按照科层制原理构建起来的,法院内存在着从普通法官经由庭长、院长到审委会这样一个明显具有从属性的层级化关系和建制,并且,各个层级都对应着外部行政谱系中的相应级别,因此,无论形式上赋予法官在裁判行为方面多大的自主权,如果缺少合理的权力制约,都很难实际抗衡这种科层制所形成的影响。其二,以法院机构为主体或本位的审判模式,客观上容易强化行政化决策方式。这是因为,既然法院内部构造呈现为层级化的组织体系,那么法院机构功能的发挥也不能不依托和借助于这种层级化的组织体系,这就为行政化决策方式提供了运用和发挥的空间。其三,制度上及实践中的责任约束和追究制度,也推动着行政化决策方式的刚性发展。一方面,法院内部的责任追究制度要求院、庭长对其属下法官的违法审判行为承担责任,[23]从而约束着院、庭长必须审慎地察看和监控属下法官的审判行为,自然也包括通过审核或审批案件的方式控制法官的裁判行为;另一方面,院、庭长(尤其是院长)往往更直接地承受着党委、人大等外部领导、监督机构的责任约束,这也会导致他们更多地介入到具体审判过程,把控一些重大、疑难案件的实体裁判。

揭示行政化决策方式在我国法院审判运行中存在的客观性,并不表明对这种方式的认同与接受。事实上,无论是学术界还是实务界,都普遍不赞成行政化决策方式在审判活动中的运用,理性上都认为行政化决策方式有违于审判活动的基本特性和内在规律。然而,对于一些学者否定行政化决策方式的具体理由则需要作进一步分析和讨论。

否定行政化决策方式(主要指院、庭长批案制)的理由通常有这样几点:一是行政化决策方式违反法官独立原则。从审判活动的特点来看,法官对案件的判断确实需要一定的独立性,但如前所述,法官独立并不是我国制度上已然或所欲确立的原则,因此,这一理由虽然是不少学者最容易提出的理由,但同时也是在我国现实中最难以获得认同的理由。二是行政化决策方式丧失了审判所必须具备的亲历性,形成“审而不判、判而不审”的审、判分离格局。[24]应该说,亲历性是司法审判所不可或缺的特性,审判活动的言辞原则、直接原则等规则都是建立在亲历性之上的。然而,审慎地看,以审判的亲历性作为否定行政化决策方式的理由仍然缺少足够的力度。首先,审判的亲历性是相对整个诉讼过程而言的。在诉讼过程中,必须有法官与诉讼参与人面对面的直接接触,但亲历性并不表明每一个参与裁判的个人都必须亲历庭审过程。一个充分的例证是:各国法院上诉审通常都采用书面审理形式,上诉审法官并没有亲历庭审现场,但这并不影响其对案件作出裁判。[25]其次,现代证据规则和证据技术早已使审判活动突破了“侦审一体化”时代中“五声听讼”的局限,对事实的认定主要依赖于证据而不是依赖于庭审中的“察言观色”,同时,在很多民商事案件中,当事人根本就不参加庭审,而刑事审判中,证人不出庭作证也是一个普遍性事实,绝对化的“亲历”需求和条件在今天都已经丧失;即便需要了解庭审过程,现代音像技术也能够完整地还原庭审现场,以满足未参加庭审人员“亲历”的需求,[26]所以,亲历性的要求并不构成对行政化决策方式的根本性否定。三是行政化决策方式违背了审判公开原则。这一理由成立与否,牵涉到对审判公开原则内涵的理解。但无论言说者守持怎样的观点,都不能否认,任何国家的审判制度和实践都不要求或不可能做到审判过程完全公开,即便是在允许裁判文书中公开法官异议的美国,裁判的议决过程也并非是公开进行或在裁判中作出具体描述的。显然,以违背审判公开原则作为否定行政化决策方式的理由也不免有些牵强。

在我看来,之所以认为行政化决策方式有违于审判活动的基本特性和规律,主要还是基于这样一个简单而质朴的道理:审判活动本质上是一个发现和判断的实践性行为,这种发现与判断的准确性和正确性一方面取决于主体的综合水平与能力(既包括对事实和对法律的认知能力,也指理性能力与实际经验),另一方面又决定于投入这种发现与判断过程的时间与精力,而这两方面因素与法院内主体之间的层级关系都不完全对应。首先,法院内各个不同层级界分的基础和依据并不完全是审判水平与能力,并非级别越高，审判水平就越高、能力就越强；其次，也是更为重要的，投入于个案的时间与精力，通常是下级（尤其是合议庭或独任法官）比上级更多，而不是相反。因此，如果依照行政决策方式中下级服从上级的基本规则来决定裁判的内容，势必有悖于审判活动的实际逻辑与要求。不仅如此，如果行政化决策方式固化在审判运行之中，合议庭或独任法官对案件的认知和判断始终具有很大的被否定的可能，这样势必会削弱他们对于案件审理的责任，消解他们追求事实真相、正确适用法律的动力和信心，从而也无法为院、庭长以及审委会的认知和判断提供可靠的基础。当然，在我国现实环境中，行政化决策方式还有一个值得重视的问题是，如果决定裁判的权力过于集中在院、庭长手中，希图影响裁判结果的各种社会势力也会随之围聚于院、庭长，这势必会减弱法院抗御外部干扰的能力，也容易增加司法腐败的风险。

对法院审判是否适用行政化决策方式的讨论，不能回避审委会制度的设置问题。依据现行制度，审委会作为法院内部审判组织，对法院裁判具有最终决定的权力，审判会作出的决定，法院内部各主体都必须无条件服从。在这个意义上说，审委会制度的确具有一定的行政化色彩。有学者更是把审委会制度看成是我国法院审判行政化的典型例证。[27]自然，基于本文一贯守持的立场，我无法苟同一些学者否定审委会制度的主张。近些年的审判实践越来越清楚地表明，审委会制度确实具有其存在的必要性和合理性。首先，在我国社会纠纷日益复杂、解决纠纷的难度越来越大，特别是裁判需要综合考量多种因素的情况下，审委会制度有利于集中更广泛的智慧，更加审慎地解决法院所面临的复杂疑难问题。其次，在各级法院中，由审委会讨论决定的案件毕竟不多，因而审委会的存在并不影响合议庭或法官作为审判主要力量这一格局；再次，审委会讨论中实行平权表决规则，因而一般说来也不存在上、下级之间的服从问题。然而，对审委会制度存在的必要性和合理性，我更倾向于从另一个角度去解说。我认为，审委会在很大程度上是解决法院内部裁判争议的必要设置。理由是：法院内部对于某些案件的裁判，各主体之间常常有不同的看法和主张，即便是共同经历案件审理全过程的合议庭成员，也会有重大分歧，这就需要审委会这样的组织，对内部的分歧和争议作出判断，进而形成能够代表法院机构或大体能够体现法院整体意志的裁判意见。不仅如此，在允许院、庭长对裁判形成过程的一定参与并保持其对裁判内容一定话语权的情况下，审委会制度或许是对院、庭长权力的必不可少的制约。这也就是说，在我国法院层级化组织体系客观存在的背景中，审委会制度虽然具有一定的行政化色彩，但它同时又有助于克服层级化组织中行政性因素所可能引发的某些弊端。当然，总体上看，审委会制度仍然有进一步完善的必要和改进的空间。

（三）如何看待院、庭长在审判活动中的作用

院、庭长在审判活动中的角色与作用，特别是院、庭长对于裁判生成的作用，是最富有争议同时也是最具有实质性的问题。本文前面所进行的两个方面讨论，在很大程度上是为厘清这一问题作出铺垫，更恰切地说，是为院、庭长在审判运行中寻求恰当的定位和空间。

院、庭长角色与作用问题的复杂性首先产生于制度上的不完善。我国相关法律虽然规定了院、庭长的设置，但有关院、庭长参与审判活动方面的内容规定得很少，除了少数程序性权力外，法律规定中看不出院、庭长在审判活动中应有什么样的作为。这种状况与审判运行的实际状况甚至与审判运行的客观需求具有很大差异。在正式制度中明确认同院、庭长参与裁判过程并赋予其一定话语权的是2002年最高法院出台的《关于人民法院合议庭工作的若干规定》。该《规定》第16条明确："院长、庭长可以对合议庭的评议意见和制作的裁判文书进行审核，但是不得改变合议庭的评议结论"；第17条又进一步规定："院长、庭长在审核合议庭的评议意见和裁判文书过程中，对评议结论有异议的，可以建议合议庭复议，同时应当对复议的问题及理由提出书面意见。合议庭复议后，庭长仍有异议的，可以将案件提请院长审核，院长可以交审判委员会讨论决定。"最高法院这一旨在规范合议庭工作的专项规定，从完善合议庭制度的角度，把院、庭长参与裁判过程并影响裁判的功能由潜规则变成了显规则，但这一《规定》在实际操作中却存在着明显的疏漏。首先是院、庭长审核案件的范围和边界不清。"院、庭长可以……审核"的规定，显然是指院、庭长可以对所有合议庭评议结论和裁判文书进行审核，但面对大量的案件，院、庭长能够审核的只是其中一部分，甚至是很少一部分，因此，实际审核的范围和边界不能不取决于院、庭长的主观选择；实践中，究竟哪些需要审核或不需要审核，缺少起码的限定。其次是院长与庭长各自审核的范围同样没有明确的划分。从前述《规定》的内容来看，院长与庭长的审核工作既有层级上的递进关

系(合议庭复议后,庭长仍有异议的,可以提请院长审核),更有并列和交叉关系(院长与庭长同时都具有审核权),那么,究竟哪些应由院长审核、哪些又应由庭长审核,在前述《规定》中既没有具体的答案,甚至没有原则性的导引。再次是院、庭长对合议庭评议结论与裁判文书审核后处理的方式不相一致。根据前述《规定》,院、庭长对合议庭评议结论有异议的,可以要求合议庭复议,但不能改变;而院、庭长对于裁判文书有意见的情况,前述《规定》没有明确如何处理,结合《规定》的文意看,可以理解为院、庭长有权直接修改。然而,实践中,合议庭的评议意见固然主要体现案件的实际处理结果,而裁判文书中的表述对案件的当事人的实体权益也可能有实质性影响,尤其对上诉审或再审能够产生重要影响。因此,如果允许院、庭长直接修改裁判文书,实际上也就间接地赋予了院、庭长在某些情况下否定合议庭实体处理意见的权力。

除了制度疏漏因素外,院、庭长的角色和作用问题的复杂性当然还与各方面认识不统一相关。如果主张法官独享裁判权,院、庭长则无权染指裁判过程;而如果奉行行政化决策方式,院、庭长又无疑是裁判过程中的核心角色。根据本文前面对"法官独享裁判权"以及"审判决策行政化"的讨论,对院、庭长的角色和作用,我们大致能够得出这样的结论:一方面,总体上应当承认院、庭长参与裁判过程、甚至保持一定话语权的地位;另一方面,又必须对院、庭长的这种参与行为作出明确的限定。

承认院、庭长对裁判过程参与的权力,除了在前面的讨论中述及的一些理由外,更主要基于这样几个实践性原因:其一,作为法院内部层级的负责者,院、庭长对审判活动具有不言而喻的管理职责。这种管理除了体现于审判资源的配置、审判流程的把控、审判绩效的考核、审判技能的提升等方面的工作外,也不能不针对或涉及个案的裁判,因为后者更接近于管理所欲追求的目标和成效。有些法院把院、庭长的这种管理权称为"审判指导监督权",[28]无论称谓如何,院、庭长的审判管理不涉及个案裁判是不现实的。[29]其二,院、庭长同时也是法官,并且总体上应当理解为是较为优秀的法官。因此,从充分运用各种审判资源实现法院的审判功能这一要求看,也应当重视和利用院、庭长的经验与智慧;相反,排拒院、庭长对裁判过程的介入,则是对审判资源的一种浪费。其三,在实际运作中,任何一个有良知和责任感的院、庭长面对自己认为存在明显错误的裁判行为,都不会无动于衷，放任其发生；前面所提到的法院内部和外部责任追究制度也会促使院、庭长在此情况下有所作为。所以，研究院、庭长的角色和地位，关键和重心并不在于是否允许院、庭长参与裁判过程，而在于如何对这种参与作出必要的限定，防止由此而陷入到行政化决策模式之中。

从实际操作的角度看，对院、庭长参与裁判过程，应当从这样几方面作出限定：一是限定参与的范围。并非所有的案件都必须有院、庭长的参与，更不能由院、庭长自行决定是否参与；应当根据案件审理的难易度以及处理案件的实际需求，划定院、庭长参与的范围；同时，对院长和庭长分别参与的范围也应有明确的界分。二是限定参与的方式。就个案裁判活动而言，院、庭长的参与，除了体现为依照法律规定批准和决定某些程序性事项外，主要是对合议庭评议结论和裁判文书进行审核，也可以应合议庭要求，参与某些案件的讨论，甚至在某些情况下，应合议庭和当事人的要求，参与案件的调解。但院、庭长参与的过程必须留有记录或以书面形式进行，这样既促使院、庭长审慎地行使此类职权，也有利于分清责任。三是限定参与的效力。院、庭长对于案件处理的意见以及可能影响案件处理结果的意见，如果与合议庭不相一致，院、庭长只能要求合议庭复议或提请（庭长通过院长提请）审委会讨论，而不能直接变更合议庭的意见或直接变更合议庭形成的裁判文书；同时，要通过一系列制度建设，避免把“审核”衍变为“审批”，并避免把“要求复议”衍变为“强制性变更”。

四、审判运行机制构建：C 市中院的样本解析

前述几个问题讨论中所蕴含的本文作者的主张和观点，与其说是对我国法院审判运行的一种理性上的认知，毋宁说是我对 C 市中院相关实践两年多跟踪调研后所形成的感验与判断。近几年来，C 市中院从理顺审判主体（合议庭和审委会）与审判管理主体（院、庭长）之间的职权关系、解决审判权如何行使问题入手，[30]进而扩及到对法院内部审判运行的系统化的制度构建和全面性的规范引导，逐步形成了有效、有序，且较为成熟的审判运行机制，为我国法院审判运行提供了一个具有示范意义的模式。

概括和叙说 C 市中院相关实践的内涵无论如何是一件困难的事情，这一方面是因为，C 市中院因应审判运行的实际需要，不断研究探索，反复调整完善，其制度构建已经覆盖到实际操作的若干细节，难以详尽作出描

述,更主要的是,C市中院相关制度设计中所蕴含的大量经验性基础,很难从文本上加以充分揭示,这些制度设计背后的经验性机理,甚至只有置身于实际运行中的具体角色才会有真正的体悟。在此,我只能对C市中院构建审判运行机制的主要路径或主要方式作出粗略的解析,冀望这些解析能够大致勾勒出审判运行机制的应然图景。

(一)审判职权的配置与界定

审判职权的配置与界定,是审判运行机制构建的核心。其实质是,依据法律和相关规则的规定,依据审判活动的规律和要求,更依据于长期积累的审判经验,对法院内各主体在审判活动中的职权进行划分和确定,明确各主体在行使和实现人民法院审判权过程中的地位与作用。

基于对法院内各主体角色的理解以及对法院运行中突出矛盾的认识,C市中院在审判职权配置与界定中首先对审判职能与审判管理职能作出界分,明确规定:审判职能由合议庭和审委会行使;而审判管理职能主要由院、庭长行使。虽然这种界分并不十分准确,[31]但这种界分的实质意义在于,从制度层面否定或排除了院、庭长对于个案实体裁判的决定权,特别是为解决院、庭长与合议庭在个案裁判中的分歧与冲突建立了明确的规则,亦即在两者意见不一致的情况下,院、庭长不能直接否定合议庭对个案实体裁判的意见。在这种权力格局中,院、庭长对审判过程的参与,除了法律上规定的批准或决定程序性事项外,主要体现为对部分案件合议庭实体裁判意见的审核,并根据审核情况要求合议庭复议或进一步提交(或提请提交)审委会讨论。

C市中院对审判职权配置和界定最重要的步骤还在于:将各主体的职权范围分别对应到各类具体案件,具体明确哪些类型案件由合议庭自行决定裁判,哪些类型案件必须(或可以)由庭长(副庭长)或院长(副院长)审核(庭长、副院长、院长之间也有明确界分),哪些类型案件必须(或可以)提交审委会讨论。如果说审判职能与审判管理职能的划分明确了各主体职权的性质和作用,那么从案件类型层面所作出的界定则进一步明确了各主体职权行使的具体范围。

把各主体职权范围分别对应到各类具体的案件,这无疑是界定职权的最有效方式,然而,具体如何划分各主体职权所对应的案件类型却是一项十分复杂的工作。这是因为,简单使用“重大、复杂、疑难案件”与“一般案件”的基本分类并不能满足这种细化界分的需要，而具体列举又难以穷尽各种可能的类型，由此给实际工作带来掣肘和不便；同时，对于各主体具体应当对应哪些类型案件也需要考量多种复杂因素，需要以大量的审判经验积累为基础。总体上说，C市中院在划分中把握了这样几个原则：其一，充分发挥合议庭在审判中的主导或核心作用，坚持审判工作的重心向合议庭倾斜，把大多数案件划入合议庭自行决定裁判的范围，塑造出以合议庭为基础的审判工作格局。其二，根据有效解决案件的实际需要划分案件的管理层级，越是难以解决或需要审慎处理的案件，所经历的层级就越多，裁判也受制于更多主体的认识和评价，投入的审判资源也就更多。C市中院所理解的“难于解决或需要审慎处理的案件”，并不单纯指争议标的额大或量刑重的案件，甚至不完全是认定事实困难或适用法律不够明确的案件，更主要是指社会影响较大、法律效果与社会效果统一和兼顾的要求较高或难度较大的案件。这也折射出法院对自身所处现实环境的认知以及对审判的社会功能的体认。其三，各主体承担的审判事务与其承受能力大致适应。对应案件的划分，充分照顾到各主体或各层级审判事务量上的均衡，避免因畸多畸少或畸轻畸重而形成制约瓶颈，尽可能做到各适其力。其四，各主体职权对应的案件范围尽可能明确、具体，便于识别；同时，不设弹性条款或兜底条款，保证制约的刚性。其五，根据审判工作的具体情况，适时调整各主体职权覆盖的范围，从而使职权配置与审判工作的实际需要保持动态适应。

现象上看，审判职权的配置和界定只是明确了法院内各主体的工作分工，但实际上却是审判运行机制构建所迈出的重要一步。首先，它从具体审判事务层面矫正了合议庭独享裁判权或者院、庭长审批制这两种不同的偏向；其次，它明确了审判职能与审判管理职能，特别是明确了合议庭与审委会、合议庭与院、(庭)长以及院(庭)长与审委会之间的职权边界，同时还明确了处理各主体职权交叉以及对交叉中冲突的处理原则，为法院内部运行设定了必要的“差序格局”；再次，它为合理利用审判资源，特别是为广泛集中法院内各主体的集体智慧解决法院所面临的复杂问题提供了制度性架构。总之，审判职权的配置和界定，较好地体现了我国“法院行使审判权”这一基本制度的精神，同时也把近些年社会各方面对于法院内各主体具体如何行使和实现审判权的理性认知，固化于实际操作模式之中。

尽管对于审判职权配置的具体内容还会有不断的调整,但这种配置和界定无疑是人民法院制度建设的重要基础。

(二)审判流程的建立与控制

审判流程不仅关系到审判运行的效率,同时也间接地影响到审判的质量,因而,审判流程的建立和控制也是审判运行机制构建所不可或缺的步骤。法院内部的审判流程与各类诉讼程序既有关联,也有区别;它受制于并体现着诉讼程序,但所反映的却是诉讼程序一般覆盖不到的案件在法院内部流转的情况。审判流程与审判职权的配置和界定也有很大关系。在审判职权不清晰的情况下,由于个案审判所经历的层级和环节亦不确定,因而细化的审判流程实际上是无法真正建立的;而审判职权界定后,则可以依据审判职权的配置和分布,建立起既涵盖审判运行全过程又兼容法院各主体审判活动的十分细密的审判流程,并通过对流程的控制,实现审判运行的高效和均衡。

在审判流程的建立与控制方面,C 市中院的工作重心集中于三个方面:一是流程设置。基本方法是依据审判运行的特征,把整个审判过程分解为若干个阶段,同时又根据具体的审判活动,把各个阶段进一步分解为若干个节点,以此为基础,把各类程序法所规定的审限分解配置到各个阶段和各个节点之中,从而使每一项审判活动和审判行为的基本位序、时限得以固化。二是流程(在法院内部)透明。首先是各主体在办的全部审判事务透明,这样既避免案件长期积压的"窝案"、"抽屉案"等现象,又有利于新的审判事务的分派;其次是每一案件的审理进展情况透明,从而便于各主体实时了解和掌握审理进程,相应安排自己的工作计划。三是流程控制。通过专门的软件程序,在办案平台和管理平台中根据节点时限内审判事务的完成情况,分别设置"节点提示"、"节点预警"、"督促催办"以及"节点冻结"四个自动控制环节,督促和推动审判流程的运转。

C 市中院在审判流程的建立和控制中同样贯彻着一些明确的理念和原则。其一,流程的设置重在保证当事人实际享有程序效益。虽然一般说来,审判流程的建立和控制有利于推动效率的提高,但某些审判行为效率的提高并不必然惠及于当事人,关键要看能否实际缩短当事人的诉讼周期。因此,C 市中院审判流程设置的出发点不仅仅在于对内部审判行为的督促,而更为注重的是保证当事人实际享有程序效益。一方面,把没有进入程序法规定审限之中、但实际影响诉讼周期的事项,如上下级法院之间上诉事务的衔接(移卷、缴费、移交上诉状)等列入到审判流程的节点之中,用合理的时限加以约束;另一方面,把结案的节点从裁判文书的签发延伸至送达行为的完成,从而把审判流程控制的积极效果真实地转化为当事人诉讼周期缩短的事实。其二,审判流程的控制既约束合议庭成员的审判行为,也约束院、庭长的审判管理行为。通常对审判流程的控制都侧重于(甚至完全是)对一线审判人员行为的约束,然而,在法院内各主体的行为交叉作用于审判过程的情况下,审判流程的顺畅运转就不仅仅取决于一线审判人员的行为,并且,从实际情况看,由于院、庭长所受制的管束相对较少,因而院、庭长的审核或审批环节更容易成为流程阻塞的瓶颈。因此,C市中院一方面在流程设置中把院、庭长根据法律规定和内部规则而实施的审批事务,[32]以及院、庭长根据职权配置对部分案件的审核事务,与合议庭审判人员的审判行为一起,共同编入到流程之中,成为流程中的某些节点;另一方面,对院、庭长的这些行为也配以相应的时限或设置相应的评价分析程序,[33]由此形成对院、庭长行为的有效约束,保证审判流程整体上的顺畅。其三,充分重视审判运行的均衡。无论是流程设置还是流程控制,都把审判运行的均衡作为重要目标,通过这种均衡而实现审判效率的提高。这种均衡包括:一是各个阶段和各个节点之间的均衡。在阶段和节点的划分以及时限的设定方面,充分尊重审判运行的客观要求,并尽可能照顾到各种不同案件审理所可能出现的多种情况,配置适当,张弛有度。二是各主体在办的审判事务的均衡。通过繁简分流、合理配案、加强调度等方式,力求使个案的结案周期、各审判人员及审判管理人员的工作量等大体均衡,避免结构性忙闲不均或畸快畸慢。三是年度内审判工作、特别是月结案率的均衡。这主要指通过对审判流程的控制,保持日常审判的合理周期,避免年终突出结案现象。前述这些理念和原则,有效地保证了审判流程对于审判活动的合理引导作用,也强化了各主体行为以及法院整体审判运行的规范性。

(三)审判动态的监督与把控

审判动态的监督和把控的意义主要在于两个方面:其一,法院审判活动中,各主体的行为通常是个别化、分散地进行的,并且多数都直接代表法院对外实施,要保证这些行为能够真正体现法院机构的意志和智慧,就需要通过对面上审判动态的监督和把控，把这些个别化、分散进行的行为统摄于法院的整体掌控与管束之下，形成一体化的审判格局。其二，法院整体审判水平以及审判成效的提高，不可能完全依赖于各独立主体能力和水平的提升，而必须发挥法院整体对于个体的指导作用，由此也产生了对审判动态予以监督和把控的要求。与此相对应，C市中院的具体工作也围绕两个方面开展：一是以个案审判活动为对象的面上监督和把控；二是以阶段时期法院审判工作总体状况为对象的面上监督和把控。

以个案审判活动为对象的监督与把控主要是借助于审判活动的高度透明而实现的。这种透明除了前面所提到的流程透明外，还包括案情的透明（全部纸质档案电子化，在内网上相关人员可以看到整个案卷，并借此了解案情）和审判行为的透明（每一主体参与个案审判活动的情况都有明确的记载）。在高度透明的情况下，各主体都把自己的行为置放在其他相关主体的测度与评价之中，并在审判职权确定的格局下形成对各种偏失的矫正。虽然，总体上说，这种监督和把控主要体现为院、庭长对审判人员的管束，但院、庭长同样也无法回避审判人员对其行为的制约，特别是在审判责任明确后，审判人员既有抗衡和抵制院、庭长不当行为的依据，也有这方面的动因和条件。对个案审判活动的面上一般性监督和把控与前述职权配置中所形成的对重点案件的层级性监督和把控，共同形成了点与面的结合，从而提升了法院对审判活动的整体把控能力，大体造就了“既放得开又管得住”的审判运行格局。

审判动态的监督与把控的另一个层面是对阶段时期法院审判工作的总体状况进行分析，并且通过一系列制度性措施，从不同方面推进整体审判水平的提升。这些措施包括：(1)审判质效分析。根据各种司法统计数据以及各种指标测定数据，逐月、逐季以及年中和年终分别对本案及本院各业务单位的审判质效进行分析，发现和矫正质效方面的突出问题。(2)发改案件质量评析。对上级法院发回重审和改判的案件进行总体和个案分析。总体分析主要是上研判发改率及其变化、发改的主要类型等，个案分析则针对某些重点案件，分析发改的原因和理由。(3)案例通报评析。对新类型案件以及阶段时期较为集中的案件进行讨论和分析，研究具体的法律适用方法，统一裁判尺度。同时，对本院以及全国各地法院处理的某些重大案件进行评析，总结这些案件处理中的经验教训，开阔视野，启迪思维。(4)信访情况分析。对涉及本院所受理的案件的信访情况(包括网络传媒对本院工作的评价)进行分析,掌握信访率的变化、信访案件的类型以及信访的具体原因。(5)审判长联席讨论。各业务庭(局)的审判长定期对本单位审判业务情况进行分析评估,对合议庭提出的重大、疑难问题进行讨论,提出相应的建议。此外,还通过创办《审判指导》,加强审判信息的沟通。这些制度化的形式有效地融汇了全院各个方面的智慧和资源,密切了法院内各主体之间的联系,同时也使个别化的审判行为始终受制于法院内不同方面的评价和不同角度的审视,进一步强化了对审判活动的监督和把控能力。

(四)审判绩效的评价和考核

审判绩效的评价和考核主要是通过建立反映审判主要目标和要求、覆盖审判全过程的综合指标体系,对审判工作及其效果作出量化的分析和评价。建立量化指标考评体系,是近十余年来各级法院为提升审判质效而普遍采用的方式,但客观地说,目前在相当多的情况下,这一方式的形式意义大于其实际效果,其原因不仅在于由最高法院统一制定的指标体系不尽适用于各级法院以及不同法院的具体情况(也许法院间的客观差异终极性地决定了很难形成真正适用于全国各级法院的统一指标体系,尤其是细化的指标体系),同时也在于,以事后统计为基础(并且通常是各法院自行统计)、以应对上级法院评价为主要用途的各种量化分值,很难反映法院审判工作的真实水平和状况。因此,在指标体系的设置和运用方面,C市中院一方面保持与最高法院统一口径的基本对接,另一方面则立足于本院审判工作的实际,把这方面工作纳入到构建审判运行机制的总体要求之中,由此也形成了一系列自己的特色。

首先,在尊重最高法院统一规定的口径前提下,根据本院情况对指标体系进行了全面的完善和调整。一是将三项二级指标(公正、效率、效果)扩展为五项(增加了审判作风和审判技能两项),以便更为全面地反映审判工作的总体状况;二是对三级指标作进一步细化或合并处理,增强指标的适应性;三是在保持权重逻辑一致的前提下,对各项指标的分值和权重进行了相应调整,[34]使指标体系进一步趋向于合理。完善和调整后的指标体系既与本院审判运行的实际情况更加契合,同时也获得了法院内各主体的普遍认同。其次,把个人作为指标体系设置以及考核的最基本单元。通常指标体系的设置和考核都以法院为基本单元,部分法院扩大到各业务庭(局),而C市中院则以从事审判和审判管理的个人作为最基本的单元,业务庭(局)及法院的总体量化分值多数也是在个人分值累加的基础上形成的。这样大大增强了指标体系对具体审判和审判管理行为的约束力。再次,通过软件系统把指标(包括对指标的解释)直接植入到具体的审判流程之中,通过数据的实时填报或相关情况的实时记录,自动生成出审判行为和审判管理行为的具体分值,这不仅保证了各项数据或分值的准确性和客观性,更能使指标体系与审判过程密切融合。实际上,在C市中院,指标体系决不仅仅是定量化描述审判工作业绩的一种工具或手段,更主要是对审判活动和行为事前的导引、事中的参照和事后的评价,从而也是审判运行机制所必不可少的元素。此外,在运用指标体系对审判绩效进行考核评价过程中,C市中院也注重评价的合理性,特别是重视各业务庭(局)以及个人之间的可比性,[35]保证指标体系对审判行为和审判管理行为的合理激励和导向。

(五)信息技术的植入和运用

尽管构建审判运行机制的基本逻辑和机理并不依赖于某种技术化的条件而成立,但从C市中院的实践看,没有信息技术的全面植入和运用,前面所描述的审判运行的状态实际上是难以形成的,至少实际效果会受到很大影响,因此,有理由把信息技术的植入和运用理解为审判运行机制构建的一个基本环节或一项重要内容。从另一角度看,"科技强院"的指导方针也包含了人民法院发展对于信息技术运用的明确需求。

信息技术在审判运行机制形成中的作用,集中体现于办案平台和审判管理平台的创设。C市中院把审判职权配置和审判流程控制的各项规定和要求、审判绩效评估考核的各项指标,以及审判业务需要的各种资料(法律、法规、相关判例,以及法律文书格式范本等)全部植入于两个平台之中,同时辅之以多个分析软件,从而使法院内部的审判运行基本通过网络而得以实现。信息技术为审判运行带来了三个明显的效果:一是如前所述,提高了审判运行的透明度,这种透明度能够充分满足审判行为和审判管理行为对相关信息的需求,特别是保证了法院内各主体之间在审判过程中信息的相互对称。二是强化了制度和规范的刚性。由于多数管理性规范已经编入软件系统程序,因而系统程序的不可变更性使审判管理的刚性也随之强化，审判管理的严肃性借助于信息技术的特征和功能得到进一步的体现和维护。三是提高了审判效率。办案平台和审判管理平台的使用，提升了审判活动中的自动化水平，特别是通过审判流程的自动转接、各审判环节的自动催促和提示、部分法律文书的格式化处理、各种文书资料的网上流转，节省了人力耗费，同时又加快了审判活动的速度，这无疑有助于审判效率的提高。

通过前述五个方面，C市中院希望能够构建出“权力关系清晰，主体职责明确，监督制约到位，资源配置优化，审判活动透明，内部流程顺畅，指标导向合理，科技全面支撑”的有序且有效的法院内部审判运行机制。应该说，无论在总体思路上，还是在具体细节方面，C市中院的探索正逐步接近于这样的目标；C市中院的这些实践也使人们有理由对我国法院内部理想的审判运行状态抱有信心和期待。

五、余论：延伸的几点思考

作为一项关及人民法院基础性建设的实践，法院审判运行机制的构建无疑需要取得广泛的社会共识，尤其是决策层的明确认可和强力推行；对C市中院的探索性努力，更需要超越一个中级法院自身工作改善的层面去认识和看待其对于我国各级法院当下乃至长远的启示和示范意义。为此，在本文最后部分，我愿意把审判运行机制构建置放在中国特色司法制度完善、特别是人民法院改革与发展的主题和背景下加以审视，并简要表达我对几个相关问题的思考。

第一，审判运行机制构建与中国特色司法制度微观基础的塑造。

进入本世纪以来，构建和完善中国特色社会主义司法制度成为我国司法改革与发展的明确主题。近几年在此方面的努力集中体现于从宏观上确立司法理念（为大局服务，为人民司法）和司法取向（能动司法），以进一步明确我国司法发展的基本方向。然而，我认为，在宏观上司法理念和司法取向既定的前提下，我国司法制度改革与发展的重心应当转入到微观基础的塑造，亦即从体制和机制上培育司法主体的应有特性，使各司法主体能够真正成为正确司法理念和司法取向的有效载体，从而保证正确的司法理念和司法取向在微观层面得到落实。就人民法院而言，微观基础塑造核心正在于构建科学、合理的审判运行机制。[36]这种认识可以从我国经济体制改革的路径和逻辑中得到证明。我国经济体制改革在市场取向的目标明确后,改革的主要任务就是培育适合于市场经济的市场主体,其重点又在于建立企业内部的法人治理结构,解决企业内部的决策和运行问题。如同建立法人治理结构一样,法院内部审判运行机制的构建,就是要把我国法院内部围绕审判所形成的各类关系、开展的各项活动以及实施的各种行为,科学、合理地安排和确定在相对稳定的运行模式之中,进而建立起合理的审判运行秩序,充分有效地利用审判资源,整体上提升人民法院的审判能力与水平。在此意义上说,审判运行机制的构建既是中国特色司法制度完善所不可逾越的环节,更是我国司法发展与改革的重要现实任务。

第二,审判运行机制构建与人民法院规范化、现代化发展方向。

近年来,在落实司法为民方针的过程中,我国各级法院相继推出了一些新的举措,如高度重视调解,重提“马锡五审判方式”,强调诉讼的便民、利民等等。这些以“亲民、敬民和简约、便捷”为特征的举措,容易被人们理解和认知为对人民法院规范化、现代化发展方向的偏离甚而放弃。客观地说,实践中也存在着一些忽略实体和程序规则、忽视审判对社会行为导向作用,以及消解必要司法形式和司法礼仪功能的现象(有极端者甚至主张取消法袍和法槌)。这些认识和现象的存在,使审判运行机制的构建在当下获得了一种更为特殊的意义。一方面,C市中院的实践表明,法院内部审判机制的完善与司法为民的要求并不矛盾,司法为民的一些要求和具体的程序性措施,完全可以锲入审判运行机制之中,规范化地得到落实和保证;另一方面,审判运行机制的构建,无疑会使法院审判工作规范化、现代化水平得到全面提升,使人民法院基础性建设跃上新的台阶。由此也可以认为,审判运行机制的构建符合并代表着我国法院规范化、现代化发展的基本方向。

第三,审判运行机制构建与法院工作的创新。

近些年是我国司法创新最为活跃的时期。围绕着中国特色司法制度的完善,特别是能动司法理念的贯彻,各级法院都不同程度地开展了一些具有一定创新或探索意义的实践。[37]在这些创新和探索中,构建审判运行机制的实践具有更值得重视的价值。这不仅是因为这一实践直面并回应了我国审判所面临的主要矛盾和急迫需求,相比之下,这种创新和探索具有根本性意义,同时也在于,这一实践建立于可靠而扎实的基础与依据之上。首先是法律基础。从C市中院的实践看,构建审判运行机制工作完全是在法律规定的范围内展开的,不仅没有任何与现行法律相冲突的内容,而且相关的制度和措施还围绕着法律规定的落实而设计,并弥补了法律所难以覆盖的很多空缺。其次是国情基础。审判运行机制的构建一方面尊重了我国法院内部多主体、多层级这一体制和组织架构的现实,并着力于将审判运行的客观规律和要求带入到这一体制和架构的运行之中,发挥法院这一机构的审判功效,体现我国司法的独有特色;另一方面,在审判运行机制的构建中,通过审判职权配置以及指标体系的设计,能够把外部社会对司法审判的合理要求转化为法院内部的具体审判活动规则,强化了司法审判与社会生活的相融性,增强了司法审判的社会功能,同时也有利于理顺和规范司法同外部社会的关系,形成法院与外部社会的良性互动。再次是经验基础。审判运行机制的构建是以深厚的审判经验积累为基础的,各项制度设计都需要依赖于大量审判经验的提炼,并且需要进一步接受实际操作的检验,任何流行的学说或域外既有的模式,都不足以提供有效的指导和参照。可以认为,审判运行机制的构建过程,同时也是把成功的审判经验在理性原则指导下汇聚于一体并付诸实践的过程。正因为具有这些扎实可靠的基础,构建审判运行机制的实践是更富有生命力、同时也经得起历史检验的创新。

第四,构建审判运行机制与宏观配套改革的深化。

构建审判运行机制这一微观层面的改革,衍生或引发出一些需要在宏观层面解决的问题。比如,虽然院、庭长不能直接否定合议庭有关实体裁判的意见,但在现行体制和环境中,法官的各种资源供给在很大程度上仍然受制于院、庭长,因此,院、庭长往往具有不可忽略的“隐性权威”,而对这种“隐性权威”的服从,容易损伤制度上的制约关系,这就需要重新审视法官职业化制度建设问题。又比如,在法院内各主体权力和职责十分明确、各主体的司法行为高度透明、各种考核评价指标细致缜密、责任约束极为严格的氛围中,法院激励手段匮乏的问题会显得更为突出。长此以往,难免会出现“约束疲劳”等现象,由此可能导致审判运行机制在一定程度上的扭曲甚而解体。这也表明,法院虽然能够创造一定的约束资源,但却无法内生出足够的激励资源去维系这样的审判运行机制,需要外部条件的支撑与配合,而这又牵涉到宏观上司法资源供给体制的某些改革。由此可以看出，构建审判运行机制的实践对于我国司法体制和制度的宏观改革能够形成一定的促进和推动作用；立足于微观运行的实际需求而审视和思考宏观改革的思路与方式，将会形成更为清晰的认识，也容易推动各方面共识的形成。

总之，以C市中院为样本的构建审判运行机制这一实践，以我国法院统一行使审判权制度为前提，恰当处理了法院机构集体行为与其内部成员个体行为之间的相互关系；以我国社会纠纷的复杂性为背景，通过合理的制度设计把解决社会纠纷的多元目标和要求体现并落实于审判运行之中；以诉讼案件不断增多、审判力量相对不足为客观条件，从审判资源优化配置以及信息技术的深度运用入手增加了司法的容量与能力；以司法审判所处的复杂社会环境为现实，尽可能创造对法院及其成员审判行为的约束和激励，在机制和制度层面上保证了司法的公正与廉洁。所有这些，都抓住了我国法院发展及审判运行中的根本性问题，完全切合于我国法院审判工作的实际状况。不仅如此，这一实践符合现行法律的各项规定，符合正确的司法理念和司法取向，与法院的其他改革创新亦能兼容并蓄，相得益彰，因而有理由认为，这一实践是低风险、高效益并代表着我国法院发展与改革基本方向的探索。更富有意义的是，当下各司法机构都面临着司法职能在机构内如何配置，特别是内部运行如何实现规范化和合理化的问题，因此，缘生于法院内部的这种改革思路，还能为其他司法机构的改革与发展提供有益的启示，由此也会进一步推动中国特色司法制度微观基础的全面形成。

注释

1 在现实语境中，司法产品的质量应包括法律效果和社会效果的统一。

2 更全面地说，法院审判的目标，除了司法产品质量和司法产品的产出效率外，还包括司法活动和司法行为的恰当与规范。

3 不只是制度性资源的匮乏，学理性资源同样十分匮乏。无论是程序法学还是法理学，在此方面除了有过一些原则性的倡导和主张外，很少对法院内部审判运行作具体研究和分析，既有的学科理论体系似乎并不包容这方面内容，学者们对这类具体操作也缺少足够的关注或兴趣，以至于我在对这一主题研究的过程中，常常困惑于这种研究的学科归属。这多少也显示出我国法学理论研究与司法实践在一定程度上的脱节。

4 这里姑且用“合理化”一词不尽准确地概括审判运行的理想状态及发展趋势。

5 最高法院于 2011 年 1 月制定并下发了《关于加强人民法院审判管理工作的若干意见》，旨在指导和推动全国法院系统审判管理工作。

6 该中院的有关改革实践，已经得到了最高人民法院的认同，最高法院拟在总结和完善的基础上，作为我国法院审判运行的一种示范性模式试行和推广。

7 这里所说的副庭长、庭长、副院长、院长的参与，都不是指这些主体作为合议庭成员或作为审委会委员参与的情况，本文后面对院、庭长行为及功能的相关叙述，除了文意另有明确表达外，也都限定于这一意义。

8 在美国上诉法院，“合议庭：它是美国各州法院及美国联邦法院中最常见的模式”；“总的来说这种做法（即独任法官—引者注）不多见”；“全员合议庭所作的判决：一般只适用于终审法院；不常见于中级上诉法院”。参见［美］戴安·伍德：“上诉法院与上诉法官的作用”，郭豫译，载宋冰编：《程序、正义与现代化——外国法学家在华演讲录》，中国政法大学出版社 1998 年版，第 161 ~ 162 页。

9 如德国，“院长不能干涉其他审判庭或者审判委员会的判决。他必须接受该判决并且不得对其进行指责。”参见［德］傅德：“德国的司法职业与司法独立”，杜涛译，载宋冰编：《程序、正义与现代化——外国法学家在华演讲录》，中国政法大学出版社 1998 年版，第 16 页。

10 这也是《人民法院五年改革纲要》所表达的“改革势在必行”的基本理由。

11 最高法院制定并下发了《关于完善院长、副院长、庭长、副庭长参加合议庭审理案件制度的规定》，要求各级法院制定院、庭长办理案件数量的标准，以促使院、庭长更多地作为合议庭成员直接参与案件审理。

12 这是某直辖市的高级法院院长对自身工作体验的概括。

13 该《规定》涉及法院内部人员在审判活动中职务性行为的内容，仅仅是要求“全程留痕”。

14 这方面的论述可参见贺卫方：“中国司法管理的两个问题”，载《中国社会科学》1997 年第 6 期；贺卫方：“中国的法院改革与司法独立”，载《浙江社会科学》2003 年第 2 期；陈卫东、韩兴红：“以法官独立为核心推动我国法官制度的现代化”；张卫平：“论我国法院体制的非行政化”，载《法商研究》2000 年第 3 期；王利明：《司法改革研究》，法律出版社 2000 年版，第 86 页；夏锦文：“世纪沉浮：司法独立的思想与制度变迁”，载《政法论坛》第 22 卷第 1 期。

15 最有代表性的表述是：“法官独立才是司法独立的核心和体现，是司法独立由抽象上升为具体的运动的体现；如果只确立司法独立而没有法官独立，那么这种司法独立只是空中楼阁，根本就不可能存在；如果只把司法独立具体为法院独立，那么既是不科学的，也是不彻底的司法独立，其结果必然是有独立之名无独立之实，由于司法不独立产生的种种弊端必然泛滥，就如目前我国司法受行政机关、立法机关、地方党政机关以及某些领导个人的非法干涉，皆因不彻底的司法独立所致。如果说司法独立是司法公正的重要保障，那么法官独立才是司法公正的具体实现。”“由于没有确立法官独立，因而，司法独立和法院独立只能流于纸上的规定，致使司法实践中出现种种有违司法活动规律的现象，导致司法不公、司法丧失权威性和公信力等问题，严重损害了我国法治现代化建设，具体表现为以下几个方面：司法权地方化……法院内部管理行政化……法官自身缺乏独立的能力与意识。”“总之，确立以法官独立为原则，推动我国法官制度现代化，是解决目前我国司法活动中出现的司法不公、司法腐败、司法权地方化、司法管理行政化、法官素质低下等一系列问题的关键，是实现我国司法现代化的必由之路。”参见前注《以法官独立为核心推动我国法官制度的现代化》。

16 我国宪法法律以及其他正式文件中并未直接使用过“司法独立”这一表述，其意在于同西方“三权分立”理论划清界限，但我认为，可以把法院独立行使审判权和检察院独立行使检察权理解为中国语境下的司法独立。

17 我注意到，我国很多学者在强调法官独立时，实际上已经把法官作了抽象化处理，这种语境中的法官，毋宁是一个公正和正义的化身或一个公正与正义的符号。其实，即便是在西方，对法官神圣化的问题，也有很多审慎的批判，美国现实主义法学代表人物弗兰克曾以“法官是人吗”为题，对神化法官的现象作出深刻的分析。参见[美]杰罗姆·弗兰克：《初审法院》，赵承寿译，中国政法大学出版社 2006 年版，第十章。

18 根据苏力的研究，美国联邦最高法院首席大法官也“常常利用其行政管理职权谋求并实际获得了对司法决定的影响”，这种个殊化的现象，大致不会影响本文的这一判断。参见苏力：“论法院的审判职能与行政管理”，载《中外法学》1999 年第 5 期。

19 [美]米尔伊安·达玛什卡：《司法和国家权力的多种面孔》，郑戈译，中国政法大学出版社 2004 年版，第 3 页。

20 “三权分立”、违宪审查权等制度以及政治问题司法解决机制等，都是法官尊隆地位得以形成的因素。

21 如同上诉审法院否定了一审法院的判决，但并不能因此否认一审法院的功能与作用。

22 参见苏力：“论法院的审判职能与行政管理”，载《中外法学》1999 年第 5 期。

23 最高法院 1998 年 8 月 26 日颁布的《人民法院审判人员违法审判责任追究办法（试行）》第 26 条规定，院、庭长严重不负责任，对合议庭或独任审判员的错误未能纠正，导致枉法裁判的，应承担相应责任。

24 参见张卫平：“论我国法院体制的非行政化”，载《法商研究》2000 年第 3 期；陈瑞华:“司法权的性质”,载《法学研究》2000 年第 5 期。

25 虽然上诉审所涉及的主要是法律适用问题,一般不涉及事实认定,但上诉审书面进行的事实至少说明,“亲历”并不是每一个裁判参与者必备的环节或过程。

26 弗兰克曾对二审法官没有亲历性作出批评,设想用“有声电影”还原一审庭审实况,弗兰克当时的空想在今天已经完全成为现实。参见[美]杰罗姆·弗兰克:《初审法院》,赵承寿译,中国政法大学出版社 2006 年版,第 245 页。

27 参见前引《中国司法管理制度的两个问题》;以及陈瑞华:“司法裁判的行政决策模式”,载《吉林大学社会科学学报》2008 年第 4 期。

28 参见钱锋:“审判权优化配置的法院内部分权制衡”,载《法制日报》2010 年 10 月 13 日第 9 版。

29 任何对法院审判工作有基本了解的人都不会否认:真正影响到审判质量的是对个案裁判的管理。

30 C 市中院把这种探索性实践称之为审判权与审判管理权运行的改革,简称“两权改革”。

31 作为审判主体的合议庭,尤其是审委会,同样具有一定的审判管理功能;而作为审判管理主体的院、庭长,对个案裁判的形成过程也有一定的参与。

32 主要有:期限性事务(审限延长、扣除、诉讼中止等);措施性事务(诉讼保全、回避、先予执行、诉讼强制等)以及其他事务(如合议庭人员的变更、庭审直播、不公开审理等)。

33 对院、庭长的审批决定行为,C 市中院设置了高效、中效、正常及低效四个评价等级,通过网络实时统计分析,并在内网上随时可以查看,藉以形成一定的激励和约束。

34 如适当调低当庭宣判率、陪审率等指标的权重,而相应调高一审服判率、撤诉率、刑附民调解率等指标的权重。

35 如能力较强的法官,常常被安排承办重大疑难案件,而这类案件的结案周期往往较长,上诉和改判率也比较高,单纯依分值进行比较,很难形成公允的结论。

36 检察机关同样面临这样的问题。由于检察业务类型较多,且各类业务之间的差异较大,因而检察机关内部运行机制的构建问题需要更多的思考和探索。

37 在《人民法院报》等媒体上,几乎每天都能看到层出不穷的有关各地法院创新实践的报道。

顾培东

代表作

玖

论对司法的传媒监督

一、特定的视角与问题提出的背景

司法与传媒作为两种独特的社会实践，彼此间有着广泛而密切的联系。从最基本的层面看，司法过程所蕴含或展示的内容以及司法过程本身所显示的刺激性，对于传媒来说具有永恒的吸引力；司法实践所衍生的事实与问题从来都是传媒关注的热点。而传媒的广泛影响以及传媒所体现的公众意识，亦是司法机构所无法漠视的。不仅如此，在现代国家民主与法治体系中，司法与传媒之间始终存在着相互评价的制度性结构与普遍实践；司法与传媒相互关系的恰当构造是现代国家社会统治内部谐调的重要标志。

然而，时下中国法学界所关注的并不是司法与传媒的一般性、普遍性联系。司法与传媒的关系是在特定的视角中被认识、在特定的语境中被讨论。更直接地说，法学界所关注的是传媒对司法的监督这一特定内容，并以此作为研究主题的。当然，这并不意味着司法与传媒之间的其他联系不具有成为法学研究对象的价值，甚至也不表明法学界对司法与传媒的其他联系缺少热情和兴趣，只是因为，传媒对司法的监督在当下中国社会中具有更为急迫的需求，法学界对此问题的研究具有更为现实的功利性考虑。

解说前述现象，自然会牵涉到提出传媒监督问题的实践背景。总体上说，传媒对司法监督问题是在中国司法体制改革的大环境中提出、并且作为司法体制改革的一项具体措施来认识和讨论的。

虽然中国司法体制改革的整体方略尚未形成，在此方面较多的工作仍

原文发表于《法学研究》1999年第6期。

然局限于民间层面上对各种方案与建议的讨论,处于实施中的一些措施带有明显的边缘性和浅近性,但司法体制改革的基本目标及改革的基本取向是较为明确、并得到广泛认同的。这就是:加强和保证司法的公正性、民主性,更为广泛、有效地保障社会成员的权利。传媒监督问题正是基于这一目标和取向而提出的。传媒监督与司法体制改革的这一目标及取向的契合点在于:其一,传媒监督有助于增加司法过程的公开性和透明度,在一定程度上可以起到防止和矫正司法偏差的作用;其二,传媒监督为社会公众评说司法行为,为间接参与司法过程提供了条件,从而降低了司法专横和司法武断的可能性;其三,社会各方面对司法现状的批评蕴含了对司法体制内部监督不足的抱怨,特别是司法体制内部的监督由于其客观上的内在性和实践上的偏误并未能取得广泛的信任,因而司法体系外部监督便成为司法体制改革中制度创新的重要关注点。而传媒监督被普遍认为是司法体系外部监督的常规的、基本的形式。

强化传媒监督的要求,得到了其他一些因素的支持,从而使这一要求富有更强的现实性。

首先是传媒与司法之间的实际距离拉大。较长时期以来,中国社会中传媒与司法保持着高度的统一和一致。传媒所担负的重要使命是直接地传译司法所确定的基调,认同并宣扬司法所作出的一切结论。然而,随着文化多元化趋势的加强,特别是随着传媒话语空间的拓展以及由此形成的独立特征的增加,传媒与司法之间的距离也在一定限度中扩大。这种距离既体现于传媒与司法之间在个案以及局部问题认识上的分歧,也表现为由传媒所反映的公众意识与司法机构自身的职业立场之间的差异。这种距离的存在,不仅使传媒能够以自己特有的视角与方式论说和评价司法权力所属辖的事实与事件,而且还以这种视觉与方式论说和评价司法机构的权力行使过程,表达对这一过程的社会见解。

传媒与司法之间这种距离所派生出来的传媒对司法论说和评价的特性,被法学界及传媒机构技术化、理念化地表述为传媒对司法的监督功能。尽管传媒自身在实际运作过程中通常并未真切、自觉地感受到这种社会使命,但法学界从传媒论说与评价司法的客观能力出发,为传媒的这种特性赋予了更为积极的社会意义;同时,传媒也在“监督”意义上为自己对司法过程的影响建立了正当性。

强化传媒监督的要求和主张得到了司法机构内部的积极回应。[1]这首先应当被理解为司法机构(特别是司法机构的最高层)对司法现状中消极现象的正视与反省,但同时也应看到的是,这种回应体现了司法机构的一种政治姿态。以这一姿态为基础,司法机构可以拉近同社会各个层面的距离,更能够有效地缓释以至消弥日益强烈的批评司法现状的社会情绪。对司法机构的这一姿态还可以作另一种解释:司法机构对司法体制改革也有着强烈的内在要求。但是,如同企业改革并不决定于企业自身一样,司法机构自身对司法体制改革所能够作出的努力也是极为有限的。司法机构改革司法体制的愿望需要得到广泛的社会支持。对媒体监督的认同以至倡导,不仅可以使司法机构的改革愿望得到更大范围的理解和认同,形成更为广泛的社会基础,而且也可以从传媒监督制度中派生和推演出司法机构自身所希求的某些要求;特别是司法机构能够把传媒监督用作抵制行政或其他干预的一种实用手段。

揭示传媒监督问题提出的背景,一方面自然是为了梳理本文论述的脉络,另一方面也力图说明,传媒监督问题的提出有着急切的功利性原因,因而在强化传媒监督的要求中很容易预设太多的理想化期待。在此情况下,法学理论界建设性的努力不仅在于充分论证传媒监督的积极意义,同时更要从中国现实出发,对传媒监督的运作机制进行实证性分析,对传媒监督的功能作出客观、理性的评价。

二、传媒监督的应有前提

传媒监督的应有提前是指传媒监督作为司法监督的一项常规形式或类型所赖以存在的一般社会条件。对此问题的认识,一方面源于西方传媒监督的普遍性实践,另一方面则基于对中国传媒监督实际运作过程的客观推断。

(一)合理张力的形成与保持

传媒与司法之间合理张力的形成与保持,可以被理解为传媒监督的政治前提。传媒对司法监督的最基本依托是政治性的。这不仅是因为这种监督的正当性首先是在政治意义上得到证明的,更在于这种监督需要或只能在适当的政治框架中存在。

在论及传媒监督的政治前提时,理论界容易、并且在事实上已经滑入的误区是:把传统社会中传媒与主流政治制度的对抗模式移入对中国现实中传媒与司法关系的分析,特别是从西方思想家对新闻自由的倡扬以及对压抑新闻自由的专制制度的批判中寻找支持传媒监督的理论根据。[2]孟德斯鸠的权力制约理论、托克维尔等人对出版自由的论证乃至联邦党人的激进民主主张都被用作佐证新闻自由从而论证传媒监督的依据。传媒被当作与主流政治制度相对抗的大众立场的代表者,而司法则是主流政治制度的替身。传媒的自由以及在这种自由上对司法论说和评价的权利,被认为是抗衡主流政治制度的积极因素。应该说,这是对传媒监督的政治基础认识上的重大偏误。

毫无疑问,传媒监督与传媒(新闻)的自由度有着直接关系。但是,这种自由度并不需要传媒“自由”到直接与司法相对抗的地步。在现代社会中,就整体而言,传媒与司法在理论上和事实上都不存在根本上的紧张关系。不仅如此,在现代社会政治结构中,传媒与司法是具有相同使命、共同维系社会统治的两个基本要素。[3]作为主导意识形态传播载体的传媒与作为国家机器的司法都是主流政治制度的工具。因此,对传媒与司法之间的关系不应放在对抗模式中认识,而应从协调社会统治手段的角度加以理解。

在我看来,传媒监督所必要的政治前提仅在于传媒与司法之间能够形成并始终保持合理的张力。这种合理性的概括表述是:在维护社会统治总体目标的前提下,传媒与司法保持各自相对独立的立场;传媒具有依据自身立场论说和评价司法行为及司法过程的权能。在此框架中,传媒的地位既不在于代表某一方面利益对司法持简单的批判态度,也不应完全遵从司法机构的意志,简单地传译司法机构的声音。

相对司法而言,传媒始终是一个独立的论说和评论者;无论论说和评论某一司法现象的基点是与公众愿望相一致,还是与司法倾向更吻合,传媒的地位都应是独立并相对超脱的。

(二)相关制度保障的建立

传媒监督的实施不仅需要一定的政治前提,还必须有体现或受制于这种前提的制度性保障。这主要是因为,在实际运作过程中,传媒往往处于一定的弱势,而司法则处于强势地位。司法机关排拒传媒影响的理由和条件相对较为充分。不仅如此,与监督司法的其他形式有所不同,传媒往往受制于司法的反向评价,并且这种评价事实上决定着传媒的行为空间。在此格局下,没有恰当的制度保障,传媒监督充其量也只是一只政治“花瓶”。

从现代西方法治国家的实践看,传媒对司法的监督并没有独立的、专门的制度性安排,也就是说,传媒监督并不具备司法体系内外其他监督方式所具有的制度性条件。这主要体现在,传媒监督并不是司法过程中制度化的一种程序;同时传媒监督在制度上也不能直接产生某种特定的(特别是传媒所希求的)法律后果。传媒监督永远具有“非正式”或“民间化”的性质。

传媒监督的制度保障主要体现于制度上对传媒论说和评价司法行为权能的肯定。具体说,这种制度保障又主要包括三方面内容:第一,为传媒论说和评价司法行为创设较为广泛的空间。理论上,所有的司法行为以及司法行为的整个过程都应当或可能成为传媒论说和评价的对象,相应在制度上为传媒设定的空间也应是较为广泛的。这类制度体现于宪法和法律对传媒在国家政治生活中总体地位的界定;传媒的总体地位和作用愈是受到重视,论说和评价司法行为的空间就愈为广泛。第二,为传媒论说和评价司法行为创造实际条件。这类制度不仅包括要求司法行为公开和透明的相关规则,同时又指司法机构为传媒提供特别条件的有关规定,如司法机关新闻发言制度,接受或允许媒体对司法过程采访报道的制度等等。第三,保证传媒正当履行职责的行为不受限制或追究。这是从另一个侧面肯定传媒论说和评价司法行为的权能,同时也是针对传媒的弱势地位而提供的特别的制度保护。

(三)传媒约束机制的有效形成

这一前提关涉到媒体作为监督主体的基本品格。在与司法的对应关系中,传媒虽然有弱势的一面,但这种弱势主要指传媒对司法过程影响的相对被动性;在更广泛的社会范围中,传媒却有其特殊的话语霸权,西方理论把传媒的话语霸权称之为“传媒审判”(trial by media)。这种霸权既是传媒监督能够产生实际效果的基础,也是对传媒行为进行必要约束的根据。如果传媒失却必要的约束,如果特定社会中传媒自身的约束机制不能有效形成,传媒也就失去了成为监督主体的基本品格;这样的传媒对于法治社会中的司法将是一种灾难。为此,在各国实践中都不同程度地考虑了对传媒的约束问题。美国斯坦福大学著名大众传播学学者韦尔伯·施拉姆指出:“如同国家发展的其他方面一样,大众传播媒介发展只有在适当的法律和制度范围内才会最合理、最有秩序地进行”。[4]

传媒的约束机制包含可能对传媒产生限制作用的一系列要素。首先是传媒的行业性自律。传媒的行业自律是传媒谋求自身政治空间、争取社会广泛认同的必要措施,同时也是传媒维系自身独立品性的保证。在对司法监督问题上,传媒不仅需要从一般性的职业标准出发约束自己的行为,而且基于司法在政治框架和社会生活中的特殊地位,传媒更需要审慎地处理同司法之间的关系,特别是需要在公众社会要求与司法立场之间寻求恰当的平衡点。借用库尔特·勒温的话说,传媒必须通过自律当好信源与受众之间的“守门人”。[5] 其次是传媒机构的行政性管理。传媒的行政管理是政府依据自己的意志对传媒行为的规制,它所体现的是政治权力对传媒行为的具体要求。政府一般通过传媒机构设立登记和执照制、刊(播)前检查制、惩办制、征税制以及津贴制等方式实施这种管理。[6]在本文所涉及的主题中,传媒的行政管理集中体现于政府对传媒与司法关系的具体把握和协调。政府行政管理的宽严度在很大程度上决定着传媒论说和评价司法行为的能力。在中国现实情况下,政府的这种管理通常是以“管好传媒,善待司法”为基调的。再次是司法评价。传媒论说和评价司法的行为在一定的范围内需要受制于司法的评价。这主要指传媒的相关行为被认为是侵害了司法机构及其成员或涉案当事人的正当权利从而引发传媒机构(或其成员)被追究法律责任的情况。这方面的实例尽管不会很多,但对传媒行为的影响是很深刻的。除了前述三个要素外,公众对传媒的评价,特别是传媒涉及的相关当事人对传媒立场和传媒行为的认同或反对,亦构成对传媒行为无形或有形的约束。传媒对每一个具体司法行为的立场和态度,事实上都要受到公众意志的检验,当然更无法回避相关当事人所可能表示的赞同或可能实施的对抗。

传媒约束机制的有效形成不仅在于前述约束要素(或更多的其他要素)的存在,更主要还在于:(1)特定社会中,各个约束要素应形成合理的约束结构。从传媒监督的特性以及民主发展的趋势上看,应突出行业自律约束的作用而逐步淡化行政管理的功能。(2)各个约束要素之间相互协调,而不应有直接和明显的冲突。[7](3)无论是何种约束,都不应损伤传媒监督的机理,不应损伤传媒实施这种监督的内在积极性;约束的总体取向应在于着力矫正传媒可能或实际出现的重大偏失,而不应集中于限制传媒的行为空间。

三、传媒监督的运作特征

与其他监督方式所不同,传媒监督有其个性化特征。全面认识传媒监督的作用,不能不对这些特征作出具体分析。

(一)传媒监督的立场

从逻辑上推演,对司法行为进行评价或监督的角度应当是法律化的。然而,事实上传媒监督的基点和视角并不完全出自于法律。传媒的立场实际上是复杂的。这主要是因为,影响和决定传媒立场的潜在因素是多方面的。不难列举的因素有:(1)社会公众的情绪倾向;(2)主导政治力量的偏好;(3)现行法律的基本规定;(4)迎合受众(观众、听众、读者等)需要的自身要求(如新闻性、煽情性、刺激性需要);(5)影响甚而左右媒体的相关当事人的意志。所有这些都对传媒的立场产生实际影响。但是,无论在具体行为中主要受制于哪一方面或哪几方面因素的影响,传媒更多地是从社会公众的道德情感出发,以社会正义和道德捍卫者的姿态论说和评价司法行为及司法过程。这种形式上的道德立场既可与社会公众的情绪倾向相吻合,同时也能取悦主导政治势力,反映政治权力者的社会统治主张。不仅如此,由于道德立场较之法律立场具有更为广泛的认同基础,因而无论传媒对具体问题的认识是否与现行法律相一致,都能够在道德立场基础上为自己建立正当性,并以此隐蔽暗含于道德化陈述中的媒体自身的特殊利益。

传媒监督的这种立场在实践效果上往往会表现出它的两面性。一方面,它可能延展和强化司法行为的社会效果,通过传媒形成道德与法律的接续,为司法建立更为扎实的社会基础;另一方面,由于道德立场往往使传媒囿于情感性判断,因而较少顾及司法过程中技术化、理性化、程序化的运作方式。一旦道德意义上的结论形成,传媒便尽情地利用道德优势表达自己不容置疑的要求和倾向,甚而以道德标准去责难司法机关依据法律所作出的理性行为,从而把道德与法律的内在矛盾具体展示为公众与司法机构之间的现实冲突。[8]

（二）传媒实施监督的内在动因

即便在西方法治国家中，传媒对司法的监督也并不构成媒体的法定义务。这就是说，传媒对司法的监督并不是基于外部的制度化的约束强制，而是基于媒体的内在动因。更进一步看，对司法实施监督，事实上也并不是媒体的自觉意识，传媒的立业宗旨中并不包含有法学家们所期待和外设的这一使命。用低调的眼光来看，传媒对司法的监督只是传媒追求自我目标的副产品；传媒实施监督的内在动因包含在传媒对自身利益的追求之中。

如前所述，司法过程中所蕴含或展示的内容及其刺激性，是传媒关注司法的最直接、最表层的原因。司法程序中所涉及的社会事实以及司法程序对这些事实所作出的处置往往构成一种特异的社会现象。这种特异性不仅与传媒需要迎合的受众的猎奇心理相适应，而且也关连到受众在阶段时期中的社会情绪。正是这种特异性设定了媒体的传播价值，表达甚而渲染这种特异性成为媒体的追求。在现今任何一个有影响的媒体中，都不可能忽视或缺少司法话题，即使在娱乐或体育版面（栏目）中，媒体着墨较多的也是明星们有意或者无意播弄出的各种纷争与官司。可以说，司法过程中所演绎出的新闻构成传媒生存的重要支点。传媒关注并论说和评价司法的热情也缘生于此。

传媒对司法实施监督的动因，或许还应看到更为深层的一面，这就是传媒对其自身在社会结构中地位的注重。在现代社会中，一方面，传媒"是现代社会中各个群体社会组织的模式化社会期待的一个重要来源。也就是说，媒介的内容描述了当代社会生活中所知的各种群体的规范、角色、等级和制约"；[9]另一方面，传媒在描述各个群体角色和等级的同时也显示出自身在社会结构中的重要角色和地位。传媒表达的内容之所以能够成为各个群体社会期待的识别标志，表明传媒已经获得了社会认同的话语权力。不仅如此，由于司法在社会结构和社会体系中具有很高的地位，因而传媒论说和评价司法行为及司法过程的能力，则更进一步衬托出传媒的特殊地位。与司法对话是传媒的职业骄傲所在。在"传媒监督"这一富有光芒的称号下，传媒为其"无冕之王"的称号找到了实证性的注脚。尽管把传媒奉为立法、司法、行政之外的"第四权"[10]不免有拔高耸听之嫌，但监督与被监督者之间一般关系模式确实能够为传媒论说和评价司法提供很大的激励。

从功利角度解释传媒监督司法的内在动因,似乎忽略了传媒在监督司法过程中的正义感。不可否认的是,传媒监督的具体行为往往是媒体受到特定情境和事实的感染,基于伸张和维护正义的动机而作出的。[11]然而,如同传媒的具体行为同样可能产生于浅俗的物质利益诱导一样,传媒在具体行为中个别性的动机,与我在这里所要表达的传媒实施监督的一般性、普遍性动因不属于同一层次的问题。尽管这些个别性的动机同样不应被忽略。

(三)传媒监督司法的实际范围

传媒监督司法的实际范围除了受制于特定社会中制度为传媒所提供的可能外,更决定于传媒自身的运作规律和传媒自身的利益基点。实践表明,传媒对司法监督的实际范围并不决定于司法或其他社会力量的要求;能够进入传媒视野的是制度所允许、且传媒自身付诸热情和兴趣的一部分司法行为和司法过程。

与传媒的大众化特征相联系,能够进入传媒视野、受制于传媒论说和评价的司法行为及司法过程首先必须具有公众关注的价值,无论这种关注产生于严肃的道德责任,还是产生于某种利益上的激励,甚而产生于纯粹的猎奇、"窥阴"心理。因此,受传媒所检视的司法行为与司法过程,或者是涉及到普遍性的、与公众实际利益或情感相联系的事件,或者是带有相当特异性的事件。后者通常又包括:(1)司法所受理的事实具有某种特异性;(2)司法审理或处理对象身份、地位或个人经历具有某种特异性;(3)司法行为或司法过程非正常化、非规范化。总之,一般性和常规性、与公众兴奋点不相符的司法行为或过程事实上很难进入传媒论说和评价的范围之中。

进一步看,传媒对司法监督的实际又涉及到三个层面:一是论说和评价司法过程所审理或处理的事实。传媒监督在此方面的作为在于,与司法机构共同对相关事实作出各自独立的评价,并以此强化或间接地改变司法机构对该事实的认识。二是论说和评价司法机构及其成员的个别行为。传媒的监督作用体现于通过这种言说和评价,影响或矫正个别司法机构及其成员在司法过程中的偏差。从理论上说,这是传媒监督最能够有效发挥作用的空间,也是传媒监督倡导者最为理想的实践形态。然而,传媒在具体实施这类行为时,既需要审慎地考虑与司法机构之间的相互关系,更需要考虑主导政治力量为维护司法机构形象和司法权威所设定的要求。因此,这一空间,既是传媒乐于进入的兴奋区,也是传媒最为谨慎踏入的雷区。三是论说和评价司法的总体状态。传媒在这方面的努力,主要体现于对阶段时期司法保护倾向、司法机构的总体素质、司法体制的运作状态以及司法与社会各个层面的关系作出评论,把主导政治力量对司法的认识或社会公众对司法状况的感觉在更大范围中展示出来,以此从深层上影响司法行为和司法过程。这虽然是传媒监督所不常涉及的领域,至少不是所有传媒都能够涉及的领域,但却是能够显示传媒监督水平、显示传媒政治和社会地位的空间。

(四)传媒监督的作用方式

传媒监督的作用方式是颇有吸引力的研究对象。前已述及,传媒监督与其他监督方式完全不同,既无特定的监督程序,亦无能够产生特定法律后果的制度上的手段。在这种意义上说,把传媒论说和评价司法的能力称为"传媒监督",无疑显得较为牵强,甚至可以说是一种政治上的"虚荣"。但是,无论怎样,传媒确实又能够通过其独特的方式对司法行为及司法过程产生作用,并且这种作用是其他监督手段所无法替代、且在合理化的现代社会结构中所不可或缺的。

传媒是通过对三类不同主体产生影响而显示其监督作用的。首先,传媒通过影响社会公众而间接影响司法机构。作为一项社会性很强的实践活动,司法在很大程度上需要社会公众的认同。司法与社会公众相对立的情况只是人类历史上的一种偶然。正是基于司法与社会公众的这种关系,传媒一方面以社会公众代言人的身份表达对司法行为和过程的认识,另一方面又以这种认识去影响和引导社会公众,进而对司法形成一种舆论压力,推动司法向符合这种认识的方向发展,特别是促使司法机构作出与这种认识相一致的决断。其次,传媒以自己的行为直接影响司法机构。即便不是出于对公众意志和情感倾向的考虑,传媒的话语权力和影响也是司法机构及其成员所无法忽视的。司法机构及其成员对自身社会形象的顾及,对自身社会威望的维护决定了它(他)们对传媒保持着很大程度的依赖。司法机构及其成员不仅怯于传媒对自己不当行为的张扬,而且在某些情况下还会曲意迎合传媒。因此,在实践中,面对传媒所表达的某种认识与见解，司法机构及其成员所重视的不单是自身行为的法律基点和依据，同时也必须注重传媒这种认识与见解所可能产生的社会影响。在此境况下，司法机构及其成员较为妥当、也是较为常见的做法是，在法律提供的自由斟酌幅度中选择符合或大致符合传媒认识与见解的处置方式，以体现对法律和传媒的双重尊重。最后，或许更为重要的是，传媒通过影响能够制导司法机构的某些机构，借助这类机构的制度化手段改变司法行为或过程，以此体现其监督作用。无论在何种体制下，某一司法机构都不会超脱于任何其他权力的制约。即使在将司法独立作为明确政治建构原则的国家中，司法机构亦受制于其他权力机构的制约，至少会受到司法体系内相关机构或其上一级司法机构的制约。这就在事实上为传媒监督提供了一种可能：传媒将这类机构作为自己诉求的对应主体，向这类主体述说其对具体司法行为或过程的主张，潜在地影响和改变这些机构的认识和判断，从而促使这类机构利用制度化的手段或其实质性的影响力，肯定或否定已经形成或将要形成的具体司法行为。在司法独立（不只是形式上独立）特征不够明显的国家和地区中，传媒的这种作用方式运用得更为充分和有效。这不仅是因为这种环境中传媒能够影响的主体更多，同时也在于这种环境中传媒更容易找到与这类机构利益目标相一致、且能藉此说服这类机构去改变司法行为和过程的基点。

四、传媒监督的效能评价

当我们使用“传媒监督”这一概念时，事实上已经不自觉地把传媒监督视为一项纯积极的社会实践。因为“监督”（Supervision）一词在语义上与“干扰”（Interference）的区别，使人们有理由从纯积极、正当的意义上认识它的效能。然而，理论上抽象出来的“传媒监督”与实践中传媒对司法行为和过程的论说与评价并不完全相合。逻辑与经验都证明，传媒的这种论说和评价对于具体的司法行为或过程来说，其作用绝不完全是积极的。“传媒监督”这一提法的存在即便不是出于一种政治性策略的话，也是以舍去传媒论说和评价的负面效果为前提的。对传媒监督进行科学的、实证化的研究，就不能回避或无视这种效果。

传媒的功能始终是大众传播科学研究的重要主题。本世纪科学发展所提供的定量分析程序和科学的逻辑方法为传媒功能的论证提供了便利和条件。尽管研究者从总的结论上肯定了传媒对于社会的积极意义，但在实践层面上传媒的正负双重效果是任何人都不曾否认的。有趣的是，传媒的正面效果所在，往往也正是传媒备受责难的负面影响所在。美国学者德弗勒（Melvin L. Defleur）和鲍尔－洛基奇（Sandra Ball－Rokeach）列举了传媒的积极功能是："（1）揭露罪孽腐败；（2）担当宝贵的言论自由卫士；（3）给千百万人至少带来一些文化；（4）每日为疲惫的劳动群众提供无害的娱乐；（5）告诉我们世界上所发生的事情；（6）通过不懈地催促我们购买和消费各种产品来刺激我们的经济界，使我们的生活水准更加宽裕"。他们所列举的传媒的负面效果有："（1）降低公众的文化情趣；（2）增加青少年犯罪率；（3）促使世风日下；（4）诱使民众陷入政治肤浅的境地；（5）压制创造力"。[12]这些列举是否全面当属另一回事，但对于我们认识传媒与司法的关系是有警示作用的。

这里仅对传媒监督在实践中所可能引出的问题作出分析，以使我们对传媒监督效能的认识建立在较为理性的基础之上。传媒论说和评价司法的负面性主要产生于两个基本原因：一是同传媒自身的利益基点相关；一是同传媒的技术素质相关。从传媒自身的利益基点来看，传媒本质上亦是公共选择理论意义上的"经济人"。在任何社会、任何情况下，传媒都有自己的特定利益（无论是经济或是政治利益），并依据这种利益基点表达自己的社会见解。纯客观、完全超脱或中立的传媒仅仅是一种道德虚构。在论说和评价司法的过程中，传媒的这种利益基点客观上对传媒的行为选择以及传媒的具体认识和见解产生影响。在一定意义上说，传媒是依自体意志（而不是法治原则）对司法实施监督的。这与其他监督形式的立足点有着明显区别。就主观状态而言，传媒监督的具体追求与其说是为了法治的完善，莫若说是为了实现传媒自身的利益。不可否认，传媒的这种利益在多数情况下与法治的要求以及主导政治力量的愿望是一致的，与社会公众的意志与情感倾向也是吻合的，但彼此间出现冲突与龃龉也是必然的。这也意味着在允许传媒对司法进行论说和评价的同时，也给予了传媒为追求自身利益而干预正当司法行为的机会。从传媒的技术素质来看，一方面，如前所述，传媒的话语立场是道德化的，因而传媒很难理解司法机构依据法律、特别是依据法律程序对某些社会事实所作出的与道德情感或公众情绪不尽一致的判定或处置，另一方面，传媒无法恰当地筛选或过滤公众所渲泄的、与法治要求并不一致的社会情绪。此外，相对司法而言，传媒在表述某种认识和见解时，更缺少事实基础，更缺少程序性制约，更缺少技术性证实或证伪手段。

我们注意到，在我国理论界，倡导传媒监督的学者往往同时也是司法独立的主张者。这大概是因为司法独立与传媒监督同属于法治与民主的范畴；同时，这两种主张都符合学者们的人文主义激情。但是，如果不能冷静地看待传媒监督的前述缺陷，片面且过分地渲染传媒监督的积极作用，学者们将会跌落到自设的陷阱之中。因为司法独立在本质上不仅排斥行政或其他干预和干扰，同时也不能容忍传媒自身以及传媒可能引致的其他干预和干扰。把传媒摆到不恰当的位置无疑会破坏司法独立的外部条件。而这将与学者们倡导传媒监督的初衷相悖。在这方面，丹宁勋爵的一段著名论述能够给予我们以启示："新闻自由是宪法规定的自由，报纸有——应该有——对公众感兴趣的问题发表公正意见的权利，但是这种权利必须受诽谤法和蔑视法的限制。报纸绝不可发表损害公平审判的意见，如果发表了就会自找麻烦。"[13]

在最朴素的意义上说，特定社会对传媒监督的选择，不仅是利害相权之下作出的一种取舍，更主要是人们对扩展传媒监督的积极功能、抑制传媒监督的负面效应抱有一定信心。相关的制度设计也都是围绕这一目标而展开的。因此，传媒监督的实际效能很大程度上取决于特定社会中制度设计的合理性，特别是相应的制度安排与特定社会的基本条件的适应性。这些条件包括：民主发展为传媒所提供的政治空间、传媒体系的设置及其运作特点、受众的文化素质以及司法体系的实际状况等等。以此分析为依据，我们可以逻辑地将话题转入到对中国传媒监督的相关现实问题的讨论。

五、实施传媒监督的现实制约

总体上看，现今中国传媒对司法的监督作用尚未能得到很好发挥，传媒监督远未能达到学者们所期望的理想境况。一方面，传媒对自己与司法关系中所处的尴尬地位以及传媒在论说和评价司法方面的有限空间心存不满；另一方面，司法并未普遍地接受传媒监督这一非制度化的监督形式，对传媒的排拒或不配合依然是司法机构处置与传媒关系时的主导心理倾向。这种状况既是当下中国倡导传媒监督的具体缘由，也是实施传媒监督的现实起点。

应该说，在中国主流意识形态中，传媒监督有着更强的理论支撑。因为中国司法机构的社会目标与传媒所体现的公众意识具有很高的一致性。意识形态中所刻画的中国司法的先进性、优越性，特别是司法机构对人民利益和社会利益的关切正是传媒监督所需要的支点。这表明，影响传媒监督实施的是其他一些制约因素。

第一，传媒的行为受限较大，传媒与司法之间的合理张力尚未形成。

中国传媒长期被视为主导政治力量的“喉舌”，担负着很强的传播主流意识形态的使命。改革开放以来，情况发生了一些变化。一方面，民主化进程为媒体提供了较大的自由度；另一方面，意识形态的多元化也使传媒的政治负载得到一定程度的缓释，传媒的发展亦显示出多角化趋势。由此，传媒获得了论说和评价司法的最起码的条件。然而，实践中，在对待司法问题上，传媒的行为所受到的限制仍然是很多的。这首先自然是因为传统观念和制度惯性的影响依然较强。完成观念的根本转变、消解制度惯性不仅需要假以时日，更需要决策层以及司法机构经历相应的阵痛。但或许更为重要的原因是，素质难尽人意的司法机构以及生疏粗糙的司法行为尚无法满足社会公众的期待和理想；司法机构及司法行为事实上也经不住以这种期待和理想为基准的评价和挑剔。对司法行为及过程消极状况的适当遮掩有助于维系社会公众对法治及司法机构的信心。在政府推进型[14]的法治创建模式下，决策者不能不把限制传媒的行为空间作为一种社会策略。没有理由对这种策略作出完全否定的评价，同时又应看到的是，这方面的限制正不断超出维护司法权威的实际需要；逐步放开这种限制、扩大传媒的行为空间应当成为决策者更为有利的选择。

第二，司法过程封闭性过强，司法专横现象导致了对传媒权益的漠视。

尽管存在程序法的规制，实践中司法过程的封闭性仍然很强。这种封闭性不仅体现在应予公开的司法过程在很多情况下未予公开，或达不到法律所要求的公开程度，更体现于法律虽无明确要求，但依照民主原则应当受到社会检视的司法过程未能向社会公开。这在相当大的程度上隔绝了传媒的信息源，限制了传媒对司法的渗透能力。不仅如此，基于对传媒的戒备，一些司法机构往往还特别排拒传媒的介入，以技术化的理由挡御传媒对司法过程具体状况的了解。

制约传媒监督的另一重要因素是司法专横现象的存在。从近年来反映出的情况看，司法专横与司法腐败已经成为司法机构的痼症。司法专横的集中表现就在于司法机构及其成员不尊重当事人或其他相关主体的法定权利，把法律所提供的特殊职业优势作为其恣意行为的条件。司法专横的心理趋向也导致了司法机构及其成员对媒体知晓权以及采访权等权益的漠视。在与司法机构的交往中，传媒往往被迫将自己置放于劣势地位，以求得司法机构某种程度上的配合。中央电视台的“焦点访谈”所具有那种地位是绝大多数媒体所根本无法企及的。然而，即便是“焦点访谈”，也难以避免被个别司法机构拒之于门外的经历。在此情况下，传媒监督的实际可能是极为有限的。

第三，受众参与民主的政治素质以及相关的文化素质尚待提高，对传媒的开放度相应也受到一定限制。

应当看到，中国现实社会中受众参与民主的素质以及相关的文化素质仍然较为低下，更不具备激进人文主义、自由主义者所预想的水平。受这种素质的局限，在正确地看待并分辨传媒所提供的信息、并且理智地克制由这些信息所激发出的情绪方面，受众的能力不容高估。在不能指望传媒自己对信息进行恰当筛选的情况下，相应的对策似乎只能是限制对传媒的开放度。正如柏拉图在《共和国》中所设想的那样：“诱导奶妈和母亲只给孩子讲我们批准的故事”。特别是司法过程中所涉及的事实，往往关系到公众的普遍利益，如果传媒涉及这些事实时缺乏正确的引导，很容易导致公众将司法机构作为其渲泄情绪的对象，从而引发更大的社会事件。在稳定高于一切的当今中国社会中，以政府的谨慎代替传媒的谨慎，政府降尊屈贵作为传媒“看门人”的现象，不能说没有其合理的因素。

对产生于受众方面的制约，还应看到的一个事实是：受习惯方式的影响，中国受众素来都有“把报纸（自然也包括电视等媒介）当文件读”的习惯。这表明传媒对于中国受众具有更强的引导力。受此因素的影响，受众很容易把传媒对某些司法行为的认识与见解误认为政府的认识与见解，至少认为是政府认同的认识与见解；同时也很容易把传媒所述说的个别现象理解为具有一定普遍性的现象。在此格局下，传媒得到的或许是信誉，而失去的必定是一定程度上的自由。

第四，传媒自我约束能力较弱，对传媒的管理难以走出“管则死、放则乱”的窘境。

中国现有传媒机构大体上可分为三类：一是党委和政府直接创办并管理的机关报刊（台）；二是有关行业或部门创办并管理的行业或部门报刊（台）；三是社会机构创办和经营的商业性报刊（台）。这三类传媒机构的运作方式各有所异，但共同的特点是自我约束能力较弱。就前两类来说，由于这两类媒体机构直接受制于创办者，自身的独立程度很低，因而它们的行为在很大程度上趋从于创办者的政治态度或行业部门的利益追求。这类媒体机构往往既无自我约束的动因，亦无自我约束的实际条件。后一类媒体机构则受制于直接的商业化经营目标，对商业利润的追求常常诱使其放弃自我约束。传媒自我约束能力的弱化，给传媒的管理带来很大困难。经济领域中惯常出现的“管则死、放则乱”的二难窘境在传媒管理中表现得更为充分。在此情况下，管理者对“放则乱”的担忧远甚于对“管则死”的注重，因而，“适度偏紧”始终成为传媒管理机构实施宏观管理的政策取向。这也是实践中传媒监督的行为空间较小、能力较弱的又一原因。

不难看出，实施传媒监督的前述诸种制约因素，有些同阶段时期社会发展状况、特别是同民主进程直接相关，随着社会发展、特别是民主进程的加快，这些制约因素的影响也会相应消解；但有些制约因素依附于更深层的社会基础，在较长时期中仍将继续存在。与此同时，某些制约同传统观念和习惯相关，观念和习惯的改变亦会淡化这些因素的作用。但有些制约因素则根源于社会治理的基本体制，因而难以指望在短期内能够改变。这种现实再次提示我们，对中国社会中传媒监督的实际作用不应付诸过多的期待；富有实际意义的努力在于把这种现实作为传媒监督（乃至新闻体制改革）制度设计的客观背景，在现实所提供的可能和条件上构建具有中国特色的传媒监督机制。

六、对几个具体问题的讨论

本文前面的分析表明，强化传媒监督似应着眼于两个方面：一是从观念上逐步消除排拒传媒监督的认识障碍，在全社会、特别是在决策层和司法机构中建立起尊重和接受传媒监督的广泛共识；另一方面则应设计出相应的制度性措施，推动传媒监督在更大范围和更高层次上具体实施，以支持和适应这场方兴未艾的司法体制改革,并藉此加快中国法治化进程。以近年来的实践感受为基础,这里就传媒监督的几个问题进行讨论。

(一)传媒监督制度设计的基本取向

从中国现实情况出发,我以为,传媒监督制度设计的取向一方面在于拓展传媒的行为空间,给予传媒在更大范围内实施监督的环境与条件;另一方面则在于强化对传媒行为的合理化约束,遏止和减少传媒在实施监督过程中的非规范行为,提高传媒监督的总体水准。在这两方面中,虽然从逻辑上说前一方面更具有基础性,但后一方面的现实需求则更为迫切。因为如果对传媒的合理约束不能有效形成,决策者以至司法机构能够给予传媒的舞台必定是有限的。只有当这种约束机制足以使决策者和司法机构对传媒建立起基本信任后,传媒才可能获得更大的自由度。

(二)传媒监督的主导任务

基于司法运作的现实状况,传媒对司法监督的任务也是多方面的。但是,无论从中国社会的现实要求看,还是从传媒的实际能力看,传媒监督的主导任务应在于揭露社会腐败,以此启动司法机构的惩治程序;同时揭露司法机构及其成员在职务过程中违法违纪行为,体现社会力量对这类行为的矫正能力,提高司法的公正性。传媒监督的这一主导任务与我国社会治理体制以及这一体制的运行状态也是吻合的。其机理是:社会腐败或是司法腐败所损及的主要是国家利益。而国家利益的"看守者"失职是较为普遍的现象,由此造成的结果是管理者与被管理者之间的信息不对称,从而弱化了全社会对腐败现象的控制和惩治能力。传媒的作用正在于从一定程度上弥补这种缺失,通过传媒的监督强化管理者对社会腐败和司法腐败行为的监控。可以说,离开传媒的这种作用,包括司法在内的社会机体的健康发展是无法想象的。揭露腐败这一主导任务,不仅应成为传媒机构的自觉意识,而且也应体现为决策机构在传媒监督问题上的指导思想。

(三)传媒监督的主要方式

公开报道与"内参"(或其他类似形式)并存,这是中国传媒的重要特色。"内参"是一种典型的现代"奏折"。严格说,"内参"并不具有传媒的基本特性,即大众性;同时,"内参"从本质上说更适合于"人治"而非"法治"的社会环境。但是,在传媒素质以及受众素质均尚不理想的情况下,在司法机构的行为客观上仍受制于多方面影响的条件下,"内参"的积极意义是不应否定的。因此,强化“内参”形式的运用仍然是较长时期中传媒监督的重要选择。当然,这并不意味着公开报道因此而显得不重要,对司法问题公开报道显然也必须大大加强。不仅如此,对“内参”的现实运作方式也应作出符合法律程序的调整,特别是应将“批示效应”纳入到法律轨道之中。

讨论传媒监督的方式还需要涉及到前一时期成为法学界话题的庭审实况的电视实况直播。有趣的是,对电视直播方式持异议的学者正是传媒监督的积极倡导者。否定电视直播方式的主要理由有二:其一,在美国这样的国家中,也不主张电视直播庭审实况;其二,在电视直播庭审实况的情况下,法官与诉讼参加人均有“表演”之嫌。我无法认同这两种理由。一方面是因为,对美国实践的尊重必须以承认美国的文化背景为前提,在不同的文化背景中所作出的选择至少不应是完全相同的;[15]同时,美国禁止摄像机进入法庭的做法在一些州已发生了改变;[16]另一方面也在于,以一次直播实践为基础而认定所有直播都可能导致法官或诉讼参加人“表演”,在逻辑上、实证上均显得有些欠缺。反对电视直播庭审实况这一形式需要更具说服力的理由。我认为,庭审现场的电视直播有助于强化审判公开的积极效应(特别是目前中国各地旁听公开审判均有一定困难)。同时,电视直播较之媒体的转述或评论具有更强的保真度,更宜于社会公众对司法过程的监督。

(四)实施传媒监督的制度保障措施

现实地看,实施传媒监督的制度保障应集中于两个方面:首先是传媒管理机构取消对传媒的不恰当限制;[17]再就是司法机构在实际工作中为传媒的工作提供必要条件。在这方面,可行的措施是:(1)凡公开审理的案件均应准予媒体采访报道;(2)司法机构通过新闻发言制度等方式,建立与传媒对话的常规渠道;(3)依法应予公开的法律文书均应允许传媒机构查阅;(4)确立司法机构对其作出的司法裁决以及采取的法律措施的说明和解释责任;(5)对在社会上有重大影响的案件,司法机构应给予媒体某些特殊便利,配合媒体适时报道进展情况;(6)借鉴美国部分州立法的范例,设立某些对记者的庇护性保护制度。[18]

(五)传媒侵权救济制度的完善

近年来,因传媒侵权而引发的纠纷不断增加,司法机构及其成员与传媒之间的讼争亦相继出现。[19]毫无疑问，司法机构作为民法意义上的法人、司法机构成员作为民法意义上的个人，其名誉权亦应受到司法保护。然而，司法机构（包括其成员）诉求司法机构裁决其与传媒之间的纷争，这一方式毕竟在观念上和实践上均显得不够妥帖。同时，诉讼固有的周期长、耗费大的缺陷也不利于纷争的低成本解决。因此，对传媒侵权救济制度应有创新性改革。可以设想的方式有：（1）建立传媒行业性的惩戒机构，接受包括司法机构及其成员在内的法人或公民的投诉。这类机构性质上为民间性自律组织，依照有关法规和全国性或地方性媒体自设的规则调处相关纠纷。（2）建立政府行政惩戒机构，接受当事人的投诉，并就此作出行政处理决定。不服该机构的决定可向法院提起行政诉讼。（3）鉴于传媒侵权纠纷呈日益增多的趋势，同时处理传媒侵权纠纷具有较强的专业性，可设立专门的传媒纠纷仲裁机构。由仲裁机构对这类纷争进行仲裁。不服仲裁的，可向法院请求民事审判救济。

显然，建议中的这些方式已经超出了传媒对司法监督的范畴，但这些方式确实又是讨论传媒对司法监督所不能不涉及的。由此得到的启示或许是更有意义的：强化传媒对司法的监督不仅需要司法界、法学界的热情，更需要新闻界及其管理机构创新而务实的努力。

注释

1 最高人民法院院长肖扬多次呼吁加强新闻对法院工作的监督。为此，全国各级人民法院还建立了新闻发言人制度。最高检察院提出的“检务公开”的要求，也有明确倡导新闻监督的意蕴。

2 在最近于北京大学召开的一次较高层次的司法与传媒的理论讨论会中，不少学者提交的论文都是以西方启蒙思想家的理论资源作为论证传媒监督正当性的依据的。

3 林德布洛姆（Charles E. Lindblem）把权威、交换和说服归纳为社会统治的三大基本要素。司法与传媒正是“权威”与“说服”的对应实体。参见［美］林德布洛姆：《政治与市场世界的政治——经济制度》，王逸舟译，上海三联书店 1994 年版，第一部分。

4 ［美］韦尔伯·施拉姆《大众传播媒介与社会发展》，金燕宁译，华夏出版社 1990 年版，第 240 页。

5 沙莲香主编：《传播学——以人为主体的图象世界之谜》，中国人民大学出版社 1990 年版，第 183 页。

6 同上注书,第 181 页以下。

7 由于不同约束主体之间存在着不同的利益立场,实践中这种冲突是很容易发生的。

8 这方面的典型案例当推“夹江打假案”。1996 年,四川省夹江县一个体户经营的印刷厂仿冒制印另一企业的产品包装。四川省某技术监督机构对该厂作出了查封等处罚决定。被查封者(媒体称为“制假者”)遂向法院提起行政诉讼,指控技术监督机构无权作出这一处罚。对此,包括中央电视台“焦点访谈”在内的所有媒体均以“制假者将打假者推向被告席”为主题报道这一事件,并以“恶人先告状”为道德批判模式,对“制假者”的起诉行为予以谴责。面对媒体形成的舆论压力,法院不得不违心地作出不利于“制假者”的裁决。事实上,本案所涉及的仅是“制假者”由谁处罚的问题,而不牵涉“制假者”应不应受处罚的问题。“制假者”对违反程序所作出的处罚的抗辩权、起诉权是应当得到肯定的。

9 [美]柏尔文·德弗勒、鲍尔·洛基奇:《大众传播学绪论》,杜力平译,新华出版社 1990 年版,第 251 页。

10 “第四种权力”的提法最早于 1787 年出自英国人比尔克;1974 年 11 月 2 日,美国联邦最高法院大法官 P·斯特瓦特正式提出具有法律意义的“第四种权力理论”。参见徐显明、齐延平提交“司法与传媒讨论会”的论文“‘权利’进入,抑或‘权力’进入”。

11 这方面的实例在著名记者卢跃刚、敬一丹等人的《大国寡民》、《声音》等书著中均有充分的表达。

12 [美]柏尔文·德弗勒、鲍尔·洛基奇:《大众传播学绪论》,杜力平译,新华出版社 1990 年版,第 30 页。

13 [英]丹宁勋爵:《法律的正当程序》,李克强等译,群众出版社 1984 年版,第 39 页。

14 蒋立山:“中国法治道路讨论”,载《中外法学》1998 年第 3、4 期。

15 在大众传播方面,由各国的政治、经济、文化背景的差异所形成的传媒规则的差异也是很大的。韦尔伯·施拉姆在对发展中国家的相关实践进行分析后认为:“基本的事实是,在各种法律体系之间存在着一种根本的多样性,这种多样性既是各种思想、文化、经济水平和社会需要的反映,又是其必然后果。在这些不同的体系当中,特别是在像新闻这样一个领域中,政治因素使这些体系的多样性和从属性变得更突出,是当传统和文化的多样性又加上了区别大多数发展中国家和高度工业化国家的巨大经济发展差距时,怎样才能找到法规的共同点呢?比如,可以严肃地说,美国或西欧或苏联的关于建立和使用大众传播媒介的法律条款可以立即成功地用于保证中非西部艾菲一家或南亚的巴尼一家的信息权利吗?在目前的发展阶段,同时适用于所有国家的标准法规是不可想象的。但有一点可以肯定,即:如果不考虑这方面法律因素的特点,就会严重影响目前为改进大众传播媒介和保证它们可以也应该对社会经济发展作出贡献所做的努力”。参见前引《大众传播媒介与社会发展》,第 241 页。

16 参见[美]巴顿·尔特等:《大众传播法概要》,黄列译,中国社会科学出版社 1997 年版,第 132 页以下。

17 在一些地区,传媒管理机构明确要求:批评司法机构的报道应得到该司法机构的上级机构的同意。这类限制显然应予取消。

18 有关美国新闻记者庇护法的规定,参见[美]巴顿·尔特等:《大众传播法概要》,黄列译,中国社会科学出版社 1997 年版,第 180 页以下。

19 最近,深圳市福田区法院指控《民主与法制》杂志社侵犯其名誉权而诉至法院。类似的诉讼此前也出现过。

顾培东

代表作

拾

公众判意的法理解析

对许霆案的延伸思考

2007年发生于广州的许霆案[1]以及由此所引发的各种反响与回应，成为中国法治进程中一个富有意义的事件。构成这种意义的元素当然不仅是此案的特殊情节以及近于戏剧化的处理结果，更主要是此案推动了社会公众与司法机构（事实上还会关及到立法机构）在个案处置中互动格局与机制的进一步形成，由此将对我国司法理念、司法民主化实践以及司法生态产生不容忽视的影响。

如果把前述事件简单地理解为司法机构对公众吁求的尊重、迁就抑或屈从，甚至将其概括为司法博弈中"平民的胜利"，则势必不能透彻地认识这一事件的真正意义，更可能衍生出一些不恰当的结论。因此，对这一事件需要作审慎和理性的解读。不仅如此，如果不否认这一事件是可复制、经常会发生的社会现象，那么，对许霆案的思考也不应终止于许霆案本身的审结。尽管在此前的社会讨论中不乏一些很有见地的观点，尽管讨论中已有了不少法学界人士的参与，但对这一鲜活的实例与标本，法学界应有更为深入、系统的分析与研究，尤其需要将这一事件置放于中国司法改革的现实背景下，全面发掘其应有意义。

为便于讨论，我把社会公众对于司法个案处置的主流性、主导性意见和意向表述为"公众判意"。这里所指的"公众"，包含了司法机构以外、与案件事实无直接关联、而以多种形式和渠道表达意见与意向的各种主体[2]；而所谓的"判意"，则是指在纷纭杂陈的公众认识中，居于主流、主导地位的意见与意向。如果不存在表述或定义不当的话，公众判意不仅应成为我

原文发表于《中国法学》2008年第4期。

国法学理论中的重要范畴,更是实践中司法机构将长期直面并受制其影响的生态因素。本文尝试从法理角度对公众判意作初步解析,以求得更为深入的讨论。

一、公众判意的特性

作为社会公意的一种类型,作为公众对特定社会事实的一种评价方式,公众判意具有以下诸方面特征:

(一)所涉案件的特异性

并非所有的司法个案都能够进入公众视野,并引起公众广泛的关注进而表达其意见。因此,能够形成公众判意的司法个案始终只是极少数。决定个案成为公众评价对象的主要因素在于案件的特异性。既包括案件情节的特异(鲜有发生),也包括案件主体(民事当事人、犯罪嫌疑人、被告人、被害人等)以及主体间关系(如加害人与被害人之间)的特异,还包括案件的司法处置(无论是初始程序中的处置还是最终程序中的处置)的特异。总体上说,案件及其处置方式超越公众惯常生活经验与经历,悖离公众的普遍性思维和观念,抑或不符合公众的一般性认知与理解,都是引发公众关注和参与的事实前提。从实践看,公众判意所涉及的案件往往以刑事案件居多。这主要是因为,刑事犯罪以及与之相伴的刑事惩罚对社会公众守持的生存及生活的理念冲击力、震撼力相对较大,由此引起的刺激和反应也较为强烈。具有前述特异因素的刑事案件,很容易引发公众对相关讨论的参与。

(二)主体参与的自发性

公众表达对个案处置的意见,一般都是基于主体的自主决定,且各主体在信息不对称(亦即不知晓、也不顾及其他人的参与)的状况下实施意见表达行为。尽管在不少个案讨论中包含着媒体的渲染、诱导等暗示性的动员,甚至不排除部分特定身份的人(著名学者、知名人士、当事者的亲属等)在一定范围内的号召与联络,但就总体而言,主体的这种参与和表达仍然不失其自发性,不存在制度上或其他方面的外部强制。即便是具有参政议政职责的人大代表或政协委员的参与,也不是基于组织化的要求,在心理动因方面与其他自发参与公众并无实质性差异,只是特定的身份可能使其表达获得组织化的意义与效果。

（三）表达方式的多样性

在现代资讯传递十分发达的条件下，公众判意的表达方式具有充分的多样性。发表文章、接受访谈、开设博客、上网讨论、提交议案、组织研讨等等都是公众判意的表达方式。甚至饭后茶余的闲谈以及邻里同事间的议论也不失为一种表达方式，因为在私人生活空间中闲谈热议，终究会通过其他公开媒介或其他渠道得到更明确的表达。事实上，决定某一公众表达方式的因素有二：其一，特定主体所具备的条件及所具有的能力。一般说来，各主体都会以其最方便、且能有效表达自己见解的一种或多种方式实施参与。其二，对个案的关切程度以及个案中相关因素对自己的冲击力。深度关切和强烈冲击往往会促使主体选择影响最为广泛、最能够渲泄自己情感的表达方式。在此情况下，主体从参与过程中获得的满足与对案件处置结果的期待往往具有相同的意义。

（四）与己间离的有限性

绝大多数表达判意的公众与案件并无直接利害关系。“超脱的地位”既是主体敢于率直地发表自己意见的理由，也因此使其表达的判意获得一定的正当性。然而，事实上表达判意的公众与案件的间离是有限的。在各自表达的判意中，或多或少、直接或间接地内含着主体自己的某种利益欲求，至少反映着主体的某种社会愿望，或体现着主体所守持与崇奉的某种价值和理念。在许霆案中，吁求对许霆作减轻、从轻处罚以至认定许霆无罪的社会公众，自然与许霆案无任何直接的瓜葛，但对许霆“弱势群体”身份（打工仔）的体认，对银行业长期傲慢自大作风的不满，对人性共有缺陷易诱发性的惧怕等因素，在不同程度上构成了社会公众表达这种判意的实际动因。“唇亡齿寒”、“惺惺相惜”效应在此类案件的讨论中有较多的体现。概括地说，在社会公众对司法个案的讨论中，既不存在无缘无故的爱，也不存在无缘无故的恨。

（五）意见意向的简洁性

社会公众所表达的判意都是直接、简明的。如“判对”或“判错”，“判重”或“判轻”，“应重判”或“应轻判”，“构成犯罪”或“不构成犯罪”，“应予支持”或“不应支持”等等。尽管在表达这种意见与意向时或多或少会陈述某些理由，但多数公众不会对这些结论作详尽的论证。这不仅是因为普通公众缺少作详尽和具体论证的能力、精力与动力，更重要在于公众意见所依凭的逻辑和依据往往难以清晰表达，更难以诉诸于文字。在实际生活层面上应得到尊重的理由，常常并不能成为司法机构处理个案的法律依据。在以法律为主题的讨论中，司法机构更容易取得法律的制高点；而从社会生活中、哪怕是从道德层面上推演出的理由，在很多情况下经不起在法律角度上作出的反诘。公众直接而简明的判意，提供给司法机构的是方向性、概略性的民意参照。

（六）过程之中的易变性

公众对个案的意见和意向并非一成不变，在讨论过程中往往会出现某些变化。导致这种变化的原因是多方面的。一是主体表达最初的判意，并未经历深思熟虑的过程，往往产生于直觉和直感，缺少很高的可靠度。二是由于传导原因，公众最初得到的个案信息不全面或不恰切。随着对个案相关因素的全面了解，主体对个案形成了新的认知，相应改变其态度。三是在对个案的社会讨论中，不同意见的交锋，尤其是专家、相关司法机构对一些法律机理阐释以及传媒的引导，主体放弃先前的意见，而认同其他意见。四是案件当事人或司法机构在案件处置过程中的相关态度、方式和方法引起了公众心理趋向的变化，从而放弃对讨论的参与或改变原先的认识。如许霆在重审中的一些表现曾引起部分公众的反感，虽然未能导致主流意见的变化，但许霆的这种表现无疑减弱了部分公众对其施予的同情。

二、公众判意出现的社会原因与条件

在我国，社会公众以各种不同方式表达其对司法个案处置的认识与态度，从而对个案处置产生一定的影响，这种现象绝非始于现今，更不始自许霆案。早在上世纪 70 年代末，新疆生产建设兵团发生的蒋爱珍案[3]就具备了这种现象的全部要素。围绕“蒋爱珍为什么会杀人”的全国范围内的民间讨论，以及在讨论中所体现出的公众对蒋爱珍的广泛同情，最终导致了司法机构对蒋爱珍的轻判。在此后的不同时期，各地都有一些较为典型的范例。然而，公众判意作为一种常态现象的出现，公众吁求与司法回应之间互动机制的形成，仍然需要借助于一定的社会条件。换句话说，公众判意是在我国社会发展到一定阶段才有其存在基础，并获得其应有意义的。我认为，公众判意出现的社会原因与条件主要有以下四个方面：

第一，社会阶层、群体分化，利益主体多极化和价值观念多元化格局的形成，使司法个案蕴含着多重主体复杂的利益冲突，由此形成了社会公众关注和参与个案讨论的动因。

近三十年来，随着我国社会转型和社会发展，社会阶层及群体逐步分化[4]，与之相联系，利益主体呈多极化状态，社会成员的价值观念也趋于多元化。在此背景下，司法个案已不仅仅是当事者之间或当事者与社会之间的矛盾与冲突。无论是案件主体的境况，还是个案涉及的社会关系，都不同程度地涵盖着当事者以外的其他人的利益。即便不是利益上的关联，亦会涉及到价值观念上的认同或冲突。正因为如此，司法个案中当事者的任何一种行为，抑或司法机关的任何一种处置方式，其利弊损益所关及的都不仅仅只是当事者本身。更进一步说，司法个案实际上是阶层、群体以及其他主体之间利益关系或价值观念冲突的极端化表现。任何司法个案都不同程度地折射出当代中国社会中更具普遍意义的社会冲突与矛盾。围绕司法个案所进行的社会讨论，实际上既是这种矛盾与冲突的进一步延伸与展示，也是这种矛盾在一定程度上得到解决的具体方式。不难想象，如果没有阶层、群体的分化以及利益与观念的差异，类似许霆案这样的讨论就不可能在如此广泛的范围内展开。

第二，社会公众政治关注点以及政治参与方式发生转变，对司法个案处置的讨论逐步成为公众参与政治、参与社会管理的一种方式。

随着我国政治生态的不断改善，主导政治力量的政治主张逐步趋合于公众的社会理想，同时，随着政治传导体制及机制的变化，公众对国家政治生活的关注点也有所变化，公众参与政治的方式更有异于先前。国家的重大政治事件固然会引发社会公众的关注，但公众情感投入的程度则有所减弱。公众更为关注的是与其生存及生活状态直接相关的那一部分政治活动。司法审判，既是国家政治活动的组成部分，也是国家实施社会管理的重要手段。更重要的是，司法审判活动所关涉的通常是与社会公众日常生活息息相关的内容。司法活动是国家与公众之间的连接点，是政治活动与社会生活相互交织的空间。因此，在社会公众不再热衷于对轰轰烈烈的“广场政治”的参与，同时对缺少直接感验的宏大叙事式的政治话语亦丧失兴趣的情况下，对关及广泛利益的司法个案的讨论，则成为他们参与政治、参与社会管理的一种实惠且简捷的方式。在这种讨论中表达他们的社会愿望与要求，表达他们对于社会秩序、社会利益分配的期冀与理想。正如诺内特等人所说:“法律舞台成了一种特殊的政治论坛,法律参与具有了政治的一面。换言之,诉讼逐渐成为团体组织可能借以参与公共政策的一种工具。”[5]在此意义上,我们有理由把公众判意及其表达提升至我国政治民主化进步的层面加以认识。

第三,司法公开化、透明化程度的提高,司法为民理念的确立,为公众对司法个案的评价提供了有利条件。

近年来,作为我国司法改革的重要成果,司法公开化、透明化程度逐步提高。这不仅表现在案件公开审理制度的严格实行,案件处理流程趋于透明,同时也体现于司法机构对媒体采取了谦抑姿态。在欢迎和接受舆论监督的主题下,司法与社会的距离正在拉近。这就为公众了解个案(既指已经审结的个案,也包括正在处置过程中的个案)提供了最基本的条件。更为重要的是,与执政为民的总体政治倡导相呼应的“司法为民”,被确立为司法审判的基本理念。这一理念更凸显了司法机构对民意、民愿的尊重。虽然在实践中司法机构更倾向于把“司法为民”理解为在司法过程中实施一些便民、利民措施,但这一理念的核心仍然在于强调司法与人民群众总体利益及公众主导性社会愿望的契合。因此,随着司法为民理念的深入贯彻,公众判意能够在很大程度上得到司法机构的回应,公众判意的实际效用不断增强。这又进一步激发了公众参与的热情。

第四,传媒的渗透力、辐射力空前加大,尤其是网络的普及与运用,使公众参与司法个案的讨论获得了多种渠道和广泛的空间。

公众判意的出现与传媒的发展具有重要的联系。公众判意的形成在很大程度上依赖于传媒的作用,传媒一方面将司法个案的相关情况传导给社会,从而引发公众的关注,另一方面又为公众参与讨论提供平台,并借此将公众的意见和意向向司法机构以及能够对司法机构产生影响的其他权力机构反映和展示。近些年,我国传媒业得到空前发展,资讯的传播日益发达。特别是网络的普及和运用,不仅使资讯的传播突破了其他任何媒体所不及的限界,同时也为公民自由、直接地向全社会表达自己的认识和见解提供了可能。每当具有公共关注价值的司法个案发生,传媒都能够及时、迅速地把相关情节以及个案的处置过程披露于全社会,并汇集社会各方面的反映和意见,使司法个案的处置或多或少地受制于公众意志和社会评价,同时也使个案处置所产生的效应在更广的范围中放大。

顺便需要指出的是，在既往有关司法的社会监督的讨论中，公众判意被隐没于媒体与司法的关系之中，公众的主体位置往往被媒体所取代，公众判意常常被表述为媒体的意志。[6]我认为，在对司法个案的披露和讨论过程中，媒体固然是不容忽略的主体，但媒体的主要功能仍然只是传导公众的观点与意见，过于突出媒体的主体地位容易使公众判意的社会性受到遮掩。更为重要的是，互联网的出现和运用，不仅突破了传统媒体容量、传导方式及辐射力的局限，也大体排除了媒体对公众意见作出筛选、裁截的可能。网络已基本成为纯粹性的传播工具。在此情况下，用媒体监督来概括社会监督的这部分内容已不尽恰切。由此也可以看出，最真实的公众判意的出现和传播是以互联网的普及和运用为条件的。

三、公众判意的实际蕴含

社会公众中任一成员的特定判意的产生，所依据的元素都是复杂的。在看似不受制约的表达中，包含着多重决定性的内容。概略地说，公众判意实际蕴含着以下五个方面内容：

（一）以既往案例为参照的法律评价

尽管多数公众对司法个案发表意见并不采用法律专业视角，但这并不意味着他们的意见完全脱离法律立场。无论是对个案的思考，还是他们在讨论中所作出的表达，都依据和遵循着各自所具有的法律智识。不同的是，公众的法律智识往往并不产生于他们对法条的熟知或对法学理论的掌握，而是形成于既往生活经历中出现的各种案例。形形色色的案例使社会公众积累了一定的法律智识，这种智识成为他们社会知识和社会经验的重要组成部分，并实际指导着他们的社会行为，也成为他们认识和分析其他个案，并提出个案处置意见的参照。与司法机构或法学专家所不同，社会公众以案例为参照的法律评价具有这样一些特征：其一，这种评价是粗犷的，一般都不具有严密的分析；同时，对于技术性、专业性很强的法律问题往往不予顾及。这是因为，社会公众对法律的掌握和了解，通常局限于既往案例中所展示出的同类行为的大体法律后果。他们习惯地把某一行为同某种法律后果之间的关系看成是一种约定俗成，并依此推导出相关个案的应有处置方式。其二，这种评价中所参照的案例，并非特定的、个别性的实例，而是若干案例中所包含的一般性原则和普遍性的结论。并且，这中间还夹杂着各主体对不同案例以及案例中各种要素的理解和取舍。因此，恰切地说，这种评价所依据的是公众对于既往司法（通过若干案例所体现的）立场和态度的主观认知。其三，这种评价中既使用相同性比较，但更多使用的是相异性比较。司法机构援例判案的思维方式通常是相同性比较，即相同或相近的案例，适用相同或相近的处置方式。与之不同的是，公众评价则较多地运用相异性比较，亦即强调相关个案不同于既往案例的特殊性，从而提出不同于既往案例的处置意见。例如，在许霆案中，公众所强调的是许霆行为与其他盗窃金融机构行为的重大差异；在崔英杰案[7]中，公众所注重的是崔英杰的特殊身份和处境；在廖婷婷案[8]中，公众主张对廖婷婷从轻处罚的理由仍然建立于廖婷婷、受害人以及廖家境况的特殊性。相异性比较方式在公众法律评价中的更多运用，主要同本文前面所提到的此类案件的特异性相关。

（二）以主观善恶为标准的是非判断

公众对于某一个案基本的立场和态度，往往决定于他们对于涉案当事人主观善恶状态的认识和判断，法律评价有时只是用于固化和支撑这种认识与判断。善恶是人类伦理的首要、也是最基本的价值维度。在公众视野中，被认知为司法个案的任何社会事实，都是善与恶的一种展示；而惩恶彰善的人性取向决定了社会公众自觉地以善恶作为对个案是非判断的重要依据。这种判断同样有一些需要进一步认识的特征：其一，公众的善恶观并不是统一地受制于某种伦理体系，它是公众在多种复杂的文化因素影响下，根据自己的切身感验而形成的民间伦理。没有系统的文字记载，但根植于公众的心灵；公众个体之间存在一定差异，但大体上趋于一致。因此，用以判断个案的公众的善恶观与立法中所守持的善恶观并非完全一致；与主流意识形态倡导的价值观念也具有一定的差异。其二，公众参与对司法个案讨论的过程，同时也是其惮恶向善、固化民间伦理价值的一种实践。因而在此过程中，个案事实中的善与恶都会被全面揭示，且在一定程度上得到放大。一些在主流话语中缺少足够正当性或不具有制高点的善恶评价也在这种讨论中得到充分显现。如对许霆案，公众的话语中贯穿着这样一些认识：许霆之恶是人性共有、易生之恶，因而是不深之恶；同时，银行错失，且由此诱导许霆犯罪同样是一种不可忽略之恶；银行从来傲居于消费者之上，因而相对许霆而言，也并非“善者”。正是这样一些认识支撑了公众要求对许霆轻处的判意。其三,公众的善恶观常常转化或体现为助弱抑强的立场和取向。社会生活中善恶与强弱具有天然的联系。对弱者的同情与扶助从来是善行的应有之为;强者对弱者的凌势则被视为一种不义之恶。因此,在个案讨论中,当事者之间位势、实力的强弱在很大程度上影响着公众的处置意见。处于弱势、且涉案行为同这种弱势相关的当事者很容易得到公众的支持和同情;反之,依据其强势而作为的当事者,无论是加害人还是受害人,都很难得到公众的支持或同情。

(三)以生活经验为依据的事实认知

社会生活中所形成的常识与经验,是公众认知司法个案并据此表达判意的又一依据。与司法程序中依靠证据认定事实,根据法定要素(如犯罪构成、侵权成立要件等)确定行为性质的方式方法完全不同,公众对案件事实及其属性的认识常常依凭于他们的生活常识和经验。一方面,他们设身处地,把自己置放于个案事实之中,并依照自己的生活经验,考量和猜度当事者的心理状态,分析其行为的合理性;另一方面,他们揆情度理,依照生活常识评判案件的是非曲直或轻重大小。同样以许霆案为例,许霆得到公众宽宥和同情的原因之一就在于许霆的行为不同于盗窃金融机构的惯常形态,越出了公众(也包括立法者)对于此类犯罪一般的想象。许霆行为不是发生在想象中的“月黑风高夜”,而是实施于灯火通明、车水马龙的大街;许霆作案不是采用蒙面藏身、撬门溜锁的方式,而是旁若无人、轻盈地触摸和敲击 ATM 机按键;受到立法特别保护的金融机构也不是戒备森严,重兵守候的金库钱柜,而是一台无人看管、且根据行为人指令自动吐款的 ATM 机。如此情境,如此氛围,如此行为,无论其怎样合乎于盗窃金融机构犯罪的基本构成要件,常识和经验都告诉公众,对许霆不应适用常规的刑罚处罚。这一现象也表明,以生活常识和经验为依据的事实认知,有时比循用法律程序的推定和判断更为恰切,更贴近生活的原生状态和社会行为的应有机理。

(四)以自身境况为基点的情感偏向

如前所述,社会公众在个案讨论中并非是完全超脱中立的。在公众判意中不同程度地带有表达者的情感偏向,而这种偏向又与表达者自身的境况直接相关。这也就是说,公众的身份、地位以及生活状态等各种因素都会对其判意产生或多或少的影响。事实上,公众参与个案讨论的过程同时也是一个自我识别与认同的过程。首先是身份上的识别与认同。社会公众对于身份、地位与自己相同或相近的个案当事者,容易产生更多的亲近感;相同或相近的生存遭遇能够使公众对个案当事者付以更多的理解、更多的宽容和支持。特别是当个案中的冲突隐含着不同身份、地位的阶层和群体之间的矛盾时,这种效应会更为突出。其次是情境的识别与认同。在对个案的讨论中,社会公众常常会自觉或不自觉地把个案中的情境与自己实际面临或可能面临的某种生活经历进行对比,当两者趋于一致、公众自身在假想中成为同类案件当事者的某一角色时,他们会自然地表现出对该当事者的某些偏向,并以其诉求为基点表达相关意见。

(五)以司法个案为藉托的案外诉求

社会公众参与司法个案的讨论,其直接目的与其说是追求司法机构对相关当事者的恰当处置,莫若说是追求这种处置所确定的某种利益格局,追求这种处置所体现的司法对于相关社会矛盾的立场与态度,以及司法对于不同社会诉求的保护倾向。不仅如此,在公众的讨论中,甚至还掺杂着与个案处置完全不相关的社会要求和社会情绪。在某些情况下,司法个案只是公众表达其自身社会要求的一种藉托;对个案讨论的参与则是公众渲泄社会情绪的一种契机。因此,在公众判意中,一定程度上还蕴含着公众施向于社会管理者、与案件处置结果并无直接关联的其他诉求。这种情况增加了公众判意的复杂性,也增加了个案司法处置社会功效的承载。对此问题,本文后部分将进一步提及。

四、公众判意的合理性与可能存在的偏失

从本文前面的分析中不难看出,公众判意具有其显而易见的合理性,但也存在着难以避免的偏失。因此,恰当认识并正确对待公众判意,需要对这种合理性与偏失作进一步揭示。

(一)公众判意的合理性

我认为,公众判意的合理性主要体现于以下三个方面:

第一,公众判意有一定的法律基础,通常不会超越现行法律的规定。

在近些年涉及的诸多典型案例中,尽管公众之间存在着激烈的争论,其中也不乏一些偏离法律规定的过于激进的意见,但总体上说,公众的主流意见是在相关法律框架内提出的。这种状况不是偶然的。首先,法律是

社会公众在讨论中愿意遵从的规则。虽然是民间意义上的自发讨论,但参与讨论的公众依然普遍把现行法律作为认识和评价个案的依据,而不愿使自己的主张脱离法律的限定。在对许霆案的讨论中,尽管有不少讨论者主张许霆行为不构成犯罪,但这种意见仍然是建立在对"秘密窃取"、"金融机构"这些概念的不同理解之上的,并不表明主张者对刑法相关规定持否定立场。应该说,法律规定不仅是司法机构同时也是社会公众在讨论中所共同守持之"道"。其次,如前所述,在法治推行达三十年的背景下,社会公众有了一定的法律智识的积累,具备了在现行法律规定的范围内认识和评价个案的能力,对个案性质及大致的法律后果一般都能够作出一种粗略的判断。再次,公众对社会现象及社会事实的一般认知与法律具有天然的吻合性。在统治阶层与人民大众处于非对抗状态的社会结构中,立法与人民大众的价值观、与人民大众的社会要求保持着总体上的一致。法律只不过是普适性价值观和人民大众普遍性社会要求的规范性表达。用昂格尔的说法,"法律仅仅是反复出现的、个人和群体之间相互作用的模式。同时,这些个人和群体或多或少地明确承认这种模式产生了应当得到满足的相互的行为期待。"[9]因此,即便不是基于对法律规定的熟知和理解,对具有广泛社会影响的个案,社会公众依凭其社会观念和意识,也可以提出与法律规定大体相符的意见。此外,公众判意是在广泛、充分的社会讨论基础上所形成的主导性意见。这种意见的形成经历了正误辨识和自动筛选的过程。在讨论中出现的一些明显与法律规定不符的意见,一般都不会得到多数人的认同。如果出现公众普遍对个案中涉及的某一法律规定提出非议,那么,需要质疑的已不是公众意见,而是这一规定本身。正如庞德所说:"如果法律是生活经验中发现的东西的真实表达,而不是超越经验去表达某些人的抽象理论,执行是不成问题的。法律规则将在人类的风俗习惯中生根,并在这个基础上安全无恙地存在。不然的话,便是徒劳地作知其不可为而为的事情。""整个问题在于法令的内在正义性——即其对每个公民良知的感召力。"[10]

第二,在对个案某些问题的认知上,社会公众具有独到的智慧和能力。

实践中,对个案处置的争议通常集中在法律酌定的某些问题上,如对被告人判处死刑或死缓,判处死刑或缓刑,是否从轻或减轻处罚甚而适用特别规定(如刑法第63条第2款)等等。由于我国立法留给司法机构酌定的空间很大(刑法尤为突出,其他立法亦如此),因而在酌定范围内所作出的个案处置可能会差异甚大。在立法上和司法中,酌定的依据往往被表述为“情节”、“社会危害性”、“主观恶性”、“后果”等法律概念,但无论如何,酌定必然是一个主观化判断,“酌”与“定”都依赖于主体的主观测度。虽然司法机构成员对诸如“情节”等概念有其专业化的理解,但社会公众在此方面的认知却更为独到。首先,无论立法规定如何详尽,也无论司法经验如何丰富,都难以对应社会生活的复杂性和社会事实的多样性。社会公众在认知诸如“情节”等问题时所参照的因素,比立法规定及司法的视点往往更为全面。较之简单依照法律所作出判断,社会公众的某些直觉或印象或许更为准确,因为后者具有深厚的生活经验的积累。这也印证了霍尔姆斯那句著名论断“法律的生命从来就不是逻辑,而是经验”。例如,尽管许霆案原审判决(对许霆处无期徒刑)完全符合刑法定罪量刑的法定要素(盗窃金融机构且数额特别巨大),但许霆采用的这种特殊盗窃方式却是法定构成所不曾、也不可能顾及的,而事实上这种盗窃方式恰恰是社会公众高度关注、且从公正角度上看,应当充分考虑的量刑情节。其次,对于法律规定的酌定事由,在广泛讨论基础上形成的公众判意往往比特定司法机构的认识与判断更为可靠。司法行为的正当性和合理性,是制度和学理上的一种假设与假说。实际上,即便不是故意的舞弊和作弄,司法行为的背后也潜隐着很多非理性的内容。卡多佐曾深刻地揭示过法官作出判断的真实过程:“他们将根据自己的生活经验,根据他们对现行的正义和道德准则的理解,根据他对社会科学的研究,最后,有时还要根据他的直觉、他的猜测甚至他的无知或偏见去作出这种评估。”[11]相比之下,公众判意尽管蕴含着复杂的内容,但由于它经历过广泛而充分的讨论,集中了众多人的智慧与认识,因而比个别司法机构、少数司法人员的判断有更可信赖的一面。再次,社会公众重视一些不为立法所承认,而依公正要求却应予采纳的情理或事理,公众的“酌定”更符合生活逻辑,也更富有人性化色彩。例如,在廖婷婷案中,被害人作为精神病人,其生命价值在法律上与健康的正常人完全相同,受到同样的法律保护;剥夺精神病人的生命权与剥夺健康人的生命权在法律上应受到的制裁没有任何差异。但从情理或事理看,杀死一个长期患病、生不如死、且依其病情及家庭经济条件无望康复的精神病人,其社会危害性比杀死一个健康的正常人显然要小。不仅如此,廖婷婷杀人的动机中既有自己不堪其累的原因,更有对其父母甚至被害人的善意性考虑。这些在立法上不足为虑的因素,正是公众吁求对廖婷婷从轻处罚的重要理由。毫无疑问,对类似廖婷婷案的处理,仅仅守持法理,而忽略案件中的情理和事理是难以体现法律之公正的。庞德曾引用霍姆斯的话概括法律与情理、事理相违的现象:“法律概念备受嘲笑,一切伦理成分被清除了。”[12]

第三,公众判意在很大程度上体现了人民群众正当的社会要求。

前已述及,公众判意具有丰富的蕴含,其所寄托的不只是公众对于个案恰当处置的愿望,还承载着公众从个案中引申出的其他社会要求。虽然受制于群体、阶层等因素的局限,但总体上说,公众判意中的这些要求是有一定正当性的。从实践看,公众所支持或付以同情的,往往是社会发展过程中支持不力或顾及不充分的因素;而公众所厌恶或给予否定评价的,则通常是社会发展中需要矫正和消除的负面事实。在许霆案中,许霆的行为固然不为公众所认同,而金融机构的不良作风和不尽恰当的社会姿态同样受到了广泛而尖锐的批评,在此过程中金融机构同样受到一次深刻的教育。与此相同,围绕崔英杰案的讨论中,公众在吁求对崔英杰从轻处罚的同时,也对城管机构不近情理的执法态度也提出了批评,由此引发了全社会对城管部门执法问题的审慎思考与讨论。由于公众判意产生于多重视角,汇聚了多方面的社会要求,因而,公众判意无疑是司法机构个案处置的有利参照,这又进一步为司法活动贴近社会生活,为司法社会效果的提升与增强提供了可能。

(二)公众判意可能存在的偏失

毋庸讳言,公众判意也可能存在某些偏失,概括地说,这些偏失体现于如下方面:

第一,公众判意中包含着相对落后的法律观。

公众判意与阶段时期的社会意识直接相关。因此,社会意识中相对落后的法律观在公众判意中也有明显体现。首先,公众判意往往依然把人治视为司法审判的制度背景。一方面,在其表达的判意中,尽管包含了对立法的尊重,但潜在意识上仍然认为法律是可以变化、变通,可以人为地规避的。公众判意中显现不出足够的法律信念。当公众判意与个案司法处置的结果相一致时,一些公众甚至不认为这是法律在公众影响下得到正确适用,而往往将其理解为法律外力量所产生的效果,从而使人治的印象进一步加深。另一方面,公众判意的表达对象,往往并不仅是相关的司法机构,而主要指向的是相关党政权力机构,其目的在于使公众对个案的态度成为一种引起党政权力机构所重视的民意,并进而通过党政权力机构对司法机构施加影响。实际上,这仍然是一种人治化的思维方式。其次,由于重刑主义在我国具有长期的影响,特别是死刑的适用在我国相对较为宽泛,因而社会公众具有过度倚重刑事手段,从严从重适用刑罚的主观倾向。特别是对于危害社会治安、官僚渎职以及贪污腐败等关及群众切身利益、民愤较大的案件,社会公众适用重刑的要求更为强烈。[13]长期畸高的“罚值”与某些情绪化的偏向相结合,使公众对这些类型的案件难以形成恰当的认识。对于“少杀”、“慎杀”的刑罚理性化趋势以及我国刑事实践所无法回避的国际因素的制约,社会公众更缺少足够的理解。这是公众判意最突出的偏失。

第二,公众判意往往缺少对法律上程序性、技术化要求的理解与重视。

社会公众在对司法个案的认识中,所注重和追求的是个案处置的实质性公正。与之不同的是,司法机构对案件的处置尚需考虑诸多的程序性、技术化要求,需要考虑法定的形式要件的完备。因此,诸如举证责任、程序失权、诉讼时效、追诉时效、不告不理、疑罪从无、上诉不加刑等制度设定,很难为普通公众所理解;依照这些规定而形成的司法处置,也不容易得到社会公众的认同。此外,公众对个案处置功能的认识有时也会失之片面。通常的偏向是,重视个案评价的公平与公正,而忽略法律对未来行为的导向作用;重视个案处置在当下的效果,忽略这种处置的长远影响;重视某一种利益的保护,而忽略多方面利益的应有平衡。从法律技术角度看,公众之理与法律之理存在着一定的偏离和差异,公众判意的法律“技术含量”相对较低。

第三,公众判意中可能夹带着某些偏激的社会情绪。

在肯定公众判意蕴含正当的社会要求的同时,也不应忽视公众判意所可能夹带的某些偏激的社会情绪。在我国社会全面转型,社会结构大幅度调整,社会阶层、群体严重分化,社会矛盾高度复杂的情况下,公众判意所直接或间接体现出的诉求也是极为复杂的。尽管公众诉求的主导方向应予肯定,但在某些社会矛盾激发下所形成的偏激的社会情绪也容易藉此加以表达。在这种情绪的支配下,个案中的某些因素容易被过度放大,由此而得出的结论难免会有一定的偏失。特别是对于涉及到社会管理层的案件,公众对社会管理的某种不满往往会衍化为对案件当事者作极端化处置的要求。近年来,社会上反映出的扩大对贪腐行为死刑适用的要求,正是受这种情绪支配而提出的。

五、公众判意的应有地位

无论是否符合人们的愿望,公众判意已成为我国社会生活中客观存在的一种现象;表达判意则成为社会公众参与社会管理、反映社会诉求的一种常规性方式。更为重要的是,在社会进一步变革、法治深入推进的背景下,社会公众对司法个案的关注会越来越多,司法活动也由此受到更为广泛、更为直接的影响与评价。因此,应当赋予公众判意恰当的地位,更有效地发挥其积极功能,减少进而避免其偏失的影响。

(一)公众判意不构成对司法独立性的贬损

对公众判意的肯定与承认,不容回避的问题是,公众判意是否构成对司法独立性的贬损。毫无疑问,公众判意的确是司法活动的外部影响因素。不仅如此,在少数情况下,也不乏强势的民众舆论对司法决定产生扭曲的实例。但我认为,从总体上判断,公众判意不构成对司法独立性的损害。首先,司法独立性的核心涵义是司法权与其他权力的界分;基于司法的独立性,司法审判活动不受其他权力的干预。但是,这种独立性并不排除司法机构依据自身的立场和判断去接受、吸纳或认同社会各方面的建议和意见。评价司法是否具有独立性的标志,是司法有没有排拒依据法律所应当排拒的(包括公众判意在内的)其他意见和要求的能力。公众判意无论在形式上,还是实际上,都不具有强制司法机构接纳的效力,从而与司法独立不会发生冲突。其次,或许更为重要的是,近几十年来,我们对作为法治重要内涵的司法独立存在着一定程度的误读和误解,司法独立性往往被理解为司法机构隔绝于社会,机械、刻板地适用法律处理案件。然而,法治国家所提供给我们的是与此相反的例证。在高度强调司法独立的美国,历来把创造性地、及时、恰当地回应各种社会要求视为重要的司法理念。埃尔利希指出:“视法律制度为封闭系统的观点,不是别的什么东西,它不过是学院中的纯粹理论教条”。[14]在美国司法史上作出过卓越贡献的霍尔姆斯、庞德、卡多佐等人，历来把反映社会变化回应社会现实，寻求法律与社会发展的适应作为毕生的追求。卡多佐更明确地申明：“我将尽自己的绵薄之力，把那些悸动着、喧嚣着渴望得到表达的社会和经济力量引入法律。”[15]美国学者诺内兹等在对法律发展阶段和类型作出划分时，把回应型法视作法律的最高境界，认为：“法律机构应该放弃自治型法通过与外在隔绝而获得的安全性，并成为调整和社会变化的更能动工具。”[16]所有这些都表明，司法独立性与司法认知和回应社会要求并不矛盾。正因为如此，作为反映社会要求的一种重要形式，公众判意也不构成对司法独立性的损伤。再次，从我国实践看，真正对司法独立性形成影响的因素并不是公众意见，而是其他权力机构的不当干预。在前面所提到的强势舆论造成个别案件司法判决偏失的现象，其间往往包含着其他权力机构的作用。这种结果的出现与其说是公众力量使然，不如说是司法机构对相关权力的遵从。

（二）公众判意是司法机构处置个案的重要参考

公众判意的直接功用首先在于它能够成为司法机构对相关个案处置提供一种参考。可供参考的有三个层次：一是案件的处理方式与结论；二是缺少充分论证但从民间视角所提出的理由；三是在公众判意中所体现出的偏向与要求，亦即当某种意见具备“民意”的属性时，无论其内容和理由怎样，这种意见就已经获得了需要司法机构加以考虑的理由。[17]在一定意义上，可以把公众判意的作用类比于英美法系的陪审团制度的功能。陪审团的功能在于，它“可以将普通公民带入法庭的专业世界，他们可以在司法程序的核心领域代表公众发出决定性的声音。这种参与会把对司法制度的信赖感在参加陪审团的人以及一般社会公众中逐渐传递。”[18]虽然公众判意不具有制度上的效力，但与陪审团意见相似，它同样是可以注入法律体系内的“外行酸”，能够将社会价值引入到个案审判，从而引入到法律体系之中。

（三）公众判意是司法公开化、民主化的有益实践

司法公开化、民主化是实现司法公正，矫正司法偏差，尤其是防止司法腐败的重要保证。公众判意的形成无疑为司法公开化、民主化提供了一条新的路径。一方面，公众判意的形成需要司法个案及其审判活动有更高程序的透明，在更大范围内公开，司法信息在很大程度上成为社会公知、共享的信息，由此将使司法同社会之间的隔膜逐步消除。另一方面，比公众旁

听庭审等措施更有意义的是，公众判意不仅包含了公众对案情及处置过程的了解，还参与了其间的讨论，对案件处置发表自己的意见和意向；相关司法裁决中，也包含了对公众意见的考虑。这在一定程度上体现了司法民主。再者，社会共同关注下的个案处置，基本消除了司法机构及其成员重大失误甚而营私舞弊的可能，对司法的监督作用在此过程中可以得到更充分的体现。

（四）公众判意是平衡法律资源配置的重要手段

近年来，我国法律资源配置存在着明显的失衡现象，政治权力，物质财富以及其他社会势力在一定程度上主导或影响着法律资源的分配。在政治权力结构不尽完善，物质财富的占有过度分化，社会势力的作用较为复杂的背景下，法律资源的配置也形成了一些不恰当的偏向。这不仅在一定程度上扭曲了法律的应有功能，也使本已失衡的社会权益分配结构得以固化和扩大。公众判意的形成对于矫正这种偏失也具有重要作用。一般来说，公众判意在很大程度上是弱势群体的社会声音，并且，从多数案件的实例看，公众判意所表达的是对公众社会底层权益的维护。因此，公众判意不仅能够使决策层和司法机构直接感受到这一层面对于司法的实际要求，也在客观上对其他权力和力量形成一种有益的制衡，从而有助于使法律资源的配置与分享趋于合理。

（五）公众判意是立法完善的一种动力

如果公众从社会生活角度对个案处置所提出的意见与现行立法不尽一致，抑或在现行立法中对相关问题缺少明确规定，这在一定程度上已经构成立法者对现行立法的合理性、完善性予以审视的理由。昂格尔指出：“如果法律中所承认的道德戒律被确立得与日常行为的动机和模式相距太远，那么，它们不是令人窒息就是空想的东西。”[19]在我国，正是社会公众对孙志刚案[20]的广泛讨论，以及讨论中对收容遣送制度的批评，才导致了《收容遣送办法》的废止[21]。同样，在许霆案中，虽然法院可以变通地适用《刑法》第63条第2款，但更为恰当的方式应当是考虑对《刑法》第264条作出修改，使之能够适用于包括许霆这种盗窃方式在内的多种形式的犯罪行为。因此，公众判意能够为立法的完善提供很多启示，在许多情况下，公众判意甚至能够成为立法修改或司法解释出台的直接动因。

（六）公众判意需要正确辨识、引导与回应

首先，公正判意并不是以统一、确定的形式加以体现的，这就需要认真、审慎地加以辨识。一方面，公众判意应当是大众、亦即多数的人意见，而不是小众、少数人的意见。尽管很难通过量化手段加以测定，但在广泛和充分讨论中，多数与少数，主流与非主流，主导性与非主导性仍然是有识别可能的。另一方面，要辨识在公众意见的背后，有无特定利益主体炒作、操作，或媒体煽情、播弄的因素，防止相关利益主体的不当行为对公共判意形成扭曲。此外，还要对寄寓在公众判意中的其他诉求和情感偏向加以辨识，从社会大局出发，考量并确定对这些诉求和偏向的应有态度。其次，对公众参与社会讨论的过程，要予以适当的引导。德国社会学家曼海姆曾经说过："民主的目的不是利用大众的情绪，而是阻止民众情感的游移不定的反应挫败国家的理性和深思熟虑的意见。"[22]同样，要减少和避免公众判意的偏失，也应当引导公众理性地认识和对待个案所涉及的问题。一方面，应及时、准确、全面地披露相关案情及处理情况，使公众的讨论和判断建立在对事实真相充分认知的基础之上；另一方面，法学界、司法机构以至政府相关部门要通过恰当的方式对如何全面看待个案中的相关问题，表明自己的意见和态度，在多种观点的博弈和碰撞中，共同深化对个案的认识。再次，公众判意的意义决不仅仅体现于公众单向度地向司法机构提出自己的要求，同时应体现于司法机构对公众判意作出正确回应。这种回应，并不意味着对公众判意部分或完全采纳。不仅如此，对公众判意的回应，也不能简单局限于对公众判意的采纳或否定，更为重要的是，司法机构在相关裁判文书中应当详尽地阐释裁决的理由，直接或间接地回答社会公众在讨论中所涉及的相关问题。除了裁判文书外，还应通过新闻发布等多种方式，对司法裁决文书予以进一步的解读，让司法裁决所表达的意见在更广泛的基础上成为社会公众的共识。

总之，对公众判意如果不加以正确的辨识、引导和回应，其积极效应就不可能得到恰当的发挥，甚而会产生一些负面影响。因此，对公众判意加以正确辨识、引导和回应是最需要重视的环节。

2006 年 4 月 21 日那个暖洋洋的夜晚，当许霆把手伸向 ATM 机时，不可能料及自己已成为南美热带雨林中轻拍翅膀的那只蝴蝶；而当许霆案沸沸扬扬、街谈巷议，在我们生活中掀起一场得克萨斯式龙卷风时，我们切不可错过对这种现象的内在机理的探究。本文只是在此方面作出的微薄的努力。随着这场讨论的深入,相信法学界的同行将贡献出更富有智慧、更具有远见卓识的成果。

注释

1 许霆案:2006 年 4 月 21 日晚至 22 日凌晨,许霆利用自动取款机的故障,超额刷卡取走了 17 万 5 千元。2007 年 11 月 20 日,广州市中院认定许霆盗窃金融机构罪成立,判处许霆无期徒刑,剥夺政治权利终身,并处没收个人全部财产。许霆一案在互联网上得以广泛传播,其定性和判决引发了社会各界包括众多法学界人士的激烈争论。后广东省高院以"事实不清证据不足"为由裁定发回重审。2008 年 3 月 31 日,广州市中院重审判决,以盗窃罪判处许霆有期徒刑 5 年,并处罚金、追缴违法所得。广东省高级人民法院终审维持了一审判决。

2 广义上的"公众"包含了法学和法律专业人士,但由于这部分人员在专业知识水准方面与其他公众有明显区别,故本文的部分分析可能不适合于对这部分人员的评价。

3 1978 年 9 月 29 日,新疆某兵团的女青年蒋爱珍被人造谣诬陷,蒋多次向组织请求处罚侵害者以保护自身名誉未果,在走投无路的情况下,开枪杀死 3 人。蒋爱珍原审被判处死刑。1979 年 10 月,《人民日报》以《蒋爱珍为什么会杀人》一文长篇报道了此案后,引起全国轰动,编辑部收到人民来信 15000 多件,从不同角度对蒋爱珍表示同情,希望从轻判处,并要求追究诬陷蒋爱珍的人的法律责任。1985 年,新疆维吾尔自治区高级人民法院对蒋爱珍杀人案开庭公审,终审判决蒋爱珍有期徒刑 15 年。

4 边燕杰主编:《市场转型与社会分层》,三联书店 2002 年版,代序言第 1 页。

5 [美]诺内特、塞尔兹尼克:《转变中的法律与社会:迈向回应型法》,张志铭译,中国政法大学出版社 1994 年版,第 107 页。

6 参见王好立等:"'司法与传媒'学术研讨会讨论摘要",载《中国社会科学》1999 年第 5 期。

7 2006 年 8 月 11 日,河北来京人员崔英杰在北京市海淀区中关村科贸大厦附近卖烤肠,被现场执法的海淀城管大队队员查处,并要当场没收他的三轮车。崔英杰手持切烤肠的小刀刺入海淀城管大队海淀分队副队长李志强的脖子,后李志强因抢救无效死亡。崔英杰案也引起了广泛的关注,公众吁求法院对崔从轻处罚。2007 年 4 月 10 日,北京市第一中级人民法院以故意杀人罪判处崔英杰死刑,缓期两年执行。

8 2007 年 8 月 22 日凌晨,四川彭州 19 岁少女廖婷婷因不堪孪生妹妹廖娟娟长期患精神病给家庭带来的拖累,将其捂死在精神病院,后投案自首。经鉴定,廖婷婷患有抑郁症。2008 年 2 月 26 日,四川省彭州市法院一审以故意杀人罪从轻判处廖婷婷有期徒刑三年,缓刑五年。此案判决得到了民众支持。但 3 月 7 日,彭州市检察院认为法院判决认定事实错误,适用法律不当,量刑畸轻,对此案提出抗诉。4 月 17 日,成都市中级法院二审开庭,本文完成时,此案仍在二审之中。

9 [美]昂格尔:《现代社会中的法律》,吴玉章、周汉华译,中国政法大学出版社 1994 年版,第 43 页。

10 [美]庞德:《通过法律的社会控制》,沈宗灵等译,商务印书馆 1984 年版,第 113 页。

11 [美]本杰明・内森・卡多佐:《法律的生长》,刘培峰、刘骁军译,贵州人民出版社 2002 年版,第 48 页。

12 [美]庞德:《通过法律的社会控制》,沈宗灵等译,商务印书馆 1984 年版,第 50 页。

13 较为典型的案件如张金柱案、刘涌案。张金柱案:1997 年 8 月 24 日,河南省郑州市某区公安分局局长张金柱驾车撞死一人后,将另一名受害人挂在车下逃逸,致其重伤。该案由《焦点访谈》等主流媒体披露后,引发社会强烈反响。1998 年 1 月 12 日,郑州中院以故意伤害罪判处张金柱死刑。二审维持原判。刘涌案:刘涌原为沈阳嘉阳集团董事长,2003 年 4 月,刘涌被辽宁省铁岭市中级人民法院以组织、领导黑社会性质组织罪、故意伤害罪、非法经营罪等多项罪名一审判处死刑。2003 年 8 月 11 日,辽宁省高级人民法院证据存疑改判死刑,缓期两年执行。媒体公布判决结果后,引发舆论浪潮。2003 年 10 月 8 日,最高人民法院决定依照审判监督程序提审此案。12 月 22 日,最高人民法院再审以故意伤害罪判处刘涌死刑。

14 [美]埃尔利希:《法律社会学原理》,第 346 页,转引自本杰明・内森・卡多佐:《法律的生长》,刘培峰、刘骁军译,贵州人民出版社 2002 年版,第 65 页。

15 [美]本杰明・N. 卡多佐:《演讲录:法律与文学》,董炯、彭冰译,中国法制出版社 2005 年版,第 54 页。

16 参见[美]诺内特、塞尔兹尼克:《转变中的法律与社会:迈向回应型法》,张志铭译,中国政法大学出版社 1994 年版,第 82 页。

17 在本文写作过程中,媒体报道了最高人民法院新任院长对待死刑的态度。他主张把"社会和人民群众的感觉"作为死刑适用的依据之一。对于最高人民法院负责人的这一观点,我更愿意作广义上理解,也就是司法审判应当充分考虑社会需求和人民群众的立场与态度,而不只是在死刑适用上才有此考虑。基于本文前述分析,我认为,恰恰在死刑适用上,对待"群众的感觉",亦即通常所说的"民愤",应持审慎的态度。

18 [英]麦高伟、杰弗里・威尔逊:《英国刑事司法程序》,姚永吉等译,法律出版社 2003 年版,第 347 页。

19 [美]昂格尔:《现代社会中的法律》,吴玉章、周汉华译,中国政法大学出版社 1994 年版,第 200 页。

20 孙志刚案:2003 年 3 月 17 日,27 岁的大学毕业生孙志刚在广州街头被当作三无人员强制收容,18 日被送往广州收容遣送中转站,后送往广州收容人员救治站。3 月 20 日不治身亡。尸检结果表明,孙志刚死前 72 小时曾遭毒打。孙志刚被害激起了社会舆论的强烈反响。

21 收容遣送制度始于 19 世纪 50 年代初,1982 年 5 月国务院发布了《城市生活无着的流浪乞讨人员收容遣送办法》,正式确立了收容遣送制度。孙志刚一案后,收容遣送制度引起了全国民众的关注和反思,促使立法者加快收容遣送制度的改革。2003 年 5 月 16 日,3 位青年法学博士以普通公民的身份上书全国人大常委会,要求对《收容遣送办法》进行"违宪审查"。2003 年 6 月 20 日,国务院发布第 381 号令,《城市生活无着的流浪乞讨人员救助管理办法》自 2003 年 8 月 1 日起施行,原《城市流浪乞讨人员收容遣送办法》同时废止。新办法提出了全新的自愿救助的原则,取消了强制手段。

22 [德]卡尔・曼海姆:《重建时代的人与社会:现代社会结构的研究》,张旅平译,三联书店 2002 年版,第 327 页。

顾培东

代表作

拾壹

试论我国社会中非常规性纠纷的解决机制

社会纠纷是指发生于不同社会主体之间,以特定形态表现出来的各种权益或权力冲突。近年来,我国社会纠纷及其解决机制逐步成为政治学、法学、社会学、伦理学以及其他相关学科的研究主题,也为各级党组织和政府所关注。尤其是对社会秩序影响较大,或诉求直接或间接针对国家或政府的非常规性社会纠纷,更为各方面所高度重视。本文拟依据构建和谐社会的理念与要求,对我国非常规性纠纷及其解决现状进行分析,并就完善此类纠纷的解决机制,包括体制、制度等,提出一些意见与建议,期望为相关研究与决策提供有益参考。

一、非常规性纠纷的性状和特征

(一)非常规性纠纷及其性状

按照社会纠纷的主体、内容、纠纷的表现方式以及其他多重依据,可以对社会纠纷的类型作出各种不同的划分。然而,对社会纠纷的分类,目的在于提高社会纠纷的可识别性。在不同的视角下对社会纠纷的分类势必应从属于各种特定的识别动机。符合特定识别动机的分类,才是富有意义的分类。依据社会纠纷的表现形式及其对社会秩序影响程度的不同,我们将我国现实的社会纠纷区分为常规性纠纷与非常规性纠纷。

常规性纠纷是指发生在个别社会成员或社会组织之间,在正常民事、经济生活或行政管理活动中所发生的规模较小、冲突方式较为和缓、影响较轻的社会纠纷。这类纠纷的发生与存在不仅具有必然性,而且具有长久

原文发表于《中国法学》2007 年第 3 期。

性,甚至可以认为是社会生活中无法克服的常态现象。尽管这类纠纷的总量以及纠纷所形成的负面影响与整个社会的文明程度及社会治理的水准等因素具有一定相关性,但总体上说,它更取决于特定时期中社会交往的频度。更为重要的是,这类纠纷的存在不会对社会秩序的大局形成过大的妨害,更不会危及到政权的稳定与巩固。

在我国现实中,需要关注并应着力解决的是与常规性纠纷所对应的非常规性纠纷。鉴于非常规性纠纷并无恰切的学理或约定俗成的定义,我们把采取特殊的动员与对抗方式,涉及全局或局部稳定与安定,在常规性程序中或以常规性手段难以解决的纠纷称之为非常规性纠纷。

非常规性纠纷是我国现实社会矛盾的集中表现形式,是影响我国社会稳定与安定和国家大政方针实施的重要因素,非常规性纠纷的解决,也是我国实施社会治理的重要内容与目标。非常规性纠纷具有下列一些性状:

第一,非常规性纠纷的社会危害程度较大。这是非常规性纠纷的主要特征,也是区别于常规性纠纷的主要标志。有些非常规性纠纷,其内容直接间接地关涉党和国家的基本政治、经济制度和主流意识形态,或者直接影响国家安全、国家统一或民族团结。这类纠纷的社会危害性自不待言。而有些非常规性纠纷,虽然冲突的引发或诉求并不牵涉重大事务,也不直接针对党委或政府,但因参与人数众多,社会影响面大,因而其社会危害程度亦远大于非常规性纠纷。有些非常规性纠纷的实体诉求虽然有其积极因素,如呼吁推动社会改革,要求维护国家主权或民族利益等,但由于采取了某些过激方式,同时,在此过程中缺少恰当的组织与引导,容易为其他消极势力所利用,进而酿成负面性的社会事件,这类纠纷的社会危害性也不能低估。总之,非常规性纠纷直接或间接地表现出对既有社会秩序的一种对抗或反叛,即便纠纷主体主观上并不具有这样的明确动机,客观后果亦是如此。

第二,非常规性纠纷的一方或各方往往是多个主体。由于非常规性纠纷多数针对的是具有一定覆盖面的政策、制度或措施,因而权益的关涉者通常不是个别自然人或组织。相应,纠纷的一方或各方也会是多个主体。从实际情况看,多个主体在参与纠纷过程中的内在关系并不相同。大体可分为三类情况:一是各自独立地以自己确定的方式参与纠纷,并不在意其他人是否共同参与,但主要诉求与其他主体具有一致性,并因这种诉求的一致性而构成群体性纠纷。二是明确地感知与他人一起参与某种纠纷，并希求借助于共同参与的态势与力量满足自己的诉求，但各主体在情感和精力及物力投入的程度上有较大差异，其中多数人具有低成本投入、"搭便车"的心理，从众或群聚群散效应较为明显。三是纠纷主体有较强的组织性，对诉求的内容、采取的方式与策略以及步骤等都有确定的安排。有些靠一个或多个灵魂性人物操纵和控制纠纷的走向；有些则明确成立诸如"维权委员会"等临时性组织机构，决定并推动与纠纷相关的主要事务的实施。

第三，非常规性纠纷通常难以在司法、仲裁等常规性专门机构或程序中得到解决。首先，非常规性纠纷多数直接或间接针对以党委和政府为代表的社会管理层，纠纷主体的诉求对象是社会管理机构。纠纷主体借助于社会管理层与社会成员及组织之间在制度上的既定联系来表达自己的诉求，较之向司法、仲裁等机构提出诉求，前者更为直接。其次，也许更为重要的是，非常规性纠纷中的许多诉求依照现行法律势必无法加以评价和处置，如涉及政治、外交、民族、宗教等宪法性问题的纠纷，在宪法司法化制度确立之前，无法诉诸司法。即便某些以经济利益为内容的纠纷，由于涉及社会政策的调整，在法律上也难以作出评价。此外，有些纠纷主体的诉求尽管具有一定合理性，但依据现行法律根本不可能得到司法的支持。这类诉求不可能向司法或仲裁机关提出。再次，非常规性纠纷出现本身，相当大程度上正是缘于主体对非常规方式的追求，纠纷主体力图通过各种非常规的方式扩大纠纷的影响，促使管理层基于对纠纷社会影响的考虑而满足其要求。理性地、程序化地向司法或仲裁机构表达诉求，事实上并不符合纠纷主体的愿望。当然，缺少必要的成本（如诉讼费、仲裁费、聘请律师费）或缺少适当的代言人，各主体诉求难以统一等，也是这类纠纷未能纳入司法、仲裁等常规性机构解决的原因。最后，在我国现实条件下，政府等社会管理机构的动员力和资源供给条件仍然是最充分的，在非常规性纠纷的解决过程中，社会管理机构不仅有能力居中协调，而且许多情况下还能够通过自身的行为（包括动用物质资源）不同程度地满足纠纷主体的诉求，这是司法或仲裁机构所无法具备的。

第四，非常规性纠纷在一定程度上体现着我国现实社会中阶层之间的紧张与对抗。透过各个个别性案例，不难发现，非常规性纠纷主体的一方通常是弱势、劣势阶层或群体中的成员，而另一方则一般为具有一定强势地位的社会管理者或有产阶层的成员。纠纷主体之间在社会位阶、位势上的差异往往既是酿成纠纷的一个原因，更是纠纷以非常规对抗形态出现的重要缘由。[1]因此，从宏观上看，非常规性纠纷在一定程度上体现着我国现实社会中阶层之间的紧张与对抗。从本质上说，我国社会各阶层或群体之间尚不存在着根本性的对抗，但各阶层或群体之间在利益格局上的差异决定了相互之间不可避免会出现矛盾和冲突。以各种不同内容以及不同形式所表现出来的非常规性纠纷，正是这种矛盾和冲突的具体体现。虽然，在个别性的非常规性纠纷中，纠纷主体并不明确地感知自己所涉纠纷与所处阶层或群体之间的联系，并且也不希望自己的诉求代表某一阶层或群体的整个利益，但事实上这些个别性纠纷已成为阶层或群体之间对抗的组成部分，其诉求也与阶层或群体在整个社会结构中的利益取向大体一致。在大规模的疾风暴雨式的对立阶级之间的阶级斗争消失后，非常规性纠纷已成为我国社会矛盾的突出表现形式。

（二）非常规性纠纷的主要特征

近年来，我国社会所发生的非常规性纠纷显示出以下一些特征：

第一，纠纷类型多样化，且多与政策以及政府行为相关联。这些纠纷主要包括：

1. 由土地征用引发的纠纷。包括农村土地征用与城市拆迁引发的社会纠纷。如违规设立开发区、擅自改变土地用途、违法出让土地、降低土地补偿标准等引发的社会纠纷；又如：旧城改造中拆迁补偿低、拖欠补偿金、拆迁主体不合法、补偿政策不一致等引发的社会纠纷。

2. 改革和改制引发的纠纷。如企业改制导致工人下岗且职工利益得不到保障，以及国有资产流失、破产企业债权人受偿比例、拖欠医疗费、单位不交社保资金等原因引发的社会纠纷，农村改革引发的干群冲突以及农民利益补偿方面的纠纷等。

3. 特定利益群体因利益受损所引发的纠纷。如复转军人因其比较利益偏低而集会游行和上访；农村民办教师因待遇不落实而集体上访，城市出租车司机因不满政府相关行为而集会上访，以及离退休人员为提高待遇聚众请愿等等。

4. 由环境污染、非法集资等危害不特定多数人利益引发的纠纷。

5. 因移民问题发生的纠纷。

7. 因宗教、民族问题发生的纠纷。

8. 因官员腐败、渎职等行为引发的群体冲突。

9. 因权益得不到合法保障，公民自行采取非正常方式维权而导致的纠纷。

10. 因执法、司法部门不作为或乱作为引发的社会纠纷等。

第二，人数多，规模大，且有一定组织性。

非常规性纠纷的参与人少则十几人、几十人，多则上百人，甚至上千人。在非常规性纠纷的参与人员中，困难企业职工、下岗职工和离退休人员以及农民占大多数，也有一些社会闲散人员和少数故意滋事的违法犯罪分子，还有许多不明真相的围观群众。少数非常规性纠纷的当事人为制造更大影响，或在多个单位、行业间串联，或成立相关组织。如在企业军转干部集体上访事件中，参与者互相串联，互通信息，统一行动，共同推选领头人，设立联系点等等。在某些事件中，国外或境外敌对势力介入，利用或推出个别灵魂性人物，组织策划，推波助澜，扩大事态。

第三，纠纷发生往往具有触发性特征。

即冲突因素在长期积聚后，因某种原因一触即发，成为具有相当规模的群体事件。从大量纠纷发生的情况分析，有些纠纷的发生很可能是因为某一个具体的事件，甚至于一个较小的事情。由于存在一些长久酝积的潜在的社会矛盾，往往某一具体事件会成为引发重大社会冲突的导火索。如2004年10月发生的重庆万州的事件就是一名公务员与一名搬运工因一件琐事而引发。在该事件中，数百人围观造成交通堵塞，进而引发群众打砸政府办公楼、焚烧警车，哄抢物品的大规模冲突事件。一起普通的街头纠纷发展后果如此严重，并不是偶然的，它反映了当地干群关系的严重对立以及群众对部分干部的长久积怨。

第四，行为方式日趋激烈，非理性方式越来越多地被运用。

在“信上不信下、信大不信小、信闹不信息”的错误思想支配下，纠纷的发起者常常以党政机关、重点要害部门或铁路、公路干线为目标，试图通过冲击这些重要目标而引起上级有关领导和部门的重视，达到“大闹大解决”的目的。一般说来，纠纷的初始阶段采用的方式比较理性（如到政府信访部门和有关机构上访等），而到矛盾相对激化时，则诉求方式往往比较激烈。如阻塞交通，扰乱社会秩序和党政机关工作秩序，毁坏公私财物等。

第五，常规性纠纷易于向非常规性纠纷转化，而非常规性纠纷则有可能酿成重大社会事件。

常规性纠纷易于向非常规性纠纷转化的主要原因在于：(1)在常规性纠纷长期得不到解决或有关机构的处置不能满足纠纷主体一方或多方要求的情况下，一方面，纠纷主体容易迁怒于政府或政府的管理机构，从而使纠纷的内容延展至社会管理层面；另一方面，纠纷主体希图通过非理性的表达方式实现其在一般性解决机制中难以实现的目的。(2)在高度信息化的条件下，同一类、尤其是诉求相同或相近的单个常规性纠纷容易聚合成群体性纠纷，从而使纠纷的性质发生改变。(3)一部分非常规性纠纷的发生往往会吸引常规性纠纷主体的介入，两种类型纠纷的主体彼此希望借助相对方的作用，扩大纠纷的社会影响，强化自身诉求实现的能力。从近些年的实践看，许多非常规性纠纷正是常规性纠纷演变或发展而形成的。

更值得重视的趋势是，非常规性纠纷较为容易演化为影响社会安定与稳定的重大社会事件。这是因为，在非常规性纠纷中，一方主体的诉求往往很难从相对方身上得到满足，作为社会公共事务管理者的政府又缺少足够的资源去平衡纠纷主体之间的利益，或者缺少使用公共资源满足这些诉求的正当理由与依据，这种状况有可能使非常规性纠纷逐步蓄积，对抗越发加深，最终酿成影响和危害较大的社会事件。特别是在纠纷涉及到部分主体的基本生活或生存底线的情况下，酿成重大社会事件的可能则更大。

第六，非常规性纠纷的发生与我国社会生活，尤其是政治生活的节律保持着一种非良性的对应。

这体现在两个基本方面：其一，从时间上看，非常规性纠纷较为集中地发生在重要节日或重要政治活动的前夕或期间。春节、国庆节等节日前夕，人大、政协、党代会召开期间(或前夕)以及其他重大政治活动期间(或前夕)，往往是社会公众最需求平和喜庆或社会管理者最期望安定与稳定的时点。而这些时点恰恰是非常规性纠纷容易集中发生的时期。这不仅是因为这些时点中纠纷主体的诉求欲望容易被诱发，更主要是纠纷主体往往利用人们(包括社会管理者)求和忌乱、求稳怕变的心态，扩大纠纷的态势，增加实现诉求的压力与筹码。其二，从内容上看，非常规性纠纷常常以负面形式表现社会管理者在不同时期中的各种社会倡导。具体地说,当社会管理者关注或倡导某一事项时,纠纷主体就会以较为极端的方式表现和张扬该事项的负面后果。比如,社会管理者关注房屋拆迁中被拆迁人的利益,部分被拆迁人往往借势制造群体性纠纷,提出一些不尽合理的利益要求。表面上看,这些纠纷的出现并没有悖逆社会管理者的某种社会倡导,但实际上,这些纠纷的出现,容易使既有积弊得以扩大,同时又容易导致矫枉过正的政策偏差,从而减损社会政策的最终成效。从近些年的实践中我们不难看出,"借时而发、借势而发",并与我国社会生活、尤其是政治生活的节律保持非良性对应,这已成为非常规性纠纷发生的一个重要规律。

第七,非常规性纠纷的发生与阶层或群体意识的强化呈正相关效应。

前已述及,非常规性纠纷在一定程度上体现着我国社会阶层间、群体间的紧张与对抗。正因为如此,阶层或群体意识的不断强化,增加了非常规性纠纷发生的内在激励力,阶层或群体意识不仅会增强相关主体提出某些诉求的信心,而且又为某些群体性纠纷提供了必要的凝聚力和动员力。而在另一方面,非常规性纠纷的发生,事实上又推动着阶层或群体意识的逐步强化。这主要是因为,非常规性纠纷发生的过程,特别是在纠纷主体的主要诉求得到满足的效果会增进纠纷主体对阶层或群体的社会地位及社会力量的体认,增加同一阶层或群体成员之间的共同语言,也为相互间的融通与交流提供了机会。这种效应不仅仅局限于纠纷主体本身,而且还会扩及纠纷主体以外的其他社会成员。

二、非常规性纠纷的成因分析

任何社会中的社会纠纷,其成因都不是单一的,也不只限于某几方面。恰切地说,社会纠纷是社会发展和社会运行过程中各种要素的综合结果。因此,在理论上对特定社会中的社会纠纷成因的表述,无异于对该社会的社会性状作全面描绘。然而,我国现实中社会纠纷的发生,除了同某些具有历时性、共通性的一般因素相关外,更主要根源于同时期中发生的较大幅度的社会变革与变迁。认识这些变革和变迁同社会纠纷的内在联系,有助于我们把握社会纠纷的时代特征。在此,我们将侧重于对这方面因素进行分析:

1. 经济转型过程中社会成员受益不均是酿积社会纠纷的基础性原因。

上世纪70年代末,我国经济运行模式由计划经济逐步转向市场经济,这种经济模式的转型带来了经济总量的大幅度上升。总体上说,社会成员在转型中都不同程度上有所获益,但另一方面各社会成员在转型中受益程度则存在着较大差异。这种差异不仅使不同社会成员间的生活水准及生存质量拉开了距离,还进一步造成了社会阶层与群体的分化。一般说来,利益差异并不必然导致利益冲突,更不必然引发社会纠纷,但我国经济转型中一些特殊状况激化了社会成员间的利益矛盾,并外化为各种充盈着社会情绪的社会纠纷。首先,部分社会成员之间在经济转型中受益差异过于悬殊,且这种悬殊是在较短时间中形成的;从趋势上看,这种差异还将进一步扩大。在长期奉行平均主义理念的社会中,过大的差异使得获益较少(个别社会成员甚至为负收益)的社会成员难以接受现实的改变,对个人境况的不满转而形成对社会的抱怨或对另一部分(获益相对较大)社会成员的间离甚而对抗。其次,也许更为重要的是,经济转型中的利益差异并不是在公平的境况下形成的。经济转型中的某些利益机遇只为少部分社会成员所占有。不仅如此,一部分社会成员凭借个人禀赋与能力以外的方式获取了巨大的经济利益,这无疑加剧了另一部分社会成员的不满。再次,在经济转型以及与此相伴的经济快速发展过程中,存在着掠夺式发展与剥夺式发展的情况。这就是说,一部分社会成员的利益正是在不公平交易中掠夺或剥夺了其他社会成员的利益或掠夺了社会共有资源的情况下而获得的。比如,土地征用、房屋拆迁中开发商对被征用或拆迁人作不足额的补偿;在非法集资中,集资人坑害存款人或投资人利益等等。经济转型中存在的这些现象,有些成为社会纠纷的直接导因,有些则激发了部分社会成员的不满情绪,而这种情绪在具体事件的诱发下又实际地衍化为影响较大的社会纠纷。

2. 社会政策调整中利益格局的变化加剧了社会矛盾。

与前相联系,近三十年来,为推动或配合经济转型,政府出台并实施了大量的社会政策,不少社会政策的变动幅度较大,频率较高。每一次社会政策的变动,都不同程度地牵涉到社会成员利益格局的变化。较为典型的实例是国有企业改制带来大量职工的下岗待业。客观地说,在经济转型过程中,社会政策的变动与调整不仅难以避免,而且极为必要。与此同时,每一次社会政策的变动与调整也不可能都产生社会成员人人受益的"帕累托最优”效应,但由此所带来的问题则是十分复杂的。首先,某些社会政策的出台在主要是为了纠正历史偏差,相关政策直接蕴含着取消或减少某些社会成员既得利益的内容,而这些既得利益往往牵涉到部分社会成员的基本生存条件。在此情势下,无论相关社会政策如何正当和必要,也难以得到这些社会成员的认同。其次,由于各级政府财力匮乏,无力全面支付社会政策推行的成本,部分社会成员在社会政策实施中所需要的合理补偿往往不能得到满足,从而形成部分社会成员同政策制定及实施者之间的矛盾。再次,一些社会政策在制定及实施过程中,对该政策所可能带来的边际影响考虑不周全,仅仅看到政策实施效果的积极面,而忽略了社会政策对部分社会成员的负面影响。不仅如此,少数社会管理者在政策制定与实施中,一味地从自身政治功利或少数人利益出发,缺少全局性视野,使相关政策缺少甚而丧失公共理性。较为典型的是,近些年,一些地方官员在推进城市建设与改造中,片面地追求“高、大、亮”,大搞政绩工程,利用政府强制力侵害部分居民合法利益。总之,在社会政策调整中所引起的社会成员利益格局的变化,是社会矛盾加剧,并引发社会纠纷的一个重要原因。

3. 在社会转型中政府管理行为失当与部分社会纠纷的形成具有直接联系。

在经济运行模式转型以及社会结构变化过程中,政府的管理模式以及相关的政府行为也在发生变化。但是,面对全新的经济和社会生活,政府的管理尚不能完全适应,有效管理模式的形成客观上需要更长时间的探索,对政府行为的恰当把握也需要更多的实践积累。这种状况使得政府在实施社会经济管理中出现了不少偏失,而施政过程中的腐败现象则进一步放大了这种偏失的效果。政府管理行为的偏失,集中体现在这样几个方面:其一,政府的管理未能有效地覆盖应覆盖层面,存在着不少盲区,这既有信息不对称的原因,也在于管理者对某些社会现象不敏感,怠于履行自己的职责。许多非法集资、制造伪劣消费品坑害消费者以及一些重大责任事故正是在这种背景下发生的。其二,政府超越自己的职责,滥用自己的行政权力,侵害部分社会成员的合法权益。其三,一些基层政府不顾自己的经济实力,盲目上马基础设施或建造其他形象工程,有些则大量透支消费,造成对社会公众的大量负债。据《南方周末》报道[2]全国县乡财政负债已高达4000至10000亿。因政府负债不能偿还而引发的群体性纠纷,在各地时有发生。其四,政府政策出台不够慎重,着眼于解决局部、眼前矛盾而缺乏全局长远性考虑,形成政策的前后矛盾。

4. 国家对社会成员的权威及控制能力相对减弱降低了社会纠纷发生的抑制力。

在政治上高度集权和经济上实施计划经济时期,国家力量统摄一切,社会成员个体利益意识较为淡薄,自我需求较为单一,且对国家权威保持着高度的敬畏,服从社会管理的自觉性较高,因而社会纠纷较少发生,特别是以社会管理者为直接对象的社会纠纷更为罕见。然而,随着民主与法制的推进以及市场经济的发育与发展,这种状况发生了重要改变,国家对社会成员的权威以及控制能力有所减弱。

第一,国家用以同社会成员进行交换的资源日益减少,社会成员对国家的依赖程度大大减弱。[3]改革开放以前,在物质资源总量十分匮乏的条件下,国家通过垄断几乎所有的物质资源并创造出各种约束性资源,用以同社会成员进行交换,以获取社会成员对国家权威的认同。在此格局下,不仅每一个社会成员的生活必需品完全依靠国家配给,而且每一个社会成员人生的重要活动,如读书、就业、结婚等,都在很大程度上决定于国家的意志。与之不同的是,改革开放以后,先前国家同社会成员之间的这些联系日益松弛。除了某些公共产品以外,社会成员直接从国家获得物质资源的情况越来越少。与此同时,国家用以约束社会成员的资源也远异于先前。以农村为例,现今农村居民的基本物质资源全部从市场中获得或自我供给。在农业税取消后,国家与农民个体的联系已局限于极少的内容。国家对于农民来说,更主要是一种政治象征。

第二,先前传达国家指令、承载很大部分社会管理职责的"单位",其性质与功能发生了重大变化。除了国家行政机构以外,单位已不再是国家实施社会控制的基本单元。改革开放以前,国家对社会成员的控制是通过社会成员所在单位具体实施的。工商企业不仅是生产经营机构,同时也是对企业成员进行社会管理的主体。即便是组织化程度相对较低的农村,生产队、生产大队以及人民公社也都具有对农民实施社会管理的职能。单位对其成员管理的范围,不仅涉及到该成员在本单位中的各种活动,还包括该成员在整个社会生活中的其他行为与活动,甚至包括该成员在家庭关系中的某些行为与活动。单位的这种功能与性质在改革开放以后逐渐发生了重要变化。单位与其成员的关系,主要已简约为劳动关系。除了劳动关系以外,单位成员的其他行为与活动,单位一般都不予过问;对单位成员的社会管理转由相关的政府管理机构实施。在此情况下,国家对社会成员的控制力明显有所减弱,特别是在单位社会管理功能趋于丧失,而政府的社会管理机制尚未完善的情况下,这种特性则更为明显。

第三,意识形态及文化的多元化,削弱了主流意识形态的影响力和整合力,国家在某些方面的倡导力也有所下降。从近三十年的实施看,虽然主流意识形态仍然保持着强势影响,社会成员的政治信仰也未发生根本性变化,但意识形态及文化已呈现出多元化的格局。意识形态及文化多元化本身应是社会进步的表征之一。但从另一方面看,这种多元化的格局使得主流意识形态整体上对社会成员行为的影响发生了变化,尤其是在牵涉到社会成员个别性物质利益的领域中,国家道德倡导与号召的实际成效已显现出较大的局限。这些年,人们所普遍忧虑的信仰缺失、信用危机等,正是主流意识形态影响力弱化的直接负面后果,而信仰缺失或信用危机恰恰是社会纠纷发生的重要原因。

诚然,在我国特定历史条件下,国家权威及控制力的减弱,并不是一种完全消极的现象。它既是社会转型过程中必须面临的客观现实,也是转型后社会运作方式的应有状态,然而,正是由于国家对社会成员权威及控制力的减弱,社会纠纷的抑制力明显降低。

三、非常规性纠纷处置的现实机制

严格地说,我国并不存在经过系统设计的、表现为某种制度或规则的非常规性纠纷解决机制。实践中,各地方党委和政府通常都依据既有的社会治理的一些原则,利用自己所掌握的特定的资源与条件,结合非常规性纠纷的具体性状,随机地加以处理和解决。但是,综合各地一般性的经验与实践,仍然可以看到一些共通性的内容,这些内容也可以理解为我国非常规性纠纷解决的有效的现实机制。

1. 党委、政府牵头,各部门全力配合——非常规性纠纷解决的主体与动员机制。

在实践中,非常规性纠纷通常被称为“突发性事件”或“群体性纠纷”。这类纠纷一旦发生,纠纷发生地的党委、政府以及上级党委、政府便会成为解决这类纠纷的主体。可以说,党委、政府不是解决社会纠纷的专门性机构,但党委和政府却是解决非常规性纠纷的当然主体。非常规性纠纷之所以由党委和政府负责解决,原因是多方面的:其一,如前所述,非常规性纠纷的主体的诉求往往涉及到政策、政府行为等,这些诉求往往是针对党委或政府而提出的,党委和政府不能不直接面对。其二,某些诉求虽然与党委、政府无关,但"突发性事件"或"群体性纠纷"的发生,已经影响到地方党委、政府辖区中的社会稳定与安定,从实施社会治理的最基本要求看,党委和政府不得不介入这类纠纷的处理。其三,依据传统的政治意识,地方党委和政府有责任和义务为人民群众排忧解难,所谓的"为官一任,造福一方"即是这种意识的体现。非常规性纠纷中必然隐含着群众的"忧"与"难",这也决定了党委和政府不可能对这类纠纷弃而不顾。第四,非常规性纠纷的解决,事实上涉及到多方面的问题,简单地依靠司法机构或某一部门去处理,难以达致较好的效果,相比之下,党委或政府解决这类纠纷有较多的优势。换句话说,党委和政府是解决非常规性纠纷能力最强的主体。第五,近年来,鉴于各类"突发性事件"或"群体性纠纷"不断出现,各级党委和政府已将抑制或解决这类纠纷纳入到日常工作及其功绩的考核目标之中,并且明确了相应的政治或行政责任。在此情况下,解决非常规性纠纷不仅事实上已经成为党委和政府工作的制度性任务,而且也影响到党委、政府相关负责人的政治功利。

党委、政府解决非常规性纠纷是在党委、政府属下的各部门的全力参与下进行的。这既缘于解决非常规性纠纷的实际需要,也体现出党委和政府对解决这类纠纷的重视。在对某级党委和政府这方面工作的评价中,"重视"的程度从来都是基本的评价尺度之一,有时甚至比解决的效果显得更有意义。党委、政府动员下的各方面力量,不仅包含有党委、政府属下的各部门,也包括司法机构,甚至还包括其他社会力量。在这种格局中,司法机构的角色往往是从法律上提出解决纠纷的方案,或对党委、政府提出的方案从法律角度提出意见。如果纠纷的解决最终(或其中的某一环节)涉及到司法程序,司法机构将根据党委、政府处理纠纷的总体要求履行自己的职能,相关的司法审判实际上成为实现解决方案的一个环节或一种方式。其他社会力量参与这类纠纷的解决,往往是出于对党委、政府要求的尊重。当然,在既有的社会管理制度及意识形态中,也能找到这些社会力量参与解决这类纠纷的责任依据。但更多情况下,其他社会力量(尤其是民间)的参与,常常包含着党委和政府与他们之间的利益(主要是政策利益)上的交换。

党委、政府处理非常规性纠纷并不意味着党委或政府直接出面,在多数情况下,党委和政府并不直接面对纠纷的各方或一方,只是在需要表明某种姿态、体现党委或政府对纠纷或纠纷中某些主体的关切与重视时,相关负责人才会直接出面,这种出面更多的是一种象征意义。然而,党委和政府无疑是非常规性纠纷解决的实际决策者。党委和政府领导不仅要了解纠纷发生、发展的过程,对纠纷处理和解决提出具体要求,而且会组织、督促相关解决方案的实施。应该说,非常规性纠纷通常都是在党委、政府的主导与关注下,以符合党委、政府要求和理念的方式加以解决的。隐没于现场之后、但又掌握着纠纷解决的决定权力,这是党委、政府实际扮演的角色。熟悉我国政治生活的人,包括纠纷主体,事实上对此都有充分的认知。这也是非常规性纠纷常常诉诸于党委、政府的原因之一。

2. 维护稳定——非常规性纠纷解决的主要价值目标。

一般来说,常规性纠纷的解决,较多地集中于对纠纷所内含的是非的评价,处理结果也直接与是非评价相关联,至于纠纷当事人对处理结果的实际感受或反映,通常不是解决纠纷所必须考虑的因素。然而,与之不同的是,非常规性纠纷解决的价值目标或功利性追求则主要是维护稳定。

维护稳定成为党委、政府解决非常规性纠纷的主要价值目标,这主要是由前面所说的党委、政府的社会治理责任所决定的。对于党委和政府来说,非常规性纠纷的危害,在某种意义上并不在于纠纷主体的诉求会增加党委、政府的物质性负担,更主要是这种诉求的形成及其表达方式不同程度地打破了一定范围内的平和秩序,并且可能引起更大的规模的社会震荡。同时,这类纠纷往往也包含有对党委和政府政治权威的质疑与挑战,这对党委和政府的社会控制力、协调力将会产生一定的影响。因此,党委和政府要有效地实施社会治理,必须消除非常规性纠纷所引发或可能进一步引发的不稳定因素。实践中,非常规性的解决正是在"维稳"工作的统领下进行的。"稳定压倒一切","一手抓改革开放、一手抓维护稳定"已成为我国流行的一种政治原则和政治理念,甚至已成为社会大众所接受的一种政治文化准则。

以维护稳定作为解决非常规性纠纷的基本功利目标，势必会给纠纷解决的方式与结果形成一定的影响。首先，在纠纷解决过程中，既重视纠纷主体的诉求，更重视诉求的表达方式；既要考虑诉求是否应当给予支持，也要考虑如何抑制不恰当的诉求表达方式所带来的负面效果。其次，在评价主体诉求时，既需要从法律角度形成是非判断，同时更需要综合考虑法律以外的其他因素，特别应考虑纠纷主体的社会身份。党委和政府对特定阶层或群体（如某些弱势群体）的保护与支持往往会体现到个案的解决与处理之中。再次，解决纠纷的着眼点在于消弥和平息外部冲突，因而解决方案并不拘泥于对纠纷主体之间权益关系的应有规则的尊重，在不过度损伤基本法律原则或不违背基本的社会政策的情况下，解决方案灵活多变。

3. 恩威并济与利益平衡——非常规性纠纷解决的主导方式。

恩威并济与利益平衡，这是现实中解决非常规性纠纷的两种主导方式。所谓恩威并济，亦即党委和政府一方面利用自己所掌握的各种资源，对纠纷主体予以适当的补偿，以求得纠纷的平息，另一方面，利用行政权力、甚至国家司法强制力对纠纷主体保持一定的压力，迫使其放弃某些不尽合理的诉求或放弃不恰当的诉求表达方式。所谓利益平衡则是指党委和政府在处理这类纠纷中，偏重于平衡各方面的利益，而平衡这种利益的基点并不必然依据于纠纷本身在法律上的孰是孰非，而是如何更有效地消弥纠纷。体现前述两种基本方式的具体措施主要有：

第一，调整某些政策措施或改进（包括放弃）某些政府行为。对于因政策或政府行为不尽合理所引发的非常规性纠纷，党委和政府本着实事求是的态度，及时作某些调整或改进，使政策或政府行为能够兼顾到包括纠纷主体在内的各方面的利益；也可以在政策实施中作某些变通，以达到相同的效果。在某些情况下，政策或政府的某项行为本身并不存在问题，但只是实行的时机不成熟，并由此引发纠纷，为了消弥这种纠纷，决策者往往推迟政策或政府行为的出台与实施。

第二，督促和约束有关部门或单位解决纠纷主体的某些问题。有些非常规性纠纷是由于有关部门或单位忽视纠纷主体的某种权益，懈怠、拖延实施某些行为或错误地实施某种行为而引发的。解决这类纠纷的直接方式就是党委和政府督促、约束并要求相关部门或单位实施或放弃实施某种行为。这种解决方式的实质，一方面是党委和政府履行其应当履行的社会管理职责，另一方面则是党委和政府以自己所有的权威强化纠纷主体一方的对抗力量，以达致纠纷主体之间抗争力量的平衡，甚而使纠纷主体一方的力量压过另一方，以求得纠纷的消除。

第三，按“弱势优先”原则，强制地进行利益分配。在许多非常规性纠纷中，利益总量不能满足各方的正当要求。非法集资纠纷、证券、金融机构巨额亏损所引发的纠纷，都有类似的情况。在这些纠纷中，虽然出资的个人与企业归还资金的要求都是正当合理的，但可供分配的资金总量不能满足这些正当要求。在此情况下，强制地进行利益分配便成为党委或政府解决纠纷的重要选择。在这种强制分配中所遵循的并不是某项法律规定，甚至不是法律意义上公平原则，而是“弱势优先”的社会伦理。比如，在非法集资及证券金融机构亏损纠纷中，资产分配时，首先满足个人的债权，单位债权劣后于个人债权。这种处置方式与前述非常规性纠纷解决的价值目标是相适应的。如果不依照“弱势优先”的社会伦理规则，不仅纠纷难以排解，还可能引发更多的社会问题。

第四，分化瓦解，控制灵魂人物。以群体性纠纷形式反映出的非常规性纠纷，其参与者的主观状态是不尽一致的。有些坚定，有些随众，有些则希望“免费搭车”。实践中，党委和政府的做法通常是控制灵魂性人物（组织者和主观坚定者），劝说随众参与者，达到逐步消解纠纷的效果。对灵魂性人物的控制同样是恩威并济的方式，对有明显违法犯罪行为的，依照法律实施处罚，对于合理、正当的要求，尽可能优先加以解决。这种方式的实质是使纠纷的“群体”形成离散，弱化、淡化群体的积聚或累积效应，减少纠纷的社会影响。

第五，整合诉求，将纠纷引入司法或其他程序，用常规性纠纷的解决手段处置非常规性纠纷。不少非常规性纠纷本来是可以通过司法等常规性程序加以解决的，但由于各参与者的诉求散乱，缺少有效的组织或难以分摊诉讼成本等原因，使得这些纠纷以上访或其他非常规的方式加以表达。对于这类纠纷，党和政府往往对纠纷主体给予适当的引导，同时帮助他们整合诉求，疏通这些纠纷进入司法或其他程序的渠道，包括建议司法或仲裁机构对案件处理规费实行“减、免、缓”，降低当事人涉讼的成本。在某些情况下，党委和政府还就这类纠纷的实体处理方式，向司法、仲裁机构提出自己的建议，以保证这类纠纷的解决结果符合“维稳”的要求。

第六,“冷却处理”,用时间来稀释和淡化纠纷主体的冲动与热情。对于某些诉求虽有合理的一面,但根据现实条件无法使之满足或从社会影响考虑不能给予满足的社会纠纷,地方党委和政府有时不得不采取拖延、回避的方式,对之实施“冷却处理”。只是在当事人反映较为激烈的情况下,安排一些对话,耐心地接受他们的情绪宣泄,而不对具体的诉求作出回应。由于纠纷延续时间较长,且看不到诉求得到满足的前景,不少纠纷主体的冲动与热情逐步被稀释和淡化,使纠纷和冲突不解自息。尽管这种纠纷处置方式显得有些消极,但在某些情况下,也不失为一种选择。

4. 内扬外抑——传媒在非常规性纠纷解决中的特殊功能。

非常规性纠纷通常与传媒有着特别的联系。一方面,纠纷主体在反映自己的诉求时,传媒机构本身即是他们言说的对象,纠纷主体往往需要借助传媒扩大他们的影响力;另一方面,传媒的自觉意识中包含有对民情、民怨反映的职责,传媒愿意充当代言人的角色。此外,传媒对社会新闻的追逐也决定了他们势必会关注并介入到非常规性纠纷的解决过程之中。因此,在对非常规性纠纷解决机制的分析中,不应忽略传媒的地位与作用。

我国的传媒无论是“官方”创办,还是民间创办,都必须受制于较多的管束。在传媒所受到的管束中,最为明确、最为严格的要求之一就是传媒不得影响社会的安定与稳定。而如前所述,传媒在事实上不可能放弃对非常规性纠纷的关注,也无法割离与非常规性纠纷的外部联系,这就使传媒不得不采取一种“双重取悦”的立场与态度,并由此形成内扬外抑的功能。一方面,传媒积极地把非常规性纠纷主体的诉求通过“内参”、“情况反映”等方式反映给党委和政府。这种反映过程可能会掺杂传媒自身的认识与判断,同时,为引起党委和政府的重视,甚而还可能有某种程度的渲染和张扬;另一方面,传媒又会按照党委和政府的要求,抑制相关事件在公众中的传播,即便是在一定范围中已为公众知晓的事实,传媒也不予公开报道,即或经过有关部门的认可进行报道,也往往略去纠纷的某些过程,淡化纠纷的后果与影响,报道的角度、立场与党委和政府对纠纷的认识及处置方式保持一致。正是由于传媒具有这样的作用与功能,地方党委和政府往往把控制和利用传媒的影响视为解决非常规性纠纷的重要策略之一。

四、非常规纠纷解决机制中存在的问题

从有效解决社会纠纷、实现社会和谐的要求看,我国社会纠纷解决机

制尤其是非常规性纠纷解决机制还存在不少问题,以下作一概括性叙述。

1.非常规性纠纷总量较大,现有的机构及力量不足以应对社会纠纷的解决。

各方面情况表明,仅就总量而言,我国现有的机构及力量已不足以应对社会纠纷的解决。一方面,各相关机构、尤其是人民法院存在着大量积压、亟待解决和处理的社会纠纷;另一方面,大量的社会纠纷滞留在信访渠道或弥散于社会之中,尚未能进入到实体解决的相关程序之中。形成这种局面的原因是:其一,近二十多年来,我国社会处于高速发展时期,在此过程中,社会管理层主观偏向于对发展事业的正面推动,尽管社会纠纷的解决也纳入了社会建构的考虑,但相对说来,在各级管理层以及实施社会管理的各机构中,对此重视的程度是不够的。只是当社会纠纷对社会发展的诸方面已经形成实质性影响时,才引起一定的关注。在此情况下,解决社会纠纷的力量配置与社会纠纷的总量存在着不相适应的问题。其二,相当多的社会管理机构及管理者认为,社会纠纷的解决是司法等专门机构的任务,因而,在确定社会管理职能时,未能将相关的社会纠纷的解决纳入到自己的管理职责之中。不仅如此,在实际工作中,但凡能够推诿或回避的,都推转给司法等机构,而前些年过度强调社会纠纷司法解决的偏向又进一步支持了这种实践。这就使应当承载、且可以承载部分社会纠纷解决职能的机构未能发挥应有的作用。换句话说,解决社会纠纷的资源未能得到充分利用。其三,解决纠纷的各机构及力量未能协调、综合地发挥作用,影响了解决纠纷的效率(对此问题,后面有进一步的分析)。

解决社会纠纷的力量不足所带来的后果是:其一,大量的社会纠纷长期得不到有效解决,增加了社会不稳定因素,影响社会各方面的正常运行,造成社会各种资源的无意义耗损。其二,一些常规性社会纠纷因为久拖不决,进一步转化为非常规性纠纷,从而引发更大的社会矛盾。实践中,许多非常规性纠纷正是因为当事者的常规性诉求长期得不到满足,不得不采用极端性的表达方式而引发的。其三,更为重要的是,社会纠纷的长期积压,酿化出当事者以及相关主体对社会的抱怨情绪,强化部分群体的社会对抗心理,相应会消解社会整体的凝聚力。

2.非常规性纠纷解决中随机性过强,缺少科学、合理、稳定和系统的方式及程序。虽然近年来非常规性纠纷的解决受到了各级党委和政府的重视,但这类纠纷解决中随机色彩过强,甚而掺杂着某种随意性。

第一,非常规性纠纷是否能够及时地纳入到党委和政府的视野之中,并启动相应的处理和解决程序,通常是一个不确定的因素。这不仅是因为党委和政府的社会控制中存在着一定的盲区,一些非常规性纠纷在发生较长时间后才为党委和政府所知晓,更主要在于前述问题取决于各地方党委和政府对具体纠纷的认识,而这种认识往往不尽一致。有些地方对“突发性事件”、“群体性纠纷”确定了一定的标准,但社会纠纷的成因与内容的多样性、复杂性、易变性总会使这些标准显得凿圆枘方。在此情况下,懈怠或过于敏感往往是实践中难以避免的两种偏向。

第二,解决纠纷所使用的力度与解决纠纷的实际需要常常不相匹配。党委与政府解决非常规性纠纷的力度与几个因素相关:一是与上级领导的关注程度及方式相关。越是经高层批示的纠纷,越是得到地方党委和政府的重视,地方党委和政府解决的力度就越大。二是与地方党委和政府的负责人(尤其是主要负责人)从政的风格及智慧、水平相关。对同样的纠纷,不同的决策者会使用迥然不同的力度加以处理和解决。三是与责任追究制度的宽严程度相关。近些年,各地以“维稳”为目标,对抑制“突发性事件”、“群体性纠纷”的发生以及这些事件和纠纷的解决设定了相应的责任制度,不仅明确地将这方面的情况作为党政负责人政绩评价的重要依据,而且还规定在一定的情况下,对党政负责人追究行政、党纪乃至法律责任。这就使地方党委和政府处置非常规性纠纷的力度同责任追究制度的宽严程度形成了一定的联系。实践中,为了避免受到责任追究,党委和政府负责人往往采取“重药猛治”的方式,尽可能加大解决力度,以突出“重视”的程度。因此,“杀鸡宰牛刀”、高成本解决纠纷已成为具有一定普遍性的现象。

第三,解决纠纷的方式很不确定。由于解决非常规性纠纷的主要目标在于消弥冲突,而并不特别注重是非评价(在许多情况下,对诉求作出是非评价,并依据这种评价确定处理方式,在事实上比较困难),因而,解决纠纷的方式在此时与彼时、此地与彼地,甚至在同一时期、同一地区不同主体之间存在着很大的差异。影响具体解决方式的因素包括:(1)主体表达诉求的强烈程度。强烈、坚定的表达者,得到的满足程度往往会高一些,反之亦然。(2)纠纷得到上级关注的程度,越是为高层所关注的纠纷,主体满足诉求的可能就越大。(3)地方党委和政府对相关资源的掌握的丰寡。资源丰富的地区(尤其是财政实力较强的地区),解决纠纷的实体方案也会较为宽松。

诚然,在现实条件下,要求以统一的、程序化的方式解决非常规性纠纷尚不够现实,但随机性过大亦会带来一定的负面效应。首先,随机性过大会影响到非常规性纠纷处置的适时性,既容易造成党委和政府过早介入,浪费其精力,也可能因延误时机而增加纠纷处置的难度。其次,“重药猛治”的偏向容易造成“反弹效应”,即:越是规模和影响大的纠纷,越容易得到高层重视,越是高层重视,诉求越容易得到满足。在此格局下,扩大纠纷的规模和影响本身也成为有关当事人的一种追求。通俗地说,就是“越把事情搞大,越容易得到解决”。而“害怕把事情搞大”事实上已成为地方党委和政府的一个软肋。再次,有些地方党委和政府为消弥纠纷,过度强调案件的特殊性,无条件地迁就当事人的某些要求,不惜损伤法律原则,既影响了人民法院正常的司法审判活动,亦不利于法律、政策的统一性的维护。

3. 解决社会纠纷的各机构未能统一协调,程序上亦未能恰当衔接。

由于体制上的因素,解决社会纠纷的各机构都依照自身的功利目标和确定的方式进行运作。主观上,各机构缺少与其他机构之间互相配合的明确意识;客观上,各机构之间也缺少必要的、经常性的沟通与联系。更具体地看,这方面的缺失有:其一,各地方尚不存在一个综合掌握社会纠纷信息,协调各机构行为的平台,相关机构各自为政,彼此相对封闭。其二,各机构在处理纠纷时,对处理方案和结果所可能引起的负面效果缺少应有的考虑。许多纠纷虽然经过了某一机构的处理,但纠纷中蕴含的当事人间的冲突并未消除,甚而引起更为强烈的冲突。近些年中,“涉法上访案件”大量增加,而所谓的“涉法上访案件”正是司法处置后未能真正解决的纠纷,或经司法处置后又进一步引发的纠纷。其三,各机构解决社会纠纷的职责与功能缺少科学、合理的划分,容易造成相互推诿或不必要的重复处置的问题发生。特别重要的是,司法与其他解决手段之间的关系未能合理界定,司法在解决社会纠纷中的辐射效应未能很好体现,而其他手段对司法解决的替代作用同样未能得到有效发挥。比如,司法判例对于其他机构解决纠纷应有的示范功能未能被充分利用,而司法与仲裁、调解等手段的衔接在运作上还存在着诸多问题。虽然法院对减少诉讼总量,强化非诉讼方式的作用有着强烈的愿望，但在制度上、实践上并未能为其他非诉讼手段的运用提供必要且完善的支撑。概括地说，我国既存在着社会纠纷解决力量总体不足的问题，也面临着现有力量未能充分、有效利用的缺陷。

4. 社会纠纷的解决机制与抑制防范机制未能相互照应，存在着一定程度的脱节。

社会纠纷解决的目标不仅在于使现实的纠纷得以平息，更重要的是应使纠纷的处置对社会公众形成积极的引导或示范作用，使社会管理层从中获得一定的启示，并积累相应的经验，从而产生抑制和防范同类纠纷发生的效果。然而，我国社会纠纷的解决过程中对抑制和防范社会纠纷的发生考虑不够充分，解决机制与防范机制之间存在着一定程度的脱节。首先，解决纠纷的机构往往注重消除个案冲突或对个案的权益关系作出评价与处置，而忽视处理结果所可能形成的边际影响和示范效应，特别是某些纠纷的处理结果往往从负面激发相关当事人的不正当行为与诉求，成为新的纠纷形成与出现的导因。其次，解决纠纷过程中不善于对纠纷的成因作透彻的分析，纠纷形成的源头往往被忽略，纠纷中蕴含的经验教训未能受到重视。实践中存在着一边解决和处置纠纷，一边又引发同类纠纷的情况。甚至同一管理部门，既是纠纷的解决者，同时又是纠纷的制造者。此外，由于解决纠纷的主要任务由法院等专业机构承担，而党委和政府往往把解决纠纷看作是偶然性、突击性的工作，因而对社会纠纷发生、发展以及解决的规律缺少系统性的考虑，防范机制与解决机制之间相互照应不够，一定程度上削弱了社会纠纷的控制能力。

五、完善我国非常规性纠纷解决机制的意见与建议

胡锦涛同志指出："构建社会主义和谐社会的过程，就是在妥善处理各种矛盾中不断前进的过程，就是不断消除不和谐因素、不断增加和谐因素的过程。"这表明，能否尽快建立起完善的社会纠纷解决机制，能否使我国各种社会纠纷尤其是非常规性纠纷得到有效、合理的解决，关系到我国和谐社会建设的总体进程。

（一）完善社会纠纷解决机制的基本取向及原则

1. 转变处置方式，坚持依法治理。

如前所述，在目前我国政治动员机制强大，政治资源较为充分，而以法

律手段解决纠纷的能力还比较有限的情况下,不可避免地要借助于政治的手段解决一部分社会纠纷,尤其是非常规性社会纠纷。然而,我们也应该看到,只有同时坚持依法治理,才能最合理而有效地解决纠纷,真正实现"长治久安"的目的,否则,难以找到解决纠纷,减少纠纷的最终出路,甚至会扩张"小闹小解决,大闹大解决,不闹不解决"效应,使得解决纠纷的过程成为酝酿新的纠纷的温床,使纠纷与矛盾普遍化与尖锐化。

强调对纠纷的依法处置的理由在于:首先,法律的规范性以及预先设定性,使人们的行为及其法律后果成为可预期的事实,这就防止了处置的随意性,维系了处置的正当性。其次,由于法律的最基本功能就在于调节利益、处置纠纷并救济损害,它作为成熟的、技术化的、普遍适用的规范,是合理处置纠纷最有效最适用的准则。按照法律及法理来处置纠纷,不仅有利于该纠纷的正当合理的解决,而且可以作为今后同类问题的处置方案,防范和有效处置今后可能发生的纠纷。再次,法律机制按照合理化与有效性原则设置,采用法律机制和法律程序来处置纠纷,是在常态社会条件下解决纠纷最适当的渠道和方式。不仅如此,用这种专门的、技术化的手段来处置纠纷,可以防止社会纠纷尤其是非常规性纠纷对政治机体的直接冲击,避免在处置纠纷过程中损害党和政府的权威与形象。

在实施依法处置纠纷过程中,应当坚持和强调一些基本的法律原则。例如,法律中普遍贯彻和体现的损害救济原则、过错责任原则、诚实信用原则等。一般情况下,不能支持、迁就任何在法理上不能成立的诉求。例如,没有政府因素介入的非法集资,可以由政府来协助处理,但不能由政府来买单(政府有责任的除外)。此外,还要适当强调法律适用的时效性,坚持法不溯及既往的原则。任何政策要求与法律规范,都有比较严格的时限性要求,对于其生效前的行为不能追溯适用,否则,势必造成两方面的不良后果:一是对惩戒而言,会不教而诛,丧失起码的正当性;二是对利益而言,将会因为取消时限而导致以有限资源去应对无限需求,任何主体都无力承受这种需求的压力。不仅如此,如果因屈从某些压力而放弃对适用时效的坚持,还会产生不良的示范效应,导致规范和规则丧失其权威性,造成更为严重的社会后果。不过,坚持不溯及既往原则时也允许有某种灵活性。如果历史上处置显失公正,可以参照新的政策与法律规定采用某种方式给予一定的弥补。但即便如此,也不能打破规范的时效性,直接套用新的规范。

实现依法处置，应当注意使用司法力量，通过法律程序解决纠纷。在纠纷解决机制中，法律手段应当成为最重要的手段。而司法机构作为纠纷解决的最重要的力量，其地位与功能应当得到充分的肯定，尤其是对涉及重大利益冲突的纠纷，采用司法程序解决，能够更加充分地保证纠纷解决的有效性与公正性。与此同时，应当发展多元化的纠纷解决机制，仲裁、行政裁决与调解，行业组织以及其他自治组织调解解决等方式，也是依法处置的有效制度性安排。在社会纠纷已经呈现普遍化与复杂化的发展趋势之时，单一的纠纷解决组织、手段与程序已经远不能适应纠纷解决的实际需要，充分发挥多元化的纠纷解决机制的作用。多元化解决纠纷的机制，也是依法处置的应有内涵。

总之，对待各种社会纠纷，在实体上、程序上都应尊重和依循基本的法律原则，克服和避免随意性，把解决社会纠纷的过程实际地体现为倡扬合理的社会秩序，建立健全社会规范的过程。即便对于某些无明确法律依据或依照现行法律难以处置的纠纷，也应在符合基本法律原则的前提下加以处置。

2. 掌握处置策略，有效应对纠纷。

有效应对目前日益增长的社会纠纷，需要制定正确的处置策略，我们认为，在策略方面，应当坚持以下四点：

一是常规处置。即采用常规力量，通过常规渠道处置纠纷，不轻易启动非常规纠纷处置机制，即使对于非常规性纠纷，也要尽量纳入常规处置渠道。常规的手段，是指行政的、司法的，以及其他方面的制度化纠纷处置手段。司法是处置纠纷的专门机构，而政府行政机构的重要职能之一也是处置纠纷，用行政、司法以及其他制度化的纠纷处置手段来处置纠纷，既可以达到有效应对社会纠纷，合理解决社会矛盾的目的，又可以避免对社会秩序和统治秩序的冲击，最大限度地防止人心波动和社会动荡。

常规处置，还有另一个意蕴，即避免动辄依靠党委采用政治动员方式解决纠纷。党委是我国纠纷解决机制中的领导力量和指挥中枢，但党委本身不是行政与司法机构这样的专门处置具体纠纷的机构，不宜轻易实施全面的政治动员，利用党委的政治资源解决纠纷。应当把纠纷解决作为具体的管理技术问题来处理，防止党委领导陷入具体矛盾而忽略了大政方针的制定与贯彻，同时也避免社会纠纷对政治秩序的冲击。

常规处置，还需要注意慎用警力。警察作为国家治安力量在纠纷解决中有重要的作用，但警察作为直接的国家强制力的体现，除了在非常规性纠纷发生时担任维持社会秩序等任务外，一般不能作为解决纠纷的主要力量。也就是说，警察压制，通常不能作为解决社会纠纷的主要手段。警察压制，一方面，可能增加纠纷主体的对立情绪，甚至导致纠纷主体把怨恨移转至党委和政府；另一方面，警察压制往往意味着纠纷升级。因此虽然在一些非常规性纠纷、尤其是表现形式比较激烈的常规性纠纷中动用警察维护治安秩序的情况不可避免，但考虑其可能产生的负面影响，应当慎用警力，尤其是应尽量避免大强度地使用警力及警具。

二是主动处置。所谓主动处置，是指纠纷处置应当注意事前预防，把握先兆，前期处置，疏导为主。主动处置是有效防范和处置纠纷的普遍性要求，同时，也是这些年纠纷处置中所形成的重要经验。

“事前防范”是主动性最突出的体现。这种防范，从根本上讲，就是在国家管理与社会治理的过程中，协调利益关系，防止和减少经济与社会发展中可能出现的各种矛盾。同时，防范机制中应包括比较完善的纠纷处置机制，使之能够有效的分解和处置不同的社会纠纷，尤其是防止常规性纠纷因不能及时解决而发展为大的社会冲突。“前期处置”是指在纠纷萌芽和初发阶段抓紧处置，避免纠纷由小而大，减少纠纷的社会损失。“把握先兆”是指建立健全信息情报系统，及时发现和掌握各种复杂动态，消除各种控制上的盲区。“疏导为主”则是考虑到我国现实中社会纠纷往往与社会转型的大背景相关，纠纷各方的利益诉求通常都有一定的合理性，同时，虽然纠纷的发生会带来一定的消极影响，但毕竟有别于对抗现存统治秩序的政治冲突和斗争，因此，处置社会纠纷时除了维护正常社会秩序所必要的措施外，应当坚持疏导为主，即注意以合理的方式妥善解决纠纷，如果单纯压制，非但原有的纠纷不能有效解决，而且可能酿成新的矛盾。

三是技术处置。纠纷处置是一项社会工程，其有效运作需要一种对纠纷的技术化处理以及相关技术条件的支持。这首先是要求在理念上和措施上将社会问题甚至政治问题技术化，也就是将社会纠纷（包括非常规性纠纷）由社会政治问题转化为管理技术问题，按照法律法规的要求，以常规的管理手段去处置，避免将群体和个人的利益诉求乃至为实现其利益某些过激行为作为政治对抗行为，采用政治手段以及非常规性的国家强制手段加以应对。在当前,特别应当把握的是,战略上重视和关注各种纠纷可能形成的政治影响,保持敏锐的政治嗅觉,而在战术上,则要求将政治问题转化为法律问题及管理技术问题加以解决。其次是要注意纠纷处置机制的技术合理性。这是指采用最有效的机制与手段去保证应对机制的有效性与高效性。再次,应当为纠纷处置机制提供相关技术条件的支持,使其能够有效运转。例如,情报信息系统应当健全,以便能够迅速反应,及时采取措施;又如,应当通过社会监督管理技术的完善,增强对社会经济活动和其他社会活动的日常监督控制能力;此外,在社会纠纷、尤其是大规模社会纠纷发生时能够调动各方面的资源有效应对。

四是分层处置。所谓分层处置,指各纠纷处置主体应当各负其责,按照划定的工作范围,依照法定程序处置各类纠纷,下级要避免矛盾上交,上级要防止越俎代庖或者推卸责任。这些年的经验教训说明,如果不注意分层处置原则,将会扭曲社会纠纷解决体制,形成矛盾和冲突的集中倾向,尤其是使大量矛盾向中央汇聚,甚至使局部性问题发展为全局性问题,造成较为严重的不良后果。

分层处置,首先应当注意明确各级的职责范围,注意将矛盾限制在局部,解决在基层,这也是前述主动处置、前期处置的要求。其次要求各级领导适当注意工作范围,中、高层领导对发生在基层的问题的干预应注意方式与限度,通常应当按照程序,通过各级各相关管理单位的职能作用处置纠纷。如果上级领导过多地干预、介入具体的纠纷解决,可能会不自觉地引导相关主体越级、越层将矛盾上引,将事态扩大,不仅牵扯和浪费上级、高层的精力,而且也使下层、下级的解纷功能部分丧失,使正常的程序、常规解纷机制部分失效。

(二)完善非常规性纠纷解决机制的几点具体意见与建议

1. 建立统一的社会纠纷信息收集、分析和协调平台。

及时、准确、全面地掌握社会纠纷信息,是恰当有效处置社会纠纷的前提与重要保障。目前存在的问题是,社会纠纷信息分散于各部门和机构之中,各部门和机构之间缺少经常性的沟通,且信息的处理责任不明确。与此同时,信息的收集渠道与体系也有待扩展和完善。因此,我们认为,可以考虑以县、区以上行政区划为单位,建立统一的社会信息收集、分析和协调平台。具体设想是在政法委或维稳办中设立专门机构(下称"专门机构”),统一收集并处理本区域各种社会纠纷的信息。各部门、各机构(包括公安、检察、法院、安全、军队以及党、政各部门和机构)将收集的社会纠纷信息通过网络系统或其他方式,汇集于该专门机构。同时为保证社会纠纷信息正常、全面收集,在党、政各机构或部门中,设立专门的信息收集人员,明确相应的信息收集和报告的责任。在机构或部门社会管理辐射力所不及的社会生活领域,聘请符合条件的人员充任专、兼职社会纠纷信息收集员,从根本上消除信息控制的盲区。前述信息收集和处理专门机构对所收到的信息,应依据纠纷的主体、性质、规模、冲突的方式等,对纠纷进行分析归类,并可依据一定的标准对纠纷进行分级,达到一定级别的纠纷汇入上一级信息收集机构。

前述专门机构应具有强有力的协调能力,协调各社会纠纷处理机构的工作,但不应干预司法、仲裁等专门机构对社会纠纷的实体处理。对于依法应由司法、仲裁等机构受理或处理的社会纠纷,可以督促这些机构受理或处理。这些专门机构应成为党委、政府实施社会管理的重要助手,适时、准确地把相关社会纠纷信息提供给党委和政府,并向有关部门进行通报,必要时还可向社会通报,提示有关部门或社会公众对某些情况或问题予以关注。

2.强化司法审判解决纠纷的能力,突出司法机构在消解非常规纠纷中的作用。

在社会纠纷解决机制中,法院的司法审判始终是重要的环节,并将逐步发挥主导的作用。因此增强法院对社会纠纷包括非常规性纠纷的处置能力十分重要。强化司法能力的措施是多方面的,包括合理调整法院的设置与布局以及内部组织机构,使其更能有效应对纠纷处置要求;改革审判程序,提高诉讼效率,以便合理高效地解决各类纠纷;加强司法与非司法纠纷处置方式的有效衔接以及消除司法腐败保障司法公正等。针对非常规性纠纷解决,尤其应当注意以下三个方面的问题:

一是更新司法审判理念,兼顾审判的法律效果与社会效果。虽然有立法上的限制,但司法实践中法院以及审判人员自由斟酌的空间仍然很大。同样的案件,在不违反立法的前提下,可以采用不同的程序手段,乃至有不同的实体处理方式,相应产生的社会效果又迥然相异。因此,法院及审判人员必须充分考虑更加有效、实际地保护当事人的合法权益,更加有效、实际地解决纠纷，在依法审判的前提下，法院应当高度重视审判行为的社会效果。

二是注意充分运用调解等“软性”司法手段，化解矛盾，解决纠纷。[4]司法审判目标不应简单停留在对社会纠纷的是非作出法律评价，而应追求纠纷的真正解决，亦即矛盾与冲突的化解与缓和，提高审判的综合效益。同时也是考虑到转型期社会纠纷尤其是群体性纠纷发生受到多方面的因素的影响，往往不能简单的作或是为非的法律评断，因此应广泛运用调解、和解等“软性”的法律手段。当然，这些手段的运用不能损害公平正义以及效率的基本要求。

三是建立健全公益诉讼制度，将群体性纠纷纳入司法评价与处置系统。对于政府社会管理中影响面较大，与社会公众的利益直接相关、人民群众反映较为强烈的问题，可以通过公益诉讼方式加以解决，避免不当的社会管理行为损害多数人利益，损伤人民群众对党和政府的感情，并避免社会抱怨长期蓄积而不能得到宣泄。公益诉讼可由律师提起，也可由普通公民提起。败诉的决策机关或行为实施单位应承担律师的诉讼费用。检察机关也可依据法律监督权提起公益诉讼。有关公益诉讼与现行行政诉讼受案范围的关系，应在认真研究的基础上加以协调。

3. 完善非司法纠纷解决机制，形成和强化纠纷解决的合力。

发展替代性纠纷解决机制（ADR）是现代各国解决社会纠纷的重要方式，[5]也是完善我国非常规性纠纷社会纠纷解决机制完善的重要选择。而在我国特殊的社会条件与制度背景之下，我国的非司法纠纷解决机制，呈现出自身特色。在这方面，应当着眼于以下几方面的工作：

第一，发挥政府管理职能部门调处社会纠纷的作用。

政府职能部门应逐步建立专门的社会纠纷调处机构，调处在行政管理过程中发现的、与本部门职能相关的纠纷，或由实施行政管理行为所引发的纠纷。[6]为此，工商、税务、质量监督、卫生防疫、知识产权、国土管理等各部门都应建立专门的社会纠纷调处机构，并尽可能在这些环节中解决相关纠纷，对相关社会纠纷的解决应当成为这些政府职能部门行政管理工作的重要内容。

进一步强化交通警察、派出所、司法所调处社会纠纷的功能。要通过立法逐步明确这些机构调处社会纠纷的程序及效力。调处纠纷的实绩要纳入到对这些机构工作成效的考核目标之中。鉴于基层派出所、司法所存在着人力匮乏的问题,可以考虑充分利用国家司法统一考试合格人员,这类人员在正式被录用为司法人员前(含律师),可要求在基层派出所或司法所实习一至二年,协助处理相关社会纠纷。

第二,进一步完善调解制度,更有效地发挥社会调解的作用[7]。

一方面要进一步强化人民调解的制度与功能。根据现实条件下社区分布的状况,对人民调解组织体系进行重新调整和布局,使人民调解组织全面覆盖各基层区域。与此同时,调解组织的构成也要结合现今社会中的人伦关系的特点,广泛吸收有较高社会威望(包括知识界精英以及社会知名人士)参加人民调解组织,提高人民调解组织成员的素质,使社会威望与制度权威都能在调解组织中发挥积极效应。为此,应当把参加调解组织作为一项在全社会有重要影响的公益活动加以提倡。同时,要强化人民调解的效力。当事人向人民调解组织申请调解的行为,应作为诉讼时效中断的法定事由。人民调解程序中所形成的调解书或和解协议,对当事人具有约束力,在后续诉讼或仲裁程序中,应认可其法律效力。

另一方面要根据我国政治体制所具有的统一性特点,协调与综合利用民间与官方各个方面的调解资源,建立"大调解"格局,尽可能地有效化解社会纠纷尤其是非常规性纠纷。要将法院、政府、人民调解组织、各种行业协会以及其他中介组织的力量整合协调起来,在分工负责,不损害各自功能特点的基础上,建立信息沟通、处置协调、工作互助与对接的"大调解"工作机制。

第三,鼓励其他非政府组织(NGO)与个人发挥调处社会纠纷的功能,利用其特有的条件与优势,调处相关方面的纠纷。

调处纠纷的非政府组织主要是指各种仲裁机构、行业协会、中介机构。我国的非政府组织体系还不发达,其功能还有待进一步发挥。在政府的支持下,依靠各种非政府力量调处社会纠纷包括非常规性纠纷,是发挥社会自身功能完善纠纷解决机制的重要举措。在这方面,尤其应当注意各种仲裁机构的作用。我国的仲裁机构有待进一步健全,仲裁制度应当进一步完善,仲裁事业需要进一步拓展。应当注意行业性仲裁机构的发展,注意发挥其在行业性纠纷尤其是群体性纠纷中的调处功能。

在发挥中介机构与人员的作用中,应当十分注意发挥律师的功能。由于律师直面各种社会纠纷,具备专业知识和处理社会纠纷的经验,律师在我国社会纠纷解决机制中,应有更多的作为。倡导当事人将纠纷提交具有较高公信力和权威性的律师调处。律师事务所同时应当具备调处社会纠纷的功能。律师事务所或律师受双方当事人委托居中调处纠纷,不应视为违反有关利益冲突的行业规则。政府应设立公职律师或特邀一批社会律师无偿为纠纷主体提供代理服务。律师参与的积极作用在于:其一,梳理、整合纠纷主体的诉求,以使当事人的诉求趋向于统一和合理,减少纠纷解决的难度。其二,律师可代表纠纷群体与相关部门或机构进行交涉和协商,同时也可把有关部门或机构的正确意见带入到纠纷群体之中,加强双方之间的对话与沟通。其三,律师具有一定的中立性和公信力,容易取得纠纷主体的信任,律师的意见也容易为纠纷主体所接受。其四,律师的介入可以将无序的、非理性的纠纷及表达方式引入到理性化的程序之中。

第四,采取专门措施,建立必要机构,重点解决当前以及今后一段时期较为集中的几类群体性纠纷。

对拖欠民工工资、房屋拆迁及土地征用、企业改制、金融机构(含证券公司)关闭等类型的群体性纠纷,在问题突出的地区或时候,应当采取一些专门措施予以应对。可由政府相关部门组成或协助组成专门的调处或仲裁机构。这类机构可由政府相关部门人员以及有关法律、行业专业人士组成,但参加的人员不代表其所在单位。各机构均应制定并施用相关的调处纠纷的程序与制度。这类机构受理此类案件可以不收费或少收费。建立这些专门机构的理由在于:其一,通过常规性机构,可以分解党委、政府的正面压力。其二,运用理性化的程序解决这类纠纷,可防止纠纷引发其他负面影响,且有利于缓释当事人的情绪。其三,设立专门机构也表明党委、政府对此类纠纷的重视。其四,这类机构有较强的行政色彩,较之司法程序,在处置方式上具有较大的灵活性。其五,各地在过去的实践中已积累了一定的经验,已经形成了有一定普遍性的处理方式。

注释

1 国外相关调查结果也显示,现有的纠纷解决机制不能有效满足低收入人群和其他弱势群体的需求。弱势群体个人条件比较差,教育程度偏低,谈判技能较差,难以阻止纠纷发生与升级。此外，与社会其他群体比较，弱势群体并不能在同等程度上运用纠纷解机制解决问题。［澳］弗朗西斯·里根："澳大利亚的纠纷解决：理论、实践和困难"，载《中国·澳大利亚"纠纷解决替代机制与现代法治"研讨会论文集》，法律出版社 2003 年版，第 37 页。

2 2005 年 4 月 7 日《南方周末》第 18 版。

3 按照林德布洛姆的观点，社会成员对社会统治权威的服从，很大程度是缘于国家同社会成员之间的资源交换。参见［美］查尔斯·林德布洛姆：《政治与市场：世界的政治——经济制度》，王逸舟译，上海三联书店 1994 年版，第一部分。

4 解决社会转型期出现的纠纷，采取能保持平衡的解纷方式则更加合适。参见强世功：《调解、法律与现代性；中国调解制度研究》，中国法制出版社 2001 年版，第 36 页。

5 棚濑孝雄先生称："重视审判外的纠纷处理机关及其解决纠纷的过程，对它们发挥的功能进行研究，不只是因为它们构成一个社会纠纷解决体系的基础部分，因而具有量的重要性，而且还因为对它们的研究在提高社会解决纠纷的整体质量上也有重大意义"。参见［日］棚濑孝雄著：《纠纷的解决与审判制度》，王亚新译，中国政法大学出版社 2004 年版，第 262 页。

6 行政解决的迅捷且成本较低，行政解决也具有一定的专业性，综合性等。参见何兵：《现代社会的纠纷解决》，法律出版社 2003 年版，第 225 页。

顾培东

代表作

拾贰

中国现实经济冲突及其诉讼机制的完善

无论怎样有违人们的愿望,经济冲突总是与社会一般经济交往相伴相随。而且,特定社会条件下的特定经济交往总是孕育和生成着特定的经济冲突;经济交往的主体、内容及频度也相应决定着经济冲突的客观状态。经济体制改革以来,中国经济生活发生了重大变化,也相应充斥着纷繁复杂、富有现实特征的经济冲突。这些冲突是当今中国社会现实矛盾的重要组成部分,并成为经济发展和体制改革的掣肘因素。减少并消除这些冲突既是全社会的普遍愿望,也是治理整顿的实际任务。本文拟对现实经济冲突的状况与成因进行分析。并就完善解决经济冲突的诉讼机制方面的有关问题进行探讨。

一、中国现实经济冲突的实证分析

直觉与统计资料都表明,经济体制改革以来,中国现实经济冲突在主体、内容、频度和烈度诸方面都远异于先前。

(一)现实经济冲突的主体

从逻辑上说,经济冲突的主体与社会经济生活的主体是同一的,因此,不同时期社会经济主体结构的变化也将导致社会经济冲突主体结构的相应变化。不仅如此,同一主体在不同时期中社会身份及与此相联系的经济活动范围的差异,还会使主体成为经济冲突主体的机遇和条件发生变化。改革以来中国经济冲突主体的变化,正是源于上述两种情况。

原文发表于《中国社会科学》1990 年第 4 期。

由于身份和经济活动范围的变化而使冲突机遇增加的现象,集中而典型地体现于企业这一主体。在国家直接经营企业的情况下,由于生产要素及产品的供求直接受制于国家计划,企业经济交往的范围十分有限。同时,在计划支配下所进行的经济交往,尽管有时也表现为产品转移和价金支付,但并不具有一般市场交往的属性,不过徒具买卖的外壳而已。因此,企业既不具备介入经济冲突的外生条件,也不具备萌发经济冲突的内在动因。改革以来,企业获得了相对独立的生产经营者地位。以行政支配为特色的纵向经济关系渐次松弛,以市场为空间的企业间横向交往日益频繁。企业依靠自主意识,以明确的利益追求逐步走向市场,不仅产品基本依靠市场进行销售,而且生产资料、资金、劳动力等生产要素也程度不同地来自市场。同时,范围已大为缩减的指令性计划也由于引进了合同形式而部分地获得了市场特性,它不再是行政部门的单方意志,而表现为企业与行政部门以及相关企业之间的合意。这种身份和经济活动范围的变化,大大增加了企业成为经济冲突主体的机遇。改革以来企业与其他经济主体间因对经济交往中法律或事实认识差异以及利益要求不统一而引起的各种纷争,已成为企业经营活动中的正常现象,涉足于冲突或致力于这些冲突的解决已成为企业经营管理行为所不可忽略的组成部分。根据我们对七十多户大中型国营企业的调查,1985 年至 1988 年,企业间经济纠纷以平均每年 24.3% 的速度上升;纠纷发生率(纠纷数与实际经济交往数之比)约为 6.4% 。小型企业的纠纷发生率更高于大中型国营企业。

与企业相类似,改革以来,部分公民和行政机关也由于身份和活动范围的变化而增大了参与经济冲突的可能。当农民从以大队为单位的集合体中独立出来而成为自主经营者后,围绕着土地相邻权、公粮缴纳义务以及其他经济权益所发生的纷争也同时出现。城市个体经营者,特别是参与流通活动的个体经营者,大量卷入因合同履行、市场交易以及缴纳税收而引起的冲突之中。此外,改革以来行政管理契约化的趋向以及新型的权力制约关系的形成,使行政管理机构也直接或间接地被卷入经济冲突之中。承包、租赁等经营责任制在确认政府与企业间行政隶属和管理关系的前提下,又赋予这种关系以契约形式,使之具有民事法律关系的一般属性,当这种契约履行发生障碍时,行政管理机构就成了这类契约履行争议中的冲突主体。

改革以来，经济主体结构中还增加了新的主体类型。以对外开放为契机，我国涉外经济交往日益增加，不仅国内企业纷纷寻求国外市场，域外产品销售或原料、设备、技术购买活动日趋频繁，外国资本也通过各种途径被大量引入国内。这样，外国企业很自然地进入到某些经济冲突之中。由于涉外经济交往中的利益对抗性更强，交往过程也较为复杂，因而更容易发生经济冲突。有资料表明，近几年来，各大城市，尤其是沿海城市的涉外经济纠纷总量逐年增加，涉外经济争议的发生率也有上升趋势。

改革以来新出现的另一类经济冲突主体是企业内的基层组织。企业内基层组织（如车间、科室、工段、班组）原不具备法律意义上的主体资格，但由于近年来某些改革措施的实行，它们也以自己的名义介入到某些经济活动之中。旨在强化企业内部管理的企业内承包经营责任制，其基本内容就是把企业对国家的税利上缴责任分解到企业内各基层组织，或者将企业各种管理目标量化为由各基层组织分担的具体的效益参数，通过合同条款加以确定，由此而形成了企业与其基层组织（甚至基层组织与其最小分支单位）之间的经营责任契约关系。这种契约的经济意义不亚于企业与国家之间的承包经营合同关系。因此，一旦这种契约由于一方或双方的原因受到冲击时，这些基层组织就成了经济冲突的主体。

改革中所形成的企业集团或其他经济联合体是经济冲突主体的又一新类型。企业集团的出现根源于规模经济的要求，并带有突破行政隶属的制约，创造新的经济实体的倾向。虽然从法人制度的要求看，并非所有的企业集团都具备法人资格，但各企业集团毕竟已构成一种相对稳定、具有特定内涵的企业组合，有其一定的活动内容，它体现着经济主体结构的部分分化或整合。不言而喻，企业集团在经济交往中与其他经济主体（包括其内部成员企业）间所发生的各种经济冲突，也使企业集团成为中国现实经济冲突主体结构中的重要组成部分。

（二）现实经济冲突的内容

改革以来，在邻里因借贷而反目、兄弟为争财而阋墙这些传统经济冲突不曾消失或减少的情况下，又产生了许多新的经济冲突类型，并逐步在经济冲突中居于主导地位。

经济冲突的内容是受制于社会经济生活内容的，短短的十余年中，中国社会经济生活的实际内容发生了深刻的变化，这种变化鲜明地反映在这一时期发生的各种经济冲突上。

首先是与商品经济相联系的冲突大量出现。中国经济体制改革旨在建立的有计划商品经济的模式,意味着对计划经济与商品经济合理因素的兼容和统摄。随着商品经济的主要运行机制逐步被引入中国经济的运行过程,出现了大量的与其相联系的各种冲突。最为突出的是因合同不履行或不能全面履行而导致的纠纷增多。从严格履行的要求看,有些地区合同履行率不足50%,由此而酿成了大量纠纷。除了契约纠纷增多外,还有:(1)工业产权纠纷出现并呈上升趋势。假冒名牌产品的商标、侵犯他人专利权的现象不断发生,在一些地区甚至还比较猖獗。有关商标专用权或专利保有权的争议也时有所见。(2)市场竞争中的纠纷大量出现。由不当竞争行为所引起的各种纠纷已成为当前经济发展的重要障碍。诸如利用价格双轨制进行投机倒卖、通过虚假广告骗取消费者的信任、伪劣商品冒充优质名牌商品以及钻资源或产品短缺的空子任意哄抬物价等行为不断酿成各种纠纷。(3)企业兼并和破产纠纷开始出现,随着《全民所有制工业企业破产法》的实施以及一些地区制定的集体所有制企业破产条例或试行办法的推行,普遍存在于商品经济社会中的企业兼并或破产纠纷开始诉诸司法审判。(4)随着公民消费水平的提高和消费方式的改变,有关消费品方面的纠纷大量发生。消费者对消费品的关注点已由过去的价格、数量和质量进一步扩及消费品的产品责任、消费品的无益性或有害性以及消费品销售和服务过程的完善性。与此相对立的是消费品市场欺诈行为的增多。消费者对自身权益的重视及某些生产者或销售者的不当经营动机,构成了消费领域中经济冲突的主观基础。此外,环境污染纠纷、证券交易纠纷、股东权益争议纠纷以及经纪、代理纠纷等冲突也程度不同地出现。

在商品经济因素逐步进入计划经济体制机体的同时,另一类冲突也由此萌生,这就是政府行政管理部门与企业和其他主体之间围绕着权利和利益的分配而形成的纠纷。一方面,无论政府行政管理机构干预的合理性怎样,希望减少这种干预几乎成为企业的共同心态;另一方面,运用行政手段干预企业行为又是政府行政管理机构的习惯和偏好。在企业与行政管理机构彼此行为空间难以恰当界定或者各自对现实权利格局缺乏认同的情况下,冲突便不可避免。改革以来几度出现的失控则收、控死则放的张弛现象,既是这种冲突的结果,也是这种冲突的表征。除此之外,税后留利制实施后,企业的独立财产利益得到承认,尽管这种利益并未表现为所有权,但已直接同企业的发展,特别是同职工的部分收益发生联系。而与此同时,“分灶”包干的财政体制又使得政府行政管理机构对本地区和部门的收益空前重视。由于企业利益与政府财政收益的共同源泉是企业的实现利润,因此,虽然实现利润的增加能够使彼此收益同步增长,但在实现利润既定的前提下,利润分割中此大彼小、此消彼长的关系必然造成一些冲突。这些冲突既存在于正常途径的利润分配过程中,也存在于非正常途径的各种费用提收和摊派之中。近年来,实际存在的“政策”与“对策”、摊派与反摊派的矛盾正是这些冲突的典型表现。承包制、租赁制的适用,在主观动机方面含有将政府行政管理机构与企业之间的权利与利益分配制度化的意向,但它们并不能消除实质性的冲突,只是使冲突通过签约和履约纠纷表现出来。

(三)现实经济冲突的频度和烈度

现实经济冲突的频度首先可以从冲突总量的变化中得到反映。排除冲突“私了”的情况,近几年人民法院受理的经济纠纷总量的上升幅度大致可以说明全社会经济冲突总量的变化。

若将人民法院受案增长率视为实发经济冲突的增长率,那么,从1983年至1988年短短六年间,经济冲突的总量已翻了十多倍。从1989年的情况看,这种递增幅度尚不见有减少的势头。

1983~1988年全国各级人民法院受理经济纠纷案件情况

年度	1983	1984	1985	1986	1987	1988
经济纠纷(万件)	4.4	8.57	22.66	32.215	36.715	51.3615
比上年增加(%)	0	94.8	164.4	42.2	14	39.9

资料来源:最高人民法院院长在历届全国人大会议上的报告。

经济冲突频度的增高又体现于在经济交往中发生经济冲突的概率较高。尤其反映于合同履行率不够理想,因合同不履行或未能全面履行所发生的经济纠纷始终占整个经济纠纷的90%左右。对70户大中型工业企业的抽样调查表明,近几年来,经济合同得以实际履行的平均占整个合同数的60%左右,其中仅有10%左右履约率达到90%;而履约率不足50%的竟达35%。某些订货会中所签订的合同,实际履约率不足30%。履约率的低下无疑是导致经济合同纠纷的直接因素。1979年以来,全国各级人民法院所受理的经济合同纠纷平均每年递增约77.1%，详细情况如下表：

1979～1988年全国各级人民法院受理经济合同纠纷案件情况

年度	1979～1980	1981	1982	1983	1984	1985	1986	1987	1988
合同纠纷(万件)	0.39	1.92	3.96	4.4	8.0	22.0	30.0	33.24	45.9
比上年增加(%)	0	392.3	106.3	11.1	81.8	175.0	36.4	10.8	38.1

资料来源：最高人民法院经济庭：《中国法律年鉴》(1988年)。

经济冲突频度的增高还体现在单个经济主体涉入经济冲突的概率提高，同一经济主体一年中往往多次卷入经济冲突，甚至同时与多起冲突相涉。在被调查的七十户大中型企业中，最多的每年涉及经济冲突二十余起，最少的也有两起。

与经济冲突频度增高趋势相一致的是经济冲突的烈度增强，冲突的对抗性明显加强。这体现于：第一，争议的标的额大。争议的标的额与经济交往的价值额虽不尽相同，但它们大体上是一致的。如前所述，改革以来的经济冲突主体主要是作为生产经营者的企业，这就决定了经济冲突的争议标的额远大于一般民事纠纷的争议标的额。不仅如此，从我国经济运行的实际情况看，虽然我国企业生产规模普遍不大，但由于经济短缺较为严重，加之期货市场未能形成，工商合同的平均标的额都较大。实践中，几万元以至数十万元的纠纷屡见不鲜；争议标的额为几百万元的经济纠纷也常有所见。1988年全国各级人民法院审结的48.59万件经济纠纷案件，标的总数高达118亿多元。一般说来，争议标的额愈大，经济冲突的烈度就越强。因为争议标的额的大小，决定着冲突主体对冲突的关切程度以及对冲突中自我利益的维护程度。同时，争议标的额的大小，还可以反映该经济冲突的社会影响程度，而后者又是评价经济冲突烈度的参数之一。第二，经济冲突排解的难度较大，对抗较为激烈。三方面的变化可以说明这种状况。其一，经济冲突自行和解的可能性降低，第三者居间协调的效果日渐微弱。甚至以往富有成效的行政主管机构的居间协调，也难以得到冲突主体的尊重。其二，在诉讼或仲裁中，以调解方式结案的比例有所下降。尽管审判和仲裁实践中依然奉行“着重调解”的原则，以调解方式结案依然符合审判人员和仲裁人员的一般偏好；也尽管实践中依然存在着直接或变相强制调解的现象，但有资料表明，当事人接受调解的可能性在降低，调解的难度越来越大。审、裁人员弥合冲突裂痕的良好愿望常常不敌冲突一方甚至双方的执著或偏激。于是，以判决或裁定结案则成为审、裁人员的主要选择。其三，不服一审或仲裁的上诉或起诉率增高、不服终审裁决请求再审的情况增多、裁决执行的难度加大。1986 年全国各级人民法院受理二审和审判监督程序案件 13024 件，1987 年即达 19173 件，上升约 47%。与此同时，生效判决或仲裁决定执行的难度越来越大，执行率不高。当然，上诉或起诉率增高以及裁决执行难度加大的原因有多方面，但完全可以肯定的是，这种现象同经济冲突的对抗性增大有必然联系，反映了经济冲突的烈度在增强。

二、现实经济冲突的成因

每一具体经济冲突的形成都有其特殊的原因，其间往往包含着许多偶然性因素。然而，从整体看，这些冲突产生的深层缘由主要有以下四个方面。

（一）社会经济权益结构的变化

任何社会权力、利益和权威结构的变化都是引发大规模冲突的社会条件。在一定意义上说，延续至今的中国经济体制改革是在坚持社会制度基本本质的前提下的经济体制和经济结构、从而也是社会经济权益结构的改变。这种改变的总体趋势在于将统一而高度集中化的权益结构有限度、有步骤地加以分解，并由此形成集中与分散相结合的权益结构体系。在这种分解过程中，各级地方政府、特别是各企业都分别成为大致独立的权益主体。

有意义的不只是权益结构上的变化，而更在于这种变化所带来的主体经济利益意识的空前强化，以及主体对自身利益要求的强烈关注。具体体现于：第一，经济行为的利益动机十分明确。经济利益作为经济行为的本质动因，原本是很自然的现象。但是，在旧体制下，我国经济主体对经济行为的利益后果并不十分关注。这一方面是因为经济行为的利益后果并不实际而直接地表现为行为主体本身的利益，尤其是与实施行为的自然人的利益分配没有直接联系；另一方面也由于主体的经济行为往往基于非经济性的社会目标，行为的选择以及行为过程所考虑的不是或主要不是经济效益,而是伦理或政治评价。改革后,由于全社会利益分配格局和利益层次的变化,经济主体对利益态度淡漠的现象大为改观。投入与产出、交易成本、利润收益等成为经济主体所倾心关注的范畴。经济行为的抉择开始建立于对机会成本的分析,经济行为过程也以谋取超额利润或高附加值为最大目标。由此,经济行为越来越贴近其本质,社会目标扭曲经济行为动机的现象也在逐渐减少。第二,主体间的利益边界渐趋明显。从资产关系看,虽然全民所有的性质和国有制这一基本制度未变,但全民所有或国有已不再是一个抽象的政治术语,而是表现为各国营企业中特定量的资产。财政资产与国营企业的资产已明确划断。拨改贷的投资方式使企业外延投入具有了债权性质。国营企业之间的财产边界更是泾渭分明:企业间无偿平调资产的现象已成为历史;资产的横向运动只有在投资或兼并的情况下才有可能。与此同时,集体所有制企业与其管理机构以及集体企业之间的产权边界也渐趋明晰,主管部门"劫富济贫"的情况已不多见。从收益分配关系看,国家对国营企业已不再统负盈亏,税利收益通过一定的测算方法而特定化。二步利改税后,国家与企业之间开始共同分享实现利润。国家的利税收益只能在约定的范围内收取。对企业自留资金,国家虽然可以限定其流向及使用方式,但已无法任意支取。承包责任制实行后,不仅包死基数以后的超收自留部分由企业自行支配,转入积累部分的资产增量也归于企业。第三,利益约束呈硬化趋势。改革以前,无论是纵向利益分配,还是横向债权关系,其约束力都不充分。在纵向关系中,一方面企业并不能自主地进行经营,因而不能对其经营行为全面负责,另一方面,国家事实上也只能被动地承受企业的经营成果,统负盈亏,因此,预算约束软化是纵向经济关系的重要特征。不仅如此,由于投资主体单一化,并且普遍实行无偿投资,投资的约束也无法形成。在横向关系中,企业间的债权债务约束由于企业对利益的漠视而呈疲软状态。不少债务因拖欠而成为"呆帐",最终只能由主管部门"慷慨"核销了结。改革以来,解决预算约束软化、促使企业自负盈亏始终是决策者们的着力追求。拨改贷、利改税以及承包制、租赁制、股份制等形式,都带有硬化国家利税收益约束的明确意图。财政拮据、外贸逆差等现象的存在,更强化了政府在这方面的动机。与此同时,由于承认了企业对自有资金或超收自留资金的自主支配权,使得企业也有了在经营效益不佳的情况下补偿国家约定利税收益的物质条件。尽管在“两权分离”理论下企业如何真正做到自负盈亏尚是令学者们殚精竭虑的难题,但可以肯定地说,在纵向经济关系中预算约束软化的现象已经有了根本好转。纵向关系中利益约束的硬化又进一步强化了横向债权的约束,因为一个承受国家税利上缴强约束的企业,也决不会对其债权漠然视之。

改革以来经济权益关系的上述变化为经济冲突的大量发生提一供了酵母。这体现于两个方面:其一,强烈的利益意识往往是破坏经济关系平衡的原动力。从经济运行角度看,其常态是各种经济关系的平衡。在这种状态下,各主体在单个经济交往中基于利益欲求的一致性或吻合性而彼此“实现”。然而,由于经济关系中相向主体间具有利益此大彼小、此消彼长的特性,而主体强烈的利益意识往往带有利己倾向,这就经常促使主体在追求自我利益最大值的过程中损及他方的利益。两种利益意识的对立在某些客观条件的辅助下,就会外化为经济冲突。可以说,在经济领域中,强烈的利益意识必定是经济冲突发生的主观动因。其二,强烈的利益意识使经济主体间的利益争议难以自动消除,各自利益欲求的些微差异都可能发展为经济纠纷。在体制改革前,经济交往中也会出现某些利益要求不一致的情况,但这些争议多数能够在彼此的退让下得到化解,特别是一些国营企业,更是慷国家之慨,经常以损伤国家利益为代价而作出某种妥协。改革以来,随着主体利益意识的不断强化,先前自行消除纠纷的某些基础已经丧失,由小的欲求差异酿成大的冲突,冲突发生后又难以自行和解消除的情况自然越来越突出。

(二)体制交替中社会约束手段乏力

经济冲突的发生与社会约束手段的状况具有直接联系,因为有效的约束手段是经济冲突的抑制力量。很显然,近年来我国社会经济冲突大量发生的事实同变革时期社会约束手段乏力密切相关。

对于社会约束手段在经济生活中的价值判断有两个基本层次:一是能否保证经济关系的稳态;二是能否促进社会经济的发展。一般说来,经济关系的稳态能够成为经济发展的基本保障,但经济关系的稳态并不绝对表明社会经济发展的高效化。经济发展常常要求打破现存的稳态而进入更高层次的稳态。

应当承认,在依产品经济模式所建立起来的高度集权的体制下,经济秩序是较为稳定的。这主要是因为这种体制以强硬的行政权力作为社会约束手段,在经济交往中蕴含着不容置疑的政治文化原则。改革后,这种状况受到了来自多方面的挑战。首先,作为以往经济秩序基础的某些原则已经丧失其意义,如完全的计划及对计划无条件服从的原则事实上已不被接受,以此为基础的某些规章制度也相应地丧失其效力。其次,以往经济秩序所确定的经济运行程式已被打破。企业不再是国家这一大工厂中的一个车间,国家也失去了总揽整个经济过程的能力。再次,经济活动的实际驱动力不再完全来自于层层相袭的行政指令,而是产生于各经济主体对市场需求的判断以及获取最大利润的追求。总之,十年改革使旧的社会约束手段在很大程度上失去了其发挥作用的社会条件。

但是,由于新体制及其运行模式形成过程的缓慢性,新的社会约束手段却并未最终形成。这突出表现在信用体系的欠缺和信用观念的淡薄上。在商品经济社会中,健全的信用体系以及社会主体较强的信用意识是维系经济过程基本秩序的主要手段。在一定意义上说,市场交往的顺利进行,更主要的不是靠法律的强制约束,而是有赖于信用体系功能的发挥以及交往主体对商业信用的恪守。然而,在我国,当行政强制以及对行政强制的服从随着体制改革而相对淡化后,商品经济发展所不可或缺的信用体系和信用意识却未能与快速拓展的市场调节范围有效适应。低信用已成为当前我国市场的重要特征,而人们所为之困扰的"债务链"则是其典型的例证。企业与企业、企业与银行、各专业银行之间以及企业、银行、财政之间的互相拖欠已成为经济生活中的痼疾。仅据银行系统统计,迄至1989年3月,全国企业间互相拖欠的债务就达1085亿元,而实际拖欠数则远远超过此额。普遍性的"信用危机"严重影响着经济交往的正常进行,由此也酿出了大量的经济冲突。

新旧约束手段的罅隙还体现于近年来出台的某些立法之中。近几年来,各级立法机构陆续推出许多法律、法规,其中不乏法典化的部门法(如刑法、民法通则、刑事诉讼法等),这些法律、法规都积极反映了立法时的经济状况,有些立法还有较大的超前性。尽管如此,立法对新型经济运行模式的反映仍有很大局限性,不少立法中存在着旧体制的明显痕迹,以致当立法公布或施行后不久就产生了修改的要求。而由于立法的稳定性又不容迁就改革过程中经济关系的动荡性,就使立法很难发挥其应有的约束作用。这种状况客观上为经济冲突的发生提供了条件。

(三)社会主体的利益期望与现实条件的失衡

改革初期农村承包制和企业承包制、租赁制等措施所产生的显著效益,强化了人们在短期内大幅度提高收益水平的信念;开放后西方物质文明所提供的参照,则使人们的利益期望值一再不恰当地提高。然而,历史和现实都决定了整体上的落后状态不可能在短期内得到根本改变,物质消费水平更无法同发达国家相攀比。这种社会主体利益期望与现实条件的失衡对经济冲突的诱发作用表现在两个方面:其一,这种失衡影响着部分社会主体的心态,甚至会演变成对社会经济秩序的不满,而客观上存在的分配不公等现象又加剧了这种不满情绪,使经济秩序的维护缺少必要的主观基础;其二,更为重要的是,这种失衡还驱使一些社会主体超越经济秩序的要求,规避或违反法律以谋取不当利益。改革过程中制度上和社会控制机能上的某些缺陷则为这些行为提供了机遇。近几年来不断出现的滥发奖金、任意提高福利水平等损害国家、集体利益的行为,以及投机倒把、走私、诈骗、受贿等违法犯罪活动都直接与此相关。

(四)经济主体不适应新型的经济生活

尽管以往经济体制的某些弊端已为人们所普遍认识,改革成为人们的普遍要求,然而,当经济变革实际发生时,许多经济主体依然有茫然不知所措之感。经济主体不适应新型经济生活首先表现在不熟悉新经济生活的原则。长期以来,行政机构习惯于设定计划,并借此支配企业经营活动,而企业则惯于被动地执行计划以达到某种社会目标而不是追求利润的最大化,因此,它们很难体味商品经济下等价有偿、自愿平等等基本原则的要义。在新的经济生活之中,它们甚至还自觉不自觉地以旧有角色和旧有观念去处理各种新型经济关系。常见的现象如平调或贱价购买企业产品,随意干预企业的经营活动,在实行承包制、租赁制过程中,强制他方接受某些不平等条款,拖欠约定上缴利税,等等。

经济主体不适应新经济生活又表现在对新的经济交往形式和内容感到陌生。在以往体制下,企业的市场行为是很少的,企业的交往面也比较狭窄。改革后情况有了重大变化。经济主体面临的是全新的交往对象和交往内容。例如,企业供与销的交往主要通过合同形式进行,这对于习惯于计划调拨的经济主体来说无疑是一个新课题。不少企业对合同订立的程序、合同的法律效力缺乏明确的认识;盲目签订合同、签订形式或内容不合法的合同、随意变更合同或者不自觉履行合同的现象较为普遍。又如,企业联合、企业承包和租赁、企业间互相兼并、与外商和外资进行经济交往等等,也都是经济主体过去所未曾实践或实践甚少的。

经济主体不适应新经济生活还表现在对新经济生活的复杂性估计不足。对不当竞争活动,甚至对不法分子的违法犯罪行为(如利用合同进行诈骗,假冒名牌、优质产品的商标坑害消费者,利用物资短缺就地转手高价倒卖,以及走私、套汇、行贿等)缺乏足够的认识和抵御能力,其结果或者是上当受骗,蒙受重大经济损失,或者是被卷入违法活动,侵害了国家或其他经济组织的合法权益。

三、经济冲突的诉讼机制的完善

无论从何种意义上说,经济冲突在现实经济生活中只能是一种消极因素。经济冲突对经济流程的阻滞、对市场调节机制的扭曲以及对体制改革深化的影响已引起了人们广泛的注意。毫无疑问,由于这些冲突具有深刻的社会根源,减少或抑制这些冲突客观上就成了当前中国改革与发展、特别是治理整顿的社会目标之一。在这方面,更值得我们重视的是诉讼机制作用的发挥。

在我国,直接用以解决经济冲突的是经济审判的诉讼形式。近十年来,虽然我国经济审判取得了审结经济纠纷数百万件、涉及标的额数百亿元的显著成效,但从经济诉讼机制的完善,特别是从解决现实经济冲突的需要来看,经济审判仍需作以下几方面的改进:

(一)充分保障社会主体诉权的实际行使

现实经济冲突能否进入诉讼,受制于相应的法律评价,取决于社会主体诉权的实际行使状况。因为,在“不告不理”的诉讼发动方式下,主体诉权的行使是审判对冲突接纳的唯一根据。但是,近年来实践中一个较为明显的现象是社会主体的诉权行使不充分,冲突私了的倾向日益突出。一项抽样调查的结果表明,对解决与购销合同纠纷,企业的行为选择倾向是:私了居第一位,占26.4%,诉诸法院的占24.1%,居于次位。对解决与企业经营方式有关的合同纠纷,企业的行为倾向是:找上级主管部门,占44.2%,居第一位;诉诸法院占19.9%,居于次位。对沈阳、武汉、常州、重庆等城市企业处理经济合同纠纷实际方式的调查还表明,在经济合同纠纷大幅度增加的同时,起诉增长率却不同程度地降低,私了增长率则大幅度上升。[1]应当承认,私了方式中包含着冲突主体依法自决的合理成分,但主体漠视自己的诉权,使大量的经济冲突游离于诉讼之外,却不是一种理想境况,因为它会导致大量违法行为得不到应有的追究。

社会主体诉权行使的主观动机取决于三个方面:一是主体对经济冲突涉及自身利益的关切度;二是诉权行使的实际条件;三是主体对诉讼的效益预期。如前所述,改革以来,社会主体已经形成了强烈的利益意识,因而行使诉权的愿望较为强烈。漠视诉权,放弃起诉的倾向主要是同诉权行使的实际条件不充分以及对诉讼效益的不良预期相关。在诉权行使条件方面,实际生活中限制和间接剥夺社会主体诉权的现象较为严重。主要表现有:其一,对共同管辖的案件,有管辖权的法院互相推诿。尽管司法实践中不乏在地方保护主义等因素影响下争夺管辖权的情况,但互相推诿而使冲突主体投诉无门的情况并不鲜见。其二,法院强调解决冲突的法律、政策依据不明确而拒绝受理某些案件。特别是牵涉到改革措施的某些冲突,由于缺乏明确的可供裁判的依据,就更难诉诸审判。其三,法院因原告提供证据不充分,胜诉可能不大而不予受理。事实上,举证过程主要发生在诉讼程序开始之后,是否胜诉的判断则需要受理案件后才能作出,冲突主体举证不足不能成为诉权行使的障碍。其四,对将来判决难以执行的案件,法院往往也不予受理。此外,少数法院从地方利益出发,对向本地区企业或其他法人机构提起诉讼的案件也以种种理由拒绝或拖延受理。目前,投诉难的现象已有一定的普遍性。

完善的诉讼机制首先是以顺畅的控诉环节的存在以及冲突主体诉权能够充分行使为外在标志的。在合于法律所规定的形式要件的前提下,审判机构对社会主体行使诉权的行为所能够作出的反应只能是对这种行为的尊重。撇开起诉条件不合格的因素不论,“不告不理”原则所派生的逻辑命题则是“有告则理”或“有告必理”。为了保障社会主体诉权的实际行使,应从两个方面加以努力:其一,司法审判机关从观念和实践上重视并保障社会主体对诉权的行使,包括积极受理所有符合法定条件的起诉和赋予起诉人对抗法院“不受理”决定的上诉或申请复议的手段。同时,在诉讼程序中,重视当事人所提出的传唤第三人、诉讼合并审理以及反诉的请求。

其二,强化和充实经济审判队伍,提高经济审判对社会经济冲突的实际接纳能力。如果没有足够的审判力量,社会主体诉权的行使就不可能获得对应的保障。从我国现实经济冲突的总量和解决的难度看,现有审判力量显得过于薄弱,因此,从根本上改变这种状况是保证社会主体诉权充分行使、强化诉讼机制功能的重要方面。

(二)降低诉讼成本,提高诉讼效益

撇开解决经济冲突过程中的伦理或其他非经济因素,诉讼在一定意义上也可以被视为一种受制于投入产出规律的经济行为。从微观上看,诉讼过程中各主体所作出的财力、物力和人力的耗费同主体从诉讼裁决结果中所获得的收益之间的比值关系,制约甚至决定着主体的行为选择。在客观层次上,诉讼耗费与诉讼效益之间的关系体现和反映着诉讼的基本价值。因此,降低诉讼成本,提高诉讼效益,是完善诉讼机制的基本措施。

应当认为,我国司法制度为诉讼主体所直接设定的成本是较低的。诉讼费用减免制度还为少数主体提供了特殊救济手段。同时,诉讼中并不采取律师强制代理制,律师费用不构成主体的必要诉讼成本。因此,无力支付诉讼费用而放弃诉讼的情况并不多见。然而,在程序或诉讼手段适用中所普遍存在的某些缺陷则使诉讼成本大大增加,诉讼效益则相对降低。这突出表现在:其一,案件审理时间过长,造成大量的人力、物力和财力的耗费。特别是审判人员“重调轻判”的倾向往往使案件久拖不决。再者,审判力量不足、案多人少的状况也使案件审结时间相应加长。其二,程序的实用性不高,缺少简便易行的特殊程序手段。经济审判没有专门的程序法规,适用民事诉讼法,这本身就是一种缺陷。近年来的实践已经表明,现行民事诉讼法中的程序设计无法适应经济冲突的多样性。这既反映于民事诉讼法所规定的普通程序不能有效地适用于解决某些特别复杂的经济冲突,更体现在民事诉讼法上的简易程序对于解决某些简单的经济冲突,仍显得过于繁复,同时适用范围也较为狭窄。大量在事实和法律上均无争议,仅是不能实际履行的经济冲突,也同其他冲突一样,必须经历普通程序或简易程序,并且常常久拖不决,使主体的权益无法及时实现,从而增大了诉讼成本。其三,裁决或调解的公正度不够理想,影响了权益者应有的诉讼效益。少数审判人员的思想和业务素质不高,使某些程序有失公正,裁决结果不能严格而准确地体现法律规范的要求。另一方面,调解协议本应是冲突主体共同意愿的表达,但实际存在的强制调解往往使冲突主体一方被迫放弃某些正当权益。

针对上述问题,降低诉讼成本、提高诉讼效益应把握这样几个方面:其一,尽可能缩短诉讼周期。立法上应对经济案件的结案期限作出限定,至少应对某些诉讼程序规定出最长期限。同时,在对调解与判决手段的选择上,不应偏重于某一种手段,应把节省诉讼时间作为对调解手段适用的基本要求之一。其二,创立简易偿债程序。对于冲突主体间在事实和法律上无争议、仅是权益不能实现的债务纠纷,适用简易偿债程序及时裁判并保证其实际执行,这对于解开债务链,清理"三角债",具有特别的现实效用。其三,坚持程序公正原则,保证裁决或调解结果的公正性。事实上,程序公正对诉讼成本与效益的影响最大。冲突主体对成本与效益比值关系的预期都是以程序公正为假定前提的。不公正的程序不仅使冲突主体诉讼成本的分担和诉讼效益的分配有失合理,而且还会降低整个诉讼的价值,尤其是对经济行为不能产生正确的导向作用。诉讼效益的提高也有赖于程序公正原则以及维护这一原则的各项措施的实行。

（三）强化裁决或调解的实施效力

近几年经济审判实践中的突出问题之一,在于裁决或调解所确定的义务不能得到实际和充分的履行。主体耗费大量人力、物力、财力所换得的往往只是书面意义上的权益评价,而权益的具体实现依然取决于义务承担者的意愿和条件。生效裁决或调解的约束在一定程度上呈软化趋势。这不但影响了权益主体实际利益的实现,更重要的是弱化了诉讼机制的强制效果。分析这一现象产生的原因,一方面它同义务主体对法定义务的漠视以及义务主体的实际履行能力不足紧密相关,另一方面它同地方保护主义倾向的影响也有直接关系。因此,强化生效裁决或调解的实施效力应当综合地设计和运用裁决或调解执行的保障措施。可以考虑的有:其一,扩大诉讼保全(包括诉前保全)和先行给付等诉讼强制措施的适用,避免诉讼期间义务履行能力的丧失和履行条件的改变。其二,积极而恰当地运用"拒不执行裁判罪"的制裁,以强化裁判的效力。其三,采取有效措施消除地方保护主义倾向,排除对裁决实施的妨碍和干扰,改善裁决实施的社会环境,并运用"妨碍执行公务罪"等制裁手段,惩罚严重干扰裁决执行的某些犯罪行为。其四,更富有创造性的措施是完善制裁手段,改变经济诉讼中制裁手段单一的状况，力求将对违法行为的经济、行政甚至刑事评价和相应的制裁溶于同一诉讼过程之中，提高制裁手段对制裁违法行为的适应性，以避免违法主体在确实缺乏履行义务的经济能力的情况下，完全不受法律的制裁。制裁手段的完善，无疑将在很大程度上提高诉讼对于现实经济冲突的抑制作用。

注释

1 熊继宁："企业感知的法律环境及其相应的行为模式"，载《政法论坛》1989 年第 3 期。

顾培东

代表作

拾叁

我国民事经济审判制度的价值取向

一、主题的界定

首先需要根据我们自身的理解对研究的主题作出必要的界定。

民事经济审判制度的价值取向，不仅仅涉及审判程序方面的问题，而且也关涉实体法律方面的问题；同时，民事经济审判制度的价值取向不仅仅指静态规范的价值取向，更应涵盖制度运作中的价值取向。概括地说，它所体现的是我国民事经济审判制度及其运作的总体追求、整体理念以及发展趋势，是民事经济审判的内在灵魂。仅仅从诉讼程序角度或静态规范层面来认识，不足以全面解析和把握这一主题。

研究我国民事经济审判制度的价值取向，不是对我国民事经济审判制度作出一种实然评价。因为事实上我国民事经济审判制度尚未形成某种或某些具有普遍性影响、可以识别或足以感知的价值取向。这因为，价值取向较之具体审判制度以及审判制度的实际运作，是更深或更高层面上的问题。特定社会中，审判制度价值取向的形成需要立法、司法乃至社会多方面对审判制度所负载的社会使命、审判制度运作的具体环境与条件以及多方面因素有深刻的感悟和体验。无论从时间抑或从实践经历来看，中国社会都未能为这种感悟和体验的形成提供足够宽裕的条件。研究这一主题，实际上是根据近二十年来的立法和司法实践，把有关我国民事经济审判制度价值取向的个性经验和体验以及对民事经济审判制度的理性追求，汇聚和提升为一种普遍性共识。

原文发表于《中国社会科学》1998 年第 6 期，系与张建魁先生合作。

民事审判制度的价值取向是一个有时限的概念,不存在永恒的、不变的价值取向。这一判断的实际意蕴是:研究民事审判制度的价值取向必须从我国社会的特定现实出发,尤其应重视现阶段中国市场经济发展的实际水平和中国社会法治化的实际进程以及由此所形成的制约条件。

民事审判制度的价值取向是一种普遍认同的意识,甚而是一种思维定势,很难用一两句十分精当的语言加以概括,其原因并不在于语辞能力的局限,而在于价值取向的内容并不是单一的,它展示的是在民事审判制度的不同层面上亦会有不同的含义,尽管其内在精神应当是一致的。如果用诸如"公正、效率、效益"之类涵盖面极大的范畴加以概括,那么,这种研究的实际意义也将大大减弱。富有现实意义的努力,是在"公正"、"效率"、"效益"这些范畴与具体的审判制度之间建立一种可以识别的过渡。

我们的探讨将在前述界定的前提下进行。

二、审判制度价值取向的实践意义

审判制度的价值取向不纯粹是个法理学上的范畴,尤其不应看作是与具体实践无所关联的"奢侈品"。在宏观上,它决定着特定社会审判制度的整体走向,昭示着司法审判所倡扬的社会秩序,决定着司法审判的社会功效,尤其是决定着审判保护倾向;在微观上,它决定和影响着个案中司法审判行为的实际举措和个案的实际裁决结果。具体到我国现阶段立法与司法的现实,审判制度价值取向的实践意义则更为突出。

决定或影响中国民事经济立法(包括相应的程序立法)的两个基本方面,一是西方法治国家所提供的范本,一是中国的本土资源。西方法治国家立法的范本意义,一方面,产生于西方国家市场经济与法治时空上的先起性。作为人类文化与人类文明进化的一种普遍现象,先起的社会治理经验对后继者必然会产生不同程度的示范性影响,尽管不同国度对这些经验的继受会有一定的选择。另一方面,国际民事经济交往对共同规则的需求也奠定了西方法治国家立法的范本地位。本土资源对民事经济立法的决定和影响力,产生于人们经验性的思维方式以及确定的情感定式和惯常化的行为趋向。当然,本土资源在这方面的作用还产生于人们对中国特定社会现实的尊重或顺应。

在实践中,西方法治国家的范本与中国本土资源对中国民事、经济立法的影响在不同层面以自身特有的方式发生作用。西方法治国家范本的作用,主要在于为我国民事经济立法的框架和体系的设计以及立法中的具体概念、范畴提供技术性启示。中国本土资源对民事经济立法的影响则一方面在于提供实践对象,另一方面在于提供约束性条件,用以修正西方范本与中国具体社会实践的偏差。这两种因素的交互作用展示出一种现实图景:愈是接近市场经济的新的领域(本土实践较少,本土资源较为稀缺的领域),相应的立法中西方范本的图象就愈为清晰;而愈是接近传统体制或关涉到传统社会治理的深层领域,立法中本土资源的影响就愈大。这种状态有一定的现实依据,但并不是立法者所追求的理想境界。因为由此并不能产生出协调的民事经济法律制度。这些年人们所经常看到的立法过程中“与国际接轨”(或强调“立法规范化”)同“坚持中国特色”两种口号下的冲突,实际上就是西方范本与本土资源之间的冲突。[1]这种冲突的结果固然会形成某种有益的互补,但更多的是随机性的、非理性的妥协。

在我们看来,中国民事经济立法所缺少的正是统一的内在价值。立法参与者个体的直感和经验(包括对西方范本的认识经验和本土资源的实践感受)影响着立法的内容,特别是具有话语权力的立法参与者的个体直感和经验决定着立法的实际内容。不同的直感和经验能够为完全相悖的立法命题提供佐证。实际的取舍只能受制或决定于立法的权力规则。因此,确立和形成超越立法参与者直感和经验的一般性价值,对于恰当地协调民事经济立法中西方范本与本土资源之间的冲突具有极为重要的意义。

从司法审判实践看,审判制度的价值取向具有更强的现实意义。

以法治社会的起码要求来衡量,现阶段我国立法为民事经济审判实践所提供的实体规范资源是极为稀缺的。[2]尽管我们有理由对近二十年来中国民事经济立法速度做出积极评价,但民事经济审判中无法可依的局面并未从根本上得到解决。可以列举的状态和现象有:(1)宜粗不宜细的立法指导思想为司法审判留下了过大的斟酌空间;(2)立法的相对滞后使新型的民事经济冲突失却法律评价依据;(3)彼此冲突的不同规范使司法审判无以适从;(4)显然失却公正性、适时性的法律或其他规范难以得到司法审判人员以及当事人的尊重;(5)立法技术的粗糙、法律用辞的失当以及规范意旨的含糊亦使司法审判人员歧义丛生(更值得一提的是,某些旨在阐释法律规范的司法解释由于表意含糊往往需要作更进一步的解释)。

在规范资源稀缺的情况下,价值取向的作用便凸现出来。恰当的价值取向不仅可以积极地影响到对实体规范的理解,同时更可以弥补规范不足所产生的缺失,直接成为审判实践的具体指导。[3]不仅如此,即使在立法相对完善,规范资源稀缺的状态得到较大改善后,恰当的价值取向依然是提高司法审判实际成效的理性保障,因为规范对于具体事实的适用总是或隐或现地受制于审判人员意识的影响。这也正是价值的魅力所在。

三、民事经济审判的社会使命与审判制度的价值取向

毫无疑问,审判制度价值取向首先应决定于民事经济审判的社会使命。这种社会使命体现于具体的个案审判之中,同时又超越个案审判的功利的视野。我们认为,当代中国民事经济审判载负的社会使命集中于三个主要方面:

第一,民事经济审判作为社会治理的一个常规性的、基本的手段。

20 世纪 70 年代末以来,中国社会经济体制以及社会结构的深刻变化已是不争的事实。作为这种变化的必然结果,社会运行方式以及相应的社会治理方式也在直接或间接地发生重要变化。这种变化的最显著特征是行政权力对社会生活整个过程无所不在的管制逐步消解,这既反映为行政管制空间的逐步减缩,亦体现于行政管理力的弱化。大量的社会生活处于行政权力的控制之外。在此情况下,社会生活的主要过程是通过法律以及具体实施法律的司法审判加以规范和治理的,其秩序很大程度上仰赖于司法审判的倡立和维护。这一点甚至不取决于法治化进程所提供的实际可能。

进一步看,在一个以经济建设为中心的社会,在一个经济利益已成为社会成员普遍性关注的社会中,民事经济审判所涉及的空间是极为宽广的。在这样的社会环境中,社会主体(包括法人和自然人)的主要行为趋从于民事经济审判所显示出的法律的规则(这种规则并不一定完全等同于立法规则)。换句话说,民事经济审判实践中所体现出的规则,主导着社会成员的社会生活的主要过程。可以说,有什么样的民事经济审判,就有什么样的民事经济关系。进而可以认为,有什么样的民事经济审判,就有什么样的社会生活。当中国社会迈入市场经济门槛之时,实际上也把民事经济审判提升到了社会治理的常规性或基本手段的地位。

第二,民事经济审判作为资源配置的一个重要方式。

如果说市场经济下主要由市场这只“看不见的手”在配置资源的话,那么不能忽略的另一只配置资源的手或许就是民事经济审判。民事经济审判所载负的另一基本社会使命就是合理配置资源。这种资源配置功能体现在两个方面:其一,依照法律直接进行资源分配。个案的裁定或判决,通常都直接包含有分配资源的内容,它实际地改变或调整各主体之间的利益格局。民事经济审判的这种权力甚至是计划经济体制下行政权力所望尘莫及的。[4]其二,通过民事经济审判的导向作用间接地配置资源。

民事经济审判对个案的评价既依据和产生于一定的规则,同时也实际地创设着一定的规则,这种规则能够为社会成员提供确定的交易预期,能够显示不同民事经济交往行为的交易成本,从而对资源配置产生导向作用。不仅如此,民事经济交往的边际影响具有很大的广延性,这就使得民事经济审判的导向功能无限延伸。例如,司法审判中对企业间相互拆借关系的否定和制裁,无疑加大了这种交易的成本,由此必然对企业资金的流向以及全社会融资方式产生实质性影响。又如,清产还债或破产程序中对别除权的认同,必然导致在民事交往中抵押机率的提高;而抵押需求的增加,又会影响到企业的负债结构,进而影响到法人机构的设置。民事经济审判在这方面的功能特别值得反复提示和强调。

第三,民事经济审判作为社会主体民主权利实现的一项基本保障。

在经济建设成为中国社会生活的主题后,社会成员过度的政治热情也得到很大程度的消解,社会生活过程泛政治化的局面发生了根本性变化。尽管政治体制仍然为社会成员参与政治过程保留了较大的空间,但对于绝大多数社会成员来说,他们的社会地位及民主权利体现于追求和实现正当民事经济利益的能力之上。换句话说,民事经济审判制度对于社会成员正当民事经济利益和正当权利的认同状态,在很大程度上反映或决定着全社会的民主化水平与民主化进程。不难想象的实例是,当某一社会主体的民事经济权利受到侵害而告状无门,或者不能得到司法审判的公正评价时,该主体对于自身社会政治地位的理解以及对于民主政治的信心也必然会受到消极的影响。这一点足以启示我们把民事经济个案审判的意义提升到更高的层面之上。

阐述民事经济审判的社会使命,目的在于为审判制度价值取向寻求和建立可靠的实践依据。从民事经济审判的基本社会使命中可以逻辑地派生出诸多原则性的命题。作为社会治理的一种基本的手段,民事经济审判的立足点应在于倡扬和建立市场经济所需求的新型社会秩序;通过具体的审判实践,昭示市场经济及法治社会对民事经济活动的基本要求,引导和规范社会主体逐步建立和发展新型民事经济关系,保证民事经济交往的有序化,以维护全社会的稳定。作为资源配置的一种手段,民事经济审判应尊重资源配置的内在规律和要求,特别是恰当处理效率和公平的关系,在不违背基本法律原则的前提下,应遵循效率优先兼顾公平的原则,尽可能减少民事经济交往的交易成本,促进民事经济流转公平、顺畅地进行,提高资源优化配置的水平。作为社会成员实现民主权利的一项保障,民事经济审判又应当充分重视和保护当事人程序方面的权利,为当事人行使诉讼权提供更大便利,并尽可能减少当事人的诉讼成本。

四、民事经济审判的直接目标与审判制度的价值取向

任何民事经济个案的审判中都包含着司法审判机构直接追求的目标。这种目标构成审判机构以及司法审判人员实施审判行为的动机。毫无疑问,民事经济审判制度的价值取向与这种目标也具有密切的联系。这种联系的总体格局是:民事经济审判制度的价值取向决定着审判的直接目标的选择;同时,民事经济审判直接目标的选择体现着审判制度的价值取向。

民事经济审判机构及司法审判人员在个案中所追求的目标是多元的。剔除某些非理性的因素不论,这类目标可以大体有这样几方面:(1)保证合法权益的实现和法定义务的履行。这一目标主要是体现司法审判的社会救济功能,使社会成员在审判程序以外所不能或无法实现的合法主张,通过审判的强制性手段得到实现。对这一目标的追求无疑将加大审判中强制手段运用的力度。(2)维护法律的尊严,体现法律秩序的权威。任何民事经济冲突都包含了对现实法律秩序的漠视以致破坏,因此,民事经济审判的另一目标又在于维护法律的尊严,体现法律秩序的权威。从这一目标出发,民事经济审判一方面应加大对违法行为的制裁,提高违法行为的成本,另一方面应限制当事人实施处分行为的空间,尤其不允许当事人之间进行违反或规避法律原则的和解与调解。(3)化解和消弥主体之间的冲突。引发民事经济审判程序的直接事实是社会主体之间的冲突,因此,

化解和消弥主体之间的冲突是民事经济审判最直接的追求目标。从这一目标出发所派生出的功利原则有二：一是尽可能缩短诉讼周期，减少冲突存在的延滞过程；二是尽可能使争议权益及相关的法律规则得到冲突主体的认同，消除主体间的认识差异。在一定的前提下，允许主体之间进行必要的妥协，而不必严格地根据法律规则强制地处置当事人之间的权益。(4)创立用以引导社会成员趋从的行为模式。这一目标的着眼点并不在于简单地对当事人之间的权益作出公平的分配，而在于追求个案裁决以及个案裁决的效果对社会成员将来行为的正确引导。以此为目标，在某些情况下，裁决的结果甚至可能以损害个案的实质公正为代价。[5]

上述目标无疑都是民事经济审判中所应追求的。事实上，这些目标有其较高的一致性，因而个案审判多数能够获得综合性效果。但是，这些目标在某些场合下又有一定的冲突，对某一目标特定指向的追求往往需要放弃另一目标的特定指向。在此情况下，审判制度的价值取向则成为审判目标选择与取舍的依据。自然，无法从一般意义上提出一个绝对性的目标选择与取舍的依据，但原则上考虑的取向是：

1. 尊重当事人处分自己权益的权利。

当事人的处分权在两种意义上应受到尊重：其一，当事人行使处分权的过程是其表达自由意志的过程，因而也体现着当事人民主权利在诉讼程序中的实现。其二，当事人在其自由意志基础上所出的处分，能够直接标明资源的有效、优化配置。因为诉讼过程同时也是个交易过程，在这个特殊交易过程中，当事人之间的自由承诺不仅可以在一定程度上减少交易成本，而且，由理性的主体自己所做出的选择是资源优化配置的必要前提。从尊重当事人处分权出发，在民事经济审判目标的选择中，应当为当事人协商与和解（调解）创造更大的空间。在不损及第三者及其他社会利益的前提下，不应用审判机构的意志否定当事人双方（各方）所共同认同的事实或结论。

2. 追求个案审判结果的合理导向。

在市场经济创设过程中，个案审判结果的导向作用十分突出。社会成员对新型民事经济关系的法律要求，很大程度上不是通过学习法律规范而认识的，而是通过个案审判所体现出的司法评价来感知的。也就是说，民事经济关系的塑造依赖于民事经济审判的具体实践。由此产生审判实践中较为集中的矛盾是:对于历史过程中形成的(特别是在法律规则并不十分明确的情况下形成的)某些事实,对于当事人因法律知识和法律技术缺乏而形成的较为粗糙的民事经济行为,往往需要给予必要的尊重和体谅;但是,从创造新的法律秩序的要求出发,又更应遵循现行法律所设定的原则。这种矛盾实际上也是两种体制交替、人治社会向法治社会过渡之中所必然出现的困窘。我们认为,基于特定时期的社会需要,应侧重于对创造新秩序和审判导向功能的考虑。过于迁就既往的习惯和情感,无法建立新的民事经济秩序,无法塑就新型民事经济关系。

五、审判实践中的制约因素与审判制度的价值取向

前面对审判制度价值取向的分析,尽管或多或少涉及司法实践过程,但这种分析的预设前提仍然是颇富理想色彩的;也就是说,舍弃了审判实践过程中客观存在的非理性的制约因素。事实上,当今中国民事经济审判的实践过程无时无刻不处于这些非理性的制约因素的包围之中。个案审判的结果往往是受制或抵制这些影响的产物。在这些制约和影响因素中,具有分析价值的有以下几种:

1. 特定时期中政治、经济、社会管理的阶段性需求。

如前所述,民事经济审判作为社会治理的常规性手段,必然要反映政治、经济以及社会管理的要求。但问题在于,现实对审判机关的期待并不是理论上所描述的那样冷静和理智。不断变化的政治情势、此起彼伏的经济与社会潮流都以不同的方式对民事经济审判提出自身的需求,要求民事经济审判对这些阶段性的情势与潮流倾注其情感,至少要求民事经济审判对相关个案的审判保护倾向顺应(或不悖于)这些情势和潮流。自然,司法审判机构对这种需求的适应多数是在法律框架以内完成的,但迫于这种需求而扭曲或损伤法律原则的现象也决不是个别的。更富有悲剧色彩的是,有些审判机构以及新闻媒体会把这些"特事特办"的实例视为司法审判的积极成效加以张扬。置身于这样的社会环境之中,司法审判机构很难把握自己应有的立场。

2. 利益集团的压力与要求。

应该说利益集团对于审判机构的压力是各国司法实践中普遍存在的现象,但相对而言,我国民事经济审判所受到的利益集团的压力和影响较

为突出。

尽管对当代中国利益集团的划分缺少权威性的结论，但以不同职业、不同身份、不同社会地位或经济境况为联系纽带的各种有形或无形的集合体已经形成。利益集团的压力与要求根源于两个方面：一方面，由于民事经济审判覆盖着社会生活的主要过程，因而各种利益集团都不同程度地与民事经济审判过程产生联系；另一方面，司法审判机构与各个利益集团也具有体制内或体制外的联系。各个利益集团似乎都能从既定的政治原则或自身特殊社会地位中推演出司法审判机构对它的特殊保护责任。

利益集团对民事经济审判压力和影响的方式是多种多样的。有些通过法律所确定的体制内的途径对司法审判机构提出自己的主张。不具有制度条件的利益集团则通过可能采取的方式影响法律监督机构以及其他能够对审判机构产生实际作用的机构，进而间接地对司法审判过程形成压力和影响。[6]

利益集团的压力与影响对于民事经济审判来说，并不完全是一种消极的因素。特别是在司法腐败现象较为严重情况下，对利益集团的压力和影响尤其不能简单地作出否定评价。但问题在于：各种利益集团事实上不可能把自己的期求规制在基本合法甚而合理的范围之中；同时，司法审判机构也未能建立起接受或者排拒正当监督或不当干预（干扰）的常规机制。

3. 司法审判机构及其成员对自体利益的追求。

司法审判机构及其成员追求自体利益而对民事经济审判的消极影响，已经形成较为普遍的社会抱怨。尽管这种抱怨情绪中夹杂着一定程度认识上的偏误，更缺少应有的设身处地的宽容，但这方面的负面影响无疑是十分突出的。

司法审判机构及其成员对自体利益的追求并不全都表现为借助民事经济审判权力谋求自身的物质利益，同时也表现为审判机构对某些利益集团不当要求的迁就，以换取这些利益集团对司法审判机构的某种认同。

司法审判机构及其成员对自体利益的追求，既可以用社会不良风气的一般性规律解释其成因，亦可从特殊境况找到其根源。这些原因中，有些是非体制性的，有些则是体制性的。外部对司法审判机构的干预得以实施的前提，正是司法审判机构体制上对外部的依赖。这表明，仅仅从道德层面着眼并不是解决问题的全部出路所在。

十分清楚,民事经济审判实践中这些制约因素并不是一种阶段性存在的事实。但这不意味着中国民事经济审判将必然涂抹上悲剧化的宿命色彩。由此引出的结论与本文的研究主题恰恰相关,这就是在审判制度的价值取向上,应立足于更完善地保证和保障法院审判的独立性:既包括为法院排拒外部不当干预提供程序化的保障,也包括为法院提供不至仰人鼻息的基本的物质条件,同时为智识、品质以及精力的要求都十分苛严的法官这一职业提供不至在其"准同行"(律师)面前感到羞涩的物质待遇。

六、审判程序技术设计与审判制度的价值取向

肇始于20世纪80年代末的审判方式改革,经过几年的实践,已逐步由试点转向普遍推行。对这一改革出现的背景与动因,一些文章有过较为低调的解释。[7]我们认为,审判方式改革的提出,尽管有某些偶然的、实用功利性的原因,但仅仅局限于这些原因,不足以全面认识对这一改革的深层意义,也不利于把握这一改革的应有方向。

总体上看,引发这一改革的原因主要有这样几个方面:第一,是对社会各方面不满情绪所作出的积极回应。近年来,社会各方面对司法审判现状的批评和抱怨日趋突出。典型的例证是《法院工作报告》获得人大通过的票数逐年减少,几近"勉强通过"的水平。审判方式改革正是审判机构回应社会各方面不满情绪的一个积极举措。第二,是对粗糙的程序立法的积极弥补和完善。第三,是吸收当今世界先进审判技术的一个实际步骤。我国民事经济审判方式受大陆法系模式,尤其受前苏联模式的影响较大。而当今两大法系审判模式已呈相互融汇的趋势,[8]这种趋势对我国审判方式改革也产生了一定的推动作用。第四,是司法审判机构为推动我国司法体制整体改革所作出的重要努力。审判方式改革,现象上是一种技术层面的改革,但其内在机理决不仅限于此。审判方式改革从技术层面所提出的要求,是审判技术(尤其是庭审技术)自身所不能解决的,它需要整个审判制度乃至司法体制的改革与之相匹配。可以说,通过提出审判方式改革,司法审判机构不经意地把社会对司法审判的诉求又巧妙地交回了社会。

目前所提出的审判方式改革大体上是沿着两个基本思路进行的:一是以强化当事人举证责任为重点,突出当事人在诉讼中的作用;二是以强化庭审的功能为重点,突出承办法官对于案件判决结果的独立决定作用。[9]这

两个思路各有其特定的理由，但都潜含着一个共同的意旨：弱化法官对诉讼过程中的过度干预，淡化法官的主观倾向对裁决结果的影响；弱化承办法官以外的其他法院内部机构及其成员对审判过程的干预，淡化法院内部机构及其成员对裁决结果的影响；更重要的是，弱化法院外部各种力量对司法审判过程的干预，避免外部力量对司法审判机构裁决结果的直接或间接影响。

毫无疑问，审判方式改革所内含的审判机构独立审判的诉求应当得到充分肯定，而且，应当把保障和维护独立审判作为审判程序技术设计中明确的价值取向。但是，对于这场方兴未艾的审判方式改革热潮，有必要提出这样一些问题：

1. 必须以司法体制的改革支持审判方式的改革。

前已述及，审判方式改革直接受制于司法体制。如果司法体制仍然如旧，审判方式改革的成效也将是极为有限的。因此，必须把在中国国情下的审判独立或司法独立提到议事日程上来。在此问题上，我们希望从社会治理技术、社会统治经验的角度，理解审判独立或司法独立的意义；从尊重法治运行的内在规律角度，理解审判独立或司法独立的必要性。问题还可以从另一角度提出：如果司法审判机构对地方的依附得不到根本扭转，司法审判地方化的问题得不到解决，法制的统一性就势必会丧失；而没有法治的统一，就不会有真正的政治统一。对此，应当有更为广泛的共识。[10]

2. 程序的技术设计必须充分考虑现阶段的实际条件。

从一些倡导审判方式改革的文章中，我们不难感受到某种理想化的倾向；对具体改革方案的设想，较少考虑这些方案施行的实际条件。事实上，审判方式的许多举措都关联到诸多实际条件。例如，在当事人举证问题上，当事人的文化水准、证人对自身人格尊严的重视程度、律师代理的适用率、律师取证的具体条件（特别是行政机关对律师取证的配合程度）、我国现行文档管理制度以及公用资讯的社会开放状况，都会对当事人举证能力及效果形成制约，在此情况下，如果把当事人的举证责任提到绝对化的地步，其结果将会背离审判方式改革的初衷。又如，对法官办案独立性的强调，不能脱离现阶段法官思想和业务素质的基本状况。[11]在尽可能为法官提供宽松的审判环境的同时，在法院内部设定一定的制约机制，至少在相当长时间中仍然是必要的。

3. 审判方式的改革必须具有针对性,同时必须注重综合配套。

审判方式改革的针对性,必须建立在对现实审判实践的弊端的正确把握之上。应该说对这方面问题的认识并不十分统一。例如,在证明活动中,问题的症结究竟是当事人举证的原则未能充分得到重视,还是证据规则不明确?[12]法官取证的原因究竟是基于法官对一方的偏袒,还是主要基于当事人举证能力的低下?案件审理周期过长,究竟是法院内部程序、制约较多,还是审判人员的积极性未得到充分调动?影响公正裁判的主要因素,究竟来自法院内部的制约,还是主要来自法院外部的干预?所有这些,都是需要冷静、理智加以分析的问题。如不能正确把握这些症结,审判方式改革难免出现"头痛医脚"的错位现象。[13]

同时,综合配套亦是不能忽略的问题。许多改革措施,其积极效应的形成是需要配套保障作为前提的。比如,法官独立性的相对强化,必须有相应的责任约束性制度;而在设定这种责任约束的同时,又必须辅之以利益激励的机制。自然,这些已超出了审判机构自身的能力。这也正是审判方式改革需要全社会关注的正当缘由。

民事经济审判制度价值取向的形成,是民事经济审判制度走向成熟的标志;对价值取向的探寻体现着对成熟的审判制度的追求。本文的探讨表明,民事经济审判制度价值取向还关联到整个中国司法制度的实际进程与走向。对这一判断的认知,使我们有理由对本文所讨论的主题以及这一讨论的实际效果付诸充分的热情和莫大的期待。

注释

1 在理论界,我们同样可以看到对西方立法的范本作用以及本土资源的不同偏重的观点。两篇有代表性的文章是:葛洪义、陈年冰:"法的普遍性、确定性、合理性辨析",载《法学研究》第19卷第5期;苏力:"二十世纪中国的现代化法治",载《法学研究》第20卷第1期。

2 在这方面,我们不能同意一篇文章中提出的我国"法律供给相对过剩"的观点,见李胜兰等:"法律成本与中国经济法制建设",载《中国社会科学》1997年第4期。该文作者在文章中所列举的"过剩现象",恰恰应当理解为稀缺现象。

3 1942年的《意大利民法典》就明确规定:"如果一条明确的规定不足以解决争讼,可以适用解决同类案件相似的规定；如果仍然不够清楚，则根据国家法律秩序的一般原则进行判决。”

4 在这个意义上说，法官权力的影响超出了财政局长、计委主任。

5 对诉讼目标的分析，可参见顾培东：《社会冲突与诉讼机制——诉讼程序的法哲学研究》，四川人民出版社 1991 年版，第 2 章。

6 通常的方式是：某个利益集团通过新闻媒体渲染其在个案中应受特殊保护的理由；媒体的倾向影响人大或党委、政府等能够对审判机构产生影响的机构，进而对司法审判过程产生实际影响。

7 在审判方式改革方面较有代表性的一篇文章认为，改革的最初动因主要是为了解决案多人少的矛盾。参见景汉朝："经济审判方式改革若干问题研究"，载《法学研究》第 19 卷第 5 期。

8 参见[美]梅利曼：《大陆法系》，顾培东、陆正平译，知识出版社 1984 年版，第 19 章。

9 改革的具体措施可参见前引景汉朝的文章。

10 考虑到实际操作的复杂性，可以先从审判机构的物质供给及人事任免等方面切断它与同级地方的直接联系，减少它对地方机构的依赖。

11 我们同意李浩在一篇文章中所提出的诉讼模式的选择应当与法官素质的一般状况相适应的观点。参见李浩："法官素质与民事诉讼模式的选择"，载《法学研究》第 20 卷第 3 期。

12 我们高兴地看到，有些法院已经在着手制订《证据规则》，尽管这种尝试的正当性需要有更充分的证明。

13 在最近《法学研究》编辑部召开的一次民事经济审判制度改革理论研讨会上，各方面代表的发言也反映出这方面的分歧。

顾培东

代表作

拾肆

论我国民事权利司法保护的疏失

一、引言

选择这样的表述作为本文的论题，并非是对我国民事权利司法保护现状作出否定评价。事实上，我对二十多年来民事权利司法保护方面所取得的成就保持着丰沛的敬意。但毋庸讳言，本文旨在评述的确实是我国民事权利司法保护中的负面因素。同时，本文所述的司法保护的疏失亦不限于司法本身。由于民事权利的保护最终体现在司法环节上，因而，立法上的某些缺陷也放置于司法层次上予以考量。按照实践逻辑，立法上的后果（无论是积极的还是消极的）通常都是由司法直接承受的。

引发我对司法保护疏失研究的直接动因，产生于我作为执业律师的感受与体验。在不长不短的律师生涯中，我与诸多当事人共同经受的为寻求司法救济、实现民事权利而困苦挣扎的艰辛，不断驱使我从制度以及制度实践中探寻一些带根本性的问题。不仅如此，我对中国经济现实问题的思考又促使我把司法保护的疏失延展到中国经济运行之中，认识其在更深层次上的社会后果，从而在经济学界反复论及的经济结构失衡、有效需求不足、市场发育欠缺等病弊之外，揭示出中国经济运行与发展的另一制约性因素。此外，对民事权利司法保护的研究，自然无法脱离审判制度改革这一热门话题，因而本文对此也将有所涉及。但我必须承认，在这方面，解决问题的思路总是逊于发现和提出问题。有意义的期待只是由此能引起更为广泛的讨论。

原文发表于《法学研究》2002 年第 6 期。

二、民事权利司法保护的疏失

我对民事权利司法保护状态的评价，并不直接依凭于公正、效率这两个价值目标。公正、效率作为一种理念价值无疑是正确的，但对于具体的制度设计和具体的司法行为来说，这两个价值目标并不足以成为其度量和检验的依据。因为公正、效率目标的抽象性使得任何具体的制度设计或具体的司法行为都不难从这两个目标之中找到正当性的诠释。我同时又认为，对民事权利司法保护状态的评价，亦不能借助于学者们从技术角度设计的某些要素体系。因为这些要素体系或许具有相当的学理或经验支撑，但用于衡量具体的制度与行为，难免挂一漏万或方枘圆凿。我的观察是直观、简约，且极具功利性的。概括地说，民事主体寻求司法救济是否便利、诉讼成本与责任的分摊是否合理以及民事权利通过诉讼手段实现的程度，是我认识和评价民事权利司法保护是否存在疏失的基本尺度。依据这一尺度，我认为，我国民事权利的司法保护存在以下一些问题：

1. 部分民事纠纷缺乏可诉性，相关民事权利不能获得司法救济。

民事权利的完善保护，首先应体现于司法手段能够全面覆盖各类民事纠纷的解决；[1]各类纠纷均具有可诉（或最终可诉）至法院，民事权利能够获得司法救济的可能性。但从我国司法实践来看，这方面的欠缺是十分明显的，相当多的民事纠纷尚不能被法院受理。这些纠纷主要包括几类：

第一，在新型经济交往关系中发生的民事纠纷，特别是高科技发展所引发的民事纠纷。由于社会经济以及科技的发展超越了立法的进程，同时也超越了司法对这些活动或现象的基本规律的认知程度，因而在现有法律框架中缺少明确审判依据的民事纠纷，往往都不被法院受理。近几年来，最高人民法院力图以司法解释弥补立法上的不足，为相关案件的受理提供条件，但这类司法解释同样具有一定滞后性，且涉及的范围仍然不足以应对实际发生的民事纠纷。

第二，涉及范围广泛，可能引致社会稳定，或可能需要政府大量支付成本的纠纷。这主要体现于证券发行与交易、信托等金融活动中出现的纠纷。由于证券发行与交易往往涉及群体性纠纷，这类纠纷不仅可能对股市带来一定冲击，而且对社会稳定也可能形成负面影响。因此，最高人民法院 2001 年 9 月 21 日曾明文规定对涉证券民事赔偿案件暂不予受理。[2]

2002 年 1 月 15 日，最高人民法院又发出通知，对证券市场因虚假陈述引发的民事侵权案件可以受理。但是，这对于证券市场复杂而多种类型的纠纷来说，也只是开启了一个狭小的司法通道。如果说对证券市场的纠纷尚可以用“不具备受理和审理条件”作为不受理的托辞，那么，法院对清理基金会、信托公司过程中的涉及的某些债务纠纷不予受理（或暂不受理）则很难找到更有说服力的解释。实际上，这类纠纷的出现往往与政府管理上的失误有一定关系，这类纠纷的解决通常需要政府支付一定成本，而法院拒绝受理此类案件的真实目的在于减少或延缓政府成本的支出。

第三，关及民事主体的权利而该主体又不能获得诉讼主体资格的纠纷。这类纠纷未能进入诉讼的主要原因在于程序或实体法律技术设计上存在一定的疏漏。有关公司内部关系的纠纷，包括关联交易等纠纷，即属此类。在国外公司法律制度中，股东对公司的诉讼既包括直接诉讼，也包括衍生诉讼（Shareholder's Derivative Suit）。不仅股东可以提起直接诉讼的事由很多，而且衍生诉讼的适用范围亦很广泛。相比之下，我国公司法中规定具有可诉性事项的条款则寥寥无几。有些条款虽然规定了行为的民事责任，但并不具有事实上的可诉性。问题并不在于我国公司运作中不存在类似纠纷，而在于立法与司法未能给予这类纠纷进入诉讼的可能。

此外，企业管理过程中劳动仲裁未能覆盖的劳资关系纠纷（如职工分房及其他福利纠纷），法院亦明确不予受理。还有，政府行政权力的扩张亦排斥了司法对某些民事纠纷处理的介入；而用行政权力处理这类纠纷，不仅不利于这些纠纷的解决，同时也在一定程度上造成了政府与部分社会成员之间的紧张关系。

应当看到，即便在法治较为完善的社会中，民事纠纷也不会完全受辖于司法程序。决定司法与其他手段在解决民事纠纷中的分工有两个基本要素：一是从统治者的利益看，民事纠纷进入司法评价体系的实际需要；二是司法解决民事纠纷的实际能力（尤其是审判工作量上的能力）。但是，在特定社会中，民事纠纷是否具有可诉性，不仅关系到国家对于相关民事权益的立场与态度，同时也关及到司法在社会治理结构中的地位与功能，并且在事实上也关及到民事权利是否真正获得了权利的性质。因此，扩大司法手段的运用、特别是保留司法对民事纠纷最终解决的权力是法治社会的基本取向。至少在司法手段与其他手段的覆盖范围之间，不应有空隙或盲区。

2.司法实践偏重于对民事行为形式要素的关注,缺少对当事人意思自治的尊重,由民事行为瑕疵导致的失权现象过于突出。

根据对大量判决的分析,当一个有瑕疵(包括能够导致无效的瑕疵)的民事法律行为成为争议的焦点时,无论瑕疵产生的原因主要在于当事人一方或各方,在法院的判决结果中,通常失利的总是权利一方,而得益的则总是义务一方。原因十分清楚:其一,法院判决一般都不回避法律行为的瑕疵,而任何瑕疵都最终影响到判决结果。其二,民事纠纷的解决通常是要在当事人之间分配权益或义务。对待出现瑕疵的民事法律行为,法院的处理结果往往不会增加当事人的义务,而只能减缩当事人的权益。换句话说,法院只能通过减缩权利者的权益来表达法律对这类民事法律行为的否定评价。在因瑕疵而导致无效的法律行为中,权利者通常要承担这样一些损失:(1)返还原物后不能获得原物被他方占用期间的孳息;(2)分摊因无效所造成的损失(通常为50%);(3)不能分享无效法律行为存续期间标的物经营所形成的收益;(4)附属的权利,特别是对担保责任的追究权完全丧失。而与之相反的是,无论义务人是否为无效法律行为的真正责任者,(1)、(3)、(4)三项所涉及的实际利益往往都归属于义务人。正是存在着这样的权利义务配置格局,义务主体往往以无效作为对权利主体方要求给付的主导抗辩,借助无效事由规避或减少义务的履行,甚至借助无效事由规避已经形成的市场风险。

合同法颁行后,最高人民法院对无效合同的认定趋于严格。但是,由于我国实体法律、法规对民事交往行为的制约较多,因而即便在现行合同法及司法解释的框架下,导致合同无效的事由仍然失之宽泛。更值得重视的是,目前立法及司法实践中对无效合同的处理方式过于粗略,特别是对无效合同存续期间所形成的利益的处理未作具体规定;对无效合同担保责任的免除也显失公平。

司法实践偏重于形式要素的另一种情况是审判人员忽视对当事人真实意思(效果意思)的探究;而更多地注重法律文书的字面表达。在真实意思与当事人的意思表示不尽一致,但通过对合同及其履行过程综合分析能够肯定其真实意思的情况下,甚至在所用的词句完全超越经济交往一般常识或规律的情况下,审判人员往往仍然偏向于对其字面含义的确认。因为对审判人员来说,探究真实意思所存在的审判责任风险,远远大于守持与认定法律文书的字面表达。

有瑕疵的法律行为在法律上受到一定的否定评价,并且在判决结果中对此有所体现,这并不悖于法律规定。但必须同时重视的问题是:第一,在这类诉讼中,权利者的损失事实上会转换为义务者的收益,这就悖离了立法的本旨;第二,法律行为的瑕疵不应当普遍、大量地成为权利主体失权的依据;第三,或许是更为重要的是,在我国民事主体法律意识普遍不强和法律水平普遍低下,民事法律行为普遍较为粗糙,而政府行政机关对民事行为预设的要件又很多的情况下,过分强调民事行为的形式要素,对民事行为的瑕疵附之以过重的法律后果,既悖于公平原则,也脱离了民事法律行为的实际生活背景。

3. 审判制度及审判程序的设计不利于民事主体实现权利,诉讼成本过高。

对这一疏失似可从多方面加以论证。这里我仅列举几个具体的制度与程序,特别是对最高人民法院近几年来规定的一些制度与程序予以讨论。

第一,民事案件级别管辖下移制度。1999 年 4 月 9 日,最高人民法院下发了《关于高级人民法院第一审民事、经济纠纷案件问题的通知》。这一《通知》的主要内容在于限制各高级法院一审受案范围,不仅对高级法院一审案件(民事经济案件)争议标的额作了限制,而且对受理民事案件的数量亦作了明确限定。此后,各高级人民法院如法炮制,对各中级人民法院一审受案范围作出限定。最高人民法院这一《通知》下发后,民事案件(含"大民事"概念形成前的经济案件)的级别管辖普遍下移。最高人民法院将下发这一《通知》的目的表述为"为了便利当事人诉讼和人民法院办案,提高审判效率,改变最高人民法院和高级人民法院审理民事、经济纠纷案件数量过多、超审限严重的情况。"民事案件级别管辖下移,自然减少了最高人民法院及高级法院的案件受理量,但由此引出的问题却在相当程度上减损了这一《通知》的积极意义。事实上,民事案件级别管辖下移制度是在地方保护主义日益严重,基层法院、中级法院以至高级法院互争管辖的现象不断发生,当事人为谋求地方保护而规避级别管辖的情况较为突出的背景下出台的。在此背景下,民事案件级别管辖下移无疑扩大了地方保护对司法审判的实际影响,延伸了地方保护的能力,特别是对异地当事人提起诉讼,实现民事权利带来了很多不利影响。不仅如此,级别管辖下移并不必然地导致法院案件受理总量的减少,因而将级别管辖下移至多只是对不同级别法院的工作量有所调整,以此作为提高审判效率的措施也不太符合逻辑。

第二,委托执行范围扩大制度。2000 年 3 月 8 日,最高人民法院发布了《关于加强和改进委托执行工作的若干规定》。《规定》的基本要旨是原则上将异地执行案件全部委托被执行人或执行财产所在地法院执行,从而全面扩大了委托执行的范围。据了解,这一《规定》出台的原因是:不少法院在异地执行中受阻,执行法院与当地有关机构或人员(包括当地法院的直接或间接参与)经常形成冲突,扣押人质甚至伤害执行人员的情况也时有发生。扩大委托执行的范围意在避免这种冲突。然而,引发异地冲突的原因正在于地方保护势力对法院执行的干扰与抗衡。因此,非常清楚,委托执行制度在本质上是法院为回避矛盾而对地方保护势力的一种妥协。无论从何种意义上说,最高人民法院扩大委托执行范围的措施是十分消极的,或多或少地反映出法院在应对非正当的挑战时的无奈或失措。从近几年法院执行工作的情况来看,委托执行效果很不理想,根本达不到最高人民法院所希求的"切实保障跨辖区案件当事人的合法权益"这一目的。普遍流行的说法是"委托执行等于不执行"。其原因不仅在于存在地方保护的因素,同时又在于本院受理的执行案件大多已超出了自身的执行能力,更无暇顾及委托案件的执行。至于执行申请人与异地执行法院的沟通以及为此而支付的成本,更令申请人苦不堪言。也正因为如此,各地法院实际上并未完全依从最高人民法院这一规定,对涉及异地的案件仍然采取直接执行的方式,只是对打算放弃执行的案件,才适用委托执行,以便让其他法院提交这份执行的"白卷"。

第三,严格的当事人举证制度。最高人民法院新近公布的《关于民事诉讼证据的若干规定》被理解为法院审判制度完善乃至司法改革的一个重要成果。应当看到,在我国缺少专门的证据法,现行民事诉讼法中有关证据的规定过于简单的情况下,新出台的《证据规定》对于司法实践无疑具有重要的指导作用。《证据规定》的一个重要取向是加重了当事人的举证责任,对当事人举证范围和举证时间、举证方式都作出了严格的要求,并赋予其相应的法律后果。由此引出的问题是,这种严格的责任与我国当事人的实际诉讼能力及诉讼条件并不相称。首先,在《证据规定》严格实施的情况下,当事人离开律师代理、离开律师的专业帮助将很难顺利地参与诉讼,主张并实现自己的权利;而律师代理费用是许多当事人所难以承受的。其次,我国律师在事实上并无调查取证权利。同时,政府信息公开化程度很低,政府部门以及其他非利害关系的机构与个人对律师的调查取证工作极少予以配合。因此,即便有律师代理,在许多案件中也很难满足举证的要求。诚然,《证据规定》对法院调查收集证据也作了相应的规定,但法官对此有较大的自由斟酌权。在当事人严格举证责任逐步成为主导性倾向的态势下,对法院调查收集证据的补充作用不应作过高估计。

第四,再审制度。现行再审制度的缺陷在于:一是再审事由过于宽泛,再审在事实上已成为一个独立的审级;二是引发再审程序启动的因素过于复杂。除了法定的几个因素外,党委、政府、人大等机构及其负责人的批示与意见都可能启动再审,并且对再审的实体审理产生影响。外部社会力量对司法的干预较多是通过再审得到体现的。三是再审没有终结,在再审后仍然还有"再再审"。特别是最高人民法院对自己受理后认为应当再审的案件,通常指定下级法院再审。如下级法院再审的审理结果与最高人民法院认识不一致,最高人民法院又一次再审。这种受理理由宽泛、程序启动因素复杂、且没完没了的再审制度,对判决的稳定性、确定性带来很大影响,无疑也增加了当事人的讼累,增大了当事人的诉讼成本。[3]美国华盛顿特区联邦上诉法院首席法官爱德·华兹(Harry Edworrds)曾尖锐地指出:"如果败诉方相信他们可以在另一个地方或另一级法院再次提起诉讼,他们就永远不会尊重法院的判决,并顽固地拒绝执行对其不利的判决。无休止的诉讼反映了、同时更加刺激了对法院决定的不尊重,从而严重削弱了法院体系的效率"。[4]不幸的是,爱德华兹所描述的这种后果,已经部分地成为中国社会的现实。[5]

第五,律师费负担制度。目前我国司法审判中不认同或未确立律师费转移支付制度,即胜诉方的律师费转由败诉方承担制度。因此,即便当事人的权利在诉讼中全部实现,也必须承担律师费用成本。甚至有些合同中约定了违约方应承担追究违约责任的费用(包括律师费),法院仍然不支持这部分费用。法院不支持胜诉方律师费请求的主要理由是律师费用标准不好掌握。然而,法院确定一个统一的律师费用补偿标准,与委托人同律师之间达成的费用协议两者是可以分离的。同时,败诉方承担胜诉方的律师费的正当性也无需作更多论证。问题仍然在于法院对权利人(胜诉方)是否付诸应有的关护。

4. 残缺的公司有限责任制度导致民事责任约束松弛,债权人权利实现率较低。

这是我国民事权利司法保护方面最突出的疏失。我国现行有限责任制度是一种残缺的制度,其残缺性体现于:其一,企业资产变动及债权债务状态透明度极低,且法人治理结构未能真正形成,股东、甚至是个别股东为规避债务而操作公司资产的情况极为普遍。在此方面缺少基本的制度性约束。其二,大陆法系所秉持的公司资本的三项原则,即资本确定原则、资本维持原则及资本不变原则未能在工商行政及财务管理中得到切实体现,相关的监管极为不力。其三,作为有限责任制度必要补充的法人格否认制度(或撩开公司面纱制度、直索制度)未能建立,[6]这就为股东损害公司利益,规避债务约束提供了很大的空间。特别是在民营企业中,一个业主开办多个公司,部分空壳公司负债并将资产转移到其他公司从而逃避债务的现象十分突出。其四,公司破产、清算或被吊销、注销后,公司股东或高管人员基本不承担任何法律责任。除破产法对破产的国有企业厂长、经理再任职有形式上的限制外,立法及司法对公司解体所奉行的实际上是完全免责主义。换句话说,用公司解体方式而逃避债务,对公司股东或主要经营者来说,基本上无法律上的风险。[7]

残缺的有限责任制度体现在诉讼过程中,一方面使债权人无法穿透公司而将股东列为被告追究其民事责任;另一方面,法律规范不明确以及公司黑箱操作的实际情况,也给债权人主张权利或举证带来很大困难。更为重要的是,在执行环节中,债权人经历痛苦的诉讼过程而争取到的胜诉判决,无法得到实际履行,法院亦无力(或不愿)追查被执行人资产的具体走向[8],并据此对股东的其他财产实施执行。于此境况下,一些债权人往往被迫借助“黑道”或寻求刑事“追赃”手段以达到其实现债权的目的,由此又引出更为严重的社会问题。需要指出的是,一些法院新近推出债权凭证制度,即对未执行的裁决,由法院向债权人发放债权凭证,如将来发现债务人具有可供执行的资产,债权人据此凭证申请法院继续执行。但是,在公司死亡与设立如此简便的条件下，在公司之间资产转移情况很不透明、且十分容易的情况下，在规避债务成为债务人的本能行为的境况下，债务人亦无理由和动机背负债台高筑的公司外壳并创造自己被执行的能力。尽管没有理由质疑推出债权凭证这一举措的初衷，但从中也不难看出，一些法院为提高执行结案率，借此敷衍申请人的动机，至少在实践中有可能会衍变为如此结果。不难想象，这一制度实施的结果是：法院的执行率提高了，而债权人手中的“白条”反而增加了。

5. 一些实体法律制度的制定，缺少对制度实施的负面因素的考虑，保护民事权利的措施事实上衍变为损害民事权利的手段。

这方面较为典型的例证是合同法中的不安抗辩权和合同解除权。不安抗辩权设置的本旨在于赋予先履行义务的一方在特定条件下中止履行合同义务的权利。然而，由于行使不安抗辩权的法定条件在中国社会实践中不仅较为普遍地存在，而且也在司法实践中难以准确把握，诸如“经营状况严重恶化”、“丧失商业信誉”以及“丧失或者可能丧失履行债务能力的其他情况”这些事由，对资产负债率普遍偏高、信用水平普遍低下的中国企业来说，“适用性”是很强的。这意味着有先履行合同义务的一方随时可以借助不安抗辩权的行使，中止乃至解除合同，以规避业已形成的商业风险或谋取不履行生效合同所带来的利益。相同的情况也存在于合同解除权。根据合同法第 94 条和第 96 条，合同一方在法定事由出现的情况下，可以通知相对方解除合同。解除合同的效果在通知到达对方后即产生。这一制度设计中存在的问题，一方面在于解除合同的法定事由有较大的主观性（特别是第 94 条第四项：“当事人一方延迟履行债务或有其他违约行为致使合同目的不能实现”），很容易被当事人一方作扩大理解；另一方面，当事人一方发生通知即产生解除合同的后果，且对恶意解除合同行为未规定法律后果这显然为当事人随意破坏合同关系提供了条件。保护民事权利的措施在实践中衍化为损害民事权利的手段，悖离了立法者的初衷。

合同法上的这两点疏失，之所以会牵入到“司法保护”之中论述，理由在于，这些制度的负面效果同司法环节的缺失密切相关。前面的分析表明，无论是不安抗辩权还是合同解除权，有效地抑制当事人滥用这些权利的唯一措施在于司法上为滥用行为设置较高的成本。但现实中，不仅相对方对滥用这些权利的行为很难形成有力的抗辩，并得到司法机构的采信，更重要的是，司法保护的状态、特别是高昂的诉讼成本，往往会消除相对方借助司法救济的愿望。事实上，谁先利用（滥用）了合同手段，换句话说，谁能把启动诉讼的成本转移给对方，谁就能在利益关系中取得主动。即便是相对方在诉讼中获得了法院的支持，合同的效力得以维系，但旷日持久的诉讼已使合同履行的市场背景发生了重大变化。而这种状况对滥用不安抗辩权和解除合同权的当事人来说，无疑是一种消极性的鼓励。

6. 司法效率不高，司法腐败现象进一步削弱了民事权利司法保护的功能，加大了民事权利实现的难度。

本文前面对民事权利司法保护疏失的讨论和分析，大体是以制度及制度正常运作为背景和前提的，而事实上，制度及制度正常运作以外的司法效率不高、司法腐败现象对民事权利保护的影响也是无法低估的。司法效率不高、司法腐败现象削弱了民事权利司法保护的功能，并在很大程度上加大了民事权利通过司法实现的难度。虽然，对于严肃的学术研究来说，我无法从量上描述和表达这些非理性、非正常行为的实际影响，更不可能选取某些数据作为论题的佐证，但作为职业律师的从业经历以及社会公众对于司法现状的基本共识，[9]使我有理由相信，这方面因素所产生的消极影响或许大于制度及制度正常运作中的疏失。

三、司法保护疏失对中国经济运行的影响

从经济运行角度考察民事权利司法保护疏失的后果，所借用的是制度经济学的基本原理和基本认识方法。亚当·斯密以前的经济学，并不关注法律制度对经济生活的影响。经济学对经济行为的分析大致是在制度真空的假象中的进行的。斯密第一次把经济学的视野扩及到法律制度。斯密在阐释“自然秩序”的同时，又肯定了制度结构对个人行为的约束作用，并把制度结构看成是“自然秩序”得以形成的社会基础。19 世纪末、20 世纪初在美国兴起的制度经济学派，明确地把经济发展同制度（主要指法律制度，也指其他社会规则、规范）及制度的运作和演化联系起来，从与经济生活相关的各种制度中揭示经济发展的缘由及过程，描述制度对经济发展的影响。在制度经济学看来，任何经济行为都是在一定的制度结构中进行的。经济行为、经济过程及其效果除了受制于各种经济要素以外，同时也

受制甚而决定于制度状况。20 世纪 60 年代以后,加尔布雷斯、科斯、布坎南等经济学家已不再把对制度的分析当作经济学对法律的偶尔关注,而当作常规性任务与使命。布坎南甚至宣称:"作为科学的政治经济学","它的目的是用某种最终目标来评价约束结构或法律结构,这种最终目标是为潜在共同利益的开发效率而进行重组和改革"。[10]应该说,制度经济学对法律与经济关系主要机理的阐述,同样适用于对我国现实生活的分析。在我国立法已覆盖主要经济过程,司法的影响已渗透到诸多经济活动的背景下,司法在民事权利保护方面的疏失已不只是一种司法上的缺陷,而同时已转化为经济运行中的一种重要病弊。因此,从经济运行角度加以考察,不仅有助于增加我们在此问题上的直接感受,强化对司法保护的经验性认识,同时也能增强司法保护的社会使命感。

民事权利司法保护的疏失在经济运行中形成的负面效果可概括为以下三方面:

1. 经济交往中的违法(包括违约或侵权等)成本过低,而守法成本过高。

按照"经济人"的原理,在经济活动中,经济主体对守法(如守约)或违法(如违约)的选择,同样是按照投入产出的原理作出的。即便是在信誉等方面的顾及,也依然是基于主体对长期产出利益的考虑。当守法的收益高于违法所得,且守法的成本低于违法的代价时,经济主体会选择守法;而当违法的收益高于守法所得,且违法的成本代价等于守法的成本时,经济主体则会选择违法。昂格尔对此现象的表述是:"个人把规则作为他计算效益时应当考虑的一个额外因素加以对待,这意味着,只是在遵守而不是服从这些规则更有利于他的目的程度上,他才会遵守规则。"[11]因此,违法成本的合理设定是对经济主体行为实施有效约束的关键。"对制裁的担心有助于把社会秩序的要求内化于个人对最有效的实现个人目的的方式的认识之中。"[12]合理的违法成本可从不同角度加以计算:

从违法行为实施者的角度看,违法行为的成本不能高于违法所得预期。计算方式为:

违法成本(I) =(违法所得预期 - 实施违法行为的实际耗费)÷被追究责任的概率

从违法行为受害者的角度看,违法行为的成本应足以抵偿其所遭受的损失。计算方式为:

违法成本(II)=(违法行为造成的损失+追究责任的成本)÷追究责任成功的概率

从社会角度看,违法行为成本的设定应能有效地遏止违法行为,足以补偿受害人的损失,并体现社会对违法行为的制裁。因此,从社会角度确定违法行为的成本,应综合前两方面,并补入社会制裁的加权因素。计算方式为:

违法成本(III)=(违法所造成的损失或违法所得预期+追究责任的成本)÷社会平均究责率×(1+社会制裁加权率)

用数学方式说明或表述社会现象虽然不尽准确,但大致可以说明违法成本同违法行为之间应有的对应关系。从前述公式中不难看出,权利人追究责任的成本,对违法行为的社会平均究责率,以及社会制裁的加权都是决定违法行为成本的重要变量。然而,从本文前面对司法保护疏失的分析中可以看到:其一,权利人追究责任的成本较高,并且这种成本不能转移给违法行为人;其二,权利人实体上失权以及有限责任制对权利实现的影响,又在很大程度上降低了违法行为的究责率(必须指出,究责率的计算不应停留在裁决上,而应具体到裁决的实际履行);其三,社会制裁在民事程序中基本未得到体现。这些因素从总体上降低了违法行为的成本。可以说,在我国司法的现实状态中,经济交往中违法行为不仅未得到有效约束,而且还受到着某种程度的激励。

2. 权利主导型的交往结构衍变为义务主导型的交往结构。

权利主导型交往结构与义务主导型交往结构是我在观察和分析经济交往效率中主体互动关系时所采用的两个概念。前者指在单个经济交往中,权利主体决定着交往过程的走向、交往的延续以及交往的结果;后者指在单个经济交往中,负有义务的一方决定着交往的走向、交往的延续甚而交往的结果。对交往结构作出这种划分,很大程度上是受到科斯理论的启发。科斯在研究交易关系、特别是相邻关系时提出的著名定理是:交易双方如果交易费用为零,那么无论如何界定初始权利(把权利授予哪一方),都可以通过市场而达到资源的最佳配置。但问题在于,“交易费用为零”在任何时候都是一种不真实的假设。因而科斯定理的真实涵义是,权利的配置对于经济交往关系具有重要意义。“合法权利的初始界定会对经济制度运行的效率产生影响。权利的一种调整会比其他的调整产生更多的产值。”[13]对科斯理论的进一步解析是:在被法律上认知为一种民事法律关系的经济交往中,权利的作用在于促使相对方去实施某种交易行为,无需花费更多的交易费用。而只有减少或避免这种交易费用,资源配置才会有效率。

不难想象,在一个经济运行正常、合理的社会中,经济主体交往结构应当是权利主导型的。当A支付了合同价金而获得了对应的合同权利时,A就能够要求相对方B提供货物或劳动;同样,当B提供了货物或劳动获得了相应的收取对价权利时,B也就能够要求A支付合同价金。唯有如此,经济关系才能正常维系,经济运行才能顺畅进行。

进一步看,在交往结构中权利主体之所以能够形成一种主导地位,原因在于权利的背后潜存着国家的强制力量;义务主体面临着一种预设:如果不履行义务,将会受到国家力量的强制,并承受比履行义务更高的成本。然而,在中国经济生活的现实中,正是由于民事权利蕴含的强制力因司法保护的疏失而在一定程度上得以消解,因而权利的主导作用也大大减弱。从全社会经济交往的一般情况看,权利主导型的交往结构正逐步衍变为义务主导型交往结构。较普遍的情况是,债权人往往不是理直气壮地要求债务人履行债务,而是恭谦或无奈地劝说甚而乞求债务人履行债务。在通过司法手段实现权利的成本居高不下(很多情况下高于相关经济交易中的全部收益),且权利实现程度较低的情况下,权利主体明智的的选择不能不是求助于债务人;而在同样的境况下,以不履行义务要挟权利人放弃部分乃至全部权利,则成为义务主体的行为取向。由此给经济运行所造成的消极影响是不言而喻的。

3. 经济领域的信用体系难以真正建立。

信用对于市场经济的重要性已成为普适性真理。市场经济中,全社会的信用状况不仅决定着资源有效利用的水平,同时信用本身也是最重要的资源。一般说来,特定社会中信用的培养与维系依赖于四个方面:一是信用所带来的预期性的功利的诱导。如信用可赢得客户，信用可减少交易费用，信用也可减少先期性义务的支出。基于对这种功利的追求，经济主体在多数情况下具有确立和维护自身信用的主观动因。但既然是功利上的权衡，那么，这方面的作用始终只是在部分主体、阶段性时间，且功利预期值较高的情况下存在。二是伦理道德的约束。在任何社会的文化背景中，诚信或信用总是伦理道德的核心内容，诚信或信用代表着人类对真、善、美的追求。在伦理道德的约束下，信用不仅体现为人伦关系的基本准则，同时也成为经济交往中的一个原则。但相对说来，伦理道德在非经济领域的约束作用甚于其在经济领域中的作用。正因为如此，学术界才有“经济学是不是道德的”之争。三是宗教的影响。几乎在所有的宗教中，信用都被确定为崇奉的教条。因为任何宗教都需要同人类的基本追求相契合，以获得宗教的正当性和诱导力。从历史上看，宗教对信用的推崇曾经在资本经济秩序形成过程中产生过重要作用。新教伦理中禁欲与守信曾作为资本主义兴起的重要精神力量，并进而成为韦伯所说的“资本主义精神”的一个重要内涵。[14]自然，宗教的这种影响只能决定于该宗教在特定社会中的地位。四是法律的强制。法律以国家强制力作为后盾，对遵守信用的行为予以支持，对背弃信用的行为给予否定评价，并予以一定的制裁。在前述四个方面中，法律的强制不仅是最为有效的手段，更重要的是，法律的强制对其他几个方面有着重要的影响；失去法律的强制，其他几个方面所能产生的作用是极为有限的。因为“法律后果与‘诚实可信’或‘不诚实可信’与意图和从思想信念的事实查明一种举止的‘寡廉鲜耻’，与无数纯属思想信念的事实相联系着。”[15]

如前所述，我国民事权利司法保护的疏失，弱化了法律强制的作用，相当多的违反信用的行为未能受制于法律评价，通过种种方式逃避了法律制裁，或未受到应有、足够的制裁。相反，守信的成本较高；同时，在守信前提下实现权利的难度较大。因而，法律强制在建立和维护全社会经济领域中信用体系中的作用未能得到全面体现，而信用危机已成为制约我国经济发展中的深层矛盾。

马克斯·韦伯曾深刻地指出：“法的保障的失灵显然具有深远的经济后果。”[16]韦伯的这一命题完全适合于对我国司法保护状况与经济现实之间关系的表达。在更为具体的经济活动层面上，与民事权利司法保护疏失相关的经济后果是:(1)经济交易不畅,资源利用和流转的频率降低。典型例子是卖方不愿首先交货,买方亦不愿首先付款,而实质又在于任何一方都不愿在丧失应有的交易利益后而求助司法救济。经济交易不畅,又必然带来资源的利用和流转频率降低,在资源禀赋相同的情况下,交易的阻滞势必减损资源利用的效益。(2)金融及金融衍生工具无法正常使用。金融活动完全是建立在信用基础上的。由于司法对金融活动中的信用维护不够有力,[17]因而在很大程度上限制了金融功能的发挥。除了各商业银行普遍存在惜贷现象外,信用证、承兑汇票、本票乃至信用卡等金融工具都在一定程度上失去了其应有的作用。至于委托贷款、代客理财以及其他投资银行业务更难以开展。(3)累积的消费资金难以向投资转化。目前我国公民个人储蓄已达八万多亿。[18]在正常情况下,这些资金可以通过信托、基金或证券市场部分地转入为投资。但这些年信托、基金以及证券市场所出现的典型案例,特别是在这些案例中投资人寻求司法保护而最终归于失望的事实,打击了投资人对投资中介机构的信心,[19]不仅影响了全社会投资供给水平,造成了民间游资与生产需求之间的阻隔,同时也由于投资中介的缺环,损伤了经济运行的机能。(4)经济分工以及专业化水平无法提高。由于合同在链接经济关系方面的功能减弱,因而企业通过市场协作和配套的可能性降低;相应的经济分工和专业化水平也难以提高。科斯描述的以市场交易替代企业规模扩大的效应得不到体现。[20]企业"大而全"、"小而全"的现象仍然不同程度地存在,制约着经济效率的提高。(5)经济交往的成本大大上升。司法审判实践所提供的范例,促使经济主体不得不增大经济交往中风险防范的投入。因此,除即时清结合同外,交易双方往往都要求对方提供担保,而担保的主要形式又为抵押和质押,保证担保很少被运用。抵押、质押的普遍设置,不仅增加了大量的费用,更重要的是他物权的设置限制了抵押物、质押物的使用与流通,同时也使经济主体不得不提高自有资产比率以应对抵押、质押的需要,进而使资产负债率不能保持于合理的水平。

自1993年以来,虽然政府采取了多种措施,实行积极的财政政策以求保持经济的高速增长,但效果并不十分明显。为此,经济学界、企业界以及政府经济部门不断从多方面探求制约经济发展的原因。但我注意到,或许是由于专业上的隔膜,在各种讨论中极少涉及司法的作用与影响,缺少对司法的经济功能的有力追问。而司法机构在这些讨论中则以缄默相对,未曾自觉地审视司法功能的缺失对于经济运行所应负的关联责任。司法的缺位终究未能使讨论获得应有的深度;而这些讨论亦未能给司法带来必要的反省与震撼。

四、完善民事权利司法保护的几点思考

在列举民事权利司法保护疏失的具体制度及制度实践时,我已经清楚地意识到对此所可能提出的反诘。类似级别管辖下移、委托执行扩大、严格的当事人举证责任等这些被我称之为"疏失"的制度,都可以从另一角度找到其合理的依据,并可根据另一种价值或功利赋予其相当的正当性。这种现象反映出当代中国司法制度变迁中的一个带普遍性的矛盾,即:任何一种制度设计都可能在不同的视角、不同的依据中得到肯定或否定的迥异评价;任何一项制度改革都可能受到另一种价值或功利的挑战。即便就为人诟病较多的"没完没了"的再审制度而言,在审判质量不高、而再审结果总体上会趋于公正的格局下,这种制度也不失其合理的一面。检察机关民事抗诉再审这一明显失当的制度,所以能够存在,并有一定的社会基础,也缘出于此。[21]

前述矛盾姑且称之为"制度变迁的困惑"。由这种困惑所进一步引出的问题是:难道中国的司法改革和审判制度完善的努力就这样宿命地夭折于相对主义的泥淖,僵持于对具体制度及措施的臧否褒贬的争议之中?结论当然是否定的。但我认为,突破制度变迁的困惑,至少应把握三点:其一,在制度设计及制度运作中,应立足于该制度整体、最终的社会功能,而不应局限于制度的表面成效,尤其不应局限于司法自身的某些形式上的标准。其二,制度设计以及制度的运作应克服司法机构的利己倾向,避免把制度变迁作为不合理增加自己权利或不恰当减少自身运作成本的手段。其三,制度的设计以及制度的运作要有明确的价值取向,使个别性制度及制度的运作从属于统一的目标,避免制度之间的冲突,并提高制度运作的总体成效。从这样三个基本点出发,对完善民事权利司法的保护,相应提出以下设想:

1. 民事立法及司法应适应并从属于经济运行、特别是建立市场经济秩序的要求。

悉心分析我国民事立法(包括制定司法解释)及民事审判过程,不难发现,立法与司法所借用或参照的知识资源主要(即便不是全部)是被法律化的文本,包括法治国家既有的知识资源,固定俗成的法律技术以及生效的法律条款等。毫无疑问,这些知识资源内含着对经济机理以及经济交往一般经验的尊重。但同样可以肯定的是,这些知识资源很难完全贴近中国市场经济运行、特别是建立市场经济秩序的现实要求。这意味着立法与司法必须突破知识资源(包括思维方式)的局限,从经济目标与功利中寻求自己的基点。用波斯纳的话说,就是要超越法律(overcoming Law)。

首先,在理念上应当认识和重视民事立法及司法与经济发展及运行的高度关联性。在法律大体覆盖全部经济交往过程的前提下,民事立法与司法更应当被理解为社会经济运行的基本条件,甚至可以理解为社会经济发展的一项重要措施。任何一项司法决定,甚至任何一个个案的判决,不仅直接决定着资源的分配,而且也决定着相关的经济活动的走向与轨迹。科斯就明白地指出:法院的法律判决,"实际上做的是有关经济问题的判决,并决定着各种资源如何利用"。"法院直接影响经济行为。因此,看来法院得了解其判决的经济后果,并在判决时考虑这些后果"。[22]如果说西方市场经济理论对我国有什么借鉴意义的话,那么,科斯的这些观点,尤其值得我们予以重视。其次,司法机构及其成员应了解经济发展的基本状况,掌握经济发展过程中的主导趋势,特别是了解特定时期中社会经济交往的一般性特征,熟悉各种经济活动的主要流程,消除司法对经济的隔膜,避免对民事纠纷所涉的经济活动陌生甚而无知。[23]为此,民事审判人员应象波斯纳所倡导的那样,必须具有一定程度的经济素养。只有懂得什么是经济运行与发展的实际需要,才能使具体的制度或具体的司法行为获得其应有的社会意义。"以其昏昏,使人昭昭",难免使司法偏离经济实践,也难免使司法失却赖以存在的社会基础。再次,要注重司法制度及审判行为的导向作用。司法制度及审判行为不仅是对经济活动中的某些行为或对个案的是非作出评价,更重要的是它能够创造出一种民事主体趋从的行为模式。"如果法律规则鼓励低效率的行为,人们将低效率地行事"。[24]反之亦然。特别是对于新型经济生活中出现的新的类型的案件,更应注重司法评价对于后续经济活动及经济行为的影响,藉此塑造出适合新型经济生活所需要的权益关系格局。

2. 恰当配置法院与当事人的诉讼成本与责任，增加民事权利司法实现的便利。

从形式上看，法院在与当事人关系中处于中立地位，但事实上，无论就整体而言，抑或在个案中，法院在与当事人关系中，都不是绝对中立无私的。法院作为制度经济学意义上的“经济人”，在司法活动的结构以及具体诉讼程序中，既有自己的政治功利，亦有自己的经济功利，更有其社会声誉等方面的独立性功利。前面所提到了一些司法保护疏失的现象中，不少同法院对自身功利目标的追求相关。不能否认，法院的功利目标与当事人或社会其他功利目标有重合与一致的一面，但两者间也存在着此消彼长、相互损益的一面。即便就“效率”目标而言，法院所追求的民事审判的效率，并不等于当事人或社会经济运行的效率或效益。因为法院的效率表现为单位时间内实施审判行为（尤其是终结案件）的水平；而当事人或社会经济运行所追求的效率或效益内涵与之显然有重要差异。对某些制度性措施而言，这些措施的实行，或许会使法院审判效率提高，而当事人权利实现的程度却因此而降低，社会经济运行的效率也会降低。委托执行制度可以看成是这种损益关系的典型例证。

揭示此种矛盾旨在说明，法院在制度设计以及个案审判中，应当恰当配置自己与当事人之间的诉讼成本与责任，尽可能增加当事人民事权利司法实现的便利。具体到这一要求的落实，似应把握或解决两点：其一，法院进行制度设计或实施个案审判，在涉及诉讼成本与责任配置时，应有高度自律性。由于在这种配置过程中，当事人对法院的行为、尤其是对制定制度的行为毫无抗辩能力，无论这种制度的合理性怎样，当事人都只能无条件服从，因而，法院必须对自己的行为有高度的自律。在尊重基本的审判规律和程序科学化的前提下，法院应从有利于当事人进行诉讼并最大限度实现民事权利出发，而不应以节省法院成本或从有利于法院自身工作为基点。其二，实施民事审判的当事人主义以及推进审判现代化的进程应充分考虑当事人的适应能力。近几年，法院民事审判制度改革中蕴含着一种仿效英美审判方式，淡化审判的职权主义色彩，突出当事人在诉讼中的作用的趋向。这种趋向被理解为法院现代化的一项内容。毫无疑问，当事人在诉讼中的作用被“突出”的同时，当事人所分担的责任与成本亦相应增加。因此，无论对英美审判方式、特别是当事人主义的积极意义在什么程度上予以肯定,也不能回避这样一个事实:法院审判制度的改革以及法院现代化进程中的部分成本是由诉讼当事人分担的。这就需要对当事人的适应和承受能力有充分的考虑。从形式上借鉴甚而照搬英美审判制度或许并不困难,但人们无法塑造出与英美国家相同的诉讼环境与条件。不考虑当事人的适应和承受能力,法院现代化进程难免会步入歧途。恰当的方式只能是把当事人对诉讼成本及责任的实际承受能力作为法院推进审判制度改革进程的重要参考依据,寻求两者之间的适调。

3. 确立正确的民事审判的价值取向。

民事审判的价值取向在宏观上决定着民事审判制度的整体走向,昭示着民事司法审判所倡扬的经济秩序,决定着司法审判的社会功效,尤其决定着审判保护倾向。在微观上,民事审判的价值取向决定和影响着个案司法审判行为的实际举措,影响和决定实际裁决结果。在我国民事立法不尽完善,区域间、阶层间法律适用的环境与条件差异较大,而各级、各地法院的审判水平参差不齐的条件下,确立正确的民事审判价值取向显得特别重要。[25]

我国民事审判应当保持什么样的价值取向?1998年秋天,《法学研究》编辑部曾在北京香山组织过专题讨论。来自司法机构及理论研究机构的数十位专家对此虽然有着极高的共识,但与会者最终并未能提出一个明确的表述。原因在于,"价值取向"的内涵一旦具体为有通释意义的文本,便或失之空泛,或陋于狭窄。对这不易回答而又不能不回答的问题,我的认识是:民事审判一是要有利于民事权利的实现;二是有利于经济运行效率的提高。

从实践看,有利于民事权利的实现,这一取向可以间接地表述为:审判制度的设计及制度的运用应偏向于法律关系中权利主体,尽管这种民事权利在诉讼终结前往往还只是一种拟制性权利。进一步的推论是,实体上,对法律行为的形式瑕疵,对意思表示上的缺陷,不应匹配过重的法律后果,尤其不应轻易地给予当事人失权的命运。即使对无效法律行为,也应从公平原则出发,依据不同事实作出多样化的处置。程序上,对权利主张者,特别是对执行申请人应有更多的便利和帮助性措施。

"有利于经济运行效率的提高"这一取向,在个案中也许存在着判断上的困难。但我认为,只要审判人员保持这样的意识,依据一般性的经济经验与常识就能够产生较好的效果。事实上，许多案件中，审判人员在法律允许的自由斟酌范围内采取恰当的审判行为，不仅能够避免诉讼给经济交往造成的负面影响，而且能够创造出当事人各方所企求、综合效益甚佳的结果。反之，同样事实的案件中，一个法律上无可挑剔的审判行为完全可能给当事人各方造成重大损失。这表明，民事审判行为不仅要有法律上的依据，同时也必须考虑该审判行为在经济上的理由。从经济机理或效率目标中寻求民事判决的依据，这种方式在美国民事审判中已经得到广泛运用。例如，对难以界定的相邻权利冲突，法官会根据保护哪一方权利更有效率（当然是经济上的效率）而决定对该权利的行使予以保护。在共同的损害行为中，法官的处理原则又是哪一方能以最少的成本避免损失，则判令该方承担责任。著名的戴维斯诉曼案件中所形成的规则是"如果事故的当事人双方都有过失，有最后挽救机会可避免事故发生，却没有利用这一机会的当事人被认为对由此事故引起的损失负责。"[26]这些处理原则和思维方式，完全可以引入我国民事审判的实践。

除了前述三个主要方面外，完善有限责任制度等立法措施自然也是强化民事权利司法保护的必要措施。这方面的理由似无需作展开论证。

五、结语

在行将结束本文时，知悉最高人民法院正在征集对全国民事审判工作会议主题的意见。数年一度的民事审判工作会议在"大民事"（民事、经济审判合为一体）格局下，无疑会对阶段时期中我国民事审判的走向具有重要影响，由此所形成的民事审判政策将对后续司法实践产生重要的指导作用。于此之际，我们希望并相信社会各界对保护民事权利的强烈吁求，能够穿越法院威严的门垒，引发法院对民事审判理念及实践，特别是对民事审判工作的社会责任的严肃审视与反思，并在这次会议中得到积极的回应，进而体现为明确的审判依据。如是，中国民事审判的社会功效将会大大提升，中国经济发展与经济运行也将深深受惠于此。

注释

1 为论述方便，这里姑且排除应由仲裁受理案件的因素。因仲裁受理而未进入诉讼的案件，不属于本文所指的司法保护的疏失。

2 最高人民法院副院长李国光坦陈："由于市场条件和法律条件尚不完备，人民法院在过去 11 年里，对因内幕交易、操纵市场、虚假陈述等侵权行为而引发的证券民事赔偿纠纷受理的不多，即使受理了也未进入实体审理"。李国光："我国证券市场司法诉讼的实践、问题与前景"，载《人民法院报》2002 年 6 月 21 日。

3 对现行再审制度的批评，可参见李浩："民事再审程序改造论"，载《法学研究》2000 年第 5 期；张卫平："民事再审事由研究"，载《法学研究》2000 年第 5 期。

4 宋冰编：《程序、正义与现代化》，中国政法大学出版社 1998 年版，第 3 页。

5 对中国再审制度相同的批评是："再审程序对司法终局性和权威性的破坏已威胁到整个社会对司法的信心，从而从根本上动摇着司法的正当性"。傅郁林："审级制度的建构原理"，载《中国社会科学》2002 年第 4 期。

6 有关法人人格否定制度的研究，参阅朱慈蕴：《公司法人格否认法理研究》，法律出版社 1998 年版。

7 相同的观点参见江春："中国信用不规范的制度根源"，载《经济学消息报》2001 年 10 月 12 日。

8 根据最高人民法院《关于执行工作若干问题的规定（试行）》第 28 条，执行申请人对被执行人的财产有举证义务。

9 参见刘会生："人民法院管理体制改革的几点思考"，载《法学研究》2002 年第 3 期。

10 ［美］布坎南：《自由、市场与国家》，平新乔、莫扶民译，上海三联书店 1989 年版，第 50 页。

11 ［美］昂格尔：《现代社会中的法律》，吴玉章、周汉华译，中国政法大学出版社 1994 年版，第 23 页。

12 ［美］昂格尔：《现代社会中的法律》，吴玉章、周汉华译，中国政法大学出版社 1994 年版，第 23 页。

13 ［美］科斯：《企业、市场与法律》，盛洪、陈郁等译，上海三联书店 1990 年版，第 92 页。

14 参见［德］马克斯・韦伯：《新教伦理与资本主义精神》，于晓、陈维刚等译，三联书店 1987 年版，第 33 页。

15 ［德］马克斯・韦伯：《经济与社会》（上卷），林荣远译，商务印书馆 1997 年版，第 363 页。

16 ［德］马克斯·韦伯:《经济与社会》(上卷),林荣远译,商务印书馆 1997 年版,第 366 页。

17 一般来说,金融债权在诉讼中实现的水平大约为 20～30%。法院每年受理金融债务案件的巨大标的额(被理解为法院工作的业绩),与金融机构每年核销的巨额坏账,恰成一种反讽。

18 据中国人民银行公布的 2002 年 5 月来的统计。

19 如郑百文虚假重组案,中创创业及亿安科技股价操纵案,银广厦虚构利润案等。

20 ［美］科斯:《企业、市场与法律》,盛洪、陈郁等译,上海三联书店 1990 年版,第 1 页以下。

21 相同的例子是审委会讨论案件制度。无论对这一制度作何种非议,也无论合议庭独立审判有多少积极意义,但在法官水平不甚理想,法官自律性较低,新的监督体系未能形成的情况下,审委会讨论案件制度不能说没有存在的理由;相反,审判权力盲目下放将难免始乱终弃的结局。

22 ［美］科斯:《企业、市场与法律》,盛洪、陈郁等译,上海三联书店 1990 年版,第 96、105 页。

23 美国法官 Jack Weinstein 介绍:"美国法官是带着对世界的成熟的认识才进入法官行列的。……律师只有在学术、法律业务或商业方面获得一般和具体的知识后,才能选择加入法官的行列。他们应该继续——只要实际情况许可——提高他们对现实和理论的理解。"宋冰编:《程序、正义与现代化》,中国政法大学出版社 1998 年版,第 341 页。

24 ［美］罗伯特·考特、托马斯·尤伦:《法和经济学》,张军等译,上海三联书店 1991 年版,第 110 页。

25 有关对民事审判价值取向的讨论,参见顾培东、张建魁:"我国民事经济审判制度的价值取向",载《中国社会科学》1998 年第 6 期。

26 ［美］科斯:《企业、市场与法律》,盛洪、陈郁等译,上海三联书店 1990 年版,第 110 页。这一规则此后有所修改,但内涵未发生实际变化。

顾培东

代表作

拾伍

中国律师业发展报告

前言

20 世纪 70 年代末,律师制度作为中国民主与法制整体建构中的一项重要内容得以恢复。二十多年来,在党和政府的正确领导以及社会各界的关心与支持下,中国律师业有了很大的发展。今天,律师职业已成为当代中国社会具有广泛影响且备受关注的一种新兴职业;律师的执业活动与国家的社会治理、经济主体的各种民事交往以及人民群众日常生活的联系日趋紧密;律师队伍则成为法律职业和社会中介职业中一支不可或缺、富有朝气、充满活力的力量。在自身得到发展的同时,中国律师以其特有的职业功能在当代中国政治、经济、文化以及社会生活的各个领域发挥了重要作用,为推动社会主义民主与法制建设的进程,为社会主义市场经济的形成和发展,为社会秩序的稳定和安定作出了卓有成效的贡献。

21 世纪,中国律师将伴随着中国现代化建设的各项事业进入到一个新的历史时期。在新的历史时期中,依法治国方略的实施以及社会主义市场经济体系的全面形成将延续并且强化中国律师的社会使命;中国加入世贸组织、世界经济一体化的趋势将进一步拓展和开阔中国律师的活动空间;西部大开发以及党和政府的其他重大方针政策的实施将在更大程度上丰富中国律师的执业内容;人民群众日益增强的法治意识以及日益丰富的

本文系作者受中国律师协会委托起草形成的成果,鉴于该文有较强的探索性,故作为学术论文收入文集。需要特别说明的是,在文章撰写过程中,中国律协多位同志参与了讨论,给予了很多帮助,在此深表感谢。

经济、文化生活也将大大增加对律师服务的社会需求。所有这些,既为中国律师业发展提供了前所未有的机遇,也使中国律师业面临着全面而深刻的挑战。

世纪之交,我们需要回眸检视中国律师二十多年来发展的历史过程,总结二十多年来中国律师业发展的经验与教训,从而对中国律师业发展的现状有较为全面的认识。不仅如此,我们更需要以全局的视野,认识和把握新世纪中国社会发展的走向和趋势及其对中国律师业的影响;以高度的社会责任感认知和感受当代中国律师的社会使命;以审慎而务实的态度思考新时期中国律师发展的环境与条件。在此基础上,借鉴世界各国的有益实践,全面探索和完善适合中国国情的现代化的律师制度,动员全体律师充分运用自己的经验、知识与智慧,投身于21世纪中国现代化建设的伟大事业。

第一部分　中国律师业发展过程及现状

新中国律师制度是在彻底废除了国民党政权下旧的律师制度后,依照新的政治理念重新创立起来的。1954年《中华人民共和国宪法》中关于"被告人有权获得辩护"的规定,事实上为律师制度在社会主义中国的建立提供了依据。同年颁布的《人民法院组织法》规定:"被告人除自己行使辩护权外,可以委托律师为他辩护"。这一规定进一步从程序上确立了律师的地位。1955年,律师制度在北京、上海、南京、武汉、沈阳、哈尔滨等26个城市试行。1956年1月,国务院正式批准了《司法部关于建立律师工作的报告》,对律师的性质、任务、条件以及组织机构等作出了一系列规定。到1957年,全国19个省、市、自治区相继成立了律师协会或筹备机构;作为律师执业机构的法律顾问处达八百多个,专职律师共二千五百多人,兼职律师亦有三百多人。在1954至1957年这短短三年中,中国律师为废除旧的法统,创立新的法律制度,为新中国的建设和人民政权的巩固作出了有益的贡献。

1957年,受"左"的政治路线的影响,律师制度被当作社会主义制度的对立物而受到彻底否定;律师机构及律师的执业活动完全被取消;执业律师纷纷改行他业。不仅如此,由于律师的辩护活动受到政治上的否定评价,不少律师还因此而被打成右派,蒙受了长时期的非难和迫害。新中国第一代律师以其悲壮的人生际遇写就了中国律师创立的篇章。

中国律师制度在经历了十年“文革”的浩劫后，伴随着政治上“拨乱反正”的进程而得以恢复。律师制度在中国的恢复，不仅反映了新时期法律制度建设的实际需求，同时也体现着社会公众对极“左”路线的深刻反思以及他们对自身民主权益保护的强烈企盼。这种需求和企盼为律师制度恢复提供了良好的社会基础。1978 年，《宪法》恢复了刑事辩护制度；1979 年颁布的《刑事诉讼法》及《人民法院组织法》又对律师参与刑事辩护作了原则性规定。1980 年 8 月 26 日，全国人大常委会通过并颁布了《中华人民共和国律师暂行条例》。这一条例较为全面地规定了律师制度所应涉及的主要内容。依据于这些制度，自 1979 年起，全国从一些大、中城市继而到各个县、区，相继建立了法律顾问处或律师事务所；投身于律师职业的不仅有沉寂了二十多年痴心不改的新中国第一代律师，也有受过法律知识教育和训练，具有一定程度法律素养或经验的其他行业的新生力量。迄至 80 年代中期，律师执业机构已遍布全国各地；专职律师、兼职和特邀律师已具有一定规模；以刑事辩护为主导的律师的执业活动成为司法程序中的重要内容，律师制度在整体上得到全面恢复。

80 年代中后期，在司法行政机构的倡导下，中国律师制度开始了探索和改革的进程。贯穿于这种探索和改革的深层思考是：中国律师制度及其实践如何更好地贴近和体现律师这一职业的社会本质；中国律师制度及其实践如何更好地适应并满足中国特定的社会要求，显示出其应有的功能和特色。围绕这些主题，司法行政机构在广泛借鉴国外律师制度普遍性规则的基础上，认真总结我国律师制度恢复以来的运作实践，以国办律师事务所改制为主线，从扩大律师事务所权利，改革和调整律师事务所管理机制、用人机制以及分配机制入手，相继提出了一系列富有创新意识、操作性较强的改革方案。不少律师事务所也在司法行政机构及律师协会的支持下，以积极的姿态进行了富有创造性的改革尝试。

1993 年，司法部根据我国社会主义市场经济建立和发展的要求，结合前期改革实践，提出并报经国务院批准了《关于深化律师工作改革的方案》。这一方案对中国律师的性质进行了重新界定，突破了既往在中国律师定性与定位问题上的禁区与束缚，回复了律师作为社会法律服务的专业人员、律师事务所作为社会法律服务中介机构的一般属性，拉近了中国律师制度与国际惯例的距离,为中国律师制度适应市场经济的建立和发展创造了前提。《方案》还对律师事务所的管理体制以及律师行业的管理体制提出了阶段性的改革思路和步骤。

《方案》的实施适逢中国市场经济建设进入高潮。适应市场经济发展的需要,按照《方案》所提供的政策依据,大批合伙、合作制律师事务所在各地成立;国办律师事务所也纷纷试行改制。各个领域的法学专业人才,包括在海外学业有成的专家踊跃加入律师队伍,不仅为律师队伍带来了很大活力,而且也在很大程度上改善了律师队伍的知识结构,提高了律师队伍的总体素质。中国律师的发展由此进入一个新的阶段。

1996 年 5 月,《中华人民共和国律师法》正式颁布,这标志着具有中国特色的社会主义律师制度的基本框架初步形成。《律师法》系统地吸纳了中国律师制度创立、恢复以及改革中所形成的实践成果,较为全面地界定了律师职业所涉及的司法行政管理机构、律师自律组织、律师事务所和律师各自的法律地位以及各主体之间的相互关系;同时也在一定程度上涉及了律师与社会其他相关主体之间的职业联系。

根据《律师法》实施的要求,司法行政管理机构与全国律师协会进行了《律师法》配套规章和行业规则的制定工作,先后出台了一系列部颁规章及行业规则。这些规章和规则对强化律师管理,规范律师的执业行为,深化律师制度改革,推动中国律师业的发展产生了重要作用。与此同时,律师管理机构通过一手抓激励(如评选部、省级文明律师所和十佳律师及优秀律师),一手抓整顿教育,使行政管理、行业自律与法律实施三者得到有机结合。近年来,中国律师制度正进一步经历社会主义市场经济和社会主义法治实践的检验,通过全体律师和律师组织以及司法行政管理机构的创造性实践,逐步走向完善。

二十多年来,中国律师业以其迅猛的发展、骄人的业绩和崭新的风貌展示在 20 世纪中国社会舞台之上。

——律师队伍迅速扩大,且已形成较大规模。二十多年来,特别是 1993 年以来,中国律师的数量逐年快速增加。到 2000 年初,已达到 109,276人,其中专职律师达 63,152 人,兼职律师达 15,908 人。特邀律师 5922人,律师助理 24,000 多人。据不完全统计,在二十多年政法院校(系)所培养的法律人才中,大约有 30% 进入了律师队伍或获得了律师资格。

尽管与发达国家相比,中国律师在总人口中所占比例仍然很低,但律师队伍规模的增长与社会对律师法律服务的有效需求的增长已大体适应。从律师队伍的文化素质看,大专学历的57,588人,约占律师总数的48.1%;本科学历的38,081人,占34.8%;硕士研究生学历的5235人,占4.8%;博士研究生学历的355人,占0.32%。这些数据表明,律师队伍的文化素质明显高于其他法律群体。

——律师事务所发展很快,且形式多样。中国律师服务机构1981年为2023个;到目前为止,各类律师事务所已达9300多个。经过80年代中期以来的探索和改革,国办所一统天下的局面已由多种形式律师事务所并存的状况所代替。在全国现有律师事务所中,合伙制律师所3098个,占总数的33.3%;合作律师所933个,占总数的10%;国资所5216个(目前正处于全面改制之中),占总数的56%;其他类型所134个,占总数的1%。此外,还有部分外国律师事务所和香港地区律师事务所在北京、上海、广州等城市设立了120个办事处。大中城市律师事务所中,普遍配备有现代化的交通、通讯工具,具备了现代化的办公条件。北京、上海、广东以及山东等地的不少律师事务所已具有较大规模,其软件和硬件均已达到或接近国际先进水平。

——律师法律、法规、规章不断出台,并已基本形成体系。二十多年来,有关律师的立法、法规、规章不断制定和颁布。除了《宪法》、《刑事诉讼法》、《民事诉讼法》、《行政诉讼法》以及《律师法》这些法典外,还有司法部的各种部颁规章,最高人民法院、最高人民检察院的相关司法解释,律师协会规范性文件,亦有财政部、公安部、中国证券监督管理委员会、国家工商行政管理局等政府职能部门颁布的有关规定。这些法律、法规、规章以及其他规范性文件共为一体,大致上覆盖了律师执业活动及律师管理所关涉的主要领域、主要过程和主要环节。这些规范不仅保障了律师执业活动和对律师的管理有法可依、有章可循,更重要的是对律师在司法程序、行政程序以及在其他社会生活领域中的地位作了不同程度的界定,为中国律师的生存和发展建立了制度基础和依托。

——律师自律组织体系已经形成,自治和自律作用愈趋突出。1986年,中华全国律师协会正式成立。这是新中国第一个全国性的律师自律组织。此后几年中,全国各地相继成立了本地区的律师协会。二十年来,全国律协已经历了四届,先后召开了四次全国律师代表大会。特别是第三、第四届律协领导机构,全部由执业律师组成,从而为律师自己管理自己迈出了可喜的一步。各主要省、市、自治区及其所辖地、市律协通过几届机构的努力,也基本完成了自律组织体系框架的构建。全国律协和省、市、自治区律协还相继建立了维权、刑事、民事、金融证券、发展战略等多个专业委员会。特别是进入 90 年代后,各级律协依照法律、法规及章程规定的职能,在有限的条件下,开拓性地开展各项工作,为规范律师执业活动,维护律师权益,扩大中国律师在国际国内的影响发挥了积极作用。二十年中,全国律协以律师立法、法规为依据,先后制定了十多项执业规范,延伸和强化了有关律师立法的影响,丰富了职业道德标准和执业纪律的内容,同时也为律协自身各项工作的开展提供了依据。律协各专业委员会成立以来,积极探索本专业的工作思路,通过多种形式和多方面的活动,推进本专业业务的拓展和深化,强化了律协组织与律师的联系,也强化了律协自治与自律的现实性。近几年来,由于律师执业环境愈趋复杂,律协的维权工作也日益艰巨。各级律协针对各地出现的侵害律师权益的个案,在弄清事实,鉴明法理的基础上,同有关方面积极交涉,据理力争。除了通过程序手段外,又借助新闻媒体等渠道,吁求社会各有关方面支持和保护律师的正常执业活动,不仅有效地解决了个案,维护了律师执业的尊严,增强了律师的信心,同时也增强了律协自身的凝聚力和号召力。在国际交往方面,全国律协已正式加入了国际律协、国际律联、亚洲律协会长会议(POLA)等重要的国际律师组织,积极开展工作,让世界了解中国律师和中国的法制建设,维护"一个中国"的主权原则。全国律协还通过参加国际会议、互访互派等活动,同世界上三十多个国家和地区的同行建立了各种形式的联系,争取并实施了多项国际培训计划,培训了人才,增加了中外律师业相互间了解,扩大了中国律师的国际影响,也为中国律协在国际同行中赢得了地位。

——律师资格考试制度从无到有,并不断趋于完善。自 1986 年以来,我国实行了律师资格统一考试制度,并由此开创了新中国专业资格全国统一考试的范例。十五年来,全国律师资格统一考试已先后举行了 12 次,共有 150 多万人参加了考试,录取合格并授予律师资格近 14 万人。十五年来,参加考试的人数逐年增多,参考人员的文化素质有所提高,考试的要求和水准渐趋严格,考试所形成的影响也日益扩大。“律考热”已经成为现今中国影响层面既广且深的一个现象。律师考试制度的顺利实行,不仅为律师行业“准入”提供了公平、公正的途径,为社会各领域的优秀人才进入律师队伍提供了常规性机遇,为律师队伍源源不断地输送着后备力量,同时也为司法机构以及政府部门和企事业单位储备了专业人才。从更深层面看,律师资格考试制度的实行,还对打破传统的就业、择业方式产生了较好的作用,对提高法学教育的地位以及对法学教育的方式和方法产生了重要的影响。近几年来,律师资格考试主管部门正认真总结经验,从参考人员资格、考试时间、命题方式、评卷工作以及录取标准等多个方面进行全面、审慎的探讨和研究,力图使这一制度更趋合理和完善。

——律师及律师事务所的专业化、规模化已受到普遍重视,且已取得一定进展。进入90年代后,随着市场经济的推进以及国际经济交往的增加,律师及律师事务所的专业化、规模化逐步受到中国律师的重视。一大批专门从事证券、金融、房地产、外商投资、知识产权等业务的律师已活跃在经济生活的相关领域。这些律师不仅具有较为扎实的法律知识基础,同时也熟练地掌握了专门性的经济知识和专业技术。在北京、上海、深圳等地,专门从事或主要从事证券、金融、外商投资、房地产等业务的律师事务所已经出现,并有增多的趋势。不少综合性较强的律师事务所,也按照专业化的要求,设置了多个专业部门,以适应专业化服务的要求。在专业化趋势增强的同时,走集约化、规模化道路也成为中国律师业发展中的一个明确的取向。特别是受中国加入WTO进程的影响,不少律师事务所在司法行政管理机构的支持下,按照自愿原则,采取多所合并以及加强紧密型协作的方式,实行“强强联合”、“强弱合作”、“区域协作”,以提高律师事务所的整体实力,实现资源共享,增强资源利用效果。尽管从整体上看,中国律师专业化、规模化的道路还很长,同时,在中国特定条件下实行专业化、规模化亦有许多问题尚待探讨,但这一趋势表明,中国律师业已经开始自觉地将自身置于现代律师业发展潮流之中,并力求突破发展初始阶段的局限,缩小同国际先进水平的距离。

——律师宣传、教育培训以及律师理论研究不断有所进展,并取得较好的效果。二十多年来,中国律师在通过执业活动树立自己形象的同时,还借助于多种途径,加大对律师及其社会功能的宣传,特别是利用《律师法》颁布以及该法实施一、二周年以及改革开放二十周年这样一些机遇，举行各种形式的宣传和展览活动，向社会传播中国律师制度的基本内容，传扬中国律师的积极贡献，加强律师与社会各个层面的沟通。《中国律师》杂志、《中国律师报》（《百姓信报》）以及各省、市、自治区创办的专门性的报纸杂志，已成为宣传律师制度及其实践、交流律师执业情况以及探讨律师业发展的主要载体，不仅在业内产生了重要影响，也受到了社会的广泛关注。基于律师职业社会影响的日益彰显，以律师及其执业活动为题材的电视、电影、戏剧、小说等文艺作品也不断被推出，这些作品从不同侧面宣传了律师在社会生活中的作用，扩大了律师职业的社会影响。二十多年来，律师的教育和培训也在不断加强。法律院校（系）的教育、律考辅导、执业律师的学历教育和岗位培训以及各种专门知识的培训已形成综合性体系。以获取律师资格为目标的专业教育成为整个法学教育的重要取向；以提高执业水平，丰富专业知识，完善知识结构为目标的执业律师继续教育亦呈现出良好势头。与此同时，对中国律师制度、对中国律师业发展趋势的研究也受到法学界以及律师界的重视。据不完全统计，近二十年来，以律师及律师各专门业务为主题的书（译）著达两百余种，专门性的研究论文在各种法学期刊中也占有重要地位。律师理论已成为中国法学理论中不可或缺的组成部分。

中国律师业的成就不仅体现于自身的快速发展，更主要在于，它与中国改革开放和民主与法制建设的重要历史机遇相契合，并由此对中国社会产生重要影响。在20世纪最后二十年中，中国律师以其特有的方式，为中国社会进步的各项事业作出了有益的贡献。这主要体现在：

1. 积极发挥诉讼功能，提高了法律实施水平，完善了诉讼构造，为保障公民和社会组织的民主权利发挥了极为重要的作用。二十多年来，中国律师一直以诉讼作为其执业的主战场，从最初参与刑事诉讼、民事诉讼，到大量介入经济诉讼和行政诉讼，中国律师的恢复发展过程一直伴随并推动着诉讼制度的恢复、诉讼影响力的扩展以及诉讼制度的改进和完善。二十多年中，律师诉讼案件受理量逐年增加，诉讼类型及诉讼案由也趋于复杂。1999年，全国律师共受理各类诉讼案136.4万件，其中刑事案件31万件，民事案件59.2万件，经济案件42.3万件，行政案件3.9万件。在法院受理的各类诉讼案件中，有律师参与的案件大约占80%，这一比例在未实行律师强制代理制、且经济发展水平较低的国家中是十分突出的。实践表明,律师凭借其特有的诉讼地位,依靠其专业知识,运用其诉讼经验和技巧,不仅推动了诉讼程序的顺利进行,而且也在很大程度上保证了司法程序的公正性。正是由于律师的参与,正是有了律师在司法程序中的特殊作用,正是有了律师对公正诉讼程序及公正诉讼效果的积极追求,中国诉讼制度才能够以完整的构造和相对完善的机制发挥其解决社会冲突的应有功能。二十多年中,在国内外产生重要影响的一些诉讼案件审判过程中,如对林彪、江青反革命集团的审判,浙江千岛湖游船特大抢劫案,新疆克拉玛依"12·8"特大火灾案,张子强团伙犯罪案的审判等等,律师都发挥了较好的作用,显示了中国律师维护法律,追求公正,敬业尽职的精神风貌。

中国律师对诉讼的广泛参与,增强了社会公众和其他社会组织追求和实现民主权利的能力,增强了公民的人权保障,丰富了社会主义民主政治的内容。经过二十多年的实践,中国律师通过其诉讼活动已经与司法机构的执法行为形成了良性互动的格局,并初步形成了相互制约和相互配合的合理机制。依靠这种机制,律师能够较为有效地代表社会公众和其他社会组织的合法立场,运用诉讼手段,防止和矫正各种司法偏差,在司法程序中维护和实现其合法利益。在经历过法制荡然无存、民主被全面破坏的十年浩劫的国度中,律师参与诉讼的作用具有更为深刻的社会意义。

2. 积极支持经济体制改革,广泛参与民事和经济交往,为市场经济的发育和发展提供了有力的支持和帮助。中国律师制度的恢复和发展与中国经济体制改革是在同一时空中进行的;经济体制改革的推进和深化客观上形成了对法律服务的急迫需求。二十多年中,各地律师以敏锐的意识积极投入到经济体制改革的实际过程之中。从企业承包、租赁合同的起草和签订,到企业的股份化、公司化改制;从企业联合、破产与兼并,到公司股票发行与上市,所有这些具体改革措施,都有律师不同程度的参与。特别是在股份公司设立以及股票发行和上市过程中,律师的参与已成为法定的必经环节。在深圳、上海以及境外证券交易市场交易的一千多家国内股份公司的股票,其上市和交易过程中都包含了中国律师的积极努力。鉴于微观体制改革中主要涉及国有资产的界定和处置问题,中国律师在政府有关部门的支持下,还大量地介入到国有资产的界定和处置之中。在此过程中,律师依据有关法律、法规和政策,协助政府有关部门和企业,理清资产关系,分清资产归属,并以此为基础出具专业意见,既维护了国有资产的应有地位,又推动并加快了改革的进程。在投资体制改革中,律师积极参与招投标活动,从法律角度进行把关,保证招投标程序的合法、公平和公正。近些年,我国重要的建设项目,如三峡工程、黄河小浪底工程、大亚湾核电站以及上海地铁等建设项目的招投标过程,都有中国律师的具体参与。现在,律师参与招标投标已经得到国家相关法规的肯定,成为招标投标的必经程序。

在涉足经济体制改革的同时,二十多年来,中国律师对民事和经济交往的参与也越来越广泛;经济主体对律师法律服务的依赖和需求不断增加,律师在中国经济生活中的地位以及律师执业活动对经济交往的影响越来越突出。到目前为止,国内多数企业都聘有律师担任常年法律顾问或者与律师保持有经常性的法律服务关系。在金融、房地产、国际贸易、国际投资、消费者权益保护、知识产权保护、反倾销以及高科技产业的生产经营过程中,律师的参与已成为常规现象。不仅如此,由于经济水平的提高,在传统民事流转中对律师的法律服务也有较大的需求,而律师对民事交往过程的渗透和参与一方面提高了交往的质量,减少了交易摩擦,增加了交易成功的机率,更为重要的是,律师的广泛参与,提高了经济主体适应市场经济的能力,为中国市场经济的快速启动和发展提供了有力的支持。

3. 关心立法,参政议政,积极为政府提供法律服务,以各种可能的方式和条件推动依法治国的进程。二十多年来,中国律师以各种方式参政议政,积极为立法以及政府的社会管理提供服务,使律师的专业技能在更高层面上得到发挥和展示,在一定程度上加快了依法治国的进程。二十多年来,特别是近几年来,律师对各种立法和法律修改工作越来越关注,立法机构对律师的意见也越来越重视。在一些重要的法典,如《合同法》、《刑法》、《刑事诉讼法》、《海事审判特别程序法》、《担保法》、《建筑法》、《公司法》、《著作权法》、《外资企业法》、《中外合资企业法》、《独资企业法》以及《法官法》的制定或修改工作中,都听取吸收了律师的意见。在不少地方立法的制定过程中,律师还直接参与立法的起草工作。不仅如此,最高人民法院在制定相关法律的司法解释过程中,律师也提供了不少建设性的意见。律师对立法工作的贡献不仅体现于直接参与立法或法律修改的过程,还体现于律师依据其业务实践向立法机构提出各种立法和法律修改建议,由此推动立法进程或法律的改进。近年来,不少立法或法律修改动议是在律师与其他各有关方面的共同努力下形成的。随着律师队伍的逐步成熟,律师参政议政的意识也逐步加强。同时,随着中国律师社会影响的加强,为律师提供的参政议政的机会也不断增多。以全国人大代表为例,七届人大代表中仅有一名律师,八届人大代表中就有五位律师;九届人大代表中增加到六位律师。在不少地方人大代表以及各级政协中,都有律师的参与,而且律师的数量逐届有所增加。中国律师参政议政更主要的方式在于把律师的执业活动同政府的社会管理工作结合起来,通过担任各级政府的法律顾问,提高政府管理行为的法律水准,加大依法行政的力度。政府所涉及的法律事务很大程度上是依靠律师或在律师的帮助下得到处理的。是否重视并借助于律师的作用,已成为衡量各级政府依法行政水平的一个客观标志。迄至现今,吉林等省份以及多数地、市级政府都聘请有律师组成专门的顾问机构;未建立专门机构的,也在涉及相关法律事务时,邀请律师参与决策过程或者征求律师的意见。上海等地的律师还应邀参与政府重大决策课题研究和信访等工作;在《政府工作报告》的形成过程中,听取律师的意见;政府重大投资或其他经济方面的决策,也吸收律师参加,由律师起草各种法律文书,从专业角度进行把关。四川等地的司法行政管理机构利用一切可能的机遇,向政府举荐律师,把律师推入到政府的各项管理活动之中。虽然从总体上看,中国律师参政议政的作用尚未能得到充分发挥,但可以肯定,在现有条件下,律师的作为已经对我国政治生活,特别是对依法行政的进程产生了积极影响。

4. 拓展涉外业务,扩大国际交往,为对外开放作出了重要贡献。二十多年来,中国律师通过不断开拓涉外业务,逐步介入外商投资、国际贸易、国际金融等涉外商事活动,不仅使自身得到了锻炼和提高,扩大了在国际同行中的声誉,更重要的是为我国对外开放作出了重要贡献。从国际投资看,无论是境外企业来华投资,抑或境内企业到国外投资,外国律师事务所包揽这类业务的局面已经得到根本性改变。不仅境内的企业愿意邀请中国律师作为自己的顾问,而且境外的企业,包括世界五百强中知名跨国公司,也相继聘请中国律师作为自己的代理人或聘请中国律师提供相关的法律帮助。北京等地一些律师事务所还走出国门,到境外创办了分支机构。中国律师以其谙熟国内法律环境的特殊优势,以其对国际惯例的掌握以及娴熟的语言能力，赢得了国内外客户的信任和尊重。据不完全统计，国内数万家“三资”企业的创办过程中，80%以上都得到了中国律师的帮助。在国际贸易和国际金融方面，中国律师也有广泛的参与。从具体的国际买卖、国际融资活动，到国家和地区间以反倾销为内容的贸易磨擦；从正常的商务活动，到国际贸易及融资纠纷的仲裁、诉讼以及国际间商事和金融诈骗犯罪的处理，中国律师都能以积极的姿态参与其中，为政府或国内外客户提供各种法律帮助，较好地维护了国家尊严，也维护了中外客户的合法利益，同时还规范了交往行为，促成了交易的顺利进行。由中国律师经办的一些重要案例，如河北衡水一百亿美元跨国信用证诈骗案等，在国内外产生了重要影响。现在，一大批中国律师已基本具备了参与各种类型国际经济交往、为之提供法律服务的能力和条件；中国律师所提供的这种帮助和服务已构成中国对外开放环境的重要组成部分。随着中国加入 WTO 进程的加快，中国律师未雨绸缪，从机构调整、知识培训等多方面作出准备，从而增强了对加入 WTO 后经济交往格局变化的适应能力，由此也必将对中国对外开放产生更为重要的作用。

5. 开展法律援助，热心公益事业，弘扬了良好社会风尚，增进了人民群众对党和政府的感情。作为社会法律工作者，中国律师在二十多年的实践中逐步形成了“立足于社会，服务于社会”的职业理念，在向社会提供有偿服务的同时，通过开展法律援助和积极参与公益事业和公益活动，增强同社会的融合度，扩大律师职业的社会影响。到 1999 年，全国除个别地区外，相继建立了法律援助机构，机构总数 1235 个，专职工作人员达 3920 人。这些法律援助机构以 11 万律师为依托，积极向公民提供法律援助。1999 年，全国法律援助机构共办理法律援助案件达 132,097 件，广泛涉及工伤纠纷、劳动纠纷、请求发放抚恤金或救济金以及刑事辩护等案件；涉及被援助的个人或机构近 30 万个，其中多数为妇女、儿童、老人、聋哑人或其他残疾人以及下岗职工、务工农民等。在非刑事案件中，因律师提供援助而获胜诉或调解、和解的占 90% 以上。在刑事案件中，受援对象为盲、聋、哑、未成年人及可能判处死刑的案件达 28,242 件，占刑事援助案件的 69%。律师辩护意见得到采纳的占 40%。现在，提供法律援助已成为律师行业组织为律师设定的执业义务；同时也成为政府对公民实施社会救济的一种常规方式。律师参与法律援助的自觉性也有所提高。除了通过法律援助机构实施援助外，广大律师在具体的执业过程中，还通过其他形式经常性地为公民和法人提供无偿的法律服务。不少律师所开设了义务咨询电话，或者与媒体共同创办律师咨询栏目（节目），向社会公众宣传法律，解答个案。对于各地出现的严重侵害公民权益、社会影响较大的个案，很多律师不计报酬，以种种形式为受害者提供帮助。在全国各地，特别是在一些经济落后的“老、少、边、穷”地区，不少律师克服自身的困难，对支付能力较弱的委托人长期实行低标准收费，很大程度上避免了“请不起律师、打不起官司”的现象。在提供法律援助的同时，广大律师还积极参加社会公益事业和公益活动。北京、上海、天津、广东等省市的一些律师事务所捐资创办了一批希望小学；有些律师事务所还在一些高校建立了各种形式的基金，支持学术研究，褒奖优秀教育工作者和学习成绩优秀或经济困难的学生。在局部地区发生洪水、地震等自然灾害时，广大律师又慷慨解囊，奉献爱心，支援灾区建设和灾区人民恢复生产与生活。每逢重大节日或纪念活动，各地律师还主动、自发地以义务法律咨询等形式予以配合。二十多年来的实践表明，中国律师已逐步形成了关注并参与社会公益活动的自觉意识。通过对公益事业和公益活动的参与以及各种形式的法律援助，不仅强化了律师同人民群众的关系，深化了律师同公众的情感，更重要的是，律师的这些活动，直接体现着党和政府对人民群众，特别是社会弱者的体恤和抚慰，从而又增进了人民群众对党和政府的感情，增强了他们对社会制度的信心，弘扬了优良的社会风尚，提高了社会的凝聚力。

二十多年来，中国律师无论是自身的发展，还是对社会的贡献，所取得的业绩都足以令人自豪与骄傲。这些业绩的取得归结于邓小平建设有中国特色的社会主义理论的正确指导；归结于中国共产党依法治国方针的全面实施；归结于改革开放所提供的历史机遇；归结于司法行政管理机构对律师工作的积极探索以及对中国律师业发展进程的正确把握；归结于司法机构以及广大人民群众对律师执业活动的配合和支持；归结于 11 万律师的开拓进取和不懈努力。所有这些，都将成为中国律师业发展的宝贵经验，在新世纪中不断继承和光大。

审慎地检视二十多年所走过的道路，冷静地分析中国律师的现状，我们又不能不看到，无论是外部条件抑或内部机制，中国律师业的发展中都存在着诸多亟待解决的问题。

从外部条件看，虽然中国律师的性质、职能已经在立法中得到明确，但律师职业在整个制度建构中的应有地位尚未完全得到解决。由此所带来的问题是：首先，律师参与国家及社会事务管理的机会和途径较少，律师的作用和影响尚未受到应有的重视和关注，律师高层次的职业功能未能得到有效发挥。同时，律师向体制内其他职业转换尚缺少正常的途径，律师未能成为政治人才的后备资源，难以激发律师的政治热情。其次，律师在与司法机构、政府行政机构的交往中，往往得不到应有的尊重；歧视律师、限制律师正常执业活动，甚至打击迫害律师的情况屡屡发生。尤其是在刑事诉讼程序中，律师的执业环境和条件较为窘迫，能够为委托人提供的法律帮助还十分有限。律师不愿、不敢受理刑事案件的情况较为突出。再次，律师与政府职能部门之间的合理分工尚未形成，应归属于律师的部分职能未能从政府职能部门中得到分解，由此影响了统一的法律服务市场的形成。

从律师业内部看，首先，行业自律组织的作用未能全面发挥，不少地方自律组织机构不够完备，力量较弱，活动亦不够正常。自律机构对外的交涉力以及对内的凝聚力都很缺乏。其次，律师事务所的机构改革任务尚未完成，内部管理混乱的情况也较为普遍，律师事务所“散、乱、差”的状况尚未得到根本改变。再次，由于律师制度恢复阶段设定的律师“门槛”偏低，律师队伍的整体素质也不够理想，律师的知识结构、业务水平与社会发展的要求尚不够适应。有些律师缺少起码的敬业精神和基本的职业道德或执业技能，为委托人提供的服务质量较差；少数律师品位低下，为追逐个人私利不惜牺牲委托人利益。不仅如此，律师中违法乱纪，知法犯法，执业活动中使用不正当手段，败坏司法风气的现象还比较严重。更值得重视的是，对律师的教育缺少制度性手段和常规化的渠道，不少律师长期处于管理的盲区。第四，随着律师行业竞争的加剧，法律服务市场秩序混乱的问题也显得日益突出，竞争无序状态已显端倪。此外，由于经济发展水平的差异，各地区律师业的发展极不平衡，这种差距还有进一步拉大的趋势。所有这些问题，不仅值得管理部门的高度重视，更值得每一个中国律师深思与反省。通过这种思考形成职业整体的危机意识，从维护职业整体的前途和命运的高度出发，消除目前存在的这些负面因素，保证中国律师业的健康、顺利发展。

第二部分　面向新世纪的中国律师

21 世纪,将是中国全面实现现代化,并全面实现依法治国的重要历史时期。18 世纪以来西方发达国家的实践表明,律师作为一种特殊的社会职业,在国家实现现代化以及推进民主和法治过程中具有极为重要的作用。尽管由于国情不同,中国律师与西方国家律师社会功能发挥的方式与途径会有一定差异,但毋庸置疑的是,中国律师将是 21 世纪中国现代化建设以及民主与法制建设中一支不可或缺、无可替代的力量。新世纪的到来,不仅为中国律师提供了大显身手、全面施展其职业功能的广阔舞台,同时也赋予中国律师极为艰巨的历史任务和社会使命。完成时代所赋予中国律师的任务和使命,新世纪中,中国律师必须以全新的面貌和更高的水准面向社会,走向世界。这意味着中国律师业需要进一步确立并不断完善自己的发展思路和发展战略;意味着中国律师需要在政治体制改革、司法体制改革以及其他建构的变革和调整中相应提高其社会地位,以便更为充分地发挥其功能和作用;意味着中国律师需要通过行业内部制度的层层创新,逐步建立和形成科学、高效、有序、和谐的运作机制;意味着中国律师必须通过严格的自我教育和自我约束,从整体上提升自己的品位和素质。

(一)确立正确的发展战略和思路,推动中国律师业稳步、全面的发展

在今后的十年以至更长一段时期中,中国律师发展的主要战略是:依据我国市场经济形成以及依法治国方针实施的具体进程,适应新世纪中国社会对律师业的实际需求,努力开拓律师执业活动的空间,加强律师对社会生活过程的全面渗透,进一步扩大律师业的社会影响,同时,全面提高律师队伍的整体素质,积极探索和完善律师制度,尤其是律师管理体制,着力塑造完善的律师自治、自律机制,力争在今后十年中,初步形成具有中国特色的社会主义律师制度。

具体发展思路是:

1. 积极而稳妥地扩大律师队伍。中国律师在今后较长时间中仍然处于扩充和增加的趋势。这不仅是因为后备人才资源的供给十分充裕,律师职业声望对择业者的诱导力不断增强,更主要是中国社会蕴含着巨大的法律服务的市场空间,中国社会的发展客观上产生着增加律师规模的要求。但是,律师规模增加的节律必须有一定的控制,盲目发展,不仅不能保证律

师队伍的基本质量，同时会导致法律服务市场供求失衡，进而导致过度竞争。综合供给和需求两个方面，并考虑到业内人员自然减员和职业转向等因素，今后十年中，中国律师规模每年的递增水平应保持在7%左右为宜。依此增长水平，到2012年，中国律师的总人数大约达到20万人。鉴于目前每年参加律师考试的总人数已突破20万人，且逐年都有大幅度增长，律师准入的“门槛”应有所提高。除了对报考资格应作更严格要求外，对考试的方式和内容也应作较大的改进和调整。不仅如此，对获得律师资格而转为执业律师的条件和程序也应有相应的改变，以便根据法律服务市场的实际情况，随机地掌握具备资格者进入执业律师队伍的节奏。

2. 建立以合伙所为主体，多种形式、多种层次并存的律师组织体系。允许律师根据不同条件和需要，组建和设立不同形式的律师组织机构。从近些年实践看，合伙律师事务所与我国现阶段律师事务所的业务规模、分配方式以及管理水平较为适应。因此，合伙所应成为中国律师组织机构的主要形式。但是，在合伙律师事务所以外，允许有条件的律师事务所为扩大规模组建律师集团；允许跨地区的律师事务所；允许律师为减少执业风险成立有限责任形式的律师事务所；允许有良好社会形象和声誉、有较强实力和能力的律师创办个人律师事务所；在条件成熟的情况下，试办中外合作律师事务所。同时，在一定时期内，对少数欠发达地区，允许保留少部分国家出资的律师事务所，并推动其逐步向其他形式转化。此外，在服务类型上，既允许从事综合业务的事务所存在，也允许开办专门从事商标、专利、保险或税务等单一业务的事务所。

3. 建立以律师业为主导的统一的法律服务市场。根据党中央、国务院对第三产业发展以及中介机构整顿的部署和要求，在近期内将相关政府职能部门或依附于这些职能部门的法律服务功能划出，关闭、整顿、吸收、合并隶属其下的法律服务机构，形成和建立以律师业为主导的统一的法律服务市场，实行统一的、有序的行业管理，并依照市场规则操作和运行。在这样统一的市场中，律师除了传统的诉讼业务以及一般性民商交往业务外，还将广泛地介入工商行政管理、税务、专利、海关、商检等政府管理活动所派生出的法律服务事务，由此使律师的业务范围进一步拓宽。

4. 着力扶持和培养一批具有国际竞争力的律师事务所和律师。中国加入WTO后，中国律师的业务空间不仅是国内市场，同时也包含国际市场;中国律师面对的竞争对手不仅是国内同行,也将面对国外同行。能否在国际国内市场中与国外同行展开竞争并取得主动地位,不仅关系到中国律师的声望和信誉,而且也关系到国家和民族利益。因此,在普遍提高中国律师执业水平的同时,应抓紧在有条件的城市,扶植和培养一批具有国际竞争力的律师事务所和律师。在此过程中,可通过行政引导,依照市场规则,推动一些所走“强强联合”的路子,形成一批规模大、实力强、能够产生国际影响的骨干事务所。可将一些目前专业较为集中、基础较好的事务所定型为专业化的律师所,鼓励专业较为突出的律师流动到专业化律师所执业。同时,有一定规模基础的律师所应加强不同专业人员的配备和培训,完善人员结构,提高综合能力。通过这些措施,使中国律师尽快适应加入 WTO 后法律服务市场的需要。

5. 实行对不同地区律师发展的分类指导和分层管理。鉴于我国不同地区经济文化发展水平不平衡以及各地区律师发展的实际情况差异甚大的现实,为保证中国律师业的均衡发展,在今后较长时期中,对不同地区的律师发展,将实行分类指导和分层管理。分类指导和分层管理的基本原则是:对经济相对发达地区及律师业发展较快、律师服务水准较高的地区,实行更为严格的管理标准和要求,推动这些地区的律师事务所及律师在管理及执业水准上与国际接轨。对欠发达地区,特别是对于西部地区,采取积极的扶持性政策措施。如适当放宽律师市场准入的标准;加大对这些地区律师的培训力度;减免这些地区律师事务所及律师的行业管理规费和税费等等。与此同时,通过一些具体的政策措施鼓励不同地区律师的多种形式的合作,缩小地区间律师业发展的差距,带动律师业的整体发展。

(二)加强律师的政治参与,进一步提高中国律师在社会政治生活中的地位

律师参与社会政治生活的程度反映和标示着现代国家民主政治的实际水准。中国共产党作为人类先进文化的代表,作为民主与法治的坚定倡导者和维护者,要求中国律师对社会政治生活有更为广泛的参与。通过这种参与,把法治精神和法治理念融入到社会政治生活之中,同时,有效地推进民主政治的进程。

作为参与社会政治生活的基本前提,中国律师必须忠实于中国共产党及其领导下的现代化建设事业,忠实于国家和民族利益,忠实于法治原则

和基本的法律制度，以坚定的政治立场，鲜明的政治态度，明确的全局意识，高度的社会责任感，运用自身的法律知识和法律技能在各项政治生活中发挥作用。

律师参与社会政治生活首先是指律师作为一种职业共同体通过其自治和自律组织，对政治生活过程中的重大事件取得专业上的发言权；在政治生活的主要环节中充分地表达自己专业性的社会见解。为此，应当从制度上为律师知晓并参与社会政治生活提供必要的条件和保障。如在各项立法的形成过程中，把律师参与立法草案的起草和讨论作为必经环节；又如社会影响重大的政治决策的作出，将律师的咨询论证作为专家论证和社会意见征询的必要组成部分；对于各级政府的《政府工作报告》、《人民法院工作报告》、《人民检察院工作报告》等重大而常规性文献的形成，更应将征询律师组织的意见确定为一种制度，以使权力机构能够适时地听到律师对政府社会管理和司法机构实际工作的评价和建议。

律师参与社会政治生活还指在政治体制的组织架构中，更多地吸收优秀律师的参与。建议在各级人民代表大会和政治协商会议等组织中，将律师作为一个独立的界别，尽可能为律师进入这些组织提供更多的机会。基于我国律师目前的规模及律师队伍进一步扩大和素质不断提高的趋势，可确定在各级人大和政协中让律师保有一定的比例，并使这一比例逐步有所提高。要建立律师转入体制内其他职业，特别是转入其他司法职业的常规性制度和机制，藉此激发律师的政治理想，扩展其政治抱负，提高律师的政治责任感，淡化律师执业行为的商业色彩，强化律师的自我约束。

中国律师的政治功能的发挥不仅应体现在对政治活动过程的参与中，还应体现于日常的执业过程之中。在社会阶层发生较大变化，传统的社会控制体系发生改变，既有的社会治理方式与客观社会条件不够适应的情况下，律师在其执业活动中，应当通过与社会各个阶层、各个群体的广泛联系和接触，自觉地宣传和贯彻党的方针政策，积极灌输和传播法治精神和法律的基本原则，把党和政府的政治领导和法律对社会生活的规范具体地渗透到各个阶层和各个领域之中，使律师的执业活动成为党和政府的政治领导与人民群众生活实践之间的重要桥梁和纽带。不仅如此，中国律师在其执业活动中，应当保持敏锐的政治意识，善于发现并慎重处置隐含于各种法律纠纷之中危害国家和人民根本利益的现象，坚定不移地同破坏社会稳定和社会安定,破坏民族团结和政治统一的行为作斗争。总之,中国律师应当通过更广泛的政治参与以及政治功能的充分发挥,提升自己的品位,提升自己在政治建构中的地位,在新型社会治理结构和治理方式中,以更高的位势发挥其特有的作用。

(三)改善律师参与诉讼的环境和条件,更好地发挥律师的诉讼功能

诉讼是中国律师执业活动的主要舞台。作为律师的传统业务,21 世纪中,诉讼仍将是中国律师展示自己才干,体现专业技能的基本空间。

与社会主义国家主流意识形态以及中华民族的优秀传统伦理的要求相适应,中国律师应自觉地把追求真理,崇尚正义,嫉恨邪恶,忠于法律作为自己在各种诉讼活动中的基本立场和主导目标,把参与诉讼的工作重心放在辩明是非,阐明法理,维护委托人的合法权益之上,依靠自己追求真理的一身正气,依靠自己丰富的法律知识和熟练的庭审技巧,赢得委托人的尊重,感染和震撼社会公众,并求得司法机构对自己主张的支持和认同。在当前,尤其应高度警惕物质利益的诱惑对律师灵魂及行为的扭曲,摒弃和杜绝任何运用不正当手段影响司法人员谋求利己诉讼结果的做法;同时也应坚决抵制司法人员利用职权牟取私利而提出的不正当要求。通过律师的严格自律与司法机构反腐倡廉的相互呼应,形成两者间的良性互动,共同净化司法环境,创立和维护公正的司法秩序。

为进一步发挥律师在司法程序中的作用,我国现行司法程序应作相应改革。改革的取向是:适度扩大律师的诉讼权利,如赋予律师向证人收集证据的权利;在刑事诉讼中设定首次询问犯罪嫌疑人律师在场权等等;同时,强化和突出律师在庭审中的作用,特别是淡化庭审中的纠问、审问色彩,为辩诉双方留有更大的空间,依靠辩诉双方的诉讼行为推进审判程序的进展;进一步便利律师在诉讼中的执业活动,为律师行使或代理委托人行使诉讼权利提供必要的保障和条件;适当提高律师在诉讼主体结构中的地位,特别是消除歧视律师、有碍辩诉双方权利平衡的某些程序性规定。

除了在制度层面上进行必要调整和改革外,更重要的是,在司法实践中,司法机构及其成员应充分尊重律师的法定诉讼权利,理解和支持律师正当的执业活动,重视律师在诉讼中所提出的主张和意见。司法机构还应采取有效措施,防止任何无端限制律师行使正当权利,歧视甚至迫害律师的司法专横现象的发生。律师组织和全体律师也应坚定地同各种司法专

横现象作斗争,以维护自己的应有地位和基本的权利。司法机构与律师组织之间、司法人员与律师之间要通过正当的、经常性的途径,加强双方的沟通和理解,增加共识,共同探索改进诉讼程序,建立和完善富有中国特色的社会主义审判制度和诉讼秩序的途径和方式。

基于过去二十多年律师参与诉讼的实际情况,改善律师在刑事诉讼中的执业环境应当成为立法、司法乃至全社会关注的问题。律师参与刑事诉讼,为犯罪嫌疑人或受害人提供法律帮助,为犯罪嫌疑人及刑事被告提供辩护,这是人权司法实现的重要内容和必要措施。我国是人口众多的国家,刑事诉讼对律师服务的需求量很大。在今后较长时期中,我国社会治安形势不容乐观,同时,国际上人权领域的斗争也日趋复杂,不仅如此,随着我国对《公民权利和政治权利国际公约》以及其他相关国际条约的加入,对公民权利保护的要求也不断提高,律师参与刑事诉讼的重要意义也更为突出。为此,必须从根本上改善律师在刑事诉讼中的执业环境,排除律师参加刑事诉讼的现实和心理上的障碍,提高律师参与刑事诉讼的比率和实际效能。

改善律师在刑事诉讼中的执业环境,首先应在全社会、尤其是在执法部门消除"左"的思想的影响和认识上的偏见。同时,司法机构及其成员应当对律师的诉讼立场保持正确认识和理解,以此缓释律师参与刑事诉讼的紧张心态。在制度上,应考虑为律师参与刑事诉讼提供更有效的保障,避免和防止律师正当执业行为受到司法机构的不正当追究。不仅如此,对律师所运用的证人也应有具体的保护措施。在刑事诉讼的各个环节中,禁止任何直接或间接限制律师正当执业活动的行为和现象发生。同时,要通过律师投诉制度的建立,使律师能够有常规性的渠道反映自己在执业中所遇到的问题,使司法人员的行为偏差及时得到矫正。

(四)全面拓展律师的非诉讼业务,强化律师对社会管理和经济交往过程的参与

根据发达国家的实践以及我国政府机构改革和市场经济发展的趋势,非讼业务将逐步成为中国律师执业活动的重要内容,在律师的业务结构中占有很大比重。在一些经济发达地区,非讼业务的地位将更为突出。律师非讼业务的开展,不仅有助于政府机构职能的转变,有助于市场交往的顺畅进行和民事流转秩序的稳定,更重要的是,通过律师非讼业务的开展,可

以将法律制度的基本要求具体地体现在社会管理和经济交往过程之中，在社会生活的最基本层面展示依法治国的精神。

中国律师非讼业务的拓展，首先产生于政府机构改革以及政府管理方式的改变所分解出的部分职能。作为一种普遍性的实践和基本趋势，政府对社会和经济过程的管理很大程度上依赖于律师等中介机构的职业功能。这不仅反映于传统上由政府机构所实施的某些行为将交由律师等中介机构进行，还体现于政府的很多行政审查行为凭藉于律师等中介机构所作出的专业性结论。由于我国较长时间实行的是集中化的管理体制，因而政府行政管理范围极为庞杂，相对而言，政府机构职能和事务分解出来的余地很大。这就为中国律师或其他中介机构提供了很大的业务空间。不仅如此，对政府部分职能的承接以及对政府管理过程的配合，将在很大程度上提升律师的社会影响，从而进一步增强律师业务对其他社会生活领域的渗透力和辐射力。

中国律师非讼业务的另一重要空间是现代市场经济条件下复杂、新型的交往形式所衍生出的对律师服务的需求。随着市场经济的日益发展，特别是国际间、地区间的经济交往日益增多，更由于中国加入 WTO 以及世界经济一体化的深刻影响，金融、证券、期货、房地产、招标投标、融资租赁、政府采购、国际投资、国际贸易以及知识产权等复杂、新型的经济交往将在中国经济生活中占有重要地位。与传统的经济交往所不同，这类经济交往在多数情况下需要借助于律师专业上的帮助。不仅如此，在国际惯例中，律师对这些经济交往的参与往往还是交往得以成立的形式要件。在此方面，还应看到的是，中国加入 WTO 后，一方面，国际经济交往的增多为中国律师提供了更多的非讼业务的机遇，但在另一方面，WTO 的相关规则也要求中国在一定程度上开放法律服务市场。这也意味着国际间法律服务市场的边界已被突破。中国律师如果不能在新型经济交往的法律服务市场中占据主导地位，势必会在与发达国家律师的激烈竞争中失却很大一部分业务空间。因此，加快对新型经济交往过程的渗透，提高在这一领域的竞争力，应当成为中国律师业务拓展的重要方向。

中国律师非讼业务的拓展，目前仍主要受制于经济发展水平、社会经济组织的消费观念以及由此所决定的社会公众对律师服务的有效需求。因此，随着经济发展水平的提高和消费观念的变化，对律师法律服务的有效需求也会增加，中国律师非讼业务的潜在市场是很大的。但是，在有效需求水平既定的情况下，中国律师非讼业务的大规模拓展还必须解决两个层面的问题：第一，通过建立相关制度，把律师业务设定到某些社会管理和经济过程之中，规定在某些社会管理和经济交往过程中，必须有律师的参与，或者必须以律师的专业意见作为依据。这也是指运用制度为律师创造非讼业务。近几年证券及招标投标业务的实践表明，在市场经济形成的初始阶段，在律师的职业功能还不能为全社会所普遍理解的情况下，在某些必要的领域中，以制度方式推行律师业务不仅对律师业发展是十分必要的，而且对相关的社会管理和经济交往也具有积极的意义。第二，完善律师的知识结构，提高律师对非讼业务的适应能力和服务水平。在制度依托形成的基础上，律师自身对非讼业务的驾驭能力以及体现这种能力的服务水平则是中国律师非讼业务拓展的重要因素。基于长期“以讼为主”所形成的局限，中国律师必须从整体上强化经济和科技知识以及外语能力的培训，尤其应熟悉经济交往的国际惯例和市场交易的基本流程，熟练地掌握相关方面的规则和制度，用自己的实际能力在非讼业务中取得国际和国内客户的信赖和认同。

（五）理顺和改革律师管理体制，突出律师行业自治组织在律师管理中的主导作用

中国律师的管理体制既涉及到中国律师的整体发展走向，也关系到律师具体职能的发挥。过去二十年中，中国律师管理体制较好地完成了从单一的行政管理向司法行政管理和行业自治组织管理相结合（亦即“两结合”模式）的过渡和转化。从中国的具体国情看，“两结合”体制在今后较长时期中仍将具有很强的适应性。但是与既往所不同的是，在“两结合”的管理体制中将突出行业自治组织的主导作用；各级司法行政机构逐步将日常性的管理工作移交给各级律师协会，依靠行业律师协会这一自治组织实现对律师事务所及律师执业行为的常规性管理。而司法行政机构自身则着眼于宏观上的指导与监督。通过两者在新的内容和新的方式上的结合，逐步形成具有中国特色的律师管理体制。

在新型管理体制中，司法行政机构的主要任务在于：贯彻党和政府对律师工作以及法律服务市场的方针政策；制定律师业发展的规划与战略；协助立法机构制定相关法律法规；确定法律服务市场准入的资格和条件；

维护法律市场的基本秩序；同时，培植律师行业自治组织与其他政府职能部门交往和交涉的能力；培养和提高行业自治组织在律师中的权威。基于管理职能的变化，各级司法行政机构与律师协会在力量配置上应有所调整，在人员、工作上的交叉现象也将相应改变，两者各司其职，机构各自独立，人员彼此分离，以此保证司法行政机构管理的相对超脱，并保证行业自治组织的相对独立。

作为行业自治和自律组织的中华全国律师协会及其基层组织，应当以强烈的使命感和责任感担当起中国律师代表者的职责，以自身的作为和建树回应党和政府对中国律师的期望和要求，回应十多万中国律师的期待与重托。为此，律师协会首先应当努力为中国律师在社会建构中争取到自己应有的地位，为律师在社会政治、经济、文化等各个领域中施展才能创造必要的空间，代表律师这一特定职业群体表达对国家重大事务和事件的认识和见解，使中国律师在国家现代化建设各项事业以及推行民主与法治的整个过程中能够有效地发挥其独特的作用；把律师的执业活动引导并融入到国家繁荣、民族进步的伟大事业之中。

律师协会应根据我国实际情况，借鉴世界各国的有益实践，集中在一段时间内，系统地制定和完善律师管理的各项制度，形成覆盖律师整个执业过程的、具有完全可操作性的制度体系。在此过程中，要探索对律师事务所及执业律师能够产生实际制导作用的激励和约束机制，尤其是通过严格的律师执业惩戒制度和严密的督查制度，规范律师事务所及律师的执业行为，藉此真正体现自治、自律机构的作用。律师协会对律师的维权工作应进一步加强，但维权工作的重点应从个案的协调转向推动制度的完善，通过制度建设为律师执业提供常规性、强制性保障。各级律师协会还应加强对中国律师发展趋势的研究，更为具体地把握律师执业活动的基本状况，及时发现和纠正律师业发展中的不良现象，切实保证律师业在宪法和法律的约束下，在党和政府方针政策的指引下健康发展。

全国及各省、直辖市、自治区一级律协，应围绕新的职能和要求，充实队伍，调整机构，改进作风，健全功能，尤其应在两级律协中集中一批有志于献身中国律师事业的知识精英，通过富有创造激情的开拓性的工作，开创律师管理工作的新局面，以此赢得社会各方面的认同，赢得广大律师的尊重，提高律协的凝聚力和向心力，使律协的内在能力、实力与其外部社会要求完全适应。

中国律师应强化职业共同体意识,尊重和维护行业自律组织的权威,自觉遵守和服从律师协会制定的各项制度和规章,依靠行业自律组织增强自己的职业自信。中国律师应将同行中的杰出人物推选到律师协会之中,提升行业自律组织的管理水准。不仅如此,每一个律师都应当积极地参与律师协会及其各专门委员会的活动,从不同的角度、以不同的方式为律师协会的各项工作贡献自己的聪明才智,推动律协工作的创新和深化。

(六)加强自我教育,强化自我约束,提高中国律师的整体素质

加强中国律师的自我教育和自我约束,这将是21世纪中国律师发展中的重要主题。通过自我教育和自我约束的强化,提高中国律师的整体素质,不仅应成为中国律师的一种自觉意识,而且也是中国律师社会地位的提高,比肩发达国家律师的必要前提。

中国律师的自我教育首先应体现于思想政治教育的加强。中国律师应当通过多种途径,接受主流意识形态的熏陶,确立正确的政治立场和政治理念,并以此为基础,培养和塑造正确的人生观和世界观。思想政治教育的强化在实践层面上表现为两个基本方面:一是坚定地拥护和维护党和政府的大政方针,与中国政治制度保持高度的亲和力,把自己的执业活动同党和政府的治国方略紧密地结合起来,为中国律师业的生存和发展建立坚实的政治依托;二是满腔热情对待人民群众,与广大群众同甘苦,共命运,与人民大众积极向上的社会思潮和健康的道德情趣以及正确的善恶是非观念始终保持一致,把自己的执业活动扎根于人民群众的生产经营与日常生活之中,为中国律师业的生存和发展奠定扎实的社会基础。思想政治教育的理念效果又应在于使正义的不懈追求成为中国律师整体上的精神特质。要崇尚和继承前辈倡导、并以生命去实践的"律师应仗义人间"、"铁肩担道义,妙手著文章"的人生和事业哲理,并赋予这些哲理新的时代意义,使之在新的历史时期中得到光大和发扬。要教育全体律师在市场经济大潮中树立正确的"义利观",正确处理执业过程中存在的社会效益与个人利益之间的关系。广大律师应更加积极地参与社会公益活动,加大法律援助的力度,最大限度地为社会公众提供各种无偿的帮助和救助。另一方面,要警惕和抵制享乐主义,拜金主义以及"贵族化"、商业化倾向对律师队伍的腐蚀和影响。

中国律师的自我教育的另一内容是法律和纪律教育。律师不应当仅仅是法律教育的主体,同时也是法律和纪律教育的受体。不仅如此,由于律师的执业活动无时无刻不涉及相关法律和法规,且每时每刻都受制于一定的规章和纪律的约束,因此,对律师的法律和纪律教育则显得更为必要。必须明确,中国律师的性质及其在法律运作过程中的地位要求每一个律师必须独立地对自己行为的合法性负责。由此派生出的原则是:中国律师在任何情况下不应超出法律的范围谋求委托人的利益;委托人对律师执业行为的要求也只有在符合法律的前提下才应当得到尊重;自然,律师更不应逾越法律而寻求自己的利益。中国律师应当通过自身模范地遵守和服从法律的行为去影响社会公众,树立自己良好的社会形象,而不应把工作重心放在规避甚而僭越法律获得利己的诉讼(或非讼)效果。随着法律服务市场竞争的加剧,强化中国律师的纪律教育和纪律约束也愈显迫切。纪律教育和纪律约束不仅是提高律师行为品位的重要保证,也是维护法律服务市场秩序的基本措施。为此,要不间断地进行各种形式的教育与整顿,并且通过完善相关制度,建立起吸纳优秀人员和清除不良分子的常规机制。全体律师都应当从职业整体命运的高度认识遵章守纪,维护市场秩序的重要性,理性地对待和处理同行的竞争行为,创造和维护公平、公正、有序的良性竞争局面。

从中国律师队伍的现状出发,还应把律师的业务知识教育作为一项长期的战略性的任务。司法行政机构和各级律协应当把律师的继续教育与律师的准入资格结合起来抓。中国律师在二十多年的律师业务实践中,已经形成了较为丰富的执业经验和执业技巧,并制定了一系列执业规范。各级司法行政机构和律协应当认真总结和提炼这些经验和技巧,完善这些规范,并将其纳入律师的继续教育之中,以提高律师整体执业水平。今后的十年中,通过不同方式的学历教育,使执业律师的学历普遍有较大幅度的提高。到2010年,争取博士学历的比例提高到0.6%,硕士学历的比例提高到8%,本科学历的比例提高到70%。除了学历教育外,应根据中国加入WTO以及市场经济日益发展的要求,加强对律师金融、税务、工商行政管理、海关、保险、国际贸易和投资以及科技知识和外语能力的教育和培训,提高律师的综合能力,增强对市场的适应力。要根据教育体制改革实际情况,调动多方面的积极性,逐步建立和形成律师培养和继续教育的综合体系。特别是在全国集中办好几个培养高精尖律师人才的专门性的教育培训机构。在条件成熟的情况下，创办全国性高级律师学院，专门培养适合律师行业的硕士、博士研究生。面上的继续教育全国律协制定培训规划和培训大纲，统一编写教材，统一组织考试。所有这些都要形成制度，并且辅之以适当的奖惩措施，把接受继续教育作为律师延续其执业资格的必备条件。

律师事务所既是律师执业的基本机构，同时也是对律师实施教育并动员律师接受各种教育的基层组织。律师事务所应义不容辞地担当起强化律师教育和约束的职责。律师事务所的党支部应发挥其基层党组织的作用，向党员和非党员律师传播党的方针政策，丰富思想政治教育的内容。律师事务所要通过改革分配方式，完善民主化建设和制度化建设，规范业务管理流程，强化对各个律师的制约力和约束力，并且创立事务所文化提高事务所的凝聚力，彻底克服和摆脱目前普遍存在的律师事务所与律师之间松散联系的状况。律师事务所全面建立风险防御制度，通过强化责任、储备资金、加入保险等方式减少和避免执业风险。与此同时，要通过适当增加律师事务所的管理权力，用制度强化律师事务所对本所律师执业行为的控制和监督，增加律师及其执业行为对事务所的依赖，增进律师事务所对律师及执业行为的关注。

结束语

世纪之交，回顾过去二十多年的历程，我们深深地感慨于时代所提供的中国律师得以恢复的历史机遇；感慨于党和政府以及广大人民群众对中国律师的信任和支持；感慨于十多万律师筚路蓝缕，艰苦创业的奋斗精神。回顾这段历程，也正是为了激发全体律师的职业热情，强化全体律师对职业使命的认识，增强全体律师的职业信心。新世纪中，我们将利用过去二十多年中国律师发展所建立的平台，抓住新的机遇，全面发挥律师的功能和作用，以对现代化建设和依法治国的卓越的贡献丰富中国律师的时代内涵，报效伟大的祖国和伟大的民族。

拾陆

代表作

顾培东

中国律师制度的理论检视与实证分析

一、引言

在较为普遍的认识中，律师是当今中国具有优越地位的一种社会职业。[1]这种认识的形成，一方面自然缘于律师业同社会生活的广泛联系以及律师业对社会生活过程的深刻影响；另一方面也缘于传媒（特别是文学艺术创作）对律师业概念化、表象化的认识以及基于这种认识所作出的渲染和描绘。对正义的执著追求，丰厚的收益回报，巧妙地规避法律或利用法律的疏漏，以及浪漫甚而传奇的生活经历，这些通常是文学和文艺作品刻画律师的惯用基调。然而，中国绝大多数律师并未能实际感受到职业地位的这种优越。律师执业过程的实际境况不仅与文学和文艺作品奉献给受众的一般模式差距甚大，而且与律师自身的理性化期待亦有很大距离。更实际地看，作为一个职业群体，律师仍然被置于主流政治体制的框架之外，处于与主导政治力量相隔膜的"边缘状态"。由这种状态所决定的律师同主导政治力量（包括司法机构）对话与交涉能力的羸弱，使中国律师业在虚幻的繁荣与辉煌中伴随着越来越多的困窘和尴尬。"为维护权利而斗争"，这既是当前律师界乃至法学界发自心底的呼声，亦是律师生存境况的真实写照。[2]对职业前景的迷茫与惶惑是多数较为成功（以业务发展为标志）的律师的普遍心态。

形成这种反差的原因可以从不同角度予以解说，但本文力图述说的原因在于：律师在中国社会结构中，特别是在政治结构中的定位问题并未得

原文发表于《中国律师》1999年第10～12期。

到真正解决；律师同其他社会机构的交互关系并未从制度上及实践上予以廓清。更进一步说，律师职业所固有的政治和其他社会功能并未得到制度上的全面认同；律师个体作为一种潜在的政治资源，也尚未受到应有的重视，更未能合理地加以利用。与此同时，律师业务的正当扩张遭遇着难以逾越的制度及实践制约；律师的外部和自我约束机制亦未能有效形成。

中国正面临着包括司法体制改革在内的政治体制改革。毋庸置疑，围绕这场改革所进行的讨论不应冷落律师制度的建构和完善这一话题。同时，改革中具体的制度设计也不应脱离对律师职业的考虑。以此为契机，从理论上全面检视中国律师制度，从实证角度审察和分析中国律师制度的具体运作过程，应当成为法学理论界时下的追求，由此也构成了本文写作的动因。[3]

二、中国律师制度创设的社会期待及律师功能的制度预设

现代意义上的律师渊源于西方。把现代意义上的律师同貌合神离的中国古代"讼师"牵强系续，从而推论中国"古即有之"的说法，事实上只是狭隘民族主义的一种虚妄。[4]实在地说，律师制度是作为人类社会的一项普遍性实践，作为社会治理的一种成熟经验或演作技术而从西方移入中国的。然而，也正是由于中西方文化背景、社会制度诸方面存在着重大差异，中国创设律师制度的初衷与律师制度在西方形成与存续的缘由并不完全相同；相应，中国对律师功能的制度预设与西方律师功能的原生形态也有较大差异。

无论从托克维尔、马克斯·韦伯等人对西方政治制度及其运作过程的描述来看，还是从林肯、汉密尔顿、布兰代尔等人所直接经历的社会实践来看，在西方国家中，律师都是作为社会政治结构中的重要力量，直接参与并实际影响着西方国家的民主政治制度运作过程的。托克维尔基于对美国民主制实践的认识，把律师理解为平衡民主的最强大的一种力量。在托克维尔看来，律师一方面倚助于其特有的权威，联合平民对抗行政专制倾向，成为防止民主偏离正轨的"坚强壁垒"；另一方面又基于其与行政权之间"自然亲和力"，以自身的权威遏制平民的民主激情，从而维系西方民主政治体系的存续。[5]马克斯·韦伯则从资本主义发展和现代化演进过程出发，肯定了"律师对这样两种制度——资本主义和法律理性现代国——具有

决定作用”。[6]本世纪初,美国著名律师、政治家伍德罗·威尔逊则这样表述律师在美国政治制度初创时期的作用:“律师创立了州政府和联邦政府的结构。建国初期,律师主宰了所有较大的政治进程。我们全国人民的信念,被铭刻在联邦的成文法律中。每一个公共政策问题似乎或早或晚都将演化为法律问题,对此,必须有训练有素的律师提供法律咨询,……公共生活是律师的舞台……”。[7]总之,与一般社会职业所不同,律师制度在西方的原创意义是政治性而非技术性的;律师的功能是在整个政治建构、制度变迁、社会统治以及阶级关系的平衡中被认识的。尽管西方律师制度的历史内涵在本世纪也发生了重要变化,律师职业的商业化趋势正逐步淹没律师的政治特征,但不可否认的是,律师对政治构架和政治过程的实际影响已深深地渗入到西方社会理念以及西方国家的社会生活之中。不仅如此,对本世纪以来律师政治责任的消解和律师业商业化的趋向,西方主流意识形态一直保持着敏锐的警觉和严肃的批评。[8]

应当说,中国对西方律师制度的移植是具有很大保留的。无论是50年代中国律师制度的创立还是70年代末律师制度的恢复以至80年代后期律师业的快速发展,律师在中国都未能获得其在西方国家中所具有的那种政治份量,更未能展示出在西方国家政治进程中所具有的那种社会功能。其原因并不在于中国不存在西方早期律师精英们(Lawyer - Statesmen)所具有的时代机遇,也不仅仅在于律师制度与中国法律文化传统之间的异质特性,[9]甚至也不完全在于中西方国家“认知和处理纠纷的范畴以及处理纠纷的样式和过程上的差异”,[10]而在于中国传统政治体制及政治过程并未形成对律师政治功能如此广泛而重要的需求。换句话说,与西方国家相比,中国社会对律师制度创设的主观期待以及对律师功能的制度预设是有限的。

尽管在几十年不同发展阶段中的实际情况有所不同,律师制度在中国创设和存续的价值及功能大体上是在两个不同层面上被认识和接受的。首先是律师制度作为民主与法治标识的象征意义。具体体现这一意义的是律师的典型、传统的业务活动:作为辩护人或代理人出席法庭陈述当事人的主张。特别是作为刑事被告的辩护人,律师通过其具体的业务实践,显示政治制度对社会成员权利的尊重,昭示主导政治力量在社会治理中的严肃态度。从理想的角度推演,律师制度不仅可以与民权结合从而外化出民主精神,[11]而且可以与治权结合产生出法治化的社会秩序。因此,在律师这一职业的设定上,部分地寄托着社会成员民主与法治的社会理想与期望。然而,也正因为律师制度的这一意义具有很大的象征性,因而不同时期对民主与法治重视程度的差异也决定着律师命运的起伏与兴衰。50 年代后期法律虚无主义的盛行导致了律师制度的取消;70 年代末 80 年代初,随着民主与法治的倡扬,律师业亦得到恢复和发展。

律师制度在中国创设的另一层意义体现于律师以其专业化的匠技能力对社会需求的某种适应。作为法律及其运用的专业化、技术化的逻辑结果,社会成员需要律师这一特殊职业为其"释疑解惑",延展其在法律社会中的交往能力,并正确选择与法律的程序或实体要求相吻合的行为方式。律师制度创设的这一意义虽然普适于任何国度,但在中国不同时期中又有其不同的内涵。50 年代,由于法律资源的高度稀缺以及社会成员文化水平的普遍低下,对律师的专业需求较多地体现在弥补文化知识和政策知识的双重缺失上。律师的业务不仅在于提供民刑程序中的某些帮助,而且还大量地集中于解答"寻找职业、评级评薪、调动工作、不满合作社会社务措施、争执工分、工资以及税率如何确定、承揽如何进行、产品规格如何规定"等非法律的事务[12],甚至需要应付代书"请求助学金、入党和入团申请书、代写悔过书、检讨书等文件"。[13]70 年代末 80 年代初,对律师的需求又主要体现在平反"文革"中形成的冤假错案,矫正政治运动对社会成员个人权利造成的侵害。进入 90 年代,在市场经济广泛而深刻地影响甚而决定着社会成员生活境况、且在市场经济规则普遍法律化的条件下,社会对律师专业需求空前迫切,律师被广泛求助于社会成员对市场经济的参与。同时,律师也在这种需求中更为扎实地建立了自己的生存基点。

毫无疑问,前述两个层面虽然为在中国创设律师制度奠定了现实基础,但并不能为律师在更广阔社会舞台,特别是在更广阔的政治舞台中展示自己提供依托。首先,律师的职业活动空间主要被界定在狭义的司法程序以及非政治性的社会事务之中,律师既不可能结合成政治学意义上的压力集团而作为政治结构中的一个要素,也很难把自己的职业活动渗透到司法以外的政治过程之中。与普通社会成员相比,律师在参与政治过程方面并不具有更多的优势。[14]其次,律师的实践功用更主要集中于其匠技能力,律师在维系和改善社会结构方面的潜在政治功能并未受到应有的重视和关注。律师不仅与权威政治机构对话的条件和能力较弱,而且对社会公众层面也缺少基本的政治影响力。再次,与西方国家普遍实践所不同的是,律师个体亦未被理解为一种政治力量的后备资源,[15]律师进入政治或其他司法、行政职业的渠道相当狭窄,且起点较低(作为一般公务员)。1999 年 3 月,最高人民法院首次公告从律师中招考高级法官。应该说,这是中国司法制度史上的一个重大创举。但冷静地分析最高法院设定的具体报考条件,这一举措又确实难以成为律师界的兴奋点。报考者年龄在 30 至 40 岁之间,必须具备一级律师资格、且具有研究生学历等条件,[16]这些固然可以被理解为对最高法院法官的特殊要求(姑且不论最高法院法官是否具备或应当具备这些条件),但报考者必须具有"北京市户口"、"五官端正"等要求则颇令人费解,且难以为律师界所认同。事实上,具有"北京市户口"这一限定,既显示了律师职业转换的艰难;又间接地显示出审判机构改变自身状态能力的微弱甚而无奈。

分析律师在西方国家中的政治作用以及律师在中国社会政治过程中的角色和地位,并非要简单地得出孰优孰劣、孰是孰非的结论。不同的社会制度对律师职业确实会产生出不同的需求,从而为律师设定不同的职业功能。同时,即便中国社会对律师政治功能有很大的需求,现阶段以至较长时间中中国律师在数与质方面也难以回应和满足这样的需求。前述分析的立意,一方面在于提示对中国律师应有更为本质化的认识,借此可以诠释现阶段中国律师职业活动中的某些深层矛盾与困窘;另一方面也在于探求中国律师的政治空间进一步拓展的可能。因为中国现代化、包括法治国现代化的进程中已经产生出需要律师更有效地发挥其政治功能的诸多因素;特别是国家与社会的渐次分离,为律师在联结主导政治力量与社会公众方面提供了更多的必要和可能。

三、中国律师的性质与律师业的价值取向

以 1993 年司法部《关于深化律师工作改革的方案》出台为标志,中国律师性质的确定,经历了两个不同的阶段。50 年代,虽然未见规范性文件对律师性质作出明确表述,但从这一时期的政治背景以及司法行政管理部门对律师的认识中可以看出,律师被当作国家司法干部的一个组成部分;"对于律师政治上和物质上的待遇,比照国家机关干部待遇的规定办

理。”[17]1980年颁布的《中华人民共和国律师暂行条例》明确地把律师定性为“国家法律工作者”。1993年,司法部出台的《关于深化律师工作改革方案》中,第一次把中国律师界定为“为社会提供法律服务的专业工作者”。这一定性在1996年颁布的《中华人民共和国律师法》中得到进一步确认,该法第二条规定:律师是“依法取得律师执业证书,为社会提供法律服务的执业人员”。

从“国家法律工作者”到“为社会提供法律服务的执业人员”,其间蕴含的变化是重大的。因为在较长时间中,中国律师的“国家法律工作者”的性质被明示为社会主义律师制度区别于资本主义律师制度的重要标志。[18]从“国家法律工作者”变化为“为社会提供法律服务的执业人员”,一方面反映出意识形态上已放弃了对律师这一职业“姓资”或“姓社”的识别,反映出在西方强势文化挤压下形成的极端化的偏执已逐步消解;另一方面更体现出主流政治制度对律师职业需求的内容已发生了重要改变,同时也体现出主导政治力量对律师这一职业的本质性特征的尊重和认同。

毫无疑问,中国现行立法对律师的定性是恰当的。这一点甚至无需从逻辑或经验上加以推演与证明。但我在这里所要提出并加以讨论的问题是:中国律师的“社会性”(而不是“国家性”)在其具体展示过程中对律师的普遍价值取向产生了什么样的实际影响?

广义上说,律师的社会性是在两个层面上体现的。一是律师职业的社会立场。这种社会立场反映了律师(至少在形式上)与公众意志和公众社会利益相契合、而不完全依顺于国家意志或权力意志的定势。[19]律师这种社会立场也是律师能够在国家与社会公众之间进行沟通,而维系既存社会结构的必要基础。二是律师个体身份的社会化,更直接地表达,亦即律师个体身份的“非官员化”甚而“民间化”。这是律师个体与国家权力机构形式上疏离,并借此获得代表社会公众(委托人)与国家权力机构对话和交涉资格的必要前提。律师职业立场的社会性是隐性、潜在的,不可度量的;直观上体现律师社会性的则主要是律师身份的社会化。在中国,对应律师身份社会化的实际措施有:其一,律师事务所脱离政府行政或事业序列;其二,律师辞去“公职”,不再作为国家公务员或国家工作人员,不再占有行政或事业编制;其三,律师的个人档案由行政组织部门移入公共服务机构“人才交流中心”。

律师身份社会化的前述举措从形式上满足了律师职业的基本特性。然而,在中国现实政治体制中,这些举措又衍生出两个具有重要影响的结果:其一,律师承载传播主流意识形态、贯彻主导政治力量意志的使命及能力大大减弱。在中央集权特征较为明显的政治体制中,主流意识形态、主导政治力量的意志是通过政治体制(系统)中各科层、各系统而传播和贯彻的。社会主体(无论是个人抑或组织)对主流意识形态和主导力量意志传播和贯彻使命及能力的强弱,取决于它(他)在政治体制中所居处的地位。越是与政治体制相疏离,这种传播和贯彻的使命及能力就越弱。正因为如此,当律师事务所从国家机构序列中脱出后,与政治体制的关系也相应疏远,传播主流意识形态、贯彻主导政治力量的使命及能力也自然减弱。其二,律师在很大程度上不得不放弃自己的政治抱负。在西方国家中,政治体制具有很强的开放性,律师进入主流政治体制的通道较多,且较为容易。从事律师在很大程度上是法律智识者"入仕"进而成为政治家的一种现实途径。不仅如此,近两个世纪西方国家的实践表明,律师是社会中最重要的政治人才资源;国家常常"需要一大批能干的律师去充实政治机构中的上层政治职位,以便不论在朝在野都能提出自己的政策建议。"[20]西方国家重要政治家相当多数曾有过律师的经历。受职业前景的诱导,西方国家中的律师、特别是早期的律师精英往往具有很强的政治抱负,这种抱负是律师在政治舞台充分施展才能的主观基础。与此不同的是,中国现实政治体制的封闭性较为明显。政治体制中的成员一旦脱离了这一体制,就很难再度进入。一般而言,体制中的官员职业与其他社会职业之间只有单向转化的可能,而不具有逆向互换的条件。如果说西方国家中法律专业人员把从事律师作为其日后从事政治家的必要铺垫的话,那么,在中国现实条件下,法律专业人员所面临的选择或许是:"倘若想成为政治家,最好别当律师"。在此境况下,中国律师不得不放弃自己的政治抱负,克抑自己的政治进取欲望。

更进一步看,前述两个方面对中国律师业价值取向产生了极为深刻的实际影响。这种影响又集中体现于中国律师明确的商业化特性和强烈的利润追求趋向。尽管不是在绝对意义上,但是在较具普遍性的程度上,我们能够列举的现象是:

第一,在处理诸种利益关系中,律师往往把自体利益前置于其他主体的利益。与其他职业活动所不同的是，律师的业务活动本质上是处理和平衡国家利益（法治利益）、当事人（委托人）利益以及律师自体利益的过程。在这种利益关系的处理中，不同国家的律师有不同的风格和方式。概略地说，大陆法系国家（如德国）的律师比较强调“对个体委托人的职业忠诚之抉择可能最终要服从国家利益的公共责任的一般概念”；英美法系国家的律师由于较少受到国家控制，因而，更偏重于对委托人利益的忠诚，更能够“自主地为经济上最有价值的委托人的利益服务”。[21]尽管存在这种差异，但具有普适性的规则仍然是：律师不能将自体的利益前置于其他利益。正如科特威尔所强调：“在法律中，‘职业’的语辞意义强调法律工作是按照把对委托人和法制（因而对公众服务）应尽的义务，放在个人利益之前的服务理想地组织起来的，并且强调法律工作是受一种严格的职业道德准则支配的”。[22]应该说，律师个体利益扩张的实际倾向在任何社会都是存在的，但在中国现实条件下，这种倾向更为明显。这主要是因为，在缺少政治抱负、政治进取动力不足的情况下，律师的利益追求主要是物质性的。在谋求利润最大化这一点上，律师事务所与企业、律师与商人几乎没有本质上的区别。而既然以物质追求作为执业的主要动因，律师执业过程就不能不受商业逻辑和商业规则的支配。在此情况下，很难设想律师能够使自己的利益从属于国家或委托人的利益。相反，国家利益或委托人的利益只有在有利于（或不损及）律师自体利益的情况下才会受到尊重。当然，中国律师的外部约束软化也为律师自体利益膨胀与扩张提供了条件。

第二，在执业过程中，律师缺少明确的政治意识和全局观念。律师职业活动的内容及特征决定了律师具有“社会平衡器”的天然政治潜质。但是，这种“平衡器”功能发挥的实际状态，则取决于律师个体的政治意识的强弱。从中国现实状况看，社会发展对律师“平衡器”功能的需求是直接而急迫的。一方面，社会转型过程中集中了各类社会矛盾和社会冲突，这些矛盾和冲突绝大多数或迟或早地会表现为法律意义上的纠纷，从而进入律师的业务范畴；另一方面，在传统的政治力量和政治统治方式对新型社会结构和新型社会关系的维系能力有所减弱的情况下，律师在主导政治力量与社会公众之间的中介作用也逐步得到凸现。然而，中国律师在具体业务过程中普遍缺少作为“社会平衡器”所必须具有的明确的政治意识和全局观念。“就案办案”、纯技术层面上对纠纷作出处置已成为律师执业的思维定势；而纠纷处置的政治和社会影响则很少受到关注。不仅如此，采取一些方式激化矛盾，甚而离间隐含于个案之中的社会成员之间的关系，借此“培育案源”，还成为少数律师扩大自身业务的一种手段。另一方面，在同主导政治力量体制上的联系弱化后，律师也部分地失却了获得政治讯息的途径，[23]律师把握主导政治力量意志的条件、能力及兴趣都不充分。律师不能理解全局利益的实质所在，自然也就站不到全局利益的高度。

第三，律师的政治参与热情较弱，普遍缺少这一职业阶层所必要的政治品位。在西方社会的普遍性实践中，律师的行为空间决不仅限于律师有偿服务的业务范围，律师对社会政治过程的广泛参与始终是西方政治生活中的一个亮点。不仅如此，尽管律师职业整体上同样受制于商业利益和商业意识的浸淫与熏染，但超脱于商业利益，维持律师优越的政治位势仍不失为律师行业自身的理想化追求。相比之下，中国律师政治参与热情较低。多数情况下，对经营利润的重视甚于对社会变革与发展的关切。作为知识分子的一个组成部分，律师缺少当代知识分子所具有的人文主义激情，对社会变迁以及变迁过程中所反映出的社会问题，律师们往往仅仅局限于在业务层面上的关注，而较少付诸于道义上的关怀和热情。即便对直接关涉律师生存境况的司法体制的改革乃至法治的整体进程，律师也缺少应有的敏感和积极的态度。对司法现实中的缺失，律师们更多的是宣泄情绪的牢骚与抱怨，缺少建设性的、务实性的见解与行动。与此同时，律师在自己的知识建构、生活情趣等方面也缺少与这一职业阶层相适应的品位和格调。在部分收入较高的律师中，追求消费主义、享乐主义已成为一种时尚。托克维尔当年所预示的美国律师贵族化的趋向[24]不幸在中国也显示出端倪。

第四，商业化运作渗入律师的执业过程，律师正逐步丧失其作为法律价值守护人的品性。中国律师的商业化特征也渗透到了律师的执业过程之中。以灰色的商业手段辅助于法律上的技能，这已成为不少律师执业的基本方式。不仅如此，在许多情况下，律师的业务水准与律师运用灰色手段的能力（后者表现为律师与执法机构及执法人员之间的“关系”）已共同成为当事人选择律师的依据。这在很大程度上表明律师的非规范化操作已有了一定的普遍性。作为商业化运作的逻辑结果，律师对法律价值的追求和维护也逐步放弃，律师作为“法定主义价值守护人”的品性亦逐步丧失。客观地看,不应把律师执业过程商业化的后果完全归责于律师。在一定意义上,律师执业过程商业化是对司法腐败中所形成的需求的被动迎合,同时也是律师对自己在与司法机构交往中弱势地位的一种不得已的支撑。至少执业过程的商业化并不符合律师的主观愿望。然而,应当引起我们关注的是,律师执业过程商业化的负面效应是极为严重的,不仅降低了律师的整体素质,同时也加剧了司法腐败的程度,影响了社会公众对司法机构的依赖以及对于法治的信心。

前述现象的存在,并不表明中国律师定性的偏失。同时,形成前述现象的因素也是复杂的、综合的。但对这些现象的分析使我们有理由形成这样的认识:基于中国特定的社会条件,在明确律师社会性的同时,应在制度上作出相应的安排,以维持并密切律师同政治体制的必要联系,建立律师同主导政治力量对话的常规渠道。至少应赋予律师行业组织参与社会政治过程,并表达这一职业的社会见解的独立地位和话语权力。同时,应重视律师作为一种政治资源的现实和潜在作用,建立律师(在符合合理条件的情况下)转入政界及司法界的正常通道。通过这些措施,把律师的功利追求引向更高层面,在一定程度上淡化律师的商业化色彩,提升律师的总体品位与素质。

四、中国律师的业务空间与律师规模

律师的业务空间与律师(数量)规模的分析价值体现于两个方面:一方面,律师的业务空间与律师规模概略地反映出这一职业在特定社会中的地位和影响;另一方面,律师的业务空间与律师规模之间存在着对应性的制约关系:律师业务空间直接决定着律师规模,而律师规模又在一定程度上影响着开拓业务空间的能力。不仅如此,律师业务空间与律师规模的均衡还是律师业适度竞争的必要保证。

(一)中国律师业务空间的制度依托

作为一种新兴职业,中国律师是在社会职业结构既定、社会各机构的职能分工已经形成的情况下出现的。因此,这一新兴职业的业务来源,除了社会新创造的需求外,再就是从其他社会机构中分取和移转部分职能。但无论属于哪一种情况,律师的业务空间都需要提供制度上的依托。一方面,新的社会需求在很大程度上是通过制度创设而形成的,如辩护制度、诉讼代理制度的设立,相应形成了对律师参与诉讼的需求;另一方面,分取和移转其他社会机构的职能,牵涉到社会权力结构的调整,因而必然会遇到相关机构的对抗,这就更需要从制度上作出安排。尽管律师的技术专长对于社会实践有较为广泛的适应力,但没有相应的制度作为依托,这种技术专长并不能得到实际运用。

现行《律师法》(包括此前的《律师暂行条例》)对律师"可以从事"的业务作了较为宽泛的界定。然而,不可否认的事实是,《律师法》所规定的"可以从事"的业务并未普遍地成为律师的实际业务。绝大多数律师的主要业务仍然局限于刑事、民事(经济、行政)诉讼的辩护或代理上。非讼业务在律师业务构成中所占比例很低。即便是西方国家中由律师垄断经营的"律师的法"(Law by Lawyer)[25]属辖下的法律事务,也未能完全进入中国律师的业务范围。迄今为止,中国律师始终未能摆脱"以讼为生"的被动局面。形成这种局面的原因固然同律师的业务素质有一定关系,现行法律教育体制所塑造的律师的知识结构与社会实践的需求之间存在着一定程度的脱节,但更主要因素还在于律师"可以从事"的业务缺少必要的制度保障和制度依托。

事实上,《律师法》所规定的律师"可以从事"的业务,仅仅反映出律师的一厢情愿。"可以从事"的业务转化成"实际从事"的业务,其间需要对应性的制度作为支撑。律师所以能够广泛介入诉讼,一方面是因为诉讼的专业性、技术性产生了对律师介入的客观需求;另一方面则是诉讼程序立法为律师的介入创设了制度前提。与此不同的是,在非讼业务方面,特别是在与政府职能机关权力相关的非讼事务方面,则缺少相应的制度作为对应性保障。对于那些本可纳入律师业务范围的事务,律师只能望洋兴叹。不仅如此,一些政府机构还通过某些规定,对律师渗入非讼业务实施排斥性限制。这方面最为典型的实例是国家工商行政管理局 1996 年 12 月下发的《企业登记档案资料查询办法》。根据该《办法》规定,律师只有凭法院的立案证明才可查阅企业工商档案。该《办法》还并规定企业工商档案的"查询人不得利用获得的资料开展有偿服务活动。"对这一规定的正当性,国家工商局或许可以以从保护企业商业秘密角度加以说明。[26]但问题在于,这一看似细微的规定对律师业务产生着极为重要的负面影响。类似企业资产重组、企业商信调查以及以这种调查为基础的合同行为、企业纠纷的诉前协商和调解等等非讼事务，都因这一规定而受到重大影响。

律师非讼业务制度保障的欠缺，深层原因还在于社会权力结构调整过程中的冲突和矛盾。从中国社会权力结构调整的总体趋势看，政府部门的职能应部分地转移于包括律师在内的社会中介机构。但由于这种转移将不同程度地损及相关政府机构的既得利益，至少在一定程度上打破政府机构权力垄断的格局，因而相应的抵御和对抗是不可避免的。而在这种对抗中，律师和律师组织的声音和能力都是极其微弱的；能代表律师利益去争取和努力的则是司法行政管理机构。

我们注意到，90 年代以来，司法行政管理机构把开拓律师业务的制度空间作为律师工作的一项重要指导思想，通过多种方式为律师渗入非讼业务创造制度前提。这方面努力的主要成效体现于律师参与证券业务及招投标业务制度的创设。1993 年，司法部与中国证监会联合发布《关于从事证券业务律师及律师事务所资格确认的暂行规定》。此后，国务院发布的在《股票发行与交易管理暂行条例》中，明确把律师的《法律意见书》及《工作报告》作为公司股票发行与上市所必备的申报材料，从而使律师的审查成为公司股票发行及上市的法定前置程序。这是中国律师在非讼业务中的地位第一次在制度上得到确认，由此所形成的意义也超出了事实本身。1998 年，司法部又通过努力，与国家计委共同设立了律师参与大中型基建项目招投标法律业务的制度，把律师审查、修改及制作相关文件，并出具法律咨询意见书作为招投标的必经程序。新近颁布的《中华人民共和国证券法》，又把律师参与证券业务的范围扩展到债券的发行。然而，总体上看，司法行政管理部门开拓律师业务空间的努力是极为艰巨的，所面临的对抗也是强大的。因此，律师业务制度空间的拓展除了有赖于律师以其自身的实绩取得更为广泛的社会信赖外，还取决于政治体制的改革以及政府机构职能转换的实质性进展。

（二）律师业务空间拓展的实践制约

日本学者棚濑孝雄认为，对律师需求的分析“不能不考虑在这种现象后面是否存在着使社会对律师服务的潜在需要不易表现出来的某种社会机制”。[27]棚濑先生的这一见解同样适用于对中国律师业需求的分析。从中国社会的现实看，在既定的制度框架下，律师的业务空间还受到其他一些实践因素的制约。

首先是律师在与司法审判机构及政府机构交往中的弱势地位。尽管法律对律师在诉讼中的权利作了明确规定,同时,不断完善的诉讼程序法律还显示出逐步强化律师作用的趋势,但律师在同司法审判机构的实际交往中并未能处于应有的地位。一方面,“宜粗不宜细”的立法为司法人员限制律师在诉讼活动中的能力和作为提供了很大的自由裁量空间;另一方面,即便是律师依据明确的法律规定所实施的行为,也往往不能得到司法人员的应有尊重。司法人员违法限制律师权利,粗暴对待律师的正当执业行为的现象屡屡发生。[28]形成这种局面的原因首先与司法腐败和司法专横现象相关。可以说,律师的弱势地位既是司法腐败和司法专横现象产生的重要条件,也是司法腐败和司法专横现象的必然结果。但还应看到的是,律师的商业化特征以及在商业化特征影响下的非规范化操作,也构成了司法人员轻薄或鄙视律师的客观依据。相同的情况也出现在律师同政府机构的交往之中。在涉及某些法律事务的过程中,律师不仅难以获得与政府机构成员平等对话的条件,而且与政府机构交涉的主体资格也往往得不到承认。西方国家中,当事人面对政府官员常常使用的话语是“有事找我的律师”;而中国律师常常听到的则是政府官员的斥责:“让你的当事人找我”,其意潜含着对律师的不屑。十分显然,律师的这种弱势地位对律师的实际建树及这一职业的整体威望必然形成一定的负面影响,由此也必将进一步影响到社会成员对律师业务的需求。

其次是社会组织和社会成员的行为习惯及消费意识。总体上看,中国现阶段社会主体的民事、经济及行政行为都比较粗糙。社会主体习惯于依照自己的理解以自己的直接行为进行民事、经济及行政行为;具体体现这种行为的合同等具有法律效力的文书普遍较为简约。马克斯·韦伯所描述的作为交往惯例和文化积淀的非正式制度[29]在较大程度上得到当事人的认同,并实际支配着当事人之间的交往。不仅如此,由供求关系、行政权力关系所决定的当事人之间的实质性的不平等,往往也不允许当事人对相互间的权利义务进行规范化的讨论。同时,司法实践倾向于依据事实的自然状态作出是非评判,而对法律行为形式上的瑕疵往往表现出较大的宽容。这又从另一方面强化了社会主体对待法律行为的粗放态度。在此情况下,社会主体在民事、经济及行政行为中对律师这一专业人才的求助也是十分有限的,律师专业技能也难以得到充分展示。此外,社会主体在法律服务方面的消费意识较为淡薄;在生产经营和日常生活中,较少将律师等中介机构的服务自觉地纳入自身的消费范畴,在各种费用预算中很少考虑对律师等中介机构的费用支出,只是在出现纠纷甚而引发诉讼后,才不得不考虑对律师的求助。这也是影响律师业务空间拓展的一个因素。

第三,社会对律师服务的有效需求不足。近年来,学术界及律师界多次涉及过这样一种现象:一方面,社会中存在着大量的法律服务的潜在需求;另一方面,律师业的竞争不断加剧,“买方市场”已完全形成。对这种“悖论”现象,学术界及律师界都有不同解释。有学者则将其归结为法律服务供给量统计口径上的差误。[30]我认为,形成这种现象的根本原因在于当今中国社会对律师服务的有效需求、即有支付能力的需求不足。大量的潜在的法律服务需求缺少足够的支付能力加以支撑。

对法律服务有效需求的讨论,相应应涉及当今中国律师的收费的合理性。1999 年 3 月,《光明日报》曾以《律师收费有没有谱》为题组织过讨论,但在此问题上社会各方面的评价及参照基点迥异,因而也不可能有共同的认识。较为客观、且能够得到一定程度认同的判断是:其一,现行收费标准中,各类业务的收费结构不尽合理。相对而言,民、经案件业务的收费大大高于刑事案件业务的收费。其二,从实际收费情况看,各地的收费水平差异甚大。大城市律师的收费高于中小城市律师的收费(以可比口径为依据);而北京及部分沿海城市律师收费则大大高于内陆城市律师的收费。其三,律师业的税收过高,税制极不合理,由此又影响到律师的收费。据统计分析,严格按目前税制征税,律师业务收益的 60% 以上将用于纳税。扣除办案成本,律师实际所得比例极低。这种超越伦理极限的税制[31]导致了种种避税甚而偷、漏税现象的产生。如果不是相对宽容的征税环境在一定程度上缓释了税制的苛刻,律师职业的生存是难以想象的。过高的纳税要求对律师业的收费也有着很大的影响。律师往往不得不提高收费水准转嫁税收负担,从而增大了委托人的费用支出。

概括地说,尽管中国律师的实际收费与国外同行相比仍有很大距离,但与中国经济发展的总体水平、与社会组织及社会成员(特别是中小企业和农村居民)的支付能力相比仍然是不相适应的。律师收费部分偏高的现象加剧了有效需求不足的程度;而有效需求的不足又反向影响到律师业务空间的拓展。

（三）中国律师的适度规模及行业准入的“门槛”

近几年来，中国律师规模扩张较快，迄至1998年底，专、兼职律师已达10万人，其中专职律师达8万人。对中国律师规模快速扩张的态势，各方面认识并不一致。根据司法部1993年的规划，本世纪末律师队伍总人数将达到15万人，其中专职律师10万人。对于这样一个规模，有学者预言“中国到了本世纪末有了15万律师，也不会出现供过于求的情况”。[32]然而，即便不是基于自利的偏见，律师们对日显突出的买方市场特征和日益加剧的业务竞争状况也深感忧虑。业内人士普遍认为，目前律师规模快速扩张的水平与律师业务发展的实际状况并不完全适应。那么，什么样的状态才是中国律师的适度规模？中国目前律师数量究竟是多还是少？虽然这是一个难以作出简单判断的问题，但我们认为，对此问题至少在分析方法上应取得一致。

从经济学原理看，特定社会中商品及服务的规模是否适度，既取决于需求水平，又取决于供给能力，亦即取决于供给与需求之间的相互均衡。同样，对于律师适度规模的认识，也应当着眼于需求和供给这两个方面。本文前面对律师业务空间的分析，实际上已经对中国社会对律师的现实需求作出了描述。这里需要再度强调的是，如果仅从社会对律师业的潜在需求出发，而不是以有效需求为依据，由此所形成的结论将是不恰当的。对律师业的潜在需求的认识或许可以启发我们形成这样一种思路：鉴于对律师业的潜在需求较大，因而可以通过扩大律师规模，强化律师业的竞争，从而降低律师业的收费，进而扩大有效需求的范围，满足部分低收入主体对法律服务的需求。但对这一思路同样需要考虑的问题的是，律师业是具有一定垄断性的行业，垄断性行业价格与竞争之间的对应关系不同于非垄断行业。因此，过度竞争既可能导致律师收费的降低，也可能因交易费用增加而导致律师收费水平的上升。近几年律师业竞争加剧，而收费水准却未见下降。由此我们所能够得出的结论是：律师规模的扩张必须同全社会对律师服务有效需求的增长相一致。至于以国外律师（尤其是美国）在总人口中所占比例作为中国律师规模扩大的理由，既不符合逻辑，更脱离中国社会的实际。

决定律师规模的另一要素是律师后备资源的供给。近几年，报考律师资格的人数逐年增加。1998年已达14万人，其中符合条件、能够获得资格的约2万人。这就意味着纯粹从供给角度看,中国律师每年可以以10%的速度递增,律师的后备资源的供给将是极为充分的。律师后备资源供给的充分性很大程度上产生于本文前面所述及的律师职业地位的诱导。特别是律师业虚幻的繁荣对法律专业人员的职业选择以及对非法律专业人员的选择产生着较强的吸引力。

前述分析表明,中国律师规模扩张的水平,主要取决于律师的业务空间、特别是社会对律师业有效需求的拓展与增加。在此情况下,均衡需求与供给关系,亦即把握律师规模适度发展的手段就在于律师行业准入的门槛设置。70年代末至90年代初,基于律师资源奇缺而法律人才资源供给量较小的实际情况,司法行政管理部门对律师业行业准入采取了"低门槛"方针。相当多数法律专业训练不足、学历不高的人员进入了律师队伍。然而,90年代中期以后,律师队伍已形成了较大规模,且人才供给的后备资源已十分充分,"低门槛"方针的合理性也已丧失;在此情况下,提高行业进入的标准与要求则应成为适度控制律师规模、提升律师队伍总体素质的恰当选择。现行《律师法》以及涉及律师行业准入的一系列规定较之80年代初出台的制度,对律师准入已有了更为严格的要求,但相应条件仍失之于宽松。如报考律师资格中的学历要求(法学大专文化)以及执业资格中的实习时间(连续实习1年)要求等均有相应提高的必要。在这方面,日本司法考试中的"窄门"政策值得借鉴。[33]当然,由此所带来的问题是部分文化、经济发展较为滞后的不发达地区的律师资源的匮乏。这需要司法行政管理部门在维持律师素质、控制律师总体规模与解决地区间法律服务市场均衡发展之间作出宏观上考虑。在这方面,司法行政管理部门有条件依据现实情况采取变通性制度设计(如适当扩大基层法律服务工作者的业务活动范围),以解决不同层次对法律服务的需求问题,弥补因提高律师行业准入"门槛"而可能形成的偏失。

注释

1 在对深圳、北京地区的一份对职业希望的调查中,律师职业位居一百种职业的前列。见《深圳风采周刊》总第232期。

2 《中国律师》1998年第10期刊登江平教授谈律师形象的文章,定名为《为权利而斗争的中国律师》;该刊 1999 年第 1 期又一次刊发专家学者及律师的发言,议题为:《为维护权利而斗争》。

3 此外,作为一个非常个人化的因素,本文作者曾有过学者兼官员继而又律师的经历。大约近六年时间中,我忝列律师队伍,并一直以学者的思维方式具体地感受官员与律师这两种职业的不同遭际。这段基于偶然的经历不仅为我认识和分析中国律师制度提供了一定的经验基础,更为我从一些较为根本的问题上思考中国律师制度提供了内在激励。当然,个人体验的局限性以及在律师执业过程中可能形成的情绪化倾向是我在言说和评价问题时所必须戒备的。

4 日本学者夫马进在"明清时代的讼师与诉讼制度"一文中对"讼师"与"律师"作了鉴别:"在论述律师制度时,经常有人指出,历史上曾经存在过类似律师的讼师,然而,律师是国家公认的,而与此相反,讼师则是国家所禁止的,因此,实质上讼师只是与律师似是而非的一种职业"。[日]滋贺秀三等:《明清时期的民事审判与民间契约》,王亚新等译,法律出版社 1998 年版,第 390 页。

5 需要说明的是,托克维尔在这里是把律师作为法学家来表述的,尽管托克维尔所说的"法学家"并不仅限于律师。参见[美]托克维尔:《论美国民主》(上卷),董国良译,商务印书馆 1988 年版,第八章。

6 [英]波雷斯特:《欧洲早期的律师界》,中国政法大学出版社 1992 年版,第 1 页。

7 [美]伍德罗·威尔逊:"律师与社会",载《伍德罗·威尔逊文集》1976 年版,第 21 卷,第 66 页。

8 参见 Anthny T · Kronman:《The Lost Lawyer》. Preface. The Belknap Press of Harvard University press 1993. [美]罗伯特·戈登:《律师独立论》,中国政法大学出版社 1992 年版,导论部分。

9 参见张志铭:"当代中国的律师业",载《比较法研究》1995 年第 1 期。

10 王亚新先生在对前引夫马进论文的解说中认为:"历史上不同的文明类型进一步发展出了各自认知和处理纠纷的范畴体系以及多样的纠纷处理样式或有关的社会过程。从这样的角度比较中华文明与西欧文明的话,则可以看到差异是十分明显的,而这种文明的差异就导致了类似讼师这样的法律职业存在意义上的根本不同"。[日]滋贺秀三等:《明清时期的民事审判与民间契约》,王亚新等译,法律出版社 1998 年版,第 436 页。

11 参见张志铭:"当代中国的律师业",载《比较法研究》1995 年第 1 期。

12 参见 1957 年 6 月司法部副部长陈养山在第二次全国律师座谈会上的讲话。

13 参见 1957 年 6 月司法部副部长陈养山在第二次全国律师座谈会上的讲话。

14 进入各级人大、政协的律师数量极少。参见张志铭:"当代中国的律师业",载《比较法研究》1995 年第 1 期。

15 美国学者法恩兹沃思描述:"现在每二十位律师中有两位是联邦政府、州政府、县政府和市政府的雇员，司法部门还不计算在内。……一百七十年以来，律师人数占美国参议员人数的2/3，占众议院人数的1/2，占州长人数的1/2至2/3。这些数字证实了首席法官斯托恩的看法：在我们的职业传统中，没有哪一种像担任公共事务领导工作这样为律师们所爱干。”E. 阿伦·法恩兹沃思：《美国法律制度概论》，马清文译，群众出版社1986年版，第37～38页。

16 事实上，在35至40岁且有研究生以上学历的律师中，具有一级律师职称者实属凤毛麟角。这种过于苛求、且脱离实际的标准使得最高法院这一举措的象征意义大于其实际效果。

17 1957年7月原司法部副部长陈养山在第二次全国律师工作座谈会结束会上的发言。

18 参见原司法部副部长李运昌1980年8月29日《关于〈中华人民共和国律师暂行条例〉的几点说明》。

19 “独立于国家”被西方理论认为是律师的两个基本品性之一。参见戈登《律师独立论》第13页。

20 [美]罗伯特·戈登：《律师独立论》，中国政法大学出版社1992年版，第24页。

21 [英]罗杰·科特威尔：《法律社会学导论》，潘大松译，华夏出版社1989年版，第221页。

22 [英]罗杰·科特威尔：《法律社会学导论》，潘大松译，华夏出版社1989年版，第215页。

23 律师事务所通常看不到政府或党委的内部文件；即使能够看到的文件，也因为律师事务所“级别”很低，大多是已成为公众知晓的文件。

24 参见[美]托克维尔：《论美国民主》(上卷)，董国良译，商务印书馆1988年版，第302页。

25 通常指技术性、专业性较强的法律，需要由律师加以操作的法律。

26 企业工商档案应理解为公众资讯，不属于企业商业秘密范畴。事实上，这一理由也暗含着工商行政管理机构对律师职业整体缺少信任度。

27 [日]棚濑孝雄：《纠纷的解决与审判制度》，王亚新译，中国政法大学出版社1994年，第298页。

28 参见《中国律师》1998年第10期、第11期、1999年第1期、第2期的有关报道。

29 参见[德]马克斯·韦伯：《经济与社会》，林荣远译，商务印书馆1997年版，第355～374页。

30 参见张志铭：“中国律师业命运再思考”，载《中国律师》1998年第10期。

31 参见[美]布坎南：《自由、市场与国家》，平新乔等译，上海三联书店1989年版，第15篇。

32 参见张志铭：“中国律师业命运再思考”，载《中国律师》1998年第10期。

33 参见季卫东：“法律职业的定位”，载《中国社会科学》1994年第2期。

顾培东

代表作

拾柒

论诉权

引 言

传统民诉理论在其发展的各个历史阶段中，始终充斥着各种诉权学说的争论，每一诉权学说的产生往往都包含着对旧有学说的批判，同时，也意味着它将受到更新理论的抨击。同一时代、同一国家中常常并存着数种迥然相异的诉权理论流派，诉权的内涵、诉权的作用等基本问题成为许多国家民诉理论界久盛不衰的论题。

绵续的争论并未带来诉权理论的统一，相反，却留下了纷繁杂芜的诉权学说。当今，德、意等国中，近代形成的三大诉权学说（诉权私权说、抽象诉权说、具体诉权说）各自地位虽发生了很大变化，具体诉权说较其他各说更受推崇，但尚未出现众说归一的局面；法国对诉权的内容、获得诉权的条件在法典上作了规定，然而，规范的统一性未能消除理论上的多元化，与法典精神相悖离的诉权观点依然在民诉理论中占有一定地位；日本民诉学者对诉权的认识亦是见仁见智。民诉著作，甚至法律辞书涉及诉权时，都是列述众说而陈己见。面对“诉权学说，迄今尚无一完整无瑕者”的现状，曾有资产阶级学者主张取消诉权概念，而代之以“法的地位”（Rechtsstellung），[1]这种削足适履的主张自然不具有很强的反响。资产阶级各种民诉理论流派的偏见限制着统一的诉权理论的形成；学者们所热衷的繁琐的概念推演、术语变换等形而上学的思维方法则为诉权学说的分歧和争论增加了活力。因此，在这些国家中，距离诉权理论争议的平息仍很

本文为作者硕士毕业论文。

遥远。

诉权在社会主义民诉制度中具有极为重要的地位。这首先是因为社会主义诉权制度最为直接地反映着社会主义民诉制度的本质，成为社会主义民诉制度同剥削阶级民诉制度的重要分野。同时，诉权与诉讼当事人、诉等其他民诉制度紧密相连，并且制约或决定着这些制度的内容。因此，诉权学说是社会主义民诉理论中所不可缺少的重要组成部分。社会主义民诉理论工作者无法回避对诉权学说的研究和探讨。

我国社会主义诉权理论的创立是以吸收和移植苏联诉权学说为起点的。五十年代，苏联学者顾尔维奇等人建立的二元诉权学说（程序意义诉权与实体意义诉权）为我国民诉界所普遍接受，视为定论。这一历史因素使我国现阶段的诉权理论在总体上仍未脱出苏联学说的窠臼。然而，只要人们不是以尊崇的感情而是以批判的态度和求实的精神去分析二元诉权学说中每一个观点，就不难发现这一学说在理论上的缺陷，及其与审判实践的悖离。历史为我国民诉理论工作者所提出的任务已不是对二元诉权学说的简单信奉和维护；创立和完善富有中国特色的民事诉讼理论，需要在扬弃既往学说的基础上，重新建立科学的社会主义诉权理论体系。

近年来，宣传和普及民诉基本知识的任务使我国民诉理论界尚未能对诉权进行专门系统的研究，还不曾有关于诉权的专论或专著问世。这种欠缺已经对我国民诉理论的发展、民诉教学以及民事审判工作造成了一定的影响。为此，中国法学会第二次理事会决定把诉权的内容、诉权与实体权的关系等问题列为当前民诉理论重点攻关的课题。因而，立足于我国民诉制度的本质，依据于《民事诉讼法》（试行）的有关规定，批判既往诉权学说的错误，较为深入地探讨诉权理论的基本问题，并尝试性地提出新的诉权理论体系便构成了作者撰写本文的内在动因。

限于容量，本文仅对诉权理论中存疑较大的基本问题作探讨性论述。

一、我国诉权理论中存在的问题及其历史根源

重新探讨诉权理论的要求产生于对我国诉权理论现状的反思。因此，认识和分析我国诉权理论目前所存在的问题及其历史根源，就成为论述的起点。

苏联二元诉权学说排斥了诉权具有单一意义的可能性。这一常识性

缺陷促使我国民诉理论工作者在全面接受二元诉权说的同时，又力图建立包容程序意义诉权和实体意义诉权的单一诉权概念。这样，学者之间对诉权内涵认识上的差异便反映为各种版本民诉著作中诉权定义的不同。在能够反映我国现今民诉理论发展水平的所有著作中，我们所看到的是内涵各异的诉权概念。诉权概念不统一是我国诉权理论中的首要存在问题。

有的著作为诉权所下的定义是："诉权是当事人向人民法院起诉和应诉，请求人民法院以国家审判权保护其实体民事权益的权利。"[2]这一定义实质上把诉权归结为起诉和应诉的可能性，请求对实体民事权益的保护仅是对起诉和应诉内容的进一步解释。有的著作把诉权的外延由前述起诉权和应诉权扩大为进行诉讼的一切权利，认为"诉权是当事人进行诉讼的权利。"[3]与此不同，另一著作中，诉权又被认为是"提起诉讼请求的权利或者权能。"[4]这里，诉权仅是指原告的起诉权或起诉的权能。还有一种诉权定义："诉权就是当事人向法院提出获得司法保护的权利"。[5]这是一个令人费解的定义。"提出获得司法保护"，显然有悖语词规律，但是，从作者的本旨来看，诉权不仅指提出诉讼请求的可能，而且还包括获得司法保护的权利。这一定义所揭示的内涵与前面的表述又不相一致。不同的表述还可以列举一些。总之，在所有的民诉著作中，几乎找不出完全同一的诉权定义。甚至同一作者由于认识的不断深化，在不同的著作中也给人们留下了彼此相异的表述。

允许学术上百家争鸣，决不意味着对某一确定的范畴在同一意义上可以作多种解释。当我们看到各种诉权概念从苏联学者设定"诉权没有单一的概念"的框框中破茧而出时，不能不认为这是我国民诉理论的一大进步；而在我们深切地感到诉权的内涵应有、也只有能有一种科学的表述时，又不得不承认我国民诉理论尚存着这样的重要缺陷。诉权定义不统一，概念不确定的现状绝非是科学的民诉理论所应有的境况。

如果说各种著述对诉权概念的表述不相同一的话，那么，在接受二元诉权说，对诉权作程序意义诉权和实体意义诉权的划分这一点上，学者们却毫无例外地找到了共同。各种著述共同认为，诉权具有这两方面内容，包括这两种权能。程序意义诉权或实体意义诉权在诉权整体中具有从属关系、整体与部分关系。对二元诉权论的具体分析当属本文后面的任务，这里所必须指出的是，由于牵强地对诉权作出这种划分，使许多著作的诉权理论体系陷入了无法克服的逻辑矛盾，集中反映于：诉权定义中所确定的外延与程序意义诉权和实体意义诉权的外延相去甚远。诉权定义中所确定的内容在两种意义的诉权中被排斥；相反，诉权定义中所排斥的内容在两种意义诉权的外延中又被宽泛地兼收。例如，在诉权定义中明确认为"诉权是当事人进行诉讼的权利。"而对两种意义诉权的解释中，却仅承认原告的起诉权，并又将实体法上的请求权纳入诉权；[6]在诉权定义中主张诉权是起诉权和应诉权的总和，在实体意义诉权中又加入与定义不相容的"胜诉权"；[7]在诉权定义中，诉权只被看作是"提起诉讼的权利或权能"，而作为诉权一部分的实体意义诉权却被认为是决定胜诉或败诉的根据；[8]在诉权定义中，诉权包括提起诉讼和获得司法保护的权利，而具体到程序意义诉权和实体意义的诉权时，诉权则变化为直诉权和请求法院强制保护的权利。[9]

诉权理论的逻辑矛盾还表现在同一著作对同一概念不能保持同一解释，使人们无法在游离不定的表述中捕捉其确定的内涵。较为普遍的问题是：一方面认为程序意义诉权就是起诉权，另一方面又为这种诉权添加上应诉权甚至反诉权，以求为诉权概念中被排斥的被告的诉权找到根据；一方面将实体意义诉权说成是提出实体请求的权利或请求实体上保护的权利，另一方面又跳跃式地把这种权利称为以获得胜诉为内容的胜诉权。类似这样的矛盾一些著作中尚非少数。

上述分析表明，我国诉权理论目前存在的问题集中反映在两方面：一是缺乏科学的诉权定义作为统一诸种表述的基础；二是未能形成科学的诉权理论体系以消除诉权理论中的逻辑矛盾。因此，诉权究竟是程序上的权利还是实体上的权利，诉权发生的根据，获得诉权的条件，诉权的内容以及被告有无诉权等依然是尚未真正得到解决的问题。

一定阶段中的诉权理论形态，既是同时期诉权制度的曲折反映，也是诉权学说发展史纵向过程的连续。因此，不应将我国诉权理论中存在的问题简单地归处于某些民诉理论工作的疏忽，而应从我国诉权理论与其母体——苏联诉权学说的联系中探究其存在的历史根源。

十月革命后，苏联开始创立社会主义诉权理论，一大批民诉理论工作者为此付出了努力，顾尔维奇的《诉权》一书集中代表了这一成果。《诉权》对德、奥等国资产阶级学者所倡导的诉权学说以及革命前俄国的诉权理论进行了较为系统的批判,在此基础上,建立了新的理论体系。这一体系的内容主要是:诉权是表示多种不同概念的术语。[10]不应对诉权作单一解释。诉权在"苏维埃法中具有不同意义。"[11]一是指程序意义诉权。亦即起诉权。它是"为促成并坚持某一具体民事权利纠纷的法庭审理以及解决的权利,也就是要求对具体民事案件进行审理的权利。"二是实体意义诉权,它是指"处于能够对义务人强制实现的状态中的主体民事权利。"这种诉权是实体权利的转化形态,是当事人获得胜诉的根据;三是认定诉讼资格意义上的诉权,它是指原告获得正当当事人资格意义的权利。顾尔维奇的诉权理论得到了苏联民诉甚至民法理论界的普遍承认,[12]所不同的仅是舍弃了本来在顾尔维奇诉权体系中就居无足轻重地位的认定诉讼资格意义上的诉权。这样,程序意义诉权——起诉权和实体意义诉权——胜诉权就成为苏联诉权学说的定型格局,同时也是建国初期移植于我国的基本模式。

苏联诉权学说是在对近代资产阶级三大诉权学说的批判中产生的。然而,历史地看,尽管苏联学者曾以朴素的感情对三大诉权学说进行了无情的抨击,但在营造自己的理论大厦时,又自觉或不自觉地采用三大诉权学说的基本内容作为基石。这就使得苏联诉权学说一产生就潜伏着先天性的缺陷。因此,进一步分析苏联诉权学说与近代三大诉权学说的联系,不仅可以使我们深入认识我国诉权理论存在问题的间接根源,还有助于了解对苏联诉权学说作出否定评价的历史根据。

近代三大诉权学说主要产生于19世纪末的德国。19世纪的德国,各种政治力量并存,诸种意识潮流交错。德国民诉学者创建资产阶级诉权理论的过程受到了这些力量与潮流的冲击,并相继产生了诉权私权说、抽象诉权说以及具体诉权说这三大诉权理论。

诉权私权说(亦称实体诉权说,私权解释说)认为,诉权是基于私法而产生的权利,是当事人所享有的实体权利的直接内容,它的主观指向是实体权利所对应的义务主体。这一学说的创始人萨维尼认为,诉权具有与债相近似的实体法的本性。在诉讼提起前,是债的法律关系的胚胎,在提起诉讼后,便成为真正的债。[13]把诉权视为私权的观点早在罗马时期就已经形成。因此,诉权私权说与其说是德国学者的学术成就,倒不如说是萨维尼等历史法学派学者对民族主义尊崇的结果。17、18世纪起,在德国、英国逐步抛弃罗马——教会式诉讼制度时，德国倒在每时每刻地接受这一制度。“罗马法（指罗马诉讼法——引者）在罗马帝国灭亡一千年后却为德国带来了法制的统一”。所以，迄至十九世纪初期，罗马的诉权观念已溶化为德国的“民族意识”而深存于一部分法学家的法律思想中，这样，当民族主义成为德国法制的指导思想时，萌生于罗马的诉权私权说自然被推上重要地位。

19 世纪，同专制主义相抗衡的自由主义、理性主义以及自然法思想在德国显露端倪。这些思想潮流与人们痛恨普鲁士法院以及地方司法组织蛮横剥夺诉权的司法实践的情绪相结合，便产生了同诉权私权说尖锐对立的“抽象诉权说”。这一学说的代表者是德根靠鲁贝（Degnkolb）、比洛（Bulow）和伯洛兹（Plosz）。[14]他们从自由主义立场出发，主张诉权是不依赖任何实体条件而存在的公法权利，是人权所不可缺少的组成部分。抽象诉权说第一次揭示了诉权的公法性质。同时，就对抗封建司法制度这一点而论，有一定历史进步意义。但是，这种理论至多也只能反映激进资产阶级的一种思想化了的希冀。在普鲁士专制国家强大封建势力面前，这种富有乌托邦色彩的学说并不产生很大的实际效果，继之而起的是具体诉权说。

具体诉权说的基本观点是：诉权是公法性质的权利，但它是以实体权利为基础、私人请求国家给予利已判决的权利。这一学说是同 19 世纪末强化国家权利的思想相呼应的。与既往的学说相比，它强调了国家对于诉权存否的决定作用和国家在民事纠纷解决中的主导地位，从而使诉权的意义与国家主权的基本概念相吻合。这种学说后来被连带主义法学的倡导者狄冀等人发展到了极端的地步。在狄冀的学说中，诉权甚至已丧失了权利的性质，仅成为执行国家规律的一种行为。[15]

资产阶级的这些理论，从各个不同侧面反映了狭隘的资产阶级利益，理所当然地受到顾尔维奇等学者的批评。但是，空洞的政治口号和术语上的纠缠使这种批判丧失了应有的力量。只要我们不局限于表述上的差异，而将苏联二元诉权说与资产阶级三大诉权说作实质上的比较，就会看到，苏联诉权学说实际上是三大诉权学说的简单综合。程序意义诉权和抽象诉权无异；实体意义诉权则是诉权私权说和具体诉权说的共同衍生。[16]（见下图）

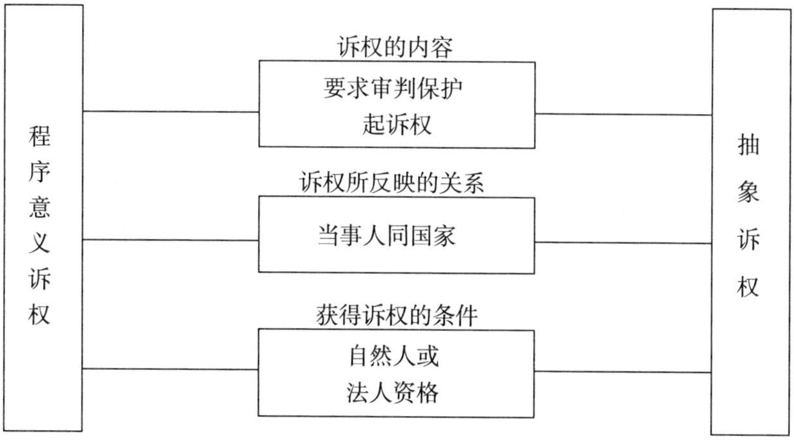

简单的图形向我们展示了一个并不简单的结论:苏联学者试图消除三大诉权学说的各自片面性(这正是需要肯定的主观动机),将这些学说的观点,包括与社会主义诉讼制度本质不相容的观点牵强地融汇于一体,其结果,在建立新体系的过程中又迂回地踏上了资产阶级民诉学者曾经走过的老路,所形成的二元诉权说未能对三大诉权学说作出实质性的突破。(见下页图表)

我国民诉法学研究恢复和发展后,民诉理论工作者面临着这样的选择:或者继续袭用苏联学说;或者创立具有我国特色,充分反映我国民事审判实践要求的科学的诉权理论体系。然而,创立新的诉权理论的现实要求与旧有学说在我国根深蒂固的历史条件使我国民诉理论工作者实际走上了一条折衷的道路:一方面提出了一些颇有价值的新见解,另一方面又在总体上仍然承续苏联诉权学说的模式。由此而形成的诉权理论自然是诸种矛盾的集合体。表现在:坚持诉权具有确定的内涵,应当建立单一的诉权概念这一正确主张,同时却又固守二元诉权论,对诉权继续作程序意义诉权与实体意义诉权的划分,从而使诉权整体概念与其从属的两种诉权的外延不相协调;强调被告应有诉权,却又接受程序意义诉权即起诉权之旧说,表面肯定而实际否定被告的诉权;对实体意义诉权作了某些与苏联学说所不同的解释,但始终未能抛弃"胜诉权"这一概念,使诉权与实体权的各自界域不能彻底廓清。显然,解决这些问题的出路决不在于复归旧说、以旧说为统一的基点,而应当彻底摆脱旧说的束缚和影响,建立起反映我国社会主义民诉制度的科学的诉权理论体系。

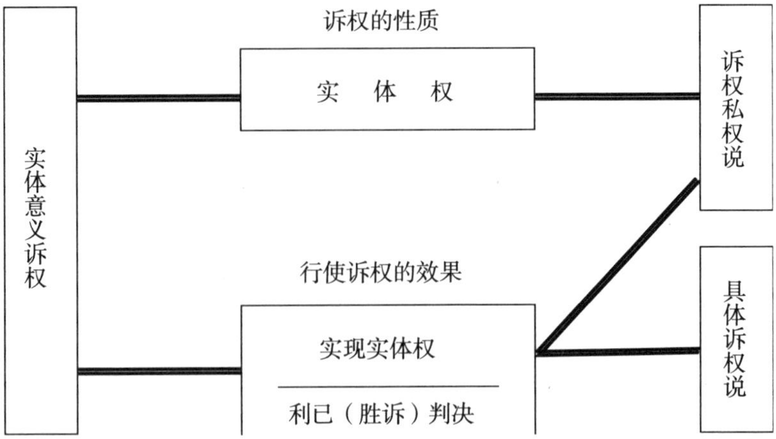

二、诉权基本问题的一般考察

马克思主义认识论认为，科学的理论是对对象本体的正确认识。既往诉权学说所形成的扑朔迷离的诉权观点，掩盖了诉权的自身面目。因此，科学地论述诉权就必须撇开各种诉权学说附会于诉权的种种虚有特质，把诉权作为一种实存的社会现象，考察其基本问题，从一般意义上回答诉权应是什么。

1. 国家对民事冲突的干预是产生诉权的历史原因。

历史表明，当英雄时代的希腊人或者王政前期的罗马人为着对自然物的占有而彼此发生争执时，诉权这个概念还属于未来世界。解决冲突的基本形式是氏族组织在公共道德律支配下的仲裁或者冲突双方的暴力争斗。在没有法官，没有诉讼，甚至连权利都没有的"十分单纯质朴的氏族制度"中也不存在诉权这一现象。氏族社会解体后，在私有制上所滋生出来的"最卑下的利益——庸俗的食欲、粗暴的情欲、卑下的物欲、对公共财产自私自利的掠夺"（恩格思语）每时每刻破坏着"古代社会的纯朴道德"。社会成员间民事权益的冲突日益成为普遍的社会现象，威胁着社会存续所必需的生活秩序。而当社会生活秩序的一般要求上升为统治阶级意志时，每一私人间的冲突就必然内含着个人同现行统治关系的矛盾。国家是表面上凌驾于社会之上的暴力实体，国家一产生就负有用强力缓和各种社会冲突和矛盾的历史任务。因此，国家必须按照自己的意志，从社会利益出发，干预社会成员的民事冲突，以第三者的身份解决民事纠纷，用国家力量取代“私力救济”。另一方面,私有社会中,社会成员也产生了由国家解决其民事纠纷的内在要求。首先,维护社会道德,管理公共事务的氏族组织已完全瓦解,不能再行裁决是非的职能。“一切争端和纠纷由当事人全体即氏族部落来解决或者各个氏族相互解决”的条件已经丧失,需要以国家手段作为替代;其次,“私力救济”是同氏族团体的存在相联系,并以此为后盾的。当氏族团体不复存在时,单个力量在暴力争斗中就显得相当薄弱。而且,每一次私力救济往往意味着更大的复仇性的暴力产生。私人利益必将在弱肉强食的原则下遭受更大的损害。还有,私有制出现后,经济活动超出了占有自然物而维持生存性消费的意义,产品的生产以及由此而形成的简单商品交换拓宽了人们经济活动的范围,丰富了民事交往的内容。这一因素也促使社会成员要求社会力量的代表者通过强制手段,解决民事纠纷,保护生产和交换的必要社会条件。马克思和恩格斯曾十分精辟地描绘过阶级社会形成后维护个人利益手段的变化过程:“法的历史表明,在最早的和原始的时代,这些个人的实际的关系是以最粗鲁的形式直接表现出来的。随着市民社会的发展,即随着个人利益之发展到阶级利益,法律关系改变了,它们的表现方式也变文明了。它们不再被看作是个人的关系,而被看作是一般的关系了,与此同时,对彼此冲突着的个人利益的维护也由于分工而转入少数人手中,从而法的野蛮行使方式也就消灭了。”[17]

但是,国家和社会成员都是彼此独立的主体。民事纠纷和冲突外在于国家的职权活动范围,体现国家干预职能的审判权并不能直接同民事生活发生联系。因此,国家对民事冲突的审判干预以及社会成员对于这种干预的要求需要有恰当的中介。这种需要便为诉权的产生提供了契机。马克思曾经指出:“国家的职能和活动是和个人有联系的(国家只有通过对个人才能发生作用),但不是和肉体的个人发生联系,而是和国家的个人发生联系,它们是和个人的国家特质发生联系的。”[18]诉权正是体现在民事活动中的个人的“国家特质”。从根本上说,诉权这种“国家特质”反映着两方面意义:第一,国家赋予社会成员实施诉讼行为的资格,通过这种行为使社会成员能够将民事纠纷提交国家裁决,利用国家“公益代表者”的身份以及其行为的公断力和强制力使纠纷得到最终解决;第二,它使民事纠纷脱离纯粹私人生活的藩篱而同国家职能活动相联系,使民事纠纷同审判活动相衔接,为审判权提供具体的对象,从而实现强制干预民事冲突的目的。

诉权的出现，为与民事纠纷相关的一切因素注进了全新的内容。其一，主体关系由纠纷双方彼此间的关系变为双方各自同国家间的关系；其二，活动界域由整个社会移向国家设定的特定机构——法庭；其三，解决纠纷的手段由国家文明的裁决取代私人野蛮的暴力争斗。总之，诉权一经问世，就成为国家同社会成员、国家强制力同民事生活连接的基本纽带。

对诉权产生历史过程的简略分析使我们看到，国家对民事冲突和纠纷的干预是诉权产生的历史原因，没有国家对民事冲突和纠纷的干预就不会有诉权。同样，每一社会中，诉权也不是社会成员自身固有的权利，它是国家在一定条件下赋予社会成员的权利。获得和行使诉权包含着当事人的主观要求，赋予诉权则反映着国家的目的。国家作为社会的统治实体，是产生诉权的终极本源。任何将诉权归结为当事人之间私人权利的观点都违背诉权产生的历史事实。

2. 进行诉讼，实施诉讼行为是行使诉权的基本内容。

国家运用强制手段解决民事纠纷是通过特定的机构——法院，以特定的手段——审判，在特定的活动——诉讼中实现的。因此，社会成员用以求得纠纷解决的诉权也只在法院进行审判诉讼活动中才具有实际意义。首先，从行使诉权的界域看，诉权不能在其他社会活动中实现。在诉讼活动之外，诉权不可能产生任何具有实际意义的效果。只有在诉讼活动这一确定的界域中，诉权才能成为一种法律上的行为根据，诉权的属性也才能得到展开和体现；其次，从诉权主体的实际需要来看，民事纠纷的出现。为当事人之间带来了一种排他的对抗性。这种对抗性的产生意味着任何一方都暂时甚至永远不可能通过他方的妥协来实现自己的实体利益。因此，处于对抗状态的当事人双方所面临的直接的实际需要就是获得诉讼过程中的一系列手段，能够能动地、积极地在诉讼过程中，反映和证明自己的要求，从而获得利己的判决。虽然对实体利益的追求是当事人的强烈欲望，但当这种欲望由于他方的对抗不能马上实现时，它就退居动机的地位，而实施对己有利的诉讼行为则成为当事人的目的。再次，从诉讼外化的条件看，法律上的权利首先是以观念形态而存在的，它必须借助于一定的物质性的活动而外化为某种利益。同样，诉权从观念形态到利益的转化中，也必须以诉讼活动为其条件，诉讼过程中所进行的各种活动是诉权藉以实现的客观基础。诉权与诉讼活动的这些密切联系，使我们有充分理由认为，行使诉权的全部内容就是主体能动地进行诉讼活动,实施诉讼行为。

这一结论还可以在另一种意义上得到证明。任何权利的设立都是以满足这一权利的相应义务或责任的存在为前提的。“不存在无权利的义务,也不存在无义务的权利。”[19]同样,诉权也有其相应的责任作为满足和实现的依托。这种责任的内容制约和决定着诉讼的内容。国家赋予社会成员诉权,同时也为自己设立了旨在满足诉权的责任。但是,这种责任决不是国家承担某种实体义务而求得冲突双方利益上的平衡。与诉权相对应的责任在于,国家审判机构行使审判职能,运用诉讼程序,正确解决民事纠纷。国家的这种责任决定着诉权的内容。因此,建立在审判责任之上的诉权就是当事人通过诉讼使纠纷得到解决的可能性。进一步说,也就是当事人在诉讼活动中运用各种必需的诉讼手段,能动地进行诉讼。

能动地进行诉讼有其确定的内容和客观的标准。这些内容和标准首先是与诉讼的具体活动相联系的。诉讼是包含着一定目的的特殊社会实践。不同社会中,诉讼形式千差万别,但各种社会的诉讼活动都基本围绕这样几个中心:(1)查明案件事实,无论这种查明是通过什么样的手段,也无论最终所“查明的事实”依据于主观还是客观标准;(2)确认民事法律关系的状态。这是指确认实体法律关系的主体、内容诸要素的原有或应有状态;(3)保护正当权益,制裁违法行为。诉讼的这些活动决定了“能动进行诉讼”的内容和标准,这就是(1)依照自己志愿提出实体请求或主张;(2)全面地陈述并证明与案情相关的事实;(3)依法获得权益保护和对抗枉法裁判。这三者共同体现了“能动进行诉讼”,亦即是行使诉权的主要方面内容,缺少任何一项都不能认为诉权得到了充分行使。

进一步看,诉讼活动是由一系列阶段和环节构成的纵向连续过程。因此,能动地进行诉讼又表现为当事人能够依次从事诉讼各个阶段、各个环节的有关活动。一般说来,在起诉阶段,起诉和应诉;在审理阶段,请求回避,互相辩论;在判决阶段,提出上诉;在执行阶段,请求强制执行;判决生效后,申请再审。还有,在终审判决前,提出证据,提起反诉;在诉讼任何阶段,依法处分实体权利与程序权利等等。在诉讼中,这些单个行为有机地结合为当事人诉讼活动的整体。有效地实施这些单个行为,也就是在能动地进行诉讼。

在诉讼法上,主体所为的上述诉讼行为都依据于各种相应的诉讼权利，如起诉权、答辩权、上诉权、反诉权、提证权、处分权、申请强制执行权、申诉权等等。因而，可以认为，诉权是各种诉讼利权的根本依据，各种诉讼权利则是诉权在诉讼各个阶段中的不同表现形态。把诉权的内容局限于任何一种诉讼权利，或是把诉权看成是各种诉讼权利的简单代数和都有失偏颇。

3. 与争议法律关系具有直接利害关系，是享有诉权的根本依据。

在研究享有诉权的依据时，一些民诉著作常常不可避免地把人们的思维引向一种矛盾：在一定意义上，“诉权是一切个人、企业事业单位、机关、团体都享有的一项诉讼权利”。[20]因而，对诉权的享有仅取决于自然人生命的存续与法人资格的存在；在另一种意义上，诉权又必须同实体权益具备某种联系，有了这种联系才享有诉权。人们似乎无法否认任何一种结论的正确性，但事实上两种结论又彼此排斥，不能兼容。许多著述回避了对这种矛盾的解释。而不说明这一问题，就无法弄清获得诉权的确实依据。我们认为，解释这种矛盾需要引进两个被普遍忽视的概念，这就是主观权利与客观权利。在法学理论中，客观权利是指法律在一般意义上为人们所设定的享有某种法律上利益的资格，主观权利是指对这种权益的现实享有。在一些民诉著作中，所以存在着双重的，然而又是矛盾的获得诉权的条件，其原因就在于混淆了主观诉权与客观诉权各自的规定性，至少未能在理论上将这两种不同意义上的诉权作为不同的对象加以区别。

客观诉权与主观诉权虽然同样表示着主体同诉讼手段的联系，但是两者的差异也十分显然。其一，客观诉权表示着主体运用诉讼手段的可能性，主观诉权则表明主体运用这种手段的现实性；其二，客观诉权通常以国家根本法上一般性规定为依据，主观诉权规定在诉讼法以及实体法律的特别条款中；其三，客观诉权与人（自然人和法人）的社会地位相联系，主观诉权则与实体法律关系的某种状态相联系；其四，客观诉权没有确定的指向，主观诉权则以一定的民事权利和义务作为基础；其五，客观诉权以某些阶层的社会成员这一群体为主体。主观诉权则以某个或某几个特定的个体为主体，两种诉权在宏观上协调统一，在微观上又不尽同一。宏观上的协调统一是指：从社会整体上看，客观诉权奠定了主观诉权的基础，并依靠主观诉权来体现；主观诉权以客观诉权为前提，并使客观诉权现实化，微观上的不尽同一则在于，对于某一社会成员来说，享有客观诉权并不一定同时享有主观诉权。马克思、恩格斯在揭示作为一定社会中“人的权利”的客观权利与作为“正当获得的权利”的主观权利之间的这种关系时指出：“由于‘我’在‘任何情况下’‘总’是人(……)，由于我作为人所具有的一切‘总’是我的利益(例如作为一个柏林人，柏林动物园对我是一个利益)，所以，人的权利‘在任何情况下’‘总’成为我的利益，但是由于他绝不是‘在任何情况下’生下来就是一个‘王子’，因此，‘正当获得的权利’也决不会‘在任何情况下’成为他的利益。所以，在法的根据上，‘人的权利’和‘正当获得的权利’还有本质的区别”。[21]

就社会主义民诉法学而言，客观诉权一般不再成为独立的、深入探讨的对象。这是因为社会主义民诉制度结束了公开剥夺社会成员客观诉权的历史，运用诉讼手段进行诉讼的法律资格已经为每一个公民和法人所享有。在主体范围上，客观诉权实际上已与诉讼权利能力相重合，并由后者所表示。作为社会主义民诉法学研究对象的诉权，通常仅是指主观诉权，这里我们所探讨的享有诉权的条件也只是指享有主观诉权的条件。

诉权既然基于民事法律关系发生争议的事实，为着解决民事纠纷而存在，那么，社会成员享有诉权的条件就应是与争议的民事法律关系具有直接利害关系。这一条件具有三层涵义：其一，民事法律关系须是争议中的民事法律关系而非是常态中的法律关系；其二，主体须同这种民事法律关系具有利害关系，或者是实际享有法律关系中的民事权利，或者是对这种民事权利负有相对义务；其三，必须与争议民事法律关系具有直接利害关系，不包含间接受影响的情况。

以“直接利害关系”作为获得诉权条件的理由是：第一，具有“直接利害关系”是主体获得国家审判保护的前提。“国家是属于统治阶级的各个个人借以实现其共同利益的形式”。[22]国家审判保护手段的运用与社会成员保护实体权益的要求是相适应的。直接利害关系的存在，表明主体在实体上可能遭受某种不利，或者是原有权益不能实现，或者是因非法请求而承担不应承担的义务。在此情况下，国家需要干预纠纷，用强制手段保护与争议法律关系具有直接利害关系的社会成员的正当权益，同时，也意味着这些社会成员能够得到国家所赋予的诉权。第二，具有直接利害关系是主体行使诉权的动因。促使主体提起或介入诉讼，进行诉讼活动的心理基础是主体对相关实体利益的注重，相关的实体利益是激发主体行使诉权的动因，没有主体同争议法律关系的直接利害关系的存在，诉权对于主体来说就没有实际意义，同时法律也不允许与实体利益无直接利害关系的人作为正当当事人进行诉讼。至于人民检察院无论以何种形式参加诉讼，都不以诉权为根据。参加民事诉讼是检察机关代表国家行使检察监督权的一部分。这一点也从另一个侧面说明了诉权同“直接利害关系”的必然联系。第三，直接的利害关系是主体承担诉讼结果的保证。诉讼总是要形成一定的结果。诉讼结果是法院根据法律关系的客观状况而作出的法律评价，并由此引起权利的强制实现和义务的强制承担。自然，这种诉讼结果只能归于同争议的实体权益具有直接利害关系的人，否则，诉讼中所确定的权利义务就无法找到归宿。也正因为如此，具有直接利害关系的人必须享有诉权，借助诉权反映自己的实体要求和主张，进而承担诉讼后果，具有利害关系——享有诉权——承担诉讼后果三者具有必然的联系，在任何诉讼当事人身上都体现着这三者的统一。

从享有诉权的条件中，我们可以逻辑地推出一个极为重要的结论：

既然与争议法律关系具有直接利害关系是享有诉权的条件，那么，原、被告就都是诉权的主体，都享有诉权，因为具有利害关系的主体与原、被告在某种意义上说只是同一概念的不同表述。

对诉权诸问题性的考察使我们从总体上为诉权建立了基本轮廓，同时，也为以下的论述奠定了这样一些基石：其一，诉权是国家赋予的权利，这就从根本上否定了诉权是私权，或者把诉权归入实体权利的认识；其二，行使诉权的内容是进行诉讼，实施诉讼行为，这就排斥了在诉权内容中掺入其他实体要素的可能性，明确了诉权作为程序法权利这一根本性质。其三，获得诉权的事实依据是主体与争议民事法律关系具有直接利害关系。这不仅明确了现实地获得诉权的客观条件，同时也肯定了当事人双方都是诉权的主体。

三、诉权与实体权利关系的辨正

每一诉权学说都需要对诉权与实体权利的关系作出回答，几乎同样可以说，既往诉权理论的每一错误都与对这一关系的非科学理解相关，资产阶级学者在诉权与实体权利关系的认识上表现出两种极端的偏执：或者是以实体权利为基点和轴心来考察诉权，把诉权看成是实体权利的组成部分或一种属性,在实体权利的组成部分或属性中为诉权留下生存的罅隙;或者是完全撇开实体权利,把诉权当作与实体权利毫无关系的“一般抽象状态的主观表现”,在抽象的人权中寻求诉权产生的根基。由此为诉权理论带来了一系列错误结论。在本源上,诉权或者被看作是主体实体权利所固有的“特别属性、方面、特殊要素”,或者被视为人与生俱来的权利:在功能上,诉权或者被认为是强制实现实体权利的能力,或者被当作实现人权的一种手段;在主体上,或者是享有实体权利的主体才有诉权,或者是任何社会成员都是诉权的现实享有者。苏联学者试图用二元诉权论来矫正这些偏执,既承认诉权就是实体权利本身——由此形成实体意义诉权的概念,又承认诉权是与实体权利无关而与人的身份、资格相联系的权利——由此产生程序意义诉权的概念。这种简单的包容非但未能揭明诉权与民事权利的关系,相反为自身的诉权体系设下了深刻的危机。因此,在完成对诉权一般属性的考虑后,应当对诉权与实体权利关系上的诸种错误观点作出批判,并在此基础上科学地阐明两者的关系。

1. 对“组成部分说”的批判

早期资产阶级理论中,诉权甚至不具有独立权利的意义。德国学者温德雪德(W－idschei 亦译为温德赛)首次在理论上将诉权与请求权分开而将其作为独立的权利形态。但温德雪德却又认为:“诉权对于我们充其量只是权利(指民事权利——引者)的影子——一种完全溶化在权利之中的东西”。在他看来,诉权的独立性只有在作为民事权利一部分这一意义上才存在。一些资产阶级学者发展了这种观点,(姑且名之为“组成部分说”),他们认为,民事权利是由包括诉权在内的三个要素所构成:(1)基础权,它反映主体期待或现实地享有某种实体利益;(2)请求权,它表明主体要求他人为一定行为的可能性;(3)诉权它是指权利主体强制不履行义务的债务人或侵权人履行义务或放弃侵权行为的权利,基础权、请求权、诉权三者共同构成整体意义上的民事权,并在不同阶段中展示各自的内容。

在观念上将诉权归入民事权利的历史可以追溯到罗马,罗马是最早步入私有社会的国家。同整个古代社会的情形一致,罗马原始公有向私有过渡的首要途径“局限于简单的 possessio(占有)”。这种占有一方面未能完全摆脱原始公有的外壳,另一方面还面临着暴力掠夺而改变占有者的威胁。因此,在罗马,“私有财产的真正基础,即占有,是一个事实,是不可解释的事实，而不是权利”。[23]占有事实转化为法律意义上的民事权利需要得到国家一般形式（合于法律规定）或特殊形式（对具体占有颁布占有取得令状）的认可。“只是由于社会赋予实际占有以法律上的规定，实际占有才具有合法占有的性质，才具有私人财产的性质”。[24]所以，罗马社会中并存着合法占有与自然占有（Possessio naturalis）两种占有形式，具有私权性质的占有与呈自然状态的非权利性质的占有在效能上的根本区别在于，前者具有占有诉权（Actio Possessio）能够通过权利主体的诉讼行为而受到国家保护。因此，一方面民事权利必须以诉权为其存在的依托；另一方面，诉权也只能寓存于民事权利之中，成为民事权利的一部分。形成这种观念还有另一个相近似的原因。与最初私有社会中权利不稳定状态相联系，罗马国家对权利的转移规定了繁琐的程式，甚至用纯属形式的拟制诉讼作为确认权利转让效力的手段。这样，在罗马的民事流转中，又实际形成着合于法定转让程式的权利与不合于这些程式的利益，由此又进一步产生了这些权利和利益是否受到国家保护，亦即是否具于诉权的差异，含有诉权的权利才能成为法律意义上的民事权利。

由于社会的变迁，促使罗马人将诉权归入民事权利的历史因素在近代社会已基本丧失，但是私有财产的神圣化却使罗马诉权与民事权利关系的这种观念在近代获得了新的存在根据。资本主义的缘起同民事权利地位的提高是呈同步状态。民事权利反映了市民社会各种关系的基本内容，成为市民社会的权利基础。因此，与资本主义的社会要求相适应，民事权利被罩上了神圣的灵光，这种神圣地位反映在两个彼此联系的方面：其一，民事权利作为私有财产的法律表现“这是任意（asongre）、和别人无关地，不受束缚地使用和处理自己的财产的权利；这项权利就是自私自利的权利。”[25]理论上体现这一内容的就是基础权和请求权；其二，民事权利又是对抗他人，制约国家，具有强制实现力量的权利。诉权则是这种力量的体现，任意处分的权利与强制实现的权利形成互补。这样，在法学理论中，诉权就很自然地被资产阶级学者归入民事权利，作为权利主体横行无忌，随心所欲地处分和实现其权利的理论根据。以吞并诉权为代价抬高民事权利的地位。国家干预民事冲突而赋予社会成员诉权这一真实过程则完全被湮没在当事人实现民事权利的主观追求之中。

“组成部分说”在资本主义社会的另一效用又在于，它为实际剥夺劳动人民诉权提供了依据。既然诉权是民事权利的组成部分,那么,只有民事权利的享有者才能获得诉权。因而在无产者的贫困,资产者的富有这两极构成的资本主义社会中,诉权在很大程度上只是属于资产阶级,而不属于劳动人民。由上可见,“组成部分说”是资本主义社会中私权绝对原则的产物。这种理论抹煞了诉权产生和存在的社会性根据,忽视了诉权最直接、最本质的意义——进行诉讼,实施诉讼行为,因而不仅不能说明诉权与民事权利在各社会中的一般关系,而且也不能表明资本主义社会中这一关系的真实状况。

2. 对“属性说”的批判

与“组成部分说”相类似的一种观点认为,诉权是民事权利中的一种强制属性(姑且称此种观点为“属性说”)。德国学者约瑟夫·翁格认为:“起诉的能力并不是和权利不相干、从外面添附到权利上来的东西,而是权利所固有的天然属性。权利按照它本来的概念来说就包括着通过审判实现自己的可能性,它在原则上是可诉的(Klagbar)权利。由此可见,诉权并不是某种与实体权利不同的、独立存在的权能,也不是实体权利以外的附属品或补充物,诉权乃是与权利两位一体的东西”。[26]“属性说”与“组成部分说”同出一源,在本质上都是私权神圣的派生物,所不同的是,“属性说”并不主张简单地将诉权归入民事权利,而是在民事权利的受保护性——民事权利的强制性——诉权这样的逻辑上建立了自己的理论。

“属性说”的首要根据是:民事权利具有受保护性,因而也就具有强制性。这就首先需要探讨民事权利是否具有强制性的问题。任何民事权利都处在权利主体和国家的双重保护之下。主体的自我保护是非强制性质的,国家所做出的保护则是强制性的保护。在主体的自我保护力非能及的情况下,民事权利可以依国家强制力得到保护。同时对主体实际利益的威胁,又表明国家的民事法律秩序受到冲击。所以,国家用强制手段矫正违法行为,并不基于(至少是不单纯基于)权利主体的私人欲望。更主要的是从整体利益出发,维护正常法律秩序。而不能用民事权利的强制性来解释国家实施强制行为的根据。其次,民事权利是主体的权利,强制是国家的强制,实施强制并非是主体对民事权利的行使,行使民事权利也决不产生强制的效果,权利主体可以要求国家运用强制手段,但绝不能依民事权利而对义务人实施强制。同时,民事权利所涉及的主要是当事人双方的关系，强制手段则反映着国家与当事人之间的关系。把国家民事审判权的强制作用移植于民事权利，这就贬损了国家强制的意义。

我们不承认民事权利具有强制属性，同时也否认将诉权与强制简单地等同，在运用诉权与实施强制之间横插着审判权的行使这一环节。因而，诉权既不必然地导致国家强制手段的运用；更不能直接地产生强制效果。“属性说”正是忽视了这样的区别，而在这两个“不等式”上得出了“推不出来”的结论。

3. 对“无联系说”的批判

自由资本主义时期，一些资产阶级学者站在另一个极点上论述诉权，他们完全割裂诉权与民事权利的联系，而把诉权看成是人的自然存在的必然产物，是伴随于人的整个生命存续过程的权利。这种观点是激进资产阶级思想在诉讼领域内的反映。

资产阶级启蒙思想家，甚至空想社会主义者都曾论述过诉权。但是，他们所论述的诉权更主要的不是法律意义上的概念，而是政治意义上的范畴。他们以理性主义为基础，从人的平等自由、人的社会价值出发论证社会成员享有诉权的必然性和必要性。同时，启蒙思想家和空想社会主义者笔下的诉权也不仅仅指民事诉讼中的诉权，它还包括刑事、行政诸种意义的诉权。这种广义的诉权所反映的是社会成员所拥有的包括民事权利在内的一切个人权利受到国家保护的可能性。因而，此种意义上的诉权也必然是以人为本体，以人的身份为根据的权利。它的着眼点既不在于国家对民事秩序的维护，也不在于对个人民事权益的保护，而是人权的回复，人权的维护。一些民诉法学家接受了这种诉权理论，从而形成了与“组成部分说”、“属性说”所不同的诉权观点。如果说“组成部分说”、“属性说”的错误在于夸大了民事权利对于诉权的决定作用，抹煞了诉权的独立性的话，那么，“无联系说”的片面性则表现在它完全忽视了诉权同民事权利之间的内在联系，使诉权成为完全超脱于民事权利而存在的抽象权利。这种观点在任何社会的诉讼实践中都是行不通的。

4. 对“兼容说”的批判

对待资产阶级诉讼理论中的两种极端的偏向，顾尔维奇等苏联学者在分别作出强烈抨击后，又采取了极为宽容的态度。在二元诉权论的体系中，两种对立的偏向相安无事地各得其所。与民事权利毫无关系的“诉权”在程序意义诉权(起诉权)中找到归宿;作为民事权利的“部分”或“属性”的“诉权”则为实体意义诉权所代替。在《诉权》一书中,虽然顾尔维奇对程序意义诉权的成立设定了许多前提,但这些前提中,有的是起诉权行使的具体条件,有的则是特殊案件(如婚姻案件等)中起诉权行使的特殊要求。具有实质意义的前提只有一个,那就是原告和被告的诉讼权利能力。[27]在苏维埃国家中,也就是自然人生命的存续和法人资格的存在。实际上,顾尔维奇否认了程序意义诉权同民事权利具有任何联系。

在关于实体意义诉权的论述中,顾尔维奇以更为极端的基调对温德雪德以及翁格的“部分说”、“属性说”作了批判。他认为翁格等人的错误在于“没有将自己的主张坚持到底”。[28]“正确的观点”应是诉权就是“处于一定阶段上的(民事)权利本身。”并且,顾尔维奇以大量的笔墨论述了“相对法律关系”和“绝对法律关系”中的民事权利转化为诉权的形式和条件。可以说,在此问题上,顾尔维奇等苏联学者比温德雪德等资产阶级法学家走得更远。总之,苏联学者关于诉权与民事权利关系的理论中罗纳了两个极不相容的结论,诉权既是与民事权利毫无关系的权利,诉权又是与民事权利无异、处于一定阶段上的民事权利。在这种矛盾上,萌生了苏联诉权理论的其他一系列错误观点。

5. 诉权与民事权利关系的真正内容

正确地认识诉权与民事权利的关系,首先应当肯定两者都是独立的权利这样一个基本前提。无论在哪种意义上,都不应当将诉权视为民事权利的组成部分,更不应将两者视为同一权利。第一,从权利的法律根据来看,诉权依据于宪法和诉讼法的有关规定而产生,民事权利则因其合于民法、婚姻法等实体法律规范而存在;第二,从权利主体的关系来看,诉权所反映的是当事人与国家审判机关——法院之间的关系,诉权由法院的职责活动保证行使,民事权利关系则发生于当事人之间,通过义务一方履行义务的行为而实现;第三,从权利的内容看,诉权是当事人进行诉讼,实施诉讼行为,从而保护自己正当权益的权利,民事权利则主要表现为要求他人为或不为一定的行为;第四从权利行使的场所看,诉权只能在法院的诉讼活动过程中行使,民事权利则可以除当事人拟定以外的一切场合实现。这些区别构成了两种权利各自的独立地位。

诉权与民事权利的各自独立地位又反映于两者在一定程序的离异性

上。首先,具有民事权利的主体不一定都有诉权。诉权的具备依据于民事权利存续的一定状态,因而,一方面,处于未受争议或侵害的正常状态下的民事权利,其主体不享有诉权。这既是因为主体不存在获得运用诉权的必要,双方的权利义务可以通过彼此的自觉行为来实现和履行,同时,也在于国家不需要通过诉讼手段对这种权利加以保护。审判中所以不受理无争议的"纠纷"(非讼事件属于另一种情况),原因就在于主体没有诉权。不仅如此,已过诉权时效的民事权利发生争议时,权利主体也不享有诉权,丧失诉讼时效的民事权利不能获得诉讼保护。虽然民法界对时效届满的效果存疑较大,占主导地位的观点认为,时效届满并不消灭实体权利,但权利人通过诉讼实现实体权利的可能性亦即诉权已经丧失。[29]时效制度从另一个侧面反映了诉权同民事权利的离异性。其次,不享有民事权利的主体也可以获得诉权。这又是因为:其一,争议法律关系中的某一项民事权利往往只归属于当事人中的一方,诉权却为当事人双方所享有。本文中我们已经揭示过,享有诉权的依据仅在于与争议实体法律关系具有直接利害关系,而不取决于是否享有实体权利。因此诉权的主体与民事权利的主体并不具有直接同一性;其二,当事人行使诉权的根本动因是保护自己的正当权益。"正当权益"这一概念不同于现实存在的权利。它不仅指应该享有的既存的权利,也还包括既存义务以外的权利。对正当权益的保护也是指对这两方面的保护。因此,在诉讼中,民事权利的实际享有者固然需要行使诉权,保证民事权利的实现;民事义务的承担者也同样要求运用诉权,维护自己应尽义务以外的其他权利,对抗权利主体的过分请求,避免法院判决有失公允而影响自己的正当权益;其三,在当事人请求或主张中所反映出来的"民事权利"可以说仅是一种虚拟状态中的权利。民事权利的归属及状态只有在审判终结时才能最终确定。但是诉权的归属又必须在审判开始时确定,并在诉讼整个过程中行使,所以,在诉讼开始时,不可能、也不应当根据虚拟状态中的民事权利决定诉权的归属,而必须依据"直接利害关系",赋予当事人双方诉权。这又是导致诉权与民事权利主体不相同一的一个原因。

强调诉权与实体权利是彼此独立的权利,丝毫不意味着二者之间毫无所涉。诉权的独立性只是在对其作静态考察时才具有特定意义,事实上,在每一诉讼活动中,诉权与实体权利是密切联系,相伴存在的,表现在:第一，实体权利的一定状态是发生诉权的事实基础。诉权不可能脱离与实体权利的联系而存在，恰恰相反，正是实体权利的归属、内容的不稳定状态，才产生了国家赋予当事人诉权和当事人获得诉权的必要和可能。每一当事人所实际享有的诉权都以一定的实体权利为轴心，它基于实体权利的争议而产生，也随着实体权利的实现或恢复于常态而消失。完全超然于实体权利之外，与实体权利毫无联系的诉权是不可想象的。第二，在实体权利中，设定着当事人行使诉权的动因，无论是实体权利的享有者，还是实体义务的承担者，行使诉权的内在动因都在于谋求实体上的利己效果。或者是积极地维护自己的实体权利，或者是否认和动摇对方的实体请求。同时，在诉讼过程中，行使诉权的各种活动都直接或间接地围绕着解决民事权利的争议而展开。有些活动，如起诉、和解、认诺等，直接影响着民事权益的存续及状态；有些诉讼行为，如请求回避、提交证据等，虽然现象上与民事权利的关系不大，但实际上也间接地对民事权利争议的解决发生作用。没有实体权利以及由此而发生的争议的存在，诉权的行使就没有客观对象，诉权也就失去了根本意义。第三，实体权利的确认和实现是诉权行使的最终结果。当事人在诉讼中依据诉权所行使的一切行为，最终都导致法院对争议的实体权利的存否、存在状态以及应否即时实现作出法律评断。当事人一方或双方享有一定的实体权利和承担相应的实体义务是行使诉权所最终产生的结果。

综上所述，诉权与民事权利是各自独立的权利，每一权利都有其自身的发生根据、内容及作用。但是，诉权又与民事权利具有密切联系，彼此独立又互相联系就是诉权与民事权利关系的真正内容。

四、对二元诉权论可行性的剖析

苏联诉权理论留下的最为现实的后果就是使诉权丧失了内涵的一体性。诉权这一独立的、单一的权利被人为地肢解为程序意义和实体意义这两种性质不同、内容各异的权利，以至于如果按照苏联诉权理论就无法把诉权作为一个确定的对象加以研究。本文前面的论述中，已对二元诉权论形成的历史原因作了批判性的分析，这里，从审判实践角度对这种理论在诉讼中的可行性作进一步剖析。

（一）关于程序意义诉权

在承认二元诉权论的所有著作中，程序意义诉权均指起诉权。自诉讼制度问世以来，起诉权就获得了亘古不变的涵义。起诉指原告提起诉讼的行为，起诉权则是指原告提起诉讼的权利。因此，程序意义诉权所表示的是外延被极度缩小的一种权利：第一，它排斥了被告获得诉权（即便是所谓程序意义诉权）的可能性；第二，它又不反映除起诉权以外的其他诉讼权利。

被告的诉权在传统民诉理论中始终受到忽视或否认，这是因为，传统民诉理论是以这样的诉讼模式为其实践基础的：权利人（亦即有产者）因其权利被侵犯或受争议而以原告的身份提起诉讼，尤其是有产者作为债务人提出诉讼。原告与民事权利享有者的同一，诉权享有者与有产者的同一，就是传统民诉理论论述诉权的出发点。因而，对有产者的偏私和对民事权利绝对地位的维护导致了资产阶级法学家在理论上对原告身份和地位的尊重，诉权随之被片面地归于原告。

社会主义民诉制度从根本上否认当事人之间形式或实质上的不平等，从而毫无疑问地承认被告与原告平等地享有诉权。社会主义条件下，被告享有诉权的理由至少有这样几点：其一，在诉讼中，原、被告都是地位平等的诉讼主体。诉权作为进行诉讼的根据，原、被告都需要获得这种手段，否则就无法进行诉讼活动；其二，社会主义民诉制度既保护当事人的既有权利，也保护当事人义务的利益。因此，无论被告是权利享有者，还是义务承担者，都需要运用诉权维护自己的正当利益；其三，从实践中看，对于同一纠纷，在诉讼开始前，冲突双方的地位并不绝对地固定。民事纠纷主体中的任何一方都可以作为原告提起诉讼，消极确认之诉就集中说明了这一点。这也决定了诉权不能偏归一方。二元诉权论者直接或间接地排斥被告的诉权，这就显然与社会主义民诉制度以及诉讼实践不相符合。有的著作试图扩大对起诉权内容的解释，把被告的应诉权又包括在起诉权之中，以圆程序意义诉权之说。然而，起诉权作为诉讼法中的确定概念有其自身规定性。将应诉权添附到起诉权中不仅有损于概念的科学性，而且也不足以弥补程序意义诉权的缺陷。

程序意义诉权之说还割裂了当事人所应享有的除起诉权以外的其他一系列诉讼权利与诉权的联系。在本文第二部分，我们曾经指出，诉权是通过诉讼过程中一系列诉讼权利体现出来的,能够反映诉权整体内容的不仅有起诉权,也还包括提证权、辩论权、上诉权、处分权等等一系列权利。这些权利既不是起诉权的必然派生,更非起诉权所能囊括。如同起诉权一样,每一项具体的诉讼权利都表示着当事人在诉讼过程中为某项行为的可能性,并且,每一次权利的行使也只能产生某一确定的效果,如果割裂了这些权利与诉权的联系,就无法找到当事人为这些行为的法律依据。

二元诉权论者在程序意义上把诉权狭隘地理解为起诉权既有认识上原因,也有历史因素。从认识上说,由于起诉权在诸种诉讼权利中具有特殊地位,它是诉讼过程中最初行使的权利,因而起诉权是否具备在一定程度上反映着某一诉讼能否成立,某一纠纷能否得到国家审判程序的处理,某一诉讼活动能否开始。没有起诉权也就谈不到其他诉讼权利的行使。起诉权的这种重要地位导致了学者们在认识上错误地把它作为诉权在程序意义上的全部内容。从历史因素来看,剥削阶级诉讼制度以及审判实践对当事人诉权的公开剥夺首先表现为对起诉权的剥夺。因此,无产阶级革命家以及进步的资产阶级思想家的革命思想,一方面表现在对这种诉讼制度的抨击,另一方面又反映于对社会成员起诉权的维护上。在他们的著作和有关文献中,往往仅提起诉权,而未使用诉权这一概念。马克思在抨击普鲁士警察国家的法院剥夺诉权行为时指出“应当承认,不承认私人在他的私事方面有起诉权的法律,也就破坏了市民社会的最起码的根本法。”[30]在孙中山主持下起草的《南京临时政府约法》中也仅提到“人民有陈诉于法院之权”。我们没有理由苛责思想家们在政治领域中对起诉权一词的借用,但却不能容许民诉法学家在民诉理论中忽视起诉权这一概念的确定内涵,将其与诉权相混淆。

总之,我们认为,诉权作为进行诉讼,实施诉讼行为之权,或者说作为诉讼法上的权利,它只是程序性质的权利。在诉权前冠之以“程序意义”纯属同义反复。同时,作为程序性质的权利,诉权又远不等于起诉权。正因为如此,我们有理由认为所谓程序意义诉权是与诉讼实践相脱离的非科学的概念。

(二)关于实体意义诉权

从苏联到我国,从20世纪40年代到今天,学者间对实体意义诉权内涵的认识分歧较大。顾尔维奇等人所建立的实体意义诉权在今天的苏联和我国的一些著作中都已发生了变异。因此，对实体意义诉权的分析，需要具体到三种具有代表性的观点进行。

1.“转化形态说”

顾尔维奇认为，实体意义诉权就是民事权利在一定阶段上的转化形态。“一定阶段”是指相对法律关系中民事权利履行条件的成就和履行期的到来，以及绝对法律关系中权利被侵犯或受争议的事实发生。本文第三部分中，我们曾指出了这种观点抹煞诉权与民事权利质的差异的谬误。但是，仅此仍然不够，从根本上否定这种理论，又必须正视促使“一定阶段”到来的那些事实对民事权利的真正影响和意义。

相对法律关系中民事权利履行期的到来或履行条件的成就是一个具有重要意义的事实。它意味着主体间先前拟定的权利义务关系由可能转化为现实；民事权利由期待权转化为现实的权利，享有权利的主体由此而产生请求相对方即时履行义务的权利。但是履行期的到来或履行条件的成就并不成为导致民事权利质变、使其成为诉权的因素。在此状态下的民事权利依然（确切地说，最典型地）保持着自身的特质。把这一阶段的民事权利说成是诉权必然要导致这样的错误结论：权利主体所行使的不再是民事权利而是诉权（实体意义诉权）；义务主体所履行的也不是民事义务，而是诉权（实体意义诉权）所相对的义务。这无论在民诉理论还是在民法理论中，都是无法首肯的。绝对法律关系中民事权利受争议、被侵犯的事实也不能改变民事权利的性质或状态。虽然，民事权利受到争议或被侵犯必然给权利的正常行使带来威胁，影响着权利主体正当利益的顺利实现，甚至可以使权利所包含的实体利益脱离主体的实际控制。然而，法律上的权利是实际利益的法律表现。权利一旦形成，除了出现变更权利的合法事实外，便不改变自己的性质和状态不可否认，侵犯或争议民事权利的事实是当事人双方获得诉权的前提。但是，这种诉权决不是民事权利本身的转化。由此可见，民事权利在其存续过程中，始终保持着自身质的规定性，只要权利在法律上未归于消灭，任何相关事实发生都不能促使它变为另一种权利——诉权。顾尔维奇等人把诉权当作民事权利的转化形态，这同民事权利自身运动规律是完全背离的。同时，如果认为实体意义诉权就是民事权利本身，那么，另立实体意义诉权这一概念不仅在理论上毫无补益，而且只能引起实践中的混乱。法律应当是明确、普遍的规范，还必须内部协调。

不能认为在民法中称为“民事权利”的对象,在诉讼理论中又可以名之为“实体意义诉权”。

2.“实体请求说”

我国的一些民诉著作基本上抛弃了顾尔维奇的上述观点。有的著作认为,“实体意义诉权就是原告可以通过人民法院向被告提出实体上请求或提出反诉的权利”;[31]有的认为:“实体意义诉权,又称请求权,指当事人请求法院通过审判强制实现其合法权益的权利。”[32]可以看出,这些概念更主要地偏向于把实体意义诉权理解为提出或反驳实体上请求的权利。而就其实质内容来看,此种意义上的.实体意义诉权与起诉权、答辩权或反诉权没有本质上的差异。因此,这种实体意义上的诉权也不具有任何实际意义。

3.“胜诉权说”

为二元诉权论主张者所普遍接受的观点是:实体意义诉权就是作为决定是否胜诉之根据的胜诉权。尽管胜诉权与其他实体意义诉权定义并不相容,但多数著作对实体意义诉权作了这种矛盾的解释。

首先我们认为,实践中不存在产生胜诉权的根据。一些著作把胜诉权建立在这样的推论上:享有民事权利的人就能够获得胜诉,获得胜诉就意味着享有胜诉权,因而,享有民事权利的人就享有胜诉权。但是,审判实践表明,胜诉是指判决所确定的实体内容与当事人诉讼请求或实体主张相一致。虽然,从概率上说,争议法律关系中的权利主体一般能够获得胜诉,然而,获得胜诉与享有民事权利又并非同一。当事人如果超出实体权利范围而提出过分请求,即便他是权利享有者也不会胜诉;反之,当事人的实体主张如果与实存法律关系的客观状况相一致,即便他是实体义务的承担者,亦能够获得胜诉。可见,实体权利的享有并不能成为胜诉权产生的根据。其次,胜诉也不能成为诉讼中的一项权利。权利通常是某项行为的法律根据。在逻辑上,它产生于行为之前,并通过行为的实施体现出来。而胜诉权的有无“必须在诉讼程序开始以后,在审理过程中方能真正查明。”准确地说,在诉讼终结时才能明确。这样,所谓胜诉权就纯属毫无实际意义而导源于理论假想的权利。还有,胜诉权究属程序性质的权利,还是实体性质的权利,作为胜诉权的相对义务或责任的主体、内容又是什么,这些是有关著述一概回避,同时也是无法回答的问题。臆造胜诉权这一概念同样不能为实体意义诉权找到合理的解释。

（三）关于二元诉权论的根据

苏联及我国一些学者认为，把诉权划分为程序意义诉权和实体意义诉权是以诉的二重意义为根据的。理由是："诉有双重涵义（程序上的诉和实体上的诉），与此相适应，诉权也有两种"。[33]同样，我们否定二元诉权论，也是与否认诉有"双重涵义"相联系的。

早在20世纪50年代苏联的民诉教科书中，诉就明确被分为程序上诉和实体上诉。恰普尔斯基等人认为，实体上诉是原告通过法院向被告提出的实体法的请求；程序上诉是当事人要求法院保护其主观民事权利或确认一定的民事法律关系的请求。[34]我国有的著作把程序上诉进一步解释为"当事人向法院提出进行审判的请求"。[35]我们认为，对诉作这样的划分，有损于诉的内在要素的统一性，不足以准确反映诉的内容和本质。

从常识来说，某一现象在一定程度上是否具有可分性，是否有划分的必要，取决于该现象的构成要素是否具有相对独立存在的条件和意义。具体到诉来看，要对诉作程序上诉和实体上诉的划分，诉的活动就必须具备两对相向主体和两宗请求或者一对相向主体和两宗请求。同时，这种划分必须在理论和实践中有一定意义。应该说诉是缺乏这种划分条件和意义的。首先，诉的关系中，始终只有一对相向主体，即当事人一方（亦即原告）与人民法院。当事人一方是诉的提出者，人民法院是诉的接受者。在这里，不发生当事人之间提出或接受诉的问题。"实体上诉"之说间接地把被告也作为诉的请求和接受者，显然与诉讼法律关系的基本原理不相符合，也有违于诉讼活动的实际状况。其次，诉的请求的内容在单一的诉中也只能是一个，即请求保护实体民事权益。诉的二分说主张者人为地把诉分为"发生审判程序的请求"与"实现实体权益的请求"，实际上背离了诉的本意。这是因为，任何当事人都不可能提出不包含实体上目的的纯粹程序上要求。当事人请求发生审判程序，同时也就意味着他请求保护实体权益；同样，请求保护实体权益自然也就是要求发生审判程序。无论在当事人的意识中，还是在实际效果上，都不存在孤立的程序上或者实体上的请求。第三，从审判实践上看，既无必要也不可能将诉作程序诉与实体诉的划分。诉是通过诉状形式表现出来的。同一诉的诉状中不存在程序诉和实体诉这两个请求。人们在诉状内容中无法区分出哪些是程序上请求，哪些又是实体上请求。同时,诉的提出通常是一次性的独立活动,不需要有程序请求与实体请求分开进行的继起过程。既没有仅引起审判开始,而不能使权益受到保护的请求;也没有仅能使实体权益受到保护,而不发生审判程序的请求。还有,由于所谓程序上诉,实体上诉都没有彼此无涉的独立构成要件,因而人民法院不需要、也不可能将两者分开审查。所以,把诉分为程序上诉和实体上诉在理论上是欠妥的,在实践中是无益的。诉的"二分说"的错误进一步表明了二元诉权论的欠缺。

以诉的"双重独义"作为二元诉权论的根据还有一个不容忽视的错误,这就是把诉权当成了"诉的权利",以诉来决定诉权。事实上,诉所反映的是原告的请求,而诉权却是当事人双方兼有的权利;诉作为一项活动,它是诉讼过程中的一个环节,而诉权却是支配当事人整个诉讼活动的权利。还有,从因果联系看,不是诉决定诉权,而是诉权决定和制约着诉。认为"诉有双重涵义,诉权也必然有两种诉权"是一种倒果为因的认识。

在二元诉权论主张者的视野中,诉权的实践性被理想化、简单化了。有的著述把复杂的诉讼过程浓缩为查明"两权"的过程。认为,查明当时人具有程序意义诉权——起诉权,诉讼就告成立;查明当事人享有实体意义上的诉权——胜诉权,就判决当事人胜诉。按照这种观点,只要解决"两权"的归宿问题,诉讼的一切任务也就完结了。然而,诉讼实践表明,原告在诉讼开始时的诉讼地位固然可以通过起诉权的认定加以确认,但起诉权的认定并不能解决被告的诉讼地位、诉讼资格问题。起诉权更不能成为被告参加诉讼,进行诉讼活动的根据,甚至也不能成为原告除起诉权以外的其他诉讼活动的权利基础。在诉讼开始时,所应查明的是原、被告双方的诉权,而不是原告一方的起诉权。只有在确认了双方的诉权后,诉讼才得以成立;当事人才能获得实施各种诉讼行为的根据。另一方面,诉讼的中心任务不是、也不可能是查明所谓的胜诉权。这不仅是因为胜诉权并无确定的内容和根据,更主要还在于诉讼活动始终只能围绕查明实体法律关系的真实状态,明确当事人双方的实体权利和义务关系这一宗旨而进行。以胜诉权作为诉讼的中心任务,势必使审判活动偏离正确轨道,也就是说,审判所要真正弄清的问题不是谁有"胜诉权",谁应胜诉,而是当事人间实体权利义务关系的真实内容。在双方都不能获得胜诉的诉讼以及一些调解终结案件的诉讼中,这一点就显得更为明显。

总之,我们认为,诉权不是两种不同权利构成的复合权利。在诉讼的整个过程中,诉权始终作为单一的权利而展示其内容,同时,这种单一的权利也不可能在同一主体身上表现出要素的分离。二元诉权论不仅在理论上难以自圆其说,有审判实践中更缺乏可行性。

五、诉权理论的完善及其意义

阐述中的批判以及批判中的阐述使我们在多方面形成了众说不同的观点。这些观点的归纳和概括便是作者对诉权概念和体系的完整认识。

诉权的定义应是:诉权是当事人双方就其民事法律关系的争议而进行诉讼,实施诉讼行为,以维护其正当民事权益的权利。

这一定义中内含着四个要素:

(1)诉权是当事人双方的权利。被告应当毫无疑问地成为诉权的主体。

(2)诉权是基于实体法律关系的争议而由国家赋予的权利。实体法律关系的非正常状态是国家赋予当事人双方诉权的事实基础。

(3)诉权是进行诉讼,实施诉讼行为的权利。它通过诉讼过程中当事人一系列诉讼权利加以体现。

(4)诉权是当事人用以维护自己正当民事权益的权利,维护这种正当权益是当事人行使诉权的目的所在。

与诉权定义的这些要素相联系,我国诉权理论体系似应包括这样几方面:

(1)诉权与审判权。从诉权与审判权的相互关系中阐述诉权的本质——国家赋予社会成员的权利,以划清同“诉权私权说”的界限。

(2)诉权的主体。阐明获得诉权的条件以及享有诉权的主体。

(3)诉权的内容。揭示诉权的基本内容以及诉权与诉讼权利的相互关系。

(4)诉权与实体权利。科学地论述两种权利各自的独立地位以及它们的相互联系。

(5)诉权的发生、抛弃和转让。说明诉权发生的时间、发生和抛弃的效果以及诉权随争议民事权利、义务的转让而转让。

(6)诉权理论的历史发展。介绍各种诉权理论流派的主要观点,从而论证社会主义诉权理论的科学性。

三十多年前，当顾尔维奇创造出二元诉权体系时，他曾希望他的理论能够成为“民事诉讼科学研究道路上的一个界标”，[36]尽管这块“界标”的光泽在不断黯淡，但无法否认它过去甚至今天对苏联和我国民诉理论产生了重要影响。今天，当本文在批判二元诉权论的基础上尝试性地提出新的诉权观点时，也希望这些观点在一定程度上能够表明我国诉权理论的进一步完善。这种完善及其意义体现在下述诸方面。

1. 正确地反映了诉讼实践的客观要求，反映了诉讼活动的自身规律。

一切诉权理论都必须在诉讼实践的检验中显示其价值，科学的诉权理论只能是诉讼实践要求和诉讼活动规律的反映和表述。从最直观的意义上说，民事诉讼所涉及的无非是这样一个事实过程：常态中的民事法律关系因发生争议而处于非稳定状态，当事人通过诉讼，借助国家强力排除这种争议，从而使法律关系得以确认，或者使民事权利得以实现。诉权理论也应当依据这一事实过程来确立自己的内容。正是在这方面，本文同既往诉权理论存在着两点差异。第一，既往诉权理论或者强调诉权与实体权利的伴生性——有实体权就有（才有）诉权，或者主张诉权与人的资格、身份的共存性——有自然人或法人身份就有诉权。这样在理论上形成了诉权与诉讼过程的脱节。一方面，在民事法律关系毫无争议，不存在任何发生诉讼程序的现实性时，主体却因其享有民事权利或因其身份而享有诉权；另一方面，当民事法律关系发生争议，甚至诉讼程序已经开始时，当事人一方却因其不具有民事权利而失去诉权主体的资格。本文坚持认为，诉权的发生始终以民事法律关系的争议为事实根据。争议的发生，表明主体双方都有（也才有）提出或介入诉讼，运用诉讼手段的要求或必要，表明国家也（才）产生干预这种冲突，解决这一争议的必要。基于争议事实，国家赋予从而主体双方获得诉权。这样来认识诉权发生的根据就把诉权同审判的目的性、必要性以及主体双方的实际需要统一于一体。第二，既往诉权学说虽然从多种意义上论述诉权的内容，但共同的缺陷是没有从诉讼过程的要求来把握。本文认为，诉权的内容主要取决于诉讼活动自身的需要。诉权是当事人在诉讼中维护其正当权益的特定手段，它既不应当是实体权利本身，也不应仅局限于原告的起诉权。从诉讼的实际需要来看，诉权应当是当事人进行诉讼，实施诉讼行为的权利根据，它能够使当事人自愿地申述自己的请求和主张，证明自己所陈述的事实，从而有效地保护自己的实体权益。如果把本文所形成的这些观点现实化，我们所看到的是一条与诉讼活动过程相吻合的轨迹。

常态中的民事法律关系因其受争议的事实发生，使当事人双方获得诉权，从而运用诉权进行诉讼，经过法院的判决，使正当民事权益受到保护。在这里，诉权的发生根据与审判权实施的根据相统一；诉权的内容与诉讼的要求相一致。

2. 消除了既有诉权理论中的矛盾，保持了诉权理论体系中诸内容的协调统一。

在本文第一部分中，我们曾概略地指出了我国诉权理论目前存在的矛盾，这些矛盾根植于传统诉权理论。虽然近年来不少民诉理论工作者对诉权理论作出了积极的探讨，但由于总体上未能摆脱二元诉权论的影响，因而在新见解与旧意识的兼容中设下了这些矛盾。本文以我国诉权理论中的合理因素为基础，大胆扬弃了旧有的、非科学的观点，从而消除了这些矛盾。例如，否定了诉权的双重含义，消除了既往诉权整体概念与其各部分不相同一的矛盾；明确了诉权的程序性质，廓清了诉权与民事权利的关系，消除了既往理论中诉权与民事权利的矛盾；肯定了当事人双方的诉权主体地位，消除了诉权与正当当事人资格之间的矛盾；否定了胜诉权之说，消除了胜诉权同诉权内涵之间的矛盾。与既往各种诉权观点相比较，本文所提出的诉权理论保持了内在要素的协调统一。

3. 简化了诉权理论，为民诉教学和民事审判提供了便利。

既往诉权理论都不同程度带有繁复的病弊，尤其是二元诉权论，人为地把诉权肢解成两种不同性质、不同内容的权利，增加了理论上的繁琐化。由此为民诉教学带来一定的困难。教学中，普遍反映诉权理论难教、难学、难以掌握。从对一些民事审判工作者的调查了解情况来看，由于二元诉权论较为繁复，因而民事审判中基本未接受这种理论的指导。审判人员依靠自己的悟性和经验，形成了极为简化的诉权审查过程：与争议法律关系有直接利害关系就有诉权，有诉权就能成为正当当事人。本文的有关观点是建筑在这样的实践基础之上，并从理论上证明实践中这些做法的合理性和科学性，并使之系统化、规范化。与现存各种诉权学说相比，这一诉权理论明显简化、更便利于民诉教学、更有益于司法审判。

4. 为司法实践更充分地保障当事人的诉权提供了依据。

诉权理论的实践性集中到一点就是如何充分保障当事人的诉权。在此问题上,设定着探讨和研究诉权的全部实践意义。我们认为,本文在这方面的努力体现于这样三点:第一,在获得诉权的条件上,否定了有实体权才有诉权的观点,强调只要与案件有直接利害关系就有诉权。司法实践中,有些审判人员因为对获得诉权的条件认识不清楚,常常以“缺少权利根据”为理由而剥夺原告的诉权。有些著述也认为,如果没有胜诉权,原告提起诉讼也没有意义。本文以我国立法为依据,主张不论原告对争议法律关系是否享有实体权利,也不论其是否能够获得胜诉,只要“直接利害关系”存在,就应承认其享有诉权。这不仅是因为我国民事诉讼承认消极确认之诉的存在,还在于原告是否真正享有民事权利唯有在诉讼中通过审判才能弄清,在诉讼前依据主观判断而拒绝诉讼程序的发生,就剥夺了当事人的诉权。所以,以“直接利害关系”为依据更能保障原告诉权的行使。第二,在诉权主体问题上,批判了忽视被告诉权的传统理论,明确肯定了被告的诉权主体地位。近年来,我国许多民诉著作已经对被告的诉权予以重视,但有的缺少理论上论证,有的则持抽象肯定,具体否定的态度。司法实践中歧视被告,限制被告诉权的情况也较为普遍地存在。本文从多方面论证了被告享有诉权的必要性,反复强调,无论被告是否争议法律关系中实体义务的承担者,甚至即便是侵权行为者,都应获得与原告相同性质的诉权,据此实施相应的诉讼行为,维护自己的正当权益。第三,在诉权的内容上,突破了“起诉权”的局限,充分肯定了诉权在整个诉讼过程中的作用,把诉权同当事人的各种诉讼活动相联系,把起诉权、答辩权、提证权、处分权、上诉权等一系列权利融为一体。从这样广泛意义上认识诉权的内容,对于纠正司法实践中某些限制当事人诉权的做法无疑具有积极意义。

结束语

站在既往诸种学说的对面提出新的诉权理论,这并不基于作者标新立异的偏爱,却凝结着对传统诉权理论的较为深刻的反思。然而,提出这些观点又丝毫不表明作者在此理论上有何睿智。近年来,我国民诉前辈已陆续提出了不少灼见,荟萃这些见解并使之系统化才是本文之功。同时,从总体上看,我国民事审判工作者早已通过无数条例的实证,形成了自身的逻辑。在此意义上,本文又仅是这种实践逻辑的表述和描绘。不仅如此,实在地看,本文的许多论证还很不充分,尤其是对诉权内容的表述仍需进一步斟酌。因此,新的诉权理论的点睛之笔还有待于民诉理论界前辈躬亲。

注释

1 姚瑞光:《民事诉讼法论》,台湾商务印书馆 1972 年版,第 230 页。
2 柴发邦主编:《民事诉讼法教程》,法律出版社 1982 年版,第 190 页。
3 刘家兴:《民事诉讼教程》,北京大学出版社 1981 年版,第 122 页。
4 唐德华等:《民事诉讼法基本知识》,法律出版社 1980 年版,第 126 页。
5 柴发邦:《民事诉讼法通论》,法律出版社 1980 年版,第 195 页。
6 刘家兴:《民事诉讼教程》,北京大学出版社 1981 年版,第 122 页。
7 柴发邦主编:《民事诉讼法教程》,法律出版社 1982 年版,第 191 页。
8 唐德华等:《民事诉讼法基本知识》,法律出版社 1980 年版,第 127 页。
9 柴发邦:《民事诉讼法通论》,法律出版社 1980 年版,第 195 页。
10 参见[苏]M. A. 顾尔维奇:《诉权》,康宝田、沈其昌译,中国人民大学出版社 1958 年版,第 223 页。
11 参见顾尔维奇:《诉权》,第 47 页。
12 参见[苏]克列曼:《苏维埃民事诉讼》,王文相、王增润译,法律出版社 1958 年版,第 24 节。
13 参见[苏]M. A. 顾尔维奇:《诉权》,康宝田、沈其昌译,中国人民大学出版社 1958 年版,第 6 页。
14 参见王锡三:《诉权论》,西南政法学院 1983 年印。
15 参见[法]狄冀:《宪法论:第一卷,法律规则和国家问题》,钱克新译,商务印书馆 1959 年版。
16 《马克思恩格斯全集》,人民出版社 1961 年版,第 3 卷第 395 页。
17 同上注书,第 1 卷第 270 页。
18 同上注书,第 16 卷第 16 页。
19 同上注书,第 16 卷第 16 页。
20 柴发邦主编:《民事诉讼法教程》,法律出版社 1982 年版,第 190 页。
21 《马克思恩格斯全集》,人民出版社 1961 年版,第 3 卷第 337 页。
22 同上注书,第 3 卷第 70 页。

23 同上注书,第 1 卷第 392 页。

24 同上注书,第 1 卷第 382 页。

25 同上注书,第 1 卷第 438 页。

26 [苏]M. A. 顾尔维奇:《诉权》,康宝田、沈其昌译,中国人民大学出版社 1958 年版,第 152 页。

27 参见[苏]M. A. 顾尔维奇:《诉权》,康宝田、沈其昌译,中国人民大学出版社 1958 年版,第 2 章第 2 节。

28 [苏]M. A. 顾尔维奇:《诉权》,康宝田、沈其昌译,中国人民大学出版社 1958 年版,第 153 页。

29 参见[苏]诺维茨基:《法律行为 · 诉讼时效》,康宝田、李光谟译,中国人民大学出版社 1959 年版,第 31 节。

30 《马克思恩格斯全集》,人民出版社 1961 年版,第 14 卷第 686 页。

31 柴发邦主编:《民事诉讼法教程》,法律出版社 1982 年版,第 191 页。

32 柴发邦等:《民事诉讼法通论》,法律出版社 1980 年版,第 195 页。

33 同上注书,第 195 页。

34 克里曼主编:《苏维埃民事诉讼法》,法律出版社 1958 年版,第 170 页。

35 柴发邦等:《民事诉讼法通论》,法律出版社 1980 年版,第 186 页。

36 [苏]M. A. 顾尔维奇:《诉权》,康宝田、沈其昌译,中国人民大学出版社 1958 年版,第 1 页。

顾培东

代表作

拾捌

论我国劳动改造事业的社会创造功能

兼论劳改体制的改革

对罪犯实行劳动改造，将以人为对象的改造同以人为主体的劳动合而为一，既能够净化罪犯灵魂，又可以创造社会财富（本文称之为社会创造）。在这两种功能之中，人们常常注重前者而忽视后者。本文试图从社会功利的角度来论证我国劳动改造事业的社会创造功能，为劳改体制的改革贡献一点意见。

一

首先，我们有必要对劳改者的情况作一番分析。（1）数量　我国劳改者的数量是相当可观的。虽然我国的刑事犯罪率低于世界平均水平，但由于人口总量很大，为囚者亦不算少。（2）年龄　我国劳改者的年龄大多数属于青壮年年龄带。劳改人员的年龄结构直接取决于我国刑法中有关刑事责任年龄的规定，而法定刑事责任年龄与劳动就业年龄二者的起点恰相吻合。这是因为对这两个起点年龄的规定往往具有共同的生理和人道根据。大量事实告诉我们，刑事犯罪者绝不多数是青壮年，他们的年龄也就是劳动力的最佳年龄。（3）素质　我国劳改者的体力和智力状况并不低于社会平均水准。从某种意义上说，犯罪也是一项复杂的社会活动，实施犯罪行为往往需要一定的体力和智力条件。尽管劳改人员的平均文化水平偏低（犯罪与文化上的愚昧有一定关系），但因为他们来自社会各阶层，故其中包括了曾经从事各种职业并具有各种知识、技能和经验的人。

另外，我们必须承认，作为一个从事生产劳动的群体，劳改者的工作效

原文发表于《未定稿》1987年第16期。

率是不容轻视的，这是因为他们的劳动一般都是在强制下进行而非源于对物质利益的欲求，这些人往往怀着反省、自责、畏罚等心理，他们的劳动成效与分配结果没有直接关系，其消费水平一般不高。同时，在劳改者的劳动内容、形式及工作量的确定方面，管教部门往往掌握着充分的支配权，这对于提高劳动者的劳改效率也是有利的。

二

历史上的不少统治者都注意到了罪犯的社会创造能量。秦始皇遣囚徒以筑长城，汉文帝废肉刑而劝农桑，即是如此。然而，从总体上看，无论是在观念上抑或是在实践中，犯罪者历来都本当作纯粹的社会负担。在中国封建社会的刑罚中，肉刑始终占有极大的比重，徒刑只是到了隋唐时期才成为一种基本刑罚制度，其适用范围也很为有限，而唯有徒刑才具有强制犯罪者从事劳动的内容。在当代西方国家的刑罚中，监禁刑的适用范围很大。徒刑虽然也是主刑之一，但强制劳动仅仅是对服刑者的惩罚，其中并无“主体创造”的意味。（在一些国家的刑法术语中，“徒刑”和“罚役”是同一概念。）由此可见，如何处置并利用犯罪者的问题，不单单取决于统治者的主观偏好，也不仅仅是统治策略方面的问题，它必然要受到社会政治制度、经济状况、思想观念等诸多因素的制约。社会文明的综合水准影响着、甚至决定着统治者对犯罪者的价值评判，制约着社会对犯罪者进行控制、利用、改造所采取的方式和所遵循的原则。

在社会主义条件下，因犯罪而服刑的人决不应该只是一种消极的存在。我们国家创立的对罪犯实行劳动改造的制度明确地包含着对犯罪者在服刑期间所创造的劳动成果的承认。不可否认的是，在当前，我们确实面临着怎样更为充分地发挥犯罪者的创造力的问题。长期以来，我们并未从发展生产力、增加社会财富的意义上来认识、引导和利用劳改者的社会创造能力。在劳改者所提供的劳动成果与他们所能够并且应该提供社会的物质财富之间，存在着很大的差距，有不少劳改单位长期处于亏损状态之中。

上述情况的出现是不能容忍的。我们知道，任何犯罪行为都给社会造成了一定的危害，而如果犯罪者在服刑后便失去或减少了社会创造的机会和条件，那么社会便将蒙受进一步的损失。如上所论，犯罪者依然是一种社会财富，在他们身上同样凝聚着社会为劳动力再生产而付出的物质耗费。在一些劳改单位里，简单的重体力操作、原始的经营管理、落后的工具设备抵销了由强制带来的提高劳动效率的可能性，限制了劳动者发挥自身聪明才智的积极性，使这支潜力颇大的劳动队伍变成了国家的负担——这种局面应当尽快扭转。

三

毫无疑问，劳动改造事业的总体效益评价不应当是单纯经济性的，"净化犯罪者的灵魂"始终都是劳改工作所追求的高层次目标。强调劳改事业的社会创造功能和经济效益，丝毫不意味着否认或降低其改造作用。那么，以提高经济效益为基本目标合理地组织劳改生产，是否会妨碍改造功能的实现呢？

以劳动作为改造的手段，其本质在于通过强制犯罪分子从事一定强度的劳动，使犯罪分子在劳动中体味罪感，唤起良知，从而改变其心理机构，培养正确的社会意识，重新获得作为社会成员的一般本质。因此，改造对劳动的限定只表现为以劳动量为标志的一定的强度要求，这种限定既包含劳动强度的下限，也包含劳动强度的上限。一般说来，劳改者劳动强度（量）的下限应当是社会平均劳动强度，如果达不到这一强度，改造力将是不充分的，徒刑的一般预防效果也将是很微弱；另一方面，劳改者劳动强度的上限又取决于人的生理机能所具备的实际承受力，如果超出这种极限，与改造事业以人为重的基本宗旨又大相径庭。"改造"的要求并不直接而具体地（更不是单一地）决定劳改者从事什么样的劳动、怎样从事劳动和在什么地方从事劳动。在保证一定劳动强度的前提下，依照经济效益目标设计和组织劳改生产，与改造的目标并无冲突。把改造中的劳动仅仅理解为服刑者在恶劣的环境中运用落后的劳动工具从事纯体力型的高强度劳动，无疑是一种传统的、习惯性的看法。

我们应当看到，在严格监督管理、保证劳动强度的同时，让劳改者从事高创造性、高效益的劳动能够到来更为突出的改造效果。（1）文明意识
洪荒巨野中的简单劳动不可能孕育出现代文明意识，而以先进的生产条件为基础的高创造性、高效益的劳动不仅能够调动劳动者的智慧，也能够启发劳动者认识社会和自然的理性思维。在我国各行各业的生产条件都在

逐渐改善的情况下，如果劳改单位的生产条件长期维持在落后的水平上，劳改者所处的文明档次相对地就会越来越低。（2）主体意识　处于服刑过程中的人往往会产生十分压抑的自我否定感，这种心态的逆反形式则是强烈的自我表现和自我实现欲望。高创造性、高效益的劳动能使劳改者的智能和体能得到较为充分的发挥，从而使他们认识自己的积极价值，建立并强化其改造自己、回归社会的信心。（3）劳动技能　高创造性、高效益的劳动能使劳改者保持并提高原油的劳动技能，同时也能使一部分服刑前无劳动技能的劳改者获得训练、学习的机会，这对于他们刑满后的就业和进步是有利的。

行为科学的基本常识告诉我们，在系统效益目标并非单一的情况下，如果多元的目标之间并不发生冲突，甚至具有同向消长的性质，那么这些目标就都应该是系统所追求的东西。偏颇，就意味着降低整个系统的效能。过去，人们往往把“将犯罪分子改造为自食其力的劳动者”奉为劳改事业的目标，这显然是一种低层次的追求。从改造成果来看，“自食其力的劳动者”即是具备了劳动意识，也并不等于在精神文明方面达到了一定水准；从经济效益来看，这个目标仅仅要求劳动者日后要做到“自食其力”（故此只让他们在服刑过程中从事简单的重体力劳动），而不要求他们在服刑期间和刑满以后向社会提供更多的物质财富（为此当然需要改善劳动条件、培训劳改人员）。因此，笔者认为将经济效益确定为劳动改造工作的基本目标之一是顺理成章的事情。

在这里，有两个问题必须解释清楚。

第一，着眼于经济效益，是否意味着承认改造的自然醒，从而可以用劳动代替改造？应该说，劳动与改造之间具有客观上的互含性。改造主要地寓于劳动过程之中，劳动一般地将也能够产生改造效果。但是，劳动与改造毕竟不同。经济效益目标的设定是以劳动改造中包含劳动过程这一事实为客观基础的，而劳动过程并不是劳动改造过程的全部内容，劳动这一改造手段（当然是主要手段）与其他改造手段必须综合运用。只要是劳动，就必须受制于劳动的一般规律，因而就必须强调经济效益；而只要劳改过程不仅仅是劳动，就必然承认和要求其他改造手段的运用。与此相联系的是，评价劳改成效的指标应该是全面的、综合的，而不应该是单一的。经济效益的提高不等于改造效果的优化，在劳改实践中也可能出现这样那样的偏差,对改造效益作直观评价是比较困难的——实现定量分析的可能性较小,要分析得准确也不太容易。这些问题都有待于进一步地研究、解决。

第二,从经济效益处罚来改善劳改者的劳动条件,调整其劳动内容,是否会降低劳动的惩罚意义,从而削弱“一般预防”的效果?尽管徒刑的性质是自由刑,自由刑在本以上以限制人身自由为已足,但劳动改造中的劳动带有不言而喻的惩罚性。然而,这种惩罚并非是人们所惯常理解的那种通过苦役去“劳其筋骨”。笔者认为,这种惩罚的全部内容仅在于强制劳改者进行一定劳动量(通过量来体现强度)的劳动以及无偿剥夺其劳动成果。在劳动条件和劳动内容方面来扩大惩罚、强化刑罚效果是不科学的,不仅与徒刑刑罚的本意相去甚远,而且通常也必须以重大的社会损失为代价。就一般预防效果而言,徒刑所含的震慑力和警戒力主要源于限制罪犯的人身自由并强制他们进行无偿劳动,以及法律、道义上对他们所作的否定性评价等等。这些法律、社会后果的存在决定了徒刑的一般预防意义不会降低和丧失。

四

上述探讨引起了我们对劳改体制改革的思考。这项改革兼含经济体制改革和政治体制改革的双重内容,因而是比较复杂的。笔者认为,劳改单位的整体布局应当充分考虑社会生产的总要求,合理地、优化地配置和使用劳动力资源,从而尽可能地发挥劳改事业的社会创造功能。

第一,明确劳改事业的双重性质,加强行业指导和统筹安排。前文已经述及,劳动改造单位不仅是国家机器的组成部分,同时又是从事生产的经济实体。与此相联系的是,劳改管理体制既具有以改造为目标的狱政管理性质,也具有以经济效益为目标的经济管理性质。劳改管理体制的科学化、合理化服从于双重效益的优化要求。当前,我们在强化对于劳改单位的司法行政管理的同时,应当按行业将劳改单位的生产进行归口管理,这是提高经济效益的重要途径之一。

第二,从生产上考虑,恰当地安排劳改单位的所处地点。如果我们实际上(不是名义上)承认劳改单位的经济主体地位,就应该将劳改单位的经济主体地位,就应该讲劳改单位的产业布局、原料供应、产品销售等项事宜纳入社会生产的统一规划当中,同时也应该适当地考虑劳改系统内部的产业结构配套问题，便于其内部的横向交往和协作。另外，劳改场所的设置既要考虑到都市的安全，又要考虑到自然环境和资源状况。将劳改场所设置在边远偏僻的地方，往往能使劳改者形成特殊的心理状态（如寡欲、合群），这对于他们的改造是有利的；如果某个劳改单位所从事的生产与地理环境、自然资源直接有关，那么将它设置在合适的地点更是无可非议的。但是，距市场远近、信息是否灵通等问题也必须考虑。实践证明，在监狱设备较完备、管理措施较得当的情况下，劳动场所靠近都市不但不会对都市构成威胁，而且还能解决监管人员在生活上的许多问题。总之，劳改场所设置在什么地方，是一个必须按照各方面的要求去考虑的问题。

第三，从现实出发，尽可能地完善劳改单位的内部生产条件。目前，我国的劳改生产仍应以劳动密集型为主，但其中也同样存在着完善内部生产条件的问题。在技术构成上，由于劳改单位对劳改人员的接受具有被动性，因而人们无法人为地决定劳改者中专业技术人员的比重。但是，在省（市）甚或在全国范围内依据各劳改单位的生产要求，按劳改者的专业技术特长进行统一调配却是完全可能的。这就需要改革目前依地域、员额或刑期来决定服刑者流向的办法。对于确有技术的已决犯，应依其特长确定服刑单位，以保证人尽其才。为了解决人员流动量大、技术力量不稳定的矛盾，可扩大留场（厂）就业面（这也涉及劳改场所的设置问题）。劳改单位还应保有一定数量的（非服刑的）技术、管理人员。在劳动工具、设备的更新方面，应给予劳改单位必要的条件和权限，鼓励劳改单位利用自创利润改善生产条件。此外，在税收、信贷等方面对劳改单位也应给予支持。

社会主义的劳动改造事业改变了监狱的樊笼形象，他的“改造灵魂”和“社会创造”功能必将在全社会的共同努力下得到越来越充分的发挥。

顾培东

代表作

拾玖

政府经济行为的理论反思与模式构想

近年来,我国理论界对政府经济行为的未来模式进行了有益的探索。“国家调节市场,市场引导企业”这一目标的提出,或许是这种探索的最重要成果。然而,实践对理论的企求决不止于这一目标的提出,更深层的问题是:政府能否有效地调节市场,依靠什么手段调节市场,由政府所调节的市场能否对企业产生积极的引导作用,以及政府与企业之间的关系是否仅仅表现为市场领域中的间接联结。深刻地反思我国政府经济行为的理论原则基础,探索新体制下政府经济行为的应有模式,这是我国经济理论界所面临的重大任务。

一、对政府经济行为理论基础的反思

以往政府经济行为的积弊在几十年来的经济实践中已为人们所充分认识。然而,人们在抱怨这些积弊的同时,却疏于对这种行为的理论基础的深刻反思。改革的难度或许正在于人们痛恶积弊却又往往信奉与孳生积弊有重要联系的理论原则。

影响甚至决定我国政府经济行为模式构建的理论因素有三个方面:(1)马克思主义创始人对未来社会的设想。马克思主义创始人在完成了对资本主义的批判性分析并揭示了资本主义必然灭亡的趋势后,提出了对未来社会的设想。这一设想的核心,除了社会占有生产资料外,再就是大工厂式的生产过程(整个社会如同一个大工厂)。后者逻辑地引申出政府管理和支配社会生产过程的根据。(2)列宁关于社会主义国家职能的理

原文发表于《中国社会科学》1989 年第 3 期。

论。列宁把政府是否管理社会经济发展作为社会主义与资本主义的重要区别来认识。他在贬斥资本主义国家的政府仅具“刽子手”职能和“牧师”职能的同时，着力强调了社会主义国家的政府在组织社会主义经济发展过程中的重要作用。(3)斯大林关于社会主义国家全面、直接管理经济的思想。斯大林在领导苏联经济建设的过程中，把马克思、列宁的这些设想和理论进一步衍化为国家(政府)全面、直接管理经济的具体原则，并形成了以“社会主义基本经济规律”为核心的一整套思想。斯大林有关国家管理经济的思想对我国政府经济行为模式的影响最为直接。

深受这些理论影响的我国政府经济行为模式在实践中得到了另外一些特定因素的契合:(1)中国共产党在中国历史发展过程中的巨大功绩所带来的人们对其领导下的政府的深深信赖;(2)中国初步工业化的过程不是依靠对传统农业的改造来实现的，政府权力是促成初步工业化的最主要力量，这种实践形成了全社会对政府经济行为的尊崇;(3)几千年集权专制所形成的权力崇尚文化为政府权力的运用提供了更为广泛的社会心理基础。正因为如此，我国政府经济行为始终具有两方面的特征:其一，政府经济行为广泛渗入社会经济生活的各个层面，主宰着整个经济运行的全过程;其二，政府经济行为具有浓厚的政治色彩，强化和扩大政府经济行为在社会生活中的作用成为重要的政治功利和全社会的价值取向。

在我国经济学理论中，政府经济行为的这种模式又进一步与统一的国有制、计划经济体制以及资源优化配置和公平分配等原则相互佐证。由此所形成的基本命题是:(1)生产资料公有制要求也能够由政府直接管理和经营国有资产;(2)最大限度地满足社会的物质文化需求要求也能够由政府对全社会经济活动进行全面计划;(3)优化资源配置、社会成员公平地分享社会利益要求也能够由政府集中统一地分配社会财富。

几十年来，从观念到现实，从理论到制度，政府经济行为的既有模式深深地烙在中国社会经济过程的每一个方面。这一状况反映在中国改革中，又产生了这样一些影响:(1)在改革中，企业行为总是处于次生和从属地位。改革的实际进展取决于政府权力的让与。在改革初始的扩权、放权中，企业只是扩权、放权的客体;在目前仍广泛推行的承包制中，虽然给予企业以讨价还价的权力，但从本质上说，承包制仍然是企业对政府要求的一种允诺，此外，企业自发的各种改革要求也只有在政府的许可下才具有意义。(2)改革行为的实际评价往往依据于对政府经济行为的传统认识。对“失控”的担忧,对政府权力的偏爱常常是人们(不是政府本身)评价各种改革思路的共同心态。追求商品经济发展中经济主体应有的自由度与维护政府的主导地位,成为改革中所实际面临的两难选择。(3)对改革中所出现的问题习惯运用政府的行政手段加以解决。而在此过程中,又往往不自觉地把行政权力恢复到改革前的故态。如果说,在改革前,政府经济行为主宰着整个社会经济运行过程的话,那么,在改革中,政府经济行为则决定着改革的整个过程。在这种境况下,政府经济行为模式根本变革的可能性是很有限的。

更具体地分析,传统理论中关于社会主义社会政府经济行为的设想和理论,实际上是建立在一系列假定前提之上的。这些假定前提是:

第一,政府经济行为是完全合乎理性的。依此假定,一方面,政府没有脱离全社会利益的自身私利;另一方面,政府对社会经济运行的客观规律,对全社会物质文化需求以及对资源配置的最佳状态具有准确无误的认识。然而,一旦把政府同国家的特定政治属性以及特定的政府领导阶层相联系,政府行为始终符合理性的判断便失去了根据。尽管社会主义国家的政府具有极为广泛的人民性和社会代表性,但国家的政治属性不能不表现为政府的某种利益偏向。不仅如此,政府对经济发展过程的把握也决不总是准确无误的。从认识论上说,任何主体(自然包括政府)都不可能始终保持自己认识的正确性,并且,商品经济发展的历史还提供了相反的结论:单个经济主体对经济过程的认识比政府更为深刻;政府对经济主体行为的认识并不比经济主体自身更准确。几乎在各社会主义国家的经济发展过程中,都曾出现过可究责于政府的宏观政策的重大失误。毫无疑问,较之市场经济中单个经济主体的失误来说,政府经济行为的失误对社会经济发展的消极影响更甚。只要正视我国几十年经济建设的历史教训,并且看到至今我们尚未能建立起防止甚至减少政府经济决策失误的有效机制,就应当承认,政府经济行为往往也是不符合理性的。

第二,政府经济行为是完全统一的。很显然,这一假定离现实更远。首先,政府行为的目标函数是多元的。政府是具有多重社会身分的主体。身分的多重性决定了政府行为目标函数的多元化。作为国有资产所有者,政府应追求其资产收益的最大化;作为宏观经济管理者,政府所追求的是社会经济的统一协调发展;作为社会公益管理者,政府的目标又在于公益福利水准的最大幅度提高;而作为政权主体,政府又不能不以社会安定为最大功利。毫无疑问,政府的这些目标函数在实际生活中是难以协调一致的。这种"人格分裂"现象正是政府经济行为不能完全统一的内生因素。其次,由政体所决定的政府内部层序结构多元化也是政府经济行为不能完全统一的重要原因。各级地方政府以及政府的各个部门在实际经济生活中形成子有别于中央统一利益甚至与统一利益呈彼消此长关系的独立利益。各地方政府或部门对自有利益的追求决定了政府经济行为的非统一性。近几年来,保护地方或部门利益,甚至分割中央利益的现象已不鲜见。由利益的多元导致行为的多样化是社会主义社会中无法避免的现象,只是在不同国家和不同时期在程度上存在着差异。

第三,政府经济行为的效力是不容置疑的。政府经济行为一方面以国家财力作支撑,另一方面以国家行政权力甚至国家暴力(军队和监狱)为后盾,因而具有较强的效力,每一经济行为都能够产生预计的主观效果。这一假定所受到的现实挑战是:(1)行政层次导致决策效力递减。最高层的决策由于行政层次的辗转在最低层往往只能产生微弱的感应。(2)各执行机构对政府决策的理解存在偏误,它们对政府决策的理解不能不受制于自身的价值偏好,这种偏好无疑是决策失真的因素。(3)政府成员的不良品性对政府决策效力产生损耗,这不仅表现在怠于执行和贯彻政府的决策意旨,还反映在损害社会利益而谋取个人利益上。(4)经济主体缺乏实施政府决策的主客观条件。经济主体是政府决策的直接承受者。无论决策来自哪一层次,都必须在为经济主体所接受的情况下才能显示其效力。因此,经济主体实施决策的主客观条件就显得尤为重要。主观条件主要指经济主体对决策的认同程度,客观条件则指经济主体实施决策的物质能力。在实践中,并非所有政府决策都能够得到认同,每一经济主体也并不都具备实施决策的物质条件。而这又无疑会减损政府经济行为的效力。长期困扰我国的预算约束软化、投资规模和需求规模膨胀等现象都是这种效力减损的实际结果。

如果充分认识了以往政府经济行为的理论基础所仰赖的这些假定前提,就不难理解为什么传统理论所倾心的理想境况未能在社会主义国家出现,从而也就不难发现我国以往政府经济行为模式的弊病。

二、新体制下政府在经济运行中的地位和作用

从一定意义上说,塑造一种经济体制实质上就是塑造一种政府,各种经济体制之间最值得重视的差别莫过于政府在经济运行中扮演的角色的不同。集中型计划经济体制的存续依赖于全面、直接组织和管理经济的政府;分散型市场经济体制又衍生出游离于市场竞争以外,以“尽可能少地干预”为功利的政府。我国进行的这场改革所企求建立的是有计划的商品经济体制,那么,这一体制在本质上要求有个什么样的政府呢?

有计划商品经济的体制内含着对政府和市场的双重需求。因此,在此体制下政府经济行为的范围和方式都与计划经济体制下有极为明显的区别。从政府经济行为的范围看,由于经济过程已不单独由政府来组织,而是主要地依靠市场的自身组织来实现,因而政府行为实施的范围主要同以下因素相联系:(1)市场调节不能奏效;(2)市场调节可能出现偏差;(3)体现和反映社会利益;(4)强化市场调节的积极效果,有利于市场调节的顺畅进行。与此同时,政府经济行为的方式也将受到一系列制约。这些制约体现在:①政府的干预必须以保证市场调节的基本“自然生态”为前提。②经济主体应遵循政府所确立或认可的市场规则,但政府不得要求经济主体舍弃自己正当利益而服从于社会目标。③政府在与经济主体的物质利益交往中必须遵循通行的市场交易规则;同时,由政权派生的税收等的获取,也必须以法定规范为根据。

在有计划的商品经济体制下,政府在经济运行中的基本功能有以下五个方面:

第一,设定利益格局,实现合力均衡。通过市场竞争实现社会经济过程的最优化均衡。这是自由主义学派所信奉的原则;依靠政府的意志和政府的行为实现社会经济过程的均衡,则是集中体制的愿望。但是,经济实践表明,市场自均衡只对单个经济关系才有普遍意义,而单个经济关系的成功并不直接意味着全社会的成功。与此相同,政府行为也不能独立创造出理想均衡状态。市场与政府的合力才是均衡实现的基本保证。然而,由于市场机制的均衡是以经济主体的意志自由为条件的,很难与政府的强制性干预相融,因此,必然要求政府通过设定利益格局来实现合力均衡。具体说,政府利用各经济主体的利益欲望和动机,通过政权和所有权所派生

出的各种手段,在尊重市场规律和规则的前提下,有意识地创设和改变各种利益关系,以此来激励各经济主体自觉地依照国家宏观控制的要求行事,从而实现经济运行过程中各要素的动态均衡。在这种均衡机制中,政府的宏观意志并不直接表现为对个别经济主体的指令,而是潜含于各种参数所形成的利益格局之中。这种利益格局文进一步构成经济主体行为选择的机遇,对利益最大化的追求则促使他们作出有利于宏观控制的选择。在此过程中,一方面,政府的宏观控制要求能够得到实现;另一方面,市场的调节机理也得到了尊重。自然,合力均衡的实现必须把握两个原则:其一,利益格局的主观偏向度不应过大,尤其不应损伤经济过程的自然性,否则会影响经济主体的积极性;其二,政府宏观控制目标在分解为经济参数时,应力求准确,防止出现参数偏差而导致宏观目标的变异。

第二,通过经济参与,控制价值总量。无论具体经济关系怎样发生或具有什么内容,全社会的价值总量的相对平衡都是社会经济发展的重要保证。因此,政府必须控制社会主要经济参数的价值总量,保证宏观运行的有序化。在有计划的商品经济体制下,政府对价值总量的控制主要不是借助行政指令,而是通过经济参与来实现。经济参与的本质特征是政府以平等经济主体身分,以通行的市场行为渗入于社会经济生活之中。经济参与的主要形式有三种:(1)投资参与。政府凭借其掌握的国有资产,创办企业或向现实企业投资,实现其经济计划和产业战略。在生产要素充分市场化后,政府还可以通过股票市场,灵活地向企业进行资产的投入和撤出。投资参与在现实中可能会受到国有资产经营收益的最大化目标的制约,因为以宏观平衡为宗旨的投资不一定能保证资产经营收益的最大化。因此,政府投资参与一般应基于两种功利:一是向附加值高、超额利润多的产业或企业投入,以获取资产的高收益;二是向战略发展部门和产业投入,以实现总量平衡,尤其是缓解结构性的需求矛盾。(2)消费参与。政府本身即是消费主体。政府的消费有两个主要构成:一是政府的公益性支出,包括公共事业福利和军费开支等;二是政府机构自身活动的物质耗费。这两类无直接效益的消费通常是财政支出的主要部分。我国1987年财政总收入为2368.9亿元,而属于上述政府消费部分中的文教、科学、卫生事业费、国防费、行政管理费就为791.7亿元,约占总收入的33.4%。毫无疑问,政府的消费参与是控制价值总量的基本手段。这种参与的方式有两种:其一,扩大或削减政府消费,增加或减缩财政开支。如限制社会集团购买力,调整政府机构预算拨款总额等等。其二,调整政府消费项目构成,如削减军费开支,增加社会公益福利等等。在由于某些偶发因素引起政府收支状况发生阶段性大幅度变化,或社会总供给与总需求的矛盾较为突出的情况下,政府的消费参与手段能够产生较为明显的抑制效果。(3)借贷参与。政府的借贷参与也有两种基本形式:一是政府向社会发行国债,以缓解通货膨胀、财政收支不平衡以及抑制过旺需求。二是政府财政向中央银行借贷(透支)。这种借贷既可发生在财政拮据的非常时期,也可能出现于财政收支平衡的正常时期,目的是在货币发行规模未超量的情况下,适当调节中央银行的资金存量和贴现率,以对整个社会的金融活动和资金运行节律发生影响。由于政府的借贷参与直接通过中央政府进行,因此这一手段对于价值总量控制具有较强的准确性。

第三,实行政策倾斜,体现重点扶持。新经济体制与市场经济体制的最重要区别是它的计划性;而这种计划性并不在于对具体经济活动过程实行意向的规范,而在于制定政府的产业政策,以保证经济结构的合理化和高效化,并在国际竞争中赢得主动。日本、南朝鲜的经验证明,后起国家在发动其现代经济成长的初始阶段,由于起点很低,因而只有凭借国家力量来扶植和培养成长因素,才能在总量增长过程中达到一个新的转折点。对于资源短缺十分严重的我国来说,政府的重点扶持尤为必要。由政策倾斜所体现的重点扶持包括三个方面:(1)扶持本国产业。我国正处于"二元经济结构"的初始转化之中,而所置身的却是现代化高度发达的国际环境。因此,无论从国际经验看,还是从我国的经济发展实际出发,政府都必须对国内产业给予重点扶持,一方面通过关税和外汇等管理制度,抑制外国产成品,尤其是加工工业产品的进入;另一方面,培育本国出口产品生产的产业和企业,强化出口能力。(2)扶植战略产业和产品。这是政府政策倾斜的又一个基点。在我国经济结构尚未合理化之前,必须选择出对于全局发展有决定意义的战略产业和产品,通过投资、税收、利率等优惠而给予重点扶植。特别是在完成"二元经济"初始转化而步入国民经济结构转换阶段后,培育出引导经济起飞的主导部门,对于牵动整个经济持续稳定增长是至关重要的。(3)扶植幼稚产业和企业。在市场竞争达到一定的烈度后,幼稚产业和企业如果没有政府的一定扶植,其生存将会受到威胁。

因此，政府又应对这些产业和企业实施一定的倾斜政策。这不仅仅是基于政府扶贫济弱的伦理情感，而主要是对市场调节的无选择性和无差别性的一种弥补。扶植的对象不仅仅是羸弱或者新兴、新创的产业或企业，还必须是为国民经济发展和社会生活所必需的产业或企业。

第四，实施合法干预，矫正市场偏差。市场活动是在经济主体的利己冲动支配下进行的，因此，违反或回避市场规则而出现的市场偏差是商品经济社会中所无法避免的现象。市场偏差是市场失败(market failure)的一个侧面。政府对此的使命是通过合法干预，矫正市场偏差，保证市场行为的有序性。政府矫正市场偏差的基本手段是设定违反市场规则行为的风险成本。这种成本包括：(1)行政性成本，亦即给予主体以信誉或资格的行政性否定评价，或作出其他行政性制裁。(2)人身性成本，即对自然人主体或法人的直接责任人员给予人身性制裁。(3)经济性成本，即强制主体向受害人支付赔偿金、违约金或者没收其非法所得并科处罚款、罚金等。由于行政性成本和人身性成本在矫正市场偏差中的适用面不广，同时，主体违反市场规则的直接动机往往是纯经济性的，并且受害者更主要的补偿需求也多为物质内容。因此，矫正市场偏差的主要手段是政府设定经济性成本。经济性成本的量决定于五个要素：(1)违反市场规划的非法所得。这是遏止行为者违法行为的最低限度。(2)受害者的现实财产损失和可得利损失。这是保护受害者的最基本要求。(3)究责成本，包括各种仲裁和诉讼费用。(4)社会平均究责率。(5)社会制裁加权率。因此，要有效地矫正市场偏差，必须使违反市场规划行为的经济成本如下式：

$$\text{边际经济成本}=\frac{\text{受害者损失或非法获利}+\text{究责成本}}{\text{社会平均究责率}(\%)}\times(1+\text{社会制裁加权率}\%)$$

没有达到边际成本量，便不足以矫正市场偏差；超出成本，也将失于公正。为了有效地实现矫正，政府除了在立法中将罚则提到一定制裁水平外，再就是加强市场监督，并保护市场主体的诉讼权，提高社会平均究责率和降低究责成本。近几年来，我国流通领域内经济秩序混乱，显然同市场规则紊乱、违法成本太低(特别是究责率过低)而究责成本过高(诉讼周期长、公正判决概率低)相关。这足以启示我们重视设定并适度提高违法成本对于矫正市场偏差的意义。

第五，运用替代变量，实现社会目标。政府作为社会管理者，不可能不具有超越个别经济主体的社会性目标函数。然而，如前所述，在有计划的商品经济中，政府不应强制经济主体接受有损其正当利益的社会目标。在此境况下，选择和运用替代变量则成为政府实现社会目标的重要手段。运用替代变量的实质是寻求间接的或为经济主体所普遍接受的方式来代替直接的或与经济主体自身欲望和利益相悖的方式。就社会目标的实现来说，替代变量的运用与被替代手段的运用或许是相同的，但前者的优越之处一方面在于能够产生其他更富有意义的效应，另一方面，也能够降低行政强制手段运用的机率，维护经济生活的自然性。替代变量的运用范围很宽，事实上将成为政府的一种常规手段。例如：运用社会保障制度代替就业刚性、工资刚性和福利刚性。就业、工资和福利刚性固然对社会安定有积极作用，但由此又带来了劳动力要素不能市场化，分配平均化，劳动效率低下等弊端。因此，政府的恰当选择应当是建立劳动者失业或待业保障体系，确定最低贫困线及相应社会经济措施，打破就业、工资和福利刚性。又如，通过征收专项基金或提高征收额度创办社会公共事业，替代由企业直接创办这些事业，这样既可适当减轻企业的负担，又可强化企业作为商品生产者的主体性质。再次，以发行国债取代超量发行货币，避免通货膨胀等等。

毫无疑问，政府在有计划商品经济运行中的功能远非上述五个方面。罗列这些意在说明，一方面，对于我国这样的发展中国家，政府经济行为在经济运行中依然具有重要地位，尤其是经济协调和战略引导的作用十分突出；另一方面，新体制所赋予政府的使命、政府在新体制下所使用的方式与既往又有着十分明显的区别。政府直接、完全主宰经济运行的状况将成为历史，协调、规制经济活动将成为政府的主要职责。

三、体制转换时期政府的市场组织功能

改革以来，中国经济生活中最直观的变化体现于市场；然而，最使政府感到手足无措的也正是市场的这种变化。时放时收，欲放还收，表明了政府对体制转换时期市场作用的矛盾心态。“看得见的手”与“看不见的手”在双重体制的扭曲下进行着无声的较量。政府经历并进一步面临的两难

选择是:放则承受市场紊乱的局面,收则品尝旧体制的涩果。

我们注意到,理论界对于政府市场组织功能的研究存在着一个普遍性的失误,这就是把体制转换时期政府在市场培育中的作用与新体制下政府在市场运行中的功能不加区别,因而往往以新体制下政府功能的理想模式来否定转换时期政府培育市场的现实作用,在市场调节机能远未形成的条件下,过早地要求政府退位,事实上,市场的初始培育与市场的运行是两个不同层次的问题,前者指市场本体的形成,后者指市场形成后的实践。在市场发育和形成过程中,政府的组织功能是不容忽视的。

早期资本主义国家的市场都是随着市场主体的自发生成以及它们自发行为的日益广泛而逐步形成的。挣脱封建羁绊的社会成员首先以人身的自由而奠定了劳动力成为商品的基础,更确切地说,是奠定了整个资本主义市场体系的基础。其间,政府虽然也通过制定作为主要市场规则的民商法(较为典型的有《拿破仑民法典》和《德国民法典》),来创造市场发育的条件,但从总体上说,在这些国家中,市场的形成具有很大自然性。然而,这种自然生成过程不可能在我国出现,我国的市场发育和形成更主要地依靠政府的作为和建树。这是因为:(1)我国市场的形成过程实质上就是政府将资源配置的任务逐步移交给市场的过程。因此,市场规模以及市场发育的深度都取决于政府实现这一移交过程的缓急。从产品市场来看,产品市场化的进程与政府放弃计划控制的进程基本同步。计划控制范围的扩大或缩小直接决定着进入市场的产品的多少。从要素市场来看,资产存量的市场化直接受制于国有制及国家所有权的实现方式,至于劳动力的市场化,除了同劳动者本身观念的变化相关外,更主要的取决于政府劳动就业制度的改革以及政府所可能提供的社会保障条件。(2)由于我国创建社会主义商品经济市场的历史任务产生于工业化规模已基本形成、世界商品经济的发展已经十分成熟的今天,因而市场初始发育与市场深度推进以及初级市场形式与复杂的市场体系的创建,同时成为我国改革的课题。尽管无法期望在很短的时间内出现完善的市场体系,但不可否认的是,我国的市场形成决不能重复早期资本主义国家漫长的渐进过程。各类市场以及各种市场形式的发展固然有一定次序,但这种次序从宏观上看是逻辑上的,而非时间性的。正因为如此,政府在市场发育过程中的组织功能就显得特别突出。政府对创建市场体系的全面规划以及对市场形成过程节律的把握无疑是市场最终形成的关键所在。(3)从当前经济发展的现实来看,市场秩序紊乱,市场机制扭曲,市场信号失真等现象都同政府的经济行为有一定关系。为人们所深为抱怨的“官倒”现象则是政府经济行为无序的极端性例证。因此,市场的良好发育,还必须以政府行为的有效自律作保证。这也从一个侧面反映了政府在转换时期市场组织中的作用。

当前,我国市场领域中的种种问题可归因于两个方面:其一,市场发展呈畸形状态,市场自均衡功能无法形成。市场发展呈畸形状态,主要是指产品市场一花独放,而要素市场以及其他相应的市场形式发展缓慢,或者没有启动。扩大企业自行销售权使得企业多数产品直接进入市场,与此同时,由于双轨制价格的存在,计划控制的产品往往在初始分配后又进一步转入市场,流通环节的转手倒卖更加剧了产品市场的病态发展。孤立地看,产品市场的发展并不是一种消极现象,然而,从市场整体功能的发挥来看这种发展,我们又无法对它作断然肯定性的评价。在完善的市场经济中,产品市场与要素市场以及其他相应的市场形式是互相关联、彼此影响的。任何一种市场的积极功能都只有在其他市场类型的制约和影响下才能有效发挥,市场的自均衡机制正是在这种意义上形成的。一般说来,产品市场如没有要素市场、特别是以股票交易为体现的资产存量市场来相辅,市场导向功能就不可能形成(有信息而无导向)。不仅如此,在产品价格不受资产存量价格的制约以及消费者缺乏收入转化为生产性积累手段(无股票市场)的情况下,产品价格的上涨必定是无法遏止的,特别是需求弹性较小的产品价格上涨刚性将持续存在。近几年来,我国物价所以出现全面大幅度上涨,固然同通货膨胀等因素有关,但是,如果市场发育比较正常,市场自均衡功能得到有效发挥,这种局面是肯定不会出现的。其二,政府对市场管束无力,市场主体的契约性制约未能形成,市场呈无序运行状态。在消费者购买力较强而又无法通过其他手段实现对产品价格制约的市场条件下,维护市场秩序的主要手段就是政府的强制性市场管束和市场主体的契约性制约。然而,由于近几年在指导思想上往往把政府放开市场同政府放松管理简单等同,因而政府对市场活动的管束显得过于乏力。一方面,政府未能恰当、适时地建立起统一的市场规则体系,市场规则紊乱引致市场行为的极不规范;另一方面,政府权力商品化的现象较为普遍,甚至监督和管理市场行为的权力也往往被当作商品用于谋取经济利益。市场交易方式与政府权力手段极不正常地互相渗透,泛社会的“寻租”现象与泛社会的“经营”行为交织在一起。与此同时,市场主体的契约性制约也未能有效形成,这不仅体现于契约意识极为淡薄、契约手段运用不广泛,而且还反映在合同的履约率很低,违约行为得不到及时、恰当的制裁,受害者损失很难得到补偿。利用合同进行诈骗现象十分常见,市场基本呈无序运行状态,痛苦地承受着各种消极力量的侵蚀。

市场自均衡功能未形成与市场运行的无序化分别成为我国当前市场的内缘性和外生性缺陷。这也相应决定了政府在体制转换时期的基本功能:把握市场发展的总体节律,培植市场自均衡能力;抑制市场中的消极现象,建立和维护市场秩序。具体说,这种功能体现在以下四个方面:

第一,强化对产品市场的管理。对于已经超前发育的产品市场,政府的管理任务不在于简单地收回对某些产品的计划控制权,而是通过一定的手段抑制物价和控制产品的流向。可以考虑的措施是:(1)继续对某些产品实行价格双轨制,并对计划价部分辅之以凭证供应。价格双轨制与市场机制的本质是完全相左的,但在现实经济条件下,完全取消双轨制将带来更多的问题,在相当长一段时间中继续保留一定的双轨制适用面,并与市场整体发育相同步,渐次加以取消,这才是更为明智的选择。为了减少双轨制的负效应,应当明确把双轨制的适用对象限于某些生产资料,同时实行凭证供应制度。凭证供应的意义不仅是保证计划内产品的需要,增加社会有效供给,而且还可以在一定程度上防止短缺的生产资料多层次加价转倒。对于享受计划内价格较多的企业,还可适当提高税利上缴基数,力求将双轨价差主要收归财政。(2)实行最高限价和最低保护价。对于某些生活消费品,特别是耐用消费品,在放开市场价格的同时,实行最高限价,以控制某些产品的物价总水平,大大减少流通环节。对某些农产品还可以实行最低收购价,以保证某些农产品销售旺季的价格不至过分下跌。最高限价或最低保护价都不同于双轨制,它更有利于价格的控制和市场的公平,应扩大其适用面。(3)进一步限制流通企业的数量及经营范围。近几年来所创流通企业数倍于生产和开发企业,从总体上说,流通环节过多(据调查,不少产品需经过 5 个以上环节才能到达消费者手中)的现象与此有很大关系。因此,限制流通企业数量以及限制其经营范围是当前以及今后一阶段中强化市场管理的重要方面。对于资力和信用不足以从事流通经营或不适于从事某些产品经营的企业,应取消其法人资格或限制其经营范围。

第二,创造资产存量市场化的条件。如前所述,资产存量市场化对市场自均衡功能的发挥有着极为重要的作用。在我国,资产存量的市场化包括三个彼此联系的内容:(1)资产投入的市场化。即通过购买股票取得对资产的收益权或者将现实资产转换成股份,变特定的资产所有权为市场化的收益凭证。(2)资产存量价值的市场化。即通过股票市场的交易体现资产存量的增值或贬值。依靠这种市场评价,实现市场引导。(3)资产存量转移的市场化。即资产存量通过市场(尤指以股票形式)转让给其他主体,包括企业现实资产的全部拍卖。我国资产存量市场化的最根本前提是公有制结构以及国家所有权实现方式的改革,更具体地说,是国有资产所有权通过股份制的推行而转化为股权。此外,创建和发展证券发行及交易的初级市场、二级市场也是资产存量市场化的重要条件。在体制转换期间,政府应逐步界定现实资产存量的产权,在此基础上,有步骤地推行股份制和创办证券发行和交易市场,把对国有资产的静态实物管理变为动态的价值经营,从而创造资产市场化的基本条件。

第三,再造劳动力市场化的就业制度。劳动力市场化是全要素市场所不可缺少的方面。尽管在未来的新体制下也不能容许我国始终保存大批"产业后备军",就业最大化的公共目标在我国更应得到重视,但就业刚性的劳动用工制度则必须打破。在体制转换时期,政府的市场组织功能之一就是再造劳动力市场化的就业制度。一方面,要使现实工资制度逐步转向由市场调节劳动力的价格;另一方面,逐步以市场配置劳动力资源来取代就业分配制度。在这方面,政府的主要任务应是:(1)以支持企业优化劳动组合为起步,以推行用工合同制以及议定工资制或浮动工资制为手段,把市场机制逐步引入劳动就业制度之中。(2)通过兴办第三产业以及发展个体私营经济,提高社会对闲置劳动力资源的吸纳能力。在低工资、低收入状况将长期存存在的我国,提高社会对闲置劳动力的吸纳能力或许是劳动力市场化的最重要保证。通过扶持第三产业和和个体私营经济,政府能够把保障就业的社会目标同推进要素市场化的发育有机地统一起来。(3)建立社会保障体系,开办就业保险,实行对待业和失业的社会救济。政府一方面应健全和完善专项基金统筹制度,另一方面又应相应增加待业和失业救济补贴在财政总支出中的比重。(4)改革户籍管理制度,消除企业与社会之间劳动力流动的壁垒,减少企业与地方政府及其派出机构在闲置劳动力的辞退或接受问题上的摩擦。

第四,维护公正的市场秩序。市场运行的合理性在于公正。市场对经济主体的吸引以及市场功能的有效发挥都依赖于市场秩序的公正。公正不是完全抽象的理念,而是一种实在的价值判断。在我国经济现实中,市场的公正既意味着超越个别市场土体的特殊欲求和利益,又意味着同政府的社会目标相一致。在此意义上说,市场公正的本质是市场主体的共同利益与政府社会目标的融合。以此为依据,在体制转换时期,政府在维护公正市场秩序方面的努力应当是:(1)维护市场规则的统一性。要完善和协调有关市场规则的规范体系,减少或避免规范的内在矛盾。同时,要力求提高市场规则的覆盖面,消除市场交易活动中无规则调节的“盲点”。借助统一的市场规则,提高经济主体对市场的认同程度,以推动统一市场的形成。(2)维护市场主体的平等性。核心在于政府及其所属经济管理机构不得以特殊身分参与市场活动,一切长官特权、票证特权以及职业特权都不应渗透于市场交往之中。严格禁止任何主体运用超经济强制以及不平等的剥夺式经济交往在正常市场活动中出现。(3)维护区域间市场交往的公平性。由于我国区域间经济发展不平衡性较突出,并将长期存在,因而在消除区域间市场壁垒的同时,政府又应充分注意区域间市场交往的公干性,特别是对于发达地区与不发达地区产品与资源“互流效应”应采取适当的财政或其他措施,以保护不发达地区的经济利益,推动整体经济的发展。(4)维护市场执法的严肃性。强化政府对市场行为的监督,提高市场执法机构及人员的素质,严格对市场违法侵权行为的制裁。

四、对重构政府与企业间关系的设想

“国家调节市场,市场引导企业”,这是对新体制下经济运行格局的基本构想。然而,无论新体制下的政府怎样超脱,国家与企业之间决不会仅限于在市场领域的这种间接联结。基本原因有二:其一,在新体制下,国有制实现方式的改变以及国有资产在全社会资产结构中比重的变化,都不可能割断国家与企业在资产及资产收益上的联系,作为原始资产所有者的国家必然要通过政府在企业中的特定经济行为体现其资产利益。其二,在新体制下,企业作为独立商品生产者的地位的确立并不意味着企业将会成为以追求利润最大化为唯一功能的纯经营实体。一方面,政府的某些社会管理职能仍将通过企业而得以实施,企业作为社会生活中的拟制人格主体必定要承受政府的某些社会性的规范化管理;另一方面,政府的某些宏观调控意志以及税负等非资产收益性利益要求将直接(而不是通过市场)作用于企业。事实上,企业独立的商品生产者的地位只是表明企业适应市场机制的主体品性的完备,而并非指企业行为可以完全游离于政府的制约之外。因此,有意义的探讨不在于简单地判断新体制下政府与企业之间有无直接联系,而是两者之间联系的内容和方式。

毫无疑问,政府对企业直接管理的范围在一定限度内应逐步缩小,这种缩小的趋势体现于:

第一,与微观效益直接相关的政府管理行为将渐次放弃而由,企业代行。在商品经济中,真正关注微观效益的只应是企业。同样,提高微观经济效益的手段的选择也只能由企业躬亲。促使企业作出正确选择的,不是政府的法令,而是市场的约束。因此,在新体制下,政府应逐步放弃与微观效益直接相关的管理行为。提高产品质量,降低物质和劳动力的消耗,设备更新,技术进步以及企业资信的提高等等主要应让企业在市场调节的约束下自觉地认识、实践。这不仅可以使政府的管理重负得到宽释,而且更能使企业的自主意识得到尊重。

第二,某些与职工(包括经营者)个人身分相联系的政府管理行为不再以企业为中介。无论是在观念上还是在实践中,企业在我国往往被视为与政府相对应的社会实体。政府对企业的职工的社会管理一般都是通过企业这一中介来实现的。应当承认,在'任何情况下,企业都不可能仅仅是职工劳动的空间,但企业又毕竟不是社会管理机构。过多地要求企业履行管理职工的社会性事务势必会扭曲企业的基本性质。因此,在新体制下,政府对企业直接管理范围的减小,又应体现在政府不再以企业为中介而实施某些与职工个人身分相联系的社会管理。首先,职工个人非职务或职业行为的管理应由政府中相关的社会管理组织进行而不应由企业进行,政府不应要求企业对职工所有社会行为负责。其次,职工的某些社会福利保障应由政府有关机构提供而不应由企业提供,特别是对于职工子女读书、就业以及职工家庭生活、住房等等，政府应负有更重要的责任。再次，职工的个人政治素质、业务技能、文化程度以及道德水准的提高也不应作为政府对企业的强制要求。企业固然应注重职工包括政治在内的素质培养，但这种努力的动因是企业对自身利益的关注，而并非基于对政府管理指令的接受。政府尤其不应设定这方面的指标作为考核和评价企业的根据。淡化企业“小政府”的色彩，正需要减弱企业在政府与个人之间的社会管理中介作用。

总的说来，创建新体制的改革，将实际分解政府先前对企业的直接管理职能。能够在市场机制作用下实现的，将交由“看不见的手”来完成；应属企业内部事务的，则转归企业自身决断；而政府与企业间的直接联结只表现在市场所无法替代以及无法自为的诸方面。具体是：

1. 以股份制为形式的资产及其收益的联结。在股份制形式下的资产及资产收益关系将是政府与企业间直接联结的主要内容。股份制中的政府与企业的联结，尽管依然以资产及其收益为内容，但与国家直接经营以及“两权分离”差异甚大。首先，股份制把国有资产的所有权转化为股权，从而摆脱了政府对企业内国有资产的静态实物控制，并使企业获得了支配资产的充分自由。依照股份制的一般机理，资产所有者一旦完成了股份的投入，即丧失了原始的资产所有权，而代之以股权。股权虽然对企业资产营运有一定制约，但这种制约力是极其微弱和间接的。因此，当股份制成为国有企业财产组织的一般形式后，政府将不再对企业资产的支配过程进行管理和干预，政府与企业间的资产联结体现为政府直接向企业投入股份或将企业的股份转让给其他主体。其次，股份制强化了政府与企业间的资产收益分配关系，并使这种分配关系同资产的实际投入直接相联系。与资产控制的弱化相反，股份制的实行使政府与企业间的资产收益分配关系得以强化，这种强化不仅体现于国有股可以通过优先股形式在收益分配顺序中居先，而且还在于当国有股的既定收益额得不到满足时，可以用企业股股本加以补偿。此外，由于股份制下的分配是以资产的投入量（亦即股份额）为基础的，因而在股份制中政府的资产收益可以同国有资产的投入直接相联系。股份制中的这种收益分配显然不同于国家直接经营下的国家统负盈亏以及“两权分离”中随机性甚大的收益分配谈判。

2. 以宏观调控为目的的计划联结。新体制下政府与企业间的计划联结是无法避免的,尽管这种联结远不及以往那样广泛。无论是产业计划还是产品计划,都需要直接体现为企业的具体经营行为。然而,也正因为受新体制下市场机制自然性的制约,政府与企业的计划联结也应有其特征,这主要体现于计划类型的改变。新体制下的计划似应有这样三类:其一,交易性计划。即政府通过一定的经济条件(如投资、减利、税收优惠以及用适当价格收购等),同企业议定某些计划实施事项,用市场交易的一般原则来落实这些计划。其二,信息性计划。这类计划并不施加于特定的企业,而是通过政府的政策倾斜,诱导企业实施。其三,强制性计划。强制性计划并不完全等同于现今意义上的指令性计划。由于前者适用于市场机制普遍发生作用的社会环境之中,因而这类计划的实施也必须以保证企业的相应物质利益为前提。强制的意义仅限于企业在相应利益保证下应当承诺这种计划任务,而并不意味企业无条件地接受这种计划。同时,这类计划在总体上的适用面不应太宽。需要进一步强调的是,新体制中的政府与企业间的计划联结并不表明企业与政府的从属地位,虽然计划不可避免地具有超经济的行政特征,但计划更应当被视为企业与政府实现共同经济目的的手段,在计划关系中,企业与政府依然是平等的。把握住这样的基点,有助于把产品经济中的计划同商品经济中的计划相区别。

3. 以社会监督为内容的管理联结。企业内部效益的实现与外部"经济"在企业行为的效果中并不始终是统一的。当企业无视社会规范而谋取自身利益时,则必然会带来外部"不经济"。政府的职责不仅在于对这类企业依法予以矫正,而且还必须将管理行为渗透于企业经营过程之中,实施必要的社会监督。由此也设定了政府与企业之间另一方面的直接联结。纳入政府这种监督范围的主要有:其一,直接损害国家利益,危害经济秩序的行为。例如某些违反工商管理法规或审计法规的行为。其二,危害社会公益的行为。如污染环境、坑害消费者等行为。其三,在侵犯特定主体的权利的同时又危害社会利益的行为。由于这类行为侵害是双重客体,因而除了允许受害的特定主体运用合法的对抗手段外,政府又应对这类行为加以管理和监督。

4. 以税负为主体的非资产收益联结。税负是政权的经济体现,以税负为主体的非资产收益联结是政府与企业间经济联结的重要方面。与资产收益不同,这类收益具有强制性和对企业主观意愿的排斥性。在一定的前提下,甚至可以不考虑企业的承受能力,即使在企业破产的条件下,也不放弃这种收益要求。除了税负外,这类收益还包括各种专项费用和基金。自然,政府对这类利益的征收,必须以明确的立法为依据。

顾培东

代表作

贰拾

法所有权理论批判与国有制的实现

一、法所有权理论的根本缺陷与国有制面临的现实问题

如果说马克思主义经典作家的公有制理论是社会主义国家所有制形成和存续的理论基础，那么，国家所有制在所有权层次上则是依靠法所有权理论来阐释的。作为民法理论的重要组成部分，法所有权理论展示了所有制格局既定前提下所有者与各相关社会主体之间的财产归属以及财产收益关系；展示了以财产为中介的各种社会联系。然而，源自古罗马的法所有权理论与有计划商品经济运行要求的龃龉和冲突越发显得明显与强烈。特别是由法所有权理论营造起来的财产静态控制的堡垒，影响着国有资产的充分实现，同时又加剧了国有制在有计划商品经济运行中的现实矛盾。法所有权理论的这种缺陷正日益成为经济生活对之扬弃的根据。现实中人们往往根据直接感验而对所有权作别样的理解，并将这种理解作为经济交往的真正意志基础；经济理论甚至还赋予所有权以新的意蕴，并在此基础上使用所有权概念。因此，研究企业财产制度必须首先分析法所有权理论的根本缺陷以及与此相联系的国有制所面临的现实矛盾。

（一）法所有权理论的根本缺陷

从本质上说，所有权概念是对社会物质财富的法律抽象；具体的物质财富表现为一定的所有，这并不意味着财富拥有者由此得到更为丰厚的物质利益，而只是指主体拥有财富这一特定事实得到法律、从而得到社会的

原文发表于《中国：发展与改革》1988年第3期。

认可。显然,在物欲与现实社会财富永远无法平衡的人类社会,赋予财富以法律——社会外壳是十分必要的。所有权概念的意义就在于,把人与财富的关系延展到人与人的领域,并据此而使人对于财富的关系确定化。

然而,也正是由于所有权现象根源于对财富的社会界定和社会保护,因此,法所有权理论的全部基点始终设定于对所有权存在状态及行使过程的严格规范和保护。若干世纪以来,有关所有权的全部法律学说和流派都显示了一个共同的趋向:最有效地保护所有权体系的完整性。从经典性的法学著述到启蒙性的民法教科书,都以下述内容为要素建立了法所有权理论体系:(1)所有权依据严格的法定方式而取得;(2)所有权具有占有、使用、处分和收益四项权能,所有者可以根据自己的意志行使其中任何一项权能;(3)所有权具有排他性,即在法律限定的范围之内,排除任何第三者对所有权行使过程的干预;(4)所有者可以通过他物权的设定而将所有权的部分权能转让给他人,但处分权只能由所有者行使,他物权人在契约期满后必须将所有物完整地返还所有者,即便不是原状返还也必是依契约所允许的现状返还;(5)所有者在所有权遭受侵害时,可通过恢复原状、返还原物或排除妨害等形式而使所有权得到保护。

如果不是迷惑于这些严密保护的规范化意义,从实际经济运行角度来考察,我们便不难发现法所有权理论的致命缺陷,这就是它对资源优化配置和充分利用的制约性。

在经济运行中,资源的优化配置和充分利用是以资源最大限度地运动为前提的。资源的自由运动,一方面可以克服资源所有与资源使用主体不同一的矛盾,避免资源闲置和浪费,另一方面也能够使资源依照最科学、最合理的方式得到利用,因为资源的流动过程实际上也是使用方式的筛选过程。然而,法所有权理论在赋予所有权严密保护的同时,却又不自觉地阻碍了(表现为所有权的)资源的充分游移,从而为利益的实现带来了局限。

依照法所有权理论,无论他物权的内容如何宽泛,非所有人(他物权人)最终不享有对所有物的处分权。这既包括不能将所有物转移至其他主体所有,甚至不能转让他物权所具有的某些权能,也包括不能改变所有物的物理形态。十分明显的是,在所有权的四项权能中,最有意义的是处分权。不使用的占有与其说是一种权利,不如说是一种义务;没有收益的使用则是无意义的使用;而不能处分的收益决不可能是充分的收益。对处分权的固守，使法所有权理论构筑起资源运动和利用的藩篱，这便是：(1)资源无法突破所有者支配欲望的制约，只要所有者没有放弃所有的愿望，资源的配置只能依照原始所有格局进行。(2)资源的使用无法突破所有者支配能量或物的固有形态的局限。在所有者直接使用的情况下，资源的利用方式(从而也指资源的利用价值)只能取决于所有者自身的素质；在非所有者使用的情况下，资源的利用又必须以不改变所有物的固有形态为前提。在此限定下，对全社会来说，不可能有资源的优化配置和充分利用；对所有者来说，亦难以使其所有权所体现的物质利益得以充分实现。由此，我们看到法所有权理论所造就的一种悖论：从财富控制的自然状态到所有权，本属社会的进步，体现着人类对社会经济过程的意志控制能力，但这一过程却减损了物质资源的社会功利；赋予财富的控制者以所有权，本旨是维护控制者的利益，其结果却降低了利益实现的程度。

深入地看，法所有权理论的这种缺陷，正是根源于其自身所孕育的一种特定的意识和心态：所有权拜物教。由于所有权直接代表着相应的物质利益，因而，对物质利益的追求便表现为对所有权的追求；与此同时，对既有利益的维护，也不能不转向对所有权的保护。在物欲横流的人类社会，所有权这种抽象符号自然地成为全社会的尤物。当近现代商品经济发展突破既有法所有权理论的局限性，使资源在更广泛的界域中流动时，几代法学家们所做的共同努力都在于，以不触动所有为前提，尽可能地扩大对他物权(尤其是用益权)的解释，并借助契约自由，提高所有权转移和他物权设定的机率。现代民法理论在所有权方面的重大变化趋势就是他物权的范围明显增大，所有权绝对的色彩有所淡化。不仅如此，在为近世许多国家贡献出民法典蓝本的法国，法学理论中还存在着分割所有权的趋势，并由此导致了“联合所有权”或“共同所有权”等分享所有权形式的出现。[1]然而，尊崇所有权的热情并不因之而减弱：无论对他物权的内容作何种宽泛的解释，但必定都不包含对物的处分权。“联合所有权”、“共同所有权”这些概念本身即可说明处分权的刚性。由此也可窥见所有权拜物教对法学家们思维的扭曲。

绕过所有权而研究和阐释非所有人支配财产这种现象，这是社会主义国家民法学家的共同心态和方法。几十年来相继在各社会主义国家所进行的改革，从多方面提出了企业充分支配和处分国有资产，从而获得国有资产所有权的全部权能的要求。对国家所有权的维护与对现实经济运行要求的尊重,使得人们力图在所有权以外为企业使用和处分财产的权利找到某种合理的依据。因之,所谓“分享所有权”、“经营管理权”以及“财产支配权”等概念相继问世。[2]这些“王顾左右”而设计的权利,即便有赋予企业使用和处分财产权利的愿望,也不能不表现出理论上的暧昧。就连在国家所有权问题上持激进改革观点的苏联著名法学家莫佐林,也只能提出以法律所有权和经济所有权而使国家与企业各得其所的主张。[3]我国民事立法和民法理论用所有权与经营权来表达国家与企业在国有资产经营中的关系(即“两权分离”)。然而,理论上的困惑是:当论证国家所有权不曾丧失时,经营权被视为所有权的一种派生,或所有权的一个组成部分;而要论证企业独立的民事主体地位时,特别是在阐述经营权赋予“企业充分自主性”时,经营权又被解释为“占有、使用和依法处分”的权利,从而使经营权与所有权实际上直接同一。显然,对所有权的尊崇使社会主义法学家陷入更深的现实与理论矛盾之中。

悉心分析一下迄今为止法所有权理论的历史演进过程,不难看出,这种理论始终围绕着保护所有权的静态完整性这一轴心。现代民法理论的发展否定了所有权的绝对性,而给予所有权行使以一定的限制,要求所有者在行使所有权过程中不得损害他人利益,并且应为相关联的非所有者提供必要的便利,现今大陆法系的民法理论甚至还倡导所有权的社会性。但毫无疑问,这些理论实际都未超过限制所有者滥用(既包括损害他人的滥用,也包括不损害他人的破坏性使用)的低层次利他范畴。依照自己意愿处分财产而排除他人的任何干涉,依然是所有权的全部意义。至于社会资源的优化配置和利用,并未纳入法所有权理论关注的视野。这也正是这一理论与现代商品经济发展的要求方枘圆凿、彼此龃龉的根本原因。

法所有权理论对所有权静态完整性的维护还显示出另一方面的缺陷,这就是理论中的所有权通常不能反映以价值形态存在而又非属债权的财产利益。甚至这种所有权也不能反映主体的无形财产利益。现今社会主义国家民法及民法理论都未涉及到价值形态的所有权问题。同时,工业产权和知识产权等无形财产虽然在体系上被归于所有权之内,但所有权的某些原则又明显不适于这种财产。因此,当股权这种普遍存在于商品经济社会中的财产现象出现时,法所有权理论便无法对之作出性质上的判断。股权的特征在于既承认原始所有者的财产利益，又明确以否定原始所有者的所有权为前提。特定的股权代表着一定财产利益，但权利主体不能控制其相应的实物形态，以至于股权抑或债权至今仍是法学理论中未了的公案。[4]无论如何，依现有民法理论，所有权是无法将股权囊括于其内的。所有权客体的这种狭隘性，自然不是缘于法学家们的疏忽，而主要是在于，一旦价值形态的财产或无形财产成为所有权的客体，法所有权理论就难以自圆其说。最直观的事实是：所有权的权能及其行使方式无法圆满地用于价值形态财产或无形财产，因为"四权能"之说完全是以实物形态客体为基础的。在财富价值形态的运动与实物形态运动并存，且以前者为重的现代经济生活中，法所有权覆盖面的这种狭隘性已绝不仅仅是一种理论体系上的缺陷了。

（二）法所有权理论的文化和实证基础

在揭示法所有权理论本质缺陷的基础上，不能不涉及这种理论的文化和实证基础。现今社会主义国家法所有权理论的历史渊源包括三个纵向联系的部分：即以《法学阶梯》、《学说汇纂》等为基础的古罗马的法所有权理论；以《法国民法典》和《德国民法典》为规范基础的近现代法所有权理论；以《苏俄民法典》为规范基础的苏联法所有权理论。尽管它们分别出现于三个不同性质的社会，但稍有历史感的法学家绝不否认它们之间的先后传承关系。因此，追溯法所有权理论的文化与实证基础，又必须具体到它们各自形成和沿革的历史过程。

罗马的法所有权理论是罗马古代文明的重要组成部分。后世学者论及所有权时言必称罗马，足见罗马法所有权理论的历史地位。

罗马是以农牧业为基础的社会。尽管商品经济比较发达，但作为经济支柱的依然是土地耕作和养牧经营。土地成为罗马社会的主要物质财富。这就决定了，主要以土地经营为基础和以土地为所有权典型客体的罗马法所有权制度或理论不能不具有这样两个基本特征：其一，重在保护客体的占有状态。土地的农牧经营不需要改变土地的物理形态，因此，土地所有权的实际确立以主体的占有得到认可为准。罗马社会成员对土地的自然占有曾经是财富控制的主要形式。然而，这种自然占有并不具有土地所有权。罗马法中规定有三种不同性质的占用，即合法占用（Possessio），为市民法所承认、仅能导致取得时效发生的占用（Possesio Civilis）以及纯粹的自然占用(Possessio Naturalis)。[5]唯有Possessio才具有所有权的性质。合法占有与自然占有效力上的根本区别在于,前者能够绝对地排除他人的妨害。保护占用状态借以排除第三者的妨害成为罗马法所有权理论的主要内容之一。其二,严格保护所有者的处分权。由于土地具有不可再生性,且需求替代弹性系数几乎为零,因而,对处分权的保护便成为所有权制度的核心使命。

罗马法所有权理论还得益于罗马观念文化基础。总体上说,罗马法所有权理论与罗马文化是同构的。史料表明,斯多噶派的自然法思想对罗马法哲学结构的影响甚大。斯多噶派的自然法学说曾经由西塞罗传播给罗马法学家,[6]不仅如此,盖尤斯、保罗、帕皮里安等法学家还曾是斯多噶派理论的信奉者。[7]斯多噶派以及西塞罗有关保护自由公民的权利、建立合乎自然精神的法律秩序等思想,奠定了罗马法所有权制度的理论基础。从这些理论中逻辑地推导出对个人所有权严密保护并通过法律排除他人妨害的法律原则。罗马法所有权理论所蕴含的个人本位或权利本位思想,也正是导源于这些先哲们的理论。认识罗马社会的特定文化背景,便不难理解罗马法学理论何以将所有权推崇到至极地位。

虽然罗马帝国随着日耳曼人的入侵而灭亡,但罗马法所有权理论却在中世纪以后伴随着欧洲人对地中海的重新控制而复兴。以意大利波伦亚大学为中心的罗马法传播和诠释运动,深刻地影响着现代法所有权理论的第二个渊源:近现代法所有权理论。

近现代法所有权理论是在阐释1804年的《法国民法典》和1900年的《德国民法典》基础上发展起来的。总体上说,这一理论并未脱出罗马法所有权理论的窠臼。《法国民法典》颁布时,工业革命虽已开始,但法国依然处于农业社会阶段,土地在社会经济中的主导地位并未曾丧失。这就为罗马法所有权理论的延续提供了社会基础。《法国民法典》有关物权部分通篇透出的是农业社会气息,很难窥见工业社会的曦光。另一方面,《法国民法典》制定时,法国的启蒙思想已发展到鼎盛阶段,理性主义、个人主义以及自由主义已成为普遍性的社会思潮,强化私有权的文化意识基础远比罗马时期宽泛和坚实。这对于《法国民法典》的影响是财产所有权的绝对性得到进一步肯定。不仅如此,对个人所有权的法律保护还寄托着抵御残余封建势力的希望,从而使财产所有权的绝对化又得到了政治上的支持。私有权绝对、契约自由和过失责任原则共同成为《法国民法典》的三大原则。《德国民法典》较之前者,所有权绝对性已经有所淡化,对所有权的行使有了一定限制。同时,以萨维尼为首的历史法学派还明确地反对蒂鲍特关于在罗马法和《法国民法典》的基础上立法的主张。但是,下述因素依然决定了《德国民法典》对罗马法所有权理论的传承:(1)包括萨维尼在内的德国民法学家深受罗马法的熏陶,许多民法学家多年研究罗马法,因而立法中要完全摆脱罗马法的影响是不可能的。[8](2)萨维尼所主张对民族历史的尊重,实际上包括了对罗马法的尊重,因为在长期历史过程中,罗马法事实上已经渗透进日耳曼民族精神。统一前的德国,僧俗两界的法律都含有罗马法的重要因素,特别是在所有权制度方面。(3)德意志多个王国是神圣罗马帝国的皇位继承人,德意志人往往视罗马法为自己的法律。总体上说,罗马法所有权理论在近代法典中固然有所发展(特别在用益权方面),但基本构架和主要精神没有发生实质性变化。20 世纪以来,尽管大陆法系民法学家敏锐地觉察到旧有制度和理论的滞后性,然而,在法典的制约下,法所有权理论未见根本突破。

与前两种渊源不同的是,以《苏俄民法典》为基础的苏联法所有权理论一方面继承了近现代法所有权理论的基本框架,另一方面又在新的文化和实践基础上为这一框架找到了极为坚实的支点。首先,对所有权的维护比历史上任何时代更具有政治意义。苏联的社会主义国家所有权主要是依靠大规模社会剥夺这种“原始取得”方式而形成的,它直接反映着无产阶级对封建地主阶级和资产阶级的政治胜利。因此,对国家所有权的维护与其说是经济的需要,莫若说是政治信念。保障国家所有权完整性和不可分割性成为法所有权理论的基本出发点。其次,计划经济体制与以实物为客体的所有权制度和理论形成了新的啮合。计划经济的实质是产品经济或配给经济,因而,其运行是建立在静态实物控制基础上的;实物依照行政指令而在不同经济主体之间流转,这是计划经济的动态图式。因此,罗马时期形成的以实物为客体的所有权制度或理论,在苏联计划经济的氛围和环境中找到了新的生存条件。不仅如此,在对非所有者(国营企业)支配所有物过程的严格控制方面,苏联所有权制度和理论比罗马走得更远。后者在他物权设定后通常并不需要干预他物权人使用所有物的过程,而前者则强调所有者国家对企业支配国有资产的过程进行管理和干预。

社会主义国家经济制度的同源性决定了包括我国在内的各社会主义国家对苏联法所有权理论的因袭。尽管我国民事立法力图创造出中国特色，但在所有权方面的突破极为有限，法所有权理论从体系到定义的表述都与苏联相接近。

对上述分析可以做出这样的归纳：以土地经营为主体的罗马经济生活，以及斯多噶派和西塞罗私人权利本位的哲学理论，为罗马法所有权理论奠定了实证和文化基础；法国大革命时期泛社会的理性主义、自由主义和个人主义，世纪初法国以农业为主导的社会经济以及罗马法文化对德国的深刻影响，为罗马法所有权理论在近现代法所有权理论中存续提供了文化与实证前提；社会主义公有制，特别是国有制的形式，以及计划经济的体制则使传统的法所有权理论植根于新的政治文化与经济现实的沃土。罗马法所有权理论这一思维的“化石”今天所面临的现实是：现代经济使土地不能再成为社会的主要财富，并几乎使一切社会产品都具有可再生性和可替代性，社会资源在空前广阔的界域中游移。与此同时，人类思维的基点已不仅仅着眼于私人权利的简单保护，而是更偏重于社会资源的充分利用和个人权利的充分实现。于此境况下，罗马法所有权理论以及以此为模式的理论不能不显示出它的历史局限。

(三)国有制面临的现实问题

反思和批判法所有权理论的动因与其说是为了弥补这一理论的历史缺陷，毋宁说是对中国国有制下财产运营现实的深切关注。问题十分明显，如果依照法所有权理论，企业就无法充分支配在法权上属于国家、而实际存在于企业的各种财产；从而就无法适应有计划商品经济的要求。

前已述及，法所有权理论以及与之相适应的既往所有权制度是同产品经济体制相契合的，而有计划商品经济则要求有新的所有权制度与之相匹配。这些要求有：(1)企业能够较为充分地利用(包括最终改变其物理形态)企业内的财产。同时，在接受一定计划指令或指导的前提下，按照主体自身的愿望决定财产利用的生产目的，亦即依照主体自择的经营计划来支配和利用财产。(2)在接受一定计划指令或指导的前提下，企业可以自主决定用企业内资产向其他企业作投资，亦可接受其他企业的投资。财产的这种运动不受地区、行业和企业所有制性质的制约，保证资源的广泛流动。(3)企业具有独立的、能够用以承担对所有者财产责任的财产。这既是企业自负盈亏的逻辑结果，也是自负盈亏的必要条件。显然，有计划商品经济体制对财产所有权制度的这些要求不同于产品经济体制的要求，同时，也与完全的市场经济体制要求具有明显区别。历时十年的改革虽然尚未完整地塑造出有计划商品经济体制，但新体制的若干因素已经程度不同地发萌；商品经济的许多成份已经被植入整个经济结构之中。特别是随着产品市场和要素市场的不断发育以及以实现规模经济和产业、产品结构调整为目的的现实企业要素重组现象的不断出现，有计划商品经济的运行特征已初显端倪。在此情况下，国有制由于在所有权层次上未能找到恰当的表现形式，因而一方面在构造有计划商品经济体制的过程中，另一方面在现实经济运行中遇到了一系列问题。这些问题又集中体现在以下两方面：

第一，企业依照自我意识充分自由地支配企业内国有资产的要求，与企业对资产支配权有限性的矛盾。商品经济中企业主要是依靠自身对市场需求的判定，根据利润最大化的主观偏好而决定财产支配和使用的。与市场需求的高度变化相适应，企业对财产的支配和使用也必须是无拘束的。有计划商品经济体制下，企业虽然还不同程度地受制于计划的调节，但市场对企业的导向作用已十分突出。与此同时，随着产品计划范围的逐步减少，国家对经济过程的宏观控制方式也逐步改变，对企业的直接管理渐次转变为主要运用杠杆手段进行间接调节。因此，适应市场调节机制的要求，充分自由地支配企业内的国有资产便成为改革以来企业的强烈愿望。然而，这种愿望的实现直接面临着国有制既往格局的制约。

依照法所有权理论的基本解释，非所有人不能对他人的所有物享有处分权。即便是在委托处分的过程中，其处分的方式和手段也必须获得所有者的认可或授权。国有企业作为受托经营国有资产的主体，理论上只能在国家委托授权的范围内处分国有资产。而从改革前的实际状况看，国家为企业财产支配行为所设定的空间是极为狭窄的。特别是对于作为固定资产的财产支配的限制则更为严格。修建一个厕所需专门备文请求批准，这种实例或许略显极端，但固定资产的购置或转让需经政府主管机关的批准，却是普遍事实。对流动资金的使用也严格规定了项目、数额以及使用方式。改革以来，这种状况已大有改善。企业的资产支配越来越得到更宽泛的允许。但是，从适应市场变化的要求看，尤其从产业、产品结构的随机调整的要求看，企业的资产支配权依然不够充分。由此构成了企业自由支配愿望同国有资产有限支配权的矛盾。显然,随着各项具体改革措施,特别是各种经营责任制的实施,这种矛盾有所缓解,但在既往法所有权理论和所有权制度的框架中,这种矛盾是无法得到最终妥善解决的。

第二,明确企业财产利益和财产责任的要求与企业财产主体单一性的矛盾。依照国有制的既往原则,国有企业所有财产及其增殖只能属于原始所有者国家。这与法所有权理论的解释是完全一致的。然而,国有企业所有权主体一元化的理论和制度在改革以来一直受到多方面的挑战。最重要的是:如果坚持所有权主体的一元化,不承认企业具有独立的财产利益,那么,在实行经营责任制的情况下,企业承担国家的资产经营责任就缺乏必要的物质保障;责任制的约束也因此而实际瓦解。与此相应,不承认企业独立的财产利益,经营责任制对企业就将失却必要的刺激和诱导力,履行经营责任的热情也因之而减退。

更深刻地看,是否承认企业享有独立的财产利益,还关连到社会主义条件下法人制度的某些根本问题。依照传统民法理论,法人的基本特征之一是具有独立所有的财产。独立所有的财产是法人成为民事行为主体的全部物质基础。法人有限责任制度、法人的经营范围限定制度等都是在法人独立所有财产及其量的规模基础上建立起来的。传统民法对法人的财产要求在苏俄民法典和民法理论中发生了十分细微、然而却是至关重要的变化,这就是把法人独立所有资产改为法人独立支配资产。由“所有”改为“支配”,一词之异中蕴含着两种法人制度的重大区别。“所有”所强调的是财产的静态法律归属;在所有基础上可以逻辑地派生出“支配”。“支配”所强调的是财产动态利用过程。“支配”尽管可以表现为所有者的支配,但无所有者同样可以对财产实施支配,然而从“支配”过程中并不能相应推断出“所有”。在非所有者实施支配行为的情况下,支配权足以使支配者承担所有者所认可的各种民事责任。因为,事实上这种责任的法律后果并不直接由支配者承担,而归属于所有者。在较长时间中,我国国有企业所以能够在没有独立所有财产的情况下,参与各种民事活动并承担相应的民事责任,其奥秘也正在于此。然而,一旦将问题延至国家与企业,亦即所有者与支配者之间时,法人财产支配权的局限性便显露出来。十分清楚,对于仅有支配权而无所有权的企业来说,无论如何不能承担对所有者的资产收益责任,否则便会出现以本企业内的国有资产(这是企业唯一能够支配的财产客体）承担本企业对国家的资产收益责任的童话。这里的问题自然不是要求将全部国有资产转为企业所有资产，而仅是表明，企业应当有独立于国有资产以外的，为自己所有（至少是有类似属性）的财产，以承担对国家的资产收益责任。完善法人制度的着眼点也正在于此。

法人制度的上述缺陷在改革以来是通过税后留利制度加以弥补的。不少经营责任合同中都明确规定将企业留利作为完成国家资产经营收益的保证。1988 年 2 月 27 日发布的《全民所有制工业企业承包经营责任制暂行条例》第 35 条对此作了规定。这表明留利在法规上已具有了一定程度的特殊属性。但是，由于留利不仅在流向构成上受到了严格的规定，而且最终归属仍明确为国家所有，因而由留利来承担对国家的财产经营责任，虽然也可对企业产生一定的约束力（留利构成中部分可转化为企业奖励和福利），但这种约束力不能不是疲软的，不足以形成长效、稳定的利益激励和约束机制。近几年中的承包实践已经表明，约束软化的矛盾依然较为普遍地存在。

揭示国有制面临的上述矛盾决不意味着否定国有制存在的根据，也无意说明国有制同社会主义有计划商品经济不具有共容性。否定国有制的思潮和实践至少是对社会主义实践史的鄙薄和对有计划商品经济的误解。但是，上述矛盾同时也表明：国有制的实现方式必须加以变革；国有企业内的财产结构也应在一定程度和一定范围内加以调整。

二、“两权分离”与国有制实现方式的多元化

围绕着国有制实现方式的改革，理论界与企业界、政府主管机构近十年中从多方面进行了探索。这种探索的最集中成果就是以经营权和所有权相分离为内容的“两权分离”。企业法在总则中明确肯定了这一形式，从而使“两权分离”成为我国国家与企业之间财产关系的一项基本制度。

从国家直接经营到“两权分离”这不啻是社会主义国有制中的一场革命，其积极作用在近几年的经济发展中已经得到了较充分的显示。然而，作为国有制实现的一种方式，“两权分离”亦有一定的局限，至少不应是国有制实现的唯一形式。基于这种局限性，人们需要从更广阔的视野中探索国有制的实现方式，并研究现行企业立法的合理性。

(一)“两权分离”的不同实践形态

尽管“两权分离”已经被确立为一种制度,但理论上对“两权分离”的理解并不一致。我们注意到,经济学界和法学界近几年来对“两权分离”绵续不断的争论,很大程度上根源于学者们对“两权分离”的不同理解。概括地说,学者们观念中对“两权分离”至少有四种不同理解:一是马克思在《资本论》中所提到的资本主义生产关系下所有权与经营权的分离;二是股份制下所有者的所有权与经营者的经营权的分离;三是苏联法学家维尼吉克托夫早在20世纪50年代所提出的国家所有权与经营管理权的分离;四是我国现今以承包责任制为典型形态的所有权与经营权的分离。实际上,这种理解上的分歧导源于“两权分离”在不同历史时期和不同社会条件下的不同实践形态。

被广为应用于佐证马克思最早提出“两权分离”理论的一段论述是:“资本主义生产本身已经使那种完全同资本所有权分离的指挥劳动比比皆是。因此,这种指挥劳动就无须资本家亲自担任了。一个乐队指挥完全不必就是乐器的所有者;如何处理其他演奏者的‘工资’问题,也不是他这个乐队指挥职能范围以内的事情。”[9]十分清楚,马克思这段论述的实践背景主要是指资本所有者逐步改变工业革命初期直接从事工厂管理的情况,工厂管理更多地交给非所有者的管理人员来实施,资本所有者的食利特征愈趋明显。因此,马克思笔下的这种两权分离实际上仅是指在企业内作为企业首脑的资本所有者与由其雇佣的其他管理人员在职能上的分工。这与我国现今所实行的两权分离差异甚大。

股份制下所有者(股东)的财产权利与经营者经营权的分离也常常被认为是我国实行“两权分离”的实践依据。

在股份制中,作为股东的企业资产原始所有者通常并不介入实际经营过程。职业管理阶层的普遍形成以及社会分工的细化使得原始所有者较之马克思时代的工厂主更为超脱。企业经营的具体过程基本脱离于原始所有者的实际控制。原始所有者唯有通过行使股东的公益权(如选举董事会等)以及“用脚投票”(即在市场上出售股票)来间接地表达自己对企业经营行为的愿望。然而,必须注意到的是,股份制下的“两权分离”虽然也发生在所有者与经营者之间,但这种“两权分离”是企业内部的分离。依据公司法的原理,股东(资产的原始所有者)尽管在空间上远离于企业,并且不参与企业的具体经营管理过程,但理论上以及法律地位上,股东与企业经营者同是内在于企业的。在企业这一层次上,资产所有与资产经营处于合一状态。不仅如此,股份制中的经营者并不是独立的民事或经济主体,不能以自己的名义同其他经济主体发生效果归于公司的法律关系。经营者主要在个人分配利益以及在经营阶层中地位的约束和激励下实施经营行为。与此不同的是,作为我国国有制实现方式的"两权分离"存在于国家与企业这两个不同主体之间。尽管企业资产来自于国家,但在这种"分离"关系中,企业已经作为独立的经济实体而存在。"分离"后企业对外民事或经济行为的效果并不直接归结于国家。在"分离"契约所约定的利益限界内,企业所有市场经营行为的效果对国家都不产生直接影响。因此,以股份制下的财产和经营关系的模式来解释或论证我国现阶段作为国有制实现方式的"两权分离",同样是不恰当的。

对我国法学界影响最深的莫过于苏联学者维尼吉克托夫所提出的国家所有权与企业经营管理权的分离。直至现今,我国法学界仍有学者沿用"经营管理权"这一范畴来表达"两权分离"中企业的权利。

维尼吉克托夫1984年在《社会主义国有制》一书中第一次提出并系统阐释了国家所有权与企业经营管理权相分离的模式。按照维尼吉克托夫的观点,经营管理权是"国家机关严格按照立法、国家机关章程批准的计划以及计划调整机关的其他指示而行使的占有、使用和处分权的总和"。[10]在这种两权分离模式下,"国家机构和企业不是各单独部分国家财产的所有人,国家委托给他们的只是经营管理这部分财产",而经营管理的内容,"就是对固定给经营业务机关的那部分国家财产的统一基金由机关自己实现占有和使用。不确认它们对工厂厂房、工厂设备等等的占有权和使用权,要实现生产过程,即完成计划是不可能的。为了同样的目的,也应当确认企业对固定给他们的财产拥有一定范围内的处分权"。[11]斯大林在1950年出版的《社会主义经济问题》一书中对经营管理权理论极表赞许,并以"商品外壳"论为基础对这一权利加以阐述。[12]

仅仅从经营管理权的定义来理解维尼吉克托夫所提出的"两权分离"是不够的。还必须提到这一理论所依据的社会背景以及由此而决定的经营管理权的性质。自新经济政策实行后,列宁等苏联领导人开始认识到企业自主权利的重要性,并注重经济核算等商业化原则的运用。为了使企业及其联合组织“享有广泛的经济自治权，使他们作为交换单位，自由出现在市场上”，[13]从1921年起中央机构不再管理大量的中小企业，而只对少数大企业联合组织进行管理。企业也可以在规定的计划范围内全权安排生产。这些措施在一定程度上改变了“整个社会就是一个大工厂”的状况。1927年的《国营工业企业托拉斯条例》更进一步明确了企业的某些经营权利。商品经济、民法因素开始渗入苏联的经济管理体制。然而，尽管如此，高度集中的行政管理方式仍占绝对支配地位。在国家权力方面，“国家处理托拉斯、铁路等机构不负债务的一切资财的权力是不受限制的，但国家把一部分经济（资产）委托给托拉斯和企业，在确定的范围内给予它们以内部独立性”。[14]同时“国家仍旧是经营的主体”。[15]在企业方面，1927年的托拉斯条例强调托拉斯活动中的计划原则，强调托拉斯应按照计划任务从事活动，产品的转让也按计划分配的形式进行。[16]甚至托拉斯企业被视为一种国家机关，这种机关虽然明确为法人，但是机关作为一种国家法人，“它的发生、活动目的和内容以及消灭，不受从事机关活动的那些人的意志所决定，而是由创设人的意志决定的。”[17]

正是从这样的背景出发，维尼吉克托夫并没有把经营管理权视为今天我们所理解的民法意义上的经济权利，而突出强调其行政权利性质。他认为，让企业拥有权利的唯一目的是为了使企业能够实现国家计划，企业必须严格按照“批准的计划”和“计划调整机关的指示行使占有、使用和处分权”。因此，“业务管理权（即经营管理权——引者注）并不是民法上的物权，而是由各个不同的法律部门调整的对于划拨给国家机关的财产而拥有的各种各样的职能，权利和义务的总和。”[18]

维尼吉克托夫在进一步的阐述中更加明确地把经营管理权描绘为一种行政权利。他在1954年出版的《苏联民法对社会主义国家财产的保护》一书中表明了如下观点：第一，国家应当主要用行政方式管理企业。因为，国家在行使所有权的时候，一方面是国家权力的拥有者，一方面是所有权的拥有者，在对国营企业方面，“社会主义国家首先是作为国家权力的拥有者而活动的”。[19]由于把国家权力即行政管理权力放在首位，他得出结论：“在规定有计划地分配和使用国营企业的固定资金与流动资金的过程中，行政法占着主要地位”。[20]第二，国家对企业的权利具有无所不包的性质，国家组织国营企业，“分配给他们各种国有财产，规定他们的任务范围并相应地规定它们的权利义务的内容以及它们领导人员的权利义务内容,精确地计划并调整它们的工作,决定它们的工作程序,以及管理方法。"[21]简而言之,就是国家及其机关对企业计划指令和行政命令越详尽越好。第三,国营企业主要按行政方式从事活动。维尼吉克托夫认为,在国营企业财产使用和转移中发生的关系,"主要部分甚至全部是由行政法调整",只是"其中也有一些民法成份",他所说的"民法成份"仅指在财产转让时,出让组织和受让组织之间产生的纠纷按民法规定处理。[22]这些观点表明,"行政权利论"是维尼吉克托夫所创建的经营管理权理论模式的核心。苏联学者莫佐林正确地指出,"经营管理范畴主要是为行政手段的应用而塑造出来的。"[23]莫佐林认为,经营管理权的主要缺点,可以归结为三点:其一,它基本上是以行政手段领导经济为着眼点的;其二,经营管理权没有反映独立核算企业与国家预算机构的不同特点,换言之,即把企业混同于行政机构;其三,经营管理权不拥有免受上级行政机关侵犯的法律上的保障。[24]莫佐林的上述批评除了欠缺具体分析之外,应当说是切中要害的。

总之,在所有权与经营管理权相分离的模式中,国家行政权力是企业经济行动的主宰力量,而企业的生产经营则是国家行政活动的直接延伸,经营管理权作为企业的民事权利仅具其表而无其实,根本不足以把企业塑造为独立的民事主体,从而也就不足以将其借鉴而成为我国国有制实现的基本方式。

以企业承包经营责任为典型形态的企业改革,尽管依然沿用了所有权与经营权分离的表述,但其内容与维尼吉克托夫模式已相去甚远。无论从企业法,还是从民法,抑或从经济实践中都可以看出,这种"两权分离"具有以下特征:

1. 由两权分离所派生出来的经营权主要是一种民事权利。与经营管理权的行政属性所不同的是,经营权在立法和实践中都已成为一种民事权利。其依据有两个方面:其一,经营权源自民法中他物权或用益物权,是他物权或用益物权在中国特定经济生活中的具体形态。在我国民法通则中,经营权被视为相近于所有权的特殊财产权。这与传统民法的物权体系显然是一脉相承的。其二,以经营权为客体的国家与企业之间的关系具有一般民事法律关系的性质。这既反映于国家与企业间的经营责任关系可以通过契约形式加以确定，当事人在契约中处于相对平等的民事主体地位，同时也体现于企业可以依据经营权而排除国家（政府主管部门）的某些不当行为。至少在理论上应作如是观。经营权的民事性质，不仅为企业在市场交往中参与民事流转提供了权利基础，而且也为企业相对平等地同政府主管机构发生财产关系设定了权利基础。

2. 我国“两权分离”中的经营权远比苏联经营管理权宽泛。“经营管理权”的行政属性决定了企业的实际经营活动受制于政府行政管理的必然性。经营管理权与其说是为企业设定经营国有资产的权利，莫若说是对行政机构干预和控制企业经营活动的行为加以肯定。自然“经营管理权”给予企业的自由度是十分有限的。我国“两权分离”形式中经营权的最大特点是：在经营权中，政府与企业并不处于两个不同的支配层次，而是在支配的范围上各有划分。政府并不是对企业的每一经营行为都有干预权（这是与“经营管理权”最明显的差异），而是在法律划定的范围内实施管理和干预。不仅如此，现有各种法律规范表明，可由企业自由行使的经营权利已经比较广泛，基本能够适应现阶段企业自主经营的需要。并且，随着我国宏观调控手段的不断完善，这方面的权利还将进一步扩大。经营权内容的这种丰富性是“经营管理权”所无法比拟的。

3. 我国“两权分离”的基点在于企业本位，而非政府本位。我国“两权分离”的实际进程与企业成为独立商品生产者地位的确立过程是完全同步并且互为前提的。提出“两权分离”的实践背景是企业强烈的自主意识和自体独立的要求。与此相应，“两权，分离”反映了政府对放弃直接管理和直接经营的社会要求和社会愿望的顺应。因此，“两权分离”形式从一开始就不同于旨在强化政府对企业经营活动控制的经营管理权。“两权分离”的基点在于企业本位，亦即从确立企业的独立地位出发来设置和确定企业对于经营活动权利。政府作为所有者的权利主要局限于宏观控制所必要的限度和范围。尽管在实际操作中尚无法避免政府行政优势对于企业经营权行使的影响，也不能保证阶段时期中各种政策和法规对经营权范围作不同程度的调整和收缩，但十年来实践所表明的趋势是，企业的独立地位在“两权分离”中逐步得到明确；政府则越来越超脱于企业的具体经营过程。

把握上述三个特征，才有可能对我国现阶段“两权分离”法律制度和实践内涵有准确的理解。

（二）“两权分离”的意义和局限

“两权分离”的经济意义可以从近几年承包制等所显示的经济效益中得到证明。然而，我们更愿意提到的是这一形式的法律意义：从身份到契约。

“从身份到契约”是英国著名历史学家、法学家梅因在表述资本主克服封建生产关系的制约后各种社会联系的新格局时所提出的著名论断。[25]梅因这一论断的社会背景与改革以来的中国社会状况固然不可同日而语，但借用这一论断来抽象“两权分离”实行后政府与企业间关系的变化趋势却是十分准确的。改革前政府与企业间的关系具有十分浓厚的政治伦理色彩。企业与政府各自身份上的特性派生出企业对政府的完全依赖以及政府对企业的全面主宰。匈牙利经济学家科尔奈则进一步形象化地用“父与子”的家族伦理关系来反映政府与企业的各自地位。“两权分离”制的锲入则使这种身份关系转而成为契约关系。从“两权分离”的具体形式看，无论是目前依然盛行的企业承包经营责任制、企业租赁制，抑或曾一度试行过的资产经营责任制，都无不以一定内容的经营责任契约作为国家与企业之间联系的纽带。通过契约的具体条款来反映国家与企业各自的权利和义务是各种经营责任制的共同内容。有意义的是，各种具体的经营责任契约并不仅仅涉及财产及其增殖收益分配，国家作为宏观经济管理者的许多要求，如某些产品的生产数量以及销售方式等也都通过契约条款加以规定。甚至诸如计划生育指标等纯属社会性事务的内容也表现为经营责任契约的条款。这种状况的合理性尚待评说，但却显示了一个极有价值的趋势：用契约来全面反映政府与企业的地位和联系。

从身份关系到契约关系的变化为构造有计划商品经济体制提供了一个重要的基础性的条件。首先，政府与企业由身份关系变为契约关系，使企业有可能成为商品经济结构中的独立人格主体，从而切断了先前与政府间的政治伦理性纽带。其次，契约关系的建立，又使政府与企业间的权利和义务有可能通过明晰的契约条款加以反映。特别是企业法所规定的政府与企业间的权利和义务可以在具体的经营责任契约中进一步展开，某些可量化的义务或责任指标还可以量化反映。再次，由于契约是受法律保护的法律形式，“契约是当事者的圣经”，因而由身份到契约的转变还包含着政府与企业间责任约束硬化的趋势。这对于制约政府行政权力的滥用,或者强化企业的责任感都有积极意义。尽管实践中政府与企业彼此间互诉互告的实例尚少,但经营责任契约毕竟为彼此维护自己的合法权益提供了合法依据。

“两权分离”所体现的国有制实现方式的进步已经取得了普遍的社会意义。然而,近年来企业改革实践也同时显示了“两权分离”的某种局限性。这种局限性实际上体现了本章第一节所论及的法所有权理论的缺陷。因为在既往法所有权理论框架中,“两权分离”已到了这一框架的最边缘。

“两权分离”最为突出的理论局限在于它并不能为企业行使对国有资产的处分权提供法律依据。因为根据法所有权理论,所有权中的处分权不能失控于所有者。如果非所有者完全获得了处分权,那么,所有者也就相应丧失了所有权。而这又恰恰是公有制理论和原则的大忌。事实上,企业经营权的行使早就突破丁法所有权理论所设置的这一藩篱。许多情况下,企业已获得作为所有权内涵的全部权能。所有者的所有权仅仅表现为对某些财产,如大型固定资产或非闲置固定资产处分的限制以及对流动资金使用流向和构成控制。这种理论与实践的差异在立法上的扭曲表现是:立法把经营权定义为“占有、使用和依法处分的权利”。对“处分权”作出“依法”限制,虽然是为了不致使经营权同所有权的定义完全相同,然而我们认为,这并未超出文字游戏的意义。因为即使是所有权中的处分权也必须“依法”,而经营权中的占有、使用权的行使同样存在“依法”的问题。与此相联系,“两权分离”在实践中的局限性又主要在于它为政府不规则或非理性地限制经营权提供了可能。由于“依法”的内涵包括了依据国务院以及其他有关政府管理部门制定的各种行政、经济性法规,因而企业经营权的范围依然处于不确定或不稳定状态。此外,政府管理职能未完全理顺,各种行政、经济法规未完全协调也是经营权内容不确定的因素。正是基于“两权分离”的这种局限性,人们的思维触角又伸向其他的国有制实现方式。

(三)国有制实现方式的多元化

从本质上说,所有者获得一定物质利益是所有权实现的全部内容。以此为前提,国有财产所有权、抑或我国国有制的实现方式就决不是单一的,在迄今为止的人类社会实践中,以生产资料为客体的所有权,其实现方式有三种历史形态。

第一,所有权的直接实现,即所有者与所有物的支配和使用主体直接同一,所有者在对物的直接支配和使用过程中完成所有权的实现。这种实现方式的特征是:(1)所有者的意志在所有物的支配过程中得到最充分的体现;劳动产品的所有权悉归所有者。(2)由于支配和使用所有物的过程完全是由所有者(包括其家庭成员和由其所有的奴隶)进行的,因而,这种实现方式往往与小生产方式相联系,是小生产方式的典型形态。古典奴隶制和家族奴隶制下以及封建社会中自耕农小块土地所有制中的土地所有权就是依这种方式而实现的。(3)尽管所有权实现的全部现实利益均由所有者享有,但由于所有物的利用受制于所有者自身的能量(包括家庭成员和拥有奴隶的多寡),因而单个所有者对所有物的利用即使以同时期生产力水平来衡量也并不总是充分的。同时,支配和使用所有物过程中的自然和社会风险也均由所有者承受。

毫无疑问,所有权的这种实现方式是极为原始的。在某种意义上说,它所能反映的仅是人与物的自然化的结合。与此相联系,所有权关系以及所有权的内涵也是单纯的。所有权的全部要义仅在于禁止和排除他人对所有者支配所有物过程的妨害,正因为如此,所有权最初的法律特征是:绝对性(一物不二主)、排他性(不允许他人染指)和永续性(世代相承)。

第二,所有权的间接实现,即所有物脱离所有者的实际控制,物的支配和使用非所有人完成,所有者通过不完全获得所有物的经营收益而使所有权得到实现。社会成员对生产资料占有的差异以及所有权前述实现方式的局限性导致了所有权间接实现方式的产生。从历史实证看,这种方式与前一方式出现的时机很难加以区别。早期的法律,无论是古罗马的《十二铜表法》,还是古巴比伦的《汉穆拉比法典》,都有非所有人有偿使用他人之物的记载和规定。史料还表明,早在公元前20世纪,幼发拉底河下游的苏美尔族中就存在着实物租赁的交往。但是,所有权的间接实现作为一种普遍性社会现象依然后续于直接实现方式,并且由此构成了封建生产方式的主要基础。土地所有者凭借土地所有权,甚至在“足不及田畴,面不识佃户”的情况下收取地租,实现其所有权利益。农奴或农民是“直接生产者不是所有者,而只是占有者”。[26]在占有过程中从事经营,并部分地获得经营收益。这样,不享有所有权的社会主体能够借助于这种方式而从事经营活动;所有者则不必通过对所有物的实际支配分享经营收益。

由于作为所有权客体的土地具有不可再生性和永存性,因而,虽然所有者脱离对土地的具体经营过程,但并不丧失对土地的静态控制。公元五世纪后,为诱发农民对土地的广泛兴趣,同时又不失封建土地所有权,西欧一些国家曾推行永佃制,大土地所有者赋予农民对土地的永佃权(Emphteusis)或承租权,由此建立的租佃关系,没有期限,永久存在,同时,永佃权对土地的支配能力基本上与所有权相同,只是不能向第三者转让所有权。永佃权的出现为封建土地所有权的实现,从而为封建土地所有制的巩固提供了极好的途径。

所有权间接实现方式的出现,丰富了所有权制度本身的内涵,同时也使所有权的抽象意义显得格外突出。在这种方式下,所有权关系表现为两个层次:其一,所有者与一切非所有者的关系,内涵是所有者对抗一切人对所有权的妨害;其二,所有者与特定的占有、使用和收益者的关系,内涵是所有者将占有、使用和收益权能转让给非所有人,所有者分享一定的经营收益。

第三,所有权的转化实现,即所有者将完整的所有权转让给特定的集团——股份公司,所有者获得一种转化形态的权利——股权。前已述及,在间接实现方式下,所有者依然保持着对客体的实物静态控制,非所有人尚不能行使对客体的处分权。然而,当工业社会的兴起,资本的物质形态更主要的不是土地时,间接实现方式便不能适应社会经济运行的要求。资本主义社会化大生产的出现,尤其是作为法人典型形态的股份公司的出现,设定了所有权实现的第三种方式——转化实现的根据。首先,生产规模的社会化,要求同一生产单位(股份公司)中容纳多个主体的资本。生产过程客观上要求各个资本所有者必须放弃对自有资本的实物控制,资本只能以一定量的价值形态加以体现。这也意味着所有权的终极权能——处分权必须让与给股份公司,以便股份公司能够充分地支配公司内的资产。其次,法人有限责任制的建立,也要求将法人(公司)资产定量化,并且同法人成员(包括资产原始所有者)的其他资产相区别,确立法人所有权,从而使所有权从资本的原始所有者转移到法人这一集团性拟制人格主体。再次,所有者超脱和游离于生产过程的要求以及职业经营者阶层的出现,也要求资产所有权采取相应的转化形态。

所有者在股份制下让渡出所有权,并不意味着所有者将丧失其所有利益,恰恰相反,所有者得到的是更为实际、更符合所有权本质的权利——股权或股东权。股权全面体现着所有权的实质意义——资产收益。股权既包括凭藉股票而分享公司经营利润的自益权,也包括为了长远、稳定收益而参与公司某些决策性活动的共益权。事实上,享有所有权并不是所有者的终极目的,而在所有财产基础上获得收益才是所有者的真实动机。在此意义上说,所有权转化为股权也是所有权实现方式的特定形态。

所有权实现方式的演变,其原因是多方面的。其中不言而喻地包含着所有者寄生性消费的因素。从政治角度来评价私有制社会中所有权实现方式的演变,我们所能够给出的只能是否定判断。因为每一种实现方式都比前一方式具有更充分、更赤裸裸的剥削性。然而,如果撇开政治伦理因素而从经济功利角度来认识所有权实现方式的演变,我们又不能不赞叹这个演变的巨大进步性。最为直观的依据是,从所有权的直接实现到转化实现,这一过程始终同生产的社会化以及资源利用的高效化发展趋势相联系。所有权间接实现方式克服了在直接实现方式下所有者个人支配所有物能量的局限,并且为所有物与劳动者在一定程度上优化组合提供了前提。所有权的转化实现较之间接实现更是一次伟大的变革。转化实现方式使得非所有者获得完全的所有权,从而为自主经营提供了充分的物质前提。转化实现还克服了单个主体所有权量的局限性与社会化大生产规模的矛盾,使若干主体的资本依照共同接受的规则相融于同一经营实体之中。特别重要的是,转化实现以证券形式(股票)虚拟资本运动代替了实物形态资本的运动,这一条件与市场机制的作用相结合,从而为全社会资源优化配置和高效运用提供了可能。

越过所有权实现的历史方式,考察这些方式与所有制的联系,将会给我们以深刻的启示。马克思主义认为,一定生产资料所有制是对一定的占有方式的确认和维系。所有权则是所有制的具体表现形态。特定社会中的所有制一般是依靠相应的所有权来体现的。所有权的运动也意味着所有制本身的运动。毫无疑问,所有权与所有制的联系是十分紧密的。然而,富有意义的是,所有权的实现方式却并不受制于所有制本身,也不会削弱所有制,更不会改变所有制的性质。在所有权的直接和间接实现方式下,前述命题很容易得到证明,因为这些方式的运用并未改变所有权的主体。即便在所有权转化实现方式下,所有制的性质也不因之而变更。资本主义所有制本质上是一种个人私有制,当资本所有权从私人手中转移至法人(公司)变为法人所有权后,丝毫未改变资本主义社会的个人私有制性质,相反,私有制却由此而在一定程度上增加了对社会化大生产的容量。这一事实所昭示的哲理是:同一所有制对于所有权的不同实现方式有较大的涵盖性。所有制存在本身对所有权运动过程的全部要求仅在于尽可能多地实现所有者利益,所有制的生命力也正在于所有权的充分表现。进一步推论,维护一种所有制的稳固,并不在于僵化地固守所有权形态,尤其是不必对所有物作静态实物控制,关键在于能否使所有物现实地作为生产要素而进入社会的再生产运动过程,从而使原所有者获得理想的收益。

根据上述分析,我国国有制也可以通过多种形式来实现。

(1)国家直接经营。国家直接经营作为国有制的普遍实现形式显然是不行的。这已为过去几十年的实践所充分证明。但是,从宏观分层管理的要求看,国家直接经营少部分关系国计民生的骨干企业,依然是必要的。即使在市场经济十分发达的西方国家中,国家直接经营少量企业的情况也普遍存在。国家直接经营少量企业的根据在于:第一,通过直接掌握少量大企业的经营权,发挥这些企业在社会经济结构中的平衡和中介作用,抑制社会经济波动,同时保证中央财力的相对集中;第二,控制少数关系国计民生的大企业的经营活动,防止经济利益对这些企业产生过大的牵引力而影响其社会效益;第三,维持少数亏损较大而又为社会所必需的产品的生产和公用事业,尤其是某些生活消费品或原料产品的生产。

自然,即使在国家直接经营的情况下,经营方式或管理过程也应进行适当改革,特别应强调经济核算(即使不能自负盈亏)的作用,并简化行政管理层次,保证企业决策的效率,提高这类企业在一定程度上对市场的适应力。

(2)继续以“两权分离”模式作为国有制实现的基本方式。从我国的现实条件出发,尽管“两权分离”存在着前述缺陷,但在相当长时间、相当普遍的范围内仍然需要以其作为国有制实现的基本方式。这方面的努力应主要体现于完善承包制等“两权分离”的具体形式. 并进一步健全有关经营权的法律规范。

(3)试行股份制,探索国有制在更高层次上实现的形式。

三、企业财产权结构与法所有权理论体系重构的设想

从企业运行的一般要求出发,企业应有相应的财产权结构。这种结构是维系企业自主经营的重要基础。除需要国家直接经营的情况外,无论国有制采用何种实现方式,国有制的改革以及相关立法都应以完善这种结构为主要目标。相应,法学理论的任务则在于重构法所有权理论体系。实现立法、法学理论与企业运行实践要求的统一。

(一)企业财产权结构

企业财产权结构的构建原则是与企业基本性质相一致的,亦即同企业法第2条所规定的"依法自主经营、自负盈亏、独立核算的社会主义商品生产和经营单位"这一法律本质相一致。财产支配的充分性、财产运动的顺畅化、财产增殖的最大化以及承担财产责任的独立性都是构建财产权结构所必须重视的因素。概略地说,企业的财产权结构应包括以下内容:

1. 自主利用企业财产。自主利用企业财产是指企业在接受计划指导的前提下充分自主地利用(包括改变实物物理形态的处分)企业的实物财产和流动资金,其利用过程不受任何行政机构或其他主体的干预。

实物财产价值的实现程度取决于实物利用的方式和利用的目的。企业内实物财产的价值实现程度直接关联到全社会资源优化配置效应。从常识上说,实物财产利用的功利表现为彼此联系的两个方面:一是依照最科学方法,提高单位原料的产出价值量;二是节省单位产品的物化劳动消耗。企业法涉及这方面的规定有:第12条原则性地提出了企业推行科学技术进步,厉行节约,反对浪费,提高经济效益的要求;第39条规定企业必须提高劳动效率,节约能源和原材料,努力降低成本。事实上,节约物耗,最大限度地提高产出效益是一切具有效益意识的企业的本能愿望。在此意义上说,企业对物化资源的利用程度并不取决于立法是否作出什么样的要求,而有意义的是,企业能否根据自身的愿望自由地抉择使用实物资源的方式。因为企业通常可以被推断为最能判别资源是否有效利用的主体。

对于企业来说,自主地利用财产自然形态最重要的是能够根据市场需要来组织和安排生产,也包括在原料和销售渠道得到保障的前提下按照国家计划组织的安排生产。生产项目与企业实际生产能力的吻合是高效利用财产资源的根本保障。在我国工业布局不尽合理,企业的资产构成有一

定刚性的现实条件下，允许企业自行安排生产项目，有条件地接受国家指令或指导性计划，这是十分必要的。我们认为，企业法在这方面较好地反映了近年来的改革成果。企业法第22条规定：“在国家计划的指导下，企业有权自行安排生产社会需要的产品或者为社会提供服务。”同时又规定：“企业有权要求调整没有必需的计划供应物资或者产品销售安排的指令性计划。企业有权接受或者拒绝任何部门和单位在指令性计划外安排的生产任务”（第23条）。第25条规定：“企业有权自行选择供货单位，购进生产需要的物资”。这进一步为企业有效利用资源提供了法律保障。从目前的实践看，尽管企业法的这些规定尚未完全落实，但下面的调查统计表明，企业生产安排的自主性已经得到了一定尊重。

与实物财产利用并存的是企业流动资金的使用。目前企业流动资金的使用也获得了较大的自主性，“打醋的钱不能买酱油”的状况已有了一定改善。进一步完善流动资金使用制度的两个方面是：其一，加强为宏观控制所必要的集团消费的抑制以及现金使用的管理；其二，赋予企业在流动资金使用方面的更大自主性。通过效益责任而不是简单地通过资金使用的控制来约束企业对流动资金的使用，从而提高流动资金的使用效率。

2. 自主更新固定资产。把更新固定资产作为企业财产权利结构的要素，这对于西方私有制国家来说或许是不可理喻的事情。因为固定资产的更新在西方私有制国家中是企业更主要的一项义务。国家往往根据产业政策，通过强制某些企业加快固定资产的更新，以提高全社会的技术装备水平。然而，在以国家为投资主体的我国，企业固定资产更新又不能不受到国家的一定限制。国家控制固定资产更新的基本原因是：由于企业投资来自于行政无偿拨款，更多地获得这种拨款来更新固定资产，已成为企业的普遍追求。而产出效益很少受到重视。“拨改贷”后，虽然有还贷因素的约束，但税后还贷的可能性又减弱了信贷的约束力。特别是在承包制实行后，一些企业又试图通过尽可能地扩大外延投入，提高生产能力来完成承包基数，“投资饥渴症”依然普遍存在。

十分明显的是，控制投资规模，从而控制固定资产更新的努力必然是一把“两刃剑”。一方面固然可以抑制过快增长的投资速度，但另一方面又势必要影响到企业适应市场变化而改进技术装备，特别是影响到产业、产品结构的调整。因此，最理想的选择还在于建立有效的投资约束机制，同时赋予企业自主更新固定资产的权利。

自主地更新固定资产包括两个方面:其一,自主地决定使用企业留利购置所必须的固定资产或改造现有固定资产;其二,自主地决定处分(包括转让或出租)企业现有的固定资产,既包括闲置固定资产,也包括利用效率不高的非闲置固定资产。企业法对企业固定资产处分权的规定已作了有限定前提的规定。该法在第29条规定:"企业有权依照国务院规定出租或者有偿转让国家授予其经营管理的固定资产,所得的收益必须用于设备更新和技术改造。"从这一规定以及国务院的其他有关规定来看,目前企业对固定资产的更新和处分权需受制于三个方面:第一,一定数额以上的固定资产闲置需履行报批程序;第二,出租或转让的固定资产限于闲置固定资产,非闲置固定资产的出租和转让则需要获得主管部门的许可;第三,转让或出租固定资产的收益用于设备更新和技术改造。这些限制显然同当前企业行为的合理程度尚不够理想,政府的宏观调控机制尚不健全有关。因此,随着这些状况的逐步改善,企业更新固定资产的权利将会更为宽泛。企业法第29条把企业这方面的权利维系于国务院的规定,这方面权利的大小完全取决于国务院机关规定的内容。因而可以认为,企业法已经为企业更新或处分固定资产权利的扩大留下了容量。

3. 参与社会资产运动。这是企业财产权利结构中最有意义的因素。参与社会资产运动的直观形式是企业接受其他企业(包括非全民所有制企业)的投资以及向其他企业(包括非全民所有制企业)作出投资。改革以来的实践证明:企业参与资产运动对于改变全社会资产存量结构,打破结构刚性,克服结构失调的历史矛盾具有重要意义。近年来股份制以及股份企业集团的发展则为企业参与社会资产运动提供了现实条件。如同其他许多规定一样,企业法对企业这方面权利的规定依然是既明确却又十分审慎的。企业法第34条规定:"企业有权"依照法律和国务院规定与其他企业、事业单位联营,向其他企业、事业单位投资,持有其他企业的股份。企业有权依照国务院规定发行债券。很显然,企业的这一权利同样受制于目前尚未问世的立法以及国务院的有关规定。有关这方面的调查向我们显示出这样的结论:第一,目前企业向其他企业投资相当程度上还受制于政府主管部门的制约。18.2%的被调查者表示,他们所在企业对外投资完全要取决于主管部门的批准,表示"一般需要主管部门批准"的为41.9%。

这表明主管部门的意志依然是企业向其他企业投资的重要制约因素。第二,跨行业和跨地区投资的障碍较大。财政包干后的地方分割倾向越发突出。实践中的重要表现之一,就是限制本地区或本行业的企业跨地区和行业向其他企业投资。而有关法律和制度不明确,投资缺乏法律保证,全社会合同信用度较低等因素则更加制约着企业对外投资的尝试。

可以肯定,无论是立法还是实践,都尚未能为企业参与社会资产运动提供良好的社会环境。我国资金市场以及证券(如股票)市场的发育在相当长时间中将难以全面形成。同时,在中央财政十分拮据的情况下,国家以大规模的外延投入来调整全社会产业结构的可能甚小,因此,扩大企业对外投资,消除企业参与社会资产运动的障碍就显得尤为重要。政府的任务则主要在于科学地制定出合理的产业政策,引导企业的投资流向,并适当把握投资增加的节律,把市场导向与产业政策的规制有机地结合起来,而不应过多地限制企业向外企业投资的权利。

4. 能够承担对国家的财产责任。本章前面已经论及,在国有企业资产一元化的条件下,企业不可能真实地承担企业对国家的资产收益责任,从而将减弱国有资产实现方式改革的积极效应。因此,完整的企业财产权结构中还应包括企业能够承担对国家财产责任这一因素。更明确地说,应当承认企业自身有独立于国有资产以外的资产。

近年来,随着各种经营责任制的实施,企业的经济利益要求愈来愈明确地由留利比重的提高转向对留利资产的所有。是否承认企业对留利的所有权已经直接影响到企业对留利资产能否建立稳定预期,进而影响到企业留利资产的使用。对于承包制下包死基数超收自留部分的归属,企业更具有强烈的所有愿望。

客观地说,企业对于税后留利以及承包制中包死基数、超收自留资产的所有欲望并不主要基于承担国家财产责任的考虑,充分自由地支配这部分财产,包括部分地转入职工分配和职工福利,或许更符合企业的真实愿望。同时,以税后留利以及超收自留部分作为企业所有的定量基础,又实际牵涉到企业间实行留利制、承包制的时间起点不一,留利比例不同,以及留利部分转入积累的比例各异等问题。但是,适当承认企业对部分资产享有一定的财产所有权,藉以承担企业对国家的资产收益责任,强化对企业的利益约束与激励,这是完善企业财产权结构的重要方面。

（二）重构法所有权理论体系的设想

在论述企业财产权结构时，我们实际回避了企业财产权的理论基础和理论根据，换句话说，对企业财产权结构的论述并没有顾及到本章前面所揭示的法所有权理论的缺陷以及“两权分离”的理论局限。确实如果从现有的法所有权理论出发，就无法说明企业财产权结构中任何一项因素的合法性。这足以启示我们从经济运行的客观现实要求出发，思考法所有权理论体系的重构，而不是牵强地用传统的法所有权理论去解释现实经济现象，更不是从这一理论的既有原则出，发去“匡正”现实。

从经济运行的要求看，财产法律制度的基本功利有两方面：其一，通过界定财产归属从而保证经济运行的有序化，避免归属不明而导致经济摩擦和利益冲突；其二，通过恰当地设定财产权主体与非财产权主体之间的行为、利益联系格局，保证财产现实运动的顺畅性，从而实现资源配置的优化。财产利益的高度明晰与财产流转的高度顺畅是财产法律制度所应追求的二元极值。这就决定了财产法律制度的重心应在于保护财产价值利益的实现，而不应偏重于对实物及其支配过程的保护。更明确地说，在财产主体与支配、使用主体呈高度分离状态的现代商品经济条件下，财产法律制度应当为财产价值形态的享有与实物形态的充分支配和使用的分离提供可靠的法律前提。

现代西方产权理论打破了古典经济学所编织的私有制下个人交易成本为零，从而能够自动实现资源配置的帕累托最优的神话，从产权对交易的制约进而产生交易成本这一独特角度来认识产权的重要意义。制度学派认为，产权既是限定交易界域的实际约束，也是影响交易成本的重要因素，因为与财产流转相伴随的契约无疑会增大交易费用，从而提高交易成本。公共选择学派代表者布坎南集现代产权理论之大成，对著名的“科斯定理”作出了进一步补正。布坎南认为，资源配置的最优化必须建在产权明晰化和主体交易的充分自愿和自由以及相应的法律秩序的前提之上。

不难看出，西方现代产权理论已经充分认识到，产权归属的确定和明晰，以及降低由产权壁垒所形成的交易摩擦系数，对于优化资源配置的重要性。然而，这一理论没有囿于学科本身的局限性，也不可能从所有权法定内涵的改变出发，把界定产权归属与保证财产顺畅流转同时加以兼容。在这个意义上，这一理论的全部贡献仅在于揭示了产权关系的经济后果，否定了古典经济学忽视产权的纯理性假设,但并未能把基点放在改变所有权制度从而减少交易的成本或费用上。因此,西方现代产权理论不足以直接移植而成为我国法所有权理论的应有内容。

此外,我们还自然地想到当今世界上另一种财产法律制度一英美法系财产制度。世所公认的是,英美法系国家在民事立法中并没有所有权这一概念;财产权(Property Right)是英美法系用于表达大陆法系所有权以及相关权益的法定概念。同时,英美法对于财产权利的取得方式以及对财产权利的分类,也远不如大陆法系严格。特别是,英美法承认财产权于一定条件下而在受益人与受托人之间分割的可能性。根据英美财产法的有关规定,受益人享有衡平法上的产权,而受托人则享有法定产权。衡平法的产权体现为获得特定经济利益的权利,而法定产权则体现为受托人可以像财产所有人一样进行商业活动,享有在市场上卖掉该项财产的权利。显然,由于"财产权"这一概念比所有权具有更大涵盖性,能够用以表达财产受益层次不同的主体及其利益关系,因而更切合经济运行的实际状况,更能反映经济运行过程中主体与财产关系联结的浅近或远异。毫无疑问,与大陆法系相比较,英美法中的财产制度务实性更为突出。英美财产法对于我们重建财产法理论体系的基本启示是:不固守所有权客体及支配过程的完整形态,并不会导致经济运行的无序化。

据上分析,我们认为,重建财产法理论体系至少有下述三种主导模式可供选择:

1. 沿用所有权的现有解释,但同时引入能够游离于所有权之外,纯粹体现原始所有者实际经济利益的范畴,借以适应所有物的占有、使用、处分和收益过程完全由非所有人进行的经济现象。自然,这一模式的问题不仅在于难以有恰当的范畴作为表述,也在于这种纯粹的经济利益的权利与所有人的实际关系难以规范地界定。在原始所有者与继受的所有者之间需要建立一种既非现今意义上的用益权,亦非完全让与所有权的关系时,为之而缔结的契约便缺乏有效依据。无论当事者双方的意愿如何,所有权的排他性都将反致于原始所有者。同时,所有权分离与价值形态财产的财产权的不相容性,也是这一模式所无解决的问题。

2. 将所有权的内涵界定为主体对特定经济利益的享有。这种经济利益既可表现为对客体的实际控制(占有和支配),也可以是主体所享有的价值形态的特定收益。主体对作为客体的实物支配权(包括处分权)的让与,并不一定成为丧失所有的依据,除非主体双方具有明确的所有权转让合意,以及表示这种合意的契约存在。与此相应,对所有权的保护,除某些具有不可再生以及不可替代的特定物(如古董)外,均以客体的价值补偿为形式。这一模式的实证依据在于,现代商品经济社会中,不可再生以及不可替代物的范围越来越小。同时,即便是土地这种财产,由于工业社会经济利益实现方式的多元化,所有者亦不需恪守处分权,利益实现方式的可替代性实际消除了使用价值不可替代性的制约。应当指出的是,在此模式下,非所有者对物支配权的保护根据将相应成为理论上需要进一步论及的问题。对非所有者包含处分权的支配权的保护,将实际上等同于对所有者权益的保护。这种在财产多层次(非所有权转让性质)的流转中形成的所有权主体实际多元化,是这一模式不可避免的现象。“一物不二主”的罗马古训,将因之而丧失法力。

3. 更富有意义的设想是,放弃所有权这一概念,借鉴英美法律制度,以财产权来反映包括物权和债权的一切财产利益,即用财产权的高度抽象性和巨大涵量来消除物权(包括所有权)与债权的区别。事实上,物权或债权的共同本质都是某种经济利益。罗马人设置二者界域的历史条件今天已基本丧失殆尽。如果不是固守传统的法学观念,而是实在地考察今天经济生活的情势,不难发现区别物权与债权的实际意义早已趋于式微。现代融资租赁以及股份制等经济形式,典型地体现了物权与债权相互转化或相互融合的可能性与现实性。对物权价值形态保护而不拘于实物形态的保护,则更进一步淡化了两者间的差异。经济过程中的利益现实主义取向与现代科技的创造能量,越来越使民法理论中对财产权的诸种分类显得过于书卷气和陈旧。以财产权为统摄,以体现不同经济行为和经济关系的具体的财产支配或利益享有为内容,这应是中国财产法律制度和理论体系的基本结构。

可以设想,以广义上的财产权来涵盖国家或企业各自的财产利益,而不必细究各自是否享有所有权或经营权益,这不仅可以消除理论上的矛盾,更能使各自的经济利益实在地得到反映,也便于立法上的统一和规范。自然,重构法所有权理论体系需要有更为深入和系统的探讨。限于本文的主题,值此仅作概略性的论及。

注释

1 参见《各国宪政制度和民商法要览》,法律出版社 1986 年版,第 189 ~ 190 页。

2 [苏]O. C. 约菲:《苏联民法思想的发展》第 2 卷第 1 章,列宁格勒大学出版社 1978 年俄文版。

3 参见[苏]莫佐林:"完善社会主义条件下的国家(全民)所有权",载《法学译丛》1987 年第 6 期。

4 参见江平主编:《公司法教程》,法律出版社 1987 年版;[日]富永健一主编:《经济社会学》,孙日明等译,南开大学出版社 1984 年版。

5 参见周枏等:《罗马法》,群众出版社 1983 年版,第 173 页。

6 [美]乔治・霍兰・萨拜因:《政治学说史》(上),盛葵阳等译,商务印书馆 1986 年版。

7 参见[美]E. 博登海默:《法理学一法哲学及其方法》,邓正来、姬敬武译,华夏出版社 1987 年版。

8 参见江平:《西方国家民商法概要》,法律出版社 1984 年版,第 22 页。

9 《马克思恩格斯全集》第 25 卷,人民出版社 1974 年版,第 435 页。

10 [苏]拉普捷夫:《经济法理论问题》,中国人民大学法律系民法教研室译,中国人民大学出版社 1981 年中文版,第 109 页。

11 [苏]O. C. 约菲:"关于所有权的学说",载中国人民大学法律系编印:《外国民法论文选》,第 129 页。

12 [苏]斯大林:《苏联社会主义经济问题》,人民出版社出版,第 46 ~ 47 页。

13 《苏联共产党决议汇编》第 2 分册,人民出版社 1964 年版,第 263 页。

14 同上注书。

15 同上注书,第 216 页。

16 [苏]坚金、布拉图斯:《苏维埃民法》第 1 册,李光谟译,法律出版社 1956 年版,第 87 页。

17 同上注书,第 186 页。

18 [苏]维尼吉克托夫:《社会主义国有制》,第 248 ~ 249 页,转引自[苏]拉普捷夫《经济法理论问题》,中国人民大学法律系民法教研室译,第 109 页,中国人民大学出版社 1981 年版。

19 [苏]维尼吉克托夫:《苏联民法对社会主义国家财产的保护》,谢怀栻、李为译,法律出版社 1957 年版,第 28 页。

20 同上注书,第 59 页。

21 同上注书,第 29 ~ 31 页。

22 同上注书,第 62 页。

23 [苏]莫佐林:“民法与经济机制”,陈汉章译,载《法学译丛》1985 年第 3 期。

24 [苏]莫佐林:“苏联的经济管理和民事立法”,陈汉章译,载《法学译丛》1986 年第 1 期。

25 参见[英]梅因:《古代法》,沈景一译,商务印书馆 1984 年版,第 97 页。

26 《马克思恩格斯全集》第 25 卷,人民出版社 1974 年版,第 893 页。

图书在版编目(CIP)数据

我的法治观／顾培东著. —北京:法律出版社,
2013.3
ISBN 978 - 7 - 5118 - 4676 - 1

Ⅰ. ①我… Ⅱ. ①顾… Ⅲ. ①法学—中国—文集
Ⅳ. ①D920.0 - 53

中国版本图书馆 CIP 数据核字(2013)第 042753 号

我的法治观 | 顾培东 著 | 责任编辑 丁小宣 装帧设计 乔智炜

开本 710 毫米×1000 毫米 1/16
印张 35 **字数** 548 千
版本 2013 年 3 月第 1 版
印次 2013 年 3 月第 1 次印刷
出版 法律出版社
编辑统筹 法律教育出版分社
总发行 中国法律图书有限公司
经销 新华书店
印刷 北京嘉恒彩色印刷有限责任公司
责任印制 张宇东

法律出版社／北京市丰台区莲花池西里 7 号(100073)
电子邮件／info@ lawpress. com. cn
销售热线／010 - 63939792/9779
网址／www. lawpress. com. cn
咨询电话／010 - 63939796

中国法律图书有限公司／北京市丰台区莲花池西里 7 号(100073)
全国各地中法图分、子公司电话:
第一法律书店／010 - 63939781/9782
西安分公司／029 - 85388843
重庆公司／023 - 65382816/2908
上海公司／021 - 62071010/1636
北京分公司／010 - 62534456
深圳公司／0755 - 83072995

书号:ISBN 978 - 7 - 5118 - 4676 - 1
定价:68.00 元
(如有缺页或倒装,中国法律图书有限公司负责退换)